Das Buch

»Die Erörterung d‹...› ‹...›Zeit
im Rahmen eines S ‹...› ‹...›nem
Maße Rationalität ‹...› ‹...›est-
stellungen werden n ‹...› ‹...›er-
bindlichen Essays g‹...› ‹...›las
weitere menschliche ‹...›

Die hier zusammer‹...› ‹...›‹...›lichen Gutach-
ten wurden von namh‹...› ‹...›‹...›geschichtsforschern erstellt, um
den Richtern im Frankfurter Auschwitz-Prozeß des Jahres 1964
schon vor der Vernehmung der Zeugen eine Vorstellung von
den historischen und politischen Zusammenhängen an die
Hand zu geben. Wichtige Themen aus der Geschichte des Dritten Reiches werden behandelt: der aus SS und Gestapo gebildete Machtapparat als willfähriges Instrument für den Massenmord und die diesem Apparat innewohnenden Strukturen aus
Befehl und Gehorsam, die Geschichte der Konzentrationslager,
die Entstehung und Umsetzung des »Kommissarbefehls«, die
Massenexekution sowjetischer Kriegsgefangener, die Grundlagen und der Verlauf der Judenverfolgung. Neben den zahlreichen neueren Forschungsarbeiten bleibt dieses Buch eine wesentliche Grundlage für Kenntnis und Beurteilung des Nationalsozialismus.

Die Autoren

Prof. Dr. Hans Buchheim, geboren 1922, war von 1951 bis 1966
Mitarbeiter des Instituts für Zeitgeschichte in München und
von 1963 bis 1990 Ordinarius für Politikwissenschaft an der
Universität Mainz.

Prof. Dr. Martin Broszat, (1926–1989) war seit 1955 Mitarbeiter und von 1972 bis zu seinem Tode Direktor des Instituts
für Zeitgeschichte in München.

Prof. Dr. Hans-Adolf Jacobsen, geboren 1925, war von 1969
bis zu seiner Emeritierung 1991 Ordinarius für politische Wis-
senschaften an der Universität Bonn.

Prof. Dr. Helmut Krausnick (1905–1990) war seit 1951 Mitarbeiter des Instituts für Zeitgeschichte in München, von 1959
bis 1972 dessen Direktor.

Anatomie des SS-Staates

Von Hans Buchheim, Martin Broszat, Hans-Adolf Jacobsen
und Helmut Krausnick

Deutscher
Taschenbuch
Verlag

Gutachten des Instituts für Zeitgeschichte

1. Auflage Dezember 1967
6. Auflage Oktober 1994: 44. bis 50. Tausend
Bisher als zweibändige Ausgabe in der Reihe dtv dokumente
© Deutscher Taschenbuch Verlag GmbH & Co. KG,
München
Umschlaggestaltung: Celestino Piatti
Umschlagfoto: Bilderdienst Süddeutscher Verlag
Gesamtherstellung: C. H. Beck'sche Buchdruckerei,
Nördlingen
Printed in Germany · ISBN 3-423-4637-6

Inhalt

Martin Broszat: Nationalsozialistische Konzentrationslager 1933–1945

Hans-Adolf Jacobsen: Kommissarbefehl und Massenexekutionen sowjetischer Kriegsgefangener

Helmut Krausnick: Judenverfolgung

Die KZ-Verbrechen und der Massenmord an den Juden waren spezifische Bestandteile der nationalsozialistischen Herrschaft. Dieser Zusammenhang gerät bei vielen Menschen in Vergessenheit, und zwar aus recht verschiedenen Gründen. Für die einen zum Beispiel reduziert sich die Beschäftigung mit dem Dritten Reich auf den Namen Auschwitz; ihre Gedanken kreisen um die Tatsache, daß die Hölle historische Wirklichkeit geworden ist. Das geschichtliche Ganze verlieren sie dabei trotzdem aus den Augen. Denn die Frage, wie das Schreckliche hat geschehen können und warum es geduldet wurde, beantworten sie bloß mit allgemeinen moralischen und kulturkritischen Betrachtungen, für die geistigen und politischen Voraussetzungen dagegen interessieren sie sich wenig oder gar nicht. In den Augen einer anderen Gruppe sind die Verbrechen ein erratischer Block, der zusammenhanglos in jenem Abschnitt deutscher Geschichte steht; abgesehen von den offenkundigsten Verbrechen, haben sie an der Politik der Hitlerzeit nichts Wesentliches auszusetzen. So verschieden die Denkweisen der beiden Gruppen sind, so treffen sie sich doch in einem Mangel an Einsicht in die Wirklichkeit des Hitlerregimes; vor allem sind beide blind für den Zusammenhang zwischen dieser politischen Herrschaftsform und den ideologischen Massenverbrechen.

In den zahlreichen Prozessen, die in Deutschland gegen nationalsozialistische Gewaltverbrecher geführt werden, wird die Frage nach diesem Zusammenhang unausweichlich gestellt. In der Notwendigkeit, darauf Antwort zu finden, liegt die Bedeutung der Prozesse über ihre eigentliche Aufgabe hinaus, begangenes Unrecht zu sühnen. Die Tat des einzelnen Angeklagten, der an den Verbrechen mitwirkte, kann nur dann richtig und gerecht beurteilt werden, wenn man das Geflecht der geistigen, politischen und organisatorischen Voraussetzungen durchschaut, die zur Tat führten. Dem Gericht bei der Klärung dieser Voraussetzungen zu helfen, ist die Aufgabe des historischen Sachverständigen. Er ist nicht dazu da, sich mit dem besonderen Fall des Angeklagten zu beschäftigen. Die Umstände des Einzelfalles zu ermitteln und ein Urteil über Schuld oder Unschuld zu fällen, ist ausschließlich dem Gericht vorbehalten. Der Sachverständige muß ein Bild der historischen und politischen Landschaft geben, in der sich das Einzelgeschehen abgespielt hat. Darum hat es sich auch als praktisch erwiesen, bei den Prozessen gegen nationalsozialistische Gewaltverbrecher, anders als bei normalen Kriminalprozessen, die Sachverständigen *vor* der Vernehmung der Zeugen zu hören, weil auf diese Weise das Gericht bessere sachliche Voraussetzungen gewinnt, die Aussagen kritisch zu prüfen.

Der enge Zusammenhang zwischen den Taten der Angeklagten und der historisch-politischen Situation, in der die Verbrechen begangen wurden, läßt für die Urteilsfindung spezifische Probleme entstehen. So darf man zum Beispiel nicht der verbreiteten Neigung nachgeben, bestimmte verbrecherische Handlungen bestimmter Einzelner in dem Meer allgemeiner politischer und moralischer Mitschuld untergehen zu lassen, die viele Deutsche wenigstens vor dem inneren Forum ihres Gewissens bekennen müssen. Denn es ist nicht nur ein gradueller, sondern ein wesentlicher Unterschied, ob sich jemand den Vorwurf machen muß, sich politisch falsch verhalten zu haben oder feig gewesen zu sein, oder ob ein Mann aktiv und womöglich mit innerer Zustimmung die schmutzigen Geschäfte des Regimes besorgt hat. Was sich konkret als Verstoß gegen die Gesetze feststellen läßt, darf nicht in allgemeinen Betrachtungen über schicksalhafte Schuldverstrickung aufgelöst werden. Auch können gesunder Menschenverstand und unverbildetes sittliches Empfinden einen Menschen nicht für unschuldig halten, der womöglich Tausende von wehrlosen Menschen umgebracht hat, ob er sich dabei nun auf einen Befehl berufen konnte oder nicht.

Im Mittelpunkt der Gutachten steht die Anatomie des SS-Staates. Das heißt: Es ist weniger von dem die Rede, was die SS im einzelnen *getan* hat, sondern mehr davon, wie der aus der Vereinigung von SS und Polizei gebildete Machtapparat entstanden ist und funktionierte, mit anderen Worten: wie totalitäre Herrschaft in der Alltagspraxis ausgeübt wurde. Der Apparat war außerordentlich kompliziert und unterschied sich in wesentlichen Punkten von einer normalen staatlichen Exekutive. Auch das spielt bei den Prozessen eine große Rolle. Seit den Nürnberger Kriegsverbrecherprozessen haben die Angeklagten eine wohlausgebildete Technik entwickelt, sich im Dickicht der organisatorischen Verflechtungen und einander überschneidenden Kompetenzen dem Zugriff richterlicher Tatsachenfeststellung zu entziehen. Um die Frage, wie dieses System funktioniert habe, hinreichend zu beantworten, müssen über die organisatorischen und verfassungsorganisatorischen Elemente hinaus auch einige geistige Zusammenhänge erläutert werden, wie etwa die Mentalität der SS und die besonderen Züge, die der Nationalsozialismus zu den traditionellen Formen des Antisemitismus hinzugefügt hat.

Die Erörterung der Geschichte der nationalsozialistischen Zeit im Rahmen eines Strafprozesses erfordert in besonders hohem Maße Rationalität und Nüchternheit, denn die Tatsachenfeststellungen werden nicht im Rahmen eines letztlich doch unverbindlichen Essays getroffen, sondern entscheiden mit über das weitere menschliche Schicksal der Angeklagten. Diese pflichtgemäße Sorgfalt der Gerichte bildet in der öffentlichen Diskussion ein heilsames Gegengewicht gegen einen weitverbreiteten Stil emotionaler »Vergangenheitsbewältigung«, die es, um einige höhere Wahrheiten wirkungsvoll darzustellen, mit der Wirklichkeit der geschichtlichen Fakten und Zusammenhänge nicht sonderlich genau nimmt. Da die Hitler-Diktatur in jeder Beziehung eindeutig negativ zu beurteilen ist, wächst die Versuchung, zu wenig über sie nachzudenken. Aus diesem Grunde besitzen wir über das Dritte Reich zwar bereits eine immense Fülle von Literatur, jedoch nur einen vergleichsweise geringen Nutzeffekt an wirklichen Einsichten. Die Neigung des Publikums kommt der Oberflächlichkeit vieler Veröffentlichungen entgegen: man bevorzugt das literarisch wirkungsvoll Geschriebene (wie schwer ist es aber, über Auschwitz nicht wirkungsvoll zu schreiben!), man strebt weg von der historisch-rationalen hin zur moralisch-emotionalen Betrachtungsweise. »Aufrüttelung der Gewissen« nennt man das. Aber mit einem schläfrigen Gewissen ist es wie mit einem schläfrigen Menschen: man kann ihn durch gehöriges Rütteln wohl aus dem Schlaf reißen – nach ein paar halbwachen Augenblicken schläft er jedoch rasch wieder ein. Was dagegen der menschliche Verstand einmal erfaßt hat, das hält er fest und wird es nicht wieder verlieren. Darum bedürfen wir in Deutschland für die geistige Auseinandersetzung mit dem Nationalsozialismus und seiner Zeit keiner Emotionen und keiner moralischen Erweckungsbewegung, sondern nüchterner Arbeit mit Verstand und Vernunft. Nur so entgehen wir der Gefahr, aus der Vergangenheit gerade die falschen Lehren zu ziehen. Die Strenge der Gerichtsverfahren bietet einen Maßstab für die Rationalität, deren wir bedürfen. Die Autoren der vorliegenden Gutachten waren bemüht, sich an diesem Maßstab zu orientieren.

Hans Buchheim:
Die SS – das Herrschaftsinstrument

Schriftliches Sachverständigen-Gutachten für den Auschwitz-Prozeß, vor Gericht am 7. Februar 1964 auszugsweise mündlich vorgetragen.

Am Todestag des Reichspräsidenten von Hindenburg, am 2. August 1934, wurde aufgrund des Gesetzes über das Staatsoberhaupt des deutschen Reiches vom 1. August 1934[1] das Amt des Reichspräsidenten mit dem des Reichskanzlers vereinigt; dabei gingen die Befugnisse des Reichspräsidenten auf den Führer und Reichskanzler Adolf Hitler über. Der Titel »Reichspräsident« wurde abgeschafft. Hitler begründete diese Veränderung in einem Erlaß vom 2. August 1934, der in die Form eines Briefes des Reichskanzlers an den Reichsinnenminister gekleidet war[2], damit, daß nach aller Empfinden dieser Titel mit dem Namen des »großen Toten« unzertrennlich verbunden sei; er – Hitler – wolle deshalb im amtlichen und außeramtlichen Verkehr, wie bisher, »nur« als »Führer und Reichskanzler« angesprochen werden. In Wahrheit jedoch handelte es sich bei der Bezeichnung »Führer und Reichskanzler« um eine revolutionierende Neuerung, die den Schlüssel zum Verständnis der Struktur der nationalsozialistischen Herrschaft im allgemeinen und der Entwicklung der SS innerhalb dieser Herrschaft im besonderen bildet. Denn die Vereinigung der Ämter des Reichspräsidenten und des Reichskanzlers war lediglich eine Kumulierung *staatlicher* Ämter und somit *staatlicher* Macht. Wenn sich dagegen Hitler offiziell als »Führer und Reichskanzler« bezeichnete, erhob er den Anspruch, im deutschen Staatsleben nicht nur aufgrund staatlicher Amtsgewalt [und somit in den Schranken institutioneller Disziplin] zu handeln, sondern aufgrund jener vor- und *außerstaatlichen* Legitimation, die der Bezeichnung »Der Führer« unterlegt wurden: seine geschichtliche Sendung, die Manifestation des Lebensgesetzes des deutschen Volkes im Führerwillen, das Getragensein von der »verschworenen Gemeinschaft« der nationalsozialistischen Bewegung. So trat nicht nur seine Amtsgewalt als Reichskanzler, sondern die Staatsgewalt überhaupt gewissermaßen in den Schatten einer neuen ganz andersgearteten Gewalt, die als *Führergewalt* bezeichnet wurde. Den Grundgedanken dieser Führergewalt hat seinerzeit in treffender Weise Ernst Rudolf Hu

[1] RGBl. I, S. 747.
[2] RGBl. I, S. 751.

ber in seinem ›Verfassungsrecht des Großdeutschen Reiches‹[3] formuliert:

»Das Amt des Führers hat sich aus der nationalsozialistischen Bewegung entwickelt. Es ist in seinem Ursprung kein staatliches Amt. Diese Tatsache darf nie aus dem Auge gelassen werden, wenn man die heutige politische und rechtliche Stellung des Führers verstehen will. Aus der Bewegung erst ist das Amt des Führers in das Reich hineingewachsen, zunächst indem der Führer die Befugnisse des Reichskanzlers übernahm, dann indem er die Stellung des Reichsoberhauptes antrat. Die primäre Bedeutung kommt dabei dem Führer der Bewegung zu; er hat die beiden obersten Funktionen der politischen Reichsleitung in sich aufgesogen und dadurch das neue Amt des Führers des Volkes und Reiches geschaffen. Der Führer vereinigt in sich alle hoheitliche Gewalt des Reiches; alle öffentliche Gewalt im Staat wie in der Bewegung leitet sich von der Führergewalt ab. Nicht von »Staatsgewalt«, sondern von »Führergewalt« müssen wir sprechen, wenn wir die politische Gewalt im völkischen Reich richtig bezeichnen wollen. Denn nicht der Staat als eine unpersönliche Einheit ist der Träger der politischen Gewalt, sondern diese ist dem Führer als dem Vollstrecker des völkischen Gemeinwillens gegeben. Die Führergewalt ist umfassend und total; sie vereinigt in sich alle Mittel der politischen Gestaltung; sie erstreckt sich auf alle Sachgebiete des völkischen Lebens; sie erfaßt alle Volksgenossen, die dem Führer zu Treue und Gehorsam verpflichtet sind. Die Führergewalt ist nicht durch Sicherungen und Kontrollen, durch autonome Schutzbereiche und wohlerworbene Einzelrechte gehemmt, sondern ist frei und unabhängig, ausschließlich und unbeschränkt.«

Während der Inhaber des Reichskanzleramtes – wie der jedes anderen staatlichen Amtes – in seiner Tätigkeit den Regulativen und Beschränkungen staatlicher Ordnung unterworfen war, galt der Führerwille als alleinige und ausschließliche Repräsentation des »wahren« Volkswillens und war durch keine vorgegebene Ordnung gebunden. Der Führer sei Träger des völkischen Gemeinwillens, schrieb E. R. Huber[4]:

»In seinem Willen tritt der Volkswille in die Erscheinung. Er wandelt das bloße Gefühl des Volkes in einen bewußten Wil-

---

[3] 2. Aufl. 1939, S. 213 und 230.
[4] a.a.O., S. 195f.

len; er schafft aus einem vielstrebigen Ganzen die einheitliche, einsatzbereite Gefolgschaft. Er bildet in sich den wahrhaften Willen des Volkes, der von den subjektiven Überzeugungen der jeweils lebenden Volksglieder zu unterscheiden
ist. Er ist hingegeben an die objektive geschichtliche Einheit
und Ganzheit des Volkes. Deshalb ist es ihm möglich, sich
im Namen des wahrhaften Volkswillens, dem er dient, gegen
die subjektiven Meinungen und Überzeugungen einzelner
Volksglieder zu wenden, wenn diese sich von der objektiven
Sendung des Volkes abkehren. Er verficht dann die objektive Idee der Nation gegen die subjektive Willkür einer
irregeleiteten Volksstimmung. In Zeiten der inneren Not
kann der Führer ein Volk, das seine politische Sendung
vergessen oder verraten hat, wieder zu sich selber leiten.
Er bildet in sich den völkischen Gemeinwillen und verkörpert gegenüber allen Einzelwünschen die politische Einheit und Ganzheit des Volkes; er setzt gegenüber den Ein-
zelinteressen die geschichtliche Sendung der ganzen Nation
durch.«

Es ist klar, daß die so verstandene Führergewalt die rechtliche,
institutionelle Substanz des Reichskanzleramtes aushöhlen und
die Amtsgewalt des Reichskanzlers, wie Huber treffend sagt,
»in sich aufsaugen« mußte. Und nicht nur das: Da die Führergewalt ausdrücklich nicht aus dem Prinzip der Staatlichkeit abgeleitet wurde, sondern dem Staat gegenüber als völlig eigenständiges Prinzip galt, relativierte sie die Geltung der gesamten
normativen staatlichen Ordnung und vermochte diese, wo immer es opportun erschien, ganz oder teilweise zu suspendieren.
Der Führer *konnte* sich zur Verwirklichung seines Willens der
Setzung staatlicher Normen bedienen, er *mußte* es aber nicht
tun, sondern konnte auch andere, außernormative Wege wäh-
len, die dann ausschließlich aus seiner geschichtlichen Sendung
legitimiert waren. Dr. Werner Best schrieb in seinem Buch über
‹Die Deutsche Polizei›[5]:

[5] Nach dem Krieg, insbesondere in den Nürnberger Prozessen, wurde oft behauptet, Dr. Bests
Buch über › Die Deutsche Polizei ‹ beschreibe Wunschvorstellungen, nicht aber die wirklichen Verhältnisse des Dritten Reiches, insbesondere von SS und Polizei. Demgegenüber ist festzustellen, daß
Bests verfassungstheoretische Arbeiten zu den relativ wenigen gehören, die die Verfassungswirklichkeit und deren wirkende Prinzipien annähernd richtig beschrieben haben. Wenn auch bei Best
Fehler festzustellen sind, dann vor allem der, daß er wie E. R. Huber noch zu normativ dachte, daß
auch er die Theorie der außernormativen Führergewalt gewissermaßen noch mit normativen Kategorien bestritt. Das war auch der Grund, warum er als ursprünglich enger Mitarbeiter Heydrichs
beim Aufbau der Sicherheitspolizei sich schließlich in schwerem Zerwürfnis von diesem trennte;
Heydrich schrieb selbst in einem Brief an Daluege vom 30. Oktober 1941, daß er sich von Best getrennt habe, weil dieser zu juristisch gedacht habe.

»Der Wille der Führung, gleich in welcher Form er zum Ausdruck gelangt, – ob durch Gesetz, Verordnung, Erlaß, Einzelbefehl, Gesamtauftrag, Organisations- und Zuständigkeitsregelung usw. – schafft Recht und ändert bisher geltendes Recht ab.«

Die Führergewalt war eine neuartige Quelle öffentlichen Handelns, das seine Verbindlichkeit primär nicht aus der Übereinstimmung mit der normativen Ordnung gewann, sondern aus seiner Entsprechung zur angeblichen geschichtlichen Notwendigkeit. Die Einheit der Führergewalt war in der Einheit der geschichtlichen Vollmacht gegeben, die Hitler für sich in Anspruch nahm, dagegen war sie nicht eine Einheit normativer Natur. Dementsprechend war der Führerwille in erster Linie ideologisch verbindlich, *rechts*verbindlich dagegen nur insoweit, als der Führer sich von Fall zu Fall des Mittels der Setzung von Normen bediente oder seine Anordnungen wenigstens mit der bestehenden normativen Ordnung abstimmte. Über die Rechtmäßigkeit des Führerwillens sollte nur die Geschichte entscheiden, die ja auch als dessen letzte Legitimierung galt. Best schrieb[6]:

»Ob der Wille der Führung die ›richtigen‹, d. h. die möglichen und notwendigen Regeln für das Handeln ... setzt, ist keine ›Rechts‹-Frage mehr, sondern eine Schicksalsfrage. Denn wirklicher Mißbrauch des ›Rechtsetzungs-Rechts‹ durch eine Volksführung – bestehe er in schädlicher Schärfe oder in schädlicher Schwäche – wird sicherer als von einem Staatsgerichtshof vom Schicksal selbst nach den verletzten ›Lebensgesetzen‹ mit Unglück und Umsturz und Scheitern vor der Geschichte bestraft.«

Ein charakteristisches Dokument der Führerherrschaft ist der Eid, den die deutschen Soldaten seit dem 2. August 1934 schwören mußten:

»Ich schwöre bei Gott diesen heiligen Eid, daß ich dem Führer des Deutschen Reiches und Volkes, Adolf Hitler, dem Obersten Befehlshaber der Wehrmacht, unbedingt Gehorsam leisten und als tapferer Soldat bereit sein will, jederzeit für diesen Eid mein Leben einzusetzen.«

Dieser Eid galt nicht mehr, wie der in der Weimarer Republik geschworene, der Verfassung und den Gesetzen des Staates, er war überhaupt nicht mehr auf den Staat gerichtet, sondern auf die Person Hitlers, die auch ausdrücklich mit Namen genannt

[6] a.a.O., S. 20.

wird; er galt in erster Linie dem *Führer*. Daß die Führergewalt die staatliche Amtsgewalt wirklich »in sich aufsaugte«, beweist übrigens die Tatsache, daß in den späteren Jahren der Hitlerherrschaft der Zusatz »und Reichskanzler« in Hitlers Amtsbezeichnung entfiel. In der 15. Auflage [1944] der Sammlung zum Verfassungs- und Verwaltungsrecht von Sartorius heißt es in einer Anmerkung zu dem oben zitierten Brief Hitlers an den RMdI vom 2. August:

»Demgemäß sind früher Gesetze sowie Verordnungen und Erlasse des Staatsoberhauptes von ihm unter der Bezeichnung ›Führer und Reichskanzler‹ vollzogen worden. Seit längerer Zeit ist in den Erlassen, neuerdings auch in den Gesetzen und Verordnungen, an die Stelle der Unterschrift ›der Führer und Reichskanzler‹ ausnahmslos die Unterschrift ›der Führer‹ getreten.«

Auch im diplomatischen Verkehr bezeichnete Hitler sich in den letzten Jahren seiner Herrschaft nur noch als »Führer«. So heißt es in einer Anordnung der Parteikanzlei vom 29. April 1944:

»Die Bezeichnung Adolf Hitlers als ›Führer‹ hat sich zu einem der ganzen Welt bekannten, fest umrissenen geschichtlichen Begriff entwickelt, der seine Stellung als Führer der NSDAP, als Staatsoberhaupt des Großdeutschen Reiches, als Regierungschef [Reichskanzler] und als Oberster Befehlshaber der Wehrmacht durch *ein* Wort zum Ausdruck bringt. Bei Gesetzen, Erlassen und Verordnungen, im formellen Verkehr im Ausland sowie in der Anrede wird daher ausschließlich die Bezeichnung ›Führer‹ verwandt.«

Interessanterweise hat Hitler, als er in seinem politischen Testament Dönitz als seinen Nachfolger bestimmte, für diesen wieder die Amtsbezeichnung des Reichspräsidenten eingeführt. Das war ein später Beweis dafür, daß die Behauptung vom 2. August 1934, dieser Titel sei in aller Empfinden mit dem »großen Toten« Hindenburg unzertrennlich verbunden, nicht ehrlich gewesen war. Vor allem aber zeigt es, daß Hitler die absolute Führergewalt als historisch einmalig seiner Person zukommend betrachtete. Die *außer*normativ konstituierte Führergewalt hatte in der Praxis normenauflösende Wirkung und führte zu *anti*normativem Handeln. Das ist im Dritten Reich tausendfach zu beobachten und hat durch Hitlers persönliche Eigenart noch Verstärkung erfahren. Bekannt ist seine zunehmende Animosität, ja, sein Haß gegen die Juristen. Es brachte ihn auf, wenn seinen Befehlen verfassungs- oder verwaltungsrechtliche oder überhaupt juristische Bedenken entgegengehalten wurden; er hielt das für politische Instinktlosigkeit, wenn nicht gar für bewußte Sabotage an seinem Werk. Im Jahre 1942 sagte er bei Tisch einmal, daß für ihn jeder, der Jurist sei, entweder von Natur aus defekt sein müsse oder es aber mit der Zeit werde. Gesetzliche Regelungen, auch wenn er sie selbst vollzog, betrachtete Hitler im Grunde nur als politisch unkluge Einschränkungen seiner Entscheidungs- und Bewegungsfreiheit. Aus diesem Grunde hat er zum Beispiel niemals das 1936 fertiggestellte neue nationalsozialistische Strafrecht in Kraft gesetzt; denn er hätte es, wo es ihm opportun erschien, nicht so leicht desavouieren können wie das alte. Ein 1939 ausgearbeitetes Zigeunergesetz wurde nie verkündet, sondern es wurde die »Zigeunerfrage« mit den Mitteln der bloßen Polizeiexekutive in Angriff genommen. Robert Ley, der Führer der »Deutschen Arbeitsfront«, berichtete einmal in einer Rede, er habe Hitler gebeten, der DAF eine Rechtsform zu geben. Der Führer habe sich jedoch geweigert mit der Begründung, es solle in Deutschland einmal ein Gewohnheitsrecht durchgepaukt werden. Er wolle es einmal versuchen, ob es in Deutschland nicht ohne Gesetze und staatliche Verordnung möglich sei, eine Autorität aufzubauen – nur auf Gewohnheitsrecht aufgebaut, das sich als stärker erweisen müsse als jedes andere Recht und Gesetz. Und er machte den bezeichnenden Zusatz: »Die Arbeitsfront wird auch eines Tages durch Gesetz verankert werden – aber hoffentlich nicht zu meinen Lebzeiten. Ich passe da nicht hinein.«

In diesem Zusammenhang gesehen, sind die Nürnberger Rassengesetze übrigens ein erstaunliches Phänomen. Denn ohne daß die bisher zur Verfügung stehenden historischen Quellen eine zwingende Notwendigkeit erkennen ließen, waren die Nürnberger Gesetze geeignet, auf dem Gebiet der Diskriminierung der Juden die bis dahin vorherrschende, alle Arten von Terror begünstigende Rechtsunsicherheit zu beenden; sie schufen eine Norm, die den Opfern gewisse Schutzmöglichkeiten versprach. *Natürlich war der materielle Gehalt der Rassengesetze Unrecht*, im Gegensatz zu den bis dahin herrschenden Verhältnissen war es aber berechenbares Unrecht, und die Erfahrung des Lebens unter totalitärer Herrschaft lehrt, daß dies leichter zu ertragen ist, als die reine unberechenbare Willkür. Der berühmte Kommentar von Stuckart/Globke hatte die Tendenz, die normative Fixierung der den Juden auferlegten Einschränkungen noch zu verstärken, möglichst viele Einzelheiten der Praxis festzulegen, auf diese Weise aber auch die den Juden verbliebenen Rechte zu sichern. Im Zuge der Gesamtentwicklung der nationalsozialistischen Judenverfolgung, die auf vollständige soziale Isolierung und schließlich biologische Ausmerzung abzielte, wurde die durch die Nürnberger Gesetze geschaffene Atempause allerdings sehr bald beendet. Die außernormativen Maßnahmen setzten wieder ein und endeten schließlich im Massenmord. Die Mörder können sich jedoch auf die Nürnberger Gesetze nicht als auf eine wenigstens teilweise legale Rechtfertigung ihres Tuns berufen, denn diese waren nicht ein Glied in der Kette des außernormativen Terrors gewesen, sondern hatten ihn vielmehr vorübergehend unterbrochen.

Man kann also die nationalsozialistische Herrschaft im Ganzen wie in ihren einzelnen Manifestationen nicht verstehen, wenn man in ihr nichts anderes sieht als eine äußerste Steigerung und Konzentration *staatlicher* Macht. Vielmehr muß man begreifen, daß hier im Machtanspruch wie in der Regierungspraxis über das Prinzip der Staatlichkeit ein völlig andersartiges Prinzip gesetzt worden war, das im eigentlichen Sinne des Wortes totalitär ist: Die Führergewalt betrachtete sich weder an die Normen positiven Rechts noch auch unbedingt an das Sittengesetz gebunden, sondern erhob den Anspruch, beide gegebenenfalls zu suspendieren, wenn ihr angeblicher geschichtlicher Auftrag oder das sogenannte Lebensgesetz des Volkes dies forderten. Andererseits erhob sie einen uneingeschränkten Verfügungsanspruch, der den Menschen im Prinzip keine normativen Garantien zugestand. Das Nebeneinander einer noch beibehaltenen, jedoch nur »auf Abruf« fortgeltenden Staatlichkeit und einer außernormativen Führergewalt, deren Willen im Zweifelsfalle immer den Ausschlag gab, war das Charakteristikum der nationalsozialistischen Herrschaft. Diese Dualität wurde zum ersten Male von Ernst Fraenkel in seinem 1940 in Amerika erschienenen Buch ›The Dual State‹ wissenschaftlich dargestellt. Fraenkel sah in der nationalsozialistischen Herrschaft eine Verquickung von »Normenstaat« und »Maßnahmestaat«. Bei dieser Terminologie erhebt sich allerdings die Frage, ob die pure Maßnahme, das heißt: ob das Prinzip der außernormativen Führergewalt nicht dem Prinzip staatlichen Lebens derart entgegengesetzt ist, daß es nicht mehr unter dem Begriff »Staat« gefaßt werden kann. Im Selbstverständnis der Nationalsozialisten jedenfalls war das Prinzip der Führergewalt etwas völlig anderes als Staatsgewalt, und in ihrer Herrschaftspraxis vollzog sich, wie noch ausführlich darzustellen sein wird, ein fortschreitender Prozeß der »*Entstaatlichung*« *des öffentlichen Lebens*. Diejenigen Staatstheoretiker im Dritten Reich, die versuchten, das Führerprinzip doch in irgendeiner Form den Kategorien der Staatlichkeit unterzuordnen, wurden interessanterweise des »Faschismus« bezichtigt. Die Nationalsozialisten sahen nämlich ein wesentliches Unterscheidungsmerkmal ihrer Herrschaft gegenüber der Mussolinis darin, daß sie das Prinzip des »unpersönlichen Staates« überwunden hätten. Der Vorwurf, »faschistisch« zu denken, wurde übrigens auch Ernst Rudolf Huber gemacht, weil er in seinen eigenen theoretischen Überlegungen sich bemühte, die Staatlichkeit doch als oberstes Prinzip zu retten.

Die Aushöhlung der staatlichen Amtsgewalt des Reichskanzlers durch die aus vorstaatlichen Quellen sich legitimierende Führergewalt ist übrigens mutatis mutandis vergleichbar mit der Aushöhlung der Amtsgewalt des altrömischen Consulats und Tribunats durch den Prinzipat des Augustus, der sich auf einen Consensus omnium und die Eidesleistung eines großen Teiles der römischen Bürger auf Octavian als ihren Patron stützte. Und so wie die private Streitmacht und die private Hausverwaltung des Kaiserhauses erst neben und später an die Stelle des staatlichen Heeres und der staatlichen Verwaltungen traten, so errichtete auch Hitler im Laufe der Jahre eine eigene, der Führergewalt zugeordnete Exekutive, die erst neben die alte staatliche Bürokratie trat und sich zuletzt anschickte, diese zu verdrängen.

Die Verwirklichung des umfassenden Herrschaftsanspruches der Führergewalt war allerdings nicht zuletzt eine Frage der politischen Macht, und Hitler war in den ersten Jahren nach 1933 nicht mächtig genug, um das neue Prinzip einfach revolutionär zur Geltung zu bringen. Er mußte auf Bürokratie, Wehrmacht und Wirtschaft Rücksicht nehmen, weil er ihrer bedurfte, und war gezwungen, sich zunächst weitgehend den vorgegebenen Formen staatlicher Ordnung und Verwaltung anzupassen. Der erste entscheidende Akt der Suspendierung dieser Ordnung, die erste Bresche für den Einbruch der Führergewalt in die Staatlichkeit, war der Erlaß der sogenannten »Verordnung zum Schutz von Volk und Staat« vom 28. Februar 1933. Denn durch sie wurde am Tage nach dem Reichstagsbrand ein partieller Ausnahmezustand verhängt, der bis zum Ende der nationalsozialistischen Zeit bestehen blieb. Die Verordnung war bis zum Krieg der Hebel, mit dem Hitler, wo es ihn gut dünkte, die nach wie vor nach dem Prinzip der Gesetzmäßigkeit tätige Staatsverwaltung ausschalten und seinen Willen mit gesetzlich nicht gedeckten, durch die staatlichen Gerichte nicht kontrollierbaren Maßnahmen durchsetzen konnte. So bildete die VO vom 28. Februar 1933 insbesondere die Grundlage für den Einsatz der Gestapo, für die »Schutzhaft« und die Existenz der Konzentrationslager – bis er, etwa seit Beginn des Krieges, mächtig genug war, das Prinzip der Führergewalt offener anzuwenden. Seitdem stützte die Politische Polizei, wie weiter unten ausführlicher dargestellt werden wird, ihre Maßnahmen ausdrücklich nicht mehr auf die Verordnung von 1933, sondern begründete sie lediglich mit dem der Deutschen Polizei vom Führer erteilten »politischen Gesamtauftrag«. Die VO vom 28. Februar 1933 hatte zwar bereits einen *permanenten* Ausnahmezustand begründet, aber es war doch immer noch ein *Ausnahme*zustand gewesen: eine auf Artikel 48 der Reichsverfassung gestützte ausdrückliche Dispensierung von einer im Prinzip als fortgeltend betrachteten normativen staatlichen Ordnung. Die reine Führergewalt dagegen war überhaupt nicht mehr normenbezogen, sie hatte keinen Ausnahmecharakter mehr, sondern war ein eigenständiges Prinzip. Natürlich konnte der außernormative Anspruch der Führergewalt in die grundsätzlich andersgeartete Ordnung des Staates nicht tatsächlich eingefügt werden. Er wurde aber von den Nationalsozialisten gewissermaßen in sie hineininterpretiert; es wurden immer wieder neue Formeln geschaffen, die es ermöglichten, die Befehle der Führergewalt so erscheinen zu lassen, als seien sie aus den bestehenden Normen abgeleitet, um so ihre Handhabung im Rahmen staatlicher Verwaltungspraxis zu ermöglichen. Es handelte sich also um eine nachträgliche, rein formale Legalisierung von Setzungen außerlegalen Ursprungs. Ernst Rudolf Huber schrieb darüber[7]:

> »Die Legalität bedeutet eine äußere Überbrückung der Kluft, die in Wahrheit zwei wesensverschiedene Ordnungen trennt [nämlich die der Staatsgewalt und die der Führergewalt]. Rücksicht auf das technische Funktionieren des Justiz- und Verwaltungsapparates sind die eigentlichen Gründe für die Methode der Legalität.«

[7] a.a.O., S. 49.

Ein charakteristisches Zeugnis dieser Auffassung bietet ein Brief Himmlers an Gottlob Berger vom 28. Juli 1942, in dem es heißt[8]: »Was soll eigentlich das Ehegesetz? Ich wünsche Vorlage bei mir. Kann heute schon sagen, daß ich der Ansicht bin, daß die Verbindungen von Deutschen mit Landeseinwohnerinnen zunächst gar nicht gesetzlich geregelt werden können. Insgesamt müßten sie verboten sein, Ausnahmen für Estland und Lettland müßten dort an zentralen Stellen anlaufen und einzeln nach rassischen Gesichtspunkten entschieden werden. Nach einem Jahr kann man dann die durch das Leben und die Praxis gesammelten Erfahrungen in die Form eines Gesetzes gießen. So wird regiert und nicht anders.«

Für die heutige Rechtsprechung bedeutet diese Scheinlegalität, für die es aus der Zeit des Dritten Reiches sehr viele mehr oder minder deutlich erkennbare Beispiele gibt, eine große Gefahr, da sie totalitäre Willkürmaßnahmen so erscheinen läßt, als stünden sie in der Kontinuität normativer Staatlichkeit. In entsprechender Weise werden heute oft auch Einrichtungen der nationalsozialistischen Bewegung irrtümlich für staatlich gehalten, nur weil sie nach der von Huber gekennzeichneten Methode der Legalität mit staatlichen Attributen versehen worden waren. Dabei wurde diese Methode vom Standpunkt der Nationalsozialisten selbst mit Recht als eine Halbheit und Zwischenlösung empfunden, die nur so lange als Behelf dienen sollte, als man auf die überkommenen Kategorien staatlichen Denkens Rücksicht nehmen mußte. Das klassische Beispiel solcher vorläufiger und im Grunde nie anerkannter normativer Interpretation eines außernormativen Führungsanspruchs war die Definition der NSDAP als Körperschaft öffentlichen Rechts durch das Gesetz zur Sicherung der Einheit von Partei und Staat vom 1. Dezember 1933.

Die der NSDAP im Dritten Reich zugeschriebene Stellung war sehr problematisch. Weder paßte sie mit dem Prinzip der Führergewalt zusammen, noch erwies sich der von ihr vertretene politische Führungsgrundsatz als praktikabel. Nach offizieller Theorie war die Partei Repräsentantin des politischen Willens des Volkes und war als solche die Instanz der politischen Willensbildung gegenüber dem Staat, dessen Aufgabe lediglich sein sollte, die ihm von der Partei gesetzten Ziele mit den Mitteln der Verwaltung zu realisieren. Sache der Partei sei die politische Führung, Sache des Staates die bürokratische Durchfüh-

[8] NO-626.

rung; die Partei habe die Menschenführung, der Staat die Sachwaltung. Dieser Führungsanspruch fand im Jahre 1933 seine »Legalisierung« durch

1. die Ernennung eines »Stellvertreters des Führers« [Partei-Verfügung Hitlers vom 21. April 1933]
2. das Gesetz zur Sicherung der Einheit von Partei und Staat vom 1. Dezember 1933.

Der Stellvertreter des Führers wurde nur für den Bereich der NSDAP ernannt und hatte dort Vollmacht, alle Fragen der Parteileitung in Hitlers Namen zu entscheiden. Er war »politischer Repräsentant der Gesamtbewegung«, das heißt: der Partei und aller ihrer Nebenorganisationen, er war jedoch nicht deren »gesetzlicher Vertreter« im bürgerlich-rechtlichen Sinn, also beim Abschluß von Rechtsgeschäften; das war vielmehr der Reichsschatzmeister der NSDAP. Als politischer Repräsentant der Bewegung wurde der Stellvertreter des Führers »zur Gewährleistung engster Zusammenarbeit der Dienststellen der Partei mit den öffentlichen Behörden« Mitglied der Reichsregierung aufgrund von § 2 des Gesetzes zur Sicherung der Einheit von Partei und Staat. Gemäß Erlaß des Führers vom 25. Juli 1934 über die Beteiligung des Stellvertreters des Führers an der Reichsgesetzgebung hatte er bei allen Gesetzes- und Verordnungsentwürfen der einzelnen Ministerien die Stellung eines mitbeteiligten Ministers [durch Erlaß des Führers vom 6. April 1935 auf alle Ausführungsbestimmungen und Durchführungsverordnungen ausgedehnt, soweit diese im Reichsgesetzblatt veröffentlicht wurden]. Ferner war der Stellvertreter des Führers bei der Ernennung aller Beamten beteiligt, soweit diese durch den Führer und Reichskanzler persönlich erfolgte; schließlich wirkte er durch seine Weisungsbefugnis gegenüber den Beauftragten der NSDAP bei den Kommunen an der kommunalen Selbstverwaltung mit.

Der Sinn des Gesetzes zur Sicherung der Einheit von Partei und Staat vom 1. Dezember 1933 war nicht gewesen, diese beiden Institutionen miteinander zu verschmelzen, sondern den politischen Führungsanspruch der Partei gegenüber dem Staat praktikabel zu machen. Den Verschmelzungstendenzen, die sich naturgemäß aus der Doppelstellung Hitlers als »Führer und Reichskanzler« ergaben, wirkte die Ernennung eines Stellvertreters des Führers gerade entgegen, da auf diese Weise die Parteiführung wieder klar von der Staatsführung getrennt wurde und die nationalsozialistische Bewegung ihre eigene Repräsentation gegenüber der Reichsregierung, den Reichsbehörden und den Regierungen der Länder erhielt[9]. Während also Hitler das nationalsozialistische Deutschland verkörperte, wurden die Nationalsozialisten in Deutschland nicht von ihm, sondern von Heß repräsentiert.

Der Begriff der »Bewegung« entspricht übrigens völlig der politischen Vorstellungswelt, aus der der Begriff der »Führergewalt« stammt. Zunächst ist unter Bewegung zu verstehen, daß es sich nicht nur um eine Partei, die NSDAP, sondern um eine ganze Reihe von Organisationen [auch politische Kampfverbände und berufsständische Organisationen] handelte, unter denen die Partei nur zu gewissen Zeiten einen Primat besaß. Das war am ehesten wohl zwischen 1934 und dem Krieg der Fall, als die SA nicht mehr und die SS noch nicht gleichberechtigt und mindestens gleich mächtig neben ihr standen. Vor allem aber ist der Begriff »Bewegung« deshalb sehr treffend, weil der Totalitätsanspruch der Nationalsozialisten die Grenzen des Begriffs einer politischen Partei genauso sprengte, wie die Führergewalt die Staatsgewalt aus den Angeln hob. In der Bewegung manifestierten sich nach nationalsozialistischer Vorstellung das Lebensgesetz und der geschichtliche Auftrag des Volkes; sie trug den Führer, und sie, nicht etwa der Staat, war der Grundstock des neuen Reiches. Die Nationalsozialisten verstanden unter dem Begriff »Reich« diejenige neue politische Ordnung, die als Schöpfung der Führergewalt jenseits des Dualismus von Staat und NSDAP erstrebt und Schritt für Schritt errichtet wurde.

Der erste Mangel der im Gesetz zur Sicherung der Einheit von Partei und Staat verankerten Konzeption bestand darin, daß der Anspruch der Partei, Repräsentantin des politischen Willens des Volkes zu sein, mit der Hitler zugeschriebenen geschichtlichen Sendung und Repräsentanz des wahren Volkswillens und daß der politische Führungsanspruch gegenüber dem Staat mit Hitlers absoluter Führergewalt nicht vereinbar waren. Die Partei konnte mit dem Führer nicht konkurrieren und hat neben ihm nie allgemein anerkannte Autorität zu gewinnen vermocht. Soweit es ihr gelang, dem Staat ihren Willen aufzuzwingen, geschah es nicht aus eigener Kraft, sondern wegen der von Hitler gewährten Privilegierung. In Wirklichkeit war sie dem Staat nicht über-, sondern nebengeordnet. Mit Recht hat Dr. Hans Frank nach dem Krieg in seinen Erinne-

[9] Vgl. Anordnung des Stellv. des Führers vom 22. Januar 1937.

rungen geschrieben, Hitler habe Staat und Partei wie zwei Pferde vor den Triumphwagen seiner Politik gespannt; beide waren beliebig verwendbare Werkzeuge der einzigen souveränen Instanz: des Führers. Da Hitler als Staatsoberhaupt und Reichskanzler selbst Herr der staatlichen Exekutive war, bedurfte er im Grunde des Umweges über die Partei nicht, um der Bürokratie seinen Willen vorzuschreiben.

Der zweite Mangel war, daß die Partei zwar den Anspruch erhob, ausschließlich aus eigenem Recht als politischer Willensträger dem Staat gegenüberzutreten, daß diese Funktion aber tatsächlich bis ins einzelne in der oben beschriebenen Weise »legalisiert« und die Partei auf diese Weise eben doch in die Kategorien der Staatlichkeit eingeordnet wurde. Aus diesem Grunde wurde von vielen Nationalsozialisten die Definition der NSDAP als Körperschaft öffentlichen Rechts heftig kritisiert. Ein typisches Beispiel dafür findet sich in einem Memorandum über »rechtliche und organisatorische Probleme von Partei und Staat«, das im Kriege wahrscheinlich im Gau Weser-Ems der NSDAP entstanden ist. Dort heißt es, die Partei zur öffentlich-rechtlichen Körperschaft zu erklären, könne nicht anders bezeichnet werden als ein Verlegenheitsprodukt verkalkter Juristen:

> »Die Partei als Führungsorden des von ihr erkämpften Reiches muß eine eigene Rechtsgrundlage besitzen und darf keine Anleihe machen bei den bestehenden Rechtsmöglichkeiten ... Die heutige Autorität der Partei stützt sich – auf gut deutsch gesagt – auf Schnauze und alte Parteimänner, die sich durchzusetzen wissen, und andererseits auf Beamte, die des Glaubens sind, bei der politischen Beurteilung Nachteile zu haben, wenn sie sich querstellen.
>
> ...
>
> Die Einflußnahme der Partei auf die Gesetzgebung muß nicht dadurch ermöglicht werden, daß der Leiter der Parteikanzlei den Charakter eines Reichsministers bekommt, sondern dieses Recht muß der Partei kraft ihrer Stellung und ihres Führungsanspruchs zustehen.
>
> Das Gesetz über das Winterhilfswerk des deutschen Volkes ist meines Erachtens ein Schulbeispiel dafür, wie es nicht gemacht werden darf. Das Winterhilfswerk ist von jeher eine reine Parteiangelegenheit gewesen, und es ist nicht im geringsten ersichtlich, zu welchem Zweck hierfür vom Staat ein Gesetz erlassen werden mußte.«

Der dritte und wohl entscheidende Mangel der ursprünglichen Theorie des Verhältnisses von Partei und Staat bestand aber darin, daß bei der Zuweisung der politischen Willensbildung an die Partei und der »verwaltungsmäßigen Durchführung« an den Staat die gesamte Exekutive eben doch in den Grenzen normativer Staatlichkeit und unter dem Prinzip der Gesetzmäßigkeit der Verwaltung blieb. Ganz abgesehen davon, daß es der Partei an Leuten fehlte, die über die nötigen Kenntnisse und das Format verfügten, um einer alten bewährten Bürokratie gewachsen zu sein, erwies es sich, daß die staatliche Verwaltung nicht ein Apparat zur Ausführung ganz beliebiger Befehle war, sondern eine durch und durch auf rechtsstaatliche Prozedur zugeschnittene Ordnung, die zwar als Ganzes ausgeschaltet und umgangen, jedoch nur in Ausnahmefällen an einzelnen Stellen willkürlich durchbrochen werden konnte. Die staatliche Bürokratie entwickelte einfach auf Grund ihrer Arbeitsweise einen starken Widerstand gegen die Einflußnahme der Partei. Und die nationalsozialistischen Funktionäre, die in zahlreiche wichtige Verwaltungspositionen gesetzt worden waren, brachten zwar manches vom Geist der Partei dort mit hinein und konnten von Fall zu Fall versuchen, im Parteiinteresse zu entscheiden, aufs Ganze gesehen aber mußten sie sich den Grundsätzen staatlicher Verwaltung beugen. Sie vermochten um so weniger eine grundlegende Revolutionierung dieser Verwaltung herbeizuführen, als sie ihr kein alternatives Prinzip entgegenzusetzen hatten. So kam die Partei mit ihrer Konzeption über Einzeleingriffe, ein willkürliches Ausnahmen-Machen und Räsonieren nicht hinaus – wenigstens so lange nicht, als sie an ihrer alten Konzeption festhielt. Das genügte zwar, um Verwirrung und Rechtsunsicherheit zu stiften, nicht aber, um über die staatliche Exekutive maßgeblich zu verfügen.

Demgegenüber wurde von der SS eine grundlegend andere Konzeption entwickelt, die dem Anspruch der Führergewalt wirklich adäquat war. Und zwar wurde für die Durchsetzung und Verwirklichung des außernormativen Führerwillens aus Teilen der SS eine neue, von der staatlichen Verwaltung völlig unabhängige, von der Bindung an die staatlichen Normen im Prinzip befreite Exekutive errichtet. Diese *Führerexekutive* wurde nicht nach dem Prinzip der Gesetzmäßigkeit der Verwaltung tätig, sondern ihre Maxime war allein der Wille des Führers. Ihr wurden die eigentlich politischen Aufgaben übertragen, auf die es Hitler ankam, insbesondere die Sicherung der

Macht, Bevölkerungspolitik, Besatzungspolitik, Verfolgung aller tatsächlichen und angeblichen Gegner des Regimes. In diesen Bereichen sah sich die alte staatliche Bürokratie mehr und mehr auf die rein technischen Durchführungsmaßnahmen verwiesen, und auch sonst blieben ihr mit der Zeit nur diejenigen Verwaltungsgeschäfte überlassen, die politisch belanglos waren. Da mit der Konstituierung der Führergewalt die staatliche Rechtsordnung ihre Verbindlichkeit und die staatliche Verwaltung ihre unbedingte Zuständigkeit verloren hatten, konnte der Führer die Organe der neuen Exekutive von Fall zu Fall auch mit staatlichen Rechten und Kompetenzen gleichsam wie mit Privilegien ausstatten, ohne daß sie dadurch der institutionellen Disziplin des Staates unterworfen worden wären. Auch konnten, wie es bei der politischen Polizei der Fall war, staatliche Behörden aus dem Zusammenhang der Gesamtverwaltung herausgelöst und in den Bereich der Führerexekutive übergeführt werden, so wurde im Laufe der Jahre das Prinzip der Führergewalt in reiner Form realisiert und der Prozeß der Entstaatlichung des öffentlichen Lebens vorangetrieben. Als Führerexekutive das eigentliche, adäquate Werkzeug der Führergewalt gewesen zu sein, darin besteht die historische Bedeutung der SS.

Die Frühgeschichte der SS

Als Hitler im Frühjahr 1925 seine Partei neu aufzubauen begann, gelang es ihm zunächst nicht, die SA in der Form wiederherzustellen, die er wünschte: als eine der Parteileitung uneingeschränkt untergebene politische Agitations- und Kampftruppe. Ernst Röhm, den er an sich für die Neuorganisation der SA gewonnen hatte, forderte nämlich, daß diese weder der Leitung der NSDAP unterstellt noch in politische Tagesangelegenheiten hineingezogen werden dürfe; sie sollte vielmehr selbständig bleiben und die Partei nur, wo es notwendig schien, »militärisch« unterstützen. Da man sich nicht einigen konnte, legte Röhm am 1. Mai 1925 die SA-Führung nieder und ging nach Bolivien; von der SA blieben nur mehr oder weniger lokale Gruppen bestehen, die ohne zentrale Führung nicht als brauchbares und zuverlässiges Instrument anzusehen waren. Schon vorher im März, als es zwar noch nicht zum offenen Bruch gekommen war, Röhm sich jedoch bereits als nicht unbedingt ergebener Gefolgsmann erwies, hatte es Hitler für gut gehalten, sich für seinen persönlichen Schutz eine »Stabswache« von einem Dutzend völlig zuverlässiger Leute aufzustellen. Dabei griff er in erster Linie auf Angehörige seiner ehemaligen Leibwache des Jahres 1923, des »Stoßtrupps Hitler«, zurück und beauftragte auch einen von ihnen, Julius Schreck, mit der Führung des neuen Kommandos. Diese »Stabswache« erschien in der Öffentlichkeit zum ersten Male am 16. April 1925 bei der Beerdigung des früheren Münchner Polizeipräsidenten Ernst Pöhner. Je vier Fackelträger gingen rechts und links vom Sarg, Angehörige der »Stabswache«, von denen ein Teil noch bis vor kurzem die Festungshaft mit dem Toten geteilt hatte.

Wohl bald nach dem Weggang Röhms stellte Hitler in München und auch in anderen Ortsgruppen weitere, der »Stabswache« ähnliche Trupps auf, die schon im Spätsommer des Jahres 1925 die Bezeichnung »Schutzstaffeln« erhielten, und zwar einschließlich der »Stabswache«. Für den Aufbau dieser Staffeln, den man sich für diese Zeit ganz provisorisch vorzustellen hat, gab Schreck die ersten Richtlinien heraus. Während die alte SA ein Wehrverband gewesen war, der möglichst viele Mitglieder haben sollte, die keineswegs auch alle Parteimitglieder zu sein brauchten, sollten in den Schutzstaffeln nur die aktivsten und zuverlässigsten Parteimitglieder einer Ortsgruppe zusammengefaßt werden: Die Staffeln sollten »kein neuer Verein« sein, sondern Teil der Parteiorganisation bleiben, allerdings unter zentraler Führung einer »Oberleitung« in München. Jede »Zehnerstaffel« wurde von einem »Zehnerführer« geführt und unterstand unmittelbar der »Oberleitung«. Als Aufgaben waren vorgesehen: Schutz Hitlers und prominenter Parteiführer, Versammlungsschutz und vorbereitende Maßnahmen zur Abwehr eventueller Angriffe auf die Partei und ihre Führer, nicht zuletzt aber auch Werbung von Parteimitgliedern, von Beziehern des ›Völkischen Beobachters‹ und Anzeigen für den ›Völkischen Beobachter‹. Die Schutzstaffeln standen also nicht in der Tradition der Wehrverbände, sondern waren Parteikader für jeglichen politischen, technischen und brachialen Einsatz. Mit ihren Abzeichen [schwarze Mütze mit Totenkopf und schwarzumrandete Hakenkreuzarmbinde] kennzeichneten sie sich ausdrücklich als Nachfolgeorganisation des »Stoßtrupps Hitler« von 1923. Auch damals hatte sich Hitler der SA nicht unbedingt sicher gefühlt, weil diese ziemlich enge und ihm nicht ganz durchsichtige Verbindungen zu den anderen Wehrverbänden und zur Reichswehr pflegte[10].

Als am 1. November 1926 unter Hauptmann von Pfeffer wieder eine Oberste SA-Führung eingesetzt und die SA zentral reorganisiert wurde, verloren die Schutzstaffeln an Bedeutung. Zwar hatte Hitler auf dem Reichsparteitag der NSDAP in Weimar am 4. Juli 1926 dem damaligen Führer der Schutzstaffeln, Joseph Berchtold, die »Blutfahne« des 9. November 1923 übergeben, doch wurden die Staffeln nun der Obersten SA-Führung unterstellt; auch wurden sie später, als sie unter Himmlers Führung [seit 6. Januar 1929] sich stark vergrößerten, nach dem Schema der SA umorganisiert. Doch behielten sie gewisse eigene Aufgaben, die im Vergleich zu denen der SA als der Parteiarmee am ehesten als »polizeiliche« Aufgaben bezeichnet werden können. »Die SS wird im Unterschied zur SA beson-

---

[10] Über die Entstehungsgeschichte der SS vgl. ›VB‹ vom 18. April, 23. September und 9. Dezember 1925, 29. Januar und 7. Juli 1926; ›Augsburger Postzeitung‹ vom 29. April 1924; d'Alquen, Die SS. Berlin 1939; Rühle, Das Dritte Reich, Die Kampfjahre. Berlin 1936; Volz, Daten der Geschichte der NSDAP. Berlin und Leipzig 1938; Lehrplan für zwölfwöchige Schulung, herausgegeben vom SS-Hauptamt, o. J. Vgl. auch die diesbezüglichen Stellen in den verschiedenen Ausgaben des Werkes von Konrad Heiden.

ders da eingesetzt, wo einzelne Männer verwendet werden müssen«, steht in der Dienstvorschrift der SA von 1931: die SA hat den Versammlungsschutz, die SS den Sicherheitsdienst bei Führertagungen und den Schutz der prominenten Führer; wenn die SA Propagandamärsche macht, sperrt die SS ab und übernimmt den Sicherungsdienst; die SS hat auch die Vorgänge in anderen Parteien zu beobachten und ist verantwortlich für die Sicherheit der Partei im Innern, sie wird eingesetzt zur Verhütung und Niederwerfung von Parteirevolten. Den letzten Auftrag erfüllte zur besonderen Zufriedenheit Hitlers die Berliner SS, als sie unter Dalueges Führung den Stennesputsch ersticken half. Damals, Anfang April 1931, gab ihr Hitler dafür die Losung: »SS-Mann, Deine Ehre heißt Treue.«

Ein »Abwehr«-Dienst, der für die Erfüllung der Sicherungsaufgaben der SS die nötigen Voraussetzungen zu schaffen hatte, wurde seit Herbst 1931 von dem Marineoberleutnant a. D. Reinhard Heydrich aufgebaut. Zunächst »Ic-Dienst«, während der Zeit des Verbots von SA und SS [13. April bis 14. Juni 1932] »PI-Dienst« [das heißt: Presse- und Informationsdienst] genannt, bildete er die Keimzelle des späteren SD.

Als die SS im Frühjahr 1933 mit über 50000 Mitgliedern schon längst weniger eine Kadertruppe als vielmehr eine etwas feinere Variante der SA bildete, wiederholte sich der Vorgang von 1923 und 1925: Hitler, der eben Reichskanzler geworden war, stellte sich am 17. März 1933 in Berlin aus 120 ausgewählten SS-Männern unter Sepp Dietrichs Führung eine neue »Stabswache« auf; und auch in anderen Städten wurden zuverlässige SS-Männer zu »SS-Sonderkommandos« zusammengefaßt und für polizeiliche und quasi-polizeiliche bzw. terroristische Aufgaben verwendet. Diese Sonderkommandos, die später als »Kasernierte Hundertschaften« und dann als »Politische Bereitschaften« bezeichnet wurden, bildeten den Grundstock der späteren »Verfügungstruppe«, aus der dann wiederum die Waffen-SS hervorging.

Dreimal innerhalb von zehn Jahren hat sich Hitler also eine »Stabswache« gegründet und daraus jeweils eine Truppe zu seiner ganz persönlichen Verfügung entwickelt, deren Kennzeichen in jedem Falle die unbedingte Treue zu ihm und, im Gegensatz zur offensiven Verwendung der SA, die Verwendung für Sicherungsaufgaben war. Von diesen beiden Merkmalen blieben die weitere Entwicklung der SS und ihre rechtliche und tatsächliche Stellung im Dritten Reich bestimmt;

zwar nicht im Sinne einer bewußten Planung von Anfang an, wohl aber in konsequenter Entwicklung nach dem Gesetz, nach dem sie angetreten war. Unter dem Einfluß von Walter Darré hatte Himmler zu den beiden Merkmalen der SS den »Elitegedanken« hinzugefügt: Er wollte, daß seine Truppe nicht nur im Einsatz für Hitler politisch zuverlässig sei, sondern daß sie sich auch durch menschliche Qualitäten und Fähigkeiten [im Sinne seiner Vorstellungen und Maßstäbe] auszeichne und so eine politische Führerschicht bilde. Dadurch entstand eine gewisse Antinomie. Denn einerseits war die SS durch die unbedingte Treue zu Hitler und den Einsatz für seine und seiner Partei Sicherheit Organ und Repräsentantin seiner absoluten persönlichen Diktatur; andererseits war in dem Elitegedanken ein oligarchisches Prinzip enthalten und damit ein Ansatz zur Eigenständigkeit gegenüber Hitler. Wenn diese Antinomie bis zum Ende des Dritten Reiches auch politisch nie zum Tragen kam, so fand sie immerhin einen Ausdruck in dem Widerstand gewisser Kreise der SS gegen eine Verschmelzung mit der Polizei, die doch gerade in der Konsequenz der ursprünglichen Aufgaben der SS lag.

SS und Polizei

Der Aufbau der Führerexekutive begann im Jahre 1933 im Bereich der politischen Polizei und wurde dort in der folgenden Zeit am konsequentesten verwirklicht. Das hatte seinen guten Grund: es gibt nämlich keine andere Institution im ganzen Bereich des öffentlichen Lebens, der geheime Vorgänge, nicht begründete Exekutivmaßnahmen und Abweichungen von den bestehenden Normen leichter zugestanden würden oder bei der sie wenigstens am bequemsten zu rechtfertigen wären, als die politische Polizei. So konnte gegenüber der Öffentlichkeit ziemlich lange verschleiert werden, daß die politische Polizei des Dritten Reiches vom ersten Tage an nicht mehr ein defensives Instrument der Staatsgewalt zum Schutz des Staates war, sondern ein offensives Instrument der Führergewalt gegen alles, was dem Führerwillen nicht konform war und die Verwirklichung des totalitären Verfügungsanspruchs gefährden könnte. Weder ihrer Stellung noch ihren Aufgaben noch ihren eigenen Intentionen nach trug diese politische Polizei den Namen *Staats*polizei zu Recht.

Eine sehr instruktive Skizze der Entwicklung der politischen Polizei in Deutschland nach dem Ersten Weltkrieg findet sich in der Schrift des ehemaligen Berliner Polizeivizepräsidenten Bernhard Weiss, eines der energischsten und deshalb bestgehaßtesten Gegner der Nationalsozialisten; sie ist 1928 unter dem Titel ›Polizei und Politik‹ erschienen. Dort heißt es[11] u. a.:
»Als die Sozialdemokratie nach der Staatsumwälzung vom 9. November 1918 in Deutschland die Regierungsgeschäfte übernahm, fand die Tätigkeit der politischen Polizei zunächst ein Ende. Zu den programmatischen Forderungen der neuen Machthaber hatte seit jeher die Abschaffung der politischen Polizei gehört. Eugen Ernst, der in der Berliner Organisation der Sozialdemokratie vor dem Umsturz eine führende Rolle spielte und später Berliner Polizeipräsident wurde, hatte in seiner 1911 erschienenen Schrift ›Polizeispitzeleien und Ausnahmegesetze‹ mit dem Aufruf geschlossen: Fort mit der politischen Geheimpolizei, diesem schmachbeladenen Herd der schlimmsten Korruption. Entsprechend dieser grundsätzlichen Einstellung bestätigte Emil Eichhorn, der neue Volkskommissar für den öffentlichen Sicherheitsdienst, die Abteilung V des Polizeipräsidiums, welche bis dahin die Angelegenheit der politischen Polizei bearbeitet hatte. An den Orten Deutschlands, an denen eine politische Polizei bestand, war es ähnlich. Auf Umwegen kam es aber sehr bald wieder zur Einführung einer politischen Polizei. Was Berlin betrifft, so sah der genannte Eichhorn innerlich sofort die Notwendigkeit ein, mit polizeilichen Mitteln den neuen Staat zu schützen; er trug aber Bedenken, die alten Polizeibeamten im neuen Staat zu politisch-polizeilichen Aufgaben heranzuziehen. Er schuf sich daher für diese Tätigkeit eigene Organe, die er aus Arbeiter- und Soldatenkreisen holte. [Ähnlich übernahmen in manchen deutschen Provinzstädten unmittelbar nach der Staatsumwälzung die örtlichen Arbeiter- und Soldatenräte die Geschäfte der politischen Polizei.] Eichhorns Nachfolger beim Berliner Polizeipräsidium, Polizeipräsident Eugen Ernst, der sich trotz seines einstigen Kampfes gegen die politische Polizei vom ersten Augenblick seines amtlichen Wirkens von der Unentbehrlichkeit der politischen Polizei überzeugt hatte, trug keine Bedenken, die politische

[11] S. 52ff.

Polizei wieder durch ordnungsmäßige Polizeibeamte handhaben zu lassen. Da man zur damaligen Zeit [Anfang 1919]
im Hinblick auf die erwähnte programmatische Forderung
das Bestehen einer politischen Polizei noch nicht *offen* zuzugeben wagte, trat die politische Polizei nicht als selbständige
politische Abteilung, sondern als verstecktes Anhängsel einer
mit anderen Aufgaben betrauten Abteilung [I] des Berliner
Polizeipräsidiums ins Leben. So entstand die in der Öffentlichkeit vielgenannte Abteilung I A der Berliner Polizeibehörde. Es hat noch mehrere Jahre gedauert, bis das Miß-
trauen gegen das Bestehen einer politischen Polizei ge-
schwunden war und die bisher gleichsam im verborgenen
arbeitende Abteilung I A offen als politische Polizei hervortreten konnte.«

In der Praxis entwickelte sich die I A-Abteilung zu einer politisch-polizeilichen Nachrichtenzentrale für das ganze Reich,
ohne daß diese Funktion allerdings je eine institutionelle Sanktionierung gefunden hätte. Ebenso scheiterten Versuche, im
Interesse des Schutzes der Republik die politischen Abteilungen der verschiedenen Landeskriminalpolizeiämter zusammenzufassen. – Für Abwehrangelegenheiten, das heißt insbesondere: zur Abschirmung der durch den Versailler Vertrag an
sich verbotenen Rüstung, entstand innerhalb der I A-Abteilung
ein eigenes, auch äußerlich streng abgesondertes Referat mit der
Bezeichnung »C. St.« [= Centrale Staatspolizei]. Es arbeitete
mit den entsprechenden Stellen der Polizeien der anderen deutschen Länder zusammen und wurde de facto, wenn auch ebenfalls nicht de jure, das erste zentrale deutsche Polizeiamt.

2. Geschichte der Gestapo
   bis zum Gestapo-Gesetz vom 10. Februar 1936

Die Geschichte der politischen Polizei des Hitler-Regimes hat
zwei voneinander unabhängige Anfänge in Preußen und Bayern.
In PREUSSEN übertrug Göring, der am 30. Januar mit der Wahrnehmung der Geschäfte des preußischen Innenministers beauftragt worden war, noch vor dem Reichstagsbrand die Leitung
der Abteilung I A dem Oberregierungsrat Diels, der bis dahin
die politische Polizeigruppe des preußischen Innenministeriums
geleitet hatte. Bereits am 3. März erging eine preußische Mini-
sterialverordnung[12], wonach die Polizei die Einschränkung ih-

---

[12] MBliV., S. 233.

rer Zuständigkeit, wie sie in den §§ 14 und 41 des Preußischen Polizei-Verwaltungs-Gesetzes spezifiziert sind, überschreiten dürfe; das war natürlich in erster Linie für die politische Polizei von Belang und bedeutete den ersten Schritt ihrer Entlassung aus der Bindung an die Gesetze. Der erste Schritt zur Herauslösung der politischen Polizei aus der Inneren Verwaltung erfolgte wenige Tage später, allerdings zunächst rein lokal: Am 8. März wurden durch Verfügung des kommissarischen preußischen Innenministers die Räume des in »Horst-Wessel-Haus« umbenannten »Karl-Liebknecht-Hauses« »der politischen Polizei, und zwar ihrer neu gegründeten Abteilung« [zur Bekämpfung des Bolschewismus][13] zur Verfügung gestellt. Mitte April zog dann die Abteilung I A aus dem Gebäude des Berliner Polizeipräsidiums in das Gebäude Prinz-Albrecht-Straße 8 um.

Mit dem Gesetz vom 26. April 1933[14] wurde »zur Wahrnehmung von Aufgaben der politischen Polizei neben den oder an Stelle der ordentlichen Polizeibehörden« das »Geheime Staatspolizeiamt« [»Gestapa« mit Sitz im Gebäude Prinz-Albrecht-Straße 8] errichtet, das dem Minister des Innern unmittelbar unterstand und die Stellung einer Landespolizeibehörde hatte. Das geschah, wie es in einem Runderlaß des preußischen Innenministers vom gleichen Tage heißt[15], »im Interesse einer einheitlichen Oberleitung der politischen Polizei«. Gemäß Runderlaß des PrMdI vom 26. April 1933[16] trat das Gestapa in politisch-polizeilichen Angelegenheiten an die Stelle des Landeskriminalpolizeiamtes, und in den Regierungsbezirken wurden Staatspolizeistellen als nachgeordnete Exekutivstellen des Gestapa errichtet, das heißt: die bereits vorhandenen politischen Abteilungen bei den Polizeiverwaltungen nahmen die Aufgaben der Staatspolizeistellen wahr[17]. Einige Monate lang blieb das Innenministerium noch Ministerialinstanz für die politisch-polizeilichen Angelegenheiten, bis durch Gesetz vom 30. November 1933[18] die Geheime Staatspolizei selbständiger Zweig der inneren Verwaltung wurde und die bisher vom Innenministerium wahrgenommenen Geschäfte auf das Gestapa übergingen. Das Gestapa war jetzt dem Ministerpräsidenten unterstellt,

---

[13] › Frankfurter Zeitung ‹ vom 9. März 1933.
[14] Pr. Ges., S. 122.
[15] MBliV., S. 503.
[16] MBliV., S. 503.
[17] Vgl. Anlage 2 zum zitierten RdErl. vom 26. April 1933.
[18] Pr. Ges., S. 413.

der einen Inspekteur zur Wahrnehmung der Geschäfte beauftragte; dieser führte über die Stapostellen nach Weisung des Ministerpräsidenten die Aufsicht.

Während in der Durchführungsverordnung zum Gestapogesetz vom 8. März 1934[19] noch bestimmt wurde, daß die Stapostellen, »soweit vom Ministerpräsidenten nicht etwas anderes bestimmt wird«, den Regierungspräsidenten unterstellt seien, machten zwei fast gleichzeitig ergangene Runderlasse des Ministerpräsidenten in diesem Punkte wesentliche Einschränkungen. Im Runderlaß vom 8. März 1934[20] wurde angeordnet, daß die Leiter der Stapostellen den Wünschen der Regierungspräsidenten nur zu entsprechen haben, »soweit nicht Weisungen und Richtlinien [sc. des Gestapa] entgegenstehen«; im Runderlaß vom 14. März 1934[21] heißt es: »Mit Beginn des Rechnungsjahres 1934 werden die Staatspolizeistellen aus ihrem bisherigen organischen Zusammenhang mit der Bezirksregierung oder einer staatlichen Polizeiverwaltung losgelöst und zu selbständigen Behörden der Geheimen Staatspolizei bestellt.« – Damit war die preußische Gestapo mit allen ihren Teilen aus dem Zusammenhang mit der übrigen inneren Verwaltung herausgelöst. Das wird durch ein Schreiben des Gestapa vom 3. April 1936 [gez. Dr. Best] bestätigt[22], in dem ein Aufsatz über die Stellung der Gestapo empfohlen wird, den ein gewisser Dr. Walter Hamel in der »Deutschen Juristenzeitung« vom 15. März 1935 veröffentlicht hatte. Best schrieb dazu unter anderem: »Nicht richtig ist die Auffassung Dr. Hamels, daß die Preußischen Staatspolizeistellen den Regierungspräsidenten unterstellt seien. Dr. Hamel sagt an anderer Stelle selbst, die Einheit des Staats erfordere, daß die politisch wesentlichen Angelegenheiten der Polizei einer besonderen, unmittelbar dem Ministerpräsidenten unterstellten Staatspolizeibehörde anvertraut werden. Dies ist für Preußen durch § 1 des Gesetzes über die Geheime Staatspolizei vom 30. November 1933 in den Sätzen festgelegt: ›Die Geheime Staatspolizei bildet einen selbständigen Zweig der inneren Verwaltung. Ihr Chef ist der Ministerpräsident.‹«

In BAYERN wurde am 9. März 1933 Ritter von Epp als Reichskommissar für die politischen Befugnisse eingesetzt. Er er-

[19] Pr. Ges., S. 143.
[20] MBliV., S. 469.
[21] MBliV., S. 471.
[22] Vgl. MA 433 Bl. 8716 im Archiv des Instituts für Zeitgeschichte [Archiv IfZ].

nannte am gleichen Tage den Reichsführer-SS Heinrich Himmler zum kommissarischen Polizeipräsidenten von München, während der Leiter des »Sicherheitsdienstes RFSS«, Reinhard Heydrich, Leiter des von früher her bestehenden politischen Referats der Abteilung VI der Münchener Kriminalpolizei wurde. In der Bekanntmachung dieser Ernennungen wurde als deren Zweck nicht nur wie üblich die Aufrechterhaltung von Sicherheit und Ordnung angegeben, sondern es hieß, es solle auf diese Weise die Gewähr dafür geboten sein, daß »die Reichsregierung der nationalen Erhebung unter der Führung Adolf Hitlers auch in Bayern treue Gefolgschaft findet« – eine bemerkenswert frühe Abweichung von der rechtsstaatlichen defensiven Aufgabenstellung der Polizei, für die Aufrechterhaltung der öffentlichen Sicherheit und Ordnung zu sorgen, zugunsten einer offensiven rein politischen Zielsetzung. Als die kommissarische Regierung Held am 16. März die Geschäfte niederlegte, gab der Staatskommissar für das Innenministerium, Gauleiter Adolf Wagner, bekannt, daß »zwecks strafferer Durchführung der von der politischen Polizei erforderlichen Aktionen mit sofortiger Wirkung der Polizeipräsident der Polizeidirektion München zum politischen Referenten beim Staatsministerium des Innern ernannt und ihm in dieser Eigenschaft die gesamte politische Polizei in Bayern unterstellt« sei. Die politische Polizei erhielt die Bezeichnung »Bayerische Politische Polizei«[23]. Mit Verfügung des kommissarischen Staatsministers des Innern vom 1. April 1933 wurde im Ministerium die Stelle »Der Politische Polizeikommandeur Bayerns« geschaffen und Himmler zum Politischen Polizeikommandeur ernannt[24]:

»1. Im Ministerium des Innern wird die Dienststelle der Politische Polizeikommandeur Bayerns geschaffen.

2. Die Bayerische Politische Polizei scheidet mit sofortiger Wirksamkeit aus dem Dienstbereich der Polizeidirektion München aus.

3. Dem Politischen Polizeikommandeur Bayerns unterstehen:

a] die Politische Polizei Bayerns, die gegliedert ist in die Zentrale und in die politischen Abteilungen bei den staatlichen Polizeidirektionen und Polizeiämtern, sowie die politischen Polizeireferate bei den Bezirksämtern und kreisunmittelbaren Städten;

[23] ›VB‹ vom 17. März 1933.
[24] ›Augsb. Postztg.‹ vom 4. April 1933.

b] die Politische Hilfspolizei in ihren sämtlichen Formationen, für die Exekutive;

c] die bereits bestehenden und noch einzurichtenden Konzentrationslager.

4. Auf Anforderung stehen dem Politischen Polizeikommandeur Bayern Bereitschaftspolizei, blaue Polizei und Gendarmerie für die Exekutive zur Verfügung.

5. Die Dienststelle des Politischen Polizeikommandeurs Bayerns erhält eine eigene Wirtschaftsabteilung und Kraftwagenpark.«

Von Bayern ausgehend gelang es Himmler, im Lauf des Winters 1933/34 in allen deutschen Ländern Chef der dortigen politischen Polizeien zu werden, mit Ausnahme zunächst von Preußen und Schaumburg-Lippe. Diese Entwicklung vollzog sich in den einzelnen Ländern folgendermaßen:

In ANHALT wurde Himmler am 20. Dezember 1933 Kommandeur der politischen Polizei. Durch die VO des Anhaltischen Staatsministeriums vom 29. März 1934[25] wurde die politische Polizei als besondere Abteilung des Staatsministeriums und als eine von den übrigen Landesbehörden getrennte und diesen gegenüber selbständige Zentralinstanz neu organisiert. Sie bekam die Bezeichnung »Anhaltische Politische Polizei [Geheime Staatspolizei]«. Nur Personal-, Kassen- und Rechnungssachen dieser politischen Polizei wurden im Geschäftsbereich der allgemeinen Staatsverwaltung bearbeitet.

In BADEN wurde die Organisation der politischen Polizei grundsätzlich durch § 10 des Landeskriminalpolizeigesetzes vom 22. August nebst AusführungsVO vom 26. August 1933 geregelt. Durch Verordnung des Ministers des Innern vom 26. August 1933[26] wurde das »Geheime Staatspolizeiamt« errichtet, das dem Landespolizeiamt angegliedert, jedoch der unmittelbaren Dienstaufsicht des Ministers unterstellt war; der Leiter des Geheimen Staatspolizeiamts hatte unmittelbares Vortragsrecht beim Minister. Sachlich und personell war das Amt völlig von den übrigen Behörden der inneren Verwaltung getrennt. – Himmler wurde am 18. Dezember 1933 Kommandeur der politischen Polizei.

---

[25] Amtsbl. f. Anhalt Nr. 25 vom 29. März 1934, S. 105.

[26] Alle zitierten Texte sind abgedruckt im Bad. Ges. u. VOBl. v. 30. August 1933, S. 167–175.

In Braunschweig wurde Himmler Ende Januar 1934 Kommandeur der politischen Polizei. Diese erhielt ihre gesetzliche Grundlage durch Gesetz vom 17. April 1934 und die DurchführungsVO hierzu vom 24. April 1934[27]. Die »Braunschweigische Politische Polizei« war eine selbständige, von den übrigen Verwaltungsbehörden getrennte Zentralinstanz, die dem Minister des Innern unmittelbar unterstand.

In Bremen wurde durch Verfügung des Polizeiherrn vom 16. Juni 1933 und Verfügung des Senators für Innere Verwaltung vom 13. Juli 1935 die politische Polizei im bremischen Stadtgebiet neu organisiert. Am 23. Dezember 1933 wurde Himmler Kommandeur der politischen Polizei.

In Hamburg wurde durch Verfügung des regierenden Bürgermeisters vom 6. Oktober 1933 eine politische Polizei errichtet, indem die bisherige mit politisch-polizeilichen Aufgaben betraute Staatspolizei aus der Kriminalpolizei herausgelöst und zu einer selbständigen Abteilung der Polizeibehörde ausgebaut wurde[28]. Im Herbst 1933 [wahrscheinlich November] wurde Himmler Kommandeur der politischen Polizei.

In Hessen wurde der nationalsozialistische Landtagsabgeordnete Dr. Werner Best zum Sonderkommissar für das hessische Polizeiwesen bestellt. Dieser Sonder- oder Staatskommissar für das Polizeiwesen errichtete durch Erlaß vom 28. März 1933 eine selbständige politische Polizeibehörde mit der Bezeichnung »Staatskommissar für das Polizeiwesen in Hessen [Zentralpolizeistelle]«, die organisatorisch durch Herausnahme der politischen und der Nachrichtenabteilung aus dem Aufgabenkreis des Landeskriminalpolizeiamtes neu gebildet wurde. Im Juni 1933 bekam diese Dienststelle die Bezeichnung »Hessisches Staatspolizeiamt Darmstadt«; Dr. Best erhielt am 10. Juli 1933 den Titel eines Landespolizeipräsidenten und wurde mit der Leitung der Polizeiabteilung im Innenministerium beauftragt. Durch Erlaß des hessischen Staatsministeriums vom 23. Oktober 1933 wurde diesem das Staatspolizeiamt unmittelbar unterstellt und bildete eine von der übrigen inneren Verwaltung sachlich abgetrennte Zentralinstanz. Nach Übernahme der hessischen Landesregierung durch den Reichsstatthalter wurde das

[27] Braunschw. Ges. u. VOSamml. Stück 19 vom 26. April 1934, S. 104–106.
[28] Lauer, Die Polizei im nationalsozialistischen Staat. Hamburg 1935, S. 53f.

Staatspolizeiamt unter gleichzeitiger Umbenennung in »Geheimes Staatspolizeiamt Darmstadt« durch Verfügung vom 8. März 1935 dem Reichsstatthalter unmittelbar unterstellt. Himmler wurde am 20. Dezember 1933 Kommandeur der politischen Polizei.

In LÜBECK wurde Himmler im Herbst 1933 [wahrscheinlich November] Kommandeur der politischen Polizei. Am 1. März 1935 erging eine grundlegende Bekanntmachung des Senators der Inneren Verwaltung über die Zuständigkeit des Geheimen Staatspolizeiamtes[29].

In MECKLENBURG-SCHWERIN wurde durch einfache Aktenverfügung des Staatsministers vom 30. August 1932 eine politische Abteilung beim Landeskriminalamt in Schwerin eingerichtet, neben der es beim Minister des Innern noch eine von früher her bestehende Nachrichtensammelstelle gab. Durch Verfügung des Ministeriums des Innern vom 13. September 1933 wurde diese Nachrichtensammelstelle aufgehoben. Nachdem Himmler im Herbst [wahrscheinlich November] 1933 zum Kommandeur der politischen Polizei ernannt worden war, wurde diese auf seine Veranlassung durch Verfügung des Ministers des Innern vom 7. Dezember 1933 neu organisiert. Die politische Polizei wurde aus dem Zuständigkeitsbereich des Landeskriminalamtes herausgenommen und zur selbständigen Zentralinstanz gemacht; sie unterstand unmittelbar der Abteilung Inneres des Staatsministeriums. Mecklenburg-Strelitz war bereits am 13. Oktober 1933 mit Mecklenburg-Schwerin vereinigt worden.

In OLDENBURG wurde durch Verfügung des Ministers des Innern vom 4. November 1933 ein Geheimes Staatspolizeiamt gegründet. Im Januar 1934 wurde Himmler Kommandeur der politischen Polizei.

In SACHSEN wurde durch VO des sächsischen Staatsministeriums vom 5. Juli 1933[30] ein Geheimes Staatspolizeiamt errichtet; die weitere Organisation der politischen Polizei erfolgte gemäß einer Ausführungsverordnung zum Gesetz über die Änderungen im Polizeiwesen vom 9. August 1933[31]. Das Ge-

[29] Ges. u. VOBl. der Freien und Hansestadt Lübeck vom 19. März 1935.
[30] Sächs. Verw. Bl. Ausg. B Nr. 57 vom 7. Juli 1933.
[31] Sächs. Ges. Bl. Nr. 30 vom 19. August 1933, S. 121 ff.

heime Staatspolizeiamt unterstand als Zentralinstanz dem Ministerium des Innern; es war gemäß Ziff. 2 des § 40 der Ausführungs-VO vom 9. August 1933 berechtigt, unmittelbare Verbindung mit den Behörden der Länder und des Reiches aufzunehmen. Im Januar 1934 wurde Himmler Kommandeur der politischen Polizei.

Schaumburg-Lippe war, wie bereits erwähnt, das letzte deutsche Land, in dem Himmler das Kommando über die politische Polizei erhielt, und zwar durch Schreiben der Landesregierung vom 2. Juni 1934.

In Thüringen wurde durch Gesetz vom 14. Dezember 1933[32] mit Wirkung vom 1. Januar 1934 das »Thüringische Geheime Staatspolizeiamt Weimar« errichtet, das eine selbständige, von der allgemeinen Landesverwaltung getrennte Behörde, jedoch zunächst durch Personalunion mit dem Polizeipräsidium Weimar verbunden war[33]. Himmler wurde durch Bekanntmachung des thüringischen Ministers des Innern vom 30. Dezember 1933 mit Wirkung vom 21. Dezember 1933 zum Kommandeur der politischen Polizei und mit Wirkung vom 28. Dezember 1933 zum Leiter des Geheimen Staatspolizeiamtes ernannt. In der Leitung des Geheimen Staatspolizeiamtes war der Polizeipräsident von Weimar Himmlers ständiger Vertreter.

In Württemberg wurde Himmler am 12. Dezember 1933 zum Kommandeur der politischen Polizei ernannt. Durch Gesetz des Staatsministeriums vom 27. Januar 1934[34] wurde das Politische Landespolizeiamt errichtet, das als eine von der übrigen Verwaltung sachlich getrennte Behörde dem Innenministerium unmittelbar unterstellt war. Der Leiter des Amtes und sein Stellvertreter hatten auch im Innenministerium die politisch-polizeilichen Angelegenheiten zu bearbeiten[35].

Am 20. April 1934 wurde Himmler stellvertretender Chef und Inspekteur auch der Preußischen Geheimen Staatspolizei, am 22. April wurde Heydrich Chef des Preußischen Geheimen Staatspolizeiamtes. Damit hatte Himmler das Kommando auch

[32] Thüring. Ges., Nr. 63.
[33] Vgl. auch AusführungsVO vom gleichen Tage zum Gesetz vom 14. Dezember 1933 und DurchführungsVO vom 22. Dezember 1933 und 25. Mai 1934.
[34] Reg. Bl. S. 34.
[35] Vgl. die VollzugsVO vom 3. Januar 1934 und die AbänderungsVO vom 27. November 1934.

über die wichtigste der politischen Polizeien in Deutschland erlangt, denn er war zwar der Form nach nur Görings Stellvertreter, praktisch aber lag die Befehlsbefugnis bei ihm. Das lehrt folgender Erlaß des Preußischen Ministerpräsidenten vom 20. November 1934[36]:

> »Aus organisatorischen Gründen habe ich mich veranlaßt gesehen, den Inspekteur der Geheimen Staatspolizei, Herrn Reichsführer-SS Himmler, mit meiner Vertretung auch in den Angelegenheiten der Geheimen Staatspolizei zu betrauen, deren Bearbeitung bisher unter Einschaltung des Preußischen Staatsministeriums erfolgte. Der Inspekteur der Geheimen Staatspolizei wird die Geschäfte der gesamten Preußischen Geheimen Staatspolizei nunmehr unter alleiniger Verantwortung mir gegenüber führen. Der Schriftwechsel erfolgt in den Angelegenheiten, die ich mir vorbehalten habe, unter der Firma ›Preußische Geheime Staatspolizei. Der stellvertretende Chef und Inspekteur‹.
> Indem ich hiervon Kenntnis gebe, bitte ich, den Schriftwechsel in allen Angelegenheiten der Preußischen Geheimen Staatspolizei nunmehr unmittelbar und ausschließlich an das Geheime Staatspolizeiamt, Berlin SW 11, Prinz-Albrecht-Straße 8, zu richten.   [gez.] Göring.«

Die Existenz der politischen Polizeien in den einzelnen Ländern beruhte bis zur Einsetzung des Reichsführers-SS als Chef der Deutschen Polizei durch Erlaß des Führers und Reichskanzlers vom 17. Juni 1936 auf Landesrecht. Gleichwohl war die Einheit der politischen Polizeien nicht nur darin begründet, daß ihre Führung in Personalunion bei Himmler lag, sondern es fand in der Zeit zwischen Frühjahr 1934 und Juni 1936 ein Prozeß der praktischen Vereinheitlichung und schrittweisen zentralen Institutionalisierung statt, so daß das Gesetz vom 17. Juni 1936 zusammen mit dem preußischen Gesetz über die Geheime Staatspolizei am 10. Februar 1936 die institutionelle Einheit der politischen Polizei weniger begründete, als vielmehr sanktionierte. Bereits seit 1934 gab es ein »Zentralbüro des Politischen Polizeikommandeurs der Länder« im Geheimen Staatspolizeiamt in Berlin, das die Tätigkeit der politischen Länderpolizeien untereinander sowie mit der preußischen Geheimen Staatspolizei koordinierte, sie nach außen vertrat und für alle verbindliche Anordnungen treffen konnte. Die politi-

³⁶ MA 433 Bl. 8736, Archiv IfZ.

schen Polizeien der Länder waren verpflichtet, besondere Vorkommnisse dem Zentralbüro zu melden und laufend Bericht zu erstatten. Insoweit die Kompetenzen und Tätigkeit des Zentralbüros des politischen Polizeikommandeurs die Rechte der einzelnen Länder gegenüber ihrer jeweiligen politischen Polizei einschränkten, standen dem keine rechtlichen Schwierigkeiten entgegen, da durch das Gesetz über den Neuaufbau des Reiches vom 30. Januar 1934 alle Hoheitsrechte der Länder bereits grundsätzlich auf das Reich übergegangen waren, folglich eine Polizeihoheit der Länder nur noch gleichsam »auf Abruf« bestand.

Eine zusammenfassende Erläuterung des Prozesses der Vereinheitlichung und Institutionalisierung der politischen Polizeien der Länder unter dem Kommandeur der politischen Polizeien der Länder gibt der damalige Verwaltungschef des Gestapa, Dr. Werner Best, bei Hans Frank: Deutsches Verwaltungsrecht, München 1937, S. 427 f.:

»Der unter III B 1 dargestellte Zustand bedeutete, daß in jedem Lande die Bekämpfung der staatsgefährlichen Bestrebungen selbständig und nach eigenen Gesichtspunkten begonnen wurde. Dies barg die Gefahr in sich, daß in jedem Lande eine eigene politisch-polizeiliche Praxis, die von der anderer Länder abwich, entstehen konnte. Diese Entwicklung hätte dahin führen müssen, daß durch eine unterschiedliche Praxis der einzelnen Politischen Polizeien der deutschen Länder die einheitliche Bekämpfung der staatsgefährlichen Bestrebungen im Reichsgebiet zum Vorteil der Staatsfeinde erschwert oder unmöglich gemacht worden wäre und daß durch ungleichartige Maßnahmen in der Bevölkerung Unsicherheit und Unruhe entstanden wäre. Es war deshalb von allergrößter Bedeutung für die Entwicklung der Politischen Polizeien im Deutschen Reich, daß der Reichsführer-SS Heinrich Himmler, der als Politischer Polizeikommandeur Bayerns die Bayerische Politische Polizei geschaffen hatte, alsbald zielbewußt die Aufgabe in Angriff nahm, die Führung aller Politischen Polizeien in seiner Hand zu vereinigen. Er erreichte binnen weniger Monate, daß er von den einzelnen Landesregierungen bzw. den Reichsstatthaltern der deutschen Länder zum Politischen Polizeikommandeur jeweils ihres Landes ernannt wurde. Im Frühjahr 1934 berief ihn dann der Preußische Ministerpräsident Göring als Stellvertretender Chef der Preußischen Geheimen Staatspolizei.

44

Seitdem lag die Führung der gesamten politisch-polizeilichen Tätigkeit im Deutschen Reiche in der Hand des Reichsführers-SS Himmler als des Politischen Polizeikommandeurs der deutschen Länder und des Stellvertretenden Chefs der Preußischen Geheimen Staatspolizei. Er hat von seiner Zentralbehörde – dem Geheimen Staatspolizeiamt in Berlin – aus die politisch-polizeiliche Praxis in allen Ländern gleichgerichtet, indem er für die Bearbeitung aller Sachgebiete den Politischen Polizeien der Länder gleiche Anweisungen gab.«

Die Jahre 1935/36 weisen hinsichtlich der Emanzipation der Führergewalt von der staatlichen Norm eine retardierende Tendenz auf; das gilt auch für den Bereich der politischen Polizei. Man bemühte sich auf seiten der inneren Verwaltung, die Gestapo wenigstens auf mittlerer und unterer Ebene wieder unter eine gewisse Kontrolle zu bekommen. So beschwerte sich zum Beispiel der Oberpräsident der Provinz Ostpreußen mehrere Male beim Reichs- und Preußischen Minister des Innern, daß die Stapoleitstelle in Königsberg ihm nicht unterstellt sei. Der Minister schrieb daraufhin am 23. September an Himmler[37]:

»Ich halte das gegenwärtige Verhältnis zwischen dem Oberpräsidenten und dem Leiter der Staatspolizeistelle auf die Dauer für unmöglich und der Staatsautorität im höchsten Grade abträglich. Außerdem zeigt auch dieser Fall wieder die Notwendigkeit der alsbaldigen Unterstellung der Staatspolizeistellen unter die Regierungspräsidenten. Ich bitte diese, nunmehr unabhängig von dem seit einem Jahr bereits schwebenden Gesetzesentwurf über die Geheime Staatspolizei zu verfügen, da anscheinend auch in nächster Zeit mit dem Zustandekommen des Gesetzes nicht zu rechnen ist.«

Himmler schrieb daraufhin am 6. November an den preußischen Ministerpräsidenten:

»Das mir am 29. 10. übersandte Schreiben des Reichs- und preußischen Ministers des Innern vom 29. 9. wegen der geforderten Unterstellung, insbesondere der Staatspolizeistelle Königsberg unter den Regierungspräsidenten und damit Oberpräsidenten von Ostpreußen habe ich gelegentlich meines Vortrages am 1. 11. 1935 dem Führer vorgelegt. Der Führer hat entschieden, daß an der Dienststellung der Staatspolizei Königsberg nichts zu ändern ist.«

[37] Himmler Files, Rolle 15, Folder 240.

Durch ständige Beschwerden erreichten die Vertreter der inneren Verwaltung aber doch, daß Himmler und Heydrich gegen ihren Willen in Verhandlungen über ein neues preußisches Gestapo-Gesetz eintraten, das nach monatelangem Tauziehen am 10. Februar 1936 erlassen wurde[38] und an die Stelle der Gesetze vom 26. April und 30. November 1933 trat. Es lautet:

Das Staatsministerium hat das folgende Gesetz beschlossen:

§ 1 [1] Die Geheime Staatspolizei hat die Aufgabe, alle staatsgefährlichen Bestrebungen im gesamten Staatsgebiet zu erforschen und zu bekämpfen, das Ergebnis der Erhebungen zu sammeln und auszuwerten, die Staatsregierung zu unterrichten und die übrigen Behörden über für sie wichtige Feststellungen auf dem laufenden zu halten und mit Anregungen zu versehen. Welche Geschäfte im einzelnen auf die Geheime Staatspolizei übergehen, bestimmt der Chef der Geheimen Staatspolizei im Einvernehmen mit dem Minister des Innern.
[2] Die Zuständigkeit der Organe der ordentlichen Rechtspflege bleibt unberührt.

§ 2 [1] Chef der Geheimen Staatspolizei ist der Ministerpräsident.
[2] Für ihn führt der von ihm ernannte Stellvertretende Chef der Geheimen Staatspolizei die Dienstgeschäfte.

§ 3 [1] Oberste Landesbehörde der Geheimen Staatspolizei ist das Geheime Staatspolizeiamt. Es hat zugleich die Befugnisse einer Landespolizeibehörde.
[2] Das Geheime Staatspolizeiamt hat seinen Sitz in Berlin.

§ 4 Die Aufgaben der Geheimen Staatspolizei werden in der Mittelinstanz von Staatspolizeistellen für die einzelnen Landespolizeibezirke wahrgenommen. Die Aufgaben der Geheimen Staatspolizei an der Grenze obliegen besonderen Grenzkommissariaten. Im übrigen werden die Aufgaben der Geheimen Staatspolizei von den Kreis- und Ortspolizeibehörden als Hilfsorganen der Staatspolizeistellen durchgeführt.

§ 5 Die Staatspolizeistellen sind gleichzeitig den zuständigen Regierungspräsidenten unterstellt, haben den Weisungen derselben zu entsprechen und sie in allen politisch-polizeilichen Angelegenheiten zu unterrichten. Die Leiter der

[38] Pr. Ges., S. 21.

Staatspolizeistellen sind zugleich die politischen Sachbearbeiter der Regierungspräsidenten.

§ 6 Die Ernennung und Entlassung der Beamten der Geheimen Staatspolizei erfolgt im Rahmen der allgemeinen rechtsgesetzlichen Bestimmungen über Ernennung und Entlassung von Landesbeamten durch den Chef der Geheimen Staatspolizei im Einvernehmen mit dem Minister des Innern.

§ 7 Verfügungen und Angelegenheiten der Geheimen Staatspolizei unterliegen nicht der Nachprüfung durch die Verwaltungsgerichte.

§ 8 Ausführungsvorschriften zu diesem Gesetz erläßt der Chef der Geheimen Staatspolizei im Einvernehmen mit dem Minister des Innern.

§ 9 Das Gesetz über die Errichtung eines Geheimen Staatspolizeiamts vom 26. April 1933 [Gesetzsamml. S. 122], das Gesetz über die Geheime Staatspolizei vom 30. November 1933 [Gesetzsamml. S. 413] und die §§ 1 bis 3 der Verordnung zur Durchführung des Gesetzes über die Geheime Staatspolizei vom 8. März 1934 [Gesetzsamml. S. 143] werden aufgehoben.

§ 10 Dieses Gesetz tritt mit dem auf den Tag der Verkündung folgenden Tag in Kraft.

Berlin, den 10. Februar 1936.

[Siegel]

Das Preußische Staatsministerium
Göring   Frick

Gewissermaßen den Kommentar der Gestapo zu diesem Gesetz gibt ein Aufsatz von Dr. Best in der Zeitschrift ›Deutsches Recht‹ vom 15. April 1936[39]; dort heißt es am Schluß:

»Insgesamt ist festzustellen, daß die Grundzüge des Gesetzes über die Geheime Staatspolizei vom 30. November 1933 sich in mehr als zweijähriger Praxis durchaus bewährt haben und deshalb auch in das neue Gesetz vom 10. Februar 1936 übernommen werden konnten. *Darüber hinaus ist nunmehr den Wünschen der Behörden der inneren Verwaltung auf Einfügung in die Tätigkeit der Geheimen Staatspolizei ausreichend Rechnung getragen.*

Inwieweit die dargestellte Ordnung der Preußischen Geheimen Staatspolizei einmal die Ordnung einer kommenden

[39] S. 127 ff.

Geheimen Reichspolizei werden wird, hängt in den Einzelheiten von der Lösung zahlreicher Fragen der künftigen Reichs- und Verwaltungsreform ab. *Das eine jedoch steht fest, daß die Grundgedanken, aus denen die neue politische Polizei des Dritten Reiches erwachsen ist, keinesfalls verlassen werden dürfen, ohne daß die Erfüllung ihrer Aufgaben entscheidenden Schaden erleidet.*«

»Einfügung« der Behörden der inneren Verwaltung »in die Tätigkeit der Geheimen Staatspolizei« wird hier das genannt, was im Gesetz Unterstellung der Staatspolizeistellen unter die Regierungspräsidenten heißt. Allerdings war die Unterstellung lediglich eine »gleichzeitige«, ohne daß geregelt worden wäre, was zu geschehen habe, wenn eine Weisung des Gestapa und eine des Regierungspräsidenten an den Stapo-Leiter einander widersprechen. Hinzu kam, daß nach der AusführungsVO vom gleichen Tage zum Gesetz vom 10. Februar die Ober- und Regierungspräsidenten den Weisungen des Gestapa in Angelegenheiten der Gestapo Folge zu leisten hatten[40] und die Stapo-Stellen an alle Polizeibehörden ihres Amtsbereiches Ersuchen richten konnten, wobei in Eilfällen eine bloße Unterrichtung des Landrats genügte[41]. – In dem bereits zitierten Aufsatz von Dr. Best heißt es an anderer Stelle:

»Oberste Landesbehörde der Geheimen Staatspolizei ist das Geheime Staatspolizeiamt. Damit ist festgestellt, daß kein anderes Ministerium letztinstanzliche Entscheidungen in Angelegenheiten der politischen Polizei zu fällen hat. Die in den vorstehenden grundsätzlichen Ausführungen als notwendig erkannte Trennung der nach besonderen Grundsätzen und Notwendigkeiten handelnden Geheimen Staatspolizei von der nach allgemeinen und gleichmäßigen rechtlichen Ordnungen arbeitenden Verwaltung ist damit vollzogen.«

Der entscheidende Punkt ist auch hier noch einmal hervorgehoben: Die Gestapo war nach einem ganz anderen Prinzip tätig als die innere Verwaltung, nämlich nicht nach einer »gleichmäßigen rechtlichen Ordnung«, sondern »nach besonderen Grundsätzen und Notwendigkeiten«, das heißt mit anderen Worten: als Instrument der Führergewalt, das bei der Exekution des Führerwillens keiner zusätzlichen gesetzlichen Legitimation bedurfte. Wenn dieses Prinzip, das dem Prinzip der Gesetzmäßigkeit der Verwaltung unvereinbar entgegengesetzt ist,

[40] § 7 der DVO.
[41] § 12 der DVO.

anerkannt wurde [und es wurde anerkannt, wie unter anderem an § 7 des Gestapo-Gesetzes abgelesen werden kann, wonach Verfügungen und Angelegenheiten der Gestapo nicht der Nachprüfung durch die Verwaltungsgerichte unterlagen], dann war jede Unterstellung von Stapo-Dienststellen auf der mittleren und unteren Ebene unter Behörden der Inneren Verwaltung eine Illusion bzw. vom Standpunkt der Gestapo her gesehen eine nicht sehr schwerwiegende taktische Konzession. Denn die Gestapo brauchte sich im Einzelfall nur auf *ihr* Prinzip zu berufen, um alle Regelungen zu suspendieren, die nach dem Grundsatz der Gesetzesmäßigkeit getroffen waren. Daher war es reines Wunschdenken, wenn ein Vertreter der inneren Verwaltung in einem Aufsatz über das neue Gestapo-Gesetz in der »Deutschen Verwaltung«[42] schrieb: »Die Bedeutung der Stellung des Geheimen Staatspolizeiamtes als Oberster Landesbehörde liegt demgemäß vorwiegend im Organisatorischen.«

3. Der Reichsführer-SS und Chef der Deutschen Polizei

Die taktischen Konzessionen, die Himmler und Heydrich mit dem Gestapo-Gesetz hatten machen müssen, konnten sie wenige Monate später mehr als ausgleichen, als durch Erlaß des Führers und Reichskanzlers vom 17. Juni 1936 das Parteiamt des RFSS mit dem neu eingeführten staatlichen Amt eines Chefs der Deutschen Polizei institutionell verbunden wurde[43]. Es war dies der wichtigste Schritt auf dem Wege der Umwandlung der deutschen Polizei in ein Instrument der Führergewalt. Bei der Schaffung dieser neuen Institution müssen zwei Komponenten klar voneinander unterschieden werden. Die eine war die Zentralisierung der gesamten deutschen Polizei, damals als »Verreichlichung« bezeichnet. Sie wurde vom Reichsministerium des Innern selbst angestrebt und bedeutete lediglich eine Konzentration staatlicher Machtmittel. Die andere Komponente bestand in einer Verklammerung der Polizei mit der SS, die auf eine Entstaatlichung der Polizei abzielte. Damit begann ein Prozeß zunächst einer Relativierung und später eines allmählichen Verlöschens der staatlichen Verfügungsgewalt über die Polizei bzw. deren Integration in den Zuständigkeitsbereich des Reichsführers-SS. Alle Versuche des Reichsinnenministeriums, eine solche Entwicklung zu verhindern, blieben vergeblich.

[42] 1936, S. 90ff.
[43] RGBl. I, S. 487.

In der Weimarer Republik hatte die Polizeihoheit bei den Ländern gelegen; sie waren für Organisation, Einsatz und Dienstrecht zuständig gewesen, während der Reichsinnenminister nur allgemeine Aufsichts- und Gesetzgebungsbefugnisse nach Art. 9 RV besessen hatte:

> »Soweit ein Bedürfnis für den Erlaß einheitlicher Vorschriften vorhanden ist, hat das Reich die Gesetzgebung über 1. die Wohlfahrtspflege, 2. den Schutz der öffentlichen Ordnung und Sicherheit.«

Darüber hinaus hatte es eine Reichsexekutive nach Art. 48 RV gegeben; auf sie stützten sich übrigens die Nationalsozialisten, als sie nach dem 5. März 1933 in den Ländern, in denen sie keine parlamentarische Mehrheit besaßen, Reichskommissare für die Befugnisse der Polizei einsetzten. Grundlage für die Abschaffung der Polizeihoheit der Länder und somit für die »Verreichlichung« der Polizei bildete das Gesetz über den Neuaufbau des Reiches vom 30. Januar 1934, das die Hoheitsrechte der Länder grundsätzlich auf das Reich übertrug[44]. Eine wichtige materielle Grundlage für die Zentralisierung der Polizei war durch die Vereinigung des Preußischen Ministeriums des Innern mit dem Reichsministerium des Innern am 1. November 1934 entstanden, da auf diese Weise die bei weitem größte und schlagkräftigste Polizeimacht in Deutschland in die Verfügung des Reichsinnenministers gekommen war. Die bevorstehende »Verreichlichung« kündigte sich schon an, als die Polizei des am 1. März 1935 wieder in das Reich eingefügten Saarlandes zur Reichspolizei erklärt wurde.

An den Verhandlungen über die »Verreichlichung« der Polizei war die SS von vornherein maßgeblich beteiligt, wobei sie mit offenkundiger Unterstützung Hitlers anstrebte, bei dieser Gelegenheit die Polizei der Verfügungsgewalt des Innenministers zu entziehen[45]. Wahrscheinlich im Mai 1936 führte Heydrich mit dem RMdI mündliche Vorverhandlungen, aufgrund deren das RMdI drei Entwürfe für einen Führererlaß über »Die Zusammenfassung der Polizeigewalt im Reich« anfertigte. Danach sollte Himmler lediglich »Inspekteur der Deutschen Polizei« werden und als solcher dem Reichsinnenminister unterstehen. Die Berufung Himmlers an die Spitze der Deutschen

---

[44] Vgl. auch die I. DVO vom 2. 2. 1934.

[45] Die Darstellung der Entstehung des Erlasses folgt der Arbeit von H. J. Neufeldt über Entstehung und Organisation des Hauptamtes Ordnungspolizei (Schriften des Bundesarchivs Nr. 3, Koblenz 1957).

Polizei war damals also offenkundig schon eine beschlossene Sache, und es konnte sich für den RMdI nur noch darum handeln, ihn soweit wie möglich der institutionellen Disziplin der staatlichen Verwaltung zu unterwerfen. Eben das war es natürlich, was Himmler umgehen wollte; er ließ deshalb am 9. Juni 1936 durch Heydrich Gegenvorschläge überreichen. Dieser erklärte dazu, der Führer wünsche für Himmler die Dienstbezeichnung »Der Reichsführer-SS und Chef der Deutschen Polizei« und lege Wert darauf, daß Himmler in seiner neuen Eigenschaft den Befehlshabern des Heeres und der Marine gleichgestellt werde. Der von Heydrich überbrachte Entwurf enthielt demgemäß folgende Punkte:

1. Um die polizeilichen Aufgaben im Reich in einer Hand zusammenzufassen, wird ein Chef der Deutschen Polizei eingesetzt, dem zugleich die Leitung der Bearbeitung aller Polizeiangelegenheiten im Geschäftsbereich des Reichs- und Preußischen Ministers des Innern übertragen wird.

2. Zum Chef der Deutschen Polizei wird der Reichsführer-SS Heinrich Himmler ernannt.
   Er ist dem Reichs- und Preußischen Minister des Innern persönlich unterstellt.
   Er führt die Dienstbezeichnung: Der Reichsführer-SS und Chef der Deutschen Polizei.

3. Der Chef der Deutschen Polizei ist im Rang den Reichsministern gleichgestellt und nimmt an den Sitzungen des Reichskabinetts teil.

Reichsinnenminister Frick hielt über diesen Entwurf noch am gleichen Tage bei Hitler Vortrag und versuchte gegen Himmlers Ansprüche zu opponieren. Das gelang ihm jedoch nur bezüglich der Gleichstellung Himmlers mit den Ministern: Himmler sollte als Staatssekretär zu den Kabinettssitzungen hinzugezogen werden. Im übrigen konnte Frick weiter nichts tun, als nach dem Vortrag bei Hitler im Himmlerschen Entwurf an vier Stellen zu der Bezeichnung »Reichsführer-SS und Chef der Deutschen Polizei« die Worte »im Reichsministerium des Innern« eigenhändig hinzuzusetzen, die eine engere Bindung der Polizei an die innere Verwaltung demonstrieren sollten. Auf Staatssekretär Pfundtners Rat wagte er am 11. Juni zwar noch, die Bezeichnung »Reichsführer-SS« aus der vorgesehenen neuen Dienstbezeichnung herauszustreichen, doch schon am nächsten Tage erzwang Heydrich in einer Besprechung, daß die ursprünglich vorgesehene Bezeichnung wiederhergestellt

wurde und die Teilnahme Himmlers an den Kabinettssitzungen aus einer Kann- in eine Muß-Vorschrift umgewandelt
wurde. Heydrich gestand noch die »Einschränkung« zu, daß
die Teilnahme nur stattfinden sollte, »soweit der Geschäftsbereich des RFSSuChdDtPol berührt« würde; um den geringen
Wert dieser Konzession richtig einzuschätzen, muß man wissen, daß Heydrich – wie später noch zu zeigen sein wird – 90%
aller Verwaltungsangelegenheiten ohnehin als in die Zuständigkeit der Polizei fallend betrachtete.

Der Text des Erlasses lautete endgültig[46]:

I

Zur einheitlichen Zusammenfassung der polizeilichen Aufgaben im Reich wird ein Chef der Deutschen Polizei im
Reichsministerium des Innern eingesetzt, dem zugleich die
Leitung und Bearbeitung aller Polizeiangelegenheiten im
Geschäftsbereich des Reichs- und Preußischen Ministeriums
des Innern übertragen wird.

II

[1] Zum Chef der Deutschen Polizei im Reichsministerium
des Innern wird der stellvertretende Chef der Geheimen
Staatspolizei Preußens, der Reichsführer-SS Heinrich *Himmler* ernannt.

[2] Er ist dem Reichs- und Preußischen Minister des Innern
persönlich und unmittelbar unterstellt.

[3] Er vertritt für seinen Geschäftsbereich den Reichs- und
Preußischen Minister des Innern in dessen Abwesenheit.

[4] Er führt die Dienstbezeichnung: Der Reichsführer-SS und
Chef der Deutschen Polizei im Reichsministerium des Innern.

III

Der Chef der Deutschen Polizei im Reichsministerium des
Innern nimmt an den Sitzungen des Reichskabinetts teil, soweit sein Geschäftsbereich berührt wird.

IV

Mit der Durchführung dieses Erlasses beauftrage ich den
Reichs- und Preußischen Minister des Innern.

Berlin, den 17. Juni 1936.   Der Führer und Reichskanzler
                              Adolf Hitler
                              Der Reichsminister des Innern
                              Frick

[46] RGBl. I, S. 487.

Wie selbständig die Stellung des Reichsführers-SS und Chefs der Deutschen Polizei gedacht war, geht aus einem Runderlaß des Reichs- und Preußischen Ministers des Innern vom 15. Mai 1937[47] hervor. Er wendete sich gegen die Zweifel, die hie und da aufgetaucht seien, ob der Reichsführer-SS und Chef der Deutschen Polizei im Reichsministerium des Innern befugt sei, unter dieser Bezeichnung Entscheidungen zu treffen, die durch Gesetz oder andere Anordnungen dem Minister vorbehalten sind. Es wurde festgestellt, daß er innerhalb seines Geschäftsbereiches der ständige Vertreter des Ministers sei [also nicht nur, wie im Erlaß vom 17. Juni vorgesehen, in dessen Abwesenheit] und daß seine Entscheidungen in jedem Falle ministerielle Entscheidungen seien, ganz gleich, ob sich der Reichsführer-SS und Chef der Deutschen Polizei dabei der Behördenbezeichnung des Ministeriums oder der ihm besonders beigelegten Bezeichnung bediene. Die Stellung des Chefs der Polizei »im RMdI« wurde also nicht so sehr dahingehend ausgelegt, daß sie dem Minister Verfügungsrechte über die Polizei zuerkannte, sondern vielmehr dahin, daß dem Polizeichef Rechte des Ministers zustanden. Das erinnert daran, wie Best die Unterstellung der Stapo-Stellen unter die Regierungspräsidenten als »Einfügung« der Behörden der inneren Verwaltung »in die Tätigkeit der Geheimen Staatspolizei« bezeichnete. – Als der Reichsführer-SS und Chef der Deutschen Polizei am 25. August 1943 selbst Reichsinnenminister und Generalbevollmächtigter für die Reichsverwaltung geworden war, ließ er übrigens seit November des gleichen Jahres in seiner Dienstbezeichnung als Polizeichef den Zusatz »im RMdI« wegfallen.

Verfassungsorganisatorisch hing die dem RFSS unterstellte Polizei mit der staatlichen Verwaltung also nur noch durch die »persönliche und unmittelbare« Unterstellung des Polizeichefs unter den Innenminister zusammen. Darin drückt sich scheinbar ein sehr enger und verbindlicher Zusammenhang aus; im Rahmen der gesamten Herrschaftsstruktur des nationalsozialistischen Deutschland gesehen, erweist sich die Formel »persönlich und unmittelbar« aber gerade als Besiegelung der Unabhängigkeit der Polizei. Denn Inhaber der Souveränität und der politischen Gewalt war im Dritten Reich nicht mehr der Staat, sondern der Führer. Ebenso hatten im Aufbau des Reiches die Organe der politischen Führung Vorrang vor den Verwaltungsbehörden, und unter den Organen der politischen

[47] RMBliV, S. 788.

Führung wiederum waren jeweils die dem Führer näherstehenden und ihm unmittelbar verbundenen den fernerstehenden übergeordnet. Also hatte der Reichsführer-SS als typische Institution der politischen Führung in der Herrschaftsstruktur des Dritten Reiches den Vorrang vor dem Reichsminister des Innern als Chef der typischen Verwaltungsbehörde; und dieser Vorrang wurde durch die »persönliche und unmittelbare« Unterstellung nicht nur nicht abgeschwächt, sondern vielmehr bestätigt und zur praktischen Wirkung gebracht. Denn diese Form der Unterstellung bedeutet an sich für den Untergebenen eine sehr enge Bindung an seinen Vorgesetzten, da er sich ihm gegenüber nicht auf objektive Rechte und Pflichten berufen kann, die eigentlich mit seiner Stellung in der Behörde verbunden wären und die deshalb auch der Vorgesetzte zu respektieren hätte. Sobald der Untergebene aber zwei Vorgesetzten »persönlich und unmittelbar« unterstellt ist, hat logischerweise der höhere Vorgesetzte in jedem Fall den Vorrang, und der niedere Vorgesetzte kann sich demgegenüber nicht auf die aus der Disziplin der Behörde sich ergebenden objektiven Verpflichtungen des Untergebenen berufen. Es bliebe ihm vielmehr nur die Möglichkeit, seine persönliche Autorität gegen die des anderen Vorgesetzten zur Geltung zu bringen. Da nun der Reichsführer-SS, der mit dem Chef der Deutschen Polizei institutionell eine Einheit bildete, dem Führer persönlich und unmittelbar unterstellt war[48], konnte sich der Reichsminister des Innern bei Konflikten über die Führung der Polizei weder auf die rechtliche Zuständigkeit seiner Behörde berufen, noch seinem persönlich und unmittelbar »Untergebenen« gegenüber seine Autorität zur Geltung bringen, weil er damit gegen die Autorität des Führers angegangen wäre. Die »persönliche und unmittelbare« Unterstellung des Chefs der Polizei unter den Innenminister bedeutete also auf dem Gebiet der Polizei die potentielle und jederzeit aktualisierbare Suspendierung der institutionellen Disziplin der inneren Verwaltung und ihres Prinzips der Gesetzmäßigkeit der Verwaltungsakte. Die Polizei unterstand dem Minister in Wahrheit nur noch mittelbar, war nur noch mittelbar ein Organ des Staates, nämlich soweit daraus keine Hemmnisse für die Exekution des souveränen Führerwillens erwuchsen. Es entsprach diesem Verhältnis, daß Hitler seine Weisungen dem Reichsführer-SS und Chef der Deutschen

[48] Verfügung vom 20. Juli 1934, durch die die SS zur selbständigen Organisation im Rahmen der NSDAP erhoben wurde [abgedruckt bei Rühle, Das Dritte Reich, Band II, 1934, S. 237].

Polizei gewöhnlich direkt und nicht über den Minister erteilte. Als sich der Minister Frick bei Hitler einmal über die Selbstherrlichkeit seines »Untergebenen« beschwerte, bekam er den Bescheid, er solle dem Reichsführer möglichst freie Hand lassen, denn bei dem sei die Polizei gut aufgehoben[49]. Charakteristisch war übrigens auch, daß Himmler bei seiner Ernennung zum Chef der Deutschen Polizei eine Berufung in das Beamtenverhältnis ausdrücklich ablehnte[50]. Daß es sich bei der Verbindung des »Reichsführers-SS« mit dem »Chef der Deutschen Polizei« um eine Realunion und nicht etwa nur um eine Personalunion gehandelt hat, unterliegt nach den 1936 wie auch in den folgenden Jahren getroffenen Bestimmungen wie auch angesichts der Gesamtentwicklung des Verhältnisses von SS und Polizei keinem Zweifel. In diesem Sinne schrieb auch Dr. Best als Interpret der Auffassung der Sicherheitspolizei in einem Aufsatz im ›Deutschen Recht‹[51], mit der Dienstbezeichnung »Reichsführer-SS und Chef der Deutschen Polizei« sei zum Ausdruck gebracht, »daß eine bleibende Verbindung zwischen dem Amt des Reichsführers-SS und dem des Chefs der Deutschen Polizei beabsichtigt ist«. Weiter unten heißt es in dem gleichen Aufsatz: »Die Deutsche Polizei ist unter der Führung des Reichsführers-SS zum Schnittpunkt der Bewegung und des Staates geworden. Die Bedeutung dieser Tatsache kann überhaupt nicht unterschätzt [sic! – gemeint ist natürlich »überschätzt«] werden – nicht nur in ihrer Bedeutung für die weitere Entwicklung des Reichsneubaus, sondern auch in ihrer Bedeutung für die Sicherung der Zukunft unseres Volkes.« – Wenn Ernst Rudolf Huber in seinem ›Verfassungsrecht des Großdeutschen Reiches‹[52] den Reichsführer-SS und Chef der Deutschen Polizei trotzdem als Teil eines Systems von *Personal*unionen erwähnt, dann hat das seinen Grund in Hubers Bemühen, das Prinzip der Souveränität des Staates nicht aufzugeben – obgleich er so treffend wie kein anderer das Wesen der die Souveränität des Staates ausschließenden Führergewalt beschrieben hat.

[49] IMT XI, S. 71.
[50] Vgl. Neufeldt a.a.O. – Zwei Zeugnisse für die faktische Einflußlosigkeit von Frick bieten das Tagebuch von Jochen Klepper und eine Bemerkung in den [nicht veröffentlichten] Erinnerungen eines Beamten der damaligen Reichskirchenregierung. Dieser schrieb: »Freilich fiel mir auf, daß es nie gelang, einen Appell an den Herrn Reichsminister Frick über das Verhalten der Staatspolizei zur Geltung zu bringen. Derartige Eingaben wurden nicht von Frick, sondern vom Reichssicherheitshauptamt erledigt, das also höchste Autorität war.«
[51] Vom 15. Juli 1936, S. 258.
[52] 2. Aufl., S. 298.

Die sekundäre Unterstellung unter den Reichsminister des Innern war trotz allem nicht völlig sinnlos. Sie ist zunächst eine für die Entwicklung des nationalsozialistischen Herrschaftssystems typische Bestimmung. Wie im ganzen die Weimarer Verfassung nie ausdrücklich abgeschafft, sondern nur völlig ausgehöhlt und von Fall zu Fall durch neue Bestimmungen gegenstandslos gemacht wurde, so wurden die vielen im Dritten Reich neu geschaffenen Zuständigkeiten fast stets so eingeführt, daß die Rechte und Kompetenzen der bisher zuständigen Behörden »hiervon unberührt« blieben, das heißt: der Strom der Staatsgeschäfte wurde umgeleitet, und das alte Flußbett ließ man ausgetrocknet fortbestehen. Zum anderen waren ja mit der verfassungsorganisatorischen Lösung der Polizei aus der staatlichen Zuständigkeit die verwaltungsrechtlichen, beamtenrechtlichen und technisch-organisatorischen Zusammenhänge noch längst nicht alle durchschnitten, besonders nicht in den politisch mehr oder weniger unwichtigen Sparten der Polizei. Der Behördencharakter der Polizei und die dort geltenden wirtschaftlichen und organisatorischen Vorschriften konnten nur sehr langsam an die ganz anderen Formen und Regelungen bei der SS angeglichen werden. So blieb vieles in der Polizeiverwaltung beim alten, aber immer nur gleichsam »auf Abruf« und nur so lange, als das Alte den Zwecken und Maßnahmen der politischen Führung nicht entgegenstand.

In seiner Eigenschaft als Reichsführer-SS und Chef der Deutschen Polizei [RFSSuChdDtPol] nahm Himmler durch zwei Erlasse vom 26. Juni 1936[53] eine grundlegende Neuorganisation der deutschen Polizei vor. Er setzte den General der Polizei, Kurt Daluege, als Chef der Ordnungspolizei und den SS-Gruppenführer Reinhard Heydrich als Chef der Sicherheitspolizei ein. Dem Chef der Ordnungspolizei [Orpo] wurden Schutzpolizei, Gendarmerie und Gemeindepolizei unterstellt, dem Chef der Sicherheitspolizei [Sipo] die politische Polizei und die Kriminalpolizei. Als entsprechende Ministerialinstanzen wurden die beiden Hauptämter »Ordnungspolizei« und »Sicherheitspolizei« gebildet. Im Hauptamt Sicherheitspolizei bestand die Sparte »Politische Polizei« praktisch aus dem Gestapa und die Sparte »Kriminalpolizei« aus dem Preußischen Landeskriminalpolizeiamt [ab 16. Juli 1937 Reichskriminalpolizeiamt = RKPA]. Wurde das Gestapa als Ministerialinstanz tätig, dann firmierte es als »Hauptamt Sicherheitspolizei«, trat es als Ver-

[53] RMBliV, Sp. 940 ff.

waltungsinstanz in Aktion, dann verwendete es die Bezeichnung »Gestapa«. Ebenso nannte sich bei der Kriminalpolizei die gleiche Behörde als Ministerialinstanz »Hauptamt Sicherheitspolizei«, als Verwaltungsinstanz »Reichskriminalpolizeiamt«. Die Gliederung des Hauptamtes Sicherheitspolizei stellt sich nach dem Stand von Anfang 1938 wie folgt dar:

Chef der Sicherheitspolizei
Adjutantur
Hauptbüro [S-HB]
    Geschäfte des Bürodirektors
    Haushalt, soweit nicht V 2 zuständig
    Dienstbezüge usw.
    Geschäftsbedürfnisse

Amt Verwaltung und Recht [V]
    V 1 Organisation und Recht
    V 2 Haushalt und Besoldung
    V 3 Personal I
    V 4 Personal II [Kripo]
    V 5 Ausbildung
    V 6 Paß- und Ausweiswesen
    V 7 Ausländerpolizei, Grenzsicherung, Rechtshilfeverkehr
        mit dem Ausland in Polizei- und Strafsachen
    V 8 Wehrmacht und Reichsverteidigung
    V 9 Technische Angelegenheiten

Amt Politische Polizei [P. P.]
    PP II A Kommunismus und andere marxistische Gruppen
    PP II B Kirchen, Sekten, Emigranten, Juden, Logen
    PP II C Reaktion, Opposition, Österreichische Angelegenheiten
    PP II D Schutzhaft, Konzentrationslager
    PP II E Wirtschafts-, agrar- und sozialpolitische Angelegenheiten, Vereinswesen
    PP II G Funküberwachung
    PP II H Angelegenheiten der Partei, ihrer Gliederungen und angeschlossenen Verbände
    PP II J Ausländische Politische Polizei
    PP II Ber. Lageberichte
    PP II P Presse

PP II S Bekämpfung der Homosexualität und Abtreibung
PP III Abwehrpolizei

Amt Kriminalpolizei [S-Kr.]
  S-Kr. 1 bis S-Kr. 3
  mit allen in die Kompetenz der Kriminalpolizei fallenden Aufgaben.

Die Bedeutung der neuen Institution »Reichsführer-SS und Chef der Deutschen Polizei« und der Umorganisation der deutschen Polizei im Jahre 1936 bestand also in folgendem:
1. wurde die reichszentrale Organisation der gesamten deutschen Polizei verfassungsorganisatorisch vollzogen und die praktisch schon vorhandene reichszentrale Organisation der politischen Polizei auch de jure vollendet. Durch Runderlaß vom 20. September 1936 beauftragte der RFSSuChdDtPol in aller Form das Geheime Staatspolizeiamt mit der Wahrnehmung der Aufgaben des politischen Polizeikommandeurs der Länder[54]. – Die verwaltungstechnische und beamtenrechtliche Zentralisierung der gesamten deutschen Polizei erfolgte schrittweise in den folgenden Jahren, insbesondere durch die beiden Gesetze über Finanzmaßnahmen auf dem Gebiet der Polizei vom 19. März 1937 und 28. März 1940 sowie das Polizeibeamtengesetz vom 24. Juni 1937.
2. Da der »Reichsführer-SS und Chef der Deutschen Polizei« eine Realunion zwischen einer Institution der Führergewalt und einem staatlichen Amt darstellte, war mit der Errichtung dieser Instanz prinzipiell über die Herauslösung der gesamten Polizei aus dem Bereich des Staates entschieden worden. Auf dem Gebiet der Sicherheitspolizei wurde diese Herauslösung in den kommenden Jahren nicht nur praktisch vollendet, sondern es wurde darüber hinaus die Kompetenz einer »politischen Verwaltung« beansprucht, die in allen Angelegenheiten von politischer Bedeutung der staatlichen Verwaltung die Kompetenz mit Erfolg streitig machte.
3. Was sich als Teilung der Gesamtheit der Polizei in die beiden Sparten Ordnungspolizei und Sicherheitspolizei darstellte, war in Wirklichkeit eine Konstituierung der politischen Polizei als selbständiger Zweig der Polizei, wobei die Kriminalpolizei grundsätzlich in den Einflußbereich der politischen Polizei einbezogen wurde. Es wurde auf diese Weise ein

54 RMBliV, S. 1343.

Prozeß der organisatorischen Angleichung der Kriminalpolizei an die politische Polizei und der zunehmenden Orientierung der kriminalpolizeilichen Exekutivpraxis an der der politischen Polizei eingeleitet, der durch die ganze Zeit des Bestehens der nationalsozialistischen Herrschaft währte.

4. wurde mit der Bezeichnung »Hauptamt« für die beiden Zentralen der Ordnungs- und Sicherheitspolizei [eine Bezeichnung, die es in der staatlichen Verwaltung nicht gibt!] Himmlers Ziel zum Ausdruck gebracht, die Polizei in die SS einzugliedern. Diese Zielsetzung wird durch die Tatsache bestätigt, daß Himmler niemals ein eigenes Büro »Chef der Deutschen Polizei« einrichtete, sondern die einschlägigen Dienstgeschäfte innerhalb seines Persönlichen Stabes führte, in dem er lediglich einen beziehungsweise zwei Polizeiadjutanten hatte. In einem SS-Befehl vom 9. November 1936[55], in dem die damals existierenden Hauptämter der SS aufgeführt wurden, ist das Hauptamt Ordnungspolizei bereits genannt, während das Hauptamt Sicherheitspolizei nur deswegen nicht erwähnt wird, weil es »SS-mäßig« durch das SD-Hauptamt mit repräsentiert wurde, das ja auch von Heydrich geleitet wurde.

1. Zentralisierung der Polizei
2. Entstaatlichung der Polizei
3. Herauslösen der Stapo aus der übrigen Polizei und Einbeziehung der Kripo in den Bereich der Stapo
4. Eingliederung der Polizei in die SS

– das also waren die vier Veränderungen, über die mit der Einsetzung des Reichsführers-SS und Chefs der Deutschen Polizei grundsätzlich entschieden wurde und die für die Entwicklung der folgenden Jahre bestimmend waren.

4. Der SD

Der »Sicherheitsdienst RFSS« [SD] wurde 1931 gegründet und der Führung von Reinhard Heydrich unterstellt. Im Frühjahr 1933 erhielt er ein eigenes Zentralamt und eine eigene Organisation im gesamten Reichsgebiet: Parallel zu den Oberabschnitten und Abschnitten der Allgemeinen SS wurden Oberabschnitte und Abschnitte des SD eingerichtet. Die Allgemeine SS, der SD und die ebenfalls 1933 aufgestellten »Politischen

[55] MA 284, Bl. 0568, Archiv IfZ.

Bereitschaften« bildeten damals die drei voneinander unabhängig organisierten Teile der Gesamt-SS. Im Gegensatz zu den »Politischen Bereitschaften«, aus denen später die Verfügungstruppe beziehungsweise die Waffen-SS hervorging, ist der SD immer im Etatbereich des Reichsschatzmeisters der NSDAP geblieben.

Wie Ernst Röhm aus der SA ein nationalsozialistisches Volksheer machen wollte, das an die Stelle der Reichswehr treten sollte, so waren die Vorstellungen, die Heydrich mit dem SD verband, darauf angelegt, die staatliche Sicherheitspolizei eines Tages überflüssig zu machen oder sie wenigstens zu einem reinen Hilfsorgan zu degradieren. Das Ziel war, jeden einzelnen der in Deutschland lebenden Menschen unter laufende Kontrolle zu bekommen. Wie bei der SA, so scheiterte aber auch beim SD die Verwirklichung des Wunschbildes an der Praxis. Zwar hatte der SD besonders in den ersten Jahren der nationalsozialistischen Herrschaft einen nicht zu überschätzenden politischen Einfluß und machte im politisch-polizeilichen Sektor dem staatlichen Exekutivorgan mit großer Zähigkeit Konkurrenz, schließlich aber waren die SD-Angehörigen doch weder ihrer Zahl noch ihrer Ausbildung nach in der Lage, die Aufgaben der Sicherheitspolizei in toto zu übernehmen. Da es überdies Himmler und Heydrich in sehr kurzer Zeit gelang, die Verfügungsgewalt über die politischen Polizeien aller deutschen Länder zu bekommen, wurde der SD im Grunde überflüssig. Er hat nie den großen organisatorischen Rahmen ausgefüllt, der 1933 gesteckt worden war; es ist sehr bezeichnend, daß seit 1936 neben Allgemeiner SS und bewaffneter SS nicht mehr der SD, sondern die Polizei selbst als »dritte Säule« der SS galt.

Als Ersatz für die Verdrängung aus der polizeilichen Exekutive und von der Bespitzelung bestimmter Einzelpersonen wurden dem SD nachrichtendienstliche Aufgaben allgemeiner Art zugewiesen; er hatte über die Verhältnisse auf den verschiedenen Gebieten des öffentlichen Lebens, der Wirtschaft, Kultur, Wissenschaft, Kirchen usw. zu berichten. Ein enger Kreis führender Funktionäre in Partei und Staat erhielt die regelmäßig herausgegebenen »Meldungen aus dem Reich« bzw. »Sonderberichte« über einzelne Probleme. Einige Beispiele:

»Zersetzung der nationalsozialistischen Grundwerte im deutschsprachigen Schrifttum seit 1933«

»Die Lage in der protestantischen Kirche und in den verschiedenen Sekten und deren staatsfeindliche Auswirkung«

»Die Deutsche Glaubensbewegung«

»Vergiftung des Verhältnisses zwischen Waffenträger der Nation und Träger von Weltanschauung in Staat und Partei«.

Im Januar 1937 schilderte Himmler in einem Vortrag vor einem nationalpolitischen Lehrgang der Wehrmacht die Aufgabe des SD folgendermaßen[56]:

»Die Gebiete, die er [scil. der SD] bearbeitet, sind vor allem Kommunismus, die Tätigkeit politisierender Konfessionen und Reaktion. Auch hierbei aber interessieren nicht die Einzelfragen der Exekutive. Sie werden das ja bei Ihrem Besuch vielleicht sehen; ich kann mich deshalb kurz fassen. Den Sicherheitsdienst interessieren nur die großen weltanschaulichen Fragen.

Dafür ein Beispiel: Sagen wir, man versucht von ultramontaner Seite durch das wissenschaftliche Herausstellen der Theorie des österreichischen Menschen allmählich für das Gebiet Österreich eine Verschweizerung durchzuführen. So wie es uns in unserer Geschichte vor 700 oder 800 Jahren mit der Schweiz gegangen ist, die zwar heute noch Deutsch spricht, sich im Innersten aber nicht mehr zu Deutschland zugehörig fühlt, oder wie wir vor einigen Jahrhunderten den Verlust Hollands mit dem ganzen niederdeutschen Raum erleiden mußten, versucht man nun, mit Propaganda, mit wissenschaftlicher Untermauerung und wissenschaftlichen Arbeiten an den Universitäten dieses Problem des südostdeutschen Menschen, des österreichischen Menschen, so lange herauszustellen, bis auch eine geistige Loslösung möglich ist. Es interessiert uns weiter: Welche deutschen Professoren unterstützen diese Theorie oder hängen mit irgendwelchen Drahtziehern im Ausland oder sonstwo zusammen? Das sind Gebiete, die uns interessieren. Uns als Sicherheitsdienst interessiert nicht, ob nun, sagen wir einmal, der Zellenapparat der KPD in Berlin-Wedding aufgehoben worden ist oder nicht. Das ist eine Frage der Exekutive. Eines Tages wird er aufgehoben werden oder ist schon aufgehoben, und wenn er wieder aufgebaut wird, wird er wieder ausgehoben. Also das interessiert uns nicht, daran geht Deutschland nicht zugrunde. Uns interessiert: Welche großen Pläne hat die Komintern für die nächsten Jahre, auf welches Land will sie jetzt ansetzen, welche Einflüsse des Bolschewismus sind in aus-

[56] PS-1992 A.

ländischen Freimaurerkreisen zu spüren, wie laufen da die Drähte, wohin gehen jetzt die großen Emissäre? So sind z. B. in der letzten Zeit 800 Emissäre nach Österreich gegangen. Die sind vor einem Vierteljahr oder vier Monaten dort eingetroffen, und nun interessiert uns brennend: Wie rollt das nun in Österreich ab? Oder welche Pläne haben sie, welche großen Organisationspläne für Deutschland, von welcher Ecke packen sie an, wie hängt sich der Bolschewismus, sagen wir z. B. in die Bekenntnisfront ein und unterstützt nun auf einmal als atheistische Richtung diese gläubigen Pfarrer, wie ist das plötzlich möglich? Oder es interessiert uns: Welche Einflüsse wirtschaftlicher Art nehmen die Juden – nun auch wieder den Plan im Großen gesehen – zur Abdrosselung, zur Sabotage und Devisenverschiebung? Das sind Dinge, die dort wissenschaftlich und – hier paßt das Wort wirklich – generalstabsmäßig studiert werden, die sogar manchmal Jahre dauern, Arbeiten, bei denen wir in vielen oder den allermeisten Punkten erst am Anfang sind.«

Fixiert wurde die Trennung der Aufgaben des SD und der politischen Polizei durch den sogenannten Funktionserlaß des RFSS vom 1. Juli 1937. Dieser Erlaß ist im Wortlaut bisher nicht bekanntgeworden; über seinen Inhalt erfährt man etwas [übrigens in typischem SS-Funktionärs-Deutsch!] aus einer Aufzeichnung Schellenbergs vom 24. Februar 1939[57].

»Darüber hinaus ergibt sich die Begründetheit der Nichteinführung der Personalunion bei Stapo- und Unterabschnitten [scil. des SD] daraus, daß der sogenannte ›Funktionsbefehl‹ vom 1. 7. 1937 diese Zusammenfassung arbeitsmäßig nicht bringt. Der Funktionsbefehl regelt nicht das an sich notwendige zahnradmäßige Ineinandergreifen der verschiedenen Arbeitsfunktionen [Nachrichtendienst – exekutive Auswertung], sondern stellt geschäftsverteilungsmäßig fest, was dieser oder jener Sparte für Arbeitsgebiete zufallen, ohne hier eine klare Scheidung zwischen Nachrichtendienst und Exekutive zu beachten oder einem von beiden den Primat zuzusprechen.«

Die durch den Funktionserlaß notwendig gewordene Abgabe von Akten von Einzelpersonen, die der SD angelegt hatte, an die Gestapo, erfolgte sehr langsam; es kann deshalb bis in den Anfang des Krieges als nicht ausgeschlossen gelten, daß auch

[57] MA 433, Bl. 8158, Archiv IfZ.

Einzelfälle noch vom SD bearbeitet wurden. Die endgültige Kompetenzbereinigung zwischen Gestapo und SD auch in der Praxis dürfte wohl erst der Erlaß vom 4. August 1941 über den Gegnernachrichtendienst gebracht haben; durch ihn wurde bei jeder Stapo-Stelle ein sogenannter N-Referent eingesetzt, der über die Polizeispitzel Kartei führte und deren Zusammenarbeit mit den verschiedenen Sachreferaten steuerte.

Im Zusammenhang mit den Überlegungen, die zur Errichtung des Reichssicherheitshauptamtes im Herbst 1939 führten, wurde 1938 sowohl eine Auflösung als auch eine Verstaatlichung des SD aus verschiedenen Gründen erwogen. Daß er bestehen blieb, und zwar, wie immer wieder betont wurde, als eine Organisation und einziger Nachrichtendienst der NSDAP, dürfte seinen Hauptgrund darin gehabt haben, daß nur auf diese Weise Himmler sich das Monopol für nachrichtendienstliche Tätigkeit auch im Bereich der nationalsozialistischen Bewegung sichern konnte. Hätte er den SD aufgelöst oder verstaatlicht, dann hätte irgendeine Instanz der Partei für den Bereich der Bewegung einen Nachrichtendienst aufziehen können. Einen Parallelfall gibt es auf dem Gebiet der Volkstumspolitik: Im Frühjahr 1942 wurde bei der Reichsleitung der NSDAP ein Hauptamt für Volkstumsfragen gegründet, das Himmler leitete, jedoch ausdrücklich nicht in seiner Eigenschaft als Reichskommissar für die Festigung deutschen Volkstums, sondern als Beauftragter der NSDAP für Volkstumsfragen; alle Durchführungsbestimmungen konnte er nur im Einvernehmen mit dem Leiter der Parteikanzlei, dem Reichsschatzmeister und dem Reichsorganisationsleiter der NSDAP erlassen. Mit dieser Regelung blockierte einerseits Himmler die Möglichkeit, daß im Bereich der NSDAP eine Instanz entstand, die unabhängig von ihm Volkstumspolitik hätte treiben können, während andererseits dem Anspruch der Partei Genüge getan war, in volkstumspolitischen Fragen mitzureden.

Das nachrichtendienstliche Monopol des SD im Bereich der nationalsozialistischen Bewegung war durch folgende Anordnung des Stellvertreters des Führers vom 9. Juni 1934 begründet worden:

»1. Nachdem die Vorarbeiten für die Überführung des Inlandsnachrichtenapparates des Außenpolitischen Amtes [scil. der NSDAP] in den Sicherheitsdienst des Reichsführers-SS abgeschlossen sind, hat die Überführung nunmehr unverzüglich zu erfolgen.

2. Die Ausführungsbestimmungen für die Überführung werden zwischen dem Chef des Sicherheitsamtes des Reichsführers-SS und dem Leiter der Zentrale des Außenpolitischen Nachrichtendienstes, soweit noch nicht geschehen, vereinbart.

3. Der Chef des Sicherheitsamtes des Reichsführers-SS meldet mir die erfolgte Überführung über den Reichsführer-SS bis zum 15. 7. 1934.

4. Nach der Überführung darf neben dem Sicherheitsdienst des Reichsführers-SS kein Nachrichten- oder Abwehrdienst der Partei mehr bestehen, auch nicht in der Form einer Inlandsnachrichtenorganisation für außenpolitische Zwecke.

5. Zahlungen der Gauleiter an irgendwelche Nachrichtendienststellen sind vom 1. 7. 1934 ab nicht mehr zu leisten. Dafür ist ein Betrag für die Arbeit des SD an die Reichsleitung abzuführen, über den besondere Verfügung des Reichsschatzmeisters ergeht.

6. Das Sicherheitsamt des Reichsführers-SS stellt durch geeignete Informationsberichte den Gauleitern die für diese wichtigen Ergebnisse seiner Arbeit zur Verfügung. Die Gauleiter sind für die Geheimhaltung der Berichte mir persönlich verantwortlich.

Das Informationsblatt ›Ifo‹ stellt sein Erscheinen ein. Der Chef des Sicherheitsamtes weist die Führer der SD-Oberabschnitte durch ihre Dienstanweisung an, in der erforderlichen Weise die Gauleiter von für sie wichtigen Tatsachen unmittelbar zu unterrichten.

Ich werde im Rahmen einer der nächsten Gauleitertagungen dem Reichsführer-SS Gelegenheit geben, die Gauleiter über die Arbeit des SD zu unterrichten und das SS-Amt zu zeigen.«

Ende des Jahres 1938 wurde das Monopol bestätigt durch eine Anordnung des Stellvertreters des Führers vom 14. Dezember 1938, deren erster Absatz lautete:

»Der Sicherheitsdienst des Reichsführers-SS ist durch meine Anordnung vom 9. 6. 1934 als einziger politischer Nachrichten- und Abwehrdienst der NSDAP, ihrer Gliederungen und angeschlossenen Verbände eingesetzt worden.

Der SD-RF-SS ist also eine Einrichtung der Partei. Der organisatorische und menschliche Träger dieser Einrichtung ist die SS als Gliederung der Partei.«

Der Preis, den der SD für diese Monopolstellung zahlen mußte, war das Verbot, sich um Vorgänge innerhalb der Partei zu kümmern; Beschwerden, die ihm über die Partei zugeleitet wurden, sollte er unbearbeitet an den Stellvertreter des Führers beziehungsweise später an den Leiter der Parteikanzlei weitergeben. Gegen diese Bestimmungen wurde allerdings oft verstoßen, und zwar vermutlich mit Himmlers oder Heydrichs geheimem Einverständnis. In einer ganzen Reihe von Fällen wurde jedenfalls ruchbar, daß sich der SD um Parteiangelegenheiten kümmerte, und es gab dann entsprechende Beschwerden bei Himmler. So liegen zum Beispiel aus den Jahren 1942/43 Briefwechsel mit den beiden Gauleitern Florian und Weinrich vor, die beide gegen den SD Beschwerde führten[58]. Florian wies auf einen Fragebogen für die SD-Vertrauensleute des Leitabschnitts Düsseldorf hin, der sich detailliert und wertend mit der Feiergestaltung der NSDAP beschäftigte. Er schrieb dazu: »Meine leider bis dahin noch nicht beweisbare Vermutung, daß der SD sehr wohl in Parteidingen herumwühlt, ist durch diesen Fragebogen eindeutig erwiesen.« Weinrich schrieb an die Parteikanzlei, seit vielen Jahren habe er schon die Tätigkeit der Stapo und des SD mit Befremden beobachten müssen, wobei der SD schlimmer als die Stapo sei. Viele der V-Männer des SD seien »schräge Vögel« und ganz junge Parteigenossen [von 1940]; wenn diese weiterhin Meldungen über parteiinterne Angelegenheiten erstatten, werde er sie wegen parteischädigenden Verhaltens anklagen.

Ebenfalls im Herbst 1938 erfolgte die *staatliche* Sanktionierung der Tätigkeit des SD durch einen Erlaß des RMdI vom 11. November 1938[59]:

> »Der Sicherheitsdienst des RFSS [SD] hat als Nachrichtenorganisation für Partei und Staat – insbesondere zur Unterstützung der Sicherheitspolizei – wichtige Aufgaben zu erfüllen. Der SD wird damit in staatlichem Auftrage tätig. Das erfordert ein enges und verständnisvolles Zusammenarbeiten zwischen dem SD und den Verwaltungsbehörden der Allgemeinen und Inneren Verwaltung.«

Obgleich sich aus den Quellen über die Zusammenhänge nichts Näheres entnehmen läßt, darf man doch vermuten, daß diese staatliche Sanktionierung und die Bestätigung des Monopols im Bereich der Partei miteinander zusammenhingen, daß sie das

[58] Himmler Files I/4/2, Archiv IfZ.
[59] RMBliV, S. 1906.

Ende der Krise des SD markierten und die weitere Entwicklung einleiteten, die zu der Bildung des Reichssicherheitshauptamtes im Herbst 1939 führte.

Obgleich er in den ersten Jahren des Dritten Reiches einer wirklichen Aufgabe ermangelte, war der SD doch gerade damals nicht ohne beträchtliche politische Macht gewesen. Im Nimbus der SS fungierte er nicht nur als Nebenpolizei, sondern mischte sich auch auf den verschiedensten Sachgebieten in Angelegenheiten von politischem Belang ein. Die eigentliche Bedeutung des SD bestand aber wohl darin, daß aus ihm eine Reihe von Leuten hervorgingen, die im Laufe der Jahre die politisch besonders wichtigen Stellen innerhalb der Sicherheitspolizei besetzten. Man findet sie später im Kriege allenthalben als Führer von Einsatzkommandos oder als Befehlshaber und Kommandanten der Sicherheitspolizei und in maßgebenden Positionen des RSHA.

Schließlich hatte der SD als selbständige Formation der Gesamt-SS noch eine bestimmte organisatorische Funktion: Im Zuge der von Himmler vorangetriebenen Verschmelzung von SS und Polizei wurden die Angehörigen der Polizei unter mehr oder minder starkem Druck veranlaßt, der SS beizutreten. Soweit es sich dabei um Angehörige der Sicherheitspolizei handelte, wurden sie der Formation SD zugewiesen und trugen die SS-Uniform mit der sogenannten SD-Raute am linken Ärmel. Da der Einsatz der Sicherheitspolizei in den besetzten Gebieten in der Regel in SS-Uniform erfolgte, stand er für außenstehende Beobachter des Auslands unter dem Signum des SD, so wie er im Altreich unter dem Signum der Gestapo stand.

5. Das Reichssicherheitshauptamt und die weitere Entwicklung der regionalen und der lokalen Organisation der Sicherheitspolizei und des SD

Im Vergleich zu den grundlegenden Veränderungen des Jahres 1936 brachte die Zusammenfassung der Sicherheitspolizei und des Sicherheitsdienstes RFSS [SD] im Reichssicherheitshauptamt [RSHA] am 27. September 1939 nichts wesentlich Neues. Zwar wurden wieder ein Amt aus dem Bereich des Staates, der Chef der Sicherheitspolizei, und ein Amt aus dem Bereich der nationalsozialistischen Bewegung, der Chef des SD-Hauptamtes, in Realunion zu einer Institution, dem »Chef der Sicherheitspolizei und des SD« vereinigt, doch bildete in diesem Fall die Vereinigung nicht so sehr den Anfang als vielmehr den Abschluß einer Entwicklung. Denn einerseits war die Sicherheitspolizei praktisch schon entstaatlicht und zu einem Instrument der Führergewalt geworden, andererseits war und blieb der SD in einer Nebenrolle. Hier wurde also nicht etwa die Sicherheitspolizei vom SD »aufgesaugt«, sondern eher der SD von der Sicherheitspolizei.

Die »Zusammenfassung der zentralen Ämter der Sicherheitspolizei und des SD« zum Reichssicherheitshauptamt [RSHA] erfolgte durch Erlaß des RFSSuChdDtPol vom 27. September 1939 mit Wirkung vom 1. Oktober 1939 in folgender Weise:

RSHA Amt I wurde gebildet aus

> Amt Verwaltung und Recht des HA Sipo
> Amt I des SD-Hauptamtes [ohne I/3]
> Abteilung I des Gestapa
> Abteilung IV des Gestapa.

> Amtschef war Dr. Best. Deshalb war die Abteilung IV des Gestapa zunächst mit ins Amt I genommen worden; denn Dr. Best besorgte neben seinen allgemeinen Verwaltungs- und Organisationsaufgaben den Aufbau der Abwehrpolizei.

RSHA Amt II wurde gebildet aus

> den Abteilungen II/1 [Gegnerforschung] und I/3 des SD-Hauptamtes unter Professor Six als Amtschef.

RSHA Amt III wurde gebildet aus

> der Abteilung II/2 [Deutsche Lebensgebiete] des SD-Hauptamtes unter Ohlendorf.

RSHA Amt IV wurde gebildet aus

> Amt Politische Polizei des Hauptamtes Sipo
> Abteilung II des Gestapa
> Abteilung III des Gestapa.
> Amtschef war Heinrich Müller.

RSHA Amt V wurde gebildet aus

> Amt Kriminalpolizei des Hauptamtes Sipo
> Reichskriminalpolizeiamt.
> Amtschef: Nebe.

RSHA Amt VI wurde gebildet aus

Amt III [Auslandsnachrichtendienst SD-Haupt-
amt].
Amtschef: Jost.

Anfangs also waren drei von sechs Ämtern des RSHA Ämter
des SD. Das wurde sehr bald dahingehend geändert, daß aus
Amt I zwei Ämter gebildet wurden, nämlich Amt I [Personal]
unter Bruno Streckenbach und Amt II [Organisation, Verwaltung, Recht] unter Best, während das bisherige Amt II unter
Professor Six das neue Amt VII »Weltanschauliche Forschung
und Auswertung« bildete. Die Abwehrpolizei kam als Gruppe
IV E zum Amt IV.

Im Zusammenhang mit der Besetzung europäischer Länder im
Krieg entstand im Amt IV RSHA neben den sachlich gegliederten Gruppen die nach territorialen Gesichtspunkten geglie-
derte Gruppe IV D »Großdeutsche Einflußgebiete«. Im Laufe
der Zeit ergab es sich, daß die territorialen Gesichtspunkte immer wichtiger wurden, das heißt: daß die Bearbeitung aller
Sachgebiete je eines Landes an Bedeutung gewann gegenüber
der Bearbeitung je eines Sachgebietes für alle Länder. Daraus
wurden im Jahre 1944 die Konsequenzen gezogen, indem man
das Amt IV umorganisierte.

Es wurden die drei Hauptgruppen

IV A   Fachreferate
IV B   Länderreferate
IV G   Grenzpolizei

gebildet, die wie folgt gegliedert waren:

IV A 1   Links- und Rechtsopposition
IV A 2   Sabotagebekämpfung
IV A 3   Spionageabwehr
IV A 4   Juden, Kirchen
IV A 5   Sonderaufträge
IV A 6   Schutzhaft
IV B 1   Besetzte Westgebiete
IV B 2   Besetzte Ostgebiete
IV B 3   Besetzte Südostgebiete
IV B 4   Paß- und Ausweiswesen
IV B a A   Grundsatzfragen des Einsatzes ausländischer Arbeiter
IV G   Zollgrenzschutz, Grenzinspektion.

Zuweilen wird behauptet, das RSHA sei überhaupt keine einheitliche Dienststelle gewesen, sondern gewissermaßen nur eine innerdienstliche Sammelbezeichnung für verschiedene Dienststellen des Staates und der Partei, die zwar sachlich auf enge Zusammenarbeit angewiesen waren, de jure aber nichts miteinander zu tun gehabt hätten. Diese Behauptung beruht auf einer willkürlichen Isolierung eines Teils der Wirklichkeit, die das RSHA darstellte. Die ganze Wirklichkeit bestand darin, daß eine neue Instanz im Bereich der Führergewalt gebildet worden war: der Chef der Sicherheitspolizei und des SD [CSSD]. Ebenso wie die anderen Instanzen des Bereichs der Führergewalt verfügte auch diese Stelle über eine staatliche und eine parteiamtliche Komponente und kehrte je nach Bedarf die eine oder die andere hervor, ohne daß eine der beiden wirklich verbindlich gewesen wäre. Die Instanzen, die außerhalb des Bereichs der Normativität konstituiert waren, konnten sich innerhalb der Normativität beliebige Gestalten geben. Das zeigt sehr deutlich ein Erlaß, ebenfalls vom 26. September 1939, über die vom RSHA zu verwendenden Briefköpfe:
im internen Geschäftsbereich firmierte es als »Reichssicherheitshauptamt«,
im Geschäftsverkehr mit anderen Dienststellen als
    »Der Chef der Sicherheitspolizei und des SD«
oder in bestimmten Fällen
    »Der Reichsführer-SS und Chef der Deutschen Polizei«
oder auch
    »Der Reichsminister des Innern«;
die Ämter IV und V als Exekutivinstanzen
    »Geheimes Staatspolizeiamt«
beziehungsweise
    »Reichskriminalpolizeiamt«.
Der gleiche Referent konnte also je nach Sachlage oder Opportunität unter »RSHA«, »Chef Sipo und SD«, »RFSSuChdDtPol«, »RMdI« oder »Geheimes Staatspolizeiamt« in Erscheinung treten.
Für diese Situation charakteristisch waren die weiteren Bestimmungen, daß durch die Zusammenfassung im RSHA die Stellung der einzelnen Ämter in der Partei und der staatlichen Verwaltung nicht geändert würde und daß die bisherigen Unterscheidungen zwischen Hauptamt Sicherheitspolizei, SD-Hauptamt, Geheimem Staatspolizeiamt und Reichskriminalpolizeiamt beizubehalten seien, soweit sie haushaltsrechtlich,

wirtschaftlich usw. von Bedeutung beziehungsweise soweit diese Bezeichnungen in Gesetzen, Verordnungen usw. vorgeschrieben seien. Das heißt ja nicht, daß diese Gesichtspunkte für den CSSD und sein RSHA noch konstituierend gewesen seien, sondern muß in dem von E. R. Huber definierten Sinn als Legalisierung verstanden werden, das heißt als »äußere Überbrückung der Kluft, die in Wahrheit zwei wesensverschiedene Ordnungen trennt. Rücksichten auf das technische Funktionieren des Justiz- und Verwaltungsapparates sind die eigentlichen Gründe für die Methode der Legalität«. Beibehaltung der alten Bezeichnungen und Einordnung in die Bereiche von Staat und Partei bedeutete lediglich ein *Noch*-in-Geltung-Lassen aus technischen oder taktischen Gründen. – Wie beim RFSSuChdDtPol so war auch beim CSSD die außernormative Konstituierung und praktische Wirksamkeit der neuen Instanz der Führergewalt dem Nachvollzug der daraus sich für den normativen Bereich im einzelnen ergebenden Konsequenzen weit vorausgeeilt. Es geht aber nicht an, die noch bestehenden, ihrer Substanz jedoch beraubten, nur noch taktischer Verschleierung oder technischen Zwecken dienenden normativen Formen heute als die eigentliche Wirklichkeit hinzustellen, obgleich sie doch nicht nur von der Verfassungswirklichkeit, sondern auch von den ausdrücklich verkündeten neuen verfassungsorganisatorischen Grundsätzen längst überholt waren. Ein charakteristisches Beispiel für die wahre Sachlage ist die von Göring in seiner Eigenschaft als Vorsitzender des Reichsverteidigungsrates dem Chef der Sicherheitspolizei und des SD am 31. Juli 1941 erteilte Weisung, »alle erforderlichen Vorbereitungen in organisatorischer, sachlicher und materieller Hinsicht zu treffen für eine Gesamtlösung der Judenfrage im deutschen Einflußgebiet in Europa«. Das war nicht der eigentliche Befehl zur Endlösung gewesen, die zum damaligen Zeitpunkt schon im Gange war und auf einem Befehl Hitlers an Himmler beruhte, sondern es war die Fixierung des aufgrund der Führergewalt bereits erteilten Befehls im Bereich der Normativität, eine partielle Legalisierung, die nötig war, weil der CSSD für die Deportationsmaßnahmen Dienststellen des Staates heranziehen mußte, die einer gesetzlichen Grundlage bedurften, um tätig werden zu können [Finanzämter, Standesämter, Reichsbahn usw.].

Die Organisation der dem CSSD nachgeordneten regionalen und lokalen Dienststellen war *in den besetzten Gebieten* klar und einfach. Beim Einmarsch in diese Gebiete und in der ersten Zeit der Besetzung wurden die sicherheitspolizeilichen und nachrichtendienstlichen Belange von sogenannten *Einsatzgruppen* wahrgenommen. Nachdem schon an der Besetzung Österreichs polizeiliche Sondereinheiten teilgenommen hatten, wurden »Einsatzstäbe« des SD auch bei den Planungen des Einmarschs in die Tschechoslowakei vorgesehen. Das lehrt ein seinerzeit im SD-Hauptamt angefertigter Referentenentwurf[60], in dem es unter anderem heißt:

> »Der SD folgt, wenn möglich, unmittelbar hinter der einmarschierenden Truppe und übernimmt analog seiner Aufgaben im Reich die Sicherung des politischen Lebens.
> Maßnahmen im Reich stehen unter Leitung der Gestapo. SD wirkt mit. Maßnahmen im besetzten Gebiet stehen unter Leitung eines höheren SD-Führers. Den einzelnen Einsatzstäben werden Stapobeamte beigegeben. Notwendig ist die z. V. Stellung eines Verbandes der SS-Verfügungstruppe oder der Totenkopfverbände zur besonderen Verwendung.«

Über den tatsächlichen Einsatz im Sudetenland berichtete der »Völkische Beobachter« vom 10. Oktober 1938: »Gleichzeitig haben innerhalb der Sicherheitspolizei die Männer der Geheimen Staatspolizei in engster Zusammenarbeit mit den vorrückenden Wehrmachtsteilen sofort mit der Säuberung der befreiten Gebiete von marxistischen Volksverrätern und anderen Staatsfeinden begonnen.«

Kurz vor Beginn des Polenfeldzuges wurden sechs mit römischen Ziffern bezeichnete Einsatzgruppen gebildet, nämlich fünf in Entsprechung zu den in Bereitstellung befindlichen fünf Armeen und eine sechste speziell für die Provinz Posen. Sie trugen die Bezeichnung »Einsatzgruppen der Sicherheitspolizei« und waren in Einsatzkommandos unterteilt, von denen je eines einem Korps zugeteilt wurde. Alle Angehörigen dieser Einsatzgruppen trugen die Felduniform der SS-Verfügungstruppe mit der SD-Raute am linken Ärmel. Aufgabe der Einsatzgruppen war »Bekämpfung aller reichs- und deutschfeindlichen Elemente rückwärts der fechtenden Truppe«, was in einer Anordnung des AOK 8 folgendermaßen erläutert wurde: »Insbesondere Spionageabwehr, Festnahme von politisch unzuverlässigen Personen, Beschlagnahme von Waffen, Sicherstellung von abwehrpolizeilich wichtigen Unterlagen usw., Unterstützung der

⁶⁰ USSR-509.

Ortskommandanturen bei der Erfassung von Flüchtlingen und Wehrpflichtigen.«

In einem Aktenvermerk Heydrichs vom 2. Juli 1940 wird die Tätigkeit der Einsatzgruppen bis zum Polenfeldzug einschließlich wie folgt dargestellt[61]:

> »Die Behandlung politisch-polizeilicher Angelegenheiten in den neubesetzten Westgebieten macht es erforderlich, kurz den Entwicklungsgang dieser Dinge im Zusammenhang mit dem Verhältnis OKH zur SS und Polizei in dieser Richtung kurz [sic!] aufzuzeichnen, um zur klaren Beurteilung der Situation zu gelangen und im Interesse der Verhütung weiterer Schäden in der politisch-polizeilichen Arbeit in den neubesetzten Gebieten Vorschläge zu machen.
>
> Bei allen bisherigen Einsätzen: Ostmark, Sudetenland, Böhmen und Mähren und Polen, waren gemäß Sonderbefehl des Führers besondere polizeiliche Einsatzgruppen [Sicherheitspolizei und Ordnungspolizei] mit den vorrückenden, in Polen mit den kämpfenden Truppen vorgegangen und hatten auf Grund der vorbereiteten Arbeit systematisch durch Verhaftung, Beschlagnahme und Sicherstellung wichtigsten politischen Materials heftige Schläge gegen die reichsfeindlichen Elemente in der Welt aus dem Lager von Emigration, Freimaurerei, Judentum und politisch-kirchlichem Gegnertum sowie der 2. und 3. Internationale geführt.
>
> Das Zusammenarbeiten mit der Truppe unterhalb der Stäbe und in vielen Fällen auch mit den verschiedenen Stäben des Heeres war im allgemeinen gut; lediglich über grundsätzliche Fragen der Staatsfeindbekämpfung bestand in vielen Fällen bei den höheren Befehlshabern des Heeres eine grundsätzlich andere Auffassung. Diese Auffassung, die zum größten Teil aus Unkenntnis der weltanschaulichen Gegnerlage heraus entstand, verursachte dann Reibungen und Gegenweisungen gegen die vom Reichsführer-SS nach den Weisungen des Führers sowie des Generalfeldmarschalls durchgeführte politische Tätigkeit[62].
>
> Während bis zum polnischen Einsatz diese Schwierigkeiten im allgemeinen durch persönliche Fühlungnahme und Aufklärung zu meistern waren, bestand diese Möglichkeit beim polnischen Einsatz nicht. Ursache lag jedoch hier darin, daß die Weisungen, nach denen der polizeiliche Einsatz handelte,

[61] Vgl. Vjh. f. Zg. 11 (1963), S. 206ff.
[62] Im Original: »durchgeführten politischen Tätigkeit«.

außerordentlich radikal waren [z. B. Liquidierungsbefehl für zahlreiche polnische Führungskreise, der in die Tausende ging], daß den gesamten führenden Heeresbefehlsstellen und selbstverständlich auch ihren Stabsmitgliedern dieser Befehl nicht mitgeteilt werden konnte, so daß nach außen hin das Handeln der Polizei und SS als willkürliche, brutale Eigenmächtigkeit in Erscheinung trat.

Dazu kam, daß der Selbstschutz zu Anfang aus zwar verständlicher Erbitterung gegen die Polengreuel selbst zum Teil unmögliche, unkontrollierbare Racheakte ausführte, die dann wieder zu Lasten von SS und Polizei geschrieben wurden.«[63]

Für die Tätigkeit der »Einsatzgruppen der Sicherheitspolizei und des SD« im Rußlandfeldzug ist der einschlägige Befehlsentwurf des OKH vom 26. März 1941 überliefert, der keine wesentlichen Änderungen mehr erfahren haben dürfte, da seine Bestimmungen von der späteren Praxis bestätigt wurden. Der Befehlsentwurf lautet in seinen wichtigsten Passagen[64]:

»Die Durchführung besonderer sicherheitspolizeilicher Aufgaben *außerhalb* der Truppe macht den Einsatz von Sonderkommandos der Sicherheitspolizei [SD] im Operationsgebiet erforderlich.

Mit Zustimmung des Chefs der Sicherheitspolizei und des SD wird der Einsatz der Sicherheitspolizei und des SD im Operationsgebiet wie folgt geregelt:

1. *Aufgaben*

   a] *Im rückw. Armeegebiet:*

   Sicherstellung vor Beginn von Operationen festgelegter Objekte [Material, Archive, Karteien von reichs- und staatsfeindlichen Organisationen, Verbänden, Gruppen usw.] sowie besonders wichtiger Einzelpersonen [Führende Emigranten, Saboteure, Terroristen usw.].

---

[63] Der aus Volksdeutschen gebildete, Ende September 1939 von Himmler einheitlich organisierte »Selbstschutz« war gegen Ende des Polenfeldzuges als eine örtliche »Selbsthilfe-Milizorganisation« entstanden und zunächst den in den einzelnen Militärbezirken eingesetzten »Befehlshabern der Ordnungspolizei« unterstellt gewesen. Unter Mitwirkung der örtlichen Einsatzkommandos entwickelte er sich zu »einer Art volksdeutscher SS« [Broszat, Nationalsozialistische Polenpolitik 1939–1945, Stuttgart 1961, S. 60ff.], die im Rahmen größerer Gebiete »reichsdeutschen« SS-Führern unterstand, in den neuen Reichsgauen schließlich je einem »Führer des Selbstschutzes und der SS«. Besonders in Westpreußen, aber auch in Gebieten mit verstreuten volksdeutschen Gruppen [wie z. B. im Bezirk Lublin] vertreten und hier von den örtlichen SS- und Polizeiführern geleitet, unternahm der Selbstschutz zahlreiche »wilde« Aktionen der hier von Heydrich kritisierten Art. Mehr und mehr als Belastung empfunden – sogar der Generalgouverneur Frank sprach von der »Mordbande des SS- und Polizeiführers Lublin« – wurde der Selbstschutz im Frühjahr 1940 fast überall aufgelöst [Broszat, a.a.O.].

[64] NOKW-256.

Der Oberbefehlshaber der Armee kann den Einsatz der Sonderkommandos in Teilen des Armeegebietes ausschließen, in denen durch den Einsatz Störungen der Operationen eintreten können.

b] *Im rückw. Heeresgebiet:*

Erforschung und Bekämpfung der staats- und reichsfeindlichen Bestrebungen, soweit sie nicht der feindlichen Wehrmacht eingegliedert sind, sowie allgemeine Unterrichtung der Befehlshaber der rückw. Heeresgebiete über die politische Lage.

Für die Zusammenarbeit mit den Abwehroffizieren bzw. Abwehrstellen gelten sinngemäß die mit der Abwehrabteilung RKM am 1. 1. 37 gemeinsam aufgestellten Grundsätze für die Zusammenarbeit zwischen der Geheimen Staatspolizei und den Abwehrstellen der Wehrmacht.

2. *Zusammenarbeit zwischen den Sonderkommandos und den militärischen Kommandobehörden im rückw. Armeegebiet* [zu 1 a].

Die Sonderkommandos der Sicherheitspolizei [SD] führen ihre Aufgaben in eigener Verantwortlichkeit durch. Sie sind den Armeen hinsichtlich Marsch, Versorgung und Unterbringung unterstellt. Disziplinäre und gerichtliche Unterstellung unter den Chef der SP und des SD werden hierdurch nicht berührt. Sie erhalten ihre fachlichen Weisungen vom Chef der Sicherheitspolizei und des SD und sind bezüglich ihrer Tätigkeit gegebenenfalls einschränkenden Anordnungen der Armee [s. Ziff. 1 a] unterworfen.

Für die zentrale Steuerung dieser Kommandos wird im Bereich jeder Armee ein Beauftragter des Chefs der Sicherheitspolizei und des SD eingesetzt. Dieser ist verpflichtet, die ihm vom Chef der Sicherheitspolizei und des SD zugegangenen Weisungen dem Oberbefehlshaber der Armee rechtzeitig zur Kenntnis zu bringen. Der militärische Befehlshaber ist berechtigt, an den Beauftragten Weisungen zu geben, die zur Vermeidung von Störungen der Operationen erforderlich sind, sie gehen allen übrigen Weisungen vor.

...

Die Sonderkommandos sind berechtigt, im Rahmen ihres Auftrages in eigener Verantwortung gegenüber der Zivilbevölkerung Exekutivmaßnahmen zu treffen. Sie sind hierbei zu engster Zusammenarbeit mit der Abwehr verpflichtet. Maßnahmen, die sich auf die Operationen auswirken können, bedürfen der Genehmigung des Oberbefehlshabers der Armee.«

Die Gliederung der Einsatzgruppen beziehungsweise Einsatzkommandos entsprach im Prinzip der Gliederung des RSHA; es handelte sich also um verkleinerte mobile Ausgaben der Zentrale mit den entsprechenden Sparten von Stapo, Kripo und SD. – In Rußland wie auch in den anderen besetzten Gebieten wurden die Einsatzgruppen und -kommandos, wenn die Besatzungsverwaltung sich konsolidierte, in eine territorial fest stationierte Organisation der Sicherheitspolizei und des SD umgewandelt. In jedem besetzten Land wurde ein Befehlshaber der Sicherheitspolizei und des SD [BdS] eingesetzt [gesondert allerdings je ein BdS in Lothringen, im Elsaß, im Warthegau, im Generalgouvernement und in den Reichskommissariaten Ostland und Ukraine]; jedem BdS waren mehrere Kommandeure der Sicherheitspolizei und des SD [KdS] unterstellt, zum Beispiel im Generalgouvernement 5, in Norwegen 4, in der Ukraine 9, in Frankreich 16. – So waren die Befehlsverhältnisse im Grunde ganz klar und einfach: Der Befehlsweg ging vom RSHA aus zu den BdS und von dort zu den KdS; die Ordnungspolizei war in entsprechender Weise gegliedert:

RSHA	HA Orpo
BdS	BdO
KdS	KdO

Dieses Grundschema ist in sich nie verändert worden, sondern konnte nur partiell suspendiert werden, und zwar vor allem durch zwei Faktoren:

1. durch die Höheren SS- und Polizeiführer [HSSPF]. Wie weiter unten ausführlich dargestellt werden wird, hatten die HSSPF unter anderem Sonderaufgaben des Reichsführers-SS auszuführen und konnten sich zu diesem Zweck sämtlicher Teilorganisationen der SS und Polizei bedienen. In diesem Falle erhielten BdS und KdS ihre Befehle also nicht vom RSHA, sondern vom HSSPF;

2. durch die bedingte Unterstellung der Organe der Sicherheitspolizei unter die jeweilige örtliche Zivilverwaltung. Diese Unterstellung wurde durch Himmler von Fall zu Fall poli

tisch ausgehandelt und ist in der Regel von sekundärer Bedeutung gewesen.

Wie groß unter der Einwirkung dieser beiden Faktoren die faktische Bedeutung des Grundschemas RSHA–BdS–KdS blieb, das hing von dem politischen Ansehen der beteiligten HSSPF und Zivilverwaltungsorgane ab. Da das Prinzip der Führergewalt die Verbindlichkeit aller objektiven institutionellen Regelungen relativierte und den Einfluß personaler Momente auf die Verwaltung vergrößerte, wurden die tatsächlichen Befugnisse eines Amtes in erheblichem Maße von dem politischen Ansehen des jeweiligen Amtsinhabers abhängig. So konnte etwa ein Chef der zivilen Verwaltung [ein Generalgouverneur, Reichsstatthalter, Landrat oder Oberbürgermeister] sich noch einen gewissen Einfluß auf die polizeiliche Exekutive erhalten, wenn er politisch etwas darstellte, wenn er vielleicht mit Hitler oder Himmler persönlich sehr gut stand oder bewährter »Alter Kämpfer« war. Innerhalb der SS und Polizei selbst spielte es eine entsprechende Rolle, ob einer altes SS-Mitglied oder alter SD-Angehöriger war, ob er gute Beziehungen zum RSHA hatte und was dergleichen Umstände mehr sind. Je nachdem konnte das politische Übergewicht im Einzelfall vielleicht beim Distriktsgouverneur, beim BdS oder beim HSSPF liegen. Immerhin hatte der oben dargestellte Normalfall der Befehlsverhältnisse doch solche Allgemeingültigkeit, daß wesentliche Abweichungen davon nicht einfach behauptet werden können, sondern begründet und bewiesen werden müssen.

Die interne Organisation der Dienststellen der BdS und KdS variierte je nach den durch die örtlichen Gegebenheiten bedingten Aufgaben und den jeweiligen personalpolitischen Verhältnissen. Zwar blieb auch hier das Grundschema des RSHA immer erhalten, es gab jedoch eine dauernde Fluktuation der Einrichtung und Auflösung von Dienststellen sowie kleinerer organisatorischer Veränderungen in den Dienststellen selbst. Soweit es sich um die Errichtung und Auflösung von BdS- und KdS-Dienststellen als solche handelte, lassen sich die Veränderungen wenigstens zum Teil im Befehlsblatt des CSSD verfolgen; schon Einrichtung und Auflösung von Außendienststellen sind dagegen im allgemeinen nicht nachweisbar. Als ein anschauliches Beispiel aus der Praxis können die Erinnerungen eines Angehörigen der Sicherheitspolizei über den Einsatz der Sicherheitspolizei und des SD in Norwegen gelten:

»Wohl noch am gleichen Abend wurde auf dem Sportplatzgelände hinter dem Blindern-Studentenheim in Oslo von Fehlis die Einteilung aller Angehörigen der Sicherheitspolizei und des SD in die einzelnen Kommandos für die verschiedenen Städte in Norwegen vorgenommen. Fehlis war übrigens für diese Einteilung nicht bestimmend. Befehlshaber der Sicherheitspolizei und des SD in Norwegen wurde damals Oberführer Dr. Stahlecker, der mit einem kleinen Stab im Stortingsgebäude seinen Dienstsitz hatte. Für Angelegenheiten der politischen Polizei war Dr. Stahlecker der Regierungsrat Dr. Knab zugeteilt. Dieser hatte sich bereits vor der Besetzung Norwegens dienstlich in Oslo aufgehalten, meines Wissens der Deutschen Gesandtschaft in Oslo attachiert. Als örtliche Dienststellen unter dem Befehlshaber der Sipo und des SD in Norwegen wurden Einsatzkommandos der Sipo und des SD zusammengestellt, beginnend mit dem Einsatzkommando 1 in Oslo … Leiter des Einsatzkommandos wurden entweder Stapoleiter oder im Range entsprechende SD-Führer. Der Stellvertreter des Kommandoleiters sollte jeweils der anderen Sparte entnommen werden. So wurde Fehlis als Stapoleiter zum Leiter des Einsatzkommandos 1 in Oslo bestimmt, sein Stellvertreter wurde SS-Hauptsturmführer Podlich, ein SD-Führer, der gleichzeitig Leiter des SD beim Einsatzkommando wurde.

Die Unterteilung beim Einsatzkommando 1 in Oslo – im übrigen auch bei den anderen Einsatzkommandos – wurde noch nicht der neuen Unterteilung des Reichssicherheitshauptamtes in die Ämter I bis VI angepaßt. Man unterschied beim Einsatzkommando vorläufig noch zwischen SD, Stapo und Kripo. Wahrscheinlich hing das damit zusammen, daß der Einsatz in Norwegen nach den Erklärungen, die wir vorweg erhielten, nur auf einige Wochen oder höchstens Monate berechnet war. …

Das Einsatzkommando 1 hatte bis Ende 1940 folgenden Aufbau: Abteilungen im später üblichen Sinn gab es nicht. Das Kommando gliederte sich in:
SD, Leiter Hauptsturmführer Podlich
Stapo-Exekution, Leiter Regierungs- und Kriminalrat Opitz
Kripo, Leiter Kriminalrat Christensen
Stapo-Verwaltung [auch für SD und Kripo], Leiter Polizeiinspektor Remer.
Innerhalb der Stapo-Exekutive war unterteilt in Abteilung II [Innenpolitik] und Abteilung III [Spionageabwehr].

Innerhalb von Abteilung II bearbeitete Opitz II A [Marxismus], Kriminalkommissar Esser II C [Widerstand].

Abteilung III war mir unterstellt und wurde von mir unterteilt in Verfolgung einzelner Verdachtsfälle und Bearbeitung präventiver Abwehrfragen.

Im Spätsommer 1940 wurde Kriminaldirektor [damals Kriminalrat] Preuss Nachfolger von Opitz.

Ende 1940 starb Dr. Stahlecker während eines Aufenthaltes in Deutschland bei einem Bombenangriff[64a]. Fehlis wurde daraufhin mit der Wahrnehmung der Geschäfte des Befehlshabers der Sipo und des SD in Norwegen betraut. Der Stab Dr. Stahleckers wurde mit der Dienststelle des Einsatzkommandos 1 vereinigt. Einige Monate später, also wohl im Frühjahr 1941, wurde Fehlis amtlich Befehlshaber der Sipo und des SD in Norwegen, das Einsatzkommando 1 ging in dieser Dienststelle auf. Wohl etwa gleichzeitig wurden die übrigen Einsatzkommandos umbenannt in:

›Der Kommandeur der Sipo und des SD Stavanger‹ usw.

In der neugeschaffenen Dienststelle des BdS und des SD wurde die Einteilung entsprechend in Ämter der Einteilung beim RSHA durchgeführt. Den Aufbau und die Stellenbesetzung waren demnach wie folgt:

Abteilung I   [Personalangelegenheiten und Recht]
Abteilung II   [Verwaltung, Wirtschaftssachen]
Abteilung III [SD, Lebensgebiete]
Abteilung IV [Staatspolizei]
Abteilung V   [Kriminalpolizei]
Abteilung VI [SD, Auslandsnachrichtendienst].«

Im Altreich waren die organisatorischen Verhältnisse bei den nachgeordneten regionalen und lokalen Dienststellen der Sicherheitspolizei wesentlich komplizierter; denn es handelte sich dort nicht um *ein* klares Prinzip, das nur mehr oder weniger unwesentliche Abwandlungen erfuhr, sondern es waren *zwei* einander ausschließende Prinzipien in Kraft, von denen das eine das andere allmählich verdrängen sollte. In aller Deutlichkeit finden wir das in einem Brief Heydrichs an Daluege vom 30. Oktober 1941 ausgesprochen:

»Wir müssen uns doch darüber klar sein, daß die Entwicklung der Polizei seit 1933 nicht organisch war, wir haben vielmehr die Organisations- und Verwaltungsform der Länder-

---

[64a] Wohl Verwechslung mit Ogruf. Weitzel, der 1940 in Düsseldorf umkam.

polizei übernommen und selbst bei der Verreichlichung im Jahre 1937 noch nicht grundlegend reorganisiert, sondern die preußische Organisationsform auf das Reich übertragen. Daneben aber sind dieser Polizeiorganisation zusätzliche polizeiliche und andere Funktionen aufgepfropft worden im Hinblick auf das vom Reichsführer-SS angestrebte Endziel. Die alte Polizeiverwaltung sowie die neuen Dienststellen der Höheren SS- und Polizeiführer und der Inspekteure bzw. der Befehlshaber sind doch zwei nebeneinander bestehende Führungsapparate der Polizei, die nebeneinander zuviel sind und infolgedessen in einer organisatorischen Form verschmolzen werden müssen. Die augenblicklich noch geltende unzureichende Autorisierung der Höheren SS- und Polizeiführer und der Inspekteure im Reichsgebiet ist zu schwach, um die Stellung gegen die mit immer größeren Führungsansprüchen gegenüber der Polizei auftretende Verwaltung halten zu können, – wir würden dem Reichsführer-SS damit einen schlechten Dienst erweisen. Unsere Gesamtorganisation von SS und Polizei muß daher organisatorisch richtig und planvoll bereits aufgebaut sein, wenn die Verwaltung bzw. der Staat darangehen, nach dem Kriege sich ihrerseits neu zu ordnen. Wir können also auf die Dauer weder den Höheren SS- und Polizeiführern noch den Inspekteuren im Reich ein sachliches Führungsrecht vorenthalten.«

Himmlers und Heydrichs Bestreben war also, die Sicherheitspolizei auch im Altreich so zu organisieren wie in den besetzten Gebieten und die Reste der traditionellen Organisation zu beseitigen, wonach die Polizei ein Teil der inneren Verwaltung gewesen war. Das führte natürlich zu endlosen Auseinandersetzungen mit der Bürokratie und auch zu einer Frontstellung gegen die Ordnungspolizei, die im wesentlichen die traditionelle Organisation beibehalten hatte. Himmler und Heydrich trieben die Veränderung der Polizeiorganisation in kleinen Schritten und unter taktischer Verschleierung, jedoch zielbewußt voran: Mit Runderlaß des RFSSuChdDtPol vom 28. August 1936[65] wurde mit Wirkung vom 1. Oktober 1936 für alle Dienststellen der politischen Polizei im ganzen Reich die einheitliche Bezeichnung »Geheime Staatspolizei« angeordnet; die Dienststellen selbst wurden umbenannt in Stapo-Stellen beziehungsweise Stapo-Leitstellen. – Mit Runderlaß der RuPrMdI vom 20. September 1936[66] erfolgte eine Neuordnung der

[65] RMBliV, S. 1344.   [66] RMBliV, S. 1339.

staatlichen Kriminalpolizei; zwar wurde die Stellung der Kriminalpolizeibehörden zur inneren Verwaltung der einzelnen deutschen Länder nicht verändert, sie wurden aber der fachlichen Leitung des Preußischen Landeskriminalpolizeiamtes [des späteren Reichskriminalpolizeiamtes] unterstellt und in Parallele zur politischen Polizei in »Kriminalpolizei-Stellen« und »Kriminalpolizei-Leitstellen« umbenannt. Hatte die Umbenennung auf seiten der politischen Polizei die Entwicklung der vorangegangenen Jahre lediglich besiegelt, so besaß sie auf seiten der Kripo den Charakter eines Programms der organisatorischen Angleichung der Kripo an die Stapo. Ebenfalls mit Runderlaß des RuPrMdI vom 20. September 1936 und ebenfalls mit Wirkung vom 1. Oktober des gleichen Jahres wurden Inspekteure der Sicherheitspolizei eingesetzt[67]. Gemäß ihrer Dienstanweisung sollten sie vor allem für eine »verständnisvolle Zusammenarbeit« zwischen der Sicherheitspolizei mit den Zentralstellen der allgemeinen und inneren Verwaltung, mit den Gauleitern der NSDAP und den Dienststellen der Wehrmacht sorgen. Weiterhin sollten sie die Durchführung der Erlasse des Chefs der Sicherheitspolizei in ihrem Gebiet überwachen und für die organisatorische Angleichung der Behörden der Gestapo und der Kripo besorgt sein. Letzteres kam der den Inspekteuren der Sicherheitspolizei [IdS] tatsächlich zugedachten Funktion wesentlich näher als die einleitenden Bestimmungen; denn die IdS bildeten die ersten Pfeiler der neuen Organisationsform der Polizei, die Heydrich gegen die alte durchsetzen wollte. Das beweist folgendes Schreiben Heydrichs an die Inspekteure der Sicherheitspolizei und des SD und an die Staatspolizei-Leitstellen vom 12. Juni 1941 betreffend den »Übergang der Leitaufgaben der Staatspolizei-Leitstellen auf die Inspekteure der Sicherheitspolizei und des SD[68]:

»Zur Vermeidung von Doppelarbeit, die sich aus der Überschneidung der Befugnisse der Inspekteure der Sicherheitspolizei und des SD und der Leitaufgaben der Staatspolizei-Leitstellen ergeben hat, bestimme ich, daß die Leitaufgaben der Staatspolizei-Leitstellen auf die Inspekteure der Sicherheitspolizei und des SD übergehen. Dazu gehört insbesondere die Abhaltung von Tagungen und Dienstbesprechungen.

Die Inspekteure haben sich bei der Bearbeitung dieser Aufgaben des Leiters der Staatspolizei-Leitstelle an ihrem Dienst-

[67] RMBliV, S. 1343.
[68] MA 433, Bl. 8714, Archiv IfZ.

sitz als Hauptmitarbeiter nach der ergänzenden Dienstanweisung vom 1. 2. 1940 zu bedienen.

Die Stellung der Leiter der Sicherheitspolizei-Leitstellen als politische Referenten der Reichsstatthalter, Landesregierungen bzw. Oberpräsidenten bleibt durch diese Regelung unberührt. Sie üben diese Tätigkeit jedoch auch als Hauptmitarbeiter der Inspekteure aus, *ohne daß dies nach außen hin in Erscheinung treten darf*... Zur Vermeidung unerwünschter Auseinandersetzungen ist diese *interne Regelung*, ohne Aufhebens zu machen, stillschweigend durchzuführen; eine Bekanntgabe an dritte Stellen hat unbedingt zu unterbleiben.«

Wenige Monate später schrieb Heydrich in dem oben zitierten Brief an Daluege: »Wir können also auf die Dauer weder den Höheren SS- und Polizeiführern noch den Inspekteuren im Reich ein sachliches Führungsrecht vorenthalten.«

Ein anderes Dokument beweist, daß die Inspekteure auch auf dem Sektor der Kriminalpolizei die Herauslösung aus der inneren Verwaltung betrieben; es veranschaulicht außerdem aus den leidvollen Erfahrungen eines Polizeipräsidenten, mit welcher Planmäßigkeit die Sicherheitspolizei ihre Ziele verfolgte. Es handelt sich um einen Brief des SS-Brigadeführers und Dresdener Polizeipräsidenten Karl Pflomm an Ministerialdirektor Bracht vom 18. Februar 1943[69]:

»Ich kann als Nationalsozialist nicht mehr länger verantworten, wenn ein Stück nach dem anderen aus meinem Aufgabengebiet als Polizeipräsident herausgebrochen wird. Das Aufgabengebiet, das mir verbleibt, füllt meine Arbeitskraft nicht aus, und ich kann es gerade jetzt im Kriege nicht verantworten, eine Stelle zu bekleiden, in der ich nicht ganz in Anspruch genommen bin. Ich will an verantwortungsvoller Stelle die Arbeit leisten, die die Tatkraft eines ganzen Mannes beansprucht.

Seit der Einrichtung der Inspekteure sowohl für die Ordnungs- als auch für die Sicherheitspolizei und den SD, deren Notwendigkeit ich in keiner Weise bezweifeln möchte, geschehen Eingriffe in meine Tätigkeit als Polizeipräsident, die zum Teil meine Autorität herabsetzen.

Am stärksten wirkt sich das durch den Inspekteur der Sicherheitspolizei und des SD aus. Er verkehrt unmittelbar mit dem Leiter der Kriminalpolizeileitstelle, erteilt unmittelbare Anweisungen und Befehle, sogar in seiner Vertretung, die von

[69] MA 288, Bl. 8884ff., Archiv IfZ.

diesem auszuführen sind. Ich, der Polizeipräsident als ›Chef der Kriminalpolizei‹, werde dabei vollständig übergangen. Selbst die Verfügungen sind an den Leiter der Kriminalpolizeileitstelle gerichtet und gehen ihm unmittelbar zu. Wenn der Leiter der Kriminalpolizeileitstelle mich nun täglich auf meine besondere Anordnung hin von allen Vorkommnissen zu unterrichten hat, so geschieht das lediglich nur, um meiner Anordnung zu genügen, denn in Wirklichkeit hält er es selbst nicht für notwendig, zum täglichen Vortrag zu erscheinen. Es fehlt also zwischen dem Polizeipräsidenten als ›Chef der Kriminalpolizei‹ und dem Leiter der Kriminalpolizeileitstelle jeglicher Kontakt, was sich natürlich in dienstlicher Hinsicht nachteilig auswirken muß. Sowohl der Leiter der Kriminalpolizeileitstelle als auch dessen Beamte erblicken allein in dem Inspekteur der Sicherheitspolizei und des SD ihren Vorgesetzten. Diese Auffassung wird dadurch bestärkt, daß bei den Tagungen der Leiter der Kriminalpolizeistellen und -leitstellen in Berlin nur von den Inspekteuren der Sicherheitspolizei und des SD die Rede ist, und der Polizeipräsident als ›Chef der Kriminalpolizei‹ überhaupt nicht erwähnt wird. In den Lehrgängen für leitende Kriminalbeamte in Prag wird sogar bekanntgegeben, daß die Kriminalpolizei den Inspekteuren der Sicherheitspolizei und des SD unterstellt sei. Ferner sei es allein Aufgabe des Leiters der Kriminalpolizei, den Dienst nach seiner Auffassung festzusetzen. Der Polizeipräsident als ›Chef der Kriminalpolizei‹ hat daher nur noch das rein Verwaltungsmäßige zu unterschreiben, was ihm der Leiter der Kriminalpolizeileitstelle im Auftrage des Inspekteurs der Sicherheitspolizei und des SD vorlegt.«

Die Vollendung der Eigenständigkeit der Sicherheitspolizei nach dem Muster der Verhältnisse in den besetzten Ländern wurde im Altreich jeweils erst dann und in den Teilen erreicht, die Kriegsgebiet zu werden drohten. Einige Beispiele dafür finden sich im Befehlsblatt des CSSD:

18. 5. 1944
Der IdS in Salzburg wird BdS
17. 8. 1944
Der IdS in Königsberg wird BdS. Die Stapo-Stellen und Kripo-Stellen in Königsberg, Tilsit, Zichenau-Schröttersberg, Danzig, Bromberg, Posen und Litzmannstadt werden

als selbständige Dienststellen aufgelöst und zu Kommandeurs-Stellen der Sipo zusammengefaßt.

5. 10. 1944

Der IdS in Breslau wird BdS. Die Stapo- und Kripo-Stellen seines Befehlsbereichs werden zu Kommandeurs-Stellen oder Hauptaußenstellen von Kommandeurs-Stellen der Sipo zusammengefaßt.

Das sind nur einige Beispiele von vielen. Im Befehlsblatt des CSSD vom 26. März 1945 befindet sich folgende Liste der zum damaligen Zeitpunkt existierenden KdS im Reichsgebiet: Potsdam, Frankfurt/Oder, Niederschlesien [mit verändertem Standort], Breslau, Klagenfurt, Königsberg, Danzig, Dresden, Prag, Brünn, Reichenberg, Wien, Baden [»z. Z. Karlsruhe«], Frankfurt/Main, Münster, Dortmund, Düsseldorf [Standort veränderlich], Bremen, Hamburg, Kiel, Lüneburg, Braunschweig, Magdeburg, Hannover, Würzburg, Nürnberg, Kassel, Weimar, Württemberg [in Stuttgart], Leipzig, Halle, Chemnitz.

6. Die politische Polizei als Kern einer »politischen Verwaltung«

In dem zum 60. Geburtstag Innenminister Dr. Fricks herausgegebenen Festschrift »Dr. Wilhelm Frick und sein Ministerium[70] befindet sich ein Aufsatz Himmlers über Aufgaben und Aufbau der Polizei des Dritten Reiches. Darin heißt es u. a.:

»Die nationalsozialistische Polizei hat zwei große Aufgaben:

a] Die Polizei hat den Willen der Staatsführung zu vollziehen und die von ihr gewollte Ordnung zu schaffen und aufrechtzuerhalten.

b] Die Polizei hat das deutsche Volk als organisches Gesamtwesen, seine Lebenskraft und seine Einrichtungen gegen Zerstörung und Zersetzung zu sichern.

Die Befugnisse einer Polizei, der diese Aufgaben gestellt sind, können nicht einschränkend ausgelegt werden.

Die nationalsozialistische Polizei leitet ihre Befugnisse zum Vollzug des Willens der Staatsführung und zur Sicherung des Volkes und des Staates nicht aus Einzelgesetzen, sondern aus der Wirklichkeit des nationalsozialistischen Führerstaates und aus der ihr von der Führung gestellten Aufgaben her. Ihre Befugnisse dürfen deshalb nicht durch formale Schranken gehemmt werden, weil diese Schranken sonst

[70] München 1937.

auch den Aufträgen der Staatsführung entgegenstünden. Das nationalsozialistische Polizeirecht wird deshalb nicht in Einzelgesetzen, durch die einzelne Befugnisse der Polizei begründet werden sollen, seine Form finden können. Sonst müßten diese Gesetze durch jeden abweichenden Auftrag der Staatsführung durchbrochen werden – was dem Wesen des Gesetzes als einer gleichbleibenden und unveränderlichen Ausdrucksform des Führungswillens widerspräche. Wie die Wehrmacht kann die Polizei nur nach Befehlen der Führung und nicht nach Gesetzen tätig werden. Wie der Wehrmacht werden der Polizei durch die Befehle der Führung und durch die eigene Disziplin die Schranken des Handelns bestimmt.«

In diesen Ausführungen sind zwei Gesichtspunkte wichtig und bemerkenswert: Erstens soll die Polizei nicht nur die bestehende Ordnung vor Schaden schützen, sondern sie beansprucht, auch positiv an der Gestaltung der Ordnung mitzuwirken; zweitens soll die Polizei nicht an das Gesetz gebunden sein. Beides waren alte Vorstellungen Himmlers beziehungsweise der SS, die hier nicht zum ersten Male, wohl aber in sehr offizieller Form ausgesprochen wurden. Der Anspruch auf positive Gestaltung war z. B. schon im Frühjahr 1933 zum Ausdruck gekommen, als Himmler kommissarischer Polizeipräsident in München wurde, damit »die Reichsregierung der nationalen Erhebung unter der Führung Adolf Hitlers auch in Bayern treue Gefolgschaft findet«. Interessanterweise äußert hier auch Himmler den Gedanken, den Dr. Best in seinem Kommentar zum Gestapogesetz von 1936 ausgesprochen hatte [vgl. oben S. 47 f.], daß das außernormative Handeln *beziehungslos* neben der normativen Ausformung des Führerwillens [d. h.: der gesetzlichen Ordnung] stehen müsse, da es nicht angehe, daß diese ständig durchbrochen würde.

Daß für Angelegenheiten von politischer Bedeutung nicht die staatliche Bürokratie, sondern die SS zuständig sei, hat der damalige Chef des Rasse- und Siedlungshauptamtes, Günther Pancke, in einem Brief an Heydrich vom 31. März 1939 charakteristisch formuliert:

»Da nach meiner Ansicht das Siedlungsproblem, besonders außerhalb der alten Reichsgrenzen, in erster Linie ein politisches ist, kommt für die Bearbeitung desselben m. E. auch nur eine politische Organisation – also die SS – in Frage und nicht Ministerialbüros, die sich bisher zur Durchführung politischer Aufgaben weitgehend als ungeeignet erwiesen haben.«

Die SS galt als das Instrument der Verwirklichung des Führerwillens, der staatlichen Verwaltung war dagegen lediglich die politisch belanglose, routinemäßige Behördenarbeit zugedacht. In dem Maße nun, wie die Sicherheitspolizei mit der SS eine Einheit bildete, ging die Rolle der politischen Exekutive auf sie über; sie deutete ihre polizeiliche Zuständigkeit in eine politische um. So sagte Himmler zum Beispiel in einem Erlaß über die Höheren SS- und Polizeiführer vom 21. Mai 1941 ausdrücklich, diese seien »für das Gebiet der politischen Verwaltung« vorgesehen. In den Schriftsätzen der SS- und Polizeidienststellen werden die Behörden der inneren Verwaltung häufig als »Zivilverwaltung« bezeichnet und als solche von SS und Polizei strikt unterschieden. Die Vorstellung, daß die Polizei eigentlich ein Organ der inneren Verwaltung ist, war ausgelöscht. Die Polizei, besonders die Gestapo, nahm in Anspruch, aufgrund eines »politischen Gesamtauftrages« zu handeln, der eine gesetzliche Grundlage für die Einzelmaßnahme entbehrlich werden ließ. In einem Runderlaß des RSHA vom 15. April 1940 wurde das ausdrücklich festgestellt:

»1. Die Rechtsgültigkeit staatspolizeilicher Anordnungen ist nicht davon abhängig, daß die Verordnung des Reichspräsidenten zum Schutz von Volk und Staat vom 28. Februar 1933 als Rechtsgrundlage für diese Anordnungen angezogen wird, da sich die Befugnis der Geheimen Staatspolizei zur Durchführung aller Maßnahmen, die zur Erfüllung ihrer Aufgaben erforderlich sind, *nicht aus einzelnen Gesetzen und Verordnungen, sondern aus dem Gesamtauftrag herleitet, der der Deutschen Polizei im allgemeinen und der Geheimen Staatspolizei im besonderen im Zuge des Neuaufbaues des nationalsozialistischen Staates erteilt worden ist.*

2. Es erübrigt sich daher grundsätzlich, staatspolizeiliche Anordnung auf die Verordnung vom 28. Februar 1933 zu stützen. Lediglich in den Fällen, in denen es erwünscht erscheint, daß staatspolizeiliche Anordnungen unter strafrechtlichen Schutz gestellt werden, ist die Verordnung vom 28. Februar 1933 heranzuziehen.«

»Politischer« Gesamtauftrag, Teilnahme an der positiven Gestaltung und Lösung aus den gesetzlichen Bindungen gehörten zusammen. Schon im Jahre 1941 war Heydrich von Himmler für die politische Linie der gesamten SS verantwortlich gemacht worden. In seinem Brief an Daluege vom 30. Oktober 1941 schrieb Heydrich, daß sein Hauptamt das politische Hauptamt der SS sei; einige Tage später, am 4. November 1941, schrieb er an Gottlob Berger, der gerade Präsident der Deutsch-Vlämischen Arbeitsgemeinschaft geworden war:

»Dieses neue von Ihnen übernommene Arbeitsgebiet, das ja auch stark politische Fragen berühren wird, gibt mir zugleich Veranlassung, die weitere Ausgestaltung unserer Zusammenarbeit und die Abgrenzung unserer beiderseitigen Arbeitsgebiete zu klären ... Wie Sie wissen, ist die Zusammenarbeit mit meinen Dienststellen draußen und Ihren Ergänzungsstellen sehr gut. Es ist aber natürlich, daß bei der Arbeit Ihrer Ergänzungsstellen häufig auch Probleme vorwiegend politischen Charakters anfallen, die von dort an Sie weitergeleitet werden. Es wäre mir nun sehr lieb, wenn in den Fällen, in denen Sie Mitteilungen vorwiegend politischen Charakters an den RFSS weitergeben bzw. Maßnahmen anregen, deren Auswirkung auch oder überwiegend politisch ist, ich vorher beteiligt werden würde, *da ich ja dem* RFSS *für die politische Linie in den besetzten Gebieten verantwortlich bin.*«

Ebenfalls in seinem Brief an Daluege schrieb Heydrich, »daß über 90% aller Dinge im Osten überwiegend politischer Natur sind und daher meinen Geschäftsbereich überwiegend interessieren«. Unter diesen Umständen nimmt es nicht wunder, daß Alfred Rosenberg in seiner Eigenschaft als Reichsminister für die besetzten Ostgebiete in einer Denkschrift vom 27. August 1941[71] sich darüber beklagte, daß der Reichsführer-SS einen Entwurf zur Änderung des Führererlasses über die Einsetzung einer Verwaltung im Osten vorgelegt habe, in dem es heißt, der RFSSuChdDtPol habe die Aufgabe der *innerpolitischen Sicherung* dieser Gebiete, ihm obliege deren polizeiliche *und politische Sicherung*. Mit vollem Recht lehnte Rosenberg auch eine von Himmler vorgeschlagene Abänderung dieses Entwurfs ab, in der nunmehr dem RFSSuChdDtPol die Weisungsbefugnis an seine Organe »im Rahmen seiner *Gesamtaufgabe*« zugesprochen werden sollte:

»Aus diesem Entwurf war ersichtlich, daß der Reichsführer-SS von seinem Wunsch der bestimmenden politischen Verwaltung keinen Abstand nehmen wolle. Dieser Wunsch war in das Wort ›Gesamtaufgabe‹ eingeführt worden, das staatsrechtlich überhaupt nicht zu fassen war.«

Mit Erlaß vom 25. Juni 1942 gab Himmler den Hauptamtchefs

[71] NO-3726.

der SS die Verantwortlichkeit des RSHA für die Gleichrichtung aller politischen Angelegenheiten der SS in aller Form bekannt: »Die politische Entwicklung des Reiches ist durch die Kriegsereignisse noch beschleunigt worden. Besonders für die neu besetzten Gebiete müssen fortgesetzt Entscheidungen getroffen werden, die von ausschlaggebender Wichtigkeit auch für die künftige politische Entwicklung im Reich selbst und damit im besonderen Maße auch für die gesamte SS sind. Die von unserem Standpunkt als SS-Männer erforderlichen politischen Entscheidungen werden wir nur mit der erforderlichen Durchschlagskraft zur Geltung bringen können, wenn sie absolut einheitlich ausgerichtet sind und in richtiger Form den jeweiligen Schwankungen in der Entwicklung Rechnung tragen. Zwar weiß ich, daß jeder meiner Hauptamtchefs ohne weiteres die im großen richtige politische Linie schon von sich aus vertreten wird. Aber gerade die erforderliche Anpassung an die jeweils herrschende Situation kann nur gesichert werden, wenn die Abstimmung aller politischen Handlungen seitens der SS von einer Stelle vorgenommen wird, die sofort und unmittelbar jede derartige Schwankung erfährt. Unter den SS-Hauptämtern hat allein das Reichssicherheitshauptamt die Möglichkeit, durch seine überwiegende politische Arbeit diesen ständigen unmittelbaren Kontakt mit jeder politischen Entwicklungsphase zu halten. Ich ordne daher an, daß alle SS-Hauptämter sämtliche politisch bedeutsamen Vorgänge zum Zwecke der einheitlichen Abstimmung dem Reichssicherheitshauptamt zur Mitzeichnung zuleiten, bevor diese Vorgänge mir vorgelegt oder an Dienststellen außerhalb der SS gerichtet werden. Ich ersuche, durch Bekanntmachung in den Stäben für strikte Einhaltung dieser Anordnung Sorge zu tragen.«

Die Konsequenz dieses für den CSSD beziehungsweise den RFSSuChdDtPol erhobenen Zuständigkeitsanspruchs für alle politischen Fragen war, daß diese allen anderen Stellen eine politische Kompetenz streitig machten. Für die Ordnungspolizei, das SS-Hauptamt und das Ostministerium wurden Beispiele schon zitiert; ein weiterer charakteristischer Fall betraf ebenfalls das Ostministerium: Zwischen Heydrich und Rosenberg gab es im Mai 1942 eine Auseinandersetzung über die Bestimmung des Begriffs »Jude« in den besetzten Ostgebieten.

Heydrich schrieb in diesem Zusammenhang am 17. Mai 1942 an Rosenberg, aus der dem Chef Sipo und SD erteilten Sonderermächtigung für die Endlösung der Judenfrage ergebe sich, daß die Behandlung der Judenfrage in den polizeilichen Aufgabenbereich gehöre und nach dem gemeinsamen Runderlaß des Ostministers und des Reichsführers-SS über die Zuständigkeit der polizeilichen Dienststellen in den besetzten Ostgebieten innerhalb der Behörden des Generalkommissars federführend durch den SS- und Polizeiführer zu erfolgen habe. Wörtlich schrieb Heydrich weiter: »Im Hinblick auf das Führungs- und Hoheitsrecht des Generalkommissars habe ich zwar keine Bedenken, daß entgegen der in der Besprechung vom 29. 1. 1942 festgelegten Fassung in der Verordnung selbst nur der Generalkommissar nach außen hin in Erscheinung tritt. Dagegen kann ich nicht darauf verzichten, daß durch den gleichzeitig ergehenden Runderlaß einwandfrei dargetan wird, daß die dem Generalkommissar gemäß § 2 Abs. 3 zustehende Entscheidungsbefugnis bei dem Kommandeur der Sicherheitspolizei und des SD liegt.«[72]

Es hing ebenfalls mit dem politischen Führungsanspruch der SS und Polizei zusammen, daß Himmler schon 1936, als er Chef der Deutschen Polizei werden sollte, für seinen Geschäftsbereich nicht nur die ganze Polizeiabteilung des Reichsinnenministeriums, sondern auch die Angelegenheiten der Reichsverteidigung und Wehrmacht aus der Zentralabteilung dieses Ministeriums und einige andere politisch wichtige Sachgebiete forderte[73]. Er setzte wirklich durch, daß die Angelegenheiten des Presserechts und Waffenrechts, des Verkehrs mit Waffen, Paßangelegenheiten und die Personalien aller Beamten der Polizeiabteilung des Ministeriums, der Polizeipräsidenten und Polizeidirektoren aus anderen Abteilungen des Ministeriums in die Polizeiabteilung übergeführt wurden. In den Reichsverteidigungs- und Wehrmachtsangelegenheiten wurde ein Kompromiß dahingehend geschlossen, daß für die Gesetzgebung die Abteilung I des Ministeriums zuständig blieb, hingegen Abwehrfragen, der Polizeischutz und Durchführungsmaßnahmen polizeilicher Natur vom Chef der Deutschen Polizei bearbeitet

---

[72] Dieser Streitfall wurde übrigens seinerzeit durch Himmler selbst mit dem berühmten Brief an Gottlob Berger [Chef des SS-Hauptamts und Himmlers Vertrauter im Ostministerium] vom 28. Juli 1942 beendet, in dem es heißt: »Ich lasse dringend bitten, daß keine Verordnung über den Begriff ›Jude‹ herauskommt. Mit all diesen törichten Feststellungen binden wir uns ja selber die Hände. Die besetzten Ostgebiete werden judenfrei. Die Durchführung dieses sehr schweren Befehls hat der Führer auf meine Schultern gelegt. Die Verantwortung kann mir ohnedies niemand abnehmen. Also verbiete [sic!] ich mir alles Mitreden.«

[73] Die weiteren Ausführungen folgen zum Teil der Arbeit von H. J. Neufeldt über die Entstehung und Organisation des Hauptamtes Ordnungspolizei [Schriften des Bundesarchivs, Nr. 3].

wurden. – Die folgenden Jahre brachten zahllose Kompetenz-streitigkeiten zwischen Polizei und Innenministerium, und in der Gründung des RSHA muß man unter anderem auch eine Maßnahme sehen, die gegen das Reichsinnenministerium gerichtet war. In den Jahren 1942/43 wurden im RSHA Erwägungen, wenn auch noch sehr vager Natur, über die Bildung eines Reichssicherheitsministeriums angestellt. In einem Schreiben des Ersten Adjutanten des CSSD, Sturmbannführer Ploetz, an den Persönlichen Stab RFSS vom 1. April 1943 heißt es dazu[74]:

> »Im Reichssicherheitshauptamt gibt es an verschiedenen Stellen Ausführungen über den Aufbau und Geschäftsverteilungsplan eines Reichssicherheitsministeriums. Soweit ich unterrichtet bin, sind diese Pläne niemals zur Vollendung gelangt. Ich persönlich glaube auch, daß mehr als nur provisorische Vorschläge der Sachbearbeiter für diese spätere Endlösung erforderlich wären und daß es insbesondere der Initiative und politischen Planung der Chefs Sicherheitspolizei und Ordnungspolizei bei der Vollendung der Entwürfe bedürfen wird.«

Als Himmler im August 1943 selbst Reichsinnenminister geworden war, löste er durch Erlaß vom 7. September 1943 zur »polizeilichen Sicherung der Volksordnung« aus der Abteilung I des Ministeriums [Verfassung, Gesetzgebung, Verwaltung] zahlreiche wichtige Materien heraus und übertrug sie dem RSHA. Dessen Vormacht vor dem Innenministerium war damals schon so groß, daß die Ernennung Himmlers zum Reichsinnenminister keine einschneidende Veränderung der Machtverhältnisse mehr bedeutete.

Auch gegenüber der Ordnungspolizei machte die Sicherheitspolizei den Anspruch der ausschließlichen politischen Kompetenz geltend und entzog ihr deshalb im Laufe der Jahre alle Angelegenheiten von politischer Relevanz. Bereits spätestens 1941 hatte Himmler Heydrich beauftragt, »alle Verhandlungen über die Polizeiarbeit und den Polizeieinsatz im Osten und alle Verhandlungen über die sonstigen Arbeiten des Reichsführers-SS in den Ostgebieten mit dem Reichsminister Rosenberg und seinem Ministerium zu besprechen«, wobei auch die Angelegenheiten der Ordnungspolizei mit betroffen waren[75]. Heydrich schrieb über das Verhältnis von Sicherheitspolizei und Ord-

[74] MA 330, Bl. 3862 ff., Archiv IfZ.
[75] Daluege an Heydrich vom 1. Oktober 1941.

nungspolizei in seinem bereits mehrfach zitierten, für das Verständnis der Entwicklung der Polizei im Dritten Reich eminent wichtigen Brief an Daluege vom 30. Oktober 1941:

»Zur Verteilung in unseren Hauptämtern möchte ich Dir ganz offen sagen, daß ich unter dem Gesichtspunkt, daß mein Hauptamt das politische Hauptamt des RFSS ist, eine Anzahl von Dingen aus Deinem Verwaltungsbereich [Bracht] logisch noch für meinen Aufgabenbereich in Anspruch nehme ... Die Zweiteilung des Polizeipräsidiums bedeutet die konsequente Durchführung der Zweiteilung der Zentrale. Das Polizeipräsidium ist ebenso Deine wie meine Behörde. Da Du die Personalangelegenheiten der Höheren SS- und Polizeiführer behandelst und federführend behandelst, lege *ich* z. B. Wert darauf, die Personalien der Polizeipräsidenten zu behandeln, wenn nicht der Reichsführer-SS auch diese Personalien in Zukunft – da sie unseren *beiden* Hauptämtern dienen – dem SS-Personalhauptamt einmal überträgt. Das Sträuben Brachts, in der Haushaltsangelegenheit die Zweiteilung bis unten durchzuführen, und das Verstecken hinter dem Finanzminister liegen auf der gleichen Ebene.
Das Wesentlichste aber wird sein, endlich die Polizeiverwaltung als solche mit dem Regiment der Juristen umzugestalten.
Ich sehe in dem Bestreben der Dich beratenden Juristen nur das Bemühen, beharrlich sich dagegen zu wehren, daß im Bereiche der Ordnungspolizei wie im Bereiche der Polizeipräsidien [letztere fälschlicherweise von Dir immer als Deine Institution bezeichnet] ihr juristischer Führungsanspruch endgültig ausgeschaltet wird. Ich habe aber – den Weisungen des Reichsführers entsprechend und damit gleichzeitig in hundertprozentiger Verwirklichung meiner eigenen Auffassung – den Juristen in meinem Bereich zurückgedrängt in die Ebene, in die er gehört: nämlich in die Rolle des formalistisch beratenden Justitiars. Bei mir hat der Jurist – auch in den Verhandlungen in den Ministerien – nicht die sog. führende Funktion auf allen Gebieten [auch von denen er nichts versteht], sondern ist tatsächlich lediglich die in der Form von Gesetzgebung, Verordnung und Erlaß beratende und nicht entscheidend führende Hilfe. Das ist letzten Endes – wie Du weißt – der innere Grund meiner Trennung von Dr. Best, der im übrigen sogar ein älterer Nazi war als Dr. Bracht.

...

Die Übernahme des Paßwesens in den Sektor Sicherheitspolizei ist mit Deinem Einvernehmen in der Zentrale durchgeführt und eine bestehende Tatsache. Es kann sich also hier nicht um eine Vorwegnahme einer grundsätzlichen Unterhaltung handeln. Die Übernahme des gesamten Paßwesens auch über die Zentrale hinaus, in der gesamten Polizeiorganisation, auf meinen Sektor ist daher eine selbstverständliche logische Folge dieser lang bestehenden Tatsache.

Im allgemeinen möchte ich hierzu noch sagen, daß im Zuge der Neugestaltung Europas und im Zuge des Aufbaues des Großdeutschen Reiches der Reisepaß für den Deutschen nicht nur Legitimationspapier schlechthin ist, sondern seine Bedeutung als Legitimationspapier im Verkehr mit den übriggebliebenen selbständigen Staaten hat. Dieser Auslandsverkehr, das wirst Du zugeben, hat aber heute überragende politische Bedeutung, und da zuerkanntermaßen alle Dinge von politischer Bedeutung in den Bereich der Sicherheitspolizei gehören, erscheint es mir nur logisch, daß die Ausstellung dieser Reisepässe, Sichtvermerke usw. der Sicherheitspolizei und dem SD obliegen.

Der Mangel an Verwaltungsbeamten kann meines Erachtens kein Hinderungsgrund für die von mir angestrebte Regelung sein. Hat ein Verwaltungsbeamter bisher nur Paßfragen behandelt, fehlt er keiner anderen Stelle, wenn er seine Arbeit jetzt in meinem Bereich macht, und wenn er heute in kleineren Dienststellen neben anderen Aufgaben die Ausgabe von Pässen miterfüllt im Rahmen der Ordnungspolizei, wird eine Ausnützung dieser Kraft im Rahmen der Sicherheitspolizei auch möglich sein.«

Nachdem Himmler Reichsinnenminister geworden war, wurde vom RSHA eine »Bereinigung der Geschäftsbereiche« von Sicherheitspolizei und Ordnungspolizei »herbeigeführt«, die genau den Forderungen Heydrichs entsprach[76]. Das Amt »Verwaltung und Recht« des HA Orpo wurde mit Wirkung vom 15. September 1943 aufgelöst, Ministerialdirektor Bracht und die Mehrzahl der Verwaltungsjuristen des Amtes mußten ausscheiden; an ihre Stelle traten neue Männer aus dem SS-Wirtschaftsverwaltungshauptamt und anderen Dienststellen der Reichsführung-SS. Vorher waren durch Erlaß des RFSSuChdDtPol vom 7. September 1943 das polizeiliche Melde- und Re-

[76] Vgl. Neufeldt, a.a.O., S. 31 ff.

gistrierwesen sowie Fragen des allgemeinen Polizeirechts und der allgemeinen Polizeiorganisation, soweit sie das Verhältnis der Gesamtpolizei zu anderen Behörden betreffen, vom HA Orpo auf das RSHA übertragen worden. Außerdem wurde die Kriminalpolizei aus den noch bestehenden Bindungen mit den anderen Zweigen der Polizei gelöst. Das HA Orpo verlor die Zuständigkeit für Personal- und Haushaltsfragen, die Dienststellen der staatlichen und Gemeindekriminalpolizei schieden durch Erlaß vom 7. September 1943[77] aus den Behörden der örtlichen Polizei-Verwalter aus. Die Rechte der Personalverwaltung, die bis dahin den Polizeiverwaltern zugestanden hatten, gingen mit Wirkung vom 1. Oktober 1943 auf die Leiter der Kriminalpolizei[leit]stellen über. – In der zweiten Hälfte des Jahres 1944 wurde auch das materielle Polizeirecht dem HA Orpo genommen und dem RSHA übertragen.

Während in einem normalen Staat die Polizei ein Teil der allgemeinen und inneren Verwaltung und die politische Polizei wiederum nur ein Teil der Polizei ist, waren die Verhältnisse im Dritten Reich umgekehrt: Angelpunkt der Verwaltung war die politische Polizei mit ihrem Anspruch auf die »politische Verwaltung«. Von ihr wurden alle Entscheidungen getroffen, die von irgendwelcher politischen Relevanz waren. Neben ihr stand die übrige Polizei, die nur die Funktionen einer uniformierten Vollzugspolizei behielt, und eine Bürokratie, der nur noch der verwaltungstechnische Vollzug andernorts getroffener Entscheidungen verblieb. Was die Aufgabenverteilung innerhalb der Polizei betrifft, so findet sich schon im Jahre 1942 in Scheerbarths › Polizeirecht ‹[78] der Satz: »Und so kommt es, daß nicht wie im Liberalismus die allgemeine Polizei auch den Charakter ihres Zweiges, der politischen Polizei bestimmt, sondern daß umgekehrt die politische Polizei die Verwirklichung ihrer Vorstellung vom Wesen der Polizei auch in die allgemeine Polizei hinüberträgt.«

Über die Herauslösung der Polizei aus der Bindung der Gesetze äußerte sich Himmler in einem Vortrag aus Anlaß der konstituierenden Sitzung des Ausschusses für Polizeirecht der Akademie für Deutsches Recht am 11. Oktober 1936:

»Als wir Nationalsozialisten im Jahre 1933 an die Macht kamen, erhielt ein Teil von uns die Aufgabe, die Polizei zu übernehmen. Ich kann hier aus eigenem Erleben und eigener

[77] Vgl. BefBl CSSD, S. 329.
[78] Berlin 1942, S. 49.

Erfahrung sprechen: Ich habe in München im März 1933 die Polizei als Polizeipräsident von München und später von München und Nürnberg übernommen. Wir Nationalsozialisten fanden damals eine Polizei vor, die ursprünglich als stur gehorchendes Machtinstrument eines absolutistischen Staates ins Leben gerufen worden war, die sich aus dieser Zeit die Unbeliebtheit und den Haß der Bevölkerung als größtes und gewaltigstes Erbe mitgebracht hatte, die aber die Machtvollkommenheit der Polizei des absolutistischen Staates verloren hatte. Sie hieß noch ›Machtapparat‹, war aber in Wirklichkeit keiner mehr; sie war ein hilfsbedürftiges, an allen Ecken und Enden eingeschnürtes Gebilde. Überall mußten sich die Beamten vorsehen, daß sie nicht bei der Verhaftung eines Verbrechers selbst hereinfielen und der Verbrecher leer ausging. Wir Nationalsozialisten haben uns dann – es mag absonderlich klingen, wenn ich das in der Akademie für Deutsches Recht sage, aber Sie werden das verstehen – nicht ohne Recht, das wir in uns trugen, wohl aber ohne Gesetz an die Arbeit gemacht. Ich habe mich dabei von vornherein auf den Standpunkt gestellt, ob ein Paragraph unserem Handeln entgegensteht, ist mir völlig gleichgültig; ich tue zur Erfüllung meiner Aufgaben grundsätzlich das, was ich nach meinem Gewissen in meiner Arbeit für Führer und Volk verantworten kann und dem gesunden Menschenverstand entspricht. Ob die anderen Leute über die ›Brechung der Gesetze‹ jammerten, war in diesen Monaten und Jahren, in denen es um Leben oder Sterben des deutschen Volkes ging, gänzlich gleichgültig. Das Ausland – nicht am wenigsten genährt durch zahlreiche Kräfte des Inlands – sprach natürlich von einem rechtlosen Zustand in der Polizei und damit im Staate. Rechtlos nannten sie ihn, weil er nicht dem entsprach, was sie unter Recht verstanden. In Wahrheit legten wir durch unsere Arbeit die Grundlagen zu einem neuen Recht, dem Lebensrecht des deutschen Volkes.«
Der Prozeß der Herauslösung aus den gesetzlichen Bindungen hatte mit der VO vom 28. Februar 1933 begonnen und ist durch verschiedene Erlasse und Entscheidungen oberster Gerichte vorangetrieben worden. Am bekanntesten sind die Entscheidung des Preußischen OVG vom 2. Mai 1935, wonach Verfügungen des Gestapa nicht der Nachprüfung durch Verwaltungsgerichte unterlagen, ferner der entsprechende Paragraph im Gestapo-Gesetz vom 10. Februar 1936 und die §§ 1

der 2. VO zum Gesetz über die Wiedervereinigung Österreichs mit dem Deutschen Reich vom 18. März 1938[79] beziehungsweise der 3. VO zum Erlaß des Führers und Reichskanzlers über die Verwaltung der sudetendeutschen Gebiete vom 22. Oktober 1938[80]. Sie lauten fast übereinstimmend: »Der Reichsführer-SS und Chef der Deutschen Polizei im RMdI kann die zur Aufrechterhaltung der Sicherheit und Ordnung notwendigen Maßnahmen auch außerhalb der sonst hierfür bestimmten gesetzlichen Grenzen treffen.« Es entsprach jedoch der der nationalsozialistischen Herrschaft zugrunde liegenden Konzeption der Führergewalt, daß auch eine noch so weit reichende Dispensierung von den Normen nicht als ausreichend angesehen wurde, wenn sie unter Bezugnahme auf die normative Ordnung erteilt wurde. Das heißt: die SS/Polizei konnte sich auf die Dauer nicht damit begnügen, daß ihr die Freiheit von gesetzlichen Bindungen im Namen der Gesetze ausdrücklich als Ausnahme gewährt wurde, sondern sie beanspruchte, aus eigenem Recht – unter Berufung auf das Lebensrecht des Volkes oder auf die Führergewalt – zu handeln und an die normative Ordnung von vornherein nicht gebunden zu sein. Daher wurde, wie der oben zitierte Runderlaß des RSHA vom 15. April 1940 lehrt, die Begründung staatspolitischer Maßnahmen mit der VO vom 28. Februar 1933 schon als eine Form der Legalisierung betrachtet, die überflüssig sei und nur angewandt werden sollte, wenn es gerade erwünscht schien; grundsätzlich sollten die ergriffenen Maßnahmen lediglich aus dem »Gesamtauftrag« der Polizei ihre Rechtfertigung finden. Ein charakteristisches Beispiel dafür, wie die Suspendierung aller gesetzlichen Normen sich in der Praxis auswirkte, bietet ein Erlaß des RFSSuChdDtPol über die Bekämpfung der Zigeunerplage vom 9. September 1939:

>Die berichteten Unzuträglichkeiten bei der Erteilung von Wandergewerbescheinen und anderen Ausweispapieren an Zigeuner werden mit Erlaß eines Zigeunergesetzes, das in Vorbereitung ist, ihr Ende finden. Bis dahin ist nach dem Zigeunererlaß vom 8. Dezember 1938 zu verfahren. Sollte in Einzelfällen von Verwaltungsgerichten die ›Erteilung‹ solcher Papiere gegen das Votum der Kriminalpolizeistellen erzwungen werden, ist zunächst die ›Aushändigung‹ der Scheine zu versagen. Sollte auch die Aushändigung auf glei-

[79] RGBl. I, S. 262.
[80] RGBl. I, S. 1453.

chem Wege erzwungen werden oder ist die Aushändigung schon erfolgt, ist die Geheime Staatspolizei zu ersuchen, den betreffenden Schein aus staatspolitischen Gründen einzuziehen und abzunehmen, wogegen eine Beschwerde im Verwaltungsstreitverfahren dann nicht gegeben ist.«

Es ist sehr bemerkenswert, daß der Führer des NS-Rechtswahrerbundes und Präsident der Akademie für Deutsches Recht, Dr. Hans Frank, auf der gleichen konstituierenden Sitzung des Ausschusses für Polizeirecht, auf der Himmler seine oben zitierte Rede hielt, forderte, daß der Polizeiakt im einzelnen in jedem Falle auch die Durchführung eines Rechtsaktes der Gemeinschaft und nie Ausdruck eines reinen Willkürverhaltens sei, daß er immer hineingebaut sei in den Gesamtablauf einer vorgesetzten rechtlichen Ordnung, »...damit endlich den unsäglich elenden Zuständen bei dem rechtlichen Unterbau des polizeilichen Vorgehens ein Ende bereitet wird und das polizeiliche Vorgehen bis in die kleinsten Aktionen der Polizei hinein klar fundiert ist«. Sechs Jahre später hatte Frank, inzwischen Generalgouverneur in Polen geworden, endlose Kämpfe mit Himmler, der Sicherheitspolizei und dem Höheren SS- und Polizeiführer in Krakau hinter sich, die unerbittlich ihren Anspruch auf die »politische Verwaltung« gegen die »Zivilverwaltung« verfochten. Damals schrieb Frank in einer persönlichen Aufzeichnung vom 28. August 1942:

»In fortschreitendem Maß hat sich leider in den Reihen auch der nationalsozialistischen Staatsführung der Gesichtspunkt vorherrschend gezeigt, daß die Autorität desto gesicherter sei, je unbedingter die *Rechtsunsicherheit* auf seiten der machtunterworfenen Staatsbürger sich darstelle. Die Ausweitung des willkürlichster Anwendung ausgelieferten Vollmachtsbereiches der polizeilichen Exekutivorgane hat zur Zeit ein solches Maß erreicht, daß man von einer völligen Rechtlosmachung des einzelnen Volksgenossen sprechen kann. Freilich wird dieser Umstand begründet mit der Notwendigkeit der völligen Zusammenballung aller nationalen Energien auf ein Ziel und vor allem der völligen Unterbindung jeder Möglichkeit oppositioneller Störungen im Ablauf des völkischen Freiheitsprogramms. Demgegenüber vertrete ich die Meinung, daß der deutsche Charakter in sich ein so eminent starkes Rechtsempfinden trägt, daß bei Befreiung dieses Rechtsempfindens die Gemeinschaftsfreude sowohl wie die Einsatzfreudigkeit unseres Volkes unendlich wirkungsvoller

aufflammen würden und durchgehalten werden könnten, als
das in Anwendung starrer Gewaltsätze jemals der Fall ist.
Wenn es so wie heute möglich ist, daß jeder Volksgenosse
ohne jede Verteidigungsmöglichkeit auf jede Zeitdauer in
ein Konzentrationslager gebracht werden kann, wenn es so
ist, daß jede Sicherstellung von Leben, Freiheit, Ehre, anständig erworbenem Vermögen usw. entfällt, dann entfällt
damit nach meiner festen Überzeugung auch die ethische Beziehung zwischen Staatsführung und Volksgenossen völlig.
. . .
Erst mit dem Aufstieg des Apparates der Geheimen Staatspolizei und dem zunehmenden Einfluß der autoritären polizeilichen Führungsgesichtspunkte wurde diese meine Anschauung in zunehmenden Gegensatz zu einer immer stärker
werdenden Repräsentanz konträrer Art gebracht. Als ich
nun in den letzten Jahren insbesondere auch in stets zunehmendem Maße die persönliche Verärgerung des Führers
über die Juristen in vielfachen Zeugnissen zur Kenntnis
nehmen mußte, als die Eingriffe des Staates in die Justiz immer stärker wurden und das Verhältnis zwischen Polizei- und
Justizorganen sich zu einer fast völligen Beherrschung der
Justiz durch die Polizeiorgane entwickelte, wurde mir klar, daß
es mir persönlich immer schwieriger werden würde, meine von
mir als heilig empfundene Idee so wie früher zu verkünden.«
Die von Frank beklagte totale Rechtsunsicherheit beruhte aber
nicht allein darauf, daß die Sicherheitspolizei aus der Bindung
an die Gesetze gelöst war, sondern es wirkten noch einige andere Faktoren mit, nämlich
– die Verabsolutierung des Sicherheitsprinzips
– die Perversion des Vorbeugungsprinzips
– die Verallgemeinerung und Abstraktion der ideologischen
  Gegnervorstellungen
– der totalitäre Verfügungsanspruch über die Menschen.

Die Sicherung war die ursprüngliche Aufgabe der SS überhaupt gewesen, zunächst die Sicherung der Person Hitlers, später auch die anderer Führer und der nationalsozialistischen Bewegung insgesamt. Als nach 1933 SS und politische Polizei die
Schranken gesetzlicher Bestimmungen grundsätzlich überschreiten durften, waren den möglichen Sicherheitsvorkehrun-
gen keine rechtlichen Grenzen mehr gesetzt. Das hieß aber:
Wer für die Sicherheit verantwortlich war, konnte nie den

Punkt erreichen, an dem er sich damit beruhigen durfte, im Rahmen des Erlaubten alles nur Denkbare getan zu haben; schon solange er auch nur eine Möglichkeit *tatsächlicher* Art nicht wahrgenommen hatte, hatte er seine Pflicht noch nicht erfüllt. Selbst wenn er von Ehrgeiz und Machthunger völlig frei gewesen wäre, mußte er doch bestrebt sein, auch die letzte Schlüsselstellung in seine Hand zu bekommen und den letzten potentiellen Gegner unschädlich zu machen, um auf diese Weise alle nur denkbaren Kristallisationspunkte von Gefahren zu beseitigen. Allein diese Uneingeschränktheit der Verantwortung für die Sicherheit mußte schon den Umschlag aus einer defensiven Haltung zum Schutz der bestehenden Ordnung in den Anspruch auf positive Gestaltung der Verhältnisse bewirken, nämlich auf die Gestaltung derjenigen Ordnung, die ohne Rücksicht auf Freiheit und Recht ein Höchstmaß an Sicherheit gewährte.

Die Perversion des Vorbeugungsprinzips hängt mit dieser Entwicklung aufs engste zusammen. An die Stelle der Abwehr tatsächlich auftretender Gefahren trat die Ausmerzung aller tatsächlichen oder vermeintlichen Gefahrenherde. Angesichts des umfassenden Anspruchs der Führergewalt bestanden diese letztlich in jeder unabhängigen politischen Initiative, jeder Eigenständigkeit des Denkens und Gewissens. Es genügte der Verdacht der Gegnerschaft oder mangelnden Wohlwollens, damit die Polizei Anlaß zum Eingreifen sah. Das derart überdehnte Vorbeugungsprinzip wurde nicht nur auf dem Gebiet der Gestapo angewandt, sondern auch auf den Sektor der Kriminalpolizei übertragen. Die vorbeugende Verbrechensbekämpfung, insbesondere soweit sie gegen Zigeuner, Arbeitsscheue und sogenannte Asoziale gerichtet war, emanzipierte sich weitgehend von jeder richterlichen Kontrolle und praktizierte einen mit den Menschenrechten unvereinbaren Verfügungsanspruch über die Betroffenen. Über die organisatorische Verklammerung hinaus erfolgte daher auf dem Gebiet der sogenannten vorbeugenden Verbrechensbekämpfung auch sachlich eine weitgehende Annäherung der Kriminalpolizei an die politische Polizei. Vollzugsort der Vorbeugungsmaßnahmen war in beiden Fällen das Konzentrationslager. Einweisung in ein Konzentrationslager wurde in beiden Fällen nicht als eine Strafe für den Betroffenen betrachtet, sondern als objektive Sicherungsmaßnahme, die mit dessen Schuld oder Unschuld nur in bedingtem Zusammenhang stand. So bestimmte Hitler zum Beispiel, daß eine deutsche Frau, die Geschlechtsverkehr mit einem »blutlich minderwertigen« »Fremdvölkischen« gehabt habe, nicht bestraft werden dürfe, denn der Schuldige sei immer nur der Mann. Allerdings sei die Frau, da sie sich als persönlich gefährdet und somit auch als Gefährdung für die »Reinerhaltung des deutschen Blutes« erwiesen habe, vorbeugend ins Konzentrationslager einzuweisen.

Nachdem die Nationalsozialisten in den Jahren 1933/34 alle wirklichen politischen Gegner ausgeschaltet hatten, pflegten sie in zunehmendem Maße eine Verallgemeinerung und Abstraktion der Gegnervorstellungen. Die Verallgemeinerung *des* Juden zum Prinzip des Bösen schlechthin war die wichtigste und folgenreichste. In ähnlicher Weise wurde die Bekämpfung der Kommunisten in Deutschland zu einem Kampf gegen den Bolschewismus schlechthin verallgemeinert, nicht nur im Sinne einer außenpolitischen Frontstellung gegen Sowjetrußland, sondern auch gegen den »Kulturbolschewismus«. Charakteristisch für diese »Spiritualisierung« der Gegnervorstellungen war eine 1935 veröffentlichte Schrift Reinhard Heydrichs mit dem Titel ›Wandlungen unseres Kampfes‹. Dort heißt es unter anderem:

»Wenn jetzt die gegnerischen Organisationen zerschlagen oder auch nur in der Umbildung sind, so bedeutet das für uns, daß sich damit lediglich die Kampfform ändert. Die treibenden Kräfte des Gegners bleiben ewig gleich: Weltjudentum, Weltfreimaurertum und ein zum großen Teil politisches Priesterbeamtentum, welches die Religionsbekenntnisse mißbraucht. In ihren vielseitigen Verästelungen und Gestalten beharren sie in ihrer Zielsetzung der Vernichtung unseres Volkes mit seinen blutlichen, geistigen und bodengebundenen Kräften.

Es ist notwendig, daß wir erkennen, daß der Kampf tiefer geworden ist. Er ist nicht mehr nur mit technischen Mitteln zu führen.

Wir müssen aus der Geschichte der letzten Jahrtausende den Gegner erkennen lernen. Wir werden dann plötzlich sehen, daß wir heute zum ersten Male den Gegner an die Wurzeln seiner Kraft packen. Ist es da ein Wunder, daß er sich erbitterter wehrt? Daß er seine jahrhundertelangen Erfahrungen des Kampfes mit allen Registern zu spielen sucht?

Wir müssen erkennen, daß diese Gegner nicht lediglich durch äußere Übernahme des Staatsapparates zu erledigen sind, denn sie sitzen mit ihren Querverbindungen in allen Zweigen unseres Volkslebens und des Staatsgefüges. Wir müssen ruhig feststellen, daß bis in die letzten Tage hinein der Gegner auf dem besten Wege war, den deutschen Menschen charakterlich und geistig systematisch auszuhöhlen, ihn zu vergiften und ihm lediglich das nordische Gesicht zu lassen.

Zu dieser Erkenntnis müssen wir Kämpfer uns durchfinden: Wir brauchen Jahre erbitterten Kampfes, um den Gegner auf allen Gebieten endgültig zurückzudrängen, zu vernichten und Deutschland blutlich und geistig gegen neue Einbrüche des Gegners zu sichern.

Leider gibt es auch bei uns, der SS, manchen, der sich oft dieses großen Fernzieles nicht bewußt ist. Als nach der Machtübernahme alles sichtbare Gegnerische verschwunden war, als der Kampf der Geister begann, da fehlte ihnen mit der Erkenntnis der umfassenden Größe des Gegners das Rüstzeug.«

Unausbleibliche Folge dieser »vergeistigten« Gegnervorstellungen war, daß die Polizei die Gegnerbekämpfung auf ihre Weise mit »geistigen« Mitteln führte. Wenn der Gegner »auf dem besten Wege war, den deutschen Menschen charakterlich und geistig systematisch auszuhöhlen, ihn zu vergiften«, dann mußten die polizeilichen Gegenmaßnahmen sich auch auf die Bezirke des Charakters und des Geistes erstrecken, die Polizei mußte auch in diesen Bezirken ermitteln, sichern und vorbeugen.

In diesem Punkte manifestiert sich am deutlichsten der totalitäre Verfügungsanspruch des Regimes über die Menschen. Indem der Polizei ein uneingeschränkter Ermessensspielraum eingeräumt wurde und sie Sicherungs- und Vorbeugungsmaßnahmen auch gegen Menschen ergreifen konnte, denen eine Gegnerschaft gegen das Regime oder ein Verbrechen lediglich zuzumuten war, wurde sie zu jenem Instrument des Terrors, als das sie gefürchtet war. Nicht physische Zwangsmaßnahmen und körperliche Tortur machten das Wesen der Gestapo aus, so viel sie auch dieser Mittel sich bediente, sondern, daß sie eine Gesinnungspolizei war und uneingeschränkt über die Menschen verfügen wollte. In seinem Streit mit Daluege über die Aufteilung der Polizeiaufgaben zwischen den beiden Hauptämtern schrieb Heydrich unter anderem:

»Für mich sind im Rahmen der nat.soz. Auffassung Marktpolizei usw. die Volkskartei und das Meldewesen Dinge, die

zu mir gehören. Die Volkskartei ist vielleicht technisch –
weil sie z. Zt. organisatorisch bei Deinen Revieren liegt – in
der Durchführung eine Angelegenheit der Ordnungspolizei.
*Sicher ist, daß die totale, ständige Erfassung aller Menschen des Rei-
ches und die damit verbundene Möglichkeit einer ständigen Übersicht
über die Situation der einzelnen Menschen in die Hand derjenigen
Polizeistelle gehört, die nicht nur die exekutive Sicherung, sondern
auch die weltanschauliche und lebensgebietsmäßige zur Aufgabe hat.«*
Im gleichen Sinne wird in dem parteiamtlichen Werk über
›Das Recht der NSDAP‹[81] die Aufgabe der Polizei folgendermaßen formuliert:

»Die Polizei hat im nationalsozialistischen Staat die umfassende Aufgabe, unter Anerkennung der freien Verantwortlichkeit des einzelnen über das Wohl des Volkes nach allen
Richtungen hin zu wachen und es zu fördern. Deshalb ist
nicht nur die ›Gefahrenabwehr‹ im liberalistischen Sinne
Aufgabe der Polizei, sondern die Kontrolle des gesamten
Pflichtenkreises des einzelnen gegenüber der Volksgemein-
schaft. Aus diesem Grunde besteht zwischen der Polizei, als
Hüterin der Volksgemeinschaft, und der NSDAP, als Trägerin des Volkswillens, eine innige Beziehung. Als Aus-
druck dieser engen Verbundenheit hat der Führer und
Reichskanzler auf Vorschlag des Reichs- und Preußischen
Ministers des Innern durch Erlaß vom 17. 6. 1936 zur ein-
heitlichen Zusammenfassung der polizeilichen Aufgaben im
Reich den Reichsführer-SS Heinrich Himmler zum Chef der
Deutschen Polizei im Reichsministerium des Innern er-
nannt.«

Völlig falsch ist die ziemlich verbreitete Meinung, daß die Einrichtung einer politischen Polizei schon *als solche* den Keim zu
einer so hypertrophen Entwicklung in sich trüge, wie sie im
Dritten Reich stattgefunden hat, und daß deshalb nur durch
dauernde angespannte Wachsamkeit verhindert werden könne,
daß sie zur Terrororganisation wird. Vielmehr hat sich gezeigt,
daß es *von außen* kommende Faktoren waren, die die Polizei im
nationalsozialistischen Herrschaftsbereich, insbesondere die
Gestapo, zum totalitären Machtinstrument werden ließen:
– die Unterstellung unter einen außerstaatlichen uneingeschränkten Machtanspruch und damit die Lösung aus der
Bindung der Gesetze und aus der institutionellen Disziplin
staatlicher Verwaltung

[81] München 1936, S. 479.

- daraus folgend die Verabsolutierung des Sicherheitsprinzips und Perversion des Vorbeugungsprinzips
- die Erweiterung der defensiven Aufgaben der Polizei zu einer Kompetenz der positiven Gestaltung des öffentlichen Lebens
- die ideologische Verallgemeinerung und Abstraktion politischer Gegnervorstellungen mit der daraus folgenden Ausweitung der polizeilichen Zuständigkeit auf die Gesinnung.

7. Die personelle Verschmelzung von SS und Polizei

Wie schon die Amtsbezeichnung des »Reichsführers-SS und Chefs der Deutschen Polizei« die Verschmelzung von SS und Polizei als Programm enthält, so hat Himmler sie am Tage seiner Ernennung auch ausdrücklich als Ziel verkündet:

> »Im Laufe der vergangenen drei Jahre wurde von verschiedenen Seiten her aufbauend ein Gebäude errichtet, dem lediglich der Schlußstein gefehlt hat. Wir sind ein Land im Herzen Europas, umgeben von offenen Grenzen, umgeben von einer Welt, die sich mehr und mehr bolschewisiert. Wir haben damit zu rechnen, daß der Kampf gegen den alles zerstörenden Bolschewismus ein Kampf von Menschenaltern sein wird. Darauf ein ganzes Volk einzustellen und, wie die Wehrmacht zum Schutz nach außen bestimmt ist, *die Polizei, zusammengeschweißt mit dem Orden der Schutzstaffeln,* zum Schutze des Volkes nach innen aufzubauen, darin sehe ich meine Aufgabe.«[82]

Aus den folgenden Jahren lassen sich zahlreiche Zitate beibringen, in denen die gleiche Tendenz zum Ausdruck kommt beziehungsweise die Verschmelzung von SS und Polizei als bereits vollzogen gilt. So sagte zum Beispiel Hitler selbst in seiner Rede gelegentlich der Polizeiparade, die auf dem Reichsparteitag in Nürnberg 1937 stattfand:

> »Die deutsche Polizei soll immer mehr in lebendige Verbindung gebracht werden mit der Bewegung, die politisch das heutige Deutschland nicht nur repräsentiert, sondern darstellt und führt.«

In der offiziellen Darstellung des Reichsparteitages 1938[83] wird ausdrücklich hervorgehoben, daß die Ordnungspolizei am

---

[82] ›VB‹ vom 18. Juni 1936.

[83] › Der Parteitag Großdeutschland vom 5. bis 12. September 1938. Offizieller Bericht über den Verlauf des Reichsparteitages mit sämtlichen Kongreßreden ‹. München 1938, S. 309f.

»Tag der Braunen Armee« in den Marschblocks der Allgemeinen SS und der SS-Verfügungstruppe marschierte:

»Mit diesen Männern marschiert am sichtbarsten die neue Zeit. Eingegliedert zwischen die Formationen der Bewegung, ist die Polizei selber ein Teil von ihr geworden. Der Geist der Gemeinsamkeit, einer der ideellen Grundpfeiler der nationalsozialistischen Idee, findet hier seine überzeugende Verkörperung.«

Walter Schellenberg schrieb in einer Aufzeichnung vom 24. Februar 1939[84]:

»Die Probleme der Verreichlichung und der Laufbahngestaltung sind ebenfalls wieder von dem obersten Grundsatz, nämlich die Polizei muß Staatsschutzkorps werden durch Aufgehen in der SS – und nicht umgekehrt – beherrscht. Grundgedanke aller bei der Bearbeitung der Verreichlichung und der Gestaltung der Laufbahnrichtlinien gemachter Vorschläge war nicht zuletzt der sowohl vom Führer als auch vom Reichsführer aufgestellte Leitsatz der Verschmelzung von SS und Polizei. Diese Entwicklung ist eindeutig bestimmt und abgegrenzt durch die schrittweise Schaffung des – aus dem Verschmelzungsprozeß entstehenden – neuen Staatsschutzkorps, in das alle Sparten der SS und Polizei hineinwachsen.«

Heydrich schrieb in einem Aufsatz in der ›Deutschen Allgemeinen Zeitung‹ vom 17. Juni 1941: »Träger dieser Maßnahmen sind ... beim staatlichen Sektor insbesondere die Polizei, die jedoch nach Form und Inhalt ... genau so gut als Teil der Partei gelten kann.« In seinem schon oft zitierten Brief an Daluege vom 30. Oktober 1941 schrieb er: »Dein Brief war insofern gut, als wir einmal wirklich alle Probleme offen angeschnitten haben, die im Interesse der Gesamt-SS [und die Polizei ist nur ein Teil von ihr] eine klare Lösung erheischen.« Himmler nannte in einem Vortrag vom 26. November 1941 die Allgemeine SS, die Waffen-SS und die Polizei »die drei Säulen der SS«.

Im Bereich des Organisatorischen diente der Verschmelzung neben dem Chef der Sicherheitspolizei und des SD vor allem die Institution der Höheren SS- und Polizeiführer, deren Stellung und Funktion im nächsten Abschnitt behandelt werden wird. Im personellen Bereich wurde die Verschmelzung durch die Aufnahme möglichst vieler Polizeiangehöriger in die SS

[84] MA 433, Bl. 8158 ff., Archiv IfZ.

vorangetrieben. Dr. Best schrieb dazu in seinem Buch über
›Die Deutsche Polizei‹[85]:

»Diejenigen Angehörigen der Polizei, die den Aufnahmebedingungen der SS entsprechen, werden nach hierfür erlassenen Anordnungen in die SS aufgenommen. Sie erhalten
den SS-Dienstgrad, der ihrer Stellung in der Polizei entspricht; hierdurch wird der in der Polizei geleistete Dienst
sichtbar dem in entsprechender Stellung in der SS geleisteten Dienst gleichgesetzt. Die in die SS aufgenommenen Angehörigen der Polizei – mit Ausnahme der uniformierten
Ordnungspolizei – tragen im Polizeidienst den Dienstanzug
der SS, wodurch die Einheit auch äußerlich in Erscheinung
tritt. Die Angehörigen der uniformierten Ordnungspolizei
tragen auf ihrem Dienstanzug [auf der linken Brustseite] die
Sig-Runen der SS.«

Es war Himmler bewußt, daß in der Verschmelzung von SS
und Polizei ein gewisser Widerspruch lag: Denn der Orden der
SS sollte eine Auslese nach nationalsozialistischen Gesichtspunkten sein, die Mannschaft der Polizei dagegen war das nicht
und mußte deshalb, soweit sie in die SS übernommen wurde,
deren Ordenscharakter verwässern. Dieser Widerspruch spiegelte sich in den Bestimmungen über die Aufnahme von Polizeiangehörigen in die SS wider: Man bemerkt allenthalben ein
Schwanken zwischen dem Bestreben einerseits, den Kreis der
in die SS Aufzunehmenden möglichst auszuweiten, und andererseits dem Wunsch, den Ordenscharakter zu wahren.
Was schon bei Best seinen Ausdruck findet, wird durch die anderen noch zur Verfügung stehenden Quellen eindeutig bestätigt: man muß klar unterscheiden zwischen
1. der Aufnahme von Polizeiangehörigen in die SS und
2. deren darauffolgende Beförderung zu SS-Dienstgraden, die
ihren Polizeirängen entsprachen. Nur das letztere wurde zeitgenössisch als »Dienstgradangleichung« bezeichnet, während
nach 1945 beide Vorgänge von den meisten Zeugen, sei es absichtlich oder nicht, miteinander vermengt und zusammen
»Dienstgradangleichung« genannt wurden.
Für die *Ordnungspolizei* ergibt sich der Modus der Aufnahme der
Beamten in die SS aus einer Reihe von Erlassen des Reichsführers-SS und Chefs der Deutschen Polizei. Der erste einschlägige
Erlaß ist der RdErl des RFSSuChdDtPol vom 10. Mai 1937[86].

[85] S. 95 f.
[86] RMBliV, S. 758.

Danach hat Hitler am 16. Januar 1937 angeordnet, daß die Angehörigen der Ordnungspolizei, die SS-Männer sind, die Sig-Runen der SS auf ihrer Polizeiuniform aufgestickt tragen. In Absatz 5 des Erlasses heißt es:

»Das Recht zum Tragen der Sig-Runen wird durch besondere Verleihung begründet. Voraussetzung für die Verleihung der Sig-Runen ist die Angehörigkeit zur SS ... Hierfür kommen in Frage:

a] Angehörige der uniformierten Ordnungspol., die auf Grund der für die Pol. und Wehrmacht erlassenen Bestimmungen oder infolge Übertrittes zur SA – einschließlich Feldjägerkorps – aus der SS in Ehren ausgeschieden sind;

b] Angehörige der uniformierten Ordnungspolizei, die z. Zt. noch Angehörige der SS sind;

c] die in Zukunft in die uniformierte Ordnungspolizei unmittelbar übergetretenen Angehörigen der SS.«

Absatz 12 des Erlasses lautet:

»Ich behalte mir vor, den Kreis der für die Aufnahme in die SS und damit für die Verleihung der Sig-Runen in Frage kommenden Angehörigen der Ordnungspolizei zu erweitern.«

Hier wird also mit der relativ sekundären Anordnung über die Uniformgestaltung die viel weiter reichende und wichtigere Möglichkeit der Aufnahme von Angehörigen der Ordnungspolizei in die SS gewissermaßen »eingefädelt«, wobei es der Praxis überlassen blieb, die in Frage kommenden Personenkreise zu veranlassen, von den »Möglichkeiten« den der Führung erwünschten Gebrauch zu machen.

Die erste Erweiterung des Runderlasses vom 10. Mai 1937 erfolgte durch RdErl vom 18. Januar 1938[87]. Demnach konnten auch alle diejenigen uniformierten Angehörigen der Ordnungspolizei [einschließlich Berufsfeuerwehr] in die Schutzstaffel der NSDAP bei Erfüllung der allgemeinen Bedingungen der SS *auf Antrag* aufgenommen werden, die

»a] bis 30. 1. 1933 [einschließlich] Mitglied der NSDAP oder ihrer Gliederungen [SA, NSKK, HJ] geworden sind, auch wenn sie inzwischen aus den Gliederungen in Ehren ausgeschieden sind, oder

b] seit einem vor dem 30. 1. 1933 liegenden Zeitpunkt Fördernde Mitglieder der SS waren.«

[87] RMBliV, S. 157ff.

Auch hier heißt es wieder: »Die Zulassung der Aufnahme eines weiteren Personenkreises behalte ich mir zu gegebener Zeit vor.« Gemäß Absatz 2 [1] des Erlasses sollte die »dienstgradmäßige Eingliederung« in die SS in einen den polizeilichen Dienstgraden entsprechenden SS-Rang erfolgen; bei Beförderungen innerhalb der uniformierten Ordnungspolizei erfolge von Fall zu Fall »Angleichung der SS-Dienstgrade«. Hier liegt ein Beispiel des exakten Gebrauchs des Begriffs Dienstgradangleichung vor, die nicht mit der Aufnahme in die SS identisch war, sondern *nach* der Aufnahme in die SS erfolgte und von dieser sich klar unterschied[88]. Der Erlaß bringt weiter eine Reihe einzelner Bestimmungen, wie die Aufnahmen in die SS zu erfolgen haben [unter anderem ein Muster des Aufnahmeantrags], welche Pflichten die Aufgenommenen hatten [sie mußten einen Mitgliedsbeitrag an ihre SS-Dienststelle zahlen und hatten etwaige Sonderumlagen »wie die Angehörigen der Allgemeinen SS« zu tragen; auch unterlagen sie den Sonderbefehlen betreffend die Heiratsgenehmigung, Erwerbung des Sportabzeichens usw.] und wann welche Uniformen zu tragen waren[89].

Dieser Runderlaß vom 18. Januar 1938 wurde im Runderlaß des RFSSuChdDtPol vom 4. März 1938[90] als »ein weiterer Schritt zur allmählichen Verschmelzung von SS und Polizei« bezeichnet. Es heißt an dieser Stelle weiter: »Ich erwarte daher, daß die Angehörigen der uniformierten Ordnungspolizei, die der SA, dem NSKK oder der HJ angehören, nunmehr auf Grund des oben angeführten RdErl in die SS übertreten.« Himmler zielte also darauf ab, Polizeibeamte, die noch anderen nationalsozialistischen Gliederungen angehörten, aus diesen herauszulösen und zum Eintritt in die SS zu veranlassen. Der Runderlaß vom 4. März 1938 enthielt außerdem noch eine ganze Reihe ergänzender einschlägiger Bestimmungen, so zum Beispiel, welche Papiere den Aufnahmeanträgen beizufügen waren sowie daß »sämtliche Anträge um Aufnahme in die SS durch den Chef der Ordnungspolizei beziehungsweise den jeweiligen SS-Oberabschnitt der SS-Personalkanzlei zur Vorlage beim RFSS zuzuleiten« seien.

---

[88] Das gleiche gilt z. B. auch für den Wortgebrauch im RdErl d. RFSSuChdDtPol vom 22. Mai 1939 [RMBliV, S. 1182] betr. »Dienstgradangleichung von Angehörigen der Ordnungspol. [außer Verwaltungspol.]«. Vgl. ferner RdErl vom 22. Mai 1939 [RMBliV, S. 1182].

[89] Gemäß RdErl vom 16. Dezember 1938 [RMBliV, S. 2148] mußte bei Eintritt in die SS von jedem Polizeiangehörigen eine einmalige Aufnahmegebühr von RM 1,– gezahlt werden. SS-Führer in der Ordnungspolizei mußten Veränderungen ihrer Privatanschrift selbst an das SS-Personal-Hauptamt melden [RdErl vom 28. Juni 1939 – RMBliV, S. 1369].

[90] RMBliV, S. 390.

Eine neue Erweiterung des Personenkreises erfolgte durch den RdErl des RFSSuChdDtPol vom 24. März 1938[91]. Danach konnten alle diejenigen Angehörigen der uniformierten Ordnungspolizei in die SS aufgenommen werden, die »anläßlich der Wiedervereinigung Österreichs mit dem Deutschen Reiche in Österreich eingesetzt worden sind, in Anerkennung ihrer besonderen Verdienste«. Darüber hinaus gestattete ein RdErl vom 4. August 1938[92] auch staatlichen Polizeiverwaltungsbeamten, die in Österreich eingesetzt waren, den Antrag auf Aufnahme in die SS.

Durch Runderlaß vom 16. Juni 1938[93] wurden »im Interesse einer beschleunigten Durchführung des Verfahrens zur Aufnahme von Angehörigen der uniformierten Ordnungspolizei in die SS« eine Reihe von Änderungen der Bestimmungen des Runderlasses vom 18. Januar 1938 verfügt, die auf eine Vereinfachung des Aufnahmeverfahrens hinausliefen. Diesem Runderlaß war ein »Merkblatt für die Aufnahme von Angehörigen der uniformierten Ordnungspolizei [einschließlich Berufsfeuerwehren] in die SS« nach dem damaligen Stand beigegeben. Demnach waren Voraussetzungen für die Aufnahme, daß der Antragsteller

a] »unter Außerachtlassung der Größe und des Alters« SS-tauglich oder SS-geeignet sei,

b] die arische Abstammung zunächst bis zu den Großeltern einschließlich nachgewiesen habe,

c] »im Falle der bereits stattgefundenen Verlobung oder Verheiratung die nachträgliche Verlobungs- bzw. Heiratsgenehmigung des RFSS auf Verlangen« einholte.

Wiederum Erweiterungen des Kreises derer, die in die SS aufgenommen werden konnten, brachten folgende Runderlasse:

vom 3. Juli 1939[94]

Angehörige der Ordnungspolizei, »die sich in der Werbung von SS-Bewerbern oder in der Ausbildung von SS-Einheiten... besonders verdient gemacht haben«

vom 4. Juli 1939[95]

Polizeiärzte; soweit sie in die SS aufgenommen wurden, waren sie berechtigt und verpflichtet, SS-ärztliche Untersuchungen vorzunehmen

[91] RMBliV, S. 537.
[92] RMBliV, S. 1296.
[93] RMBliV, S. 1007.
[94] RMBliV, S. 1424.
[95] RMBliV, S. 1424.

vom 24. Oktober 1940[96]

»Ostmärkische« und sudetendeutsche Polizeiangehörige verschiedener Kategorien

vom 12. November 1940[97]

Polizeiangehörige, die

1. der SS-Polizeidivision während des Feldeinsatzes angehört haben
2. »im gegenwärtigen Krieg« eine Kriegsauszeichnung erhalten haben
3. seit dem 1. Juli 1940 zu Offizieren der Ordnungspolizei befördert wurden oder künftig befördert werden, nach ihrer Ernennung zum Leutnant
4. auf Grund des Erlasses vom 11. Oktober 1939 in die Ordnungspolizei eingestellt wurden, nach sechsmonatiger Bewährung [dieser Erlaß vom 11. Oktober 1939 war nicht veröffentlicht]

vom 5. Dezember 1940[98]

als Gerichtsoffiziere bestellte Offiziere der Ordnungspolizei[99].

Insgesamt gewinnt man aus den einschlägigen Bestimmungen den Eindruck, daß Himmler bestrebt war, so viele Angehörige der Ordnungspolizei wie nur möglich in die SS aufzunehmen und diese Aktion auch möglichst rasch voranzutreiben; nicht zuletzt sprechen dafür die Erleichterungen des Aufnahmeverfahrens und die Milderung der Aufnahmebedingungen[100]. Unter diesen Umständen kann der Aussage des Generalleutnants d. OP Adolf von Bomhard vom 13. Juli 1946[101], der Eintritt in die SS sei für Angehörige der Ordnungspolizei praktisch auf eine Zwangsmaßnahme hinausgelaufen, eine gewisse Wahrscheinlichkeit zugebilligt werden. Allerdings ist es nach dem bisher Dargelegten unzutreffend, wenn Bomhard in diesem Zusammenhang immer nur von »Dienstgradangleichung«, statt von Aufnahme in die SS spricht[102].

[96] RMBliV, S. 1993.
[97] RMBliV, S. 2167.
[98] RMBliV, S. 2201.
[99] Zur Bestätigung der Vollständigkeit dieser Liste vgl. RdErl vom 25. Februar 1942 [RMBliV, S. 464].
[100] Vgl. RdErl vom 16. Juni 1938 – RMBliV, S. 1007.
[101] Nbg.Dok. Affidavit SS-82, Abs. 34.
[102] Die Einführung des Soldbuches der Waffen-SS für die gesamte Ordnungspolizei [RdErl ChefO vom 9. Juni 1944 – BefBlO, S. 208] hat nichts mit der Verschmelzung von SS und Polizei zu tun [die sich ja nicht auf die Waffen-SS, sondern auf die Allgemeine SS bezog], sondern gehört in den Zusammenhang der allmählichen Militarisierung der Ordnungspolizei. Dabei ist es nicht ausgeschlossen, daß Himmler in den späteren Jahren eine Annäherung der Ordnungspolizei an die Waffen-SS bevorzugte, um die Allgemeine SS in ihrem Ordenscharakter wieder reiner darstellen zu können.

Grundlage für die Aufnahme von Angehörigen der *Sicherheitspolizei* in die SS war der Runderlaß des Reichsführers-SS und Chefs der Deutschen Polizei vom 23. Juni 1938[103] betr. Aufnahme von Angehörigen der Sicherheitspolizei in die Schutzstaffel der NSDAP. Das Ziel der personellen Verschmelzung von Polizei und SS wurde in diesem Erlaß direkter angegangen als in den ersten entsprechenden Erlassen der Ordnungspolizei; so hieß es in dem Erlaß einleitend:

»Mit dem Ziele der Verschmelzung der Angehörigen der Deutschen Polizei mit der Schutzstaffel der NSDAP zu einem einheitlich ausgerichteten Staatsschutzkorps des Nationalsozialistischen Reiches bestimme ich folgendes:«

Der Kreis der Zugelassenen wurde dann folgendermaßen umschrieben:

»I. [1] Angehörige der Sicherheitspol. können auf Antrag in die Schutzstaffel der NSDAP aufgenommen werden, wenn sie

1. die allgemeinen Bedingungen der SS erfüllen und
2. a] bis zum 30. 1. 1933 [einschl.] Mitglied der NSDAP oder ihrer Gliederungen [SA, NSKK, HJ] geworden sind, auch wenn sie inzwischen aus den Gliederungen in Ehren ausgeschieden sind
oder
   b] seit einem vor dem 30. 1. 1933 liegenden Zeitpunkt Förderndes Mitglied der SS sind
oder
   c] wenigstens 3 Jahre in der Sicherheitspol. unter der Führung des RFSS Dienst geleistet und sich bewährt haben.
[2] Die Zulassung der Aufnahme eines weiteren Personenkreises behalte ich mir vor.«

Es ist bemerkenswert, daß mit dem unter Abs. 2c abgesteckten Personenkreis bereits die Möglichkeit eröffnet war, praktisch *alle* Angehörigen der Sicherheitspolizei in die SS aufzunehmen, übrigens – wie sich aus Abschnitt II [4] des zitierten Erlasses ergibt – einschließlich der Angestellten der Sicherheitspolizei. Gemäß Abschnitt II [1] sollte »die dienstgradmäßige Eingliederung in die SS« in einen den polizeilichen Dienstgraden entsprechenden SS-Rang erfolgen; als Unterlage dafür war eine Konkordanz der Dienstgrade beigegeben. Allerdings behielt der Reichsführer-SS die Eingliederung höherer Dienstgrade

[103] RMBliV, S. 1089.

seiner Entscheidung vor, so daß mindestens insoweit eine automatische Dienstgradangleichung der in die SS Aufgenommenen nicht vorgesehen war. Während die Aufnahme der Angehörigen der Ordnungspolizei in die *Allgemeine* SS erfolgte[104], sollten die Angehörigen der Sicherheitspolizei »den Einheiten des Sicherheitsdienstes der RFSS zugeteilt« werden, also dem SD.

Der grundlegende Erlaß für die Dienstgradangleichung vom 1. Juli 1941 war nicht veröffentlicht worden; seine Existenz geht lediglich aus dem RdErl d. ChSipouSD vom 19. Juni 1942[105] über die Anwendbarkeit des Dienstgradangleichungserlasses vom 1. Juli 1941 bei Angleichungsbeförderungen von SS-[SD-]Angehörigen hervor, der eine Reihe von Erklärungen und Ergänzungen dazu bringt. Demnach stellte der Erlaß vom 1. Juli 1941 eine *Kann*-Bestimmung dar. Während also die Dienstgradangleichung der in die SS aufgenommenen Angehörigen der Ordnungspolizei obligatorisch war [jedenfalls ergeben sich aus den vorliegenden Unterlagen keine Einschränkungen] und nach dem grundlegenden Erlaß vom 23. Juni 1938 auch für die Sicherheitspolizei mit Ausnahme der höheren Dienstgrade obligatorisch zu sein schien, werden jetzt für diese Einschränkungen gemacht. So heißt es in dem Erlaß vom 19. Juni 1942:

»Angehörige der Sich.Pol., die der SS angehören, *können* hiernach SS-mäßig bis zu jenen SS-Dienstgraden *befördert* werden, die ihren Diensträngen in der Sich.Pol. entsprechen. Hierbei wird selbstverständlich vorausgesetzt, daß sich der betreffende Angehörige der Sich.Pol. durch seine Gesamthaltung einer Beförderung würdig gezeigt hat und von seinen Dienstvorgesetzten zu dieser Beförderung vorgeschlagen wird. Ein Anspruch auf eine derartige Beförderung besteht nicht.«

Abs. 3 des Erlasses erläutert weiter:

»Ein Angehöriger der Sich.Pol., der nach den Angleichungsrichtlinien SS-mäßig zu einem SS-Führerdienstgrad angeglichen werden *kann*, wird nicht erwarten dürfen, daß er unmittelbar nach seiner Aufnahme in die Schutzstaffel und nach erfolgreichem Besuch eines SS-Führerlagers sofort zum Angleichungsdienstgrad befördert wird. Im allgemeinen wird zunächst ein niedrigerer SS-Dienstgrad verliehen und erst nach einer angemessenen Wartezeit die Einstufung in den

---

[104] Vgl. u. a. ›Vertrauliche Informationen der Parteikanzlei‹, Nr. 617 vom 5. November 1941.
[105] BefBl ChSipouSD, S. 163.

SS-Dienstgrad vorgenommen werden, die dem Beamten-
dienstgrad entspricht.«

In der Ergänzung zu Abschnitt I des RdErl vom 1. Juli 1941
heißt es:

>Die Voraussetzungen... beziehen sich auf die Dienstgrad-
angleichung, nicht aber auf die Aufnahme in die SS, d. h. der
Bewerber der Sich.Pol. kann sofort in die Schutzstaffel aufgenommen werden, wenn die Ziff. 1 erfüllt ist.«[106]

In der Ergänzung zu Abschnitt II des RdErl vom 1. Juli 1941
heißt es, die Dienstgradangleichungen setzten ausnahmslos in
allen Fällen eine SS-mäßige Beförderung in diesen Dienstgrad
voraus. Demnach erfolgte die Dienstgradangleichung also keinesfalls *automatisch* mit der Beförderung zu einem höheren Beamtenrang.

In der Ergänzung zu Abschnitt IV heißt es schließlich:

>Die Beförderung in einen nächsthöheren SS-Dienstgrad
kann frühestens 3 Jahre nach der letzten Beförderung erfolgen. In Fällen besonderer Bewährung und Befähigung kann
diese Frist um eine angemessene Zeit verkürzt werden.«

Ebenso wie mit der Dienstgradangleichung war Himmler auch
mit der Aufnahme in die SS im Bereich der Sicherheitspolizei
zurückhaltender oder ist wenigstens in späteren Jahren zurückhaltender geworden. Das geht unzweifelhaft aus einem Brief
Himmlers an den damaligen Chef der Sicherheitspolizei und des
SD, Ernst Kaltenbrunner, vom 24. April 1943 hervor[107], dessen
Text folgendermaßen lautete:

>Lieber Kaltenbrunner!

Ich komme erneut auf das Thema zurück, daß wir vor läng...
Zeit schon einmal besprachen: die Aufnahme von Bea... der
Sicherheitspolizei in die SS. Ich möchte es noch ei... klar
aussprechen: Ich wünsche nur dann eine Aufnahme, wenn
der Mann sich

1. wirklich freiwillig meldet,
2. bei der Anlegung eines scharfen friedensmäßigen Maßstabes rassisch und weltanschaulich in die SS paßt und
   auch entsprechend der Zahl seiner Kinder eine wirklich
   gesunde SS-Sippe garantiert und nicht krank, absterbend
   und wertlos ist.

Alle diejenigen, die nicht in diesem Rahmen in die SS hinein-
passen, müssen, wenn die Notwendigkeit da ist, daß sie Uni-

---

[106] Welchen Inhalt diese Ziffer 1 des RdErl vom 1. Juli 1941 hat, ist nicht bekannt.
[107] PS-2768.

form tragen müssen, nach einer Absprache von Ihnen mit dem Chef der Ordnungspolizei die Uniform der Ordnungspolizei tragen. In der Ordnungspolizei können nach den heutigen Verhältnissen nicht alles SS-Männer sein. Ich verweise hier auf die vielen Tausende von Reservisten, die von uns eingezogen worden sind.

Ich bitte Sie, nicht nur in der Zukunft so zu verfahren, sondern vor allem, daß auch viele Aufnahmen in die SS der Vergangenheit nach diesen Gesichtspunkten nachzuprüfen und abgeändert werden.« [sic!]

Die gleiche Zurückhaltung spricht aus einem Brief Himmlers an den damaligen Chef des Amtes I [Personal] des RSHA, Bruno Streckenbach, vom 9. September 1942[108]. Es ging darin um folgenden Sachverhalt: Als 1942 im Bereich des Militärbefehlshabers in Frankreich ein Höherer SS- und Polizeiführer eingesetzt wurde, gingen in dessen Zuständigkeit sämtliche Polizeiangelegenheiten über, die bis dahin bei der Militärverwaltung bearbeitet worden waren. Da es der Sicherheitspolizei aber an geeigneten, mit den französischen Verhältnissen vertrauten Beamten fehlte, übernahm sie eine Reihe von Kriegsverwaltungsbeamten aus der Wehrmacht. Die Betreffenden wurden zu dem Zwecke aus der Wehrmacht entlassen und [da sie fast alle auch in ihrem zivilen Dienstverhältnis Beamte waren] von ihren zivilen Heimatdienststellen auf Kriegsdauer zur Sicherheitspolizei abgeordnet. Es war nun zu entscheiden, in welches Verhältnis diese Beamten zur SS gebracht werden sollten. Darüber schrieb Himmler in dem zitierten Brief folgendes:

»1. Diejenigen, die der SS angehören und bisher einen niedrigeren Rang hatten, sind einzeln zu überprüfen, ob sie nicht, ohne daß die Beförderungsrichtlinien radikal umgeworfen werden, in den Rang eines Hauptsturmführers befördert werden können. Die Fälle, in denen eine solche Beförderung nicht möglich ist, sind mir einzeln zu melden.

2. Von den Angehörigen der SA und Partei sind alle diejenigen, die willens und geeignet sind, in die SS zu übernehmen und bei Eignung in den entsprechenden Dienstgrad zu befördern.

3. Alle diejenigen, die nicht willens oder zwar willens aber nicht geeignet sind, werden nicht in die SS aufgenommen, sondern tragen die Uniform als Reserve-Offizier der

[108] Himmler Files VI/41/10.

Sicherheitspolizei. Als Uniform wird die SS-Uniform des SD und der Sicherheitspolizei getragen.

Die Kategorie unter Ziffer 2, die nicht in die SS aufgenommen wird, ist ebenso zu behandeln.

Die bisherigen Oberkriegsverwaltungsräte sind als SS-Sturmbannführer unter den oben genannten Bedingungen zu übernehmen.«

Nach diesem Schreiben Himmlers gab es also im Bereich der Sicherheitspolizei die Möglichkeit, daß auch diejenigen Polizeiangehörigen, die nicht der SS angehörten, doch die SS-Uniform als Dienstanzug trugen. Wie dabei im einzelnen verfahren wurde, ist aufgrund der vorhandenen Quellen nicht auszumachen. Ein Runderlaß vom 1. April 1942, der die Anwendung des Dienstgradangleichungserlasses vom 1. Juli 1941 auf die Einkleidung von Angehörigen der Sicherheitspolizei, die *nicht* der SS angehörten, regelte, war, wie aus dem Runderlaß vom 19. Juni 1942 hervorgeht, ebenfalls nicht veröffentlicht. In diesen Zusammenhang gehört möglicherweise der Runderlaß des RSHA vom 29. Mai 1940[109], der »die Ausstellung von vorläufigen SS-Ausweisen für alle Angehörigen der Sicherheitspolizei und des SD« regelte. Das geschah damals offenbar für jeweils eine begrenzte Zeit, in der ein bestimmter Auftrag zu erfüllen war, denn es heißt in dem zitierten Erlaß, für die ordnungsgemäße Rückgabe des Ausweises »nach erfülltem Auftrag« sei Sorge zu tragen. Zu den Personenkreisen, die SS-Uniform trugen, ohne Mitglieder der SS zu sein, gehörten die vom NSKK notdienstverpflichteten Kraftfahrer des RSHA. Sie mußten gemäß RdErl d. RSHA vom 20. Juli 1942[110] die ihrem NSKK-Dienstgrad entsprechenden SS-Dienstgradabzeichen anlegen.

Zusammenfassend kann man feststellen: Himmler war bestrebt, einen möglichst großen Teil der Angehörigen der Ordnungspolizei zum Eintritt in die SS zu veranlassen; sein Ziel war dabei, wie Dr. Best es ausdrückt, eine möglichst vollständige innere Einheit der Mannschaft der SS und der Polizei herzustellen. Während manches dafür spricht, daß im Bereich der Ordnungspolizei ganz allgemein ein gewisser Druck zum Eintritt in die SS ausgeübt wurde, scheint im Bereich der Sicherheitspolizei, besonders in den späteren Jahren, bei Himmler selbst der Wunsch bestanden zu haben, nur solche Personen zum Eintritt in die SS zu veranlassen, die ihm dafür geeignet er-

[109] BefBl ChSipouSD, S. 43.
[110] BefBl ChSipouSD, S. 212.

schienen. Im Gegensatz zu dem in den Nachkriegsjahren bewußt oder unbewußt unklaren Gebrauch des Begriffs der Dienstgradangleichung ist festzustellen, daß darunter seinerzeit weder die Aufnahme von Polizeiangehörigen in die SS noch die bloße Ausstattung von Personen, die der SS nicht angehörten, mit der SS-Uniform verstanden wurde, sondern nur die Beförderung der ordnungsgemäß in die SS Aufgenommenen zu dem ihrem Polizeidienstgrad entsprechenden SS-Dienstgrad. Während das in der Ordnungspolizei mit einer gewissen Automatik geschehen sein dürfte, war die Angleichung in der Sicherheitspolizei an eine Reihe von Bedingungen geknüpft. In beiden Fällen aber setzte die Angleichung eine ausdrückliche Beförderung durch die zuständigen SS-Dienststellen voraus und ergab sich nicht etwa durch die Beförderung zu einem höheren Beamtenrang von selbst.

8. Die Höheren SS- und Polizeiführer[111]

Die Höheren SS- und Polizeiführer [HSSPF] dienten der organisatorischen Integration von SS und Polizei sowie deren politischer Aktivierung im regionalen Bereich. Der Prozeß der Herauslösung der Sicherheitspolizei aus der staatlichen Verwaltung und die Schaffung eines ausschließlich sicherheitspolizeilichen Befehlsweges wurden überlagert von dem Prozeß der Integration von SS und Polizei, der den sicherheitspolizeilichen Befehlsweg durch die übergeordnete Befehlsstruktur der Gesamt-SS wieder modifizierte. Das brachte zahlreiche neue Varianten in die tatsächlichen Befehlsverhältnisse. Wenn man aber davon ausgeht, daß der sicherheitspolizeiliche Befehlsweg von Fall zu Fall mehr oder weniger abgewandelt wurde
a] durch noch notwendige Rücksichtnahmen auf Instanzen der inneren Verwaltung
b] durch eine zunehmende Integration der Sicherheitspolizei in die Gesamtorganisation der SS,
dann besitzt man die erforderlichen Orientierungshilfen, um jeden konkreten Einzelfall richtig analysieren zu können.
Errichtet wurde die Institution der HSSPF durch folgenden Erlaß des RuPrMdI vom 13. November 1937:
»Es ist notwendig, für den Mob-Fall alle dem Reichsführer-SS und Chef der Deutschen Polizei unterstehenden Kräfte [Ord-

111 Vgl. den Aufsatz des Verfassers über das gleiche Thema in den Vierteljahrsheften für Zeitgeschichte 11 (1963), S. 362–391.

nungspolizei, Sicherheitspolizei, SS-Verbände] innerhalb der Wehrkreise unter einen gemeinsamen Führer zu stellen.

Im Einvernehmen mit dem Herrn Reichskriegsminister und Oberbefehlshaber der Wehrmacht ordne ich daher für den Mob-Fall die Einsetzung eines ›Höheren SS- und Polizeiführers‹ in jedem Wehrkreis an. Die ›Höheren SS- und Polizeiführer‹ werden durch den Reichsführer-SS und Chef der Deutschen Polizei bestimmt, der auch über ihre Beteiligung an den Mob-Vorarbeiten im Frieden Anordnungen trifft.

Die Stellung und Eingliederung des Höheren SS- und Polizeiführers in die Reichsverteidigungsorganisation der allgemeinen und inneren Verwaltung innerhalb der Wehrkreise werde ich zu gegebener Zeit regeln.«

Die Einrichtung der HSSPF war also zunächst nur auf den Mobilmachungsfall, auf den Einsatz von SS und Polizei im Kriege, zugeschnitten. Aus dieser begrenzten und relativ einfachen Aufgabenstellung entwickelte Himmler im Laufe der Kriegsjahre durch die Praxis jene umfassende Zuständigkeit, die er den HSSPF zugedacht hatte. Dieser Ausbau der Institution erfolgte – genau wie die Neuorganisation der Sicherheitspolizei – in erster Linie in den besetzten Gebieten, wo man auf traditionelle Verhältnisse keine Rücksicht zu nehmen brauchte; im Altreich dagegen verblieb die Institution – von der Schlußphase des Krieges abgesehen – in einem gewissermaßen embryonalen Zustand. Auch bei den HSSPF trieb Himmler die Entwicklung vorzugsweise durch Einzelentscheidungen voran, wann immer sich Gelegenheit bot, die anfangs sehr vage formulierten Kompetenzen zu konkretisieren und verbindlich zu machen.

An dem bereits zitierten Erlaß vom 13. November 1937 ist charakteristisch, daß er das Verhältnis der HSSPF zur allgemeinen und inneren Verwaltung buchstäblich ungeregelt ließ, und zwar nicht nur zur friedensmäßigen Verwaltung, sondern auch zu deren Reichsverteidigungsorganisation. In diesem Zusammenhang war es nicht entscheidend, daß die HSSPF den Wehrkreisen zugeordnet wurden, denn das entsprach nur der schon längst bestehenden Einteilung der SS-Oberabschnitte. Entscheidend war vielmehr, daß die HSSPF ausdrücklich *nicht* den Reichsverteidigungskommissaren, also den regionalen Repräsentanten der zivilen Reichsverteidigungsorganisation, unterstellt wurden: Mit Schnellbrief vom 25. August 1939 verfügte der RMdI [i. V. gez. Himmler], daß die HSSPF »für die Durchführung der ihnen für den Mob-Fall obliegenden polizeilichen Aufgaben« zu den Reichsstatthaltern beziehungsweise Oberpräsidenten am Sitze der Wehrkreiskommandos treten. Als zum 1. September 1939 Reichsverteidigungskommissare bestellt waren, ordnete der RFSSuChdDtPol mit Erlaß vom 11. September 1939 [i. V. gez. Daluege] zwar zunächst an, daß die HSSPF nunmehr zu den jeweiligen Reichsverteidigungskommissaren zu treten hätten, doch wurde diese Anordnung mit Erlaß des RFSSuChdDtPol vom 16. Oktober 1939 [gez. Himmler] widerrufen: die Reichsverteidigungskommissare sollten sich der HSSPF lediglich »bedienen« können. In welch ein komplexes Verhältnis zu den regionalen Spitzen der inneren Verwaltung die HSSPF durch diese Bestimmungen gerieten, veranschaulicht ein Erlaß des RFSSuChdDtPol vom 6. Dezember 1939, in dem die Formulierung der Briefköpfe festgelegt wurde, die die einzelnen HSSPF zu führen hatten. So lautete der Briefkopf des HSSPF in Stettin zum Beispiel:

»Der Höhere SS- und Pol.-Führer
beim Oberpräsidenten von Pommern,
beim Reichsstatthalter in Mecklenburg
und beim Oberpräsidenten von Brandenburg
in Wehrkreis II.«

Umgekehrt unterstanden zum Beispiel dem Oberpräsidenten in Hannover und dem Reichsstatthalter in Lippe und Schaumburg-Lippe in verschiedenen Teilen ihres Zuständigkeitsbereichs verschiedene HSSPF, die außerdem je noch 2 oder 3 anderen Reichsstatthaltern und Oberpräsidenten zugeordnet waren. Fast jeder HSSPF im Altreich hatte also auf seiten der zivilen Verwaltung mehrere Partner. Es ist klar, daß unter diesen Umständen die regionalen Chefs der inneren Verwaltung nicht in der Lage waren, über die HSSPF eine nennenswerte Aufsicht zu führen oder gar auf deren Tätigkeit einen Einfluß zu nehmen, der über den Bereich belangloser Routine hinausgegangen wäre. Anders lagen die Dinge in den besetzten Gebieten, wo es die HSSPF jeweils nur mit *einem* Repräsentanten der inneren Verwaltung zu tun hatten. Da diese Repräsentanten insbesondere in den besetzten Ostgebieten überdies von Hitler mit umfassenden Vollmachten ausgestattet waren, die HSSPF andererseits die ebenfalls sehr weitreichenden Vollmachten des RFSS in den besetzten Gebieten zu vertreten hatten, kam es dort zu den bekannten harten und langwierigen Machtkämpfen zwischen ziviler Verwaltung und Polizei.

Die praktische Unabhängigkeit der HSSPF auch von denjenigen Chefs der inneren Verwaltung, denen sie »unterstellt« waren, wurde dadurch gesichert, daß es sich dabei wiederum nur um jene »persönliche und unmittelbare« Unterstellung handelte, deren wahrer Sinn oben am Musterfall der »Unterstellung« des RFSSuChdDtPol selbst unter den Reichsminister des Innern erörtert worden ist. So wie dort in Konfliktsfällen die persönliche und unmittelbare Unterstellung Himmlers unter Hitler vor der unter den Innenminister rangierte, so im Falle der HSSPF die unter Himmler vor der unter die Reichsstatthalter oder Oberpräsidenten.

Das Verhältnis der HSSPF zu den regionalen Repräsentanten der inneren Verwaltung ist auch später niemals wirklich geregelt worden. Mehr als oberflächliche Kompromißlösungen von Fall zu Fall hat es nicht gegeben, und zwar weil Himmler an einer endgültigen Regelung gar kein Interesse hatte, sondern auf eine völlige Unabhängigkeit der HSSPF hinarbeitete. In einem aus der Schriftgutverwaltung des Persönlichen Stabes RFSS stammenden Aktenvermerk vom 2. Juni 1944 heißt es, in einem Verzeichnis der HSSPF nach dem Stand vom 8. März 1944 sei erstmalig die Zuordnung der HSSPF zu den Reichsstatthaltern beziehungsweise zu den Oberpräsidenten nicht mehr erkennbar, sondern die Dienststellenbezeichnungen lauteten nur noch »der HSSPF West *in den Gauen* Düsseldorf, Essen, Köln, Aachen usw. im Wehrkreis 6«. »Da SS-Obergruppenführer Wünnenberg [Chef des HA Orpo als Nachfolger von Daluege] diese Regelung nicht von sich aus getroffen haben wird«, heißt es wörtlich, »ist darin nach meiner Ansicht der Wille des Reichsführers-SS niedergelegt, die von den Gauleitern gewünschte straffe Unterstellung der HSSPF unter sich auf jeden Fall zu vermeiden und die HSSPF um jeden Preis als Persönlichkeiten zu erhalten, die nicht in den Gauen verankert, sondern eindeutig nach der Zentrale des Reiches ausgerichtet sind.«

Auch gegenüber der Wehrmacht war Himmler darauf bedacht, die HSSPF möglichst unabhängig zu machen. Das ist beispielhaft abzulesen an einem im Zusammenhang der Vorbereitung des Rußlandfeldzuges ergangenen Erlaß Himmlers vom 21. Mai 1941, der in seinen wichtigsten Passagen wie folgt lautet:

»*Betr.*: Sonderauftrag des Führers

Im Einvernehmen mit dem Oberbefehlshaber des Heeres habe ich zur Durchführung der mir vom Führer gegebenen Sonderbefehle für das Gebiet der politischen Verwaltung Höhere SS- und Polizeiführer vorgesehen.

Für die Dauer des Einsatzes der Höh. SS- und Pol. Führer im rückwärtigen Heeresgebiet lege ich mit Zustimmung des Oberbefehlshabers des Heeres folgendes fest:

1] *Der Höhere SS- und Polizeiführer* mit Befehlsstab wird dem Befehlshaber des jeweiligen Rückwärtigen Heeresgebietes hinsichtlich Marsch, Versorgung und Unterbringung unterstellt. Dem Höheren SS- und Polizeiführer sind zur Durchführung der ihm von mir unmittelbar gegebenen Aufgaben SS- und Polizeitruppen und Einsatzkräfte der Sicherheitspolizei unterstellt.

Der Höhere SS- und Polizeiführer unterrichtet den Befehlshaber des Rückwärtigen Heeresgebietes jeweils über die ihm von mir gegebenen Aufgaben. Der Befehlshaber des Rückwärtigen Heeresgebietes ist berechtigt, dem Höheren SS- und Polizeiführer Weisungen zu geben, die zur Vermeidung von Störungen der Operationen und Aufgaben des Heeres erforderlich sind. Sie gehen allen übrigen Weisungen vor.

2] *Die eingesetzten SS- und Polizeikräfte* sind dem Befehlshaber des Rückwärtigen Heeresgebietes hinsichtlich Marsch, Versorgung und Unterbringung unterstellt. Alle gerichtlichen und disziplinären Angelegenheiten werden in eigener Zuständigkeit erledigt.

. . .

5] Der Befehlshaber des Rückwärtigen Heeresgebietes verfügt über alle SS- und Polizeitruppen bei einem dringenden Kampfeinsatz in eigener Befehlszuständigkeit.«

Nicht weniger eindeutig ist die Unabhängigkeit der HSSPF von der Wehrmacht dem Führerbefehl über die Einsetzung eines HSSPF im Bereich des Militärbefehlshabers Frankreich vom 9. März 1942 zu entnehmen, dessen erste 5 Ziffern folgendermaßen lauten:

»1] Im Bereich des Militärbefehlshabers *Frankreich* wird ein Höherer SS- und Polizeiführer eingesetzt.

2] Der Höhere SS- und Polizeiführer ist dem Militärbefehlshaber persönlich und unmittelbar unterstellt. Die Polizeidienststellen des Höheren SS- und Polizeiführers sind dem Militärbefehlshaber lediglich territorial unterstellt.

3] Der Höhere SS- und Polizeiführer ist im Dienstbereich des Militärbefehlshabers für alle Aufgaben zuständig, die dem Reichsführer-SS und Chef der Deutschen Polizei im Reichsministerium des Innern [gemäß Geschäftsverteilungsplan RMdI] sowie als Reichskommissar für die Festigung deutschen Volkstums obliegen.

In diesem Aufgabengebiet hat er gegenüber den französischen Behörden und Polizeikräften Weisungs- und Aufsichtsrecht. Er verfügt über den Einsatz der französischen Polizeikräfte des besetzten Gebietes.

Die Rechtsetzung sowie grundsätzliche Bestimmungen für die Organisation und die Rechtsvorschriften der französischen Behörden einschl. ihrer Verkündung sind Sache des Militärbefehlshabers. Soweit es sich dabei um Erlasse auf Gebieten gemäß Absatz 1 handelt, ist der Höhere SS- und Polizeiführer die bearbeitende Dienststelle des Militärbefehlshabers.

4] Der Höhere SS- und Polizeiführer erhält seine Weisungen:

   a] für die militärische Sicherung des Landes und für alle militärischen Operationen durch den Militärbefehlshaber,

   b] für die polizeiliche Tätigkeit und die Behandlung der ihm obliegenden Volkstumsfragen durch den Reichsführer-SS und Chef der Deutschen Polizei. Sollten die militärischen und polizeilichen Weisungen Widersprüche aufweisen, so ist dem Chef des Oberkommandos der Wehrmacht und dem Reichsführer-SS und Chef der Deutschen Polizei zu berichten, die meine Entscheidung herbeiführen. Bei Gefahr im Verzuge kann der Militärbefehlshaber einstweilige bindende Anordnungen treffen. Zu den polizeilichen Maßnahmen gehören auch Sühnemaßnahmen gegen Verbrecher, Juden und Kommunisten anläßlich ungeklärter Anschläge gegen das Deutsche Reich oder deutsche Reichsangehörige.

5] Sobald innere Unruhen oder militärische Kampfhandlungen einheitlich zu leitende militärische Maßnahmen erfordern, können der Militärbefehlshaber – in Fällen dringender Gefahr auch die Bezirkschefs – über die SS- und Polizeikräfte ihres Bereiches vorübergehend verfügen. Hierbei ist zu beachten, daß gerade im Zusammenhang mit militärischem Einsatz polizeilichen Maßnahmen unter eigener Verantwortlichkeit besondere Bedeutung zukommt.«

Hier findet sich auch gegenüber dem Militärbefehlshaber wieder die »persönliche und unmittelbare« Unterstellung. Die »territoriale« Unterstellung der Polizeidienststellen bedeutet das gleiche, was in dem Erlaß des RFSS vom 21. Mai 1941 als Unterstellung »hinsichtlich Marsch, Versorgung und Unterbringung« bezeichnet wird. Wie schließlich die Bestimmung einzuschätzen ist, daß die Setzung und Verkündung von Recht auch für die Angelegenheiten des Zuständigkeitsbereiches der HSSPF Sache des Militärbefehlshabers sei, lehrt die oben erwähnte Auseinandersetzung zwischen dem Chef Sipo und SD und dem RMO über die Bestimmung des Begriffs »Jude« in den besetzten Ostgebieten.

Die *Aufgaben* der HSSPF wurden in der »Dienstanweisung für die Höheren SS- und Polizeiführer« vom 18. Dezember 1939 in sehr summarischer Weise abgesteckt – übrigens ebenfalls ohne jede Bezugnahme auf deren Verhältnis zur inneren Verwaltung. Während die Ziffern 1 bis 3 der Anweisung die Stellung der HSSPF in der Hierarchie der SS umschreiben, ist von den Aufgaben in den Ziffern 4 bis 6 die Rede.

> »4] Der Höhere SS- und Polizeiführer vertritt in seinem Bereiche den Reichsführer-SS und Chef der Deutschen Polizei hinsichtlich aller von dem Reichsführer-SS und Chef der Deutschen Polizei wahrgenommenen Aufgaben.
>
> 5] Der Höhere SS- und Polizeiführer leitet alle gemeinsamen Vorbereitungen der SS, der Ordnungspolizei und der Sicherheitspolizei und des SD, die der Erfüllung der Reichsverteidigungsaufgaben dieser Einrichtung [sic!] dienen.
>
> 6] Der Höhere SS- und Polizeiführer übernimmt den Befehl über die Waffen-SS und die Allgemeine SS, die Ordnungspolizei und die Sicherheitspolizei und den SD, in allen Fällen, in denen ein gemeinsamer Einsatz für bestimmte Aufgaben erforderlich ist.«

Im Grunde ist hier also nicht mehr gesagt, als seinerzeit schon in Absatz 2 des grundlegenden Erlasses des RuPrMdI vom 13. November 1937 bestimmt worden war:

- Die HSSPF sind Generalbevollmächtigte des RFSSuChdDtPol;
- sie leiten die Mob-Vorbereitungen, soweit diese die dem RFSSuChdDtPol. unterstellten Organisationen betreffen;
- sie leiten den gemeinsamen Einsatz dieser Organisationen für bestimmte Aufgaben.

Im Frieden und im Altreich auch während des Krieges ergaben sich daraus für die HSSPF nur die Kompetenzen einer äußerlichen Repräsentation und der Leitung gemeinsamer Einsätze bei Großveranstaltungen oder Katastrophen. Im Krieg war es die Handhabung der Besatzungspolitik, soweit diese in den Gesamtbereich der Zuständigkeiten Himmlers fiel – beziehungsweise darunter subsummiert werden konnte. Von der Fähigkeit des einzelnen HSSPF, gegenüber der Zivilverwaltung oder Militärverwaltung möglichst viele Dinge unter seine Kompetenz zu bringen und die Formationen und Dienststellen der SS und Polizei in seinem territorialen Befehlsbereich möglichst straff an die Führungsleine zu nehmen, war es abhängig, wie viele und welche Aufgaben er tatsächlich erledigte. In seinem Erlaß vom 21. Mai 1941 hatte Himmler, wie bereits erwähnt, die HSSPF »für das Gebiet der politischen Verwaltung vorgesehen«. Im Hinblick auf dieses eigentliche Ziel war es nur ein vorübergehendes taktisches Zurückweichen [offensichtlich mit dem Zweck, Beschwerden von seiten der inneren Verwaltung im Altreich abzuwehren], wenn Himmler am 26. Juli 1940 einen ergänzenden Erlaß zur Dienstanweisung für die HSSPF herausgab, in dem die repräsentative Funktion der HSSPF noch einmal herausgestrichen und betont wurde, daß die HSSPF nicht für Fragen des materiellen Polizeirechts zuständig seien. Das Wichtigste an diesem Erlaß war, daß er nicht für das Generalgouvernement, das Protektorat und die besetzten norwegischen und niederländischen Gebiete galt. Dort sollten die HSSPF in ihrem Zuständigkeitsbereich vielmehr richtig regieren und unter Umständen sogar – wie wenigstens die Geschichte des Generalgouvernements lehrt – in die Gestaltung des materiellen Polizeirechts eingreifen. Konkret handelte es sich bei dem Zuständigkeitsbereich um die gesamte Kompetenz der Ordnungspolizei und Sicherheitspolizei, der Um-, Aus- und Ansiedlung und der Germanisierung, also auch um den Zuständigkeitsbereich des RFSSuChdDtPol als Reichskommissar für die Festigung deutschen Volkstums.

Über die bereits ausführlich erörterte Gleichsetzung von polizeilicher und politischer Kompetenz entwickelte Himmler die eine der beiden Aufgaben der HSSPF, nämlich in ihrem jeweiligen regionalen Zuständigkeitsbereich gegenüber den Instanzen der Wehrmacht, der Partei und des Staates die *politischen Interessen* des RFSS beziehungsweise der Gesamt-SS wahrzunehmen. In diesem Sinne führte Krüger seinen jahrelangen

Kampf gegen Frank im Generalgouvernement, vertrat Rauter die politischen Ziele der SS in den Niederlanden, wurde Pancke als »dritter Mann im Skat« [neben dem Reichsbevollmächtigten und dem Wehrmachtsbefehlshaber] nach Dänemark und Winkelmann nach Ungarn geschickt, führte Prützmann seinen »Krieg« gegen den Reichskommissar Lohse im Reichskommissariat Ostland und wirkte Oberg in Frankreich. Als Prützmann im Juni 1944 zum Höchsten SS- und Polizeiführer im Reichskommissariat Ukraine ernannt wurde, wurde der »politische« Auftrag zum ersten Male [jedenfalls nach der derzeitigen Quellenlage] in offizieller Form erwähnt: »Er ist für alle Fragen der Zusammenarbeit zwischen Verwaltung, SS und Polizei im Reichskommissariat Ukraine sowie für alle Volkstums- *und politischen Fragen* zuständig.« – In einer nach dem Krieg angefertigten Aufzeichnung des ehemaligen Adjutanten des Chefs der Zivilverwaltung beim Militärbefehlshaber Belgien-Nordfrankreich heißt es, die Ernennung eines HSSPF Belgien-Nordfrankreich hätte bedeutet, diesem alle Polizeibefugnisse, Volkstumsangelegenheiten und *alle politischen Fragen* zu übertragen.

Die »politische Verwaltung« und die Wahrnehmung der politischen Interessen Himmlers und der SS und Polizei bildeten also den Kern der Zuständigkeit der HSSPF. Was dafür im einzelnen zu tun war, hing von der jeweiligen Situation ab. Krüger im Generalgouvernement mußte versuchen, im täglichen »Kleinkrieg« möglichst viele Zuständigkeiten der inneren Verwaltung, soweit sie von politischem Belang waren, zu usurpieren; Pancke hatte in Dänemark mehr die Funktion eines »Botschafters« des RFSS; v. d. Bach war im Bereich Rußland Mitte vor allem mit dem Kampf gegen Partisanen beschäftigt [er wurde später zum »Chef der Bandenkampfverbände« ernannt]; Winkelmann hatte Himmlers persönlichen Kurs in der Ungarnpolitik zu vertreten; Globocnik hatte als SSPF Lublin den Sonderauftrag der Judenvernichtung.

Für die Erteilung und Durchführung der Sonderweisungen Himmlers war im Erlaß des RFSS vom 21. Mai 1941 ein direkter Befehlsweg vorgesehen, der nicht über eines der SS-Hauptämter führte, sondern die den einzelnen Hauptämtern jeweils nachgeordneten Dienststellen zeitweilig dem Befehl des HSSPF unterstellte.

»Im Einvernehmen mit dem Oberbefehlshaber des Heeres habe ich zur Durchführung der mir vom Führer gegebenen

Sonderbefehle für das Gebiet der politischen Verwaltung
Höhere SS- und Polizeiführer vorgesehen... Dem Höheren
SS- und Polizeiführer sind zur Durchführung der ihm von
mir unmittelbar gegebenen Aufgaben SS- und Polizeitruppen und Einsatzkräfte der Sicherheitspolizei unterstellt.«
So trat also zum Beispiel im Bereich der Sipo neben den *Routine*befehlsweg

RSHA
|
BdS
|
KdS

der *Sonder*befehlsweg

RFSS
|
HSSPF
|
[BdS]
|
KdS

Beim Sonderbefehlsweg konnte also der HSSPF aufgrund eines
Befehls des RFSS dem BdS oder auch dem KdS *unmittelbar* befehlen, ohne Rücksicht auf das RSHA. Oder anders ausgedrückt: Neben den sicherheitspolizeilichen Befehlsweg

RSHA
|
BdS
|
KdS

trat der auf die Gesamt-SS bezogene Befehlsweg

RFSS
|
HSSPF
|
regionale Formationen und Dienststellen von
|
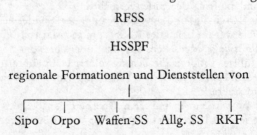

Sipo   Orpo   Waffen-SS   Allg. SS   RKF

Alle Routinegeschäfte der Sipo [einschließlich der Deportation, ausschließlich der Tötung der Juden durch Gas] liefen über den sicherheitspolizeilichen Befehlsweg, und der HSSPF erhielt nur »nachrichtlich« Kenntnis. Wo es ihm notwendig schien, konnte er allerdings in die routinemäßigen Maßnahmen verändernd eingreifen; umgekehrt mußte seine Genehmigung eingeholt werden, wenn geplante Maßnahmen der Routine von besonderer politischer Bedeutung waren. So wurden in den Niederlanden die Gegenterroraktionen vom BdS durchgeführt und Deportationsmaßnahmen »mit Genehmigung« des HSSPF getroffen; der BdS in Dänemark erhielt seine Weisungen vom RSHA; auch in Frankreich war für alle Judenangelegenheiten routinemäßig der BdS zuständig, dagegen war es eine typische Aufgabe des HSSPF, sich mit allen interessierten Stellen über die Fragen auseinanderzusetzen, welche Taktik gegenüber den französischen Rechtsradikalen einzuschlagen sei. – Aus der Sicht der Polizeidienststellen mußte die spezifische Tätigkeit der HSSPF als ein »Hineinregieren« in den normalen Ablauf der Geschäfte wirken. So stellt es zum Beispiel der ehemalige Leiter des Referates IV D 4 RSHA, Karl Heinz Hoffmann, dar und fügt hinzu: »Der BdS unterstand nicht nur Berlin, sondern auch dem HSSPF, der unmittelbar Himmler unterstand und somit Entscheidungen herbeiführen konnte, die nicht durch das RSHA gelaufen waren.«[112]

Von den bezeugten Sonderaufträgen Himmlers an HSSPF seien folgende Beispiele erwähnt:

1. Über den Einsatz gegen Partisanen schrieb Himmler am 27. Juli 1942 an Daluege: »Du hast die Anfrage gestellt, wer die Befehlsgewalt bei Partisanenunternehmungen hat. Kurz meine Antwort: Ich persönlich. Draußen der jeweilige HSSPF. Für die einzelnen Verbände die jetzt schon vorhandenen Befehlshaber und Kommandeure.«[113]

Am 24. Juni 1943 schrieb Himmler an den BdS des HSSPF Weichsel: »Ich stelle fest, daß es nicht Aufgabe des BdS ist, federführend Bandenkämpfe zu veranstalten; abgesehen davon, daß ein Kampf meist nicht mit der Feder geführt wird... Den Befehl für die durchzuführenden Maßnahmen erhält der Höhere SS- und Polizeiführer von mir selbst.«

2. Im Herbst 1941 hatten im Generalgouvernement die Auseinandersetzungen zwischen dem HSSPF, Krüger, und General-

[112] IMT Bd. XX, S. 180ff.
[113] NO-2622.

gouverneur Frank einen ihrer Höhepunkte erreicht. Nach einer Aufzeichnung Krügers vom 12. September 1941 hatte Frank in einer Besprechung unter vier Augen erregt geschrien, »er habe es jetzt geradezu satt, daß dieser Vergiftungsfeldzug der Sicherheitspolizei gegen alle staatlichen und Verwaltungseinrichtungen des Generalgouvernements geführt würde«. In diesem Zusammenhang schrieb Krüger am 14. September 1941 an Daluege: »Der GG läßt sich auf Grund der letzten Vorkommnisse von den Befehlshabern unmittelbar Vortrag unter Ausschaltung des Höheren SS- und Polizeiführers halten und gibt darüber hinaus seine Anordnungen an diese unmittelbar. Diese letztere Möglichkeit würden *meinen vom* RFSS *befohlenen Kampf* praktisch illusorisch machen ...«

3. Nachdem Frank Krüger beauftragt hatte, für den Einsatz nichtdeutscher Arbeitskräfte bei der Ernte zu sorgen, gab Himmler Krüger in einem Brief vom 19. Juli 1942 dazu ins einzelne gehende politische Richtlinien [»Dieser Brief darf nicht abgeschrieben werden und aus ihm dürfen keine Notizen gemacht werden.«][114].

4. In seinem Bericht über die Vernichtung des Warschauer Ghettos schreibt der dortige SSPF, Stroop: »Im Januar 1943 wurde vom Reichsführer-SS anläßlich seines Besuches in Warschau dem SS- und Polizeiführer im Distrikt Warschau der Befehl erteilt, die im Ghetto untergebrachten Rüstungs- und wehrwirtschaftlichen Betriebe mit Arbeitskräften und Maschinen nach Lublin zu verlagern.« – Da sich die Juden gegen die Umsiedlung wehrten, erging am 23. April 1943 »vom Reichsführer-SS über den Höheren SS- und Polizeiführer Ost in Krakau der Befehl, die Durchkämmung des Ghettos in Warschau mit größter Härte und unnachsichtiger Zähigkeit zu vollziehen«[115].

5. In einem Schreiben vom 23. Juli 1943 an die HSSPF Ost, Ostland, Weichsel, Warthe, Rußland-Mitte und Ukraine ordnete Himmler an: »Ich erwarte von allen Höheren SS- und Polizeiführern und SS- und Polizeiführern, daß sie in jeder ihnen nur möglichen Form die Produktion und Gewinnung von Pflanzenkautschuk und seine Verarbeitung in ihren Gebieten unterstützen.«[116]

---

[114] PS-2252; vgl. Personalakten Krüger.
[115] PS-1061.
[116] NO-10040.

6. Im Oktober/November 1942 erteilte der RFSS dem SSPF für die Krim den Auftrag, »alles Notwendige für eine Planung und spätere Besiedlung der Krim mit deutschen Menschen zu veranlassen« und teilte ihm zu diesem Zweck ein Kommando zur Wahrnehmung der Aufgaben des RKF zu[117].

7. Winkelmann protegierte als HSSPF in Ungarn im Auftrag Himmlers die Pfeilkreuzler und unterstützte sie bei der Vorbereitung des Staatsstreiches vom 15. Oktober 1944.

Während die Deportation der Juden und die Massenerschießungen durch die Einsatzkommandos des Chefs Sipo und SD in den Zuständigkeitsbereich des RSHA gehörten, wurden die Vergasungsaktionen in den Vernichtungslagern durch ausdrückliche Sonderbefehle Himmlers angeordnet. So beauftragte Himmler mit der Vernichtung der Juden des Generalgouvernements persönlich den SSPF Lublin, Odilo Globocnik; für diese sogenannte »Aktion Reinhard« wurden eine ganze Reihe von Arbeitslagern und die Vernichtungslager Belzec, Sobibor und Treblinka errichtet, außerdem wurde das zu einem Konzentrationslager umgewandelte Kriegsgefangenenlager Maidanek bei Lublin verwendet. Viktor Brack, Oberdienstleiter in der Kanzlei des Führers, der maßgebend an der Tötung von Geisteskranken beteiligt gewesen war, schrieb im Zusammenhang mit der »Aktion Reinhard« am 23. Juni 1942 an Himmler:

»Ich habe den Brigadeführer *Globocnik* auf Anweisung von Reichsleiter Bouhler für die Durchführung seiner Sonderaufgabe schon vor längerer Zeit einen Teil meiner Männer zur Verfügung gestellt. Aufgrund einer erneuten Bitte von ihm habe ich nunmehr weiteres Personal abgestellt. Bei dieser Gelegenheit vertrat Brigadeführer Globocnik die Auffassung, die ganze Judenaktion so schnell wie nur irgend möglich durchzuführen, damit man nicht eines Tages mittendrin steckenbliebe, wenn irgendwelche Schwierigkeiten ein Abstoppen der Aktion notwendig machen.«[118]

In den Zusammenhang dieses von Globocnik ausgeführten Auftrags dürfte auch die »Aussiedlung« der Juden aus dem Distrikt Galizien gehören, über die der sogenannte Katzmann-Bericht Aufschluß gibt; der SSPF im Distrikt Galizien, Katzmann, nahm jedenfalls in seinem Bericht an den HSSPF Ost auf die »Aktion Reinhard« Bezug[119].

[117] NO-4009.
[118] NO-205.
[119] L-18.

Den Sonderauftrag zur Massenvernichtung in Auschwitz erteilte Himmler unter vier Augen dem Lagerkommandanten Rudolf Höss. Dieser berichtet darüber in seinen Erinnerungen, im Sommer 1941 habe Himmler ihm [entgegen seinen sonstigen Gewohnheiten *nicht* im Beisein eines Adjutanten] eröffnet, daß der Führer die Endlösung der Judenfrage befohlen habe. – Die bereits bestehenden Vernichtungsstellen im Osten seien nicht in der Lage, die beabsichtigten großen Aktionen durchzuführen. »Ich habe daher Auschwitz dafür bestimmt, einmal wegen der günstigen verkehrstechnischen Lage, und zweitens läßt sich das dafür dort zu bestimmende Gebiet leicht absperren und tarnen. Ich hatte erst einen höheren SS-Führer für diese Aufgabe ausgesucht; um aber Kompetenzschwierigkeiten von vornherein zu begegnen, unterbleibt das, und Sie haben nun diese Aufgabe durchzuführen ... Nähere Einzelheiten erfahren Sie durch Sturmbannführer Eichmann von RSHA, der in nächster Zeit zu Ihnen kommt.«

Im Falle des im Warthegau gelegenen Vernichtungslagers Chelmno [Kulmhof] wird ein besonderer Befehl des RFSS in den Quellen nicht erwähnt, doch ergibt sich aus den Zeugnissen mit hoher Wahrscheinlichkeit, daß auch in diesem Falle ein Sonderbefehl ergangen war, und zwar an den HSSPF Warthe, SS-Obergruppenführer Koppe. – Im Warthegau regierte Reichsstatthalter Greiser in freundschaftlich engem Einvernehmen mit Bormann und Himmler. Daher hatte Himmler dort im Gegensatz zum Generalgouvernement keinen Anlaß, den HSSPF beziehungsweise die Sicherheitspolizei als Instrument für eine Sonderpolitik zu benutzen. Da der Warthegau ins Reich eingegliedertes Gebiet war, war die Sicherheitspolizei wie im Altreich organisiert, also mit einem Inspekteur [statt Befehlshaber] an der Spitze, einer Staatspolizeileitstelle in Posen und je einer Staatspolizeistelle in Hohensalza und Lodz, die vom RSHA unmittelbar Weisung empfingen und unmittelbar dorthin berichteten[120]. Trotzdem war natürlich auch der HSSPF Warthe genau wie seine Kollegen politischer Repräsentant des RFSS und konnte von diesem Sonderaufträge jenseits der

---

[120] 2. DVO zum Führererlaß über Gliederung und Verwaltung der Ostgebiete vom 2. November 1939 und Runderlaß des RFSSuChdDtPol über die Organisation der Geheimen Staatspolizei in den Ostgebieten vom 7. November 1939 [RMBliV, S. 2291]. Der Erlaß des RFSSuChdDtPol vom 26. Juli 1940, der in Ergänzung zur Dienstanweisung für die HSSPF vom 18. Dezember 1939 noch einmal deren repräsentative Aufgabe unterstrich, galt auch für den Warthegau; nur das Generalgouvernement, das Protektorat und die besetzten norwegischen und niederländischen Gebiete waren ausdrücklich ausgenommen.

Routine erhalten. Nur bestand selten Anlaß, von dieser Möglichkeit Gebrauch zu machen, und wenn es geschah, fehlte die Spitze gegen die Zivilverwaltung und somit die spektakuläre Note. Dies zeigte sich zum Beispiel an der Korrespondenz über einen Plan, 20000 bis 25000 Tbc-kranke Polen zu vernichten, über den sich Greiser, Himmler und Koppe von vornherein einig waren. Ein Schreiben Koppes in dieser Angelegenheit vom 3. Mai 1942 war lediglich eine Unterstützung des von Greiser geplanten Antrags an Himmler, das sogenannte »Sonderkommando Lange« für die Vernichtung leihweise zur Verfügung zu stellen.

Dieses »Sonderkommando Lange« [später von Kriminalkommissar Hans Bothmann geführt], das die Mordaktion in Chelmno besorgte, war nach Ausweis mehrerer Dokumente dem HSSPF unterstellt. So sprach dieser in seinem Brief an den HSSPF Nordost vom 18. Oktober 1940 von dem »mir für besondere Aufgaben unterstellten sogenannten Sonderkommando Lange« und bezeichnete es in einem Schreiben an Gruppenführer Wolff vom 22. Februar 1941 als »ein Kommando meiner Dienststelle«. Nachdem Koppe im Oktober 1940 mit dem damaligen HSSPF in Ostpreußen, Gruppenführer Rediess, »vereinbart« hatte, diesem das Kommando auszuleihen, hatte Rediess dafür genauso die Genehmigung des RFSS einholen müssen, wie später auch Greiser Himmler um Genehmigung bitten mußte, als er die Mördergruppe für die Tbc-kranken Polen brauchte.

Mit dem RSHA dagegen fand wegen der Kommandierung nach Ostpreußen lediglich eine Absprache statt, und im Falle der Tbc-kranken Polen wurde es lediglich um eine »Stellungnahme von dem sicherheitspolizeilichen Standpunkt aus« gebeten, während »der letzte Entscheid« sogar von Hitler selbst getroffen werden mußte. – Was sich aus den zitierten Dokumenten ersehen läßt, ist ohne Zweifel bruchstückhaft. Jedoch entsprechen ebenfalls ohne Zweifel alle vorhandenen Bruchstücke dem Schema der Zuständigkeit und des Befehlsweges, wie sie für Sonderaufträge des RFSS an einen HSSPF galten. Das trifft auch für die in Koppes Schreiben vom 22. Februar 1941 erwähnte Einschaltung seines Inspekteurs der Sicherheitspolizei zu, denn für die Durchführung eines Sonderauftrags konnte der HSSPF sich unmittelbar der Sicherheitspolizei bedienen und insoweit den normalen Befehlsweg zwischen RSHA und BdS [IdS] unterbrechen.

Eine beachtliche Stütze findet die Annahme, daß auch die Vernichtungsaktion in Chelmno nicht auf einen Befehl des RSHA, sondern auf einen Sonderauftrag des RFSS an den HSSPF Warthe zurückging, in den einschlägigen Aussagen Eichmanns vor der israelischen Polizei. So berichtete Eichmann in seiner Vernehmung vom 31. Mai 1960 nachmittags, wie er einmal von Heydrich zu Globocnik nach Lublin und später von Gruppenführer Müller nach Kulmhof geschickt worden sei, um sich von den dortigen Vernichtungslagern ein Bild zu machen. Im Spätsommer oder frühen Herbst 1941 sei er in Lublin gewesen, dann im Herbst 1941 oder Herbst 1942 in »Culm im Warthegau«. Wörtlich heißt es im Protokoll[121]:

> »Bin heruntergefahren, melde mich bei der Stapoleit [sic!] Litzmannstadt, frage dort, und da wird mir beschrieben, das ist ein Sonderkommando, das der Reichsführer eingesetzt hat, und zwar untersteht das dem, jetzt weiß ich nicht, SS- und Polizeiführer Gau Wartheland oder Höherer SS- und Polizeiführer Gau Wartheland. So ist es mir noch in Erinnerung.«

In zwei späteren Vernehmungen kam Eichmann auf die Sache noch einmal zu sprechen. RSHA IV B 4 habe von sich aus an die einzelnen Stellen des Generalgouvernements überhaupt keine Weisung gegeben, »denn dort wurde die ganze Sache durch die hohe Führergarnitur selbst erledigt«. Auf die Frage nach dem Warthegau sagte er weiter:

...

> E. »Im Warthe-Gau da ist es wieder anders gewesen, das war eine Sonderregelung gewesen zwischen Reichsführer-SS und Chef der Deutschen Polizei und – ja, wenn ich jetzt den Gauleiter noch wüßte im Warthegau, – und dem Gauleiter jedenfalls und als 3. Mann dann kam der Inspekteur der Sicherheitspolizei und des SD, Gau-Wartheland. Da kann ich mich deswegen noch entsinnen darauf, u. zw. auch ausschließlich nur deswegen, weil mich Mueller damals hinuntergeschickt hat nach Kolm – Kulm hieß es, glaub ich, oder Kolm oder irgend so ähnlich. Das sagte ich schon.«
> L. »Und bekamen die Judensachbearbeiter im Warthe-Gau Richtlinien von Ihnen?«

[121] Vernehmungsprotokoll der israelischen Polizei, Bd. I, S. 169ff., Bd. III, S. 153ff., Bd. V, S. 3034. Vgl. hierzu auch den Befehl Himmlers an den HSSPF Ost vom 19. Juli 1942, daß die Umsiedlung der jüdischen Bevölkerung des GG bis 31. Dezember 1942 beendet sein müsse [NO-5574, -5575].

E. »Nein, da gabs ja keine Judensachbearbeiter im Gau-Wartheland, weil hier die Sonderregelung zwischen – zwischen dem Reichsführer-SS und Chef der Deutschen Polizei, dem Gauleiter und dem Inspekteur der Sicherheitspolizei war. Denn im Gau Wartheland, da glaub ich, wurde ja getötet.«

Auf die spätere Frage:

»Wurde das [sic!] Warthe-Gau an sich ... [?] nicht einverleibt ins Deutsche Reich und daher die Stapo-Stellen?«

antwortete Eichmann:

»Ja, ja, natürlich, das ist richtig. Aber bezüglich der – der – z. B., der Juden-Angelegenheiten ist – hat das Warthe-Gau die extra – extra Weisungen des Reichsführers zu beachten gehabt, die im großen und ganzen, glaube ich, ähnlich waren wie die des Generalgouvernements; wenn nicht gleich.«

Daß im Warthegau mit Zustimmung Greisers bezüglich der Judenangelegenheiten eine Sonderregelung getroffen war, die außerhalb des routinemäßigen Funktionierens des Apparates der Sicherheitspolizei lag, geht aus den Zeugnissen mit Sicherheit hervor. Eichmann begründete es bezeichnenderweise mit der Bemerkung »Denn im Gau Wartheland, da glaub ich, wurde ja getötet«. Ob für die Vernichtungsaktion der HSSPF oder der IdS zuständig war, ist nach dem reinen Wortlaut offen. Abgesehen davon aber, daß Eichmann an anderer Stelle von der Zuständigkeit des HSSPF im Zusammenhang mit einem bestimmten eigenen Erlebnis sprach, ist es kaum denkbar, daß eine Vereinbarung zwischen dem Gauleiter, Himmler und dem Inspekteur der Sicherheitspolizei getroffen worden sei. Es kann nur entweder der HSSPF oder der Chef Sipo und SD gewesen sein, und zwischen diesen beiden spricht nach Lage der Dinge alles dafür, daß es sich um den HSSPF handelte.

Die zweite Funktion, die Himmler den HSSPF zugedacht hatte, war, die *Einheit* der Gesamtorganisation von SS und Polizei im regionalen Bereich zu sichern und zu *fördern*. Er sprach darüber ausführlich in seiner berühmten Posener Rede vor den SS-Gruppenführern am 4. Oktober 1943[122]:

»Für die Höheren SS- und Polizeiführer sehe ich an praktischen Aufgaben vor allem einen Auftrag, der zugleich auch für die Hauptamtschefs gilt. Der Höhere SS- und Polizeiführer ist für mich der Vertreter des Reichsführers-SS in seinem Gebiet. Wehe, wenn die SS und Polizei auseinanderfie-

---

[122] PS-1913.

len. Wehe, wenn die Hauptämter in gutgemeinter, aber falsch verstandener Vertretung ihrer Aufgaben sich mit je einem Befehlsweg nach unten selbständig machen würden. Das würde, wie ich wirklich glaube, an dem Tag, an dem mich einer über den Haufen schießt, das Ende der SS sein. Es muß so sein und es muß so werden, daß auch unter dem zehnten Reichsführer-SS dieser Orden der SS mit allen seinen Sparten – Gesamtgrundlage Allgemeine SS, Waffen-SS, Ordnungspolizei, Sicherheitspolizei; die ganze Wirtschaftsverwaltung, Schulung, weltanschauliche Erziehung, die ganze Sippenfrage – ein Block, ein Körper, ein Orden ist. Wehe, wenn wir das nicht zusammenbringen. Wehe, wenn die einzelnen Hauptämter, die einzelnen Chefs ihre Aufgabe hier falsch sehen würden, wenn sie glauben würden, etwas Gutes zu tun, während sie in Wirklichkeit den ersten Schritt zum Ende tun würden.

...

So wie es innerhalb der Waffen-SS ist und sein muß, so müssen nun allmählich auch Ordnungs- und Sicherheitspolizei, Allgemeine SS und Waffen-SS zusammenschmelzen. Das geschieht auf dem Gebiet der Stellenbesetzung, der Ergänzung, der Schulung, der Wirtschaft, des Ärztewesens. Ich tue hier immer etwas dazu, immer wieder wird ein Band um diese Bündelteile herumgeschlungen, um sie zusammenwachsen zu lassen. Wehe, wenn sich diese Bänder einmal lösen würden, dann würde alles, davon seien Sie überzeugt, in einer Generation und in kurzer Zeit in seine alte Bedeutungslosigkeit zurücksinken.«

Die Einsetzung der HSSPF war für den inneren Aufbau von SS und Polizei von grundlegender Bedeutung, denn mit ihr wurde in Himmlers Machtbereich ein neues Führungsprinzip zur Geltung gebracht. Bisher waren die einzelnen Teilorganisationen ohne wesentliche Verbindung untereinander ausgebaut worden, jede aber besaß intern eine straff zentralisierte Befehlsgebung von der Spitze bis zu den Außenstellen. Auf diese Weise blieb den mittleren und unteren Instanzen nur ein recht kleiner Spielraum für eigene Entscheidungen, und ein regionales Zusammenwirken zweier oder mehrerer Sparten der Gesamtorganisation war relativ schwierig zu bewerkstelligen. So wurde zum Beispiel der Einsatz der Gestapo bis in Kleinigkeiten hinein vom Geheimen Staatspolizeiamt aus gesteuert; ebenso verfügte über die KZ und ihre Bewachungsmannschaften

ausschließlich der »Inspekteur KL und Führer der SS-Totenkopfverbände« [SS-Gruppenführer Theodor Eicke]. Als 1936 einmal eine regionale Instanz, nämlich der Führer des SS-Oberabschnitts Süd, SS-Obergruppenführer Freiherr von Eberstein, vorschlug, daß ihm der »Totenkopf«-Sturmbann »Oberbayern« unterstellt würde, wehrte sich Eicke dagegen ebenso wütend wie erfolgreich. – Dieser zentralistischen, zugleich aber partikularistischen Entwicklung der großen Teilorganisationen setzte Himmler nun bei Kriegsbeginn mit den HSSPF eine Instanz entgegen, die in Ergänzung der Gesamtrepräsentation durch den RFSS die Einheit von SS und Polizei auch regional repräsentieren, die Politik Himmlers vertreten und das Monopol der Befehlsgebung der Zentralämter abbauen sollte. Seitdem standen im Bereich von SS und Polizei also zwei Führungsgrundsätze nebeneinander, zum Teil sich wechselseitig ergänzend, zum Teil einander widerstreitend:
- der alte Grundsatz der reichszentralen Führung der einzelnen Teilorganisationen
- der neue Grundsatz der regional-zentralen Führung aller in einem bestimmten Gebiet vorhandenen Formationen der Gesamtorganisation.

Beide Grundsätze hatten Sinn und Berechtigung jeweils aus der Situation, in der sie eingeführt wurden. Um die Gestapo und das KZ-Wesen in kurzer Zeit zu der erstrebten Effektivität zu bringen, hatte Himmler zwischen 1934 und 1938 den beiden Chefs Heydrich und Eicke möglichst freie Hand lassen müssen. Da überdies beide Führer Organisationen aufbauten, die mit der Struktur und den Grundsätzen staatlicher Verwaltung unvereinbar waren, vielfach sogar gegen die ja immerhin noch geltenden Gesetze und Verordnungen verstießen, kam es darauf an, die Tätigkeit der Außenstellen gegen die regionalen Behörden der staatlichen Verwaltung und Gerichtsbarkeit abzuschirmen. Das war nur möglich, wenn die lokalen und regionalen Stellen lediglich Ausführende oder Übermittler von Befehlen waren, die Verantwortung für alles aber ausschließlich bei der Zentrale lag. Auf diese Weise brauchten sich die nachgeordneten Dienststellen mit den staatlichen Instanzen ihrer Ebene auf keine Auseinandersetzungen über die Unrechtmäßigkeit ihrer Maßnahmen einzulassen, sondern die Angelegenheiten konnten nach »höheren« politischen Gesichtspunkten in Berlin erledigt werden. – Als dagegen Ende der dreißiger Jahre keine Instanz des Staates oder der NSDAP mehr am Dasein und den Praktiken der Gestapo und der Konzentrationslagerverwaltung ernstlich rütteln konnte und als dann im Krieg alle Teilorganisationen des Himmlerschen Machtbereiches unerhört schnell wuchsen und Macht entwickelten, trat mehr und mehr das Problem in den Vordergrund, wie das Auseinanderfallen der Teilorganisationen zu verhindern, der zunehmende Konkurrenzkampf zwischen ihnen einzuschränken und ihr regionaler Einsatz zu koordinieren sei.

Die Hauptamtschefs, insbesondere der Waffen-SS und der Sicherheitspolizei, setzten dem neuen Führungsgrundsatz heftigen Widerstand entgegen und hatten dabei die Macht der bisherigen Gewohnheit auf ihrer Seite. Himmler andererseits bemühte sich, die Stellung der HSSPF zu stärken, wo immer sich die Möglichkeit dazu bot; er konnte sich dabei auf die Notwendigkeit berufen, die der Krieg und die Besatzungsaufgaben mit sich brachten. Das wird besonders in den besetzten Gebieten Osteuropas deutlich; denn was dort von Tag zu Tag im einzelnen zu tun war, vermochten die Zentralen in Berlin weder zu beurteilen noch sinnvollerweise anzuordnen. Zweitens war in den besetzten Gebieten der gemeinsame Einsatz von Sicherheits- und Ordnungspolizei die Regel; in manchen Fällen, besonders bei den Kämpfen gegen Partisanen, mußten auch die in erreichbarer Nähe befindlichen Einheiten der Waffen-SS hinzugezogen werden. Und schließlich war ja die Polizei in allen besetzten Gebieten auch behörden-organisatorisch bereits viel radikaler aus der übrigen inneren Verwaltung herausgelöst als im Altreich, und es war deshalb wesentlich wichtiger, sie gegenüber den militärischen und zivilen Instanzen einheitlich zu repräsentieren. Es wäre offenkundig widersinnig gewesen, wenn etwa im Generalgouvernement die Befehlshaber beziehungsweise Kommandeure der Sicherheits- und Ordnungspolizei und die Kommandeure der dort stationierten Formationen der Waffen-SS sich gegenüber dem Generalgouverneur beziehungsweise den Distriktsgouverneuren nur je selbst hätten vertreten sollen; vielmehr lag es im Interesse aller Formationen, daß sie gemeinsam vertreten wurden – eben durch den HSSPF beziehungsweise die SSPF. – So hat der Reichsschatzmeister der NSDAP, Franz Xaver Schwarz, vom nationalsozialistischen Standpunkt durchaus mit Recht einmal gesagt[123], die Einsetzung von HSSPF sei »eine der größten Taten des Reichsführers-SS«. Himmler hatte spätestens bei Beginn des Krieges

[123] NO-29.

erkannt, was für seine Organisation das Gebot der Stunde war, und er hat den Mut und die Beharrlichkeit aufgebracht, gegen den Widerstand vieler seiner eigenen Leute entsprechend zu handeln.

Am stärksten war das Streben, von der übrigen SS und Polizei unabhängig zu sein, bei der Waffen-SS. Ein typisches Beispiel dafür ist schon aus den ersten Kriegsmonaten bezeugt, ein Beispiel übrigens auch dafür, daß Himmler Zuständigkeit und Befugnisse der HSSPF im einzelnen immer erst dann regelte, wenn ein bestimmter Fall eine positive Fixierung forderte. Himmler hatte dem HSSPF Ost, Krüger, befohlen, eine »Säuberungsaktion« in den Wäldern östlich und westlich des San zu veranstalten. Krüger hatte jedoch große Schwierigkeiten, die dafür nötigen Truppenkontingente zu beschaffen, und zwar nicht zuletzt deshalb, weil die Unterstellungsverhältnisse der bewaffneten SS-Einheiten unter den HSSPF noch nicht geregelt waren. Es erfolgte deshalb eine vorläufige Regelung durch einen Erlaß des RFSS vom 5. Dezember 1939, der am 11. Dezember 1939 vom Chef des SS-Hauptamtes den HSSPF Ost, Warthe, Weichsel und dem Generalinspekteur der verstärkten SS-Totenkopf-Standarten zur Kenntnis gebracht wurde. Es wurde bestimmt, daß die Einheiten der SS-Verfügungstruppe und der SS-Totenkopf-Division, sofern sie nicht im Einsatz unter dem Befehl des ObdH standen, den HSSPF in territorialer Hinsicht unterstehen sollten. Diese seien auch berechtigt, die SS-Einheiten in Fällen der Gefahr einzusetzen; truppendienstlich dagegen sollten die Einheiten ihren Truppenvorgesetzten unterstehen, und die HSSPF seien nicht berechtigt, an einschlägigen Befehlen Änderungen vorzunehmen. Damit war jedoch noch nicht aller Konfliktstoff ausgeräumt. Krüger meinte zur Vorbereitung des Einsatzes Versetzungen und organisatorische Umstellungen vornehmen zu müssen, denen sich der Kommandeur der 8. SS-Totenkopf-Standarte, SS-Oberführer von Jena, mit der Begründung widersetzte, Versetzungen von einer Standarte in eine andere dürften nur vom Generalinspekteur der verstärkten SS-Totenkopf-Verbände verfügt werden. Der Generalinspekteur mußte sich selbst nach Krakau bemühen, um diesen Streit mit einem Kompromiß zu beenden. Aber damit war immer noch keine Ruhe geschaffen! Im Januar 1940 weigerte sich von Jena [und zwar diesmal mit Unterstützung der Generalinspektion der verstärkten SS-Totenkopf-Standarten], dem HSSPF Ost regelmäßig Meldungen über Kräfteverteilung, besondere Aktionen, Führerwechsel, Exekutionen und Stimmung der Truppe zu erstatten. Ebenso weigerte er sich im Juni 1940, Befehle vom SSPF Lublin entgegenzunehmen, da er nur dem *Höheren* SS- und Polizeiführer für den Einsatz unterstellt sei. Diesmal entschied Himmler selbst und bestimmte in einem Schreiben vom 15. Juli 1940, daß die SS-Totenkopf-Standarten im Generalgouvernement für die Dauer von zwei Monaten ohne jede Einschränkung dem SSPF zur Bekämpfung des Bandenunwesens zur Verfügung stehen sollten.

Am 5. März 1942 sah sich Himmler veranlaßt, an den Chef des SS-Führungshauptamtes einen Brief zu schreiben, der ein charakteristisches Zeugnis für das Selbständigkeitsstreben der Waffen-SS ist:

»Ich sehe hier eine große Gefahr, daß nämlich die Waffen-SS unter dem Motto ›Kriegsnotwendigkeit‹ genau wie früher die Wehrmacht unter dem Motto ›Landesverteidigungsmaßnahmen‹ ein eigenes Leben zu führen beginnt.

Ich ersuche Sie um Vorlage eines Befehls, der alle diese Dinge regelt.

1. Das SS-Führungshauptamt – insbesondere auch das Kommandoamt der Waffen-SS – hat den Höheren SS- und Polizeiführern alle sie auch nur irgendwie berührenden Befehle der Waffen-SS zuzuleiten.

2. Es ist eine selbstverständliche Pflicht auch der einfachsten guten Kinderstube, daß jeder Kommandeur der Waffen-SS, der in ein Gebiet versetzt wird, sich zunächst einmal bei dem Höheren SS- und Polizeiführer und bei dem SS- und Polizeiführer im großen Dienstanzug meldet.

3. Die Stärkemeldungen der in dem Oberabschnitt liegenden Waffen-SS-Einheiten sind dem zuständigen SS- und Polizeiführer und auf diesem Wege dem Höheren SS- und Polizeiführer monatlich unaufgefordert einzureichen.

4. Die Unterkunftsfragen sind vom Standortführer nur nach Rücksprache mit dem zuständigen SS- und Polizeiführer zu regeln.

Nach den bisherigen Befehlen, die ich mir genau noch einmal durchgelesen habe, ist es praktisch so, daß der Höhere SS- und Polizeiführer der Waffen-SS helfen darf, sonst aber von ihr als lästiger Außenseiter nicht beachtet wird. Es ist also der Idealzustand hier offenkundig festgelegt, daß die Allgemeine SS und Polizei als übriges mieses Volk der Waffen-SS helfen darf. Wenn ich auch genau weiß, daß dies nicht Ihre persönliche Absicht und Ansicht ist, so bitte ich Sie, ebenso radikal wie ich gegen derartige Ansatzpunkte vorzugehen. Es gibt nur eine Gesamt-SS und Polizei, und von dieser Gesamtheit ist unsere brave Waffen-SS einer der dienenden Teile. Bezeichnend und beschämend ist ein Funkspruch, den ich in Fotokopie beifüge. Der Höhere SS- und Polizeiführer hatte die Stärkemeldungen des Truppenübungsplatzes Debica verlangt. Der Standartenführer und Kommandant schickt diese Stärkemeldung an den Militärbefehlshaber im Generalgouvernement, also meine liebe Waffen-SS fühlt sich hier wieder einmal dem Herrn Militärbefehlshaber mehr unterstellt als dem eigenen Höheren SS- und Polizeiführer.«[124]

Während bei der Waffen-SS, wie das zuletzt zitierte Dokument zeigt, die an sich vorhandenen Neigungen zur Selbständigkeit durch die äußeren Umstände noch begünstigt wurden, wirkten im Falle der Sicherheitspolizei einander ganz entgegengesetzte Tendenzen. Einerseits hatten die ständigen gemeinsamen Einsätze mit anderen Formationen, die Erfüllung der von Himmler den HSSPF unmittelbar erteilten Sonderaufträge sowie die notwendige gemeinsame Vertretung gegenüber der inneren Verwaltung in den besetzten Gebieten eine dauernde und enge Verbindung der regionalen Polizeikräfte mit den HSSPF und SSPF zur unausbleiblichen Folge. Andererseits jedoch begründeten die starke politische Stellung Heydrichs und die sehr straffe, zentralistische Organisation eine Eigenständigkeit und Unabhängigkeit der Sicherheitspolizei, die sich auch im Verhältnis zu den HSSPF bemerkbar machten, sofern nicht ausdrückliche Befehle dem entgegenstanden.

Wie stark auch noch nach Heydrichs Tod in der Sicherheitspolizei die Neigung war, sich um die HSSPF wenig zu kümmern, lehrt ein Runderlaß Kaltenbrunners vom 4. April 1944:

»Ein Sonderfall veranlaßt mich zum wiederholten Male darauf hinzuweisen, daß ich von meinen Befehlshabern, Inspekteuren und Dienststellenleitern ein in jeder Beziehung tadelloses Zusammenarbeiten mit den Höheren SS- und Pol. Führern verlange. Ich weise in diesem Zusammenhang auch erneut darauf hin, daß die Höheren SS- und Pol.Führer über alle grundsätzlichen Erl. u. Befehle, die von mir oder meinem Hauptamt herauskommen, zu unterrichten sind.«[125]

[124] NO-563.
[125] BefBl Chef Sipo und SD 1944, S. 76.

Daß auch auf seiten der Konzentrationslagerverwaltung die Neigung bestand, die HSSPF zu ignorieren, geht aus einem Brief Himmlers an Pohl vom 30. März 1944 hervor:

»Bei der Besprechung verschiedener für das Hamburger Gebiet notwendigen Maßnahmen komme ich darauf, daß der Kommandant des *Konzentrationslagers* sich dem Höheren SS- und Polizeiführer gegenüber auf seine Schweigepflicht berufen hat, als er nach der Belegungsstärke gefragt wurde. Ich bitte zu veranlassen, daß den Höheren SS- und Polizeiführern jeweils monatlich die Belegstärke sowie auch die Errichtung etwaiger neuer Lager mitgeteilt wird.«[126]

Für die Errichtung eines KZ im ehemaligen Ghetto Warschau befahl Himmler dem WVHA ausdrücklich »in engstem Einvernehmen mit dem SS- und Polizeiführer« vorzugehen[127].

Gegenüber den weniger mächtigen Teilorganisationen seines Befehlsbereiches konnte Himmler seine neue Konzeption natürlich leichter durchsetzen. So heißt es zum Beispiel in der »Vorläufigen Dienstanweisung für den SS-Führer im Rasse- und Siedlungswesen« des Chefs des Rasse- und Siedlungshauptamtes-SS vom 19. April 1943[128], der SS-Führer im Rasse- und Siedlungswesen beim HSSPF sei für diesen beratendes und ausschließlich ausführendes Organ, er unterstehe dem HSSPF persönlich und disziplinär. Auf einer Tagung der SS-Führer im Rasse- und Siedlungswesen beim HSSPF Süd im Mai 1944 ließ der Chef des RuSHA eine Erklärung abgeben, in der es u. a. heißt, im Gegensatz zu der bei den übrigen Hauptämtern und den meisten Parteidienststellen üblichen vertikalen Gliederung wünsche der Chef des RuS-Hauptamtes im Interesse einer gedeihlichen Zusammenarbeit die sogenannte horizontale Gliederung; d. h. der RuS-Führer solle ein *Bestandteil der Dienststelle des Höheren SS- und Polizeiführers* im selben Verhältnis wie der BdO, der BdS, der Dienststellenleiter des Reichskommissars und der Stabsführer der Allg. SS sein. Das RuS-Hauptamt-SS selbst betrachte sich mit seinen Fachämtern mehr als informatorisch ausrichtende und weniger als unmittelbar vorgesetzte Dienststelle. Diese Auffassung stelle eine Selbstentäußerung des RuS-Hauptamtes zugunsten des Höheren SS- und Polizeiführers dar, die der Chef des RuS-Hauptamtes-SS im Interesse der Schutzstaffel auf sich nehme[129]. – Auf dem Gebiet des Sa-

[126] NO-4655.
[127] NO-2516.
[128] NO-4848.
[129] NO-1402.

nitätswesens setzte Himmler am 31. August 1943 bei den Höheren SS- und Polizeiführern Leitende Ärzte der SS und Polizei ein, die jeweils für das gesamte Sanitätswesen im Dienstbereich ihres Höheren SS- und Polizeiführers verantwortlich waren. Nur fachlich unterstanden sie dem Reichsarzt-SS und Polizei[130]. Welche Spannungen es aber unter Umständen auch auf Gebieten von zweitrangiger Bedeutung zwischen Hauptamtchefs und HSSPF gab, lehrt eine Aussage des ehemaligen Leiters der sogenannten Germanischen Leitstelle [GL], Dr. Franz Riedweg[131]:

>In den Ländern bestand ursprünglich eine Ergänzungs- und Fürsorgestelle getrennt voneinander. Sie wurden im Jahre 1942 zur GL zusammengefaßt. Auf Befehl Himmlers wurde sie dem dortigen Höh. SS- und Pol.Führer unterstellt bzw. in Belgien Brigadeführer Jungclaus, der erst später SS- und Pol.Führer und dann 43 Höh. SS- und Pol.Führer wurde. Zwischen Berger und den Höh. SS- und Pol.Führern bestand ein gespanntes Verhältnis. [Wie auch, soweit ich es beurteilen kann, zwischen den Hauptamtschefs], jede Verhandlung mit den Höh. SS- und Pol.Führern behielt sich Berger persönlich vor. Die Arbeit von Berlin aus war so sehr reibungsvoll und erschwert. *Die H. SS- und Pol.Führer erklärten, sie seien für alles, was in den Ländern im Rahmen der SS passierte, allein verantwortlich und werden nur von Himmler direkt Weisungen empfangen,* sie wären bereit, die fachlichen Weisungen in Ergänzung und Fürsorge auszuführen, die praktische Durchführung aber sei ihre Sache. Die Angehörigen der Berliner GL mußten, wenn sie in die Länder fuhren, sich bei den H. SS.Pol.Führern melden und über jede Besprechung berichten, wollten sie nicht, wie es einmal geschah, Gefahr laufen, verhaftet zu werden.<

Am vollkommensten war die erstrebte Zuständigkeit der HSSPF naturgemäß in den Fällen zu verwirklichen, in denen es sich um ganz neue Sachgebiete handelte, wie etwa bei der SS- und Polizeigerichtsbarkeit und im Kriegsgefangenenwesen. Über die Gerichtsbarkeit schrieb Himmler am 9. Oktober 1943 an alle Hauptamtschefs:

>Es darf nur eine Gerichtsbarkeit geben. Der Höhere SS- und Polizeiführer ist der vom Reichsführer-SS territorial eingesetzte Gerichtsherr.

[130] NO-1097.
[131] NO-2957.

Es hat sich leider die Übung eingeschlichen, daß einzelne Hauptämter sich über den Kopf des Höheren SS- und Polizeiführers melden lassen und Verfahren, welche ihnen unangenehm sind und in denen Mohren weißgewaschen werden sollen, meist gar nicht mit Wissen des Hauptamtschefs zu sich heranziehen und disziplinarisch erledigen. Der Höhere SS- und Polizeiführer wird über das Wegziehen des Verfahrens und über den Ausgang gar nicht unterrichtet. Ich bitte alle meine Hauptamtschefs zu bedenken, ob sie bei einem derartig würde- und machtlosen Zustand Höherer SS- und Polizeiführer sein wollten. Ich bitte weiter zu bedenken, wie es um die SS und Polizei in 10 Jahren schon bestellt wäre, wenn ich diesen Zustand weiter zuließe.

Ich ordne daher an:

1. Alle Verfahren haben bei dem zuständigen Gericht des zuständigen Höheren SS- und Polizeiführers stattzufinden, ganz gleich, welchem Hauptamt der jeweils Angeklagte fachlich untersteht...«

Im Kriegsgefangenenwesen wurden, nachdem dieser Sachbereich dem RFSS in seiner Eigenschaft als Befehlshaber des Ersatzheeres durch Führerweisung vom 25. September 1944 unterstellt worden war, die HSSPF als »Höhere Kommandeure der Kriegsgefangenen« eingesetzt. Sie waren dem Chef des Kriegsgefangenenwesens [also dem RFSS] verantwortlich und erhielten ihre Weisungen unmittelbar von ihm. Die Kommandeure der Kriegsgefangenen waren ihnen in jeder Hinsicht, auch disziplinarisch, unterstellt[132].

Daß die Verschmelzung von SS und Polizei dienst- und verwaltungsrechtlich sowie behördenorganisatorisch nur allmählich vorangetrieben werden konnte, erweist sich auch an den Kompetenzverhältnissen der HSSPF. Sie besaßen für den *Einsatz* der ihnen unterstellten Formationen viel weiter gehende Zuständigkeiten als für deren *dienst-* und *verwaltungsrechtlichen* Belange. Das macht ein Brief des HSSPF Ostland, Jeckeln, vom 9. Februar 1942 anschaulich. Jeckeln schrieb[133]:

»1. Die Höheren SS- und Polizeiführer und Führer der SS-Oberabschnitte, die hier im auswärtigen Einsatz einschl. der Fahrer des Funkpersonals usw. immerhin einen Stab von Kompaniestärke haben, besitzen keinerlei Disziplinarstrafgewalt. Es handelt sich bei den im Stabe tätigen Füh-

[132] NO-5682.
[133] NO-5052.

rern und Männern durchaus entweder um Angehörige der Waffen-SS oder um Polizeiangehörige. Über die Waffen-SS kann der Höhere SS- und Polizeiführer keine Disziplinargewalt ausüben, da er selbst ihr überhaupt nicht angehört. Über Polizeiangehörige kann der Höhere SS- und Polizeiführer keine Strafen verhängen, weil trotz meiner Anregung beim Chef der Ordnungspolizei die Höheren SS- und Polizeiführer nicht mit einer Strafkompetenz ausgestattet sind.

2. Genau so liegen die Verhältnisse auf dem Sektor der Beförderungen. Der Höhere SS- und Polizeiführer hat keinerlei Beförderungsbefugnisse weder SS- noch Polizeiangehörigen gegenüber.

3. Für die Angehörigen der Stäbe der Höheren SS- und Polizeiführer können Kriegsauszeichnungen überhaupt nur bei der Wehrmacht beantragt werden, wobei letztere so liebenswürdig ist, von Zeit zu Zeit einige wenige Kriegsverdienstkreuze 2. Klasse zur Verfügung zu stellen.«

Ein erster, allerdings wichtiger Schritt zur verwaltungsrechtlichen und organisatorischen Vereinheitlichung wenigstens der SS-Dienststellen erfolgte im Zuständigkeitsbereich einiger HSSPF durch einen Befehl des RFSS vom 18. Juni 1942 »betreffend Neugliederung der Wirtschafts- und Verwaltungsdienststellen bei den Höheren SS- und Polizeiführern in den besetzten Gebieten einschließlich Generalgouvernement«[134]. Und zwar wurden bei den HSSPF Ostland, Rußland-Mitte, Rußland-Süd, Ost, Nord und Serbien sogenannte SS-Wirtschafter eingesetzt, die für alle Wirtschafts- und Verwaltungsangelegenheiten der SS-Dienststellen und SS-Einheiten im Bereich ihres jeweiligen HSSPF zuständig waren, das heißt: für Haushalt, Kassen- und Rechnungswesen, Rechtsangelegenheiten [wie Mietverträge, Versicherungsangelegenheiten u. dgl.], Vorprüfung, Verpflegungswirtschaft, Kraftfahrwesen, Rohstoffwirtschaft, Bauwesen, wirtschaftliche Unternehmungen und Konzentrationslager. Es folgte bald die Anregung, auch bei den SSPF die Verwaltung zu vereinheitlichen. So liegt ein Bericht des »SS-Führers beim OKW-Stab z. b. V.« vom 18. September 1942 vor, in dem unter anderem kritisiert wird, daß bei den SSPF jede Sparte noch ihre eigene Verwaltung habe: Orpo, Sipo, Standortverwaltung, Vomi, RuSHA, RKF usw.; die SSPF würden einen besseren Überblick haben, »wenn alle diese

[134] NO-2128.

Verwaltungen unter einem Verwaltungsführer« im Sinne der SS-Wirtschafter zusammengefaßt würden.

Himmler schrieb daraufhin einige Tage später an die Chefs der in Frage kommenden Hauptämter und beauftragte sie, eine Besprechung zur Verwaltungsvereinfachung bei den SSPF einzuberufen: »Ich erwarte von den Herren, daß sie hier das Ganze und nicht die Kompetenzen des einzelnen Hauptamtes sehen.« Am 1. März 1943 schrieb Pohl in dieser Angelegenheit an Himmler, er habe mit Daluege verabredet, die Verwaltungszusammenlegung zunächst beim HSSPF Ostland durchzuführen, um die dort gemachten Erfahrungen bei der Reorganisation der übrigen HSSPF zu nützen.

Es gibt in den zur Verfügung stehenden Quellen zwei bis drei Stellen, die zu der Annahme berechtigen, daß Himmlers Bestreben, die Position der HSSPF zu stärken, im Jahre 1944 einige weitere Erfolge hatte. So ordnete er im März 1944 an, daß die Chefrichter der SS- und Polizeigerichte, die Leiter der Ergänzungsstellen der Waffen-SS, die Kommandanten der Konzentrationslager und die Kommandeure der Waffen-SS sich in jedem Falle bei ihrem zuständigen HSSPF abzumelden hätten, wenn eine Dienstreise von ihrem vorgesetzten SS-Hauptamt befohlen ist. Außerdem brauchten sie für einen Urlaub die Genehmigung ihres HSSPF ebenso wie die ihres Hauptamtschefs. – Ebenfalls im März 1944 setzte Himmler bei dem neu ernannten HSSPF in Ungarn einen Befehlshaber der Waffen-SS in Parallele zu dem BdS und BdO ein [Befehl vom 31. März 1944], und auch beim HSSPF Ost ernannte er im Juli 1944 einen Befehlshaber der Waffen-SS[135].

Aufs Ganze gesehen war die Stellung der HSSPF bei der Erledigung der *Routine*geschäfte der einzelnen Teilorganisationen und Dienstzweige der SS und Polizei schwach; sie konnten Initiativen ergreifen, hatten jedoch keineswegs die Sicherheit, damit durchzudringen. Diese »Schwäche« hatte ihren Grund aber einfach darin, daß den HSSPF bei der Abwicklung der Routinegeschäfte von vornherein gar keine Funktion zugedacht war und sie deswegen in den dafür zuständigen Instanzenzug nicht eingefügt waren. Wenn das RSHA seine Befehle an die nachgeordneten Stellen nicht über den HSSPF leitete, so war das keine Mißachtung des HSSPF; es wäre vielmehr eine Anmaßung des RSHA gewesen, einem HSSPF, der ja Vertreter des RFSS war und diesem unmittelbar unterstand, einen Befehl

[135] NO-651.

erteilen zu wollen. Der HSSPF trat vielmehr erst dann in Funktion, wenn der RFSS selbst eingriff und von den Polizeiorganen einen bestimmten Sonderauftrag ausgeführt haben wollte. Dann wurde vom Instanzenzug der Routine gewissermaßen umgeschaltet auf den für Sonderaufträge, der vom RFSS über den HSSPF zu den Befehlshabern lief und bei dem nun das RSHA nur »nachrichtlich« beteiligt war. Die vielberufenen zwei Befehlswege unterschieden sich also nicht etwa darin, daß der eine vom RSHA direkt zum BdS und der andere vom RSHA über den HSSPF zum BdS verlaufen wäre, sondern der eine verlief vom RSHA zum BdS [Routine] und der andere vom RFSS über den HSSPF zum BdS [Sonderaufträge]. Spannungen entstanden nicht dadurch, daß der HSSPF einen Platz im Routinebefehlsweg zwischen RSHA und BdS zu beanspruchen gehabt hätte, sondern dadurch, daß viele der den HSSPF erteilten Sonderaufträge sich über lange Zeit hinzogen und dabei andere Verhaltensweisen forderten, als das RSHA es wünschte, also wenn zum Beispiel ein HSSPF im Rahmen seiner Politik eine andere Polizeitaktik für gut hielt als das RSHA. Dann hing viel davon ab, ob der HSSPF oder der BdS der energischere und politisch mächtigere Mann war. Das Bild von der Funktion des HSSPF innerhalb der Gesamtorganisation von SS und Polizei kann sich also nur dann verwirren, wenn man versucht, seine Stellung bei den Routineangelegenheiten im weitesten Sinne mit der Stellung auf einen Nenner zu bringen, die er in Erfüllung seiner generellen politischen Aufgaben und der ihm vom RFSS erteilten Sonderaufträge einnahm.

Die den HSSPF nachgeordnete Institution der SS- *und Polizeiführer* [SSPF] wurde zum ersten Male im Generalgouvernement Polen [GG] eingeführt, später auch in den besetzten Gebieten Rußlands und des Baltikums. Welche Funktionen sie in den »besetzten Ostgebieten« ausübten, läßt sich aus den zur Verfügung stehenden Quellen nicht hinreichend deutlich entnehmen. Dagegen ergibt sich mit Sicherheit, daß im GG die SSPF die für ihren Distrikt jeweils verantwortlichen Führer der Sicherheits- und der Ordnungspolizei waren. Als solche waren sie dem HSSPF im GG unterstellt und den Kommandeuren der Sipo und Orpo vorgesetzt. Aus dem Protokoll der Polizeisitzung beim Generalgouverneur vom 30. Mai 1940 geht das klar hervor. Der Generalgouverneur führte in seiner einleitenden Ansprache aus:

»Ich habe im Benehmen mit dem Reichsführer-SS eine Regelung dahingehend getroffen – und dabei bleibt es –, daß die SS- u. Polizeiführer in den Distrikten den Gouverneuren unterstellt sind und daß sie deren verantwortliche Polizeiführer sind, genau so wie der Höhere SS- und Polizeiführer dem Generalgouverneur, daß aber unabhängig davon eine innere, der polizeilichen Geschlossenheit entsprechende Verbindung der SS- und Polizeiführer bei den Distrikten mit dem Höheren SS- und Polizeiführer beim Generalgouverneur bestehen muß, ebenso wie Obergruppenführer Krüger Verbindung mit dem Reichsführer-SS haben muß.«

Nach dem Generalgouverneur sprach der HSSPF im GG, SS-Obergruppenführer Krüger, und sagte unter anderem:

»Für die SS- und Polizeiführer im Generalgouvernement handele es sich nicht nur um die Frage, wie die Aufgaben polizeilicher Art technisch gelöst werden können, sondern darum, daß die Lösung dieser Aufgaben praktisch möglich ist in engster Zusammenarbeit mit den verantwortlichen Trägern der zivilen Verwaltung. In dieser Hinsicht sei zu melden, daß im großen und ganzen die Zusammenarbeit zwischen den SS- und Polizeiführern und den Gouverneuren ebenso wie die Zusammenarbeit der Kommandeure der Ordnungspolizei und Sicherheitspolizei eine gute ist ... Nach den heutigen Ausführungen des Generalgouverneurs können für die SS- und Polizeiführer keine Zweifel über den Umfang der für die Polizei bevorstehenden Aufgaben bestehen.«

Bei Inspektionsreisen der Generalgouverneure durch die Distrikte fand in jeder Distriktshauptstadt eine Regierungssitzung statt, auf der die regionalen Leiter der verschiedenen Regierungszweige referierten. Die Protokolle einer solchen Inspektionsreise aus der zweiten Oktoberhälfte 1941 lehren, daß über die Tätigkeit der Polizei jeweils die SSPF Vortrag hielten. Es liegen vor:

- Referat des SS- und Polizeiführers im Distrikt Warschau, SS-Oberführer Wigand, in der Regierungssitzung vom 15. und 16. Oktober 1941
- Bericht des SS- und Polizeiführers Globocnik über die Sicherheitslage im Distrikt Lublin in der Regierungssitzung vom 17. Oktober 1941
- Referat des SS- und Polizeiführers Oberg in der Regierungssitzung Radom vom 18. Oktober 1941
- Referat des SS- und Polizeiführers Katzmann anläßlich der Regierungssitzung in Lemberg am 21. Oktober 1941.

Oberg hob zu Beginn seines Vortrages die Unterstellung aller Polizeikräfte eines Distrikts unter den Befehl des SSPF ausdrücklich hervor:

>Wenn ich über den Einsatz der SS und Polizei im Distrikt Radom berichten soll, so muß ich mich auf einen Zeitraum von 3 bis 4 Wochen beschränken. Die unter dem Kommando des SS- und Polizeiführers zusammengefaßten Kräfte der SS und Polizei, die sich in Ordnungs- und Sicherheitspolizei gliedern, sind auf den verschiedensten Gebieten eingesetzt.«

Durch die SSPF wurde die Befehlsgebung für die Formationen von SS und Polizei auch in den Distrikten konzentriert. Das hatte zwei Vorteile: erstens konnten die Formationen leichter und wirkungsvoller eingesetzt und zweitens konnten sie gegenüber der »Zivilverwaltung« einheitlich vertreten werden. In den besetzten russischen Gebieten legte es überdies die Weite der Räume nahe, die Zuständigkeitsbereiche der HSSPF noch einmal zu unterteilen. Was die Stellung der SSPF im Befehlsweg der Polizei betrifft, so treten sie nach den schriftlichen Quellen auch in den Routinegeschäften eindeutig als Befehlsinstanzen hervor; dagegen behaupten die meisten Zeugen, daß die Polizeiangelegenheiten nach wie vor über den direkten Weg vom RSHA über den BdS zu den KdS abgewickelt worden seien. Diese beiden Varianten schließen sich nicht aus, wenn man unterstellt, daß der BdS als Teil der Dienststelle des HSSPF und die KdS als Teile der Dienststellen der SSPF tätig waren; außerdem kann die Verteilung der Geschäfte in den verschiedenen Distrikten verschieden gewesen sein. Wie immer aber die Relationen von Fall zu Fall gewesen sein mögen, es ändert nichts daran, daß Himmler im Generalgouvernement und in den besetzten Ostgebieten mit einer Maßnahme begonnen hat, die er später auf den ganzen nationalsozialistischen Herrschaftsbereich, insbesondere auch auf das Altreich, auszudehnen gedachte: den Befehlsweg der Sicherheitspolizei, nachdem er aus den letzten Verbindungen mit der inneren Verwaltung herausgelöst war, in den Befehlsweg der Gesamt-SS zu integrieren. Auf weitere Sicht war ja nicht eine völlige Unabhängigkeit der Sicherheitspolizei geplant, sondern sie sollte ein Teil, wenn auch der politisch maßgebliche, der SS sein. Dieses Ziel hatte Heydrich schon 1941 im Auge, wenn er in seinem Brief an Daluege schrieb:

>Die Zweiteilung der gesamten Polizeiorganisation draußen ist selbstverständlich auch die konsequente Folge der Zwei-

teilung der Zentrale. Dabei bin ich der Auffassung, daß bei dieser Zweiteilung – z. B. in der Ebene des Polizeipräsidenten – *wieder* die Zuteilung der politischen Befugnisse [Stapoaußenstellen] zu dem beim Polizeipräsidenten sitzenden Kommandeur der Sicherheitspolizei möglich und nötig wird, was dem Polizeipräsidenten erst wieder die wahre polizeiliche Totalität in dem von ihm polizeilich zu behandelnden Gebiet gibt.«

Nur solange der Polizeipräsident noch im Zusammenhang mit der staatlichen inneren Verwaltung stand, wurden die politisch-polizeilichen Angelegenheiten von ihm ferngehalten. Wenn er dagegen später ausschließlich zum Befehlsbereich der SS gehören würde, sollte er die Totalität polizeilicher Kompetenz zurückerhalten. Seine Stellung würde dann der des SSPF entsprechen, wie sie im Generalgouvernement schon weitgehend ausgebildet war, und der KdS hätte seinen Platz wieder bei ihm. In diesem Sinne schrieb Himmler am 7. Februar 1942 an die Chefs der Sicherheitspolizei und der Ordnungspolizei:

»Ich halte die Zeit für gekommen, die Umgestaltung der Polizeipräsidien mit einem Kommandeur der Ordnungspolizei und der Sicherheitspolizei [unter allenfalls gleichzeitiger Hinzunahme der Stapo] im Rahmen dieser Vereinfachung beschleunigt durchzuführen. Ebenso könnte jetzt schon die Einsetzung der Kommandeure der Ordnungspolizei und der Sicherheitspolizei bei den Regierungen *als Vorstufe zum späteren SS- und Polizeiführer* durchgeführt werden, und zwar durch Beauftragung schon vorhandener Dienststellen und Einrichtungen[136].«

Wenn diese Pläne einmal verwirklicht worden wären, dann wären HSSPF und SSPF als die Instanzen des Befehlsweges der

---

[136] Vgl. hierzu auch einen Brief des Staatssekretärs im RMdI, Dr. Stuckart, an Himmler vom 1. August 1942 [NG-4411], in dem Stuckart u. a. schreibt:
»Im Laufe der weiteren Entwicklung könnte ich mir folgende Organisation der SS und Polizei vorstellen. Die Höheren SS- und Polizeiführer bleiben weiterhin über die Gaue und Reichsverteidigungsbezirke hinwegreichend territorial grundsätzlich für einen Wehrkreis zuständig. Die Höheren SS- und Polizeiführer mit ihren Befehlshabern der Ordnungspolizei und der Sicherheitspolizei behalten ihren Sitz am Sitz des Wehrkreises. Sie führen gleichzeitig die SS-Oberabschnitte.
Dem Reichsstatthalter bzw. Oberpräsidenten wird jeweils für einen RV-Bezirk ein SS- und Polizeiführer mit einem Kommandeur der Schutzpolizei und einem Kommandeur der Sicherheitspolizei beigegeben. Der SS- und Polizeiführer mit seinen Kommandeuren wird dem Reichsstatthalter und Oberpräsidenten unterstellt. Aufgabe des *Höheren* SS- und Polizeiführers ist es, im Rahmen des Wehrkreises die Angelegenheiten der Polizei einheitlich zu steuern. Die SS- und Polizeiführer im RV-Bezirk sind den Höheren SS- und Polizeiführern unterstellt.«

Gesamt-SS nicht mehr nur zur Ausführung von Sonderaufträgen des RFSS tätig geworden, sondern wären selbst die zentralen Stationen der Befehlsübermittlung auch für die Routinegeschäfte aller Zweige der SS und Polizei geworden. Im GG – und wohl auch in den besetzten Ostgebieten – handelte es sich also um eine Übergangsform, bei der die SSPF, die ursprünglich analog zu den HSSPF Instanzen für Sonderaufträge gewesen waren, bereits weitgehend in die Routinegeschäfte eingeschaltet wurden.

Eine Paralleleinrichtung zu den HSSPF als politische Generalbevollmächtigte des RFSS waren die *Polizeiattachés* bei den deutschen Missionen in befreundeten und neutralen Ländern. Heydrich schrieb über sie in seinem Brief an Daluege:

»Bitte begehe auch hier nicht den Fehler, die falsche Auffassung des einen oder anderen Deiner Herren zu unterstützen, in den Polizeiattachés nur eine repräsentative bequeme Art Waffen-Attachés zu sehen, sondern denke Dich bitte in die wirkliche Aufgabe dieser Polizeiattachés hinein, die mehr als 90% ausgesprochen politisch ist. Der Polizeiattaché wird nach dem Willen des RFSS später ein Attaché werden, der die *Gesamtbelange* des RFSS bei den Missionen vertritt, also voraussichtlich einmal: Waffen-SS, Volkstumsfragen, Sicherheitspolizei, SD und *politische* Fragen und ordnungspolizeiliche Fragen.«

Es entsprach dieser Aufgabenstellung, daß die Zuständigkeit für die Polizeiattachés beim RSHA lag, wo durch Befehl des RFSSuChdDtPol vom 19. August 1942 eine Polizeiattaché-Gruppe gebildet wurde, die dem CSSD unmittelbar unterstand[137].

9. Die Grenzpolizei der Geheimen Staatspolizei

Grenzpolizeidienst gab es bereits in der Zeit der Weimarer Republik. In *Bayern* wurde er unmittelbar nach dem Ersten Weltkrieg von einem sogenannten Grenzschutzbataillon des Heeres ausgeübt. Ende 1922 übernahm ihn die Polizei, und zwar wurden die Grenzschutzangelegenheiten von den politischen Abteilungen [Abt. VI] der örtlich zuständigen Polizeipräsidien verantwortlich bearbeitet, denen für die Erledigung der Grenzpolizeiangelegenheiten einfacherer Art zu diesem Zweck neu

[137] BefBl CSSD 1942, S. 252.

errichtete Grenzpolizeikommissariate unterstellt waren[138]. Somit wurde der Grenzpolizeidienst von den leitenden Beamten der politischen Abteilungen und von Angehörigen der Kriminalpolizei wahrgenommen, während den eigentlichen Grenzdienst Beamte der Bayerischen Gendarmerie versahen. Also gab es beim Grenzpolizeidienst zwar eine sachliche Einheit der Aufgabe, die jedoch nicht von einer einzig und allein dafür zuständigen Organisation, sondern von Beamten verschiedener Polizeisparten erfüllt wurde. Als im März 1933 die Bayerische Politische Polizei errichtet wurde, nahm sie auch die von den Abteilungen VI übernommenen grenzpolizeilichen Aufgaben wahr; ihr unterstanden nicht nur die Grenzpolizeikommissariate, sondern auch die Gendarmeriebeamten, die den Grenzdienst versahen, wurden zunächst zu ihr abgeordnet und nach wenigen Monaten versetzt[139]. Auf diese Weise waren – im Gegensatz zur bisherigen Übung – alle im Grenzpolizeidienst beschäftigten Beamten in *einer* Organisation, nämlich der Bayerischen Politischen Polizei, zusammengefaßt.

In *Preußen* wurden bereits durch Erlaß vom 7. Februar 1927[140] Grenzkommissariate und Grenzpolizeistellen gebildet, die, soweit sie landespolizeiliche Aufgaben vollziehender Art auf politischem Gebiet wahrzunehmen hatten, zuerst mit den 1925 geschaffenen Landeskriminalpolizeistellen, seit Februar 1929 mit den bei den staatlichen Polizeiverwaltungen errichteten Politischen Abteilungen zusammenarbeiteten; diese hatten unter anderem die abwehrpolizeilichen Aufgaben von den Landeskriminalpolizeistellen übernommen[141]. Als die politische Polizei in die Preußische Geheime Staatspolizei umgewandelt wurde, änderte sich an der Stellung der Grenzpolizeidienststellen nichts. In einem Runderlaß des preußischen Ministerpräsidenten vom 8. März 1934[142] wurde bestimmt:

>»Grenzkommissariate und Grenzdienststellen gelten ebenfalls als auswärtige Dienststellen der zuständigen Staatspolizeileitstelle.«

In einem Erlaß des Reichsfinanzministers vom 31. Dezember 1935[143] heißt es, die politische Überwachung der Reichsgrenzen

---

[138] Entschließung des BayerStMin d. Finanzen vom 25. September 1954 betr. Anwendung der § 3 Nr. 4 und § 67 G 131 [zit.: FME vom 25. September 1954], S. 28.

[139] FME vom 25. September 1954, a.a.O.

[140] MinBl f. d. i. V., S. 168.

[141] Baerecke, Die politische Polizei des Landes Preußen. In: RuPrVerwBl 1929, S. 315.

[142] RMBliV, S. 469.

[143] RZBl 1936, S. 9.

gehöre zu den Aufgaben der Preußischen Geheimen Staatspolizei, die diese Aufgabe in eigener Verwaltung durchführe, und zwar mit Hilfe der Staatspolizeistellen und den diesen unterstellten Grenzdienststellen[144].

Mindestens in Preußen und Bayern wurden die grenzpolizeilichen Aufgaben also schon 1933 allein von der politischen Polizei wahrgenommen, ohne daß innerhalb dieser die Grenzpolizei noch einmal gesondert organisiert gewesen wäre. Es ist anzunehmen, daß in den anderen Ländern spätestens nach der »Machtergreifung« eine gleiche Regelung getroffen wurde, da ja die politischen Polizeien ab 1934 in zunehmendem Maße durch das »Zentralbüro des politischen Polizeikommandeurs der Länder« de facto einheitlich organisiert und geführt wurden. Das eigentlich Neue auf dem Gebiet des Grenzpolizeidienstes war in den ersten Jahren der nationalsozialistischen Herrschaft, daß erstens die grenzpolizeiliche Tätigkeit sehr intensiviert wurde und daß zweitens die SS bestrebt war, den dadurch entstehenden größeren Personalbedarf aus ihren Reihen zu stellen, nämlich durch die sogenannten Hilfsgrenzangestellten und die SS-Grenzüberwachung.

Nach den angeführten Zeugnissen ist es sicher, daß man nicht unter Berufung auf den Runderlaß des Reichs- und Preußischen Minister des Innern über die Grenzpolizei vom 8. Mai 1937[145] die Errichtung der Grenzpolizei erst für Mai 1937 annehmen darf. Dafür bietet auch der Erlaß selbst keine Stütze, da er ja nicht auf die Schaffung einer Grenzpolizei als eigene Organisation abzielt, sondern auf den Anspruch der Geheimen Staatspolizei, für die grenzpolizeilichen Aufgaben – auch soweit es sich um Exekutivmaßnahmen einfacherer Art handelt – allein zuständig zu sein: Die Wahrnehmung der grenzpolizeilichen Aufgaben unterliegt der ausschließlichen Zuständigkeit des RMdI, dort wird sie vom Chef der Sicherheitspolizei bearbeitet, der mit der Durchführung im einzelnen das Geheime Staatspolizeiamt betraut; an der Reichsgrenze wird die Durchführung von Grenzpolizeidienststellen wahrgenommen, die Außenstelle der jeweils zuständigen Staatspolizeidienststellen sind; andere Zweige der Vollzugspolizei können für grenzpolizeiliche Aufgaben in Anspruch genommen werden, aber das geschieht nicht mehr in der Form, daß diese – wie etwa die Gendarmerie in Bayern vor 1933 – in gewissen Gebieten ständig

---

[144] Nach FME vom 25. September 1954, S. 29.
[145] RMBliV, S. 753.

und ausschließlich den Grenzdienst versehen würden, sondern nur noch in bestimmten Fällen in der Form der Amtshilfe. Das ist der Inhalt und Sinn des Runderlasses; er bestimmte für das ganze Reichsgebiet die ausschließliche Zuständigkeit der politischen Polizei für den Grenzpolizeidienst einschließlich der untersten Stufe der Exekutive. Das war im Gesamtbereich der Gestapo ein Sonderfall, da sonst nach dem Gesetz über die Geheime Staatspolizei vom 10. Februar 1936 die politisch-polizeilichen Aufgaben in der untersten Stufe der Exekutive von den normalen Kreis- und Ortspolizeibehörden durchgeführt wurden.

Es ist sehr schwierig, die Grenzpolizei als wenigstens relativ eigenständige Organisation von der Gestapo in ihrer Gesamtheit abzugrenzen, denn sie war einerseits eng mit der Gestapo verbunden, hatte andererseits aber doch eine organisatorische Form, die ihr ein gewisses Eigenleben und ein eigenes Spezialistentum ermöglichte. Das heißt: diese Organisation wurde nur insoweit ausgebaut, als es Aufbau, Führung und Ausbildung des Grenzdienstes erforderlich machten. So hatte die Grenzpolizei zum Beispiel überhaupt keine eigene Laufbahn des höheren Dienstes, sondern die wenigen vorhandenen Funktionen des höheren Dienstes wurden von Beamten der Gestapo wahrgenommen, die nach einer gewissen Zeit wieder in andere Sparten versetzt wurden. Dagegen gab es eine eigene, von den übrigen Zweigen der Sicherheitspolizei klar getrennte Laufbahn des mittleren Dienstes der Grenzpolizei, dessen Beamte auf einer eigens dafür eingerichteten Schule in Pretzsch an der Elbe ausgebildet wurden.

Da die sachlichen Weisungen an die Grenzpolizei von der Abteilung III des Geheimen Staatspolizeiamtes [später der Gruppe IV E des Reichssicherheitshauptamtes], also von den abwehrpolizeilichen Referaten der Gestapo erteilt wurden, blieben für die eigene Führungsorganisation der Grenzpolizei nur Inspektions- und Koordinierungsaufgaben. Die Führung bestand daher lediglich aus drei Grenzinspektionen:

- Der Grenzinspekteur Ost mit Dienstsitz in Frankfurt an der Oder war zuständig für die Grenzen gegen Litauen und Polen
- der Grenzinspekteur Süd mit Dienstsitz in Dresden war zuständig für die Grenzen gegen die Tschechoslowakei und Österreich beziehungsweise nach der Eingliederung Österreichs für dessen Außengrenzen

– der Grenzinspekteur West mit Dienstsitz in Koblenz war zuständig für die Grenzen gegen die Schweiz, Frankreich, Luxemburg, Belgien und die Niederlande, gegen Dänemark sowie für die deutschen Seehäfen.

Aufgabe der Grenzinspekteure war die Kontrolle der grenzpolizeilichen Arbeit und deren Koordination, falls ein zu bearbeitender Fall mehrere Stapostellenbezirke zugleich betraf. Obgleich die Grenzinspekteure ihren Sitz nicht in Berlin hatten, galten sie doch als Angehörige der Abteilung III des Geheimen Staatspolizeiamtes, so daß bei ihnen die relative organisatorische Eigenständigkeit der Grenzpolizei schon wieder ihr Ende fand. Die wenigen speziellen Angelegenheiten, die innerhalb der abwehrpolizeilichen Sparte der Gestapo nur die Grenzpolizei allein betrafen, wurden vom Referat III H [nach anderer Version III G] des Geheimen Staatspolizeiamtes erledigt.

So hebt sich die Grenzpolizei eigentlich nur in Gestalt der drei Grenzinspekteure und der personalen Organisation und Ausbildung des Exekutivdienstes der unteren Stufe [des eigentlichen Grenzdienstes] als relativ eigenständige Organisation von der Geheimen Staatspolizei als umfassender Gesamtorganisation ab, und sie trug deshalb zutreffend die amtliche Bezeichnung »Grenzpolizei der Geheimen Staatspolizei«. Am ehesten wird ihre Eigenständigkeit in so sekundären Einrichtungen wie der »Kleiderkasse der Grenzpolizei der Geheimen Staatspolizei« sichtbar. Diese Kleiderkasse wurde durch Verordnung des Reichsministers des Innern vom 8. August 1938[146] »bei der Geheimen Staatspolizei« errichtet. Mit Runderlaß des RFSS-uChdDtPol vom 6. Oktober 1938 wurden eine Kleiderkassen-Ordnung und eine Bekleidungsvorschrift herausgegeben[147]. Nach § 4 der Kleiderkassen-Ordnung waren Mitglieder der Kleiderkasse »die zum Tragen von Dienstkleidung verpflichteten Beamten, Beamtenanwärter und Angestellten der Grenzpolizei der Geheimen Staatspolizei«. § 2 der Bekleidungsvorschrift ist insofern wichtig, als er einen Anhaltspunkt dafür gibt, welchen Personenkreis die Grenzpolizei als relativ eigenständige Organisation umfaßte; dieser Paragraph lautet:

»Zur Grenzpol. der Geh. Staatspol. im Sinne der Bekleidungsvorschrift gehören die Beamten, Beamtenanwärter und Angestellten folgender Dienststellen:

---

[146] RGBl I, S. 999.
[147] RMBliV, S. 1741 ff.

1. des Referates III H [Grenzpol.] des Geh. Staatspol. Amtes Berlin,
2. der Grenzinspekteure,
3. der Grenzpol.-Kommissariate,
4. der Grenzpol.-Posten und -Nebenstellen und
5. der Grenzpol.-Schule Pretzsch a. d. Elbe.«

Hierbei ist allerdings zu bedenken, daß die Grenzpolizeikommissariate als solche nicht etwa von der übrigen Gestapo unterscheidbare Teile der Grenzpolizei waren, sondern Bestandteile derjenigen Stapo[leit]stellen, deren Bezirke Teile der Reichsgrenze umfaßten[148]; die Stapo[leit]stellen konnten Grenzkommissariate und -posten nach Bedarf einrichten[149]. Die organisatorische und sachliche Unselbständigkeit der Grenzpolizeikommissariate kommt sehr klar in einem Schreiben des Geheimen Staatspolizeiamtes vom 20. Juli 1937 an sämtliche Staatspolizei-[leit]stellen[150] zum Ausdruck, in dem es heißt:

»Gemäß Ziffer III des genannten Erlasses sind die Grenzpolizei-Kommissariate, wie sie sich aus dem zu dem Erlaß gehörenden Verzeichnis ergeben, Außendienststellen der für ihren Bezirk zuständigen Staatspolizeistellen. Dessenungeachtet führen diese Dienststellen nicht die Bezeichnung ›Außendienststelle‹, sondern die Bezeichnung ›Grenzpolizei-Kommissariat‹. Fällt ein aus dem Verzeichnis ersichtliches Grenzpolizei-Kommissariat örtlich mit einer Staatspolizei-Außendienststelle zusammen, so führt die *gesamte* Dienststelle die Bezeichnung ›Grenzpolizei-Kommissariat‹, sowohl wenn sie grenzpolizeiliche wie wenn sie sonstige staatspolizeiliche Aufgaben erfüllt. Außendienststellen, die örtlich *nicht* mit einem Grenzpolizei-Kommissariat zusammenfallen, führen auch weiterhin die Bezeichnung ›Außendienststelle‹.«

Die *Aufgaben der Grenzpolizei* sind aus einer undatierten Dienstanweisung für die Bayerische Grenzpolizei vom Anfang des Jahres 1936 zu entnehmen[151]:

»Den Grenzpolizei- und Grenzkontrollstellen obliegen in der Hauptsache folgende Dienstaufgaben:
Überwachung des gesamten Verkehrs über die Reichsgrenze;

---

[148] Best, Die Deutsche Polizei. Darmstadt 1940, S. 55; vgl. Dienstanweisung der Geheimen Staatspolizei zur Bekämpfung des Landesverrats, hrsg. vom Reichssicherheitshauptamt [zit.: Dienstanw. z. Bek. d. Landesverrats], S. 36.
[149] Erlaß über die Organisation der Gestapo in der Ostmark, in RMBliV 1939, S. 2292.
[150] B. Nr. 54/37 I D g. – Vgl. NO-2261.
[151] Schreiben der »Auswertungsstelle« an die Staatsanwaltschaft beim Bayerischen Verwaltungsgerichtshof vom 3. Januar 1956, S. 15.

Vollzug der Paßvorschriften und Sichtvermerkskontrolle;

Fahndung nach gesuchten Verbrechern;

Mitarbeit bei der Bekämpfung der Kapital- und Steuerflucht;

Verhinderung der unerlaubten Einfuhr verbotener Druck-
schriften;

Beobachtung und Kontrolle verdächtiger Reisender;

Mitwirkung bei der Handhabung fremdenpolizeilicher Vorschriften;

Mithilfe beim Auslieferungs-, Übernahme- und Schubver-
kehr;

Vorbehandlung von Fremdenlegionären;

Unterstützung bei der Abwehr der Spionage und des Landes-
verrates;

Mitarbeit bei der Bekämpfung staatsfeindlicher politischer
Bestrebungen;

Beobachtung jeglicher politischer Entwicklung im Grenzgebiet.«

Die Grenzpolizeidienststellen waren also auch mit politisch-
polizeilichen Aufgaben allgemeiner Art befaßt; das wird durch
die Mitteilung eines ehemaligen leitenden Beamten der Gestapo bestätigt, wonach die Grenzpolizei »gegebenenfalls auf
Weisung in ihren Grenzbereichen einzelne Exekutivmaßnahmen durchzuführen [erg.: hatte], die – ohne Zusammenhang
mit dem Grenzverkehr – der Aufklärung schwebender Fälle
dienten [z. B. Vernehmungen, Durchsuchen, Festnahmen]«.
Auch aus dem oben zitierten Schreiben des Geheimen Staatspolizeiamtes vom 20. Juli 1937 ist zu entnehmen, daß die
Grenzpolizeikommissariate auch allgemein politisch-polizeilich
tätig werden und unter ihrer Behördenbezeichnung »sonstige
staatspolizeiliche Aufgaben« erfüllen konnten. – Ein Schreiben
der Stapoleitstelle Düsseldorf vom 30. März 1942 betreffend
Haftdauer der Arbeitserziehungshäftlinge wurde nicht nur an
die nachgeordneten Außendienststellen, sondern auch an die
nachgeordneten Grenzpolizeikommissariate in Kleve, Kalden-
kirchen und Emmerich gerichtet[152].

Die sogenannte Grenzberichterstattung baute zwar auf dem
durch die Grenzpolizei beschafften Nachrichtenmaterial auf, sie
wurde jedoch nicht durch die Grenzpolizeikommissariate vorgenommen, sondern gehörte zu den Aufgaben der Staatspolizei[leit]stellen, deren Bezirke an der Grenze lagen. Sie umfaßte
»Berichte und Meldungen über Beobachtungen politischer,

[152] PS-1063 [Fotokop. Bl. 266–269].

wirtschaftlicher oder militärischer Art in dem an den Dienstbereich der Staatspolizei[leit]stellen angrenzenden jenseitigen Grenzgebiet«, die teils in regelmäßig zu erstattenden laufenden Grenzberichten, teils in aus besonderen Anlässen abgegebenen einzelnen Grenzmeldungen erfolgten. Die Stapostellen hatten die Meldungen zweimal im Monat an das Referat IV C 4 des RSHA in zwei Ausfertigungen zu geben, von denen eine an die Amtsgruppe IV E [Abwehrpolizei] weitergeleitet wurde. Soweit in den Berichten militärische Nachrichten enthalten waren, wurden diese außerdem von den Stapostellen direkt an das zuständige Generalkommando der Wehrmacht geleitet[153].

Es erweist sich also, daß die Grenzpolizei einerseits nicht nur mit grenzpolizeilichen, sondern auch mit Aufgaben allgemein-politisch-polizeilicher Art befaßt war, daß sie aber andererseits nicht einmal in ihrem eigensten Kompetenzbereich, nämlich über die Beobachtung des jenseitigen Grenzgebietes, in eigener Verantwortung Bericht erstattete. So hob sie sich in sachlicher Hinsicht beziehungsweise in bezug auf ihre Tätigkeitsmerkmale noch weniger als in personell-organisatorischer Hinsicht von der Geheimen Staatspolizei in ihrer Gesamtheit ab.

Diese in jeder Beziehung sehr geringe *Eigenständigkeit* der Grenzpolizei hat in der ersten Hälfte des Krieges noch eine *Verringerung* erfahren, nach der von ihr als einer Organisation sui generis kaum mehr die Rede sein kann. Das hatte seinen wesentlichen sachlichen Grund darin, daß es nur noch wenige Grenzen gab, nachdem anstelle der meisten Grenzstrecken Fronten getreten waren[154], und daß andererseits ein großer Teil des Personals der Sicherheitspolizei, besonders des abwehrpolizeilich geschulten, an die Geheime Feldpolizei abgegeben werden mußte. Möglicherweise hing jedoch der Abbau der Grenzpolizei ebenso wie die allmähliche Auflösung der Gruppe IV E des RSHA auch mit dem Ausscheiden von Dr. Best aus diesem Amt zusammen; denn IV E und die Grenzpolizei waren dessen persönliches Werk gewesen. – Der Abbau der Grenzpolizei ist daran zu erkennen, daß die Grenzinspekteure etwa 1940 wieder abgeschafft wurden; ihre Funktionen übernahm nominell der Amtschef des Amtes IV des Reichssicherheitshauptamtes unter der Bezeichnung »Generalinspekteur«[155], tatsächlich die Ab-

---

[153] Dienstanw. z. Bek. d. Landesverrats, S. 97 ff.
[154] Eine neue Grenze entstand in der Zeit zwischen dem Polenfeldzug und dem Krieg gegen Rußland vorübergehend an der Demarkationslinie, die auch mit Grenzpolizei-Kommissariaten, -Posten und -Nebenstellen besetzt wurde [BefBl Chef Sipo u. SD 1940, S. 88].
[155] Vgl. Geschäftsverteilungsplan des RSHA vom 1. Oktober 1943.

teilung III H des Geheimen Staatspolizeiamtes. Weitere Symptome für den Abbau der Grenzpolizei waren, daß die Grenzpolizeischule in Pretzsch an der Elbe im Juli 1941 in eine allgemeine Unterführerschule der Sicherheitspolizei umgewandelt [und dabei nach Fürstenberg in Mecklenburg verlegt] wurde und daß die im Herbst 1938 errichtete Kleiderkasse der Grenzpolizei durch eine Verordnung des Reichsministers des Innern vom 21. Dezember 1941 mit Wirkung vom 1. Oktober 1941 aufgelöst wurde[156]. Ein Runderlaß des RSHA vom 23. Oktober 1942 betreffend Anforderung der Dienstkleidung für die Grenzpolizei[157] läßt sogar die Vermutung aufkommen, daß die Grenzpolizei innerhalb der Gestapo überhaupt als relativ eigenständige Organisation aufgehört hat zu existieren, denn es ist dort die Rede von den »Angehörigen der *bisherigen* Grenzpolizei«. Allerdings gab es auch noch 1944 das Referat »Angelegenheiten des Generalgrenzinspekteurs«, das bis 31. Mai 1944 zur Gruppe IV E, ab 1. April 1944 zu IV A 3 und seit etwa September 1944 zu IV G gehörte[158].

10. Die Sondergerichtsbarkeit der SS und Polizei

Durch die Verordnung des Ministerrats für die Reichsverteidigung über eine Sondergerichtsbarkeit in Strafsachen für Angehörige der SS und für die Angehörigen der Polizeiverbände bei besonderem Einsatz vom 17. Oktober 1939[159] wurde für
– die hauptberuflichen Angehörigen der Reichsführung-SS[160],
– die Angehörigen der SS-Verfügungstruppe,
– die Angehörigen der SS-Totenkopfverbände einschließlich ihrer Verstärkungen,
– die Angehörigen der SS-Junkerschulen,
– die Angehörigen der Polizeiverbände bei besonderem Einsatz und die hauptberuflichen Angehörigen der Stäbe derjenigen Höheren SS- und Polizeiführer, denen Verbände der genannten Art unterstellt waren,
eine Sondergerichtsbarkeit in Strafsachen eingeführt, die gleichberechtigt neben der Kriegsgerichtsbarkeit der Wehrmacht

---

[156] RGBl I, 1942, S. 13; vgl. RMBliV 1942, S. 197, und BefBl Chef Sipo u. SD 1942, S. 21.
[157] BefBl Chef Sipo u. SD, S. 337.
[158] Huppenkothen, Zeugenschrifttum, Faszikel III, im Archiv des IfZ.
[159] RGBl I, S. 2107.
[160] Hierzu zählten seit dem 25. Juni 1941 auch die hauptberuflichen Angehörigen [einschließlich der irgendwie dienstverpflichteten] sämtlicher Dienststellen des Reichskommissars für die Festigung deutschen Volkstums [Erlaß des Hauptamtes SS-Gericht vom 18. Juli 1941].

stand. Dieser Sondergerichtsbarkeit wurden im Laufe des Krieges folgende weitere Personengruppen unterworfen[161]:
- die Angehörigen der Waffen-SS, auch wenn deren Formationen Kommandobehörden der Wehrmacht unterstellt waren,
- die ausländischen Freiwilligen der Waffen-SS [vgl. Erlaß des Hauptamtes SS-Gericht vom 15. Januar 1942],
- die Angehörigen der Allgemeinen SS, sofern sie zu einer der Sondergerichtsbarkeit der SS und Polizei unterworfenen Dienststelle abkommandiert oder sonstwie dienstverpflichtet waren oder wenn es sich um Straftaten nach § 175 StGB handelte,
- die Angehörigen der Sicherheitspolizei und des SD [Erlaß RFSSuChdDtPol vom 9. April 1940],
- die Angehörigen der Ordnungspolizei, die etappenweise in die Sondergerichtsbarkeit der SS einbezogen wurden:
Zunächst wurden mit dem gleichen Erlaß des RFSSuChdDtPol vom 9. April 1940, der die Angehörigen der Sicherheitspolizei insgesamt betraf, auch diejenigen Angehörigen der Ordnungspolizei der Sondergerichtsbarkeit unterstellt, die Truppenverbänden und deren vorgesetzten Kommandobehörden angehörten. Zu den Truppenverbänden zählten unter anderem die Polizeiregimenter einschließlich des Feuerschutzpolizeiregiments, die Polizeibataillone, Polizeiausbildungsbataillone, Hilfspolizeiausbildungsbataillone, Polizeischulen und -lazarette [Ausführungserlaß des Chefs Orpo vom 19. Mai 1940] sowie die Truppenverbände der Technischen Nothilfe, soweit sie nicht der Wehrmacht unterstellt waren [Erlaß Chef Orpo vom 6. November 1941].

Ebenfalls unter den Erlaß vom 9. April 1940 fielen gemäß Bekanntmachung des Chefs Orpo vom 14. Juli 1940 die sogenannten Einzeldiensttuer, soweit sie außerhalb der Reichsgrenzen und im Protektorat Böhmen und Mähren eingesetzt waren.

Gemäß Erlaß des Chefs Orpo vom 9. Oktober 1941 kamen auch diejenigen Einzeldiensttuer unter die SS- und Polizeigerichtsbarkeit, die in Gebieten eingesetzt waren, die während des Krieges ins Reich eingegliedert wurden, mit Ausnahme von Danzig.

Endlich wurde durch Befehl des RFSSuChdDtPol vom 8. August 1942 mit Wirkung vom 1. September 1942 die *gesamte* Ordnungspolizei einschließlich des Einzeldienstes im alten Reichs-

---

[161] Diese Aufstellung ist wahrscheinlich nicht vollständig.

gebiet, der Polizeiverwaltungsbeamten und der Angehörigen der Schutzpolizei der Gemeinden der Sondergerichtsbarkeit unterstellt; ausgenommen waren Beamte der inneren Verwaltung, die polizeiliche Befugnisse ausübten, wie Bürgermeister und Landräte. Auch die Angehörigen der Feuerwehren [auch der Freiwilligen – Befehl Chef Orpo vom 11. Dezember 1942] und der Luftschutzpolizei unterstanden der Sondergerichtsbarkeit, allerdings [ebenso wie übrigens auch die Angehörigen der Technischen Nothilfe] nur hinsichtlich der Straftaten, die sie in bezug auf den Dienst oder in Uniform begangen hatten [Verfügung Chef Orpo vom 15. August 1942, Erlaß Hauptamt SS-Gericht vom 29. September 1942]

– die Beamten der Geheimen Feldpolizei [Erlaß des Chefs OKW vom 27. Januar 1945],

– die Angehörigen der Bahnschutzpolizei für Straftaten, die sie in Beziehung auf den Dienst begangen hatten [Erlaß RFSS-uChdDtPol vom 12. Oktober 1944],

– die Angehörigen der im Osteinsatz den Höheren SS- und Polizeiführern unterstellten sowie der zum Gefolge der Dienststellen des Reichskommissars für die Festigung deutschen Volkstums gehörenden Formationen des NSKK [Erlaß des Hauptamtes SS-Gericht vom 15. Oktober 1941],

– die Angehörigen der Land- und Stadtwacht wegen aller in bezug auf den Dienst oder in Uniform begangenen militärischen und nichtmilitärischen Straftaten, einschließlich der in der Land- und Stadtwacht verwendeten Formationen der SA [Erlaß des RFSS vom 16. Mai 1944; Erlaß des Hauptamtes SS-Gericht vom 3. August 1944]. Noch im Erlaß des Chefs Orpo vom 1. Oktober 1942 war ausdrücklich betont worden, daß die Angehörigen der Land- und Stadtwacht der SS- und Polizeigerichtsbarkeit nicht unterworfen seien,

– die Angehörigen des Roten Kreuzes [insbesondere die DRK-Schwestern], soweit sie bei Dienststellen der SS und Polizei Dienst taten [Erlaß des Hauptamtes SS-Gericht vom 3. Juli 1944],

– die Angehörigen des sogenannten »Sonderdienstes« im Generalgouvernement,

– die Angehörigen der Wehrmannschaften des Steirischen Heimatbundes wegen Straftaten, die in bezug auf den Dienst begangen wurden [Erlaß des Reichsführers-SS vom 20. April 1944],

– die Angehörigen der in Oberitalien eingesetzten Regierungs-

truppe des Protektorats Böhmen und Mähren [Erlaß des Hauptamtes SS-Gericht vom 4. August 1944],
- die Angehörigen der polnischen und ukrainischen Polizei im Generalgouvernement,
- die Angehörigen der einheimischen Hilfspolizeiverbände [sogenannten Schutzmannschaften] in den besetzten Ostgebieten [Erlaß des Hauptamtes SS-Gericht vom 15. Januar 1942]. Nach einem Erlaß des Reichsführers-SS vom 5. Oktober 1942 konnten die Angehörigen der Schutzmannschaften einem besonderen Standgerichtsverfahren unterworfen werden,
- die Angehörigen der niederländischen Polizei bei Straftaten, die sich gegen die Besatzungsmacht richteten [Verordnung des Reichskommissars f. d. bes. niederländischen Gebiete vom 13. Juli 1942],
- die Angehörigen des sogenannten Gefolges der SS- und Polizeidienststellen, auch des weiblichen Gefolges [Nachrichtenhelferinnen usw.]. Zum Gefolge zählten in den Operationsgebieten alle Personen, die sich bei einer der Sondergerichtsbarkeit unterworfenen Dienststelle aufhielten, im übrigen nur diejenigen, die bei einer solchen Dienststelle tätig waren und dafür Gebührnisse bezogen [Erlaß des Reichsführers-SS vom 17. Juli 1941]. Bei »Vortaten« und nichtmilitärischen Straftaten von Angehörigen des Gefolges konnte die Strafverfolgung an zivile Gerichte abgegeben werden,
- alle sonstigen Zivilpersonen [Deutsche und Ausländer] wegen aller im Operationsgebiet begangenen strafbaren Handlungen, »wenn ein Bedürfnis der Kriegsführung dies gebietet«, sowie wegen aller Straftaten, die in Gebäuden oder sonstigen Anlagen begangen wurden, die den Zwecken der SS oder Polizei dienten, wenn der Reichsführer-SS erklärte, daß besondere dienstliche Belange eine SS- und polizeigerichtliche Aburteilung fordern. In den besetzten Gebieten sollten die Gerichte der Wehrmacht die Verfolgung von Zivilpersonen den SS- und Polizeigerichten dann überlassen, wenn sich die Straftat mindestens überwiegend gegen die SS oder die Polizei gerichtet hatte [Erlaß Chef OKW vom 4. April 1943]. Weitergehende Zuständigkeit für die einheimische Zivilbevölkerung hatten die SS- und Polizeigerichte in Böhmen und Mähren und in den Niederlanden [Verordnung über die Zuständigkeit der SS- und Polizeigerichte im Protektorat Böhmen und Mähren vom 15. Juli 1942, RGBl I, S. 475; Erlaß

des Hauptamtes SS-Gericht vom 23. Januar 1943 über Polizeistandgerichtsbarkeit in den besetzten niederländischen Gebieten],
– Kriegsgefangene, die sich in der Verwahrung der SS oder Polizei befanden; später wohl alle Kriegsgefangenen [Erlaß des Reichsführers-SS vom 11. Januar 1945].

Die Sondergerichtsbarkeit galt für alle militärischen und nichtmilitärischen Straftaten, die während der Zugehörigkeit oder vor der Einberufung zur SS und Polizei begangen wurden; bei ausländischen Freiwilligen der Waffen-SS wurden jedoch nur solche Vortaten bestraft, die auch nach deutschem Recht mit Strafe bedroht waren. Schied jemand aus SS oder Polizei aus, bevor eine dort begangene Straftat abgeurteilt war, so blieb er diesbezüglich der Sondergerichtsbarkeit unterworfen. Das galt auch dann, wenn der Betreffende inzwischen zur Wehrmacht einberufen worden war. Dagegen unterstanden Personen, auf die sich die Sondergerichtsbarkeit der SS und Polizei erstreckte, der Kriegsgerichtsbarkeit der Wehrmacht nur dann, wenn sie während ihrer Einberufung zum aktiven Wehrdienst oder während ihrer Zugehörigkeit zum Wehrmachtgefolge oder als Wehrpflichtige des Beurlaubtenstandes straffällig wurden. Zur Wehrmacht Kommandierte der SS oder Polizei unterstanden seit April 1943 gleichwohl der Sondergerichtsbarkeit der SS und Polizei, ebenso Angehörige der SS und Polizei in Wehrmachtlazaretten; letztere allerdings unterstanden der Wehrmachtdisziplinarstrafordnung[162].

Grundlagen der Sondergerichtsbarkeit der SS und Polizei waren das Militärstrafgesetzbuch und die Militärstrafgerichtsordnung, von denen jedoch in einer Reihe von Fällen abgewichen wurde[163]; die Abweichungen betrafen besonders die Ehrenstrafen und die Gerichtsverfassung, außerdem die Beurteilung der Strafwürdigkeit einzelner Vergehen. Typisch für die SS- und Polizeigerichtsbarkeit gegenüber der Kriegsgerichtsbarkeit der Wehrmacht ist auch, daß nicht zwischen Soldaten und Beamten unterschieden wurde; sie war auf die Polizeiangehörigen ausgedehnt ohne Rücksicht darauf, daß diese dem Deutschen Beamtengesetz [beziehungsweise dem Polizeibeamtengesetz] unterlagen.

[162] Erlasse des Chefs OKW vom 28. Mai 1940, 10. März und 4. April 1943.
[163] Für diese Abweichungen vgl. vor allem die beiden Durchführungsverordnungen vom 1. November 1939 [RGBl I, S. 2293] und 17. April 1940 [RGBl I, S. 659] zum grundlegenden Gesetz vom 17. Oktober 1939.

Zentral- und Ministerialinstanz für die gesamte SS- und Polizeigerichtsbarkeit war das Hauptamt SS-Gericht in München, das aus dem SS-Disziplinaramt und dem SS-Rechtsamt hervorgegangen war, die schon in den Jahren vor 1939 bestanden hatten. Als Gerichte waren tätig

1. die SS- und Polizeigerichte, die sich am Dienstsitz jedes Höheren SS- und Polizeiführers befanden, wobei allerdings bis weit in den Krieg hinein wegen Mangels geeigneter Richter eine Reihe von SS- und Polizeigerichten für die Bereiche mehrerer Höherer SS- und Polizeiführer tätig sein mußten. Im Sommer 1944 bestanden SS- und Polizeigerichte an folgenden Orten:

München	Riga [mit Außenstelle Reval]
Düsseldorf	Belgrad
Berlin	Kassel
Danzig	Veldes/Oberkrain
Dresden	Stettin
Krakau	Nürnberg
Wien	Braunschweig
Prag	Königsberg
Oslo	Agram
Velp	Athen
Stuttgart	Kopenhagen
Hamburg	Verona
Posen	Brüssel
Metz	Budapest

Breslau [mit Außenstelle Kattowitz]

2. das Oberste SS- und Polizeigericht in München, das für Fälle von Hochverrat, Landesverrat und Spionage und für alle Straftaten von SS-Führern und Polizeioffizieren im Generalsrang zuständig war. Das Oberste SS- und Polizeigericht war kein übergeordnetes Gericht im Sinne einer Rechtsmittelinstanz, da es im Strafverfahren der SS- und Polizeigerichtsbarkeit wie in der Kriegsgerichtsbarkeit keine Berufung gab, sondern jedes Gericht als erste und letzte Instanz entschied,

3. die SS- und Polizeifeldgerichte, die sich bei den Stäben der Heeresgruppe Weichsel, der 6. und 11. SS-Panzer-Armee, der SS-Korps, der SS-Divisionen und SS-Waffen-Verbänden befanden; außerdem beim Kommandostab RFSS, beim Deutschen Befehlshaber in der Slowakei und bei den SS-Jagdverbänden [Stand vom 16. März 1945],

4. durch Erlaß des Reichsführers-SS vom 16. Mai 1944 wurde beim Hauptamt SS-Gericht ein SS- und Polizeigericht z. b. V. errichtet, das zuständig war »für Strafsachen von besonderer Bedeutung, insbesondere für solche, in denen die Ermittlungen besonders schwierig und umfangreich sind oder eine besondere Sachkunde erfordern oder in denen wegen der Personen der Beteiligten oder des Gegenstandes des Verfahrens die Entscheidung durch das z. b. V.-Gericht zweckmäßig [z. B. besonders gelagerte politische Strafsachen, Korruptionsverfahren]« war[164]. Dieses z. b. V.-Gericht war vor allem im Interesse einer wirkungsvollen Aufklärung und Verfolgung einiger ruchbar gewordener Straftaten [insbesondere Unterschlagungen] in den KZ bestimmt gewesen.

Als Träger der SS-Gerichtsbarkeit galten die Gerichtsherren und die Richter, die zusammen »das Gericht« bildeten. Die Gerichtsherren ordneten das Ermittlungsverfahren an, verfügten die Anklage, beriefen das Gericht und entschieden über die Bestätigung der Urteile. Gerichtsherren waren:

Hitler selbst bezüglich Todesurteile gegen Führer und Offiziere und gewissen Strafsachen gegen höhere Führer und Offiziere,

der Reichsführer-SS und Chef der Deutschen Polizei bei Verfahren, die er sich zur Entscheidung vorbehielt; dazu gehörten alle Verfahren gegen SS-Angehörige mit einer SS-Nummer zwischen 1 und 15 000,

der Chef des Hauptamtes SS-Gericht hinsichtlich derjenigen Fälle, die ihm vom Reichsführer-SS besonders übertragen wurden,

die Hauptamtschefs, Kommandeure und Höheren SS- und Polizeiführer in ihren Zuständigkeitsbereichen.

Die SS-Richter waren zum Richteramt befähigte SS-Führer, die von Hitler selbst ernannt wurden, der Waffen-SS angehören mußten und dem Reichsführer-SS disziplinarisch unmittelbar unterstellt waren. Die Zugehörigkeit zur Waffen-SS war deshalb erforderlich, weil sich das Privileg der SS, eine eigene Strafgerichtsbarkeit zu haben, auf das Vorhandensein der Waffen-SS gründete. Nach einer Aufstellung des Statistisch-wissenschaftlichen Instituts des Reichsführers-SS vom 30. Juni 1944 gehörten 599 Angehörige des Hauptamtes SS-Gericht zur Waffen-SS und 6 zur Allgemeinen SS[165]. Die SS-Richter konnten –

[164] NO-679; vgl. Aussage Dr. Morgen vom 13. Juli 1946 – Aff. SS-65.
[165] Der Vorrang der Waffen-SS wird auch aus dem Erlaß des Hauptamtes SS-Gericht vom 15. Mai 1942 deutlich: »Wird gegen einen Angehörigen der Allgemeinen SS ein Strafverfahren durchge-

mit Ausnahme der beim Obersten SS- und Polizeigericht tätigen – durch zum Richteramt befähigte Reserveführer der Waffen-SS ersetzt oder vertreten werden. Im Kriege konnten sogar sonstige SS-Führer und Polizeioffiziere als Vorsitzende tätig sein, insbesondere bei Standgerichtsverfahren.

Neben den SS-Richtern gab es die SS-Gerichtsführer beziehungsweise die Gerichtsoffiziere der Polizei, deren Aufgabe es war, bei den einzelnen Dienststellen und Formationen die auf die Sondergerichtsbarkeit bezüglichen Geschäfte wahrzunehmen; sie waren vor allem als Hilfskräfte und Berater ihrer Kommandeure und als Untersuchungsführer tätig, konnten aber auch die Anklagevertretung übernehmen. Die Gerichtsführer gehörten nicht zum Gerichtsdienst, sondern zum Truppendienst; sie unterstanden also disziplinarisch derjenigen Dienststelle, bei der sie tätig waren, und waren nur fachlich dem Hauptamt SS-Gericht unterstellt. Es war erwünscht, vor allem aktive SS-Führer [beziehungsweise Polizeioffiziere] als Gerichtsführer einzusetzen, die ihre in dieser Stellung gemachten Erfahrungen später selbst als Chefs und Disziplinarvorgesetzte verwerten könnten. Deswegen sollten auch möglichst viele Führer vorübergehend einmal als Gerichtsführer tätig sein.

Die verfassungsorganisatorische und politische Bedeutung der SS- und Polizeigerichtsbarkeit bestand darin, daß sie einerseits die Eigenständigkeit der SS gegenüber Wehrmacht und Staat bestätigte und förderte, andererseits der SS auch einen bemerkenswerten Vorrang vor der Partei einräumte, die zwar immer den Anspruch erhob, dem Staat gegenüber souverän zu sein, jedoch nie die Gerichtshoheit in Strafsachen erlangte.

Die SS-Truppen

Im Frühjahr 1933 war die SS nur eine etwas vornehmere Variante der ungleich größeren und mächtigeren, aber als plebejisch geltenden SA. Wer damals glaubte, einer der nationalsozialistischen »Kampfformationen« beitreten zu müssen, sich dabei aber politisch und zeitlich nicht allzusehr engagieren

führt, während er bei der Waffen-SS dient, so sind als Kameradenbeisitzer Angehörige des gleichen Dienstgrades, den er in der Waffen-SS besitzt, zu berufen, auch wenn die Straftat, deren er verdächtig ist, vor Eintritt in die Waffen-SS begangen ist und er zur Zeit der Begehung der Straftat bei der Allgemeinen SS einen höheren Dienstgrad als bei der Waffen-SS innehatte.«

wollte, der ging zur SS. Eine noch harmlosere Form, der »nationalen Revolution« seinen Tribut zu zollen, war der Eintritt in die Fördererorganisation der SS. Das Fördernde Mitglied verpflichtete sich zur monatlichen Leistung eines bestimmten, nach eigenem Ermessen festzusetzenden Geldbetrags, der durch den örtlich zuständigen SS-Sturm eingezogen wurde; man durfte dafür das Abzeichen der Fördernden Mitglieder tragen und hatte im übrigen seine Ruhe; die FM-Beiträge wurden übrigens immer nur für die Allgemeine SS verwendet.

Von den vielen damals eingerichteten »wilden« Konzentrationslagern waren nur wenige in Händen der SS, darunter die beiden, allerdings besonders bekannten und berüchtigten KZ Dachau und Columbia-Haus in Berlin. Ferner wurden Angehörige der SS zusammen mit SA-Männern als sogenannte »Hilfspolizei« eingesetzt, die vor allem dazu diente, der erbarmungslosen Verfolgung der Gegner des Nationalsozialismus einen amtlichen Anstrich zu geben. Außerdem wurden in verschiedenen Städten »Sonderkommandos« gebildet; das war der Anfang der Entwicklung der bewaffneten SS-Truppen. Schließlich stellte sich Hitler unter der Führung von Sepp Dietrich aus 120 ausgesuchten SS-Leuten am 17. Juni 1933 wieder einmal eine »Stabswache« auf; sie erhielt auf dem Parteitag der NSDAP des gleichen Jahres die Bezeichnung »Leibstandarte Adolf Hitler« und wurde am 9. November auf Hitler persönlich vereidigt. Obgleich diese Vereidigung zunächst keine konkreten politischen Folgen zeitigte, ist ihre grundsätzliche Bedeutung doch mit der Verordnung zum Schutz von Volk und Staat vom 28. Februar 1933 zu vergleichen. Denn sie war einer der ersten Akte der Konstituierung der Führergewalt im öffentlichen Leben Deutschlands: Der Reichskanzler legte sich eine bewaffnete Mannschaft zu, die verfassungsorganisatorisch weder im Bereich des Staates noch in dem der Partei ihren Ort hatte, sondern dem Führer ausschließlich unterstellt und sogar auf ihn *persönlich* vereidigt war. Über den Einsatz dieser Mannschaft war Hitler niemandem Rechenschaft schuldig, und niemand außer ihm hatte über sie irgendein Kontrollrecht.

Die Bahn für die weitere Entwicklung der SS-Truppe wurde frei, als Hitler am 30. Juni 1934 Röhm und dessen Vertraute ermordet und auf diese Weise die SA als politischen Machtfaktor ausgeschaltet hatte. Neben Göring war bei dieser Aktion Himmler Hitlers wichtigster Gehilfe mit den ihm unterstehenden Dienststellen der Gestapo und des SD, mit der »Leibstandarte«

und den parallel zur »Leibstandarte« in verschiedenen Städten aufgestellten »Politischen Bereitschaften«. Hier traten also zum ersten Male die Machtinstrumente in Aktion, die der Kontrolle irgendeiner Instanz des Staates oder der Partei entweder bereits entzogen waren oder ihr nie unterstanden hatten. Noch am Abend des 30. Juni soll Sepp Dietrich von Hitler das Versprechen erhalten haben, daß die Leibstandarte zum Dank für ihre Verdienste zu einem modern bewaffneten Regiment ausgebaut werde. Sicher ist jedenfalls, daß Reichskriegsminister von Blomberg am 5. Juli 1934 den Wehrmachtbefehlshabern mitteilte, daß die SS Waffen für eine Division erhalten werde. Als Hitler nach der Vereidigung der Reichswehr auf seinen Namen am 2. August 1934 in einem Dankbrief an Herrn von Blomberg versicherte, die Reichswehr werde fortan der einzige Waffenträger der Nation sein, war diese Zusage bereits durch den Beschluß gebrochen, die Leibstandarte und die Politischen Bereitschaften zu einer stehenden, bewaffneten und kasernierten Truppe auszubauen. – Die meisten der von der SA eingerichteten Konzentrationslager wurden nach dem 30. Juni 1934 aufgelöst; den Rest bekamen SS-Wachmannschaften unter Führung von SS-Oberführer Theodor Eicke. Eicke hatte im Juni 1933 das KZ Dachau und dessen Wachtruppe übernommen, die er in einem Brief an Himmler vom 10. August 1936 selbst als »korrupt« bezeichnete. Diese Wachmannschaft unterstand anfangs noch dem SS-Oberabschnitt Süd, der nach Dachau diejenigen Leute schickte, die man aus irgendeinem Grunde los sein oder versorgt wissen wollte; bald wurde sie Eicke persönlich unterstellt. Am 4. Juli 1934 wurde Eicke »Inspekteur der KL und Führer der SS-Wachverbände« und organisierte die vier von der SA übernommenen KZ nach dem Muster von Dachau um. – So bestand die SS-Truppe Ende 1934 also aus den drei Teilen[166]:

– Verfügungstruppe [aus den bisherigen Politischen Bereitschaften und der Leibstandarte bestehend]
– Wachverbände
– Allgemeine SS.

Da die Tätigkeit der Verfügungstruppe und der Wachverbände angeblich im staatlichen Interesse ausgeübt wurde, wurden diese beiden Formationen zunächst teilweise und später ganz aus Mitteln der Kommunen und Länder [später des Reiches] finanziert, während die Allgemeine SS beim Reichsschatzmeister der

---

[166] Erlaß RFSS vom 14. Dezember 1934.

NSDAP etatisiert war. Für Organisation, Führung und Verwaltung aller drei Formationen war das SS-Hauptamt zuständig, in dem die Inspektionen der Verfügungstruppe [VT] und der Wachverbände allerdings bald eine gewisse unabhängige Sonderstellung einnahmen. – Der Ausbau der SS-Truppe erfolgte in völliger Eigenständigkeit, denn die SS war durch eine Parteiverfügung Hitlers vom 20. Juli 1934 aus der Unterstellung unter die Oberste SA-Führung herausgenommen und zur »selbständigen Organisation« erklärt worden, und zwar im Hinblick auf ihre großen Verdienste, »besonders im Zusammenhang mit den Ereignissen des 30. Juni 1934«.

Bei Einführung der allgemeinen Wehrpflicht im März 1935 hatte die SS-Verfügungstruppe bereits 9 Sturmbanne, einen Pioniersturmbann und eine Nachrichtenabteilung.

Im März 1936 bestand sie aus folgenden Einheiten in folgenden Standorten:

Leibstandarte [LAH]	Berlin-Lichterfelde
Standarte »Deutschland«	München, Dachau, Ellwangen [wobei der Sturmbann in Dachau von den dortigen Wachverbänden zu unterscheiden ist]
»2. Standarte«	Hamburg-Veddel, Arolsen, Wolterdingen b. Soldau, Unna und Wismar
Nachrichten-Sturmbann	Berlin-Adlershof
Pionier-Sturmbann	Leisnig.

Der letzte Vorkriegsstand [Sommer 1939] war:

LAH	Berlin-Lichterfelde
Standarte »Deutschland«	München-Freimann
Standarte »Germania«	Hamburg-Veddel, Arolsen, Radolfzell
Standarte »Der Führer«	Wien, Graz, Klagenfurt
Artillerie-Standarte [seit Sommer 1939]	
Aufklärungs-Abt.	Ellwangen
Pz.-Abw.-Abt.	Ellwangen
Fla.-M.-G.-Abt.	Ellwangen

Nachrichten-Abt.   Unna [Nürnberg]
Pionier-Abt.   Dresden.

Dazu die drei Junkerschulen Tölz [seit 1934], Braunschweig [seit 1935] und Klagenfurt. Die Ergänzung der Truppe erfolgte durch drei Ergänzungsstellen, denen bestimmte Rekrutierungsbezirke zugewiesen wurden; und zwar waren es die Ergänzungsstellen Berlin [Wehrkreis I bis IV und VIII], Hamburg [Wehrkreis IV und IX bis XI] und München [Wehrkreis V, VII, XII und XIII]. Nur die Leibstandarte durfte auf alle drei Ergänzungsstellen zurückgreifen, während den anderen Einheiten je eine Ergänzungsstelle zugewiesen wurde.

Die SS-Wachverbände faßte Eicke im Laufe des Jahres 1935 zu 5 Sturmbannen zusammen:

I   »Oberbayern«
II   »Elbe«
III »Sachsen«
IV »Ostfriesland«
V   »Brandenburg«.

Aus Anlaß des Reichsparteitages 1935 in Nürnberg traten die Wachverbände zum ersten Male in der Öffentlichkeit auf. Daraufhin ordnete Hitler an, den Etat dieser Verbände zum 1. April 1936 auf den Reichshaushalt zu übernehmen; der Mannschaftsbestand wurde im Frühjahr 1936 von 1800 auf 3500 vergrößert. Mit Wirkung vom 29. März 1936 trugen die Verbände die Bezeichnung »SS-Totenkopfverbände« [TV]. Im April 1937 wurden die 5 Sturmbanne zu 3 Standarten zusammengefaßt, die die Namen »Oberbayern«, »Brandenburg« und »Thüringen« trugen. Ihre Standorte waren zunächst Dachau, Oranienburg [Sachsenhausen] und Frankenberg; die Standarte »Thüringen« wurde im Sommer 1937 von Frankenberg nach Weimar [Buchenwald] verlegt. Im Herbst 1938 wurde in Linz eine vierte Standarte »Ostmark« aufgestellt.

Von der Wehrmacht wurden die bewaffneten SS-Truppen mit ausgesprochen gemischten Gefühlen betrachtet. Anfangs überwog das Wohlwollen, das die durch den Versailler Vertrag eingeengte Reichswehr traditionell allen Wehrverbänden entgegenbrachte, die vormilitärische Ausbildung betrieben und auf diese Weise dazu beitrugen, die Zahl der waffenkundigen Männer zu vergrößern. Das änderte sich jedoch, als man feststellen mußte, daß die SS die militärische Ausbildung ihrer Leute keineswegs als subsidiäre Funktion gegenüber dem Heer auffaßte, sondern ihre Eigenständigkeit als bewaffnete Macht betonte. Die SS begann zum Beispiel, den direkten Verkehr der Wehrbehörden zu denjenigen Wehrdienstpflichtigen zu unterbinden, die in den Politischen Bereitschaften und den Wachverbänden standen. So war die Wehrmacht bald bemüht, die bewaffnete SS so klein wie möglich zu halten, was bis Kriegsbeginn im wesentlichen auch gelang. Denn die Wehrmacht hatte eine sehr gute Ausgangsposition, da Hitler es sich nicht leisten konnte, allzu offenkundig seine Zusage zu verletzen, daß sie der einzige Waffenträger der Nation sei. Andererseits war Himmlers Ausgangsposition viel schlechter als beim Ausbau der Sicherheitspolizei. Denn diese war von Anfang an staatlich privilegiert gewesen, und unter dem Vorwand der Sorge um die Sicherheit des Staates konnte der Anspruch der außernormativen Führergewalt leicht realisiert werden. Die bewaffneten SS-Truppen dagegen standen von vornherein eindeutig außerhalb des Staates, und Himmler mußte sich deshalb selbst geringe Privilegien und Gleichstellungen mit der Wehrmacht und anderen staatlichen Organen mühsam erkämpfen. Die Dienststelle der SS, die dafür zuständig war, war das im Sommer 1935 im SS-Hauptamt eingerichtete Amt für Sicherungsaufgaben unter SS-Oberführer Petri, der gleichzeitig dem Persönlichen Stab RFSS als Chef des Amtes für Angelegenheiten der Reichsverteidigung angehörte.

Daß die Wehrmacht sich das Recht vorbehalten hatte, die Einheiten der VT zu inspizieren und den Etat der bewaffneten SS auf seine Sachgerechtigkeit mitzuprüfen, wog relativ leicht, es hatte sogar eine positive Seite, da der SS auf diese Weise geholfen wurde, in Ausbildung und Ausrüstung primitive Fehler zu vermeiden. Eine ausgesprochene Erschwerung war es dagegen für die SS, daß ihr auf Wunsch der Wehrmacht bei der Werbung von Freiwilligen Beschränkungen auferlegt wurden. Es war der SS verboten, durch Inserate in den Zeitungen zu werben; sie war mehr oder weniger auf Mundpropaganda in anderen nationalsozialistischen Formationen, insbesondere der Hitlerjugend, angewiesen. So heißt es in einem Erlaß des Chefs des SSHA vom 27. Juni 1936 über Rekruteneinstellung in die SS-Verfügungstruppe: »Eine öffentliche Werbung in der Presse ist verboten, jedoch wird empfohlen, mit den zuständigen Dienststellen der Landesbauernschaft, des Arbeitsdienstes, den SA-Gruppen und den HJ-Gebietsführungen in Verbindung zu treten und sie zur Bekanntgabe der Einstellungsmöglichkeit und Einreichung von Bewerbungen zu veranlassen.« Trotz dieser zur Verfügung stehenden Reservoire hat bei der bewaffneten SS während der Friedensjahre empfindlicher Nachwuchsmangel geherrscht. In einem Schreiben des Chefs SSHA vom 16. März 1939 heißt es: »Durch den Ausbau der SS-Verfügungstruppen und den stärkeren Aufbau der SS-Totenkopfstandarten müssen bis zum 20. 11. 1939 5000 taugliche Bewerber für die SS-Verfügungstruppen und bis zum 30. 9. 1939 6000 taugliche Bewerber für die SS-Totenkopfstandarten bereitgestellt sein. Diese großen Aufgaben können ohne starken Einsatz aller Führer der Allgemeinen SS und ohne tatkräftige Unterstützung der Führer für Ergänzung nicht bewältigt werden. Berichte zeigen, daß die notwendige Mithilfe nicht überall vorhanden ist.« Im Dezember 1938 setzte Himmler die Anforderungen an den Gesundheitszustand der SS-Bewerber herab. Bei Beginn des Krieges gestattete die Wehrmacht der SS zwar, auch in der Presse zu werben. Doch wurde für das Inserat ein bestimmter Text abgesprochen und vom OKH ausdrücklich genehmigt, an dem dann keine Veränderungen mehr vorgenommen werden durften.

Eine weitere Beschränkung für die SS bestand darin, daß nur der Dienst in der VT, nicht aber der in den TV als Wehrdienst im Sinne des Wehrgesetzes anerkannt wurde. Die Angehörigen der TV konnten zum Wehrdienst eingezogen werden, und was sie an Dienstzeit in der bewaffneten SS bereits hinter sich gebracht hatten, wurde von der Wehrmacht nicht angerechnet. Zur Illustration seien drei Passagen aus damaligen SS-Befehlen zitiert:

1. Sturmbannbefehl des TV-Sturmbanns »Sachsen« vom 16. Juni 1936: »Nach einer Verfügung der SS-Totenkopfverbände gehörte die 3. Standarte der Politischen Bereitschaften [SS-Sonderkommando ›Sachsen‹] nicht zur Verfügungstruppe. Infolgedessen darf die Dienstzeit in der 3. Standarte der Politischen Bereitschaften nicht auf die Heeresdienstpflicht angerechnet werden.«

2. Sturmbannbefehl des TV-Sturmbanns »Sachsen« vom 26. August 1936: »Sämtliche Männer des Jahrgangs 1914 und des ersten Vierteljahres des Jahrgangs 1915 sind morgen zur Aushebung nach Flöha befohlen, soweit sie nicht bereits ihrer Heeresdienstpflicht genügt haben.«

3. Verfügung des Chefs SSHA vom 20. Januar 1936: »Bei den bisherigen Verhandlungen mit Vertretern der Wehrmacht

und des Reichs- und Preußischen Innenministeriums konnte noch nicht erreicht werden, daß die SS-Führerschulen Braunschweig und Tölz als Bestandteile der SS-Verfügungstruppe gelten bezüglich der Anrechnung des Wehrdienstjahres.«
Während sich die Wehrmacht mit der VT abgefunden hatte, hat sie die Existenz weiterer bewaffneter SS-Einheiten bis zum Krieg nicht anerkannt. Auch die Reichsverwaltung hätte es gern gesehen, wenn die TV wieder aufgelöst worden wären, und selbst von seiten der Sicherheitspolizei wurden Eicke Schwierigkeiten gemacht. In dem oben bereits zitierten Brief an Himmler vom 10. August 1936 schrieb Eicke u. a.: »Im Geheimen Staatspolizeiamt kursieren Gerüchte, wonach die SS-Totenkopfverbände im Herbst 1936 meiner Führung entzogen und den SS-Oberabschnitten unterstellt werden sollen. Diese Gerüchte gehen vom Büro des Dr. Best aus. SS-Standartenführer Dr. Best vom Gestapa hat an gewisser Stelle erklärt, daß in den Konzentrationslagern eine Schweinerei herrsche; es sei an der Zeit, daß man die Lager wieder der Gestapo unterstelle.«
Daß diese Absicht tatsächlich bestand, beweist das Gestapo-Gesetz vom 10. Februar 1936, nach dessen Bestimmungen die Konzentrationslager ja dem Gestapa unterstanden, was allerdings nie vollzogen worden ist. – Im Befehlsblatt des Inspekteurs KL und Führers der SS-Totenkopfverbände vom Februar 1937 verbot Eicke die Mißhandlung von Häftlingen und schrieb dazu: »Sosehr ich als Nationalsozialist für ein solches Vorgehen Verständnis habe, kann und darf ich dieses Verhalten nicht dulden, wenn wir nicht Gefahr laufen wollen, vom Innenministerium des Deutschen Reiches als unfähig zur Behandlung von Gefangenen bezeichnet zu werden.« In einem Wachtruppenbefehl der Wachtruppe »Sachsen« vom 3. Dezember 1935 wird vor unvorsichtigem Umgang mit Schußwaffen gewarnt: »Wenn aber ein Häftling verletzt oder durch solche Unvorsichtigkeit gar getötet wird, so würde die Staatsanwaltschaft zunächst Mord annehmen, und es würde lange dauern, bis das Gegenteil geglaubt wird.« Zu den Vorbereitungen zum Reichsparteitag 1936 erließ Eicke am 3. August 1936 eine Verfügung, in der er schrieb: »Zum zweiten Male seit Bestehen der SS-Totenkopfverbände nimmt der Führer Gelegenheit, seine Totenkopfbataillone an seinem Auge vorüberziehen zu lassen. Er sieht uns, weiß, wer wir sind, und erinnert sich an unsere Leistungen im Vorjahre. Erneut ringen wir um unsere Anerkennung und um unsere Existenzberechtigung.«

Daß aber auch die Verfügungstruppe Schwierigkeiten hatte, anerkannt zu werden, zeigen die beiden folgenden Beispiele:

Einen Antrag des SS-Hauptamtes, die Angehörigen der VT und der Wachverbände den für die Wehrmacht geltenden Bestimmungen entsprechend von der polizeilichen Meldepflicht zu befreien, wurde vom RuPrMdI mit Verfügung vom 28. August 1935 abschlägig beschieden. – Fälle von Fahnenflucht bei VT und TV konnten mindestens noch 1936 von den ordentlichen Gerichten nicht bestraft werden, da die bestehenden Strafbestimmungen auf die bewaffneten SS-Verbände nicht anwendbar waren.

Die verfassungsorganisatorische Stellung der bewaffneten SS-Verbände blieb zunächst undefiniert. Tatsächlich hatten sie durch den auf den Führer persönlich geleisteten Eid ihren Platz im Bereich der unmittelbaren Führergewalt jenseits von Partei und Staat. Eine ausdrückliche generelle »Legalisierung« in dem von E. R. Huber beschriebenen Sinne ist in den ersten Jahren nicht erfolgt; die Einheiten erhielten lediglich von Fall zu Fall einzelne staatliche Rechte als Privilegien, wie zum Beispiel das Recht, Waffen zu tragen. Erst als die Institution »Reichsführer-SS und Chef der Deutschen Polizei« am 17. Juni 1936 errichtet war, war auch ein verfassungsorganisatorischer »Aufhänger« für die bewaffneten SS-Verbände vorhanden. Indem sie als polizeiliche Sonderformationen ausgegeben wurden, bekamen sie erstens einen definierbaren Ort im Gesamtgefüge der normativen staatlichen Ordnung; zweitens war damit gegenüber der Wehrmacht die Bewaffnung dieser Verbände plausibel zu machen, denn die Polizei war diejenige Formation, die Waffen trug, ohne daß der »einzige Waffenträger der Nation« sich deshalb in seinem Privileg geschmälert fühlen konnte; drittens war wegen der spezifischen Stellung des Reichsführers-SS und Chefs der Deutschen Polizei in der nationalsozialistischen Herrschaftsstruktur die Stellung der bewaffneten SS unmittelbar unter dem Führer gewahrt. – Diese Lösung fand ihren Niederschlag in der Anordnung Hitlers über die Stellung der bewaffneten SS-Verbände vom 17. August 1938 [Geheime Kommandosache], die in ihren wichtigsten Passagen folgendermaßen lautet:

»Durch Ernennung des Reichsführers-SS und Chef der Deutschen Polizei im Reichsministerium des Innern am 17. 6. 1936[167]

[167] RGBl I, S. 487.

habe ich die Grundlage zur Vereinheitlichung und Neugliederung der Deutschen Polizei geschaffen.

Damit sind auch die dem Reichsführer-SS und Chef der Deutschen Polizei bereits vorher unterstehenden Schutzstaffeln der NSDAP in eine enge Verbindung zu den Aufgaben der Deutschen Polizei getreten.

Zur Regelung dieser Aufgaben sowie zur Abgrenzung der gemeinsamen Aufgaben der SS und der Wehrmacht ordne ich zusammenfassend an:

1. Die SS in ihrer Gesamtheit, als eine politische Organisation der NSDAP, bedarf für die ihr obliegenden politischen Aufgaben keiner militärischen Gliederung und Ausbildung. Sie ist unbewaffnet.

2. Für besondere innerpolitische Aufgaben des Reichsführers-SS und Chefs der Deutschen Polizei, die ihm zu stellen ich mir von Fall zu Fall vorbehalte, oder für die mobile Verwendung im Rahmen des Kriegsheeres [SS-Verfügungstruppe] sind von der Anordnung der Ziffer 1 folgende bereits bestehende bzw. für den Mob.-Fall aufzustellende SS-Einheiten ausgenommen:

   die SS-Verfügungstruppe
   die SS-Junkerschulen
   die SS-Totenkopfverbände
   die Verstärkung der SS-Totenkopfverbände [Polizeiverstärkung].

Sie unterstehen im Frieden dem Reichsführer-SS und Chef der Deutschen Polizei, der ... allein die Verantwortung für ihre Organisation, Ausbildung, Bewaffnung und volle Einsatzfähigkeit hinsichtlich der ihm von mir zu stellenden innerpolitischen Aufgaben trägt. ... Die SS-Verfügungstruppe ist weder ein Teil der Wehrmacht noch der Polizei. Sie ist eine stehende bewaffnete Truppe zu meiner ausschließlichen Verfügung. Als solche und als Gliederung der NSDAP ist sie weltanschaulich und politisch nach den von mir für die NSDAP und die Schutzstaffeln gegebenen Richtlinien durch den Reichsführer-SS auszuwählen, zu erziehen und durch Einstellung von Freiwilligen, die ihrer Arbeitsdienstpflicht genügt haben, aus der Zahl der Wehrpflichtigen zu ergänzen. ...

Die gesetzlich aktive Wehrpflicht [§ 8 des Wehrgesetzes] gilt durch Dienst von gleicher Dauer in der SS-Verfügungstruppe als erfüllt.

Die SS-Verfügungstruppe erhält ihre Geldmittel durch das Reichsinnenministerium. Ihr Haushaltsplan bedarf der Mitprüfung durch das Oberkommando der Wehrmacht. –

...

Die Verwendung der SS-Verfügungstruppe im Mob.-Fall ist eine doppelte:

1. Durch den Oberbefehlshaber des Heeres im Rahmen des Kriegsheeres. Sie untersteht dann ausschließlich den militärischen Gesetzen und Bestimmungen, bleibt aber politisch eine Gliederung der NSDAP.
2. Im Bedarfsfalle im Innern nach meinen Weisungen. Sie untersteht dann dem Reichsführer-SS und Chef der Deutschen Polizei.

...

Die SS-Totenkopfverbände sind weder ein Teil der Wehrmacht noch der Polizei. Sie sind eine stehende bewaffnete Truppe der SS zur Lösung von Sonderaufgaben polizeilicher Natur, die zu stellen ich mir von Fall zu Fall vorbehalte. Als solche und als Gliederung der NSDAP sind sie weltanschaulich und politisch nach den von mir für die NSDAP und die Schutzstaffeln gegebenen Richtlinien auszuwählen, zu erziehen und durch Einstellung von SS-tauglichen Freiwilligen, die ihrer Wehrpflicht grundsätzlich in der Wehrmacht genügt haben, zu ergänzen. Besondere Ausnahmefälle unterliegen der Zustimmung der Wehrmacht. Sie unterstehen dem Reichsführer-SS und Chef der Deutschen Polizei, der mir für ihre Organisation, Ausbildung, Bewaffnung und volle Einsatzfähigkeit verantwortlich ist.«

Um dieses Dokument richtig zu verstehen, muß man beachten, daß es sich nicht um eine Rechtsverordnung irgendwelcher Art handelt, also nicht um die Setzung einer Rechtsnorm, sei es auch im weitesten Sinne verstanden, sondern um eine militärische Weisung; daher ist es eine »Geheime Kommandosache« [die erst später für den Gebrauch des SS-Hauptamtes zusätzlich als »Geheime Reichssache« ausgefertigt wurde] und enthält auch [hier nicht zitierte] Einzelheiten über Gliederung und militärische Unterstellung. Sie spiegelt die Form der »Legalisierung« der bewaffneten SS nur wider und stellt nicht etwa selbst diese »Legalisierung« dar. Der politische Zweck der Weisung war, die Wehrmacht über die bewaffneten SS-Truppen einerseits zu beruhigen und andererseits diese Truppen, insbesondere die Totenkopfverbände, der Wehrmacht gegenüber zu legitimieren; der technische Zweck der Weisung war, wie es in ihrem Text heißt, die »Abgrenzung der gemeinsamen Aufgaben der SS und der Wehrmacht«. Der Kernpunkt dieser Aufgabentrennung war im Grunde auch politischer Natur: Hitler stellt fest, daß die bewaffneten SS-Verbände eigentlich für die Verwendung im *Innern* da seien. Die Betonung ihrer »engen Verbindung zu den Aufgaben der Deutschen Polizei« hatte der Wehrmacht gegenüber nicht den Sinn einer verfassungsorganisatorischen Fixierung, sondern sollte besagen, daß die bewaffnete SS, sofern sie im Mobilmachungsfall nicht unter dem Befehl des Heeres eingesetzt würde, gegen innere Unruhen verwendet würde und die Wehrmacht selbst dadurch von dieser ihr unangenehmen Aufgabe befreit sei. Diese Tendenz hat Hitler später noch einmal kräftig unterstrichen in seinen »Äußerungen über die künftige Staatstruppenpolizei« vom 6. August 1940, in denen es u. a. hieß:

»Der Führer äußerte am 6. 8. 1940 gelegentlich des Befehls zur Gliederung der ›Leibstandarte Adolf Hitler‹ die im folgenden zusammengefaßten Grundsätze zur Notwendigkeit der Waffen-SS.

Das Großdeutsche Reich in seiner endgültigen Gestalt wird mit seinen Grenzen nicht ausschließlich Volkskörper umspannen, die von vornherein dem Reich wohlwollend gegenüberstehen. Über den Kern des Reiches hinaus ist es daher notwendig, eine Staatstruppenpolizei zu schaffen, die in jeder Situation befähigt ist, die Autorität des Reiches im Innern zu vertreten und durchzusetzen.

Diese Aufgabe kann nur eine Staatspolizei erfüllen, die in ihren Reihen Männer besten deutschen Blutes hat und sich ohne jeden Vorbehalt mit der das Großdeutsche Reich tragenden Weltanschauung identifiziert. Ein so zusammengesetzter Verband allein wird auch in kritischen Zeiten zersetzenden Einflüssen widerstehen.

. . .

Nach Bewährung im Felde in die Heimat zurückgekehrt, werden die Verbände der Waffen-SS die Autorität besitzen, ihre Aufgaben als Staatspolizei durchzuführen. Diese Verwendung der Waffen-SS im Innern liegt ebenso im Interesse der Wehrmacht selbst.

Es darf niemals mehr in der Zukunft geduldet werden, daß die deutsche Wehrmacht der allgemeinen Wehrpflicht bei kritischen Lagen im Innern gegen eigene Volksgenossen mit der Waffe eingesetzt wird. Ein solcher Schritt ist der Anfang vom Ende. Ein Staat, der zu diesem Mittel greifen muß, ist nicht mehr in der Lage, seine Wehrmacht gegen den äußeren Feind einzusetzen, und gibt sich damit selbst auf. Unsere Geschichte hat dafür traurige Beispiele. Die Wehrmacht ist für alle Zukunft einzig und allein zum Einsatz gegen den äußeren Feind des Reiches bestimmt.«

Dieser offenkundig ad usum Delphini, d. h. zur Beruhigung der Wehrmacht, abgefaßte Text, der keinerlei Zeugniswert für die tatsächlichen Pläne und Absichten Hitlers besitzt, gibt verstärkt die Tendenz der Anordnung vom 17. August 1938 wieder. In ihrem normativen Gehalt besagte diese, daß erstens die bewaffneten SS-Verbände zwar kein Teil der Polizei seien, wohl aber in so enger Verbindung zu den Aufgaben der Polizei stünden, daß in der Ernennung des RFSSuChdDtPol die Grundlage für die Regelung der Stellung der VT und TV zu sehen sei; zweitens daß diese Verbände politisch Gliederungen der NSDAP seien, jedoch zur ausschließlichen Verfügung des Führers stünden beziehungsweise von ihm von Fall zu Fall Sonderaufgaben zugewiesen bekämen. Im exakt juristischen Sinne allerdings waren VT und TV spätestens ab September 1936 keine Gliederungen der NSDAP mehr. Denn der Begriff der Gliederung war kein verfassungsrechtlicher, sondern ein zivilrechtlicher: Nach § 4 der Verordnung vom 29. März 1935 zur Durchführung des Gesetzes zur Sicherung der Einheit von Partei und Staat vom 1. Dezember 1933[168] waren »Gliederungen« der NSDAP diejenigen nationalsozialistischen Organisationen, die keine eigene Rechtspersönlichkeit besaßen, sondern mit der NSDAP als Körperschaft öffentlichen Rechts zivilrechtlich identisch waren und vermögensrechtlich eine Einheit bildeten. Der Reichsschatzmeister als Generalbevollmächtigter des Führers auf zivilrechtlichem Gebiet und gewissermaßen »gesetzlicher Vertreter« der NSDAP war für die Finanzierung und Etatisierung der Gliederungen zuständig und war für sie passiv legitimiert. Aus diesem zivilrechtlichen Verhältnis zum Reichsschatzmeister waren jedoch die VT und TV ausgeschieden: In Heft 39 vom 26. September 1936 der »Juristischen Wochenschrift« war S. 2696 folgende »Mitteilung bezüglich Passivlegitimation in SS-Angelegenheiten« veröffentlicht worden:

»Bei der Erhebung von Zivilklagen gegen einen Angehöri-

168 RGBl I, S. 502.

gen der Schutzstaffel ist zur Ermittlung der Passivlegitimation die Frage genauestens zu prüfen, ob der SS-Angehörige

1. der Allgemeinen SS,
2. der SS-Verfügungstruppe oder
3. den SS-Totenkopfverbänden

angehört.

Die Allgemeine SS ist eine Gliederung der NSDAP[169].

Die SS-Verfügungstruppe und SS-Totenkopfverbände dagegen sind Teile der Schutzstaffel, welche durch den Reichs- und Preußischen Minister des Innern passiv legitimiert werden.

Demzufolge ist:

I. bei Zivilprozessen, die durch einen SS-Angehörigen der allgemeinen SS veranlaßt sind, die Klage zu erheben gegen:

a] die NSDAP, vertreten durch den Reichsschatzmeister, und den SS-Angehörigen, wenn der SS-Angehörige fahrlässig in der Ausübung des SS-Dienstes gehandelt hat;

b] den SS-Angehörigen allein, wenn der Anspruch auf einem persönlichen Rechtsverhältnis beruht;

II. bei Zivilprozessen, die durch einen SS-Angehörigen der SS-Verfügungstruppe oder der SS-Totenkopfverbände veranlaßt sind, die Klage *nur* zu erheben gegen:

a] das Deutsche Reich, vertreten durch den Reichs- und Preußischen Minister des Innern, dieser vertreten durch den Verwaltungschef der Schutzstaffel der NSDAP, SS-Brigadeführer Pohl, München, Karlstr. 10, wenn der SS-Angehörige fahrlässig seine dienstlichen Obliegenheiten verletzt hat;

b] den SS-Angehörigen allein, wenn der Anspruch auf einem persönlichen Rechtsverhältnis beruht.

Der Verwaltungschef der SS
[gez.] Pohl
SS-Brigadeführer.«

Demnach steht fest, daß die Anordnung Hitlers vom 17. August 1938 keine juristisch exakten und verbindlichen Aussagen über die verfassungsorganisatorische Stellung der bewaffneten SS enthielt. Diese war kein Teil der Polizei, im juristisch greifbaren Sinne aber auch kein Teil der NSDAP; sie war eben eine

---

[169] Vergleiche Anordnung zur Durchführung des Gesetzes zur Sicherung der Einheit von Partei und Staat und die 1. Ausführungsbestimmung RGBl 1935, S. 502 und 583.

Truppe, die unter dem RFSSuChdDtPol im Bereich der unmittelbaren Führergewalt stand und einen Teil der Führerexekutive jenseits von Partei und Staat bildete. Wie allen anderen Einrichtungen dieses Bereichs konnten auch ihr aufgrund der souveränen Führergewalt einzelne Attribute, Rechte und Zuständigkeiten aus dem Bereich des Staates oder der Bewegung zugewiesen werden, soweit solche Akte partieller Legalisierung politisch opportun erschienen.

Himmler war mit der Zahl der bewaffneten, im aktiven Dienst befindlichen Mannschaft, die die Wehrmacht ihm zugestanden hatte, nicht zufrieden. Er sann deshalb auf Mittel und Wege, die ihm gesetzten Schranken zu umgehen. Den ersten Versuch machte er in den Jahren 1936/37 mit den sogenannten »SS-*Grenz- und Wacheinheiten*«. Den Grundstock dieser Einheiten bildeten zwei Formationen von Grenzwachmannschaften der SS, die verschiedenen Ursprungs waren:

1. Am 1. Juli 1933 hatte Hitler angeordnet, an allen deutschen Grenzen den Zollgrenzdienst durch SS-Angehörige zu verstärken. So kamen damals etwa 2400 SS-Männer als sogenannte *Hilfsgrenzangestellte* [Higa] zur Zollverwaltung[170] und wurden von dieser zur Bewachung der »grünen« Grenze verwendet. Außerdem wurden den Higa-Einheiten, die zur Allgemeinen SS gerechnet und dort unter der Rubrik »SS-Reserve« geführt wurden, alle Zollbeamte zugewiesen, die Angehörige der SS waren. Higa-Einheiten gab es nur in den SS-Oberabschnitten Süd, Südwest, Rhein, Südost, Elbe und Main; der Gesamtbestand der Mannschaft betrug im Januar 1937 1495, im Dezember 1938 1565 Mann[171]. Als Österreich zum Reich kam, wurden die Higa-Einheiten des Oberabschnitts Süd zum 1. April 1938 aufgelöst. Im Februar 1935 wurde im SS-Hauptamt eine Abteilung »Higa« eingerichtet[172].

2. Im Winter 1934/35 wurde in Bayern die sogenannte SS-*Grenzüberwachung* [SSG] aufgestellt, deren ursprüngliche Aufgabe war, Nationalsozialisten aufzunehmen, die nach dem fehlgeschlagenen Putsch und dem Mord an Dollfuß aus Österreich fliehen mußten; das Stammpersonal hatte die »Politische Bereitschaft« Reutlingen gestellt. Die SSG war

[170] › Schwarzes Korps ‹, 21. August 1935.
[171] SS-Statistik 1937 und 1938; vgl. Himmlers Rede vor den preußischen Staatsräten vom 5. März 1936.
[172] Stabsbef. Chef SSHA vom 22. Februar 1935.

militärisch organisiert und hatte einen Führungsstab in München.

Mit Wirkung vom 1. April 1936 errichtete Himmler im SS-Hauptamt die Dienststelle eines »Inspekteurs der Grenz- und Wacheinheiten« mit dem Ziel, die Higa-Einheiten, die SSG und einige minder wichtige SS-Wachen zu einem bewaffneten Grenzschutzkorps zusammenzufassen. Inspekteur wurde der frühere Leiter der SA-Dienststelle »Chef des Ausbildungswesens« und spätere HSSPF Krakau, SS-Obergruppenführer Friedrich Wilhelm Krüger. Es gelang jedoch der Wehrmacht – möglicherweise mit Unterstützung Görings –, Himmlers Plan zu vereiteln. Das ergibt sich aus einer Tagebucheintragung Generaloberst Jodls vom 22. Juli 1937:

> »Sitzung bei Göring. Anspruch der SS auf erhöhte Grenzsicherung durch SS begründet mit dem Eindringen von Kommunisten, Saboteuren und Attentätern. Verstärkung der Außenstellen der Gestapo um 4000 Mann wird zugestanden. Grenzschutzkorps abgelehnt.«

Himmler wurde also nur eine Vergrößerung des Personalbestandes der Gestapo genehmigt, womit er die echten sachlichen Erfordernisse einer verstärkten Grenzüberwachung erfüllen konnte. Im Oktober 1937 wurde daraufhin die SSG aufgelöst; ihre Angehörigen wurden, soweit sie eine Polizeiprüfung bestanden, in die Grenzpolizei übernommen. Während einer Übergangszeit blieb die Mannschaft noch in einer Einheit zusammengefaßt; in der »SS-Statistik 1937« wird eine Sondereinheit »Grenzpolizei« [mit einer Stärke von ca. 185 Mann] aufgeführt mit der Bemerkung: »Hieß bis Oktober 1937 SS-Grenzüberwachung.« Diese Einheit unterstand innerhalb der SS nunmehr dem SD-Hauptamt.

Der zweite, diesmal erfolgreiche Versuch Himmlers, über das von der Wehrmacht zugestandene Kontingent hinaus Mannschaften militärisch auszubilden, erfolgte in den Jahren 1938/39 unter der charakteristischen Bezeichnung »Polizeiverstärkung«. Die Grundlagen dafür finden sich in der oben ausführlich behandelten Anordnung Hitlers vom 17. August 1938:

> »Verstärkung der SS-Totenkopfverbände [Polizeiverstärkung].
>
> 1] Die Verstärkung der SS-Totenkopfverbände ist eine Polizeitruppe, die im Bedarfsfall auf meinen Befehl, im Mob.-Fall jedoch grundsätzlich aufgestellt und bewaffnet wird.

2] Ihre Stärke bestimmt der Reichsführer-SS und Chef der Deutschen Polizei innerhalb der Gesamtstärke aller Polizeieinheiten, die ich für das Reichsgebiet festsetzen werde.

3] Organisation, Kräfteverteilung, Bewaffnung und Ausbildung der Verstärkung der SS-Totenkopfverbände richten sich ausschließlich nach den an sie herantretenden polizeilichen Aufgaben. Die Verantwortung für die volle Einsatzfähigkeit in dieser Beziehung trägt der Reichsführer-SS und Chef der Deutschen Polizei, der mir – bezüglich Bewaffnung und Ausrüstung nach vorherigem Benehmen mit dem Oberkommando der Wehrmacht – entsprechende Vorschläge zu machen hat.

4] Die Ausbildung der für den Kriegsfall vorgesehenen Verstärkung der SS-Totenkopfverbände im Alter zwischen 25 und 35 Jahren erfolgt im Frieden durch die Ergänzungseinheiten der SS-Totenkopfverbände.

5] Die Geldmittel für die Ausbildung der Verstärkung der SS-Totenkopfverbände werden durch das Reichsinnenministerium beim Oberkommando der Wehrmacht als R. V.-Sondermittel angefordert.«

Die Totenkopfverbände erhielten also neben der Bewachung der KZ eine neue Aufgabe: nämlich mit einer Art Krümpersystem kurzfristig Mannschaften militärisch auszubilden. Diese Mannschaften stammten aus der Allgemeinen SS und wurden aufgrund der Notdienst-Verordnung vom 15. Oktober 1938 einberufen. In einem Schreiben des Reichsministers des Innern in dieser Angelegenheit vom 12. Januar 1939 heißt es:

»Der Reichsführer-SS und Chef der Deutschen Polizei wird auf Grund des Führererlasses vom 17. August 1938 von Mitte Januar 1939 ab Angehörige der Jahrgänge 1903–1913, die der SS angehören, zu einer dreimonatigen Übung zur Verstärkung der SS-Totenkopfverbände [Polizeiverstärkung] einberufen. Die Einberufung wird auf die Notdienstverordnung vom 15. Oktober 1938[173] gestützt.«

Wie der Wert der Notdienst-Verordnung auf seiten der SS eingeschätzt wurde und wie mühsam die SS sich diese Regelung hatte erkämpfen müssen, das veranschaulicht ein Vortragsmanuskript vom September 1938 des SS-Oberführers Petri. Petri, der die Verhandlungen für die SS führte, schrieb darin unter anderem:

[173] RGBl I, S. 1441.

»Der langjährige Verhandlungsweg zwischen den Dienststellen des Reichsführers-SS und den Reichsministerien, vor allem aber mit dem ehemaligen Reichskriegsministerium und dem jetzigen Oberkommando der Wehrmacht bis zu dem heutigen Stand der Beziehungen über die Einberufungen zu den SS-Totenkopfverbänden war derartig wechselvoll und dornenreich, der Standpunkt der Gegenpartei, vor allem des Reichskriegsministers und des Oberkommandos der Wehrmacht war zeitweise so unnachgiebig und ohne Einsicht, und nur allmählich durch die Unterstützung der innerpolitischen Lage [ich erinnere an den Fall von Blomberg] oder der außenpolitischen Lage [österreichische und sudetendeutsche Unternehmung] etwas nachgiebiger oder gefügiger geworden, so daß selbst für die Verhandlungsführer der große rote Faden, der aus diesem Labyrinth einmal herausfuhren mußte, nur mit größter Zähigkeit und manchmal auch Rücksichtslosigkeit festgehalten werden konnte. Aber von Interesse dürfte es für die SS-Oberabschnitte sein, jetzt einmal den Zusammenhang und den Weg zu übersehen, auf dem wir schließlich dahin gelangt sind, für die bevorstehende Einberufung der Verstärkung der SS-Totenkopfverbände ausgerechnet die Notdienstverordnung zur Anwendung zu bringen. Und ich stehe nicht an, meine rein persönliche Ansicht hierüber dahin festzulegen und vorwegzunehmen, daß die Anwendung dieser Notdienstverordnung für uns eben nur der letzte Notbehelf mangels einer anderen gesetzlichen Regelung sein kann, daß wir diese Notdienstverordnung nur so lange als Unterlage benutzen, als wir noch keine andere Lösung erkämpft haben, und daß der Kampf um eine solche neue, und zwar gesetzliche Lösung die vornehmste Aufgabe auf diesem Gebiet für das vor uns liegende Jahr 1939 sein muß.«

Am Polenfeldzug nahmen Einheiten der VT und der TV im Rahmen größerer Verbände des Heeres teil, so wie es in der Anordnung vom 17. August 1938 vorgesehen gewesen war. Nach dem Polenfeldzug wurde aus den Standarten »Deutschland«, »Germania« und »Der Führer« die SS-Verfügungsdivision gebildet; sie gab später die Standarte »Germania« zur Neuaufstellung der Division »Wiking« ab und erhielt selbst den Namen »Das Reich«. Ebenfalls nach dem Polenfeldzug wurde aus drei Totenkopfstandarten, ergänzt durch Männer, die als »Polizeiverstärkung« ausgebildet worden waren, die »SS-Totenkopfdivision« aufgestellt. Außerdem wurden aus den Männern der »Polizeiverstärkung« neun weitere »Totenkopfstandarten« gebildet; sie waren verteilt auf die Standorte Prag, Linz, Wien, Oranienburg, Brünn, Krakau, Tarnow, Danzig, Bromberg, Buchenwald, Radom, Warschau, Lodz, Posen und Przasnysz. Diese Totenkopfstandarten waren der Stamm für weitere SS-Divisionen, die später aufgestellt wurden. Für die Bewachung der Konzentrationslager dagegen wurden aus zum Teil nicht kriegsdienstfähigen Angehörigen der Allgemeinen SS die sogenannten »Totenkopfsturmbanne« neu aufgestellt.

Die Führungsspitze aller bewaffneten SS-Verbände war bis Mitte 1940 noch immer das SS-Hauptamt mit seinen Inspektionen, vor allem der Inspektion der Verfügungstruppe. Die Inspektion der KL und der Totenkopfverbände war bei Beginn des Krieges aufgeteilt worden in eine »Inspektion der Konzentrationslager« und eine »Generalinspektion der verstärkten SS-Totenkopfstandarten« [auch als »Inspektion der SS-T-Standarten« bezeichnet]. Als am 1. Juni 1940 die Inspektion der Verfügungstruppe noch im Rahmen des SSHA in das »Kommando der Waffen-SS« umgewandelt wurde, wurde die Inspektion der KL sogleich darin mit einbezogen. Am 1. August 1940 wurde sodann die Inspektion der SS-T-Standarten aufgelöst, und ihre Geschäfte wurden vom Kommando der Waffen-SS übernommen. Am 15. August 1940 schied das Kommando der Waffen-SS mit einigen Teilen des SSHA aus diesem aus und bildete den Grundstock des mit Wirkung vom gleichen Tage errichteten SS-Führungshauptamtes. – Die Auflösung der Inspektion der SS-T-Standarten war nicht nur eine organisatorische Maßnahme, sondern hatte auch eine verfassungsorganisatorische Seite. Mit ihr wurde nämlich die Unterscheidung aufgehoben zwischen den Teilen der bewaffneten SS, deren Dienst Wehrdienst im Sinne des Wehrgesetzes war, und den anderen, bei denen es sich nur um Notdienst im Sinne der Notdienst-Verordnung vom 15. Oktober 1938 handelte. Aus diesem Grunde war es auch nicht nur eine Namensänderung, sondern eine Maßnahme von rechtlicher Relevanz, als am 25. Februar 1941 auf Befehl des RFSS die SS-Totenkopfstandarten in »SS-Standarten« umbenannt wurden. Die Bezeichnung »Totenkopf« wurde zwar einerseits als Ehrentitel aufgefaßt und deshalb während des ganzen Krieges von der Totenkopfdivision als Traditionsbezeichnung beibehalten; andererseits aber war sie zwischen 1936 und 1940 beziehungsweise 1941 ein Stigma der wehrrechtlichen Unebenbürtigkeit, bei den Totenkopfstandarten wie bei den Totenkopfwachsturmbannen. Die *Bezeichnung* »Waffen-SS« kam im Winter 1939/40 auf. Im zusammenfassenden Bericht des OKW über den Polenfeldzug vom 23. September 1939 wurde noch von der »SS-Verfügungstruppe« gesprochen, im HVBl Teil A 1939 vom 2. Oktober 1939 [S. 84] findet sich die Bezeichnung »bewaffnete SS«. Dagegen liegt bereits vom 19. Januar 1940 eine Anordnung des Stellvertreters des Führers über »Die Ergänzung der Waffen-SS« vor, ebenso eine Anordnung des Reichsschatzmeisters der NSDAP vom 2. März 1940, in der diese Bezeichnung verwendet wurde. Allgemein üblich wurde die Verwendung der Bezeichnung nach Hitlers Reichstagsrede nach dem Westfeldzug am 19. Juli 1940.

Der *Begriff* »Waffen-SS« wurde schon im Krieg in der Öffentlichkeit vorzugsweise auf die militärischen Formationen der SS angewandt. Dementsprechend wird er auch in der Zeit nach dem Krieg verwendet, und die »Hilfsgemeinschaft auf Gegenseitigkeit« [Hiag] der ehemaligen Angehörigen der Waffen-SS knüpft daran die Behauptung, der Begriff habe auch tatsächlich nur die SS-Divisionen und deren Ersatzeinheiten umfaßt. Das ist jedoch nicht richtig. Vielmehr umfaßte der Begriff »Waffen-SS« alle diejenigen Formationen und Dienststellen der SS, die vom Reichsminister der Finanzen etatisiert wurden. Das erklärt sich historisch daraus, daß von Anfang an die bewaffneten Teile der SS mit denen, die aus staatlichen Mitteln finanziert wurden, identisch waren; das war die »bewaffnete SS«, welche Bezeichnung dann umgeformt wurde in Waffen-SS. Zu den vom RFM etatisierten Teilen der SS und somit zur »bewaffneten« oder »Waffen-SS« gehörte auch die gesamte Konzentrationslagerorganisation. Einen Beweis dafür liefert ein Schreiben des Wirtschafts-Verwaltungshauptamtes SS an den RFSS vom 11. Mai 1942, dessen erster Teil folgendermaßen lautet[174]:

> »Die Beratungen mit den Vertretern des Reichsministeriums der Finanzen über den *Haushalt der Waffen*-SS sind nach sechs Sitzungstagen mit einem vollen Erfolg abgeschlossen worden.
>
> Die wichtigsten Ergebnisse sind:
>
> 1.] Grundsätzlich hat der Reichsfinanzminister anerkannt:
>
> 7 [Vorjahr 4] *Friedensdivisionen der Waffen*-SS
>
> 3 [„ 2] *Junkerschulen*
>
> 5 [„ 2] Unterführerschulen

[174] NO-504.

1	[Vorjahr	0]	Musikschule
1	[„	1]	Schule des Verwaltungsdienstes
1	[„	0]	Artillerie-Meßschule
1	[„	0]	Nachrichtenschule
1	[„	0]	Kavallerieschule
1	[„	0]	Kraftfahrtechnische Lehranstalt
1	[„	0]	Gestüt [2 weitere vorbehalten]
3	[„	0]	Remonteämter
1	[„	0]	Remonteschule
2	[„	1]	Truppenübungsplätze
4	[„	4]	Hauptzeugämter
5	[„	1]	Kraftfahrzeugdepots
2	[„	0]	Kraftfahrzeugwerkstätten
3	[„	1]	Kraftfahrschulen
7	[„	5]	Kommandanturen
11	[„	7]	*Konzentrationslager*
1	[„	1]	*Frauen-Konzentrationslager*
2	[„	0]	*Jugendschutzlager*
1	[„	1]	Friedens-Bewachungsregiment.

Stärkemäßig beträgt der genehmigte Friedenshaushalt der Waffen-SS:

147.414 [Vorjahr 73.409] Köpfe
10.817 [Vorjahr   0] Pferde.«

Eine ganze Reihe von Dokumenten bestätigt, daß die Konzentrationslager einen Teil der Waffen-SS bildeten. Besonders häufig sind Dokumente mit Briefköpfen wie diesem:

Waffen-SS
Konzensrationslager Natzweiler
Kommandantur

In einem Schreiben des Wirtschafts-Verwaltungshauptamtes an die Kommandanten der Konzentrationslager vom 17. Januar 1944[175] wurde diesen verboten, gegen KZ-Aufseherinnen Arreststrafen zu verhängen. Wörtlich heißt es: »Ich werde dann in solchen Fällen gemäß der Anordnung des Hauptamtschefs entscheiden, ob eine Arreststrafe zu verhängen ist, ob der Fall dem zuständigen SS- und Polizeigericht zugeleitet werden soll oder ob die Beschuldigte *aus den Diensten der Waffen-SS auszuscheiden* hat.« Die Versetzungen von Angehörigen der Bewachungsmannschaften von einem KZ in ein anderes erfolgte stets über das SS-Führungshauptamt/Kommandoamt der Waf-

175 NO-1549.

fen-SS. Das ist auch gar nicht anders denkbar, da die Inspektion der KL ja 1940 innerhalb des SSHA ins Kommando der Waffen-SS und mit diesem dann in das SSFHA übergeführt worden war; dort bildete sie das Amt VI bis zum Frühjahr 1942. Dann wurden die Konzentrationslager dem Wirtschafts- und Verwaltungshauptamt [WVHA] mit Wirkung vom 16. März 1942 als Amtsgruppe D unterstellt. Doch blieb auch nach diesem Datum das SSFHA hinsichtlich Bewaffnung, militärischer Vorschriften und militärischer Ausbildung der Bewachungsmannschaften federführend. Grund der Übertragung der Zuständigkeit für die Konzentrationslager vom Führungshauptamt auf das Wirtschafts-Verwaltungshauptamt war gewesen, daß es der SS im Verlauf des Krieges immer mehr darauf ankam, die Arbeitskraft der Häftlinge für die Ausrüstung der SS-Truppen und für die eigenen wirtschaftlichen Interessen auszunutzen. In diesem Sinne schrieb der Chef des WVHA, Oswald Pohl, am 30. April 1942 an Himmler:

»Der Krieg hat eine sichtbare Strukturänderung der KL gebracht und ihre Aufgabe hinsichtlich des Häftlingseinsatzes grundlegend geändert. Die Verwahrung von Häftlingen nur aus Sicherheits-, erzieherischen und vorbeugenden Gründen allein steht nicht mehr im Vordergrund. Das Schwergewicht hat sich nach der wirtschaftlichen Seite hin verlagert. Die Mobilisierung aller Häftlingsarbeitskräfte zunächst für Kriegsaufgaben [Rüstungssteigerung] und später für Friedensbauaufgaben schiebt sich immer mehr in den Vordergrund.

Aus dieser Erkenntnis ergeben sich notwendige Maßnahmen, welche eine allmähliche Überführung der KL aus ihrer früheren einseitigen politischen Form in eine den wirtschaftlichen Aufgaben entsprechende Organisation erfordert.«

Falsch ist schließlich auch die Behauptung, die Waffen-SS sei ein *»vierter Wehrmachtteil«* gewesen. Und zwar ist es erstens logisch falsch, denn die Unterscheidung der drei Wehrmachtteile Heer, Marine, Luftwaffe war eine Unterscheidung der Waffen*gattungen*, und die Waffen-SS stellte keine neue, vierte Waffengattung dar. Zweitens ist es politisch-historisch falsch; schon die oben gegebene Skizze der Entwicklung der bewaffneten SS-Verbände lehrt, daß diese in ausgesprochenem Gegensatz zur Wehrmacht und gegen deren Willen entstanden sind. Diese Gegensätze wurden in den Kriegsjahren an der Front zwar zum Teil gemildert, politisch aber haben sie sich noch verschärft und führten schließlich 1944 dazu, daß die Wehrmacht wesentliche Kompetenzen an den Reichsführer-SS abtreten mußte, insbesondere die Abwehr, den Befehl über das Ersatzheer, das Kriegsgefangenenwesen, das Heeresverwaltungsamt und die personelle Heeresergänzung. Schließlich wird die Behauptung, die Waffen-SS sei ein vierter Wehrmachtteil, auch durch den Sprachgebrauch der damaligen Zeit widerlegt. Beispiele dafür finden sich selbst aus der spätesten Zeit, wie etwa in einem Erlaß des Hauptamtes SS-Gericht vom 13. Februar 1945 über den Einsatz von Standgerichten im Wehrkreis III, in dem es u. a. heißt: »Zur sofortigen Aburteilung von Straftaten von *Angehörigen aller Wehrmachtteile und der Waffen*-SS werden an mir geeignet erscheinenden Orten des Streifendienstes Standgerichte errichtet.« Wohl war die Waffen-SS ein Teil der deutschen Kriegswehrmacht, wie das Teile des Reichsarbeitsdienstes und der »Organisation Todt« auch gewesen sind. Im verfassungsorganisatorischen Sinn dagegen hatten die bewaffneten Verbände der SS mit der Wehrmacht nie etwas zu tun. Die Wehrmacht war ein Organ der Staatsgewalt, die Waffen-SS ein Organ der Führergewalt.

Der Reichskommissar
für die Festigung deutschen Volkstums

Die Institution »Reichsführer SS/Reichskommissar für die Festigung deutschen Volkstums« [RKF] entstand aufgrund des »Erlasses des Führers und Reichskanzlers zur Festigung deutschen Volkstums« vom 7. Oktober 1939. Dieser Erlaß, der seinerzeit nicht veröffentlicht und in der Presse nur sehr summarisch wiedergegeben wurde, lautete[176]:

Erlaß des Führers und Reichskanzlers
zur Festigung deutschen Volkstums vom 7. Oktober 1939.

Die Folgen von Versailles in Europa sind beseitigt. Damit hat das Großdeutsche Reich die Möglichkeit, deutsche Menschen, die bisher in der Fremde leben mußten, in seinem Raum aufzunehmen und anzusiedeln und innerhalb seiner Interessengrenzen die Siedlung der Volksgruppen so zu gestalten, daß bessere Trennungslinien zwischen ihnen erreicht

---

[176] PS-686, vgl. ›Völkischer Beobachter‹ vom 26. Oktober 1939.

werden. Die Durchführung dieser Aufgabe übertrage ich dem Reichsführer-SS nach folgenden Bestimmungen:

I

Dem Reichsführer-SS obliegt nach meinen Richtlinien:

1. die Zurückführung der für die endgültige Heimkehr in das Reich in Betracht kommenden Reichs- und Volksdeutschen im Ausland,
2. die Ausschaltung des schädigenden Einflusses von solchen volksfremden Bevölkerungsteilen, die eine Gefahr für das Reich und die deutsche Volksgemeinschaft bedeuten,
3. die Gestaltung neuer deutscher Siedlungsgebiete durch Umsiedlung, im besonderen durch Seßhaftmachung der aus dem Ausland heimkehrenden Reichs- und Volksdeutschen.

Der Reichsführer-SS ist ermächtigt, alle zur Durchführung dieser Obliegenheiten notwendigen allgemeinen Anordnungen und Verwaltungsmaßnahmen zu treffen.

Zur Erfüllung der ihm in Absatz 1 Nr. 2 gestellten Aufgaben kann der Reichsführer-SS den in Frage stehenden Bevölkerungsteilen bestimmte Wohngebiete zuweisen.

II

In den besetzten ehemals polnischen Gebieten führt der Verwaltungschef Ober-Ost die dem Reichsführer-SS übertragenen Aufgaben nach dessen allgemeinen Anordnungen aus. Der Verwaltungschef Ober-Ost und die nachgeordneten Verwaltungschefs der Militärbezirke tragen für die Durchführung die Verantwortung. Ihre Maßnahmen sind den Bedürfnissen der militärischen Führung anzupassen. Personen, die zur Durchführung dieser Aufgaben mit Sonderaufträgen versehen sind, unterstehen insoweit nicht der Wehrmachtsgerichtsbarkeit.

III

Die dem Reichsführer-SS übertragenen Aufgaben werden, soweit es sich um die Neubildung deutschen Bauerntums handelt, von dem Reichsminister für Ernährung und Landwirtschaft nach den allgemeinen Anordnungen des Reichsführers-SS durchgeführt.

Im übrigen bedient sich im Gebiete des Deutschen Reiches der Reichsführer-SS zur Durchführung seines Auftrags der vorhandenen Behörden und Einrichtungen des Reiches, der Länder und der Gemeinden sowie der sonstigen öffentlichen Körperschaften und der bestehenden Siedlungsgesellschaften. Falls über eine zu treffende Maßnahme zwischen dem Reichsführer-SS einerseits und der zuständigen obersten Reichsbehörde – im Operationsgebiet dem Oberbefehlshaber des Heeres – eine nach Gesetzgebung und Verwaltungsorganisation erforderliche Einigung nicht erzielt werden sollte, ist meine Entscheidung durch den Reichsminister und Chef der Reichskanzlei einzuholen.

Verhandlungen mit ausländischen Regierungsstellen und Behörden sowie mit den Volksdeutschen, solange sich diese noch im Auslande befinden, sind im Einvernehmen mit dem Reichsminister des Auswärtigen zu führen.

Sofern für die Seßhaftmachung zurückkehrender Reichs- oder Volksdeutscher Grund und Boden im Gebiet des Reiches benötigt wird, so finden für die Beschaffung des benötigten Landes das Gesetz über die Landbeschaffung für Zwecke der Wehrmacht vom 29. März 1935 [Reichsgesetzblatt I, S. 467] und die zu ihm ergangenen Durchführungsverordnungen entsprechende Anwendung. Die Aufgaben der Reichsstelle für Landbeschaffung übernimmt die vom Reichsführer-SS bestimmte Stelle. Die zur Durchführung der Maßnahmen erforderlichen Mittel stellt der Reichsminister der Finanzen dem Reichsführer-SS zur Verfügung.

Berlin, den 7. Oktober 1939
Der Führer und Reichskanzler
[gez.] Adolf Hitler
Der Vorsitzende des Ministerrates
für die Reichsverteidigung
[gez.] Göring
Generalfeldmarschall
Der Reichsminister und Chef
der Reichskanzlei
[gez.] Lammers
Der Chef des Oberkommandos
der Wehrmacht
[gez.] Keitel

Hitler hatte die neuen Aufgaben Himmlers in seiner Reichstagsrede vom 6. Oktober 1939 angekündigt, als er seine Gedanken über eine Neuordnung Europas nach dem deutschen Sieg über

Polen entwickelte. Die wichtigste Aufgabe, die sich aus dem »Zerfall« des polnischen Staates ergebe, so hatte Hitler gesagt, sei »eine neue Ordnung der ethnographischen Verhältnisse, das heißt: eine Umsiedlung der Nationalitäten, so daß sich am Abschluß der Entwicklung bessere Trennungslinien ergeben, als es heute der Fall ist«. Das Problem sei aber nicht nur auf das ehemalige Polen beschränkt, sondern es handle sich um eine weiter ausgreifende Aufgabe für den ganzen Osten und Südosten Europas. Dieser Absicht, die vorgesehene Neuordnung nicht auf das eben eroberte polnische Gebiet zu beschränken, entspricht die sehr allgemeine, auch keineswegs nur auf die polnischen Verhältnisse abzielende Formulierung der dem Reichsführer-SS erteilten Aufträge ebenso, wie eine bezeichnende Änderung des ersten Satzes der Präambel gegenüber einem noch existierenden Entwurf vom 29. September 1939[177]. Dort hatte es noch geheißen: »Das Problem von Versailles hat aufgehört zu bestehen«; jetzt lautete die Einleitung des Erlasses: »Die Folgen von Versailles in Europa sind beseitigt.«

Ähnlich wie beim Erlaß über die Höheren SS- und Polizeiführer und bei Hitlers Anordnung über die bewaffneten SS-Verbände vom 17. August 1938 fallen auch im Erlaß über die Festigung deutschen Volkstums die vagen Formulierungen auf, die mit Absicht gewählt wurden; was kann zum Beispiel die Wendung »Ausschaltung schädigender Einflüsse« alles beinhalten! Besonders bemerkenswert ist, daß die Bezeichnung »Reichskommissar« in dem Erlaß überhaupt nicht vorkommt; Himmler hat sie sich vielmehr aufgrund seiner neuen Ermächtigung erst selbst zugelegt. Es hieß deshalb in einem Runderlaß des Reichsministers für Ernährung und Landwirtschaft [RMEuL] vom 17. Januar 1940[178] mit Recht:

> »Nach dem Führererlaß vom 7. Oktober 1939 obliegen dem Reichsführer-SS alle Maßnahmen zur Festigung deutschen Volkstums nach den Richtlinien des Führers. Der Reichsführer-SS hat für diese Aufgaben das Reichskommissariat zur Festigung deutschen Volkstums gegründet.«

Sachlich war die Bezeichnung »Reichskommissar« zwar in etwa zutreffend, denn die dem RFSS übertragenen Aufgaben waren, wenn auch nur der Form nach, mit denen zu vergleichen, die in der Weimarer Republik Reichskommissaren übertragen wurden; es handelte sich damals um sachlich und zeitlich begrenzte

---

[177] NG-1467.
[178] NG-937.

Aufträge, die den Geschäftsbereich eines einzelnen Ministeriums überschritten und in einer Art begrenzter Sonderbevollmächtigung ohne politisch-parlamentarische und bürokratische Hemmungen erledigt werden sollten. Hätte man jedoch im Falle der »Festigung deutschen Volkstums« die Bezeichnung »Reichskommissar« in den Führererlaß aufgenommen, dann wäre sie »gesetzestechnisch« geworden, und man hätte der neuen Institution im Rahmen der gesamten Verwaltung einen normativ fixierten Platz zuweisen und schließlich bei der Formulierung des Erlasses alle irgendwie tangierten Ressorts beteiligen müssen. Das sollte vermieden werden, und deshalb beauftragte man nur den »Reichsführer-SS«, der bereits Exekutivbefugnisse hatte, und sparte sich auf diese Weise weitere Definitionen und Erklärungen. Die in Absatz III zugunsten des RMEuL angeführten Bestimmungen mußten nur deshalb aufgenommen werden, weil dieser von dem vorbereiteten Erlaß zufällig Wind bekommen hatte und auf einer ausdrücklichen Berücksichtigung bestand. Weil dem »Reichskommissar« kein bestimmter Platz in der Bürokratie zugewiesen war, brauchten auch seine Rechte gegenüber Behörden und sonstigen Dienststellen nur unbestimmt formuliert werden: er sollte »allgemeine Anordnungen und Verwaltungsmaßnahmen treffen« können und sich »der vorhandenen Behörden und Einrichtungen des Reiches« usw. »bedienen«. In der Praxis allerdings hatte er die gleichen Möglichkeiten, als ob ihm das Recht, Rechtsverordnungen zu erlassen und Weisungen zu geben, erteilt worden wäre. So wurden zum Beispiel die Höheren SS- und Polizeiführer bei den Reichsstatthaltern von Danzig/Westpreußen und Posen [später Warthegau] zwar gemäß § 2 der Durchführungsordnung zum Erlaß des Führers und Reichskanzlers über Gliederung und Verwaltung der Ostgebiete vom 2. November 1939 zu Beauftragten des Reichskommissars für die Festigung deutschen Volkstums bestimmt; bei den Oberpräsidenten von Schlesien und Ostpreußen aber genügte für den gleichen Zweck eine Anordnung des Reichsführers-SS[179].

Im Sinne des Erlasses vom 7. Oktober 1939 war der Reichskommissar für die Festigung deutschen Volkstums nicht eine Behörde, die ein bestimmtes Gebiet der Verwaltung zu bearbeiten hatte, sondern ein Führungsstab, der alle in Frage kommenden Dienststellen des Staates und der Partei, vor allem aber der SS, zur Erfüllung seines Auftrages einsetzen konnte. Ausschließ-

[179] RGBl I, S. 2133; NG-937.

lich und im eigentlichen Sinne Dienststelle des Reichskommissars war zunächst nur der Führungsstab selbst; alle anderen für die Festigung deutschen Volkstums tätig werdenden Dienststellen waren dem Reichskommissar in verschiedenen Spielarten bedingt untergeordnet. Das war die Quelle der organisatorischen Kompliziertheit und verwaltungsrechtlichen Komplexheit der Gesamtinstitution. Sehr bald allerdings zeigte sich, daß die gestellten Aufgaben zu groß und zum Teil so völlig neu waren [z. B. der Vermögensausgleich für die Umsiedler], daß sie von bereits bestehenden Dienststellen nicht nebenbei erledigt werden konnten; und daß andererseits Leistungsfähigkeit und Macht des Reichskommissars um so größer sein würden, je mehr er in eigener Regie erledigte. Deshalb wurde der Grundsatz, sich ausschließlich bereits vorhandener Behörden zu bedienen, bald durchbrochen; es wurden neue Dienststellen gegründet, die ausschließlich den Aufgaben des Reichskommissars dienten und nicht bloß auf Zusammenarbeit mit dem Führungsstab angewiesen, sondern diesem unterstellt waren. Sie bildeten mit dem Führungsstab zusammen das, was man als den *engeren Befehlsbereich* des RKF bezeichnen kann.

Den Führungsstab errichtete der RFSS mit seiner ersten aufgrund der neuen Bevollmächtigung erlassenen Anordnung, deren Anfang lautete[180]:

»Durch den Erlaß des Führers vom 7. 10. 1939 bin ich zum Reichskommissar zur Festigung deutschen Volkstums ernannt worden.

Für die Leitung und Herausgabe der allgemeinen Anordnungen und Richtlinien und für die Durchführung bestimmter nur zentral zu erledigender Aufgaben richte ich die Dienststelle des Reichskommissars ein. Die Leitung habe ich dem SS-Oberführer Greifelt übertragen.«

Daß es nicht richtig ist, daß Himmler durch den Führererlaß zum Reichskommissar ernannt worden sei, wurde schon erwähnt. Der Führungsstab als solcher mußte in praxi nicht neu aufgestellt werden, sondern war in Gestalt der für die Umsiedlung der Südtiroler im Juni 1939 eingerichteten »Leitstelle für Ein- und Rückwanderung« bereits vorhanden. Diese Leitstelle hatte unter der Leitung von Greifelt zum Persönlichen Stab RFSS gehört. Sie erhielt Mitte Oktober 1939 die Bezeichnung »Dienststelle des Reichskommissars für die Festigung deutschen Volkstums« und hatte ursprünglich folgende Hauptabteilungen

[180] NO-3078.

I. Planungsfragen, Vorschläge, Anregungen

II. Lenkung des Menscheneinsatzes, Aufteilung der Umsiedler auf die neuen Gebiete

III. Ausgleich von Schadensfällen

IV. Beschaffung und Verwaltung der finanziellen Mittel

V. Zentralbodenamt, Beschlagnahme und Neuverteilung des Bodens

VI. Siedlungsamt.

Das *Zentralbodenamt* hatte mit den ihm unterstellten, in den besetzten Gebieten stationierten Bodenämtern seine eigene Vorgeschichte: Es war nämlich ursprünglich eine Einrichtung des Rasse- und Siedlungshauptamtes und bis ins Jahr 1940 hinein mit der Dienststelle RKF nur lose verbunden gewesen. Das RuSHA hatte sich 1938 diesen Verwaltungsapparat eingerichtet, um vor der Besetzung fremder Gebiete durch deutsche Truppen die Beschlagnahme allen jüdischen und sonst als staatsfeindlich bezeichneten landwirtschaftlichen Besitzes vorzubereiten und diesen dann sogleich bei der Besetzung zu übernehmen und darüber zu verfügen. Das war im Sinne des weiter oben [S. 84] bereits zitierten Briefes des damaligen Chefs des RuSHA geschehen, wonach für das Siedlungsproblem außerhalb der alten Reichsgrenzen, da es in erster Linie ein politisches Problem sei, die politische Organisation der SS zuständig sei. So wurde im Memelland jüdischer und litauischer landwirtschaftlicher Besitz durch Einsatzstäbe des RuSHA sichergestellt, und auch in Polen gingen Einsatzstäbe des RuSHA mit der Truppe mit, um »die Rechte des Reiches auf den Boden damaliger polnischer Staatsangehöriger wahrzunehmen«[181]. So wie eine Weile nach dem Schluß der Kampfhandlungen in den besetzten Gebieten die mobilen Einsatzgruppen des CSSD in eine stationäre Gliederung der Sicherheitspolizei und des SD übergeführt wurden, so auch die Einsatzstäbe des RuSHA in stationäre Bodenämter in verschiedenen polnischen Städten. Auch in Prag gab es ein Bodenamt, das schon im Sommer 1939 der Leiter des Siedlungsamtes des RuSHA, SS-Oberführer von Gottberg, übernommen hatte. Gottberg hatte sich dort eine starke und politisch selbständige Stellung geschaffen und hatte den Ehrgeiz, ein eigenes, vom RKF unabhängig bleibendes Reichssiedlungskommissariat zu schaffen, dessen Grundstock das Zentralbodenamt bilden sollte. Erst als von Gottberg Anfang 1940 wegen tatsächlicher oder angeblicher Unsauberkeiten in seiner dienstlichen Tätigkeit

[181] NO-5640.

und privaten Lebensführung seines Amtes enthoben worden war, erfolgte bald darauf die endgültige Eingliederung des Zentralbodenamtes in die Dienststelle RKF.

Mitte Juni 1941 wurde der Verwaltungsapparat des RKF reorganisiert. Die Dienststelle RKF wurde unter der neuen Bezeichnung »Stabshauptamt« [StHA/RKF] zum Hauptamt der SS erhoben und dem Schema der anderen Hauptämter entsprechend folgendermaßen neu gegliedert[182]:

Amtsgruppe A	Zentralamt [u. a. Personalfragen, Gerichtsoffizier, Zentralregistratur]	
	Amt I	Umsiedlung, Volkstum
	Amt II	Arbeitseinsatz
Amtsgruppe B	Amt III	Wirtschaft [später »gewerbliche W.«]
	Amt IV	Landwirtschaft
	Amt V	Finanzverwaltung
Amtsgruppe C	Amt VI	Planung
	Amt VII	Bauten
	Amt VIII	Zentral-Bodenamt.

Zum engeren Befehlsbereich des RKF gehörten neben der Dienststelle vor allem die *Beauftragten des* RKF. Als solche wurden zunächst die vier Höheren SS- und Polizeiführer bei den Oberpräsidenten von Ostpreußen und Oberschlesien und bei den Reichsstatthaltern von Danzig/Westpreußen und Warthegau ernannt. Sie trugen die amtliche Bezeichnung

Reichsstatthalter [bzw. Oberpräsident]

der Höhere SS- und Polizeiführer

Beauftragter des RKF.

Sie besaßen vom RKF abgeleitete Weisungsbefugnis gegenüber allen Behörden der Reichsstatthalter bzw. Oberpräsidenten und setzten diese Behörden für die Zwecke des RKF ein; daneben verfügten sie aber auch über je einen Stab von eigenen Sachbearbeitern, die sogenannten Ansiedlungsstäbe. Auf der Kreisstufe waren für RKF-Aufgaben auf seiten der SS die Kreisansiedlungsstäbe, auf seiten der Behörden die Landräte und Oberbürgermeister zuständig. Der Beauftragte des RKF konnte also mit 3 Gruppen von Dienststellen arbeiten: mit den Behörden des Reichsstatthalters, mit den eigenen Ansiedlungsstäben und mit allen ihm als HSSPF unterstellten Dienststellen der SS und Polizei. Waren die HSSPF als solche dem Reichsstatthalter »persönlich und unmittelbar«, so waren sie ihm in

[182] NO-4060, NO-3478.

ihrer Eigenschaft als Beauftragte des RKF überhaupt nicht unterstellt. Das ergab den unhaltbaren Zustand, daß der HSSPF die Behörden des Reichsstatthalters beschäftigen konnte, ohne diesen darüber auch nur informieren zu müssen. Deshalb wurde im Frühjahr 1940 die Regelung dahingehend abgeändert, daß die Reichsstatthalter selbst die Beauftragten des RKF wurden und die HSSPF ihre ständigen Vertreter waren. Jetzt waren diese immerhin zu einer Berichterstattung verpflichtet, und die Reichsstatthalter konnten ihnen de jure Weisungen erteilen; in der Praxis hatte natürlich die Unterstellung der HSSPF unter den RFSS beziehungsweise RKF in jedem Falle den Vorrang. Im Gau Danzig-Westpreußen blieb der HSSPF selbst Beauftragter des RKF, weil zwischen Himmler und dem Reichsstatthalter Forster scharfe politische Gegensätze herrschten und Forster sich weigerte, auch nur formal Himmler unterstellt zu sein. Unter diesen Umständen durfte der HSSPF allerdings kaum auf die ihm rechtlich zustehende Hilfe der Behörden des Reichsstatthalters rechnen, sondern mußte seine Maßnahmen ausschließlich mit eigenen Kräften und sogar im Kampf gegen Forsters Behörden treffen. Ähnlich variierten auch in den späteren Jahren, als in allen Gebieten des Altreiches und der besetzten Länder Beauftragte des RKF eingesetzt wurden, die Unterstellungsverhältnisse entsprechend den jeweiligen politischen Gegebenheiten. Die Regel war, daß in allen Gebieten, in denen größere Aufgaben vom RKF zu erledigen waren und in denen also wirklich die Behörden der Reichsstatthalter beansprucht wurden, diese auch als Beauftragte des RKF fungierten, während dort, wo wenig zu tun war [d. h. besonders im Altreich] die HSSPF direkt beauftragt waren. Eine Ausnahme machte der Gau Niederschlesien, wo der Gauleiter Hanke gewünscht hatte, daß der HSSPF in RKF-Angelegenheiten nur als sein ständiger Vertreter handeln dürfe. Besonders bemerkenswert ist die Ausnahme, die im Generalgouvernement seit 1942 bestand; dort wurde der HSSPF durch Führererlaß vom 7. Mai 1942 zum Staatssekretär für das Sicherheitswesen ernannt und handelte unmittelbar auf Weisung des RFSS sowohl in dessen Eigenschaft als Chef der Deutschen Polizei als auch in dessen Eigenschaft als RKF. Zum engeren Befehlsbereich des RKF gehörten weiterhin eine Reihe von Gesellschaften privaten Rechts mit amtlichen Funktionen, die dem StHA unmittelbar unterstanden und ausschließlich mit Aufgaben des RKF beschäftigt waren; es waren, aus dem Blickwinkel des StHA gesehen, die sogenannten »angeschlossenen Dienststellen«. Ihr Rechtsstatus ist schwer durchschaubar; sie entsprachen wohl den Gesellschaften privaten Rechts, welche sich auch andere Hauptämter der SS als Dienststellen angegliedert hatten, wie etwa den »Deutschen Wirtschaftsbetrieben« des Wirtschafts- und Verwaltungshauptamtes oder den Gesellschaften, die mit der Euthanasie befaßt waren. Es handelte sich im Bereich des StHA in erster Linie um folgende Einrichtungen:

1. Die Deutsche Umsiedlungs-Treuhand GmbH [DUT]
Die DUT war eine Dienststelle des RKF. Sie besaß eine Rechtsform privaten Rechts, konnte aber als Reichsgesellschaft einen behördlichen Charakter beanspruchen[183]. Sie war am 3. November 1939 gegründet worden und hatte den Auftrag, die Umsiedler vermögensrechtlich zu betreuen, den Ausgleich der im Herkunftsland zurückgelassenen Vermögen vorzunehmen beziehungsweise, wo nötig, Kredite und Vorschüsse zu gewähren. Finanzbevollmächtigt für die DUT war das Amt Finanzverwaltung des StHA, sachlich zuständig das Amt Gewerbliche Wirtschaft des StHA.

2. Deutsche Ansiedlungsgesellschaft [DAG]
Die DAG stammt auch aus der Zeit vor der Ernennung des RKF. Sie war ursprünglich eine der drei Gesellschaften privaten Rechts gewesen, die sich das RuSHA 1938 gegründet hatte, um bei der Besetzung neuer Länder durch deutsche Truppen auch die größten Mengen beschlagnahmten staatsfeindlichen Besitzes auffangen zu können. Für den städtischen Grundbesitz waren damals die »Allod, Eigenheim und Kleinsiedlung GmbH« mit Sitz in Berlin und [für Österreich] die »Erste gemeinnützige Wohnungs- und Siedlungsbaugesellschaft für Kleinwohnungen« mit Sitz in Wien gegründet worden; für den gesamten landwirtschaftlichen und Forstbesitz einschließlich der landwirtschaftlichen Industrie [Molkereien, Zuckerfabriken usw.] aber die DAG, die im Frühjahr 1939 bereits 300000 Morgen eigenen und treuhänderischen Besitzes bewirtschaftete. Alle drei Gesellschaften unterstanden ursprünglich ausschließlich dem RuSHA und waren, wie sich der damalige Chef des RuSHA ausdrückte, »als regelrechte SS-Gesellschaften anzusprechen«. Im Rahmen der RKF-Organisation

---

[183] NO-4683, NO-4060, NO-3478, NO-4289, NO-4817. Die schwierige Frage, ob die Mitarbeiter der DUT dienstrechtlich als Angehörige des RKF anzusehen sind, kann und braucht hier nicht erörtert zu werden.

kam die DAG dann unter die Finanzaufsicht der für sie bevollmächtigten Finanzabteilung des StHA und erhielt die Aufgabe,
Grundstücke, Inventar und Vieh der enteigneten Ausländer zu
übernehmen und für die deutschen Siedler bereitzuhalten[184].

Neben den genannten Gesellschaften hat es für einzelne spezielle
Zwecke noch andere gegeben. So erwähnte zum Beispiel Greifelt in einem Vortrag über die Tätigkeit des RKF drei sogenannte »Auffanggesellschaften für Kriegsteilnehmer«, deren
Aufgabe es war, einen Teil der ehemals polnischen Betriebe der
gewerblichen Wirtschaft vorläufig zu verwalten, um sie nach
dem Kriege Kriegsteilnehmern zu übereignen[185]. Schließlich
gehörten zum engeren Befehlsbereich des RKF noch einige dem
StHA unmittelbar unterstellte Schulen für Volksdeutsche.

Da der RKF mit dem RFSS identisch war, war die uneinge-
schränkte Befehlsgewalt des RFSS gegenüber allen Dienststellen
der SS und Polizei natürlich auch in RKF-Angelegenheiten gegeben. Da diese Dienststellen jedoch nicht ausschließlich,
sondern nur teil- und zeitweise in RKF-Angelegenheiten
tätig wurden, kann man ihren Kreis als den *weiteren Befehlsbereich* des RKF bezeichnen. Die unmittelbare Befehlsbefugnis
hatte allerdings nur der RFSS/RKF selbst; das StHA dagegen
war in RKF-Angelegenheiten gegenüber den Dienststellen der
SS und Polizei nicht übergeordnet, sondern lediglich federführend. Ohne daß es dazu einer Zwischenschaltung des StHA
bedurft hätte, galten die anderen Hauptämter *selbst* als Dienststellen des RKF, wenn sie einschlägige Aufgaben erfüllten.
Daher finden sich in den Quellen Bezeichnungen wie »Der
RKF – RuSHA« oder »Der RKF – RSHA« oder »Der RKF –
RSHA Amt III«; letzteres war die Bezeichnung des Amtes für
Volkstumsfragen des SD. Die wichtigsten Dienststellen dieses
weiteren Befehlsbereiches des RKF waren die »Volksdeutsche
Mittelstelle«, das RSHA und das RuSHA. Sie können im allgemeinen den drei im Erlaß vom 7. Oktober 1939 dem RKF
übertragenen Aufgaben zugeordnet werden: Umsiedlung der
Volksdeutschen einschließlich deren provisorischer Aufenthalt
in den Lagern, Ausschaltung schädigender Einflüsse und Gestaltung neuer Siedlungsgebiete.

Die *Volksdeutsche Mittelstelle* [Vomi] war im Jahre 1936 von der
NSDAP errichtet worden, und zwar als Zentrale für den ge-

---

[184] NO-3162, NO-4060, NO-3478.
[185] NO-4817.

samten finanziellen und politischen Verkehr mit den Volksdeutschen im Ausland. So diente sie als Instrument, die gesamte Volkstumspolitik in nationalsozialistische Regie zu nehmen. Die Volksdeutschen im Ausland, das heißt, alle diejenigen, die nach Abstammung und Sprache dem deutschen Volkstum zugehörten, ohne jedoch die deutsche Staatsangehörigkeit zu besitzen, sollten nicht wie bisher bloß unterstützt werden, um ihrer nationalen Eigenart entsprechend leben zu können, sondern sollten für die nationalsozialistische Politik aktiviert werden. Dabei bot die 1936 schon außerordentlich angespannte Devisenlage einen guten Vorwand, einerseits die reichsdeutschen Hilfsorganisationen [VDA, Gustav-Adolf-Verein, Reichsbund für das katholische Deutschtum im Ausland und andere] unter wirtschaftliche und politische Kontrolle zu nehmen, andererseits in die Fuhrung der Volksgruppen Leute zu bringen, die mit dem Nationalsozialismus sympathisierten – also die gesamte Volkstumsarbeit gleichzuschalten. Außerdem sollte die Vomi den gesamten, jetzt intensivierten Verkehr zwischen den Auslandsdeutschen und den Reichsbehörden und Parteidienststellen vermitteln, der ja, da die Auslandsdeutschen keine deutschen Staatsbürger waren, weder über die deutschen Missionen noch über die Auslandsorganisationen der NSDAP erfolgen konnte.

Der organisatorische und rechtliche Standort der Vomi ist dem Erscheinungsbild nach außerordentlich komplex; er läßt sich nur bestimmen, wenn man sie als eine Institution der Führergewalt begreift. Vermögensrechtlich hat sie immer in den Zuständigkeitsbereich des Reichsschatzmeisters der NSDAP gehört. Auch verfassungsorganisatorisch war sie ursprünglich ein Teil der »Gesamtbewegung« gewesen und hatte als solche dem Stellvertreter des Führers unterstanden. Im Laufe des Jahres 1938 jedoch wurde sie Hitler persönlich unterstellt und kam somit in den Bereich der unmittelbaren Führergewalt, in dem es keine Unterscheidung mehr zwischen Institutionen des Staates und der Partei gab. Der Leiter der Vomi [seit 1. Januar 1937 SS-Obergruppenführer Werner Lorenz] führte einerseits das Reichsdienstsiegel und die Reichsdienstflagge, besaß aber andererseits seit dem 10. Januar 1938 für seinen Geschäftsbereich die Disziplinarbefugnisse eines Oberabschnittführers der SS und war später Gerichtsherr im Rahmen der SS- und Polizeigerichtsbarkeit. Im Oktober 1939 hatte Lorenz von Hitler persönlich und unmittelbar den Auftrag bekommen, die

Rückführung der Baltendeutschen zu organisieren; kurze Zeit darauf wurde er jedoch dem RKF unterstellt und verlor auf dem der Vomi eben neu übertragenen Aufgabengebiet der Umsiedlung das Privileg der unmittelbaren Unterstellung unter Hitler. Zugleich mit dem Stabshauptamt RKF wurde auch die Vomi im Juni 1941 zu einem der Hauptämter der SS erhoben. Die vorwiegend technisch-organisatorische neue Tätigkeit der Umsiedlung ließ die Vomi zu einem riesigen Apparat anschwellen, während sie andererseits mehr und mehr an politischem Gewicht verlor, da die ursprünglichen delikateren Aufgaben der Volkstumspolitik mit Fortgang des Krieges weniger wurden. Als insbesondere in den letzten Vorkriegsjahren die Volkstumspolitik noch im Mittelpunkt gestanden hatte, hatte die Vomi aus der direkten Unterstellung unter die Führergewalt jenseits von Partei und Staat große Vorteile gezogen: sie konnte mit den Volksdeutschen trotz deren fremder Staatsangehörigkeit direkt verhandeln, indem sie sich darauf berief, keine staatliche Institution zu sein; wenn ihr aber als Parteistelle politische Schwierigkeiten drohte, kehrte sie wieder die »staatlichen« Seiten ihres Wesens hervor.

Die Abgrenzung der Kompetenzen zwischen Hauptamt Vomi und StHA erfolgte durch einen Erlaß des RFSS/RKF vom 9. September 1942 wie folgt[186]:

Vomi   Volkstumsarbeit

            Betreuung der in Abt. 3 und 4 der »Deutschen Volksliste« Eingestuften

            Absiedlung, Transport und Versorgung der Umsiedler in den Lagern

            Führung der deutschen Volksgruppen.

StHA   Planung und Verwirklichung der Siedlungen

            Menscheneinsatz

            Wirtschaftliche Fragen der Umsiedlung, insbesondere Vermögensausgleich

            Propaganda für Siedlung.

Das Hauptamt Vomi hatte für die Wahrnehmung seiner Aufgaben 11 Ämter:

  I Führungsamt

  II Organisation, Personal

  III Finanz-, Wirtschafts-, Vermögensverwaltung

  IV Information

  V Deutschtumserziehung

[186] NO-3088.

VI Sicherung deutschen Volkstums im Reich
VII Sicherung deutschen Volkstums in den neuen Ostgebieten
VIII Kultur und Wissenschaft
IX Politische Führung deutscher Volksgruppen
X Führung der Wirtschaft in den deutschen Volksgruppen
XI Umsiedlung.

Nur die Ämter VI und VII waren teilweise und das Amt XI ausschließlich für den RKF tätig. Die anderen Ämter behielten die alten Aufgaben der Vomi, die nur mittelbar etwas mit dem RKF zu tun hatten [Deutschtumserziehung, politische Führung der Volksgruppen] und bekamen ihr Geld auch weiterhin vom Reichsschatzmeister der NSDAP. Unter ihnen hatte Amt V [Deutschtumserziehung] den wesentlichen Teil der Aufgaben der Abteilung VI des Reichsinnenministeriums [Deutschtum] ubernommen. Amt XI war das eigentliche RKF-Amt und arbeitete nur mit Betriebsmitteln des RKF; es war zuständig für die eigentliche Umsiedlungsarbeit und wuchs sich mit den vielen Hunderten von ihm verwalteten Lagern zu einem organisatorischen »Wasserkopf« im Gesamtrahmen des Hauptamtes aus.

Das *Reichssicherheitshauptamt* beziehungsweise der Chef der Sicherheitspolizei und des SD war im Rahmen der Tätigkeit des RKF zuständig für alle Angelegenheiten nicht-deutschen Volkstums im Reich und in den besetzten Gebieten, also für die Bevölkerung der besetzten Länder, die fremdvölkischen Minderheiten und Arbeitskräfte, für die »Aussonderung« fremden Volkstums und den gesamten Nachrichtendienst in Volkstumsfragen. Für die politische Beurteilung von Volksdeutschen mußte die Vomi die Stellungnahme des RSHA einholen.
Eine Sonderaufgabe des RSHA war die Einbürgerung der Umsiedler mit Hilfe der *Einwandererzentralstelle* [EWZ]. Der RFSS/ RKF hatte den Chef der Sipo und SD persönlich mit der Einbürgerung beauftragt, und dieser richtete zu diesem Zweck Mitte Oktober 1939 die EWZ ein. Es handelte sich um eine Sammeldienststelle: Unter einem Stab, der im wesentlichen aus Mitarbeitern des Chefs Sipo und SD bestand, waren Abordnungen aller derjenigen Behörden und Dienststellen zusammengefaßt, die am Prozeß der Einbürgerung beteiligt waren. Auf diese Weise konnte die große Zahl der Umsiedler [bei Gründung der EWZ waren es allein 70 000 Balten] rasch eingebürgert werden, ohne daß sie von einer zuständigen Stelle

zur anderen gehen mußten, während andererseits auch die zuständigen örtlichen Behörden entlastet wurden. Die EWZ wurde zunächst in Gdingen errichtet, im November 1939 nach Posen, im Frühjahr 1940 nach Berlin und im Herbst 1940 nach Litzmannstadt verlegt. Einen Verbindungsstab hatte sie in Berlin, Zweigstellen in Gdingen, Stettin und zeitweilig in Schneidemühl, Nebenstellen in Krakau und Paris. Außerdem wurden seit Mitte 1940 sogenannte »fliegende Kommissionen« gebildet, die zu den verschiedenen Lagern reisten und dort die Einbürgerung vornahmen.

Neben einigen Verwaltungsstellen des inneren Dienstes [für Organisation, Information, Personal usw.] setzte sich die EWZ für ihren eigentlichen Arbeitszweck aus folgenden Stellen zusammen, die jeweils von Kommandos der zuständigen Behörden und Dienststellen besetzt waren[187]:

1. Melde- und Ausweisstelle mit Lichtbildstelle
   [Ordnungspolizei und Sicherheitspolizei]
2. Gesundheitsstelle
   [Reichsgesundheitsämter]
3. RuS Dienststelle
   [RuSHA]
4. Vermögensstelle
   [Reichsfinanzministerium und Reichsbank]
5. Berufseinsatzstelle
   [Reichsarbeitsministerium]
6. Staatsangehörigkeitsstelle
   [Reichsinnenministerium Abt. I].

Die gleichen Stellen waren auch jeweils in den Außenstellen und den fliegenden Kommissionen vertreten. Aufgrund der rassebiologischen und politischen Bewertung wurde in der EWZ entschieden, ob eine Umsiedlerfamilie überhaupt eingebürgert oder etwa wieder zurückgeschickt beziehungsweise in welcher Gruppe sie eingebürgert wurde. Letzteres wurde als »Ansatzentscheidung« bezeichnet und war die Entscheidung darüber, ob eine Familie im Altreich [A-Fälle], im Osten [O-Fälle] oder gar nicht [S-Fälle] angesiedelt wurde. Es ist sehr bemerkenswert und charakteristisch, daß diese politisch wichtigsten Entscheidungen letztlich der Sicherheitspolizei vorbehalten blieben.

Wie der RFSS zum Zwecke der Festigung deutschen Volkstums ermächtigt war, sich der Behörden des Reiches zu bedienen, so faßte hier also der Chef der Sipo und des SD eine Reihe

[187] NO-3478, NO-3495.

von Behörden des Reiches und Dienststellen der SS zu einem bestimmten Zweck zusammen. Der einzelne zur EWZ kommandierte Beamte blieb rechtlich seiner ursprünglichen Behörde zugehörig. Die EWZ als solche aber stand ausschließlich unter der Dienstaufsicht von RSHA III [also des SD], das seinerseits RKF-Dienststelle war, soweit es für den RKF tätig wurde. Obgleich die EWZ also eine Einrichtung ausschließlich des Chefs der Sicherheitspolizei und des SD war, war sie doch auch eine Einrichtung des RKF; denn sie war ja vom CSSD im Auftrage des RKF und nur für dessen Zwecke eingerichtet worden, und der CSSD selbst galt als RKF-Dienststelle, soweit er für den RKF tätig wurde. Es entspricht dieser Zuordnung, wenn die EWZ sowohl dem Chef der Sipo und SD als auch dem RKF selbst, nicht aber dem StHA verantwortlich war. Auch über die Verwendung der der EWZ angewiesenen Gelder hatte nicht das StHA, sondern nur das RSHA zu befinden. Diese Gelder kamen vom Reichsministerium der Finanzen, da dieses aber nur mit *einer* Stelle der gesamten RKF-Organisation abrechnen wollte, liefen sie über das StHA zum RSHA Amt II, wo ein Konto »RKF« existierte. Von dort erhielt dann die EWZ ihre Betriebsmittel angewiesen.

Eine der EWZ verwandte Aufgabe und ähnliche Stellung hatte die *Umwandererzentrale*, die die Aussiedlung der im Warthegau von ihrem Besitz vertriebenen Polen zu besorgen hatte. Auch die Umwandererzentrale war dem RSHA in dessen Eigenschaft als Dienststelle des RKF unterstellt, allerdings nicht direkt, sondern unter Zwischenschaltung des Inspekteurs der Sipo und des SD im Warthegau. Die UWZ wurde im Frühjahr 1940 gegründet und befand sich in Litzmannstadt.

Das *Rasse- und Siedlungshauptamt* [RuSHA] war im Rahmen der Aufgaben des RKF überall dort zuständig, wo rassische Überprüfungen stattfanden. Es überprüfte also die volksdeutschen Umsiedler und diejenigen Deutschen aus dem Altreich, die im Osten siedeln wollten; außerdem wählte es aus den Angehörigen fremder Völker die Personen aus, die »eindeutschungsfähig« waren. Das RuSHA hatte Außenstellen in Prag und in Litzmannstadt, von denen aus von Fall zu Fall die sogenannten Eignungsprüfer an Dienststellen des RKF abgestellt wurden, zum Beispiel an die EWZ und die UWZ.

Über seinen engeren und weiteren Befehlsbereich hinaus konnte sich der RKF gemäß Führererlaß vom 7. Oktober 1939 der vorhandenen Behörden und Einrichtungen des Reiches, der Länder und der Gemeinden sowie der sonstigen öffentlichen Körperschaften und der bestehenden Siedlungsgesellschaften »bedienen«. Bei dem umfassenden Zuständigkeitsanspruch, den der RKF stellte, einerseits und der Vagheit der entsprechenden gesetzlichen Vorschriften andererseits mußte diese Bestimmung endlose Kompetenzkonflikte auslösen. Sie bot dem RFSS einen Ansatzpunkt, anderen Dienststellen diejenigen Zuständigkeiten zu entwinden, auf die er selbst Wert legte. Den Totalitätsanspruch des RKF brachte Ulrich Greifelt 1940 in einem Aufsatz in der Zeitschrift »Deutsche Verwaltung«[188] in einer Weise zum Ausdruck, die in etwa an den ausschließlichen politischen Zuständigkeitsanspruch der Sicherheitspolizei erinnert. Er nahm für die Aufgabe des RKF eine »Sonderstellung« in Anspruch, die »nur in totaler Weise aufgefaßt und dementsprechend gelöst werden« könne. Es sei ein »Auftrag durchaus übergeordneter Natur«, zu dessen Ausführung »absolute Vollmachten« erteilt worden seien. Greifelt stellte fest, daß es »in den neuen Ostgebieten keine Lebensgebiete gibt, die nicht unter dem besonderen Gesichtspunkt der Festigung deutschen Volkstums betrachtet werden müssen«. Damit war die Tendenz der Tätigkeit des RKF klar zum Ausdruck gebracht, die in der Praxis der folgenden Jahre ihre Bestätigung fand.

Je mehr eine Instanz sachlich mit dem RKF konkurrierte, desto mehr bekam sie dessen unbegrenzten Machtanspruch zu spüren. Ein typisches Beispiel bietet der *Reichsminister für Ernährung und Landwirtschaft.* Es war ihm, wie schon weiter oben gesagt, gelungen, sich im Führererlaß vom 7. Oktober 1939 noch eine Garantie seiner Zuständigkeit zu sichern. In einem Rundschreiben an alle interessierten Stellen vom 17. Januar 1940[189] hob der Minister sein Privileg noch einmal hervor, daß der Reichskommissar seine allgemeinen Anordnungen nur an ihn [den Minister] unmittelbar gebe und daß die mittleren und unteren Siedlungsbehörden nur nach des Ministers Weisung zu arbeiten hätten. Allerdings mußte er auch einräumen, daß bei der Auswahl der Siedler das RuSHA eingeschaltet werden müsse. Vor allem aber konnte er in der Praxis nicht vermeiden, daß die Ansiedlungsstäbe des StHA und daß die DUT, die ja zu beurteilen hatte, welcher Ersatz den Umsiedlern für das in der Heimat zurückgelassene Vermögen zu stellen war, mitentschie-

[188] 1940, S. 17ff.
[189] NG-937.

den, an wen und in welcher Weise die zur Verfügung stehenden Grundstücke zu verteilen wären. Auch sahen sich die Beauftragten des RMEuL an Ort und Stelle stets der Front der Beauftragten der Göring unterstehenden »Haupttreuhandstelle Ost« [HTO], des RKF und der gesamten Polizei gegenüber, gegen die sie natürlich nichts ausrichten konnten – trotz der Rechte, die sie auf dem Papier besaßen. Zu den Besprechungen, die der RKF mit dem Leiter der HTO über die landwirtschaftlichen Vermögen führte, wurde der RMEuL nicht hinzugezogen, und in den Vereinbarungen zwischen RKF und HTO wurde er als quantité négligeable behandelt. Der RKF erfaßte und beschlagnahmte, die HTO verwaltete und nutzte, und die Beauftragten des RMEuL waren, soweit sie die Güter noch bewirtschafteten, politisch ohne Einfluß. Wo neue Bewirtschafter einzusetzen oder Bewirtschafter zu Besitzern zu erheben waren, bestimmte schon 1940 der RKF allein; der RMEuL mußte sich den Entscheidungen beugen und protestierte nur in einzelnen Fällen, wo ein vom RKF vorgesehener Mann fachlich ganz unzureichend qualifiziert war. Einen Verbindungsführer zum RMEuL zu ernennen hielt der RKF nicht für nötig.

Der RKF nahm aber dem RMEuL nicht nur jeden Einfluß auf die Siedlungspolitik, es gelang ihm vielmehr bald, sich umgekehrt den Einfluß auf die ihn interessierende Arbeit des Ministeriums zu sichern. Er setzte nämlich im Sommer 1942 durch, daß der Chef des Amtes Planung im StHA/RKF, SS-Oberführer Professor Meyer-Hetling, der schon seit Herbst 1939 Mitarbeiter des RKF war, in Personalunion Planungsbeauftragter für die Siedlung und Landesneuordnung beim Reichsleiter für Agrarpolitik, beim RMEuL und beim Reichsbauernführer und Leiter des Siedlungsausschusses für die besetzten Ostgebiete wurde[190]. Es wurde bestimmt, daß Meyer-Hetling die Grundsatzplanung für alle beteiligten Ämter aufzustellen und die Einzelplanungen des RMEuL, des Reichsbauernführers und des Reichsamtes für Agrarpolitik aufeinander abzustimmen hatte. Die betroffenen Ämter hatten mit dem von Staatssekretär Backe verfaßten Entwurf der Vereinbarungen vergeblich versucht, sich noch eine gewisse Freiheit zu bewahren; sie hatten Meyer-Hetling nur beauftragen wollen, die Grundsatzplanung »durchzuführen«, der RKF aber änderte den Entwurf ausdrücklich in »aufzustellen«; sie hatten formuliert, daß ihre

[190] NO-4060.

Planung mit der des RKF »in Einklang zu halten« sei, der RKF änderte in »in Einklang zu bringen« beziehungsweise einfach in »abzustimmen«. Die Hegemonie des RKF wurde schließlich noch dadurch gesichert, daß der Leiter des Amtes Landwirtschaft im StHA/RKF in Personalunion zum Leiter der Abteilung VIII des RMEuL [ländliche Besiedlung der neuerworbenen Gebiete und Neubildung deutschen Bauerntums im Altreich] ernannt wurde. Die ursprünglich dem RMEuL zugestandenen Privilegien gegenüber dem RKF waren durch diese Regelungen gegenstandslos geworden.

Entsprechende Erfahrungen machte der *Reichsminister des Innern* auf dem Arbeitsgebiet der sogenannten »Deutschen Volksliste«, wo die Zuständigkeit des Ministers für die Ein*bürgerung* der Umsiedler jegliche politische Bedeutung dadurch verlor, daß nur diejenigen eingebürgert werden konnten, die der RKF beziehungsweise die Einwandererzentralstelle des CSSD der Ein*deutschung* für würdig erklärten. Das Ministerium rettete in Volkslistenangelegenheiten zwar die Federführung für sich, aber die Entscheidungen lagen beim RKF, nicht zuletzt, weil dessen »Oberster Prüfungshof für Volkszugehörigkeitsfragen« die maßgeblichen Grundsatzentscheidungen fällte.

Über eine Zuständigkeit des RKF für die besetzten Ostgebiete war zunächst nichts vereinbart worden. So errichtete der RFSS/RKF bereits im August 1941 aus eigener Vollmacht und ohne vorherige Rücksprache mit dem *Reichsminister für die besetzten Ostgebiete* eine »Dienststelle Ostland« in Riga ein, das damals als Operationsgebiet galt und deshalb zwar bereits von den der Waffen-SS angehörenden Beauftragten des RKF, noch nicht aber von den zivilen Beamten des RMO betreten werden durfte. Als der RMO sich darüber bei Hitler beschwerte, entschied dieser im September 1941, daß die Zuständigkeit des RKF auf die besetzten Ostgebiete ausgedehnt werde. Seitdem verfügte der RKF dort über das »Menschenmaterial« und traf, ohne sich mit dem RMO je grundsätzlich zu einigen, seine Anordnungen aus eigener Machtvollkommenheit. Daß die Kompetenzkonflikte des RKF mit der NSDAP dadurch zugunsten des RKF unter Wahrung des Prestiges der Partei beigelegt wurden, daß man Himmler persönlich zum Leiter eines im Rahmen der Reichsleitung neu errichteten »Hauptamtes für Volkstumsfragen« machte, wurde weiter oben bereits dargelegt [vgl. S. 63].

Die Entwicklung der Führungsorganisation der SS

Die Hauptämter der SS

Bis 1929 waren die – noch sehr geringen – Führungs- und Verwaltungsaufgaben der SS innerhalb der Geschäftsstelle der Obersten SA-Führung miterledigt worden. Dann richtete Heinrich Himmler als neuer Reichsführer-SS eine eigene SS-Geschäftsstelle ein; sie bildete zusammen mit dem 1931 errichteten Rasse- und Siedlungsamt und dem ebenfalls 1931 ins Leben gerufenen Ic-Dienst die »Reichsführung SS«. Im RuS-Amt und Ic-Dienst fanden die beiden Aufgaben ihren organisatorischen Niederschlag, die Himmler für die SS neu in Anspruch genommen hatte, nämlich einen Führungsorden auf der Grundlage biologischer Auslese zu bilden und Sicherheitsorganisation der gesamten nationalsozialistischen Bewegung zu werden. Nachdem der Ic-Dienst im Jahre 1933 eine eigene Organisation mit der Bezeichnung »Sicherheitsdienst Reichsführer-SS« [SD] geworden war und ein eigenes Führungsamt erhalten hatte, standen also am Anfang der Entwicklung der Führungsorganisation der SS im Dritten Reich die drei Ämter

SS-Amt
RuS-Amt
SD-Amt

sowie die Adjutantur des Reichsführers-SS.
Das SS-Amt besorgte die Führung und Verwaltung der SS mit den Kernaufgaben

Führung
Verwaltung
Personalverwaltung
SS-Gericht.

Das RuS-Amt war beauftragt mit der »rassenmäßigen Ausrichtung« und der »Planung und Förderung des Siedlungswesens« der SS; die Kernaufgaben waren dementsprechend

Rassefragen
Bauern- und Siedlungsfragen
Sippenpflege
Schulung.

Der SD-RFSS geriet im Augenblick seines Entstehens bereits in eine Existenzkrise, die er erst im Herbst 1939 mit der Errichtung des Reichssicherheitshauptamtes überwand. Ursache dieser Krise war, daß sich für die Sicherungsaufgaben im System der nationalsozialistischen Herrschaft die Polizei als das geeignetere

Instrument anbot, weil sie dazu fachlich unvergleichlich besser geeignet war und weil es Himmler und Heydrich binnen sehr kurzer Zeit gelang, die politische Polizei uneingeschränkt in die Hand zu bekommen. So wurde der SD im Laufe der Jahre von der Exekutive ausgeschlossen und bekam nachrichtendienstliche Aufgaben zugewiesen. Außerdem war er die politische Organisation derjenigen Polizeiangehörigen, die Mitglieder der SS wurden. Über die Gliederung des SD-Amtes [beziehungsweise ab 1934 SD-Hauptamtes] gibt es keine sicheren Unterlagen. Es dürfte im wesentlichen aus den drei Abteilungen [beziehungsweise ab 1934 Ämtern]

  I Verwaltung

 II Inlandsnachrichtendienst

III Auslandsnachrichtendienst

bestanden haben.

Das Schwergewicht der Entwicklung der SS lag zwischen 1934 und 1939 erstens beim Ausbau der politischen Polizei und deren Integration in die Gesamtorganisation der SS und zweitens bei der Aufstellung bewaffneter und militärisch vollgültig ausgebildeter Verbände, nämlich der SS-Verfügungstruppe und der SS-Totenkopfverbände. Die wichtigen Veränderungen der Führungsorganisation der SS vollzogen sich dementsprechend im Bereich der Polizei und im SS-Amt beziehungsweise später SS-Hauptamt, außerdem im Bereich der SS-Verwaltung und der Adjutantur des RFSS, die 1934 zum »Persönlichen Stab RFSS« umorganisiert wurde.

Das SS-Amt war zuständig

– seit Frühjahr 1933 für die »Leibstandarte Adolf Hitler« und die sogenannten »Politischen Bereitschaften«, aus denen später die SS-Verfügungstruppe gebildet wurde

– seit Sommer 1934 für die von der SA übernommenen Konzentrationslager und die dazugehörigen sogenannten SS-Wachverbände, die ab 1936 die Bezeichnung »SS-Totenkopfverbände« trugen

– seit Sommer 1933 für die Hilfsgrenzangestellten der SS und seit Sommer 1934 die SS-Grenzüberwachung, die beide seit 1936 unter der Bezeichnung »Grenz- und Wacheinheiten« zusammengefaßt waren

– für die vielfältigen Verhandlungen und Auseinandersetzungen, die es wegen der neuen Formationen mit den staatlichen Behörden, insbesondere mit der Wehrmacht, gab.

Diese Ausdehnung der Kompetenz nach Umfang wie Bedeutung dürfte der Grund gewesen sein, daß Himmler das SS-Amt mit Wirkung vom 30. Januar 1935 zum SS-Hauptamt machte. Daß das RuS-Amt und das SD-Amt gleichzeitig Hauptämter wurden, dürfte mehr Rücksichtnahme auf Prestigefragen gewesen sein. Die Zunahme der Aufgaben des SSHA spiegelte sich in den kommenden Jahren in seinen Organisationsschemata wider; so finden sich als wichtigste Neuerungen

Anfang 1935 Inspektion der Konzentrationslager
Ergänzungsamt
Fürsorgeabteilung
- Mitte 1935 Hauptabteilung Sicherungsaufgaben, die zuständig war für alle Verhandlungen mit der Wehrmacht
Abteilungen für Reiter-, Motor-, Pionier- und Nachrichteneinheiten
- Herbst 1935 Inspektion der Verfügungstruppe
- Frühjahr 1936 Inspektion der Totenkopfverbände
[mit der KZ-Inspektion vereinigt]
Inspektion der Grenz- und Wacheinheiten
- zu einem nicht bekannten Zeitpunkt Inspektion der SS-Junkerschulen.

Anfang 1939 war das SSHA demnach wie folgt gegliedert [wobei die Inspektionen an die Zentralkanzlei angehängt waren]:
Zentralkanzlei
Führungsamt [I]
Personalamt [II]
[das Gerichtsamt (III) war damals schon ausgegliedert]
Verwaltungsamt [IV]
Sanitätsamt [V]
Erfassungsamt [VI]
Amt für Sicherungsaufgaben [VII]
Ergänzungsamt [VIII]
Beschaffungsamt [IX]
Amt für Leibesübungen [X]
Amt für Nachrichtenverbindungen [XI]
Versorgungs- und Fürsorgeamt [XII]
Schulungsamt [XIII].

In der Übertragung der Zuständigkeit für die Schulung vom RuSHA auf das SSHA, die aus diesem Organisationsplan zu entnehmen ist, kündigten sich schon die grundlegenden Veränderungen in der Führungsorganisation der SS an, die sich in den Jahren 1939/40 im Zusammenhang mit den Kriegsvorbereitungen und dem Krieg vollzogen.

Der *Persönliche Stab Reichsführer*-SS erhielt zwischen Frühjahr 1935 und Herbst 1936 den Rang eines Hauptamtes. Seine Zuständigkeiten kann man in zwei Hauptgruppen unterteilen

1. die üblichen Zuständigkeiten eines Persönlichen Büros, wie Adjutanturen, Protokoll-, Ordens- [Auszeichnungs-] und Gerichtsangelegenheiten
2. Angelegenheiten, an denen Himmler ein besonderes persönliches Interesse nahm, insbesondere
   – Gesellschaft »Das Ahnenerbe«
     [Forschungen zur germanischen Vorgeschichte, im Krieg vor allem Wehrforschung]
   – Verein »Lebensborn«
     [Entbindungsheime für Frauen von SS-Angehörigen und ledige Mütter]
   – Dienststelle Vierjahresplan
     [für den gesamten »Menscheneinsatz«, soweit er im Zusammenhang mit dem zweiten Vierjahresplan dem RF-SSuChdDtPol übertragen worden war].

Außerdem gab es schon seit 1935 im Persönlichen Stab eine Reihe von Chefstellen, die sachlich mit den wichtigsten Ämtern des SSHA korrespondierten und deren Inhaber in Personalunion Chefs der betreffenden Ämter des SSHA waren:

Chef der Personalkanzlei im Pers. Stab RFSS	= Chef des Personalamtes im SSHA
Chef des SS-Gerichts im Pers. Stab RFSS	= Chef des Gerichtsamtes im SSHA
Verwaltungschef der SS im Pers. Stab RFSS	= Chef des Verwaltungsamtes im SSHA
Chef des Amtes für Angelegenheiten der Reichsverteidigung im Pers. Stab RFSS	= Chef des Amtes für Sicherungsaufgaben im SSHA
Inspekteur für Nachrichtenverbindungen im Pers. Stab RFSS	= Chef des Amtes für Nachrichtenverbindungen im SSHA
Inspekteur für Leibesübungen im Pers. Stab RFSS	= Chef des Amtes für Leibesübungen im SSHA
Chef des Versorgungs- und Fürsorgeamtes beim RFSS	= Chef des Fürsorge- und Versorgungsamtes im SSHA.

Was es mit diesen Chefstellen im Persönlichen Stab auf sich hatte, wird in den zur Verfügung stehenden Quellen nirgends ausdrücklich gesagt. Doch liegt die Annahme sehr nahe, daß es sich gewissermaßen um Ministerialinstanzen in nuce handelte, die den Verwaltungsinstanzen innerhalb des SSHA zugeordnet werden mußten, erstens wegen des Wachstums der SS-Bürokratie selbst, zweitens weil die SS-Bürokratie in zunehmendem Maße mit der staatlichen Ministerialbürokratie Geschäfte abzuwickeln hatte und dafür gleichrangige Partner stellen mußte. Für diese Annahme spricht, daß aus drei dieser Chefstellen im Persönlichen Stab im Jahre 1939 neue Hauptämter gebildet wurden:

– Mit Wirkung vom 20. April 1939 wurde die Dienststelle »Der Verwaltungschef der SS« zum »Hauptamt Verwaltung und Wirtschaft« umgewandelt.

– Mit Wirkung vom 1. Juni 1939 wurde die Personalkanzlei im Persönlichen Stab RFSS umgewandelt in das SS-Personalhauptamt.

– Ebenfalls mit Wirkung vom 1. Juni 1939 wurde das SS-Gericht im Persönlichen Stab RFSS umgewandelt in das »Hauptamt-SS-Gericht«.

– Außerdem entfiel die Stelle des Chefs des Amtes für Angelegenheiten der Reichsverteidigung im Persönlichen Stab RFSS, als im August 1940 das SS-Führungshauptamt gebildet wurde.

Die Errichtung der Institution »Reichsführer-SS und Chef der Deutschen Polizei« am 17. Juni 1936 war der entscheidende Schritt auf dem Wege der Integration der Polizei in die SS. Im Zusammenhang damit wurden die beiden Hauptämter »Ordnungspolizei« und »Sicherheitspolizei« gebildet, die zwar *noch* staatliche Dienststellen, de jure sogar Teile des Reichsministeriums des Innern waren, jedoch, wie die Bezeichnung deutlich erkennen läßt und Organisationserlasse des RFSS beweisen, auch schon Glieder der Führungsorganisation der SS bildeten. Am 27. September 1939 wurde das SD-Hauptamt mit dem Hauptamt Sicherheitspolizei zum *Reichssicherheitshauptamt* vereinigt, das vom RFSS bald mit der »Gleichrichtung aller politischen Angelegenheiten der SS« betraut wurde. Darin fand die vollkommene Integration mindestens der Sicherheitspolizei in die SS ihren sinnfälligen Ausdruck.

Am 7. Oktober 1939 wurde der Reichsführer-SS durch »Erlaß des Führers und Reichskanzlers zur Festigung deutschen Volkstums« beauftragt »mit der Zurückführung der dafür in Betracht kommenden Reichs- und Volksdeutschen aus dem Ausland, mit der Ausschaltung des schädigenden Einflusses von volksfremden Bevölkerungsteilen, die eine Gefahr für das Reich und die deutsche Volksgemeinschaft bedeuten, und mit der Gestaltung neuer Siedlungsgebiete durch Umsiedlung« – mit anderen Worten mit der gesamten Umsiedlungs- und Germanisierungspolitik. Zur Erfüllung dieses Auftrages bildete Himmler einen eigenen Führungsstab und bediente sich außerdem – insbesondere für die Umsiedlung – der »Volksdeutschen Mittelstelle«, die 1936 als Zentrale für volkstumspolitische Angelegenheiten gegründet worden war. Mitte Juni 1941 wurden der Führungsstab und die Volksdeutsche Mittelstelle zu Hauptämtern erhoben; sie trugen die Bezeichnungen *»Reichskommissar für die Festigung deutschen Volkstums – Stabshauptamt«* und *»Hauptamt Volksdeutsche Mittelstelle«.*

Die Beauftragung des RFSS mit Germanisierungs- und Siedlungsaufgaben war für ihn eigentlich nichts Neues, da er ja Rasse- und Siedlungspolitik von Anfang an als sein Ressort betrachtete und dafür in frühester Zeit das Rasse- und Siedlungsamt gegründet hatte. Die 1939 gestellten konkreten Aufgaben der Umsiedlung und Deportationen, des »Menscheneinsatzes«, der Verwaltung immenser Vermögenswerte, der Regelung uferloser Verwaltungsaufgaben unterschieden sich jedoch wesentlich von der Rasse- und Bauernromantik des RuSHA. Deshalb verfiel das RuSHA, als das, was bisher Gegenstand unverbindlich-romantischer Schwärmerei und Wichtigtuerei gewesen war, plötzlich politische Wirklichkeit wurde. Am deutlichsten wird das im Bereich des Siedlungswesens. Das RuSHA hatte sich dafür in seinem Siedlungsamt einen Verwaltungsapparat geschaffen, der nach der Besetzung der »Resttschechei« und in den ersten Monaten des Krieges in Polen noch relativ selbständig war; Anfang 1940 wurde er jedoch aus dem Zuständigkeitsbereich des RuSHA herausgenommen und in den Führungsstab des RKF eingegliedert. Dem RuSHA blieb für den Rest des Krieges auf diesem Gebiet nur die Kompetenz der Werbung und fachlichen Ausbildung von Siedlungsinteressenten. Ebenso blieben dem RuSHA von seiner zweiten Kernaufgabe, dem Rassewesen, nur die fachlichen rassebiologischen Untersuchungen auf allen Gebieten, wo Himmler sie angeordnet hatte, sei es bei den Musterungsstellen der Waffen-SS, sei es bei der Beurteilung der Eindeutschungsfähigkeit von Umsiedlern in der »Einwandererzentralstelle« des Chefs der Sicherheitspolizei und des SD. Die Tätigkeit der Rasseprüfer war in der Gesamtorganisation der SS im Krieg überhaupt das eigentliche Ressort des RuSHA, was aber auch in dem Maße an Bedeutung verlor, wie Himmler wegen der zunehmenden Knappheit an Menschen seine rassebiologischen Idealforderungen zurückschraubte. Auch die romantische Vorstellung von der Vereinigung aller Menschen nordischer Rasse zeigte in dem Augenblick, wo die Voraussetzung für ihre Verwirklichung gekommen zu sein schien, sehr reale Aspekte. Im Vordergrund stand nämlich die Notwendigkeit, aus den Reihen der Volksdeutschen und aus anderen europäischen Nationen Soldaten für die Waffen-SS zu gewinnen. Aus diesem Grunde wurde für die sogenannte germanische Arbeit das SSHA zuständig, das für die Waffen-SS das Ergänzungswesen verwaltete. Auch seine dritte Kernaufgabe, die Schulung, mußte das RuSHA zwischen 1939 und 1942, stückweise zwar, aber schließlich doch ausnahmslos an das SSHA abgeben. So blieb dem RuSHA von seinen vier ursprünglichen Kernaufgaben nur die Sippenpflege, und auch das nur bedingt, da der »Lebensborn« eine selbständige Organisation geworden war, die beim Persönlichen Stab RFSS ressortierte. Immerhin blieb hier der Schwerpunkt des Sachgebietes beim RuSHA:

– Heiratsgenehmigungen [Heiratsamt]
– Abstammungsgutachten [Ahnentafelamt]
– Auskunftsstelle für Verluste der SS im Kriege
– Gräberoffiziere der Waffen-SS.

Vorübergehend, nämlich von 1942 bis 1944, war dem RuSHA auch das Fürsorge- und Versorgungswesen unterstellt, das vorher beim SSHA gewesen war. Mit Wirkung vom 1. April 1944 wurde dann das Versorgungswesen [gesetzliche Leistungen] analog dem der Wehrmacht in das Reichsarbeitsministerium übergeführt, während das Fürsorgewesen [freiwillige Leistungen des RFSS] beim RuSHA blieb.

Wie also das RuSHA in seinen Kernaufgaben stark beschnitten und dadurch im Kreise der übrigen SS-Hauptämter noch bedeutungsloser wurde, als es von Anfang an schon gewesen war, so verlor das SSHA seine Kernaufgaben alle vier restlos, als nach dem Aufbau der bewaffneten SS-Verbände aus der Soldatenspielerei der Allgemeinen SS ernst wurde. Denn die Errichtung einer Konkurrenzarmee zur Wehrmacht erforderte eine nach Rang und Arbeitspraxis entsprechend ernst zu nehmende Führungsorganisation, Verwaltung und Personalverwaltung. Diese entwickelten sich zunächst zwar noch im Rahmen des SSHA, wurden dann aber 1939/40 [wie vorher schon das Gerichtswesen] aus diesem herausgelöst und in eigenen Hauptämtern wahrgenommen.

Mit der Vermehrung der von Himmler übernommenen Aufgaben, insbesondere mit dem Aufbau der Verfügungstruppe und den Totenkopfverbänden, wuchsen auch die Verwaltungsgeschäfte. Deshalb wurde der Leiter des Verwaltungsamtes des SSHA, Oswald Pohl, mit Wirkung vom 1. Juni 1935 in Personalunion zum »Verwaltungschef der SS« im Persönlichen Stab RFSS und gleichzeitig zum Reichskassenverwalter der NSDAP ernannt. Als Verwaltungschef der SS unterstand er nunmehr Himmler unmittelbar und war Vorgesetzter sowohl des von ihm selbst geleiteten Verwaltungsamtes im SSHA als auch der Verwaltungsämter im RuSHA und SDHA. Die Dienststelle Verwaltungschef der SS bestand aus den Abteilungen Zentralkasse, Haushalt, Personal, Recht, Prüfung; das SS-Verwaltungsamt gliederte sich in die Hauptabteilungen Haushalt, Rechnungslegung, Bekleidung und Ausrüstung, Unterkunftswesen. Dabei wurden die Angelegenheiten der staatlich finanzierten bewaffneten SS-Verbände und die der von der Partei finanzierten Allgemeinen SS jeweils in der gleichen Hauptabteilung, jedoch in verschiedenen Abteilungen bearbeitet. – Mit Wirkung vom 20. April 1939 wurde die Dienststelle »Verwaltungschef der SS« zum Hauptamt mit der Bezeichnung »Hauptamt Verwaltung und Wirtschaft« erhoben. Das Verwaltungsamt SS blieb zwar noch bis Anfang 1942 bestehen, doch wurde seine Zuständigkeit auf die Verwaltungsaufgaben innerhalb des Kompetenzbereiches des SSHA beziehungsweise später der SSFHA [vgl. weiter unten] beschränkt. – Da der Reichsfinanzminister forderte, daß die Verwaltung der für die bewaffnete SS zur Verfügung gestellten staatlichen Mittel klar von der der Parteimittel getrennt gehalten werden müsse, wurde gleichzeitig mit dem »Hauptamt Verwaltung und Wirtschaft« ein »Hauptamt Haushalt und Bauten beim RFSSuChd-DtPol im RMdI« gebildet, das Pohl im Range eines Ministerialdirektors in Personalunion übernahm[191]. In der Praxis allerdings wurden Reichsmittel und Parteimittel in *einem* Amt verwaltet,

---

[191] Dieses Hauptamt hatte trotz seiner Bezeichnung nichts mit dem Haushalt der Polizei zu tun. Verfügungstruppe und Totenkopfeinheiten galten nach der Anordnung Hitlers vom 17. August 1939 als Polizeiverbände besonderer Art; daher kam die Zuordnung zum RFSSuChdDtPol.

das lediglich nach außen einmal als »Hauptamt Verwaltung und Wirtschaft« und ein andermal als »Hauptamt Haushalt und Bauten« firmierte. So finden sich auf einem Geschäftsverteilungsplan von 1941 beide Hauptämter in folgender Weise zusammengefaßt

Amt I   Haushalt
Amt II   Bauten
Amt III A–D Verwaltung und Wirtschaft.

Dabei war die Verwaltung der Allgemeinen SS zu einem Anhängsel der Verwaltung der bewaffneten SS in den Ämtern I und II geworden, während das Amt III ausschließlich für die zahlreichen Wirtschaftsunternehmen zuständig war, die die SS betrieb[192].

Mit Wirkung vom 31. Januar 1942 wurden die Dienststellen

Hauptamt Haushalt und Bauten

Hauptamt Verwaltung und Wirtschaft

Verwaltungsamt SS [im August 1940 aus dem SSHA ins SSF-HA übergeführt]

aufgelöst; statt dessen wurde zum 1. Februar 1942 das SS-*Wirtschafts-Verwaltungshauptamt* [WVHA] gebildet. Aus dem bisherigen Amt I wurden die beiden Amtsgruppen A und B, aus dem bisherigen Amt II die Amtsgruppe C und aus dem bisherigen Amt III die Amtsgruppe W gebildet. Schließlich wurde mit Wirkung vom 16. März 1942 die Verwaltung der Konzentrationslager dem WVHA unterstellt und bildete dort die Amtsgruppe D. Danach war das WVHA bis zum Kriegsende im wesentlichen unverändert wie folgt gegliedert:

Amtsgruppe A Truppenverwaltungsamt

Amt A I   Haushaltsamt
    A II   Kassen- und Besoldungsamt
    A III   Rechtsamt
    A IV   Prüfungsamt
    A V   Personalamt

Amtsgruppe B Truppenwirtschaft

Amt B I   Verpflegungswirtschaft
    B II   Bekleidungswirtschaft, Rohstoffe und Beschaffungen
    B III   Unterkunftswirtschaft

Amtsgruppe C Bauwesen

Amt C I   Allg. Bauaufgaben
    C II   Sonderbauaufgaben

---

[192] Über diese vgl. Enno Georg, Die wirtschaftlichen Unternehmungen der SS. Stuttgart 1963.

C III	Techn. Fachgebiete
C IV	Künstlerische Fachgebiete
C V	Zentrale Bauinspektion
C VI	Bauunterhaltung und Betriebswirtschaft

Amtsgruppe D Konzentrationslager

Amt D I	Zentralamt
D II	Arbeitseinsatz der Häftlinge
D III	Sanitätswesen
D IV	KL-Verwaltung

Amtsgruppe W Wirtschaftliche Unternehmungen

Amt W I	Steine und Erden [Reich]
W II	Steine und Erden [Ost]
W III	Ernährungsbetriebe
W IV	Holzbearbeitungsbetriebe
W V	Land-, Forst- und Fischwirtschaft
W VI	Textil- und Lederverwertung
W VII	Buch und Bild
W VIII	Sonderaufgaben

Dem Hauptamtchef direkt unterstellt:

Adjutantur

Persönliches Büro

Gerichts- und Fürsorgeoffizier

Wirtschaftsprüfer ⎱
Betriebsinspekteur ⎰ Deutsche Wirtschaftsbetriebe GmbH

Haupteingangsstelle

Hauskommandant

Archiv.

Während die Bildung des Hauptamtes Verwaltung und Wirtschaft/Haushalt und Bauten vom Verwaltungchef der SS im Persönlichen Stab aus erfolgte, wurde die Bildung des SS-*Führungshauptamtes* [SSFHA] innerhalb des SSHA vorbereitet. Und zwar wurde am 1. Juni 1940 die Inspektion der Verfügungstruppe zum »Kommando der Waffen-SS« umgewandelt und diesem einige weitere Teile des Hauptamtes unterstellt, unter anderem die Inspektion der Konzentrationslager. Auch wurden etwa zur gleichen Zeit das Amt I des SSHA [Führungsamt] und das Amt für Sicherungsaufgaben zum »Zentralamt« zusammengefaßt. Mit Wirkung vom 15. August 1940 schieden dann das Kommando der Waffen-SS, das Zentralamt sowie das Amt für Nachrichtenverbindungen und das Verwaltungsamt SS aus dem SSHA aus und bildeten das SSFHA. Das SSFHA war die Kommandostelle zur militärischen Führung der Waffen-SS [soweit deren Verbände nicht im Einsatz dem ObdH unterstanden] und zur vor- und nachmilitärischen Führung und Erziehung der Allgemeinen SS. Das für letztere Aufgabe zuständige SS-Zentralamt wurde am 5. September 1940 in »Kommandoamt der Allgemeinen SS« umbenannt. Die Führung des SSFHA übernahm Himmler selbst; er ernannte Brigadeführer Jüttner zum Chef des Stabes.

Nach der Bildung der Hauptämter

Verwaltung und Wirtschaft/Haushalt und Bauten

SSFHA

SSPHA

SS-Gericht

hatte also das SSHA alle seine ursprünglichen Kompetenzen verloren. Gemäß einer Verfügung des RFSS vom 15. August 1940 verblieben ihm folgende Zuständigkeiten:

Erfassungsamt

Ergänzungsamt

Amt für Leibesübungen

Schulungsamt

Fürsorge- und Versorgungsamt.

So war es in der Hauptsache zu einem Hilfsamt für die Waffen-SS geworden. Eine gewisse Bedeutung gewann es allerdings dadurch wieder zurück, daß sein neuer Chef Gottlob Berger – ausgehend von der Zuständigkeit für die Rekrutierung der Waffen-SS – sich sehr stark in der Volkstumspolitik [Konkurrenz zur Vomi!] und der germanischen Arbeit engagierte. Im SSHA wurde die »Germanische Freiwilligen-Leitstelle« errichtet, die für alle Organisationen der Waffen-SS und der Allgemeinen SS in anderen Ländern zuständig wurde. Mit welchem Erfolg Berger auf diesem neuen Betätigungsfeld operierte, läßt sich einer Bemerkung Heydrichs entnehmen, der in seinem Brief an Daluege vom 30. Oktober 1941 das SSHA das »Ordenshauptamt der SS« nannte, eine Bezeichnung, die ursprünglich dem RuSHA zugekommen wäre.

Nach dem Stand vom 30. August 1943 war das SSHA wie folgt gegliedert:

Amtsgruppe A	Amt A I	Zentralamt
	Amt A II	Leitender Arzt
	Amt A III	Verwaltung
Amtsgruppe B	Amt B I	Ergänzungsamt der Waffen-SS
	Amt B II	Erfassungsamt
Amtsgruppe C	Amt C I	Amt Weltanschauliche Erziehung

Amt C II Amt für Leibeserziehung
Amt C III Amt Berufserziehung
Amtsgruppe D Amt D I   Germanische Leitstelle
Amt D II Germanische Ergänzung
Amt D III Germanische Erziehung.

Hans Buchheim:
Befehl und Gehorsam

Schriftliches Sachverständigen-Gutachten für den Auschwitz-Prozeß, vor Gericht am 2. Juli 1964 auszugsweise mündlich vorgetragen.

Vorbemerkung

Die Frage nach bestimmten *Einzel*fällen, in denen SS- oder Polizeiangehörige Schaden an Leib oder Leben erlitten oder nicht erlitten hätten, wenn sie Befehle zur widerrechtlichen Tötung verweigerten, nicht ausführten oder versuchten, davon dispensiert zu werden, kann historisch-wissenschaftlich nicht beantwortet werden, denn es gibt dafür so gut wie keine zeitgenössischen Quellen. Die wenigen Fälle, die gegenwärtig immer wieder zitiert werden, um die eine oder die andere Behauptung zu stützen, sind fast nur aus nachträglichen Zeugenaussagen bekannt. Das heißt aber: Sie sind nur durch staatsanwaltschaftliche oder richterliche Vernehmungen nachprüfbar, also mit Mitteln, die dem Historiker nicht zur Verfügung stehen. Außerdem kann der Historiker aus *Einzelfällen* der einen oder anderen Version, auch wenn sie gesichert sind, keine verallgemeinernden Analogieschlüsse ziehen. Er kann eine feste Basis zur Lösung des Problems des Befehlsnotstandes vielmehr nur aus einer Untersuchung der geistig-politischen *Gesamtsituation* gewinnen, in der die Tötungsbefehle erteilt wurden und in der die Befehlsempfänger sich befanden. Eine derartige Untersuchung soll im folgenden geführt werden, um zu zeigen, wo sich der Gehorsamsanspruch für solche Befehle herleitete, inwieweit die Befehlsempfänger disponiert waren, die Befehle zu befolgen, und welche Möglichkeiten sie hatten, sich der Ausführung der Befehle zu entziehen.

Der Befehl in Weltanschauungssachen

Die Diskussion über den Befehlsnotstand bei den vom national-sozialistischen Regime befohlenen Verbrechen wird heute so geführt, als gäbe es nur eine Frage: ob man unschuldig in eine Zwangslage geraten konnte. Dagegen gilt die Natur der erteilten Befehle als eindeutig klar: es seien alles »Befehle in Dienstsachen« gewesen, denen jeder Deutsche unbedingt gehorchen mußte, der irgendwo und irgendwie der Befehlsgewalt von Stellen des Staates, der Wehrmacht, der Partei, letztlich also in jedem Falle der Befehlsgewalt des Führers unterworfen war. In Wahrheit jedoch war die Natur der im Dritten Reich erteilten Befehle keineswegs so klar und eindeutig. Es gab vielmehr zwei verschiedene Arten der Legitimation von Befehlen und dementsprechend auch zwei verschiedene Wurzeln der Gehorsamspflicht.

Der Befehl ist ein Begriff aus dem militärischen Leben; er setzt, wie es in der berühmten HDv.[1] 300/1, der »Truppenführung«, hieß, »den Entschluß in die Tat um«. Deshalb muß er strikt gelten und erfordert einen Gehorsam, der das Befohlene nicht zum Gegenstand kritischer Überlegungen macht, sondern tut. Der Befehlsempfänger kann die Ausführung eines Befehls nicht von Bedingungen abhängig machen, insbesondere nicht von Schwierigkeiten, die sich dem Vollzug eventuell entgegenstellen oder von Gefahren, vor allem der Lebensgefahr, die der Vollzug mit sich bringt. Der militärische Gehorsam muß unbedingt sein. Diese Unbedingtheit kann sittlich zu Recht gefordert werden, weil der Geltungsbereich der strikten Befehlsgewalt in zweierlei Hinsicht begrenzt ist:

1. ist sie der Natur der Sache nach auf die Verfolgung militärischer Zwecke beschränkt. Außerhalb des militärischen Bereichs verliert die Befehlsgewalt nicht nur ihre Verbindlichkeit, sondern auch ihren Sinn;
2. sind militärische Zwecksetzungen nur dann gerechtfertigt, wenn sie übergeordneten staatlichen Zwecksetzungen dienen und wenn die militärische Ordnung in die umfassendere staatliche Ordnung eingebettet ist. Steht ein Befehl in Widerspruch zur staatlichen Ordnung, so verliert er seinen Sinn und seine Berechtigung, und wer einen solchen Befehl erteilt, verletzt selbst seine staatsbürgerliche Treuepflicht.

[1] Heeresdienstvorschrift.

Diese Zusammenhänge haben seinerzeit in § 47 MStGB[2] ihren Niederschlag gefunden. Dieser Paragraph bezieht sich auf den Fall, daß durch die Ausführung eines Befehls in Dienstsachen ein Strafgesetz verletzt, ein bürgerliches oder militärisches Verbrechen oder Vergehen bezweckt wird.

Unbedingter Gehorsam muß also nicht nur, sondern er *darf* auch gefordert werden, wenn der Zuständigkeitsbereich der Befehlsgewalt auf militärische Zwecke beschränkt ist und die Befehlsgewalt selbst in die Disziplin der umfassenderen staatlichen Ordnung eingefügt ist. Eine Armee, das innere Gefüge einer Truppe, die soldatischen Tugenden sind nicht Selbstzweck und tragen ihren Sinn nicht in sich selbst, sondern haben dienende Funktionen, wie es in dem Begriff »Wehrdienst« zutreffend zum Ausdruck kommt. So lagen die Verhältnisse in der deutschen Armee des Ersten Weltkrieges, in der Reichswehr der Weimarer Republik, in der Wehrmacht der nationalsozialistischen Zeit [mit bestimmten Einschränkungen, die noch zu erörtern sind], und so liegen sie auch heute – wiederum uneingeschränkt – in der Bundeswehr. Ein erheblicher Teil der Reichswehrsoldaten, insbesondere der Offiziere, waren zwar politische Gegner der Weimarer Republik, trotzdem fügten sie sich der sachlichen Notwendigkeit, ihr militärisches Geschäft mit der staatlichen Ordnung in Einklang zu halten, und beachteten die Pflicht staatsbürgerlicher Loyalität. Der Reichspräsident von Hindenburg betrachtete gerade aus soldatischem Pflichtbewußtsein die demokratische Verfassung, obwohl er sie gewiß nicht aus dem Herzen bejahte, doch als bindend und hielt sich nicht für berechtigt, sich über sie hinwegzusetzen.

Nach 1918 ging jedoch aus der deutschen soldatischen Tradition neben der Reichswehr als ihrem legitimen Träger noch ein zweiter Zweig hervor, der in Widerspruch zur staatlichen und schließlich sogar zur sittlichen Ordnung überhaupt geriet und dadurch der Perversion verfiel. Diese Entwicklung begann bei den *Freikorps*. Sie haben sich in den Revolutionsjahren ohne Zweifel große Verdienste um den Bestand des Reiches und der Republik erworben und waren zunächst keineswegs republikfeindlich eingestellt. Sie standen jedoch zum Staat nicht mehr in einem Verhältnis eindeutiger Unterordnung, sondern eher in freiwilliger Partnerschaft. Folglich leiteten Befehlsgewalt und Gehorsamspflicht sich nicht einfach von einer übergeordneten staatlichen Normativität und aus allgemeinen staatsbürger-

[2] Militärstrafgesetzbuch.

lichen Pflichten ab, sondern beruhten auf der politischen Überzeugung und der patriotischen Einsatzbereitschaft der Soldaten selbst, oft auch auf der Autorität einzelner Führer, in jedem Falle aber auf einem freiwilligen Konsens. Die politischen Ansichten und Sympathien der Truppe brauchten sich nur zu ändern – und sie änderten sich wirklich, als die Truppe sich von den Politikern der Republik enttäuscht fühlte –, um eine militärische Organisation entstehen zu lassen, die sich von der staatlichen Ordnung emanzipierte und gar in Gegensatz zu ihr trat. Diese Situation findet sich bei den *Wehrverbänden* [»Brigade Ehrhardt«, »Reichskriegsflagge«, »Frontbann« usw.]. Sie standen dem Staat bereits mehr oder minder feindlich gegenüber, außerdem hatten sie im Gegensatz zu den Freikorps keine militärischen Aufgaben mehr. Also waren die beiden Voraussetzungen entfallen, die das militärische Befehls-Gehorsams-Verhältnis rechtfertigen und in Disziplin halten; gleichwohl behielten die Wehrverbände die militärische Ordnung bei. Aus seiner normativen Verankerung gerissen und seiner sinnvollen Zwecksetzung beraubt, begann das Befehls-Gehorsams-Verhältnis sich zu verabsolutieren und wurde zum Schema, das auf beliebige Zwecke angewandt werden konnte, auch auf politische und unter Umständen auf verbrecherische. Hier war die soldatische Tradition auf eine schiefe Ebene geraten, die zum Landsknechtstum führte, ja, im extremen Falle bei den Nationalsozialisten zum politischen Gangstertum.

Die Emanzipation soldatischer Tradition und militärischer Ordnung vom Staat vollendete sich nämlich in der nationalsozialistischen Bewegung, insbesondere in den Kampfverbänden der SA und SS. Hitler erhob den Anspruch, daß seine Bewegung das Erbe der Frontsoldaten des Weltkrieges verwalte. So wie damals in den Soldaten, so sei das wahre Deutschland jetzt in den Männern der nationalsozialistischen Bewegung verkörpert, unter denen tatsächlich viele Frontsoldaten waren, insbesondere solche, die sich nicht wieder ins zivile Leben hatten zurückfinden können. Hitler stellte die Republik als ein raffiniert gehandhabtes Werkzeug der Alliierten hin: Durch das demokratische System werde der deutsche Hader verewigt und Deutschland ohnmächtig am Boden gehalten. Jeder, der dem Staat gehorche, sei ein Verräter an Volk und Reich; wer aber Hitler folge und das »System« bekämpfe, der erfülle seine Treuepflicht gegenüber dem wahren Deutschland. »Diesem System keinen Mann und keinen Pfennig«, lautete Hitlers Pa-

role. Er trug keine Bedenken, sogar Maßnahmen der Landesverteidigung zu sabotieren, nur, weil sie von dem Staat getroffen wurden, den er haßte und negierte. Schon im Herbst 1922
verbot er seinen Anhängern, sich an amtlicherseits getroffenen,
geheimen Vorbereitungen gegen eine etwaige französische In-
vasion zu beteiligen; zehn Jahre später weigerte er sich, die SA
an dem vom Staat eingerichteten Grenzschutz-Dienst gegen
Polen teilnehmen zu lassen. – Die nationalsozialistische Bewegung selbst wurde spätestens seit 1925 nach militärischen
Grundsätzen geführt, SA und SS auch äußerlich nach militärischen Formen. Hitler beanspruchte als Führer eine uneinge-
schränkte Befehlsgewalt, der jedoch jeder Zusammenhang mit
der staatlichen Ordnung fehlte. Die Gehorsamspflicht seiner
Anhänger konnte daher nicht aus einer allgemeinen staatsbürgerlichen Pflicht abgeleitet werden, sondern wurde vom einzelnen freiwillig übernommen, aus weltanschaulichen oder politischen Gründen verschiedenster Art. Gegenstand der Befehlsgebung waren in den nationalsozialistischen Organisationen
weltanschauliche und politische Ziele. Es ist bekannt und
braucht deshalb nicht im einzelnen dargestellt zu werden, in
welchem Ausmaß damals Stil und Terminologie der politischen
Auseinandersetzung – übrigens nicht nur in den Reihen der Nationalsozialisten – militarisiert wurden, ein Vorgang, der sich
für das echte politische und das echte militärische Denken gleichermaßen zerstörerisch auswirkte. Bürgerkriegsklima und bür-
gerkriegsähnliche Zustände wurden dadurch geradezu indu-
ziert.

Anstatt dem Staat diente die militärisch organisierte nationalsozialistische Bewegung ideologischen und nichtstaatlichen politischen Zielen beziehungsweise dem Willen Hitlers. Legitimiert wurde die Befehlsgewalt des Führers letztlich aus der geschichtlichen Sendung, die er für sich in Anspruch nahm. Er
galt als Künder und Baumeister des Reiches, das die germanische Rasse gegen den jüdischen Todfeind erringen mußte. Dieser Kampf war das »Gesetz der Geschichte«, das durch die Befehle des Führers in die Tat umgesetzt wurde. Alle Bindungen
gesetzlicher, sittlicher oder sachlicher Art besaßen dem »Gesetz
der Geschichte«, dem »Lebensrecht des Volkes« gegenüber nur
noch relative Geltung. Sie konnten beachtet werden und wurden tatsächlich weitgehend beachtet. Wo sie aber dem angeblichen geschichtlichen Auftrag beziehungsweise den tatsächlichen politischen Zwecken Hitlers im Wege standen, wurden

sie suspendiert. Dann galt der Fememord als rechtmäßiger Vollzug und die Tötung politischer Gegner nicht als Mord, sondern als Tötung des Feindes im Kampf um das Reich. Die Schlägerkolonnen der SA in der Zeit vor 1933, damals die verkommenste Form einer abartigen soldatischen Tradition, stellten sich als die »braune Armee« des neuen, »aufziehenden« Reiches dar. Der Führerbefehl hatte nichts mehr mit dem militärischen Befehl zu tun, er war aus jeder normativen Bindung herausgenommen und setzte gewissermaßen die Entschlüsse der Geschichte in die Tat um.

In der nationalsozialistischen Literatur haben derartige Verstellungen hundertfachen Niederschlag gefunden. Als Beispiel sei eine Passage aus einem Buch über die SA zitiert[3]:

> »Und noch einmal marschieren die Freikorps. In der Nacht vom 3. zum 4. Mai 1921 bricht in Oberschlesien ein erneuter großer polnischer Aufstand los. Da greifen sie ein, da marschiert der Selbstschutz Oberschlesiens, der SSOS., geheim gegründet und aufgebaut. Bald ist halb Oberschlesien befreit. Und es wäre von den vorwärtsstürmenden Selbstschutzformationen völlig befreit worden, wenn nicht die ›deutsche Regierung‹ eingeschritten wäre.
>
> Dann werden die Freikorps endgültig und vollkommen aufgelöst.
>
> Und die Zeitfreiwilligen-Kompanien, die Bürgerwehren, die Einwohnerwehren.
>
> Auch deren stolzeste und stärkste: die Bayrische Einwohnerwehr.
>
> Das ist kein Widerspruch, sondern eine logische Entwicklung. Denn die von den November-Männern gerufenen Soldaten und Offiziere hatten ihre Schuldigkeit getan. Sie hatten den Bolschewismus im Lande und an den Grenzen niedergeschlagen und somit die Revolte von 1918 gerettet, sie hatten die aktivistischen Feinde der Republik vernichtet und somit die Republik gefestigt.
>
> Mehr sollten sie nicht.
>
> Und mehr konnten sie auch nicht.
>
> Denn ihnen fehlte eines: die klare politische Idee und das große politische Ziel.
>
> Sie haßten wohl die Revolte von 1918 auf das tiefste, sie verachteten und verabscheuten die Träger der Republik und sie hatten alle Machtmittel in der Hand. Aber sie sahen keinen

[3] J. K. von Engelbrechten, Eine braune Armee entsteht. München und Berlin 1937, S. 22f.

neuen volklichen und staatlichen Zustand der Deutschen, sie wußten nicht, warum und für was sie ihre Machtmittel einsetzen sollten.

Und sie waren auch nicht einheitlich organisiert. So viele Freikorps es gab, so uneinig waren ihre Führer. So wurde sie zerschlagen, die letzte Front.

So konnten sie gehen, die letzten Soldaten des Weltkrieges.

An die Stelle der Freikorps – meist als ihre Nachfolgeorganisationen – treten die nationalen ›Wehrverbände‹. Ihre Aufgabe ist, den Wehrgedanken im deutschen Volke wachzuhalten und zu pflegen und die Wehrfähigkeit ihrer Mitglieder durch ständige militärische Übungen zu erhalten. Politische Ziele verfolgen sie nicht, im Gegenteil, sie schließen sie von ihrer Arbeit aus.

Aber auch der ›Stahlhelm‹ und die vielen anderen, nach ihm entstehenden nationalen Wehrverbände, zum Beispiel der ›Wiking‹, der ›Wehrwolf‹, die ›Olympia‹ sind zu einer Neuordnung der deutschen Dinge nicht fähig. Auch nicht die ›Schwarze Reichswehr‹.

Weil sie unpolitisch sind.

Auch sie befinden sich in dem grundlegenden Irrtum, lediglich durch das Aufrechterhalten der militärisch-nationalen Tradition des Reiches die nationale Revolution der Deutschen vorbereiten und durchführen zu können. Auch ihnen fehlte das Wesentliche, Moderne, Tatsächliche. Fehlte das, was *Adolf Hitler* im Frühjahr 1920 in München schafft:

die große politisch-revolutionäre Idee:

den Nationalsozialismus.

Das große politisch-revolutionäre Ziel:

den völkischen Staat.

Die große politisch-revolutionäre Organisationsform:

die NSDAP.

Und als Träger dieser Organisation, dieses Ziels und dieser Idee den neuen deutschen Mannestyp:

den politischen Soldaten.

Das Wesentliche, Entscheidende dieses Typus ist, wie es schon im Wort ausgedrückt wird, die in ihm vollzogene Verschmelzung des Soldatentums mit dem Politischen.«

Der Begriff des *politischen Soldaten* hat während der nationalsozialistischen Zeit in seinem schillernden Doppelsinn eine große Rolle gespielt. Gemeint war damit einerseits der Soldat aus politischer Überzeugung, der weiß, wofür er kämpft; andererseits der Mann, der sich in der Politik als Soldat fühlt, der Politik so macht, als gelte es, einen Krieg zu führen. Eine groteske Variante dieser Art von politischem Soldaten war der Amtswalter der NSDAP, der an der »Front« der »Erzeugungsschlacht« stand und seine Befehle im »Kampf dem Verderb« erteilte. Er trug Uniform und goß auch Entscheidungen, die in Wirklichkeit durch Verhandlungen und Absprachen zustande gekommen waren, schließlich in die Form eines Befehls. Im großen und ganzen blieben aber diese Art von kämpferischem Gehabe und seine Terminologie im Dritten Reich rhetorisch; sie waren unschön, aber wenig effektiv. Selbst der Satz »Führer, befiehl, wir folgen Dir« hatte überwiegend deklamatorischen Charakter. Die gefährliche Variante des politischen Soldaten dagegen fand sich in der SS; sie verstand die »politische« Exekutive und die »politische« Verwaltung in schroffem Gegensatz zur staatlichen, dem Prinzip der Gesetzmäßigkeit folgenden Verwaltung und praktizierte sie außerhalb der Gesetze[4].

Es gab also nach 1918 zwei Zweige soldatischer Tradition nebeneinander, die in jeder Beziehung [institutionell, geistig, politisch] klar und eindeutig voneinander unterscheidbar sind: die legitime, den Sinn des Soldatentums und militärischer Organisation erfüllende Tradition in der Reichswehr, und die illegitime, abartige, soldatischen und militärischen Sinn verkehrende Tradition in der nationalsozialistischen Bewegung und ihren Kampfverbänden. Dementsprechend gab es auch zweierlei Befehlsgewalt und zweierlei Gehorsamspflicht: Einerseits die legitime Befehlsgewalt mit einer aus der Gesamtheit staatsbürgerlicher Pflichten hergeleiteten Gehorsamspflicht des Soldaten; andererseits die usurpierte, im Namen des Gesetzes der Geschichte sinnlos verabsolutierte Befehlsgewalt Hitlers mit der freiwillig übernommenen, ideologisch begründeten und grundsätzlich durch keine Normen eingeschränkten Gehorsamspflicht seiner Anhänger. Wenn die in der Reichswehr erteilten Befehle als *Befehle in Dienstsachen* bezeichnet werden, so kann man die in der nationalsozialistischen Bewegung erteilten Befehle »*Befehle in Weltanschauungssachen*« nennen. Beide haben nichts miteinander gemeinsam als den Formalismus des Befehls-Gehorsams-Verhältnisses.

Noch in den ersten anderthalb Jahren der Hitlerzeit standen die beiden Traditionszweige klar getrennt nebeneinander. Als aber nach dem Tode des Reichspräsidenten von Hindenburg Hitler

[4] Vgl. S. 83 ff.

seine Stellung als Führer formell und materiell mit der Repräsentation des Deutschen Reiches identifizierte und die Staatsgewalt dabei in den Schatten der Führergewalt trat[5], verlor der Staat seine Souveränität an die Person Adolf Hitlers, und die staatliche Ordnung geriet grundsätzlich unter die Herrschaft des Führerwillens. Damit war es prinzipiell möglich geworden, daß der Befehl in Weltanschauungssachen, der bisher auf den Bereich der nationalsozialistischen Bewegung beschränkt gewesen war, in den Bereich des öffentlichen Lebens Eingang fand. Tatsächlich jedoch ließ Hitler Staat und nationalsozialistische Bewegung nicht ineinander verfließen, sondern hielt sie bewußt getrennt. Institutionell bewirkte er das durch die Ernennung eines »Stellvertreters des Führers« als Repräsentanten der Gesamtbewegung, politisch, indem er weiterhin zwischen einer nationalsozialistischen Kampfgemeinschaft als eigentlicher Willensträgerin und der breiten Masse des deutschen Volkes unterschied. Die Partei galt als »weltanschauliche Willensorganisation«[6], als »verkleinertes Volk in gesteigerter Potenz« und »kämpferische Truppe einer Weltanschauung«[7]. Prinzipiell zwar waren *alle* Deutschen dem totalitären Verfügungsanspruch unterworfen und waren vielfältiger politischer Nötigung ausgesetzt [»freiwilliger Zwang«]. Aber wenn man sich dem Regime auch nicht ausdrücklich widersetzen durfte, so konnte man sich doch im großen und ganzen auf die Verbindlichkeiten staatsbürgerlicher Loyalität zurückziehen und sich durch kleinere Konzessionen an die Bewegung [Eintritt in die NSV und ähnliches] von ernsteren Zumutungen loskaufen. Der Mehrheit der Deutschen, die sich so verhielt, stand eine Minderheit gegenüber, die sich aktiv und mit Eifer für die Ziele des Regimes einsetzte; diese Leute waren bereit, mehr zu tun, als staatsbürgerliche Loyalität und allgemeine Nötigung ihnen abforderten. Organisatorisch gesehen handelte es sich dabei um die Mitglieder der NSDAP und der Kampfverbände im engeren Sinne, vor allem der SS. Das heißt nicht, daß alle Mitglieder dieser Organisationen überzeugte Nazis und Aktivisten gewesen wären, daß es andererseits nicht Leute gegeben hätte, die den Nationalsozialismus aktiv unterstützten, ohne einer Organisation anzugehören; die tausend Varianten von äußerlichem und wirklichem Mittun sind ja bekannt. Aber wer einer der eigent-

[5] Vgl. S. 15 ff.
[6] Himmler vor den Wehrkreisbefehlshabern am 21. September 1944.
[7] Gauweiler, Rechtseinrichtungen und Rechtsaufgaben der Bewegung. München 1939, S. 2.

lichen Kampforganisationen beitrat, erteilte damit dem Regime in greifbarer Weise einen Konsens; er riskierte, beim Wort genommen zu werden und Befehle in Weltanschauungssachen zu erhalten. Denn diese Organisationen blieben auch im Dritten Reich der eigentliche Ort für Führerbefehle in Weltanschauungssachen, und zwar unter Umständen auch für Führerbefehle, die nicht einmal nachträglich und sekundär mit der normativen Ordnung staatlicher Gesetzgebung in Einklang gebracht wurden, das heißt: die ungesetzlich waren.

Die tatsächlichen Verhältnisse im Dritten Reich waren sehr kompliziert. Führerbefehle in Weltanschauungssachen konnten eine gewisse Wirkung auf das allgemeine öffentliche Leben gewinnen, andererseits wurde der interne Betrieb der nationalsozialistischen Organisationen sehr weitgehend auf die Normativität staatlicher Gesetzgebung abgestimmt und dieser angeglichen[8]. Trotzdem blieb der fundamentale Unterschied zwischen den beiden Bereichen bestehen und auch wahrnehmbar. Die große Masse der Verfügungen des Stellvertreters des Führers, des Reichsschatzmeisters der NSDAP, der obersten Führung der SA und SS, waren Befehle in Weltanschauungssachen, denen gegenüber die Gehorsamspflicht ausschließlich auf dem durch Eintritt in die Organisationen erteilten ideologischen Konsens und nicht auf irgendwelchen allgemeinen staatsbürgerlichen Verbindlichkeiten beruhten. Besonders in der SA und SS blieb das Bewußtsein lebendig, daß der Befehl in Weltanschauungssachen der politischen Kampforganisation etwas anderes war als der militärische Befehl der Wehrmacht. So hieß es zum Beispiel in der Zeitschrift ›Der SA-Führer‹[9]:

»Während die Wehrmacht die Grenzen unseres Landes und somit unsere Arbeit und Ehre zu verteidigen hat und hierzu jeder wehrfähige Deutsche herangezogen werden kann, hat die SA nicht nur unsere nationalsozialistische Idee zu verteidigen, sondern für deren Verbreitung und Verinnerlichung in unserem Volke zu sorgen. Die SA hat dafür zu sorgen, daß die Maßnahmen der nationalsozialistischen Regierung im Volke Verständnis finden, wie auch dafür, daß das Volk für nationalsozialistische Maßnahmen vorbereitet wird. Jeder einzelne SA-Mann hat dem deutschen Volksgenossen Vorbild für nationalsozialistisches Handeln zu sein. Daß für solche hohe Aufgaben niemand zwangsweise herangezogen

[8] Vgl. S. 24 ff.
[9] Heft 4/1936, S. 27 ff.

werden kann, sondern daß hierfür nur Männer in Frage kommen, die aus sich heraus das heiße Verlangen verspüren, an vorderster Front an der Vertiefung des nationalsozialistischen Gedankens mithelfen zu wollen, dürfte jedem verständlich sein.«

In der gleichen Zeitschrift war zu lesen[10]:

»Wird im Heer vom Soldaten der unbedingte Gehorsam verlangt gegenüber allen militärischen Befehlen, so wird in der SA vom SA-Mann und SA-Führer der unbedingte Gehorsam verlangt gegenüber allen nationalsozialistischen Grundsätzen und Lebensgesetzen.

Wohl werden die meisten treu und gehorsam ihre gesetzlichen Pflichten erfüllen, aber sie werden nicht immer darüber hinaus sich als Träger der Verantwortung und als Kämpfer für die nationalsozialistische Weltanschauung fühlen.

Sie werden daher nicht Mitglied der freiwilligen Gliederungen.

Diese Männer würden aber dann ja auch nicht in diesen Organisationen jenen unbedingten Gehorsam zeigen, der auch hier gefordert wird.«

Da die SS im Gegensatz zu SA und NSDAP sich nicht darauf beschränkte, Willensträgerin zu sein, sondern die Exekutive selbst übernahm, soweit es politisch relevante Angelegenheiten betraf, weisen Äußerungen von dieser Seite eine entsprechende Variante auf; der freiwillige ideologische Konsens wurde aber auch hier als Grundlage der Gehorsamspflicht angesehen[11]:

»Politik und Wehrmacht marschierten in unserer Vergangenheit leider zu oft getrennt. In der Waffen-SS zum erstenmal ist die unlösbare Vereinigung geschaffen, in der Weise, daß Idee und Schwert zusammengehören, daß der politische Wille das Schwert des Soldaten bis zur Unbezwinglichkeit stärkt!

Daraus muß jeder Führer in der Waffen-SS die Erkenntnis ziehen, daß er als sein höchstes Vorbild den Führer sieht als herrlichste Vereinigung des politischen und militärischen Willensträgers der Nation.

Und die Freiwilligkeit wurde ein Gradmesser der inneren und äußeren Macht der Bewegung. Die Waffen-SS als die letzte Vollendung des nationalsozialistischen soldatischen Gedankens ist nichts anderes als eine Weiterführung der sol-

[10] Heft 2/1938, S. 23 ff.
[11] ›SS-Leithefte‹, Heft 2/1942, S. 22 f.

datischen Macht dieser Idee. Der Entschluß, zum soldatischen Korps des Führers zu stoßen, ist wiederum nichts anderes als der freie Wille zur Fortsetzung des damaligen politischen Kampfes auf einer anderen Ebene. So sind die Freiwilligen der Waffen-SS die Nachfahren der alten Kämpfer, die wünschen, mehr tun zu dürfen, als die Pflicht es erfordert, freiwillig den Kampf um Deutschland zu führen wie jene alten Gefolgsmänner des Führers.«

In einer Werbeschrift der Waffen-SS mit dem Titel ›Dich ruft die SS‹[12] heißt es:

»Du weißt, daß Soldat sein und sich als Soldat bewähren die Pflicht jedes Deutschen ist. Jene jungen Deutschen aber, die über ihre Kameraden an Haltung und Charakter hinausragen, wollen mehr als Soldaten sein; sie wollen nicht warten, bis sie eingezogen werden, sie wollen als Freiwillige kämpfen.

Die besonderen Aufgaben der Schutzstaffel zwingen dazu, die unabänderlichen Gesetze der Auslese anzuwenden und die wertvollsten Kräfte für die SS zu gewinnen. Vertrauensvoll soll sich der junge Deutsche der Eignungsuntersuchung unterziehen, ob er SS-mäßig und gesundheitlich für die Waffen-SS geeignet ist. *Bei Ablehnung bleiben noch viele Möglichkeiten, sich der Nation vollwertig nutzbar zu machen.*«

Allerdings hat die Übernahme von Exekutivbefugnissen und öffentlichen Aufgaben bei der SS eine verfassungs-organisatorische Situation entstehen lassen, in der die Befehlsgewalt in Dienstsachen in die in Weltanschauungssachen doch so weit ineinander verflossen, daß es in vielen Fällen sehr schwer, manchmal sogar unmöglich ist, sie noch klar voneinander zu unterscheiden. Die Ursache dieser Verwirrung liegt darin, daß der SS als Führerexekutive in zunehmendem Maße staatliche Kompetenzen und Rechte übertragen wurden. Das gilt vor allem für die Entstaatlichung der Polizei und deren Integration in die SS[13]; hier wurde ein in sich normativ funktionierender Apparat in toto zum Instrument nicht-normativer beziehungsweise antinormativer Maßnahmen, also zum ausführenden Organ von Befehlen in Weltanschauungssachen gemacht. Solche Befehle konnten zum Beispiel in die Form von Polizeiverordnungen gekleidet sein, die ihrer äußerlichen Gestalt nach ein Teil der normativen Ordnung waren. Angesichts der tatsächlichen Funktion der SS im nationalsozialistischen Herrschaftssystem

---

[11] Ohne Datum, aber bestimmt nicht früher als im Sommer 1942 erschienen.
[12] Vgl. S. 33 ff.

und der Entwicklung des Verhältnisses von SS und Polizei wird der Historiker zwar in vielen Fällen nachweisen können, daß Anordnungen, die sich formal als zur normativen staatlichen Ordnung zugehörig darstellten, in Wirklichkeit ideologisch bedingt waren und ihnen nur nachträglich aus Gründen der Opportunität eine normative Gestalt gegeben worden ist. Es hieße jedoch, den Durchschnitt der Beamten überfordern, wenn man verlangte, sie hätten damals in der Lage sein müssen, zwischen echten normativen Anordnungen und ideologischen Befehlen in Gestalt normativer Anordnungen zu unterscheiden. Immerhin konnte der Inhalt der Anweisungen einen gewissen Anhaltspunkt geben: je mehr er nämlich in seiner Substanz ideologisch bedingt war, desto eher war zu vermuten, daß die normative Gestalt nur Tarnung und Verbrämung war. Es gab überdies *ein* Kriterium, das auch damals schon im Bereich der SS einen Befehl in Weltanschauungssachen *offenkundig und irrtumsfrei* als solchen erkennbar machte: nämlich wenn der Befehl unter ausdrücklicher Negierung oder Ignorierung aller bestehenden gesetzlichen Bestimmungen erteilt wurde. Davon wird noch die Rede sein.

Ein interessantes Beispiel dafür, daß der Unterschied von Pflichten, die aus dem weltanschaulichen Konsens erwuchsen, und solchen, die von Staats wegen allgemeinverbindlich waren, seinerzeit durchaus bewußt war, findet sich im Protokoll einer Sitzung, die beim Generalgouverneur Hans Frank in Krakau am 30. Mai 1940 stattgefunden hat. Gegenstand der Besprechung war die von Hitler befohlene Ermordung der polnischen Intelligenz. Dazu führte Frank aus:

»Wenn jetzt in jeder Minute und Sekunde draußen im Westen Tausende des besten deutschen Blutes geopfert werden müssen, dann haben wir *als Nationalsozialisten* die Pflicht, daran zu denken, daß sich nicht etwa die polnische Nation auf Kosten dieser deutschen Opfer erhebt. Daher war es auch der Zeitpunkt, wo ich in Anwesenheit des SS-Obergruppenführers Krüger mit dem Kameraden Streckenbach dieses außerordentliche Befriedungsprogramm besprach, ein Befriedungsprogramm, das zum Inhalt hatte, nunmehr mit der Masse der in unseren Händen befindlichen aufrührerischen Widerstandspolitiker und sonst politisch verdächtigen Individuen in beschleunigtem Tempo Schluß zu machen und zu gleicher Zeit mit der Erbschaft des früheren polnischen Verbrechertums aufzuräumen. Ich gestehe ganz offen, daß das einigen tausend Polen das Leben kosten wird, vor allem aus der geistigen Führerschicht Polens. Für uns alle *als Nationalsozialisten* bringt aber diese Zeit die Verpflichtung mit sich, dafür zu sorgen, daß aus dem polnischen Volk kein Widerstand mehr emporsteigt. Ich weiß, welche Verantwortung wir damit übernehmen.

. . .

Ich darf Sie bitten, meine Herren, uns mit Ihrer ganzen Energie bei der Durchführung dieser Aufgabe zu helfen. Was von mir aus geschehen kann, um die Durchführung dieser Aufgabe zu erleichtern, wird geschehen. Ich appelliere an Sie *als nationalsozialistische Kämpfer*, und mehr brauche ich wohl dazu nicht zu sagen. Wir werden diese Maßnahme durchführen, und zwar wie ich Ihnen vertraulich sagen kann, *in Ausführung eines Befehls, den mir der Führer erteilt hat.*

. . .

Meine Herren, wir sind keine Mörder. Für den Polizisten und SS-Mann, der auf Grund dieser Maßnahme *amtlich oder dienstlich* verpflichtet ist, die Exekution durchzuführen, ist das eine furchtbare Aufgabe. Wir können leicht Hunderte von Todesurteilen hier unterzeichnen; aber ihre Durchführung deutschen Männern, anständigen deutschen Soldaten und Kameraden zu übertragen, das bedeutet eine furchtbare Belastung. Ich bin deshalb auch dem Parteigenossen Siebert sehr dankbar für die Herausgabe des Erlasses, in welchem er den Polizeiorganen eine *gewisse Rücksichtnahme auf die physische Situation* der mit solchen Exekutionen betrauten Männern zur Pflicht macht. Ich würde Sie bitten, diesen Erlaß, wenn es irgend möglich ist, unter allen Umständen zu berücksichtigen. Aber nicht nur das, jeder Polizei- und SS-Führer, der nun die harte Pflicht hat, diese Urteile zu vollstrecken, muß auch hundertprozentig die Gewißheit haben, daß er hier in Erfüllung eines Richtspruches der deutschen Nation handelt. *Daher wird auch für diese Fälle der AB-Aktion das summarische Standgerichtsverfahren durchgehalten*, wie ich es mit dem Kameraden Streckenbach vereinbart habe, damit auf keinen Fall der Eindruck einer willkürlichen Aktion oder ein ähnlicher Eindruck entsteht.«

Hier wird deutlich unterschieden zwischen den *Pflichten des nationalsozialistischen Kämpfers*, der *aufgrund eines Führerbefehls* durchführt, was die *geschichtliche* Stunde fordert, und denjenigen Polizei- und SS-Angehörigen, die *amtlich oder dienstlich* verpflichtet sind, die Exekutionen zu vollziehen. Um ihretwillen soll ein summarisches polizeiliches Standgerichtsverfahren durchgehalten werden. Als Bindeglied zwischen den beiden Pflichtenkreisen steht die Phrase vom »Richtspruch der deutschen Nation«, mit der, ähnlich wie mit dem »Gesetz der Geschichte« oder dem »Lebensrecht des Volkes«, eine normative Grundlage vorgetäuscht wurde. Der Führerbefehl als solcher war, wie aus dem Text eindeutig hervorgeht, ein Befehl in Weltanschauungssachen, der kein Recht setzte, sondern seinen Ort jenseits der gesetzlichen Ordnung hatte.

Der zweite Bereich, in dem die verfassungsorganisatorische Situation dazu angetan war, die beiden Arten von Befehlsgewalt ineinander verfließen zu lassen, war die Wehrmacht. Da Hitler als Führer Oberster Befehlshaber der Wehrmacht war, hatte er grundsätzlich die Möglichkeit, ideologische Absichten in Befehle in Dienstsachen zu kleiden und dafür die legitime soldatische Gehorsamspflicht in Anspruch zu nehmen, die sich aus den allgemeinen staatsbürgerlichen Pflichten herleitet. Das ist auch wirklich vorgekommen; ein einfaches, aber sehr eindeutiges Beispiel war der Ende 1940 erteilte Befehl »des Führers und Obersten Befehlshabers der Wehrmacht«, daß Ehrenbezeigungen deutscher Soldaten vor dem Grabmal des Unbekannten Soldaten in Warschau ab sofort zu unterbleiben hätten, vor dem Grabmal des Unbekannten Soldaten in Paris jedoch weiter zu erweisen seien. Im allgemeinen jedoch blieben Hitlers Befehle an die Wehrmacht im Rahmen des Militärisch-Sachlichen, nicht zuletzt deshalb, weil er von der Wehrmacht vorwiegend militärische und kaum politische Dienste erwartete und forderte. In einigen Fällen, in denen Hitler ausgesprochen ideologisch bedingte Befehle erteilte, kleidete er sie in eine pseudo-militärische Begründung. Ein typisches Beispiel dafür war der Erlaß des Führers und Obersten Befehlshabers der Wehrmacht vom 13. Mai 1941 über die Ausübung der Kriegsgerichtsbarkeit im Gebiet »Barbarossa«, durch den die Bevölkerung des sowjetrussischen Gebiets praktisch als vogelfrei erklärt wurde. Zur Begründung heißt es in der Präambel[14]:

> »Die Wehrmachtsgerichtsbarkeit dient in erster Linie der Erhaltung der Manneszucht.
> Die weite Ausdehnung der Operationsräume im Osten, die Form der dadurch gebotenen Kampfesführung und die Besonderheit des Gegners stellen die Wehrmachtsgerichte vor

[14] Nbg. Dok. 50-C.

Aufgaben, die sie während des Verlaufs der Kampfhandlungen und bis zur ersten Befriedung des eroberten Gebietes bei ihrem geringen Personalbestand nur zu lösen vermögen, wenn sich die Gerichtsbarkeit zunächst auf ihre Hauptaufgaben beschränkt. Das ist nur möglich, wenn die Truppe selbst sich gegen jede Bedrohung durch die feindliche Zivilbevölkerung schonungslos zur Wehr setzt.«

Auf diesen Erlaß wurde dann der bekannte Kommissar-Befehl gestützt, der ebenfalls pseudo-militärische Gründe für ideologisch bedingte Maßnahmen anführt[15]:

>Im Kampf gegen den Bolschewismus ist mit einem Verhalten des Feindes nach den Grundsätzen der Menschlichkeit oder des Völkerrechts nicht zu rechnen. Insbesondere ist von den politischen Kommissaren aller Art als den eigentlichen Trägern des Widerstandes eine haßerfüllte grausame und unmenschliche Behandlung unserer Gefangenen zu erwarten. Die Truppe muß sich bewußt sein:

1. In diesem Kampf ist Schonung und völkerrechtliche Rücksichtnahme diesen Elementen gegenüber falsch. Sie sind eine Gefahr für die eigene Sicherheit und die schnelle Befriedung der eroberten Gebiete.

2. Die Urheber barbarisch asiatischer Kampfmethoden sind die politischen Kommissare. Gegen diese muß daher sofort und ohne weiteres mit aller Schärfe vorgegangen werden.

Sie sind daher, wenn im Kampf oder Widerstand ergriffen, grundsätzlich mit der Waffe zu erledigen.«

Der Einbruch des Befehls in Weltanschauungssachen in das deutsche Staatsleben bildete für die echte militärische Befehlsgewalt der Wehrmacht eine ernste Gefahr. Denn die beiden Grundvoraussetzungen militärischer Befehlsgebung wurden dadurch in Frage gestellt: erstens wurde die umgreifende normative Ordnung des Staates durch die Führergewalt relativiert und zum Teil zerstört, zweitens konnte das militärische Befehlsgefüge nicht-militärischen, ideologischen Zwecken dienstbar gemacht werden. Darüber hinaus wurde die Ordnung von Befehl und Gehorsam durch den täglichen Mißbrauch in der Politik derart verzerrt, daß dies sich auf die Dauer auch auf den legitimen Gebrauch innerhalb der Wehrmacht auswirken mußte. Angesichts dieser Situation war der Putsch vom 20. Juli 1944 alles andere als ein Verstoß gegen die militärische Ordnung von

---

[15] H.-A. Jacobsen, 1939–1949, Der Zweite Weltkrieg in Chronik und Dokumenten. 5. Aufl., Darmstadt 1961, S. 572.

striktem Befehl und unbedingtem Gehorsam. Vielmehr war es – neben den noch tiefer liegenden Gründen der Gewissensentscheidung – ein Versuch, der außerhalb der Wehrmacht in voller Blüte stehenden und innerhalb der Wehrmacht auch schon vordringenden Perversion der soldatischen Tradition Einhalt zu gebieten. Es ist kein Zufall, daß am Putsch gegen Hitler gerade solche Offiziere führend beteiligt waren, die noch sicher in der unverfälschten preußisch-deutschen Tradition des Soldatentums standen. Sie hatten in einer Zeit weitverbreiteter Verwirrung der Begriffe und Werte nicht vergessen, daß aus sittlichen wie aus politischen Gründen unbedingter Gehorsam nur gefordert werden kann, wenn der Befehl durch eine normative Ordnung diszipliniert wird und auf militärische Zwecke beschränkt bleibt.

Die Mentalität der SS

Wie bei den Nationalsozialisten überhaupt, so war auch in der SS der Bestand an weltanschaulicher Doktrin und theoretischen Lehrsätzen erstaunlich gering. Das überlieferte Schulungsmaterial bietet im großen und ganzen das Übliche, was man aus der Zeit des Dritten Reiches kennt: tendenziöse Biologielehre und verballhornte deutsche Geschichte. Diese war zum Verbindungsstück zusammengeschrumpft zwischen der breit und romantisiert dargestellten germanischen Vorzeit und der ebenso ausführlich und verfälscht abgehandelten »Kampfzeit« der Bewegung seit 1918. Selbst der so dürftige Unterrichtsstoff hatte aber kaum Einfluß auf das Denken der SS-Angehörigen; es gab in der SS keine strenge ideologische Schulung oder Lerndisziplin, die sich auch nur entfernt mit der kommunistischen vergleichen ließe. In den politischen Unterrichtsstunden wurde ebenso »gegammelt« wie in denen der Wehrmacht, des Arbeitsdienstes und anderer Organisationen. Was auf theoretischem Gebiet wirklich gefordert wurde, war lediglich die Zustimmung zu einigen Grundbegriffen wie etwa »Führerprinzip« oder »Rassenpflege«; auch sie waren jedoch vage und wurden mit erheblichen Bedeutungsunterschieden verwendet. Die ganze Terminologie war unscharf, die Gedanken waren ungeordnet. So verherrlichte man das mittelalterliche Reich und warf im gleichen Atemzug der katholischen Kirche vor, sie sei im Mittelalter steckengeblieben. Man benannte eine SS-Division nach dem Prinzen Eugen, gleichzeitig jedoch meinte der Chef des SS-Hauptamtes, Gottlob Berger, in einem Gespräch mit dem Großmufti von Jerusalem, es würde um Deutschland besser stehen und die deutsche altgermanische Kultur wäre nicht zugrunde gegangen, wenn seinerzeit bei Wien die Vorsehung nicht den Europäern, sondern den Mohammedanern den Sieg gegeben hätte.

Das theoretische Element spielte also in der SS eine Nebenrolle; das eigentlich Tragende und Verbindende war statt dessen eine bestimmte *Mentalität*. Treffend schrieb Graf Schwerin von Krosigk in seinem Buch ›Es geschah in Deutschland‹[16], der SS-Orden sei nicht durch ein politisches Ziel, sondern durch Verpflichtung zu einer Charakterhaltung und zu einem Lebensstil zusammengehalten worden. So bestand die Erziehung der SS nicht in theoretischer Schulung, sondern in Beeinflussung der Mentalität: durch die Handhabung des Dienstes, den Stil des Zusammenlebens, den Jargon, die Bewertung der Verhaltensweisen im Alltag und ähnliches. Auf diese Weise erlernte der SS-Mann

– die Grundhaltung des Kämpfers um des Kampfes willen;
– ohne Überlegung gehorchen;
– Härte als Abhärtung, aber auch als Verhärtung gegenüber allen mitmenschlichen Regungen;
– Verachtung der »Minderwertigen« und Hochmut gegenüber allen, die nicht dem Orden angehörten;
– Kameradschaft und Kameraderie;
– daß es kein »unmöglich« geben darf.

Hinzu kamen einige vereinfachte und verabsolutierte Gegnervorstellungen: »der Jude«, »der Bolschewismus«, »der östliche Untermensch«. Alles das war übrigens nicht auf die SS beschränkt, sondern war charakteristisch für die nationalsozialistische Mentalität überhaupt. Die Besonderheit der SS bestand in der Intensität, mit der diese Mentalität gepflegt wurde, und in der Konsequenz, mit der man auch wirklich danach handelte.

Die SS-Mentalität weist allenthalben Zusammenhänge mit der allgemeinen geistigen Entwicklung im 19. und 20. Jahrhundert auf. Es handelt sich dabei allerdings nicht um bewußt übernommene Lehren und Theorien, sondern um Einflüsse einer bürgerlichen Vulgärphilosophie, in die bestimmte philosophische Lehrmeinungen abgesunken, dort anonym geworden und bereits in einen gewissen Verwesungszustand übergegangen

[16] Tübingen 1951, S. 250.

waren. Aus diesem »Komposthaufen« bürgerlichen Denkens ist die Mentalität der SS zu einem guten Teil erwachsen. Für die wissenschaftliche Interpretation bedeutet das, daß sie zwar mehr oder minder deutliche Anklänge an bestimmte einzelne philosophische Theorien feststellen kann, nicht aber versuchen darf, unmittelbare Zusammenhänge herauszupräparieren und präzise Linien geistiger Deszendenz zu ziehen, die es in Wirklichkeit nicht gab. Vage Andeutungen in der Darstellung beruhen deshalb nicht auf einer Ungenauigkeit des Forschens, sondern entsprechen der Eigenart des Forschungsgegenstandes. Manche zeitgeschichtliche und zeitkritische Untersuchung krankt daran, daß der Autor die Zusammenhänge zwischen dem Nationalsozialismus und bestimmten philosophischen Lehren zu theoretisch zu explizieren und zu lückenlos nachzuweisen versucht.

Im Gegensatz zur SA stand die SS ursprünglich nicht in der Tradition der Wehrverbände, sondern war als Kaderorganisation für jeden beliebigen politischen Einsatz, insbesondere für die Sicherheit Hitlers und anderer Parteiführer gegründet worden[17]. Gleichwohl wurde auch sie militärisch organisiert und soldatisch »ausgerichtet«. Infolgedessen resultierte die Mentalität der SS aus zwei Hauptkomponenten: erstens dem reinen Pragmatismus eines politischen Kaders und zweitens dem Geist jenes abartigen Zweiges der deutschen soldatischen Tradition, der sich nach dem Ersten Weltkrieg entwickelte. Im offiziellen Selbstverständnis stand die »soldatische Haltung« im Vordergrund, für die Praxis des Alltages dagegen war der Pragmatismus bestimmend. Mit beiden Komponenten muß sich die Interpretation befassen, wobei die »soldatische« kompliziertere Zusammenhänge aufweist.

Das Wort »soldatisch« spielte in der SS eine große Rolle. Doch hatte man den Begriff seiner militärisch-normativen Züge entkleidet und verstand ihn im Sinne einer allgemeinen »kämpferischen« Haltung, entsprechend den spezifisch nationalsozialistischen Vorstellungen von »politischen Soldaten«. Ein General der Wehrmacht hat einmal sehr treffend gesagt, die Angehörigen der Waffen-SS seien keine Soldaten, sondern Kämpfer gewesen. Was war damit gemeint?

Soldat sein ist im besten Sinne des Wortes ein Beruf; die Soldaten bilden einen Stand neben den anderen Ständen. Dazu gehört, daß der Soldat sein Handwerk gelernt hat, das Kriegs-

[17] Vgl. S. 31.

handwerk, und daß er dort kämpft, wo das Kämpfen seinen Ort und Sinn hat: nämlich im Kriege. Kämpfer-Sein dagegen ist nicht ein Beruf, sondern das, was man eine Haltung nennt, eine Grundeinstellung zum Leben, ein charakteristisches Sich-Geben. Man kann ein Kämpfer sein, auch ohne das Soldaten-handwerk erlernt zu haben. Während der Beruf des Soldaten klar und deutlich von dem des Politikers, des Künstlers, des Gelehrten zu unterscheiden ist, kann man ein Kämpfer auch *als* Politiker, *als* Künstler, *als* Gelehrter sein. Auch der »faustische Mensch«, der um die Probleme ringt, ist ein Kämpfer. Beim Kämpfer denkt man nicht an die Aktualität einzelner Kampf-handlungen, sondern an eine Lebenshaltung, die auch auf Situationen angewandt wird, die für normales Denken mit Kampf und Krieg nichts zu tun haben. Diese kämpferische Grundhal-tung korrespondierte bei den Nationalsozialisten mit der An-schauung, das Leben überhaupt sei seinem Wesen nach Kampf. – Der Wert des soldatischen Einsatzes verliert nichts dadurch, daß er unterstützt wird durch eine geschickte Politik, durch gute strategische Führung, durch wohlorganisierten Nach-schub und durch Bundesgenossen. Im Gegenteil: der Soldat hat einen Anspruch darauf, daß ihm solche Hilfe in jedem nur möglichen Maße geleistet wird. Der Kämpfer dagegen erfüllt sein Wesen um so vollkommener, je mehr er auf sich selbst ge-stellt ist und je aussichtsloser sein Kampf wird; denn um so reiner können die kämpferischen Qualitäten hervortreten und sich bewähren. Natürlich muß auch der Soldat Kampfgeist be-sitzen und in äußersten Situationen, in denen »kein anderer für ihn eintritt«, ein Kämpfer sein. Doch bleibt das bei ihm die äußerste Möglichkeit, für die er sich zwar bereithalten muß, die aber nicht das Grundgesetz seines Alltags ist. Der SS-Mann da-gegen soll in seinem täglichen Leben ständig von dieser äußer-sten Möglichkeit bestimmt, er soll Kämpfer aus Prinzip, Kämp-fer um des Kampfes willen sein. Es ist charakteristisch für die pervertierte soldatische Tradition, die ihre Verankerung in einer umfassenden Ordnung verloren hatte und keine realen militärischen Aufgaben mehr besaß, daß sie den Kampf ver-absolutierte und sich mit einer den »Kampf ums Dasein« ver-herrlichenden Ideologie verband. Hitler schrieb in seinem Buch ›Mein Kampf‹[18]:

»Ja, man kann sagen, daß ihre [der NS-Bewegung] Stärke und damit ihre Lebensberechtigung überhaupt nur so lange

[18] Einbändige Volksausgabe, München 1933 u. ö., S. 385.

in Zunahme begriffen ist, solange sie den Grundsatz des Kampfes als die Voraussetzung ihres Werdens anerkennt, und daß sie in demselben Augenblick den Höhepunkt ihrer Kraft überschritten hat, in dem sich der vollkommene Sieg auf ihre Seite neigt. Es ist mithin einer Bewegung nur nützlich, diesem Siege in einer Form nachzustreben, die zeitlich nicht zum augenblicklichen Erfolg führt, sondern die in einer durch unbedingte Unduldsamkeit herbeigeführten langen Kampfdauer auch ein langes Wachstum schenkt.«

Aus einer solchen Grundeinstellung werden sittliche Qualitäten, die an sich nur den Grenzsituationen menschlicher Existenz zugeordnet sind, zur Maxime des täglichen Lebens gemacht, und die Normativität des Alltags wird dabei in Frage gestellt. So war das Ethos der SS ein Ethos des unaufhörlichen Angespannt-Seins. Jedes Sich-Entspannen, jedes Gelöst-Sein galt schon als Müdewerden und war eine schwere Sünde gegen den SS-Geist. Der SS-Mann sollte immer im Dienst sein und »nach dem Kampfe den Helm fester binden«. Himmler hat einmal die Gemütlichkeit als eine für das deutsche Volk tödliche Gefahr bezeichnet. Da jedoch ein normaler Mensch nicht ständig in höchster Anspannung leben kann, vor allem, wenn dafür gar keine objektive Notwendigkeit besteht, hatten die rigoristischen Forderungen unvermeidlich seelische Verkrampfungen, Phrasendrescherei und geistigen Terror zur Folge.

Im Hintergrund der Ideologie des »Kampfes um des Kampfes willen« stand der sogenannte »heroische Realismus«. Davon wußte natürlich die Masse der SS-Angehörigen, auch die Masse der SS-Führer, nichts. Trotzdem muß man sich mit dieser Idee befassen, weil sie die kämpferische Komponente der SS-Mentalität verständlicher macht; außerdem läßt sie begreiflich werden, warum die SS auch für Menschen mit größerem geistigen Anspruch eine gewisse Anziehungskraft haben konnte. Der Grundgedanke des heroischen Realismus war von Ernst Jünger formuliert worden, den Begriff selbst hatte Werner Best geprägt. Ernst Jünger hatte 1930 einen Sammelband ›Krieg und Krieger‹ veröffentlicht, zu dem neben Autoren wie Friedrich Georg Jünger, Ernst von Salomon und Friedrich Hielscher auch Best einen Beitrag geliefert hatte, und zwar über das Thema ›Der Krieg und das Recht‹. Darin beschrieb Best den Nationalismus als eine innere Haltung, die die friedlose, von Kampf und Spannung erfüllte Wirklichkeit der Welt bejahe. Sie erstrebe keine Erlösung, denn sie wisse aus unmittelbarer Gewißheit, daß alles Leben, daß die Dynamik des Kosmos in Spannung, Kampf und Unruhe bestehe. Wörtlich schrieb Best weiter:

»Aus dieser Bejahung der Wirklichkeit, aus der Ablehnung eines Erlösungsziels muß eine andere Sittlichkeit erwachsen als aus der Teleologie der anderen Lehren. Jene richten notwendig den Sinn alles Handelns auf ihr Ziel und schreiben damit den Inhalt dieses Handelns vor. Was der Einzelne in jedem Einzelfall zu tun habe, ist Gegenstand der Orthodoxie und der Intoleranz.

Die Sittlichkeit der neuen Haltung kann kein ›was‹ vorschreiben, weil sie kein solches kennt. Sie ist nicht auf ein Ziel eingestellt und dient nicht einer Erfüllung oder Vollendung. Jeder Augenblick stellt den vorhergehenden wieder in Frage. Kein Wert, für den jeweils gekämpft wird, hat Anspruch und Aussicht auf Sicherheit und Dauer. So bleibt als Maß der Sittlichkeit nicht ein Inhalt, nicht ein Was, sondern das Wie, die Form. ›Nicht wofür wir kämpfen, ist das Wesentliche, sondern *wie* wir kämpfen.‹ [Ernst Jünger: ›Der Kampf als inneres Erlebnis‹, S. 78.] Der Kampf ist das Notwendige, Ewige, die Kampfziele sind zeitbedingt und wechseln. Deshalb kann es auch auf den Erfolg des Kampfes nicht ankommen. Siegen zu wollen, ist der immanente Sinn jedes Kampfes, aber nicht der Sieg entscheidet über den Wert des Kämpfers. Die Hoffnung auf Sieg darf nicht einmal bestimmend sein für den Kämpfenden. *Kämpfen in der Erwartung, daß man selbst siegen oder daß die ›gute Sache‹ irgendwann doch einmal triumphieren werde, das können auch die anderen, denen nur der Glaube an ein letztes Ziel den gegenwärtigen Kampf erträglich macht. Dagegen ist die Bejahung des Kampfes auf verlorenem Posten für eine verlorene Sache das Kriterium der neuen Haltung: auf den guten Kampf kommt es an, nicht auf die ›gute Sache‹ und auf den Erfolg.* So ersteht aus realistischer Bejahung der Wirklichkeit eine heroische Sittlichkeit; deshalb mag … die den Nationalsozialismus tragende innere Haltung als *heroisch-realistische* gekennzeichnet werden.«

Jüngers Kernsatz »Nicht wofür wir kämpfen ist das Wesentliche, sondern *wie* wir kämpfen« gehört zu jener romantischen Vergeistigung politischer Begriffe, auf die sich reflektierende deutsche Nationalisten schon im Verlauf des Ersten Weltkrieges zurückzuziehen begannen, als deutlich wurde, daß der Krieg verloren war[19]. In den ersten Kriegsjahren hatte auch Jünger

[19] Zum Folgenden vgl. Hans Buchheim, Totalitäre Herrschaft. München 1962, S. 123 ff.

noch ein normales Verhältnis zum Kampf gehabt und seinen Sinn im Sieg gesehen. Als aber ein Sieg nicht mehr zu erwarten war, setzte bei Jünger die Sublimierung und Spiritualisierung politischer Vorstellungen ein. Das gilt unter anderem auch für den Begriff »Deutschland«: Jüngers Beitrag zu dem zitierten Sammelband ›Krieg und Krieger‹ handelte von der »totalen Mobilmachung«. Darin heißt es, im Ersten Weltkrieg habe es Deutschland noch an dem geistigen Rüstzeug für eine totale Mobilmachung gefehlt, doch werde es daran in Zukunft nicht mehr mangeln. Denn die Gefallenen seien aus einer unvollkommenen in eine vollkommene Wirklichkeit, *aus dem Deutschland der zeitlichen Erscheinung in das ewige Deutschland* eingegangen und hätten den Zurückbleibenden ein absolutes Maß menschlichen Vermögens hinterlassen. Das Ergebnis des Krieges sei der Gewinn des *tieferen Deutschland* gewesen, und daher deute sich für das neue Geschlecht, das in keiner Idee dieser Welt und der Geschichte seine Befriedigung finden könne, als neue Rüstung eine Mobilmachung des Deutschen an. – Hier wurde also die politische Realität »Deutschland« fast religiös sublimiert und auf diese Weise eine Flucht angetreten aus der Wirklichkeit, in der Deutschland besiegt war, in eine erdachte »höhere« Wirklichkeit eines »inneren Reiches«, von der aus gesehen die faktische Niederlage nur noch wie eine unerhebliche Äußerlichkeit wirkte. Das »tiefere Deutschland« war dem Zugriff der Feinde unerreichbar, war unbesiegbar, aber es sollte andererseits die Quelle der Kraft sein, die Feinde schließlich doch wieder ganz real zu Boden zu zwingen. Diese Spiritualisierung ist eine äußerst gefährliche Form politischer Romantik und korrespondierte aufs beste mit den totalitären Absolutheitsforderungen des Nationalsozialismus.

Historisch gesehen gehören auch das »tiefere Deutschland«, der Nationalismus als innere Haltung und der Kampf um des Kampfes willen in die pervertierte Tradition des Soldatentums, das sich von der umgreifenden Ordnung emanzipierte, weil es die Niederlage Deutschlands nicht wahrhaben und sich mit einem besiegten Staat nicht abfinden wollte. Die Vergeistigung politischer Realitäten hatte logischerweise auch deren Verabsolutierung zur Folge und hing mit der Verabsolutierung von Befehl und Gehorsam zusammen. Man darf Ernst Jünger gewiß nicht uneingeschränkt der pervertierten soldatischen Tradition zurechnen, doch hat er de facto viel zu deren Fundierung und Verklärung beigetragen. – Die frei schwebende Ethik des heroischen Realismus besitzt ohne Zweifel auch verwandte Züge mit dem Existentialismus. Auf der Hand liegen Zusammenhänge mit Autoren, wie Saint-Exupéry und dem weniger bekannten Franzosen René Quinton, dessen Aphorismensammlung über das Heldentum unter dem Titel ›Die Stimme des Krieges‹ 1936 im Verlag des faschistischen ›Grauen Korps‹ in Zürich erschien. Bei Quinton liest man zum Beispiel: »Die Summe aller militärischen Tugenden macht noch keinen Helden«, oder: »Das Heldentum ist ein Zustand der Seele«, »Das Heldentum ist das Glück des Hingerissenseins aus Freude am Kampf«, »Die Helden lieben die Niederlage, weil sie ihnen den Auftrag zu neuen Aufgaben gibt und sie zu neuem Einsatz treibt. So hat der Held kein Verhältnis zum Sieg, setzt er doch seinem Auftrag ein Ende.« Das sind die wesentlichen Bestandteile des »heroischen Realismus«: die Unterscheidung von Soldat und Kämpfer [bei Quinton: Militär und Held], der Kampf um des Kampfes willen und das gebrochene Verhältnis zum Sieg.

Der große Vorfahre dieser Mentalität war kein geringerer als Friedrich Nietzsche, der im ›Zarathustra‹ [Kapitel ›Vom Krieg und Kriegsvolke‹] schrieb:

»Ich sehe viel Soldaten: möchte ich viel Kriegsmänner sehn! ›Ein-form‹ nennt man's, was sie tragen: möge es nicht Einform sein, was sie damit verstecken.

Ihr sollt mir solche sein, deren Auge immer nach einem Feinde sucht – nach *eurem* Feinde. Und bei einigen von euch gibt es einen Haß auf den ersten Blick.

Euren Feind sollt ihr suchen, euren Krieg sollt ihr suchen, euren Krieg sollt ihr führen und für eure Gedanken! Und wenn euer Gedanke unterliegt, so soll eure Redlichkeit darüber noch Triumph rufen! Ihr sollt den Frieden lieben als Mittel zu neuen Kriegen. Und den kurzen Frieden mehr als den langen.

. . .

Ihr sagt, die gute Sache sei es, die sogar den Krieg heilige? Ich sage euch: der gute Krieg ist es, der jede Sache heiligt.

Der Krieg und der Mut haben mehr große Dinge getan, als die Nächstenliebe. Nicht euer Mitleiden, sondern eure Tapferkeit rettete bisher die Verunglückten.

. . .

Ihr dürft nur Feinde haben, die zu hassen sind, aber nicht Feinde zum Verachten. Ihr müßt stolz auf euern Feind sein: dann sind die Erfolge eures Feindes auch eure Erfolge.«

Das Idealbild des heroischen Kämpfers erfuhr beim Eintauchen in die pragmatisch bestimmte Wirklichkeit der SS erhebliche Brechungen. Als politischer Kader war die SS ja alles andere als eine zweckfreie Veranstaltung eigenständiger Charaktere; sie war vielmehr eine ausschließlich zweckbestimmte Organisation. Der »heroische Realismus« stellte zwar nicht die Frage nach der Wahrheit, wohl aber die nach dem richtigen sittlichen Verhalten, er war überhaupt einer philosophischen Einstellung entsprungen. Die SS dagegen verdankte ihre Existenz und ihre Sonderstellung innerhalb der nationalsozialistischen Bewegung keinerlei geistigen Motiven, sondern ausschließlich banalen praktischen Zwecken. Wenn Himmler als Reichsführer-SS den Ehrgeiz hatte, seiner Organisation trotzdem einen eigenen Geist zu geben, so stand dafür kein anderer Kristallisationskern zur Verfügung als eben der praktische Zweck. Daher war der wirkliche Angelpunkt der SS-Ideologie der Einsatz »als solcher«. Es ging nicht um philosophische und ethische Fragen, sondern um die optimale Einsatzbereitschaft und Einsetzbarkeit der Mannschaft zu handfesten Zwecken. Dem zu dienen, war der Sinn des SS-Geistes. Er entsprang der gleichen Erkenntnis, aus der manche Industriemanager sich um das seelische Wohl ihrer Arbeiter kümmern: daß nämlich die Leistungsfähigkeit eines Betriebes beziehungsweise einer Organisation nicht nur durch technische Maßnahmen gesteigert werden kann, sondern auch durch die Pflege oder Mobilisierung geistiger und seelischer Kräfte.

Der Kämpfer des »heroischen Realismus« zeichnete sich durch die völlige Zweckfreiheit seiner Ethik und durch absolute Eigenständigkeit aus. Der Kämpfer der SS dagegen hatte uneingeschränkt und für beliebige Zwecke verfügbar zu sein. Der Kämpfer des »heroischen Realismus« war nicht nur in seiner Weise ein Moralist, sondern auch extremer Individualist, ja Subjektivist. Sein Auge sucht *seinen* Feind; er stellt sich aus seiner Spontaneität heraus dem Kampf, nicht um seiner guten Sache willen und nicht, um zu siegen, sondern nur um sich zu bewähren. Dem SS-Mann dagegen wurde der Feind vorgeschrieben; ihm wurde gesagt, daß seine Sache die einzig und absolut gute sei, die ihrer Natur nach siegen müsse und deshalb siegen werde. Obgleich der Kampf um des Kampfes willen gepriesen wurde, kam es in der Praxis doch entscheidend auf den Erfolg an. Der SS-Mann war eingespannt in die Disziplin und Zweckhaftigkeit seiner Organisation und kämpfte jeweils an dem Platz, auf den man ihn stellte. So blieb vom »heroischen Realismus« in der Praxis der SS nur der auf sich selbst gestellte Kämpfer übrig, der die letzten geistigen und moralischen Reserven mobilisierte. Diese Bewährung trug ihren Sinn nicht mehr in sich selbst, ja, sie war als Bewährung überhaupt nur noch von sekundärer Bedeutung gegenüber der Forderung, das Einsatzziel der Organisation zu erfüllen. Der SS-Mann war zwar noch auf sich selbst gestellt, aber er war nicht mehr eigenständig; so erlag er dem uneingeschränkten Verfügungsanspruch seiner Organisation, da er ihm nichts mehr entgegenzusetzen hatte.

Trotz aller Unterschiede liegt die Affinität von heroischem Realismus und Pragmatismus auf der Hand; es ist begreiflich, warum eine rein zweckbestimmte Organisation sich mit einer völlig unzweckhaften Ideologie drapierte. Denn gerade der extreme Subjektivismus des heroischen Kämpfers, der jeden objektiven Sachbezug als unwesentlich betrachtet, kann beliebigen Zwecken dienstbar gemacht werden, wenn man nur dafür sorgt, daß die subjektive Gewissensbilanz des Heroen ausgeglichen bleibt. Eine freischwebende Ethik, die die Frage nach der objektiven Wahrheit nicht kennt, besitzt keine Kriterien, um die Zusammenhänge zu beurteilen, in denen ihr die Möglichkeit zur abstrakten sittlichen Bewährung geboten wird. Wem der gute Krieg jede Sache heiligt, wem es nicht darauf ankommt, wofür, sondern nur, wie er kämpft, der ist in einzigartiger Weise dafür disponiert, sich unter Umständen auch für verbrecherische Ziele heroisch einzusetzen. Während der heroische Kämpfer wähnt, allein auf sich selbst gestellt zu sein, wird er mitsamt dieser fragwürdigen Basis seiner Existenz in den Dienst des totalitären Verfügungsanspruches genommen – und merkt es entweder gar nicht oder zu spät. Deshalb sind in der SS die Pragmatiker den romantischen Idealisten immer überlegen gewesen. Es ist bezeichnend, daß der Erfinder des Begriffs »heroischer Realismus«, Werner Best, schließlich am Meister des von keinen Idealvorstellungen beirrten Pragmatismus, Reinhard Heydrich, gescheitert ist. Best, seit 1934 enger Mitarbeiter Heydrichs, geriet zu diesem in ein zunehmend gespanntes Verhältnis, das im Jahre 1940 zu so heftigen Auseinandersetzungen führte, daß Best aus der Sicherheitspolizei ausschied und als Kriegsverwaltungschef der Wehrmacht ins besetzte Frankreich ging. Seine Bemühungen um ein wenigstens menschlich faires Arrangement wurden von Heydrich kühl zurückgewiesen. Best erwog daraufhin schon im Jahre 1940, das zu tun, was die meisten aktiven Nationalsozialisten erst 1945 gezwungenermaßen taten: nämlich nach dem Krieg aus der Politik auszuscheiden und sich eine Stelle in der Industrie zu suchen.

Im Alltag der SS entstand aus der Verquickung von Pragmatismus und dem heroischen Prinzip des Kampfes um seiner selbst willen die Vergötzung der *Leistung* um ihrer selbst willen. Tatsächlich maßgebender Wert wurde die Leistungsfähigkeit schlechthin. Der ideale SS-Mann setzte seinen Ehrgeiz darein, jeden Auftrag auszuführen, ohne viel nach dessen Sinn und Berechtigung zu fragen oder sich Rechenschaft über die angewandten Mittel zu geben. Es war typisch, daß Eichmann noch als Angeklagter in Jerusalem stolz darauf war, daß seine Organisation so tadellos geklappt hat und wie am Schnürchen lief. Das Wort »unmöglich« durfte es in der SS nicht geben. In einer Rede vor den Oberabschnittsführern und Hauptamtschefs der SS sagte Himmler am 17. Juli 1942:

»Ich muß wiederholen, das Wort ›unmöglich‹ darf es bei uns niemals geben. Es ist unmöglich, meine Herren, daß irgendeiner mal meldet: Ich kann das und jenes nicht aufstellen, oder: Ich kann mit so wenig Leuten nicht auskommen, oder: Mein Bataillon ist nicht ausgebildet, oder: Ich fühle mich nicht einsatzfähig. Meine Herren, diese Meldungen gibt es nicht! Wenn es nämlich diese Meldungen geben würde, dann kämen wir ja zurück in die Zeiten der Kabinettskriege ... Das Wort ›unmöglich‹ darf es nicht geben und wird es niemals bei uns geben. Es ist unmöglich, daß wir einmal dem Führer sagen: wir haben nichts mehr, mein Führer. Meine Herren, und wenn ich die Verkehrspolizisten in Berlin von der Straße wegholen müßte, ich bringe immer wieder ein Bataillon auf die Beine, auch wenn mir alles stöhnt und jammert.«

Die erteilten Aufträge mußten ausgeführt werden, ob durch Können und Willensenergie oder durch Bedenkenlosigkeit und Schläue, das war gleich. Da nur der Effekt bewertet wurde, war Rücksichtslosigkeit genauso angesehen wie Geschicklichkeit; Gerissenheit und Heroismus lagen nahe beieinander – in Quintons Aphorismen findet sich der Satz: »Das Unmögliche ist der Sinn des Heldischen.« In der SS-Literatur war es Heroismus, der das Unmögliche möglich machte, in den Briefen und Anordnungen der SS-Praxis wurde zu diesem Zweck vorwiegend an den Geist der efficiency appelliert. Ohne diesen Geist, ohne einen rücksichtslosen Pragmatismus hätte die SS im Laufe von nur 10 Jahren gewiß nicht zu einem so ungeheuer großen, dabei aber doch leidlich funktionierenden Machtapparat ausgebaut werden können.

Der Geist der efficiency war es also, der die SS eigentlich beherrschte. Der Heroismus diente dabei als Vehikel und Verbrämung, mag er auch in der kämpfenden Truppe der Waffen-SS sich echt entfaltet haben. Die bare Leistungsmentalität aber, die weder nach der Wahrheit fragt, noch sich für Ethik interessiert, sondern den Ehrgeiz hat, alles möglich zu machen, ob es um eine gute oder schlechte, eine wichtige oder unwichtige Sache geht, sie war nicht nur ein Spezifikum der SS, sondern sie ist ein Spezifikum unserer Zeit überhaupt. So finden wir also hinter der romantischen Stilisierung und der heroischen Allüre in der SS als eigentlich wirkende Kraft ein Stück Geist unserer Zeit – befreit von allen Einschränkungen positiver und moralischer Normen, denen außerhalb des totalitären Herrschaftsbereichs die efficiency noch unterworfen ist. Der »heroische Kämpfer« war in Wirklichkeit der Mann, der gleichgültig genug war, sich überall einsetzen zu lassen, und der rücksichtslos und vif genug war, jeden Auftrag erfolgreich zu erfüllen. Das ist nicht so erstaunlich, wie es zunächst scheint, denn schließlich waren es Durchschnittsmenschen unserer Zeit, die sich in der SS entfalteten.

Gewisse Einzelzüge der SS-Mentalität standen mit dem »heroischen Realismus« in unmittelbarem Zusammenhang. Das gilt zum Beispiel für die Ketzerromantik, die in der SS eine große Rolle gespielt hat. Im Ketzer sah man das Urbild des ausschließlich auf sich selbst gestellten Menschen, des Menschen also, der keine anderen Wege gehen will, als die, die er sich selber gebaut hat, der sich selbst verdächtig wird, wenn er nicht unruhig ist, dem es beim Ringen um die Wahrheit mehr auf das Ringen als auf die Wahrheit ankommt. Himmler wollte die SS in die Tradition des europäischen Ketzertums rücken, in der er wiederum das germanische Heidentum fortgesetzt sah. Mitte der dreißiger Jahre schickte er einen SS-Führer namens Otto Rahn auf eine Reise in diejenigen Landschaften Europas, in denen es einmal Ketzerbewegungen gegeben hatte. Die Beobachtungen und Reflexionen seiner Reise schrieb Rahn in einem Buch nieder mit dem Titel ›Luzifers Hofgesind. Eine Reise zu Europas guten Geistern‹[20]. Es ist ein charakteristisches Dokument der SS-Mentalität. Auch bei der Ketzerromantik

[20] Leipzig und Berlin 1937.

handelt es sich im Grunde um einen Zug des Geistes unserer Zeit überhaupt, denn in diesem Punkte sind die kämpferische Haltung aus Prinzip und die kritische Haltung aus Prinzip miteinander verwandt. Und so wie der Kämpfer um des Kampfes willen ein gebrochenes Verhältnis zum Sieg, so hat der Kritiker um der Kritik willen ein gebrochenes Verhältnis zur Wahrheit. Wenn in der gegenwärtigen öffentlichen Diskussion die Fanatiker des Kampfes auch von niemandem erbitterter angefeindet werden als von den Fanatikern der Kritik, so besteht doch zwischen beiden eine teutonische Gemeinsamkeit.

Am Anfang dieses Kapitels wurde gesagt, daß die Abwandlung des soldatischen Denkens ins rein Kämpferische dadurch erfolgte, daß aus dem Soldatentum die militärisch-normative Komponente eliminiert wurde. Dafür gibt es eine bemerkenswerte Bestätigung: es läßt sich nämlich bei den SS-Totenkopfverbänden, wenigstens in den ersten Jahren ihres Bestehens, überraschenderweise ein ausgesprochener *antimilitärischer Affekt* beobachten. Der Chef der Totenkopfverbände, Theodor Eicke, schrieb im ersten Befehlsblatt, das er im Februar 1937 herausgab: »Im inneren Dienstbetrieb dürfen niemals Gepflogenheiten aufkommen, wie sie beim Heere zwischen Kompaniechef und Feldwebel üblich sind.« Im darauffolgenden Monat war an der gleichen Stelle zu lesen:

»Ein Stabsscharführer hat einen SS-Mann zur Bestrafung gemeldet, weil der SS-Mann *außer Dienst* einen Rottenführer kameradschaftlich mit ›Du‹ angesprochen hat. Der betreffende Stabsscharführer handelte wie ein Kommißfeldwebel, nicht aber als Nationalsozialist.«

Wieder einen Monat später schrieb Eicke:

»Die SS-Totenkopfverbände sind ein wichtiger Bestandteil der Schutzstaffel. Ihre Aufgaben im Frieden und im Kriege liegen fest. Wir gehören weder zum Heer oder Polizei, *noch zur Verfügungstruppe.* Die Grundlage unseres inneren Zusammenhalts ist die Kameradschaft, wie sie sich unter Nationalsozialisten auf Grund unserer Weltanschauung zwangsläufig ergeben muß. Die Einheiten der SS-Totenkopfverbände rechnen sich bewußt zur Allgemeinen SS und können daher weder von Offizieren noch Unteroffizieren geführt werden.
. . .
Von nun an werde ich damit beginnen, SS-Führer, die sich nur wie Offiziere, Unterführer, die sich nur wie Unteroffi-

ziere, SS-Männer, die sich nur wie Musketiere benehmen, in die Allgemeine SS versetzen zu lassen.

. . .

Daß über manche Befehle geschimpft wird, ist selbstverständlich und wird nicht übel genommen, solange das mit einem anständigen Fluche zum Ausdruck kommt; jedoch ist Bedingung, daß dem Befehl sofort der Gehorsam folgt. Ob ein Befehl zweckmäßig oder, *wie manche sagen, ›militärisch‹* ist, unterliegt nicht der Nachprüfung durch Untergebene.«

Im Juni 1937 las man im Befehlsblatt:

»Was nützt uns das Symbol, der Totenkopf, wenn er zum Lametta am Kragen wird und wir bei dem lächerlichen Versuch, eine militärische Organisation nachzubilden, schon in den Anfängen steckenbleiben... Wir müssen die Männer lehren, selbstlos das bißchen ›Ich‹ zu vergessen, damit sie sich, wenn es sein muß, vorbehaltlos einsetzen und verbissen ihre Pflicht erfüllen... Diese Männer hat kein Wehrgesetz gerufen, sie kamen freiwillig, um dem Führer zu dienen; sie gaben deshalb, dem inneren Drange folgend, schon früh das Elternhaus auf, um sich von der Schutzstaffel körperlich und geistig formen zu lassen. Dieser freie Wille wiegt schwerer als ein Gesetz; er muß daher dankbar anerkannt und sorglich gehütet werden; aus ihm kommen dereinst Leistungen und Taten. Ohne diesen freien Willen gibt es keinen Gehorsam, keine Treue, kein Ehr- und Pflichtgefühl. Die drückende Verantwortung, den freien Willen in soldatische Tugenden umzuformen, liegt auf den Schultern derjenigen, die das Schicksal als Führer, Lehrer und Erzieher berufen und vor die Front gestellt hat... Es ist daher trefflich eingerichtet, daß SS-Führer keine Beamte sind, die der Staat auch dann versorgt, wenn sie ein Leben lang im Beamtentrott neben ihren Pflichten herliefen und lediglich den Paragraphen zum Gesetz ihres Handelns machten.«

Aus der SS-Verfügungstruppe gibt es entsprechende Zeugnisse eines antimilitärischen Affektes nicht, obgleich vergleichbares Quellenmaterial durchaus vorhanden ist. Im Gegenteil: aus der Zeit nach 1939 finden sich manche Belege, daß in den aus der Verfügungstruppe hervorgegangenen Divisionen der Waffen-SS die Tendenz bestand, sich mehr der Wehrmacht als der übrigen SS zugehörig zu fühlen und sich den Formen der Wehrmacht anzugleichen. Im ersten Teil über ›Die SS – das Herrschaftsinstrument‹ wurde [S. 134f.] bereits ein Brief zitiert, in dem Himmler diese Tendenzen in der Waffen-SS kritisierte. Auch hatte er verschiedentlich Anlaß, der Waffen-SS ausdrücklich die Verwendung militärischer Dienstgradbezeichnungen zu verbieten, so zum Beispiel am 11. August 1941:

»In letzter Zeit ist mir aufgefallen, daß von SS-Führern als Dienstgradbezeichnungen die Wehrmachtsdienstgrade angewandt werden.

In einer SS-Division wurden sogar dienstlich und außerdienstlich nur die Wehrmachtsdienstgrade gebraucht. Es sind außer und im Dienst – auch im Feldpostverkehr – von allen SS-Führern nur die Dienstgradbezeichnungen der SS anzuwenden.«

In diesem Zusammenhang gehört auch die Bemerkung eines SS-Führers in einem Bericht über die SS-Division »Wiking« vom Januar 1942: Der Divisionskommandeur, General Felix Steiner, sei »geistig wehrmachtstypisiert mit dem Plus des Schwergewichts in der Tradition, mit dem Minus, für unsere politische Problematik schwer zugänglich zu sein«.

Der Unterschied der Einstellung der Totenkopfverbände und der Verfügungstruppe zum Militärischen erklärt sich aus der Verschiedenheit ihrer Aufgaben und ihres Verhältnisses zur staatlichen Ordnung. Ohne Zweifel gehörte zwar auch die Verfügungstruppe in den Bereich der Führerexekutive jenseits von Partei und Staat. Aber erstens war sie von vornherein nur für militärische Zwecke vorgesehen und hatte dementsprechend rein militärischen Dienst; zweitens galt der Dienst in der Verfügungstruppe mit allen dienstrechtlichen Konsequenzen für den einzelnen als gesetzlicher Wehrdienst. Dadurch kam er zwar verfassungs-organisatorisch nicht dem Staat zugute, sondern nach wie vor dem souveränen Führer, er war aber doch sekundär legalisiert und in die staatliche Normativität integriert[21]. Man findet also bei der SS-Verfügungstruppe und bei den Divisionen der Waffen-SS die beiden Ursachen, die den pervertierten Zweig soldatischer Tradition nach 1918 hatten entstehen lassen, wieder rückgängig gemacht: Sie hatten wieder echte militärische Aufgaben zugewiesen bekommen und waren wenigstens sekundär in die normative Disziplin staatlicher Ordnung wieder eingefügt worden. Die Gehorsamspflicht in der

[21] Die Möglichkeit, in der SS-Verfügungstruppe den gesetzlichen Wehrdienst abzuleisten, ist vergleichbar mit der Zuteilung von Beamtenplanstellen an die Parteikanzlei der NSDAP; dienstrechtlich waren es echte Beamtenplanstellen, die Parteikanzlei wurde dadurch aber trotzdem nicht etwa zur staatlichen Behörde, sondern es blieb eine Diskrepanz zwischen der verfassungs-organisatorischen Stellung der Institution und der dienstrechtlichen Stellung ihrer Angehörigen.

Verfügungstruppe beruhte zwar weiterhin in erster Linie auf dem ideologischen Konsens, doch konnte sie auch aus den allgemeinen staatsbürgerlichen Pflichten abgeleitet werden, da der Dienst ja gesetzlicher Wehrdienst war. Es handelt sich bei Verfügungstruppe und Waffen-SS also um einen Vorgang echter »Remilitarisierung« im Bereich der außernormativen Führergewalt. Wenn man bedenkt, daß andererseits die Wehrmacht trotz ihrer eindeutigen Zugehörigkeit zum Bereich staatlicher Normativität in zunehmendem Maße den Einflüssen der Führergewalt ausgesetzt war, so ist es nicht erstaunlich, daß in der Praxis eine Angleichung von Waffen-SS und Wehrmacht stattfand, zumal sie gemeinsam im gleichen Kriegseinsatz standen.

Im Gegensatz zur Verfügungstruppe hatten die Totenkopfverbände mit der Bewachung der Konzentrationslager eine ausgesprochen politische Aufgabe. Zudem war der Dienst in dieser Truppe kein gesetzlicher Wehrdienst, ja [bis zum Frühjahr 1939, wo Leute aufgrund der Notdienstverordnung eingezogen wurden] überhaupt ohne gesetzliche Grundlage. Sehr treffend sagte Himmler im Mai 1944 in einer Rede in Kochem: »Dieser Dienst in den Totenkopfverbänden galt nicht als Wehrdienst... Die Männer hatten nicht einen Vertrag auch nur für einen Tag. Wenn einer von denen im Jahre 1935/36 im Dienst verunglückte, der bekam keine Versorgung. Denn er war ja ein Zivilist, der zufällig Uniform und Gewehr trug, aber eigentlich gar nicht dazu berechtigt war.« Hier also waren die Bedingungen der abartigen soldatischen Tradition in krasser Form geblieben, und die Gehorsamspflicht beruhte auf nichts anderem als dem freiwilligen ideologischen Konsens. Folglich gab es für militärische Normativität keine Basis. Allerdings dürfte der antimilitärische Affekt in den Totenkopfverbänden auch eine persönliche Mitursache gehabt haben: Eicke war nämlich im Ersten Weltkrieg nur Zahlmeister gewesen, während Paul Hausser, der Inspekteur der Verfügungstruppe, noch als aktiver Offizier der Reichswehr gedient hatte.

Die Unterschiede der Mentalität in der Verfügungstruppe und den Totenkopfverbänden zeigen übrigens, daß das, was über die Mentalität der SS generell gesagt werden kann, in den einzelnen Teilen der Gesamtorganisation verschiedenartig akzentuiert war. Das gilt zum Beispiel auch für die typologischen Unterschiede zwischen Führern des SD und der Waffen-SS, zwischen einem KZ-Kommandanten und einem Berufsideologen im SS-Hauptamt.

Ein wichtiger Zug der SS-Mentalität war die Apotheose der *Härte*. Was man sich darunter vorstellte, resultierte aus einer soldatischen und aus einer weltanschaulichen Komponente; sie sind deutlich voneinander unterscheidbar, wenn sie auch in der Praxis häufig miteinander verquickt waren, etwa in der Forderung, der SS-Mann dürfe weder sein eigenes noch fremdes Blut schonen. Einerseits ist die Erziehung zur Härte Teil der Ausbildung jedes Soldaten. In der SS wurde sie in dem Maße übertrieben, in dem die Vorstellung vom Soldatentum zum schlechthin Kämpferischen verzerrt war; wenn darüber hinaus der Drill die letzten Reste von Eigenständigkeit brechen sollte, artete sie in Demütigung und Verletzung der Menschenwürde aus. Die andere Komponente der Härte entsprang der Inhumanität der nationalsozialistischen Weltanschauung; sie forderte Gefühllosigkeit, Unbarmherzigkeit und Unmenschlichkeit gegenüber allen Gegnern. »Ein Grundsatz muß für den SS-Mann absolut gelten«, lehrte Himmler, »ehrlich, anständig, treu und kameradschaftlich haben wir zu Angehörigen unseres eigenen Blutes zu sein und sonst zu niemandem.« Dieser Satz findet sich in der berühmt gewordenen Rede vor den SS-Gruppenführern in Posen am 4. Oktober 1943[22]; die ganze Passage lautet folgendermaßen:

»Es ist grundfalsch, wenn wir unsere ganze harmlose Seele mit Gemüt, wenn wir unsere Gutmütigkeit, unseren Idealismus in fremde Völker hineintragen. Das gilt, angefangen von Herder, der die ›Stimmen der Völker‹ wohl in einer besoffenen Stunde geschrieben hat und uns, den Nachkommen, damit so maßloses Leid und Elend gebracht hat. Das gilt, angefangen bei den Tschechen und Slowenen, denen wir ja ihr Nationalgefühl gebracht haben. Sie selber waren dazu gar nicht fähig, sondern wir haben das für sie erfunden.

Ein Grundsatz muß für den SS-Mann absolut gelten: ehrlich, anständig, treu und kameradschaftlich haben wir zu Angehörigen unseres eigenen Blutes zu sein und zu sonst niemandem. Wie es den Russen geht, wie es den Tschechen geht, ist mir total gleichgültig. Das, was in den Völkern an gutem Blut unserer Art vorhanden ist, werden wir uns holen, indem wir ihnen, wenn notwendig, die Kinder rauben und sie bei uns großziehen. Ob die anderen Völker im Wohlstand

[22] PS-1919.

leben oder ob sie verrecken vor Hunger, das interessiert mich nur soweit, als wir sie als Sklaven für unsere Kultur brauchen, anders interessiert mich das nicht. Ob bei dem Bau eines Panzergrabens 10000 russische Weiber an Entkräftung umfallen oder nicht, interessiert mich nur insoweit, als der Panzergraben für Deutschland fertig wird. Wir werden niemals roh und herzlos sein, wo es nicht sein muß; das ist klar. Wir Deutsche, die wir als einzige auf der Welt eine anständige Einstellung zum Tier haben, werden ja auch zu diesen Menschentieren eine anständige Einstellung einnehmen, aber es ist ein Verbrechen gegen unser eigenes Blut, uns um sie Sorge zu machen und ihnen Ideale zu bringen, damit unsere Söhne und Enkel es noch schwerer haben mit ihnen. Wenn mir einer kommt und sagt: ›Ich kann mit den Kindern oder den Frauen den Panzergraben nicht bauen. Das ist unmenschlich, denn dann sterben die daran‹, – dann muß ich sagen: ›Du bist ein Mörder an Deinem eigenen Blut, denn, wenn der Panzergraben nicht gebaut wird, dann sterben deutsche Soldaten, und das sind Söhne deutscher Mütter. Das ist unser Blut.‹ Das ist das, was ich dieser SS einimpfen möchte und – wie ich glaube – eingeimpft habe, als eines der heiligsten Gesetze der Zukunft: Unsere Sorge, unsere Pflicht, ist unser Volk und unser Blut; dafür haben wir zu sorgen und zu denken, zu arbeiten und zu kämpfen, und für nichts anderes. Alles andere kann uns gleichgültig sein. Ich wünsche, daß die SS mit dieser Einstellung dem Problem aller fremden, nicht germanischen Völker gegenübertritt, vor allem den Russen. Alles andere ist Seifenschaum, ist Betrug an unserem eigenen Volk und ist ein Hemmnis zu einer früheren Gewinnung des Krieges.«

An einer anderen Stelle der Rede heißt es auch:

»Den fremden Völkern gegenüber wollen wir asiatische Gesetze in Anwendung bringen... Haben wir einen Russen oder einen Slawen – blutlich gesehen – vor uns, dann wollen wir ihm gegenüber niemals unsere heiligen Gesetze anwenden, sondern die erprobten russischen Kommissargesetze.«

Auch in einer Rede vor Befehlshabern der Wehrmacht in Bad Schachen am 14. Oktober 1943 schilderte Himmler mit offenkundiger Bewunderung die Rücksichtslosigkeit der russischen Kommissare und forderte, daß die germanischen Menschen dem etwas Eigenes entgegensetzen sollen, was sie ebenso hart mache. Daß diese »Härte« auch gegenüber eigenem Blut gefordert wurde, wenn es in den Adern politischer Gegner floß, lehrt ein Absatz aus der Rede, die Himmler im März 1936 vor den preußischen Staatsräten hielt. Dort sagte er:

»Als Wahnsinn muß jedoch diese ritterliche Einstellung betrachtet werden, wenn sie dem Judentum oder dem Bolschewismus gegenüber angewandt wird, der Unmoral, Betrug und Lüge als Voraussetzung seines politischen Kampfes hat und der nach typisch jüdischem Prinzip jedes Nichtvernichten des Gegners als Schwäche ansieht. Ebenso kommt es einer Selbstaufgabe gleich, einen ritterlichen Kampfmaßstab gegenüber einem um die irdische Macht kämpfenden Jesuiten anzuwenden, der in einer für uns unverständlichen Form die Lüge durch die niemals zurückgenommene Lehre von der ›reservatio mentalis‹ moralisch begründet.«

Die weltanschaulichen Wurzeln der inhumanen Härte finden sich in vielfältigen Varianten bei Hitler selbst, angefangen von seinem Buch ›Mein Kampf‹ bis zu Äußerungen der spätesten Zeit. So führte er in einer Ansprache vor Offizieren der Wehrmacht am 22. Juni 1944 folgendes aus:

»Zu den Vorgängen, die wesentlich unveränderlich sind, durch alle Zeiten hindurch gleich bleiben und sich nur in der Form der angewandten Mittel ändern, gehört der Krieg. Die Natur lehrt uns bei jedem Blick in ihr Walten, in ihr Geschehen hinein, daß das Prinzip der Auslese sie beherrscht, daß der Stärkere Sieger bleibt und der Schwächere unterliegt. Sie lehrt uns, daß das, was den Menschen dabei oft als Grausamkeit erscheint, weil er selbst betroffen ist oder weil er durch seine Erziehung sich von den Gesetzen der Natur abgewandt hat, im Grunde doch notwendig ist, um eine Höherentwicklung der Lebewesen herbeizuführen. Es ist eine andere Weltordnung und ein anderes Weltgesetz nicht denkbar in einem Universum, in dem die Fixsterne Planeten zwingen, um sie zu kreisen, und Planeten Monde in ihre Bahn bringen, in dem im gewaltigsten, gigantischsten Geschehen Sonnen eines Tages zerstört werden und andere an ihre Stelle treten. Sie lehrt uns, daß auch, was im Großen gilt, im Kleinen genau so als Gesetz selbstverständlich ist.

Sie kennt vor allem nicht den Begriff der Humanität, der besagt, daß der Schwächere unter allen Umständen zu fördern und zu erhalten sei, selbst auf Kosten der Existenz des Stärkeren. Wer die Weltgeschichte von einem solchen falschen Standpunkt aus betrachtet, der muß irre werden an einer göttlichen Gerechtigkeit, muß irre werden an einer Vernunft dieses ganzen Daseins. Denn er wird immer auf die Tatsache stoßen, daß schwache Völker, die scheinbar nichts getan haben, von den großen Nationen überwältigt, überwunden, beseitigt und oft auch ausgerottet werden. Allein nur der verbogene Mensch, der in seinem Denken nicht mehr ganz klar sehende Mensch, kann zu einer solchen Auffassung kommen. Denn man muß sich nur die Frage vorlegen: wo wäre diese Natur hingeraten, wenn ein anderes Gesetz Geltung besessen hätte? Die Natur kennt in der Schwäche keinen Milderungsgrund, sondern im Gegenteil, die Schwäche ist der Grund der Verurteilung.

Diese Welt haben nicht wir Menschen geschaffen, sondern wir sind nur ganz kleine Bakterien oder Bazillen auf diesem Planeten. Wir können diese Gesetze vielleicht ableugnen, wir können sie nie beseitigen. Wir können sie ablehnen, wir werden uns aber dann den Folgen nicht entziehen können, die aus einer solchen Ablehnung entstehen, nämlich daß wir selbst als Schwache zugrunde gehen und daß Stärkere an diese Stelle treten. Wenn das Menschengeschlecht plötzlich zu einer solchen Humanität zurückfinden würde, so würden an die Stelle der heutigen Menschen andere Wesen treten; denn es ist nicht viele Millionen Jahre her, daß menschenähnliche Erscheinungen auf diesem Erdball tätig sind, kaum dreihunderttausend Jahre, durch Gerippe nachweisbar, und kaum zehntausend Jahre durch Spuren einer sogenannten menschlichen Kultur.

Der Krieg ist also das unabänderliche Gesetz des ganzen Lebens, die Voraussetzung für die natürliche Auslese des Stärkeren und zugleich der Vorgang der Beseitigung des Schwächeren.

Das, was dem Menschen dabei als grausam erscheint, ist vom Standpunkt der Natur aus selbstverständlich weise. Ein Volk, das sich nicht zu behaupten vermag, muß gehen und ein anderes an seine Stelle treten. Ein Wesen auf dieser Erde wie der Mensch kann sich nicht dem Gesetz entziehen, das für alle anderen Wesen auch gültig ist. ...

Die Natur streut die Wesen auf die Welt aus und läßt sie dann um ihr Futter, um ihr tägliches Brot ringen, und der Stärkere behält oder erobert diesen Platz und der Schwächere verliert ihn oder er bekommt keinen. Mit anderen Worten, der Krieg selbst ist an sich unvermeidlich. Er wird immer wieder kommen, die Ursachen, die Anlässe mögen verschiedener Natur sein. Letzten Endes aber wird in jedem Kampf die Kraft der Völker von der Vorsehung gewogen. Die Kleinheit eines Staates, einer Nation oder eines Volkes bestimmt nicht etwa die Natur zu einem Mitleid, sondern im Gegenteil, was nicht stark genug ist, wird von ihr unbarmherzig beseitigt, und in dieser scheinbar unbarmherzigen Grausamkeit liegt letzten Endes die kalte Vernunft. Vor der Natur ist eben zu allen Zeiten Unrecht Schwäche gewesen. Sie prüft nicht das sogenannte Recht, das sich Menschen setzen, sondern sie prüft das Recht, das die Natur selbst aufstellt, nämlich das Recht der Kraft und der Stärke. Wer dieses Recht nicht besitzt, wer die Kraft nicht hat, ist in den Augen der Natur nicht lebensfähig.«

Entsprechende Gedanken äußerte auch Himmler 1936 in seiner Schrift ›Die SS als antibolschewistische Kampforganisation‹:

»Wir halten es für richtig, demgegenüber festzustellen, daß, solange es Menschen auf der Erde gibt, der Kampf zwischen Menschen und Untermenschen geschichtliche Regel ist, daß dieser vom Juden geführte Krieg gegen die Völker, solange wir zurückblicken können, zum natürlichen Ablauf des Lebens auf unserem Planeten gehört.«

Im Kriege sagte er in einer Rede vor Wehrkreisbefehlshabern:

»Echte Kriege aber, echte Rassenkriege, sind unbarmherzig und werden ausgefochten bis zum letzten, bis der eine oder der andere restlos besiegt ist.«

In Verbindung mit der sozialdarwinistischen Ausmerzungs- und Züchtervorstellung führte die Härte zu der Forderung, Menschen in feindlichen Völkern, die »gutes Blut« haben, entweder zu töten oder mit Gewalt einzudeutschen. In einer Rede wehrte sich Himmler gegen den Vorwurf, es sei ungermanisch gewesen, die Führungsschicht der Polen systematisch umzubringen[23]:

»...Es tut mir leid, ich halte es für richtig und ich glaube, daß es richtig ist. Wir mußten zunächst dem Gegner seine führenden Köpfe nehmen, da waren die Leute im Westmarkverband, in den aufständischen Verbänden, das war die polnische Intelligenz. Die mußten weg, da half nun nichts. Die klugen Reden und Ratschläge, die mir von manchen Stellen gegeben wurden, daß darüber die eigene Truppe Schaden leiden könnte, die weiß ich selbst. Von den Herren,

[23] (Vgl. S. 247) PS-1918.

glaube ich, die mir den Ratschlag gegeben haben oder die mir den Ratschlag gaben, ist kein einziger bei der Exekution selbst dabei gewesen. Ich kann Ihnen sagen, es ist scheußlich und furchtbar für einen deutschen Menschen, wenn er das ansehen muß. Das ist es, und wenn es nicht scheußlich und furchtbar für uns wäre, dann wären wir ja keine deutschen Menschen mehr und wären wir ja keine Germanen. Ebenso scheußlich wie es ist, ebenso notwendig ist es gewesen und wird es auch in vielen Fällen noch sein, daß wir es durchführen. Wenn wir nämlich jetzt nicht die Nerven haben, dann werden diese schlechten Nerven an unseren Söhnen und an unseren Enkeln wieder ausgehen. Dann können wir wieder exerzieren und können den politischen Wahnsinn von tausend Jahren im nächsten Jahrhundert wieder vollziehen. Dazu haben wir nicht das Recht. Denn wenn wir in der heutigen Zeit leben, von Adolf Hitler erzogen worden sind und das Glück haben, im Reich Adolf Hitlers oder unter der Hand Adolf Hitlers für Deutschland wirken zu können, dann haben wir gütigst nicht schwach zu sein. Es muß immer so sein, daß eine solche Exekution für unsere Männer das Schwerste sein muß. Und es muß trotzdem immer so sein, daß sie niemals weich werden, sondern daß sie das mit zusammengebissenen Lippen machen.«

Ähnlich bei einer anderen Gelegenheit[24]:

»Es ist ganz klar, daß es in diesem Gemisch von Völkern [gemeint sind die Slawen] immer wieder einige rassisch sehr gute Typen geben wird. Hier haben wir, glaube ich, die Aufgabe, deren Kinder zu uns zu nehmen, sie aus der Umgebung herauszunehmen, und wenn wir sie rauben oder stehlen müßten. Das mag unser europäisches Empfinden seltsam berühren und mancher wird mir sagen: Wie können Sie so grausam sein, einer Mutter ihr Kind wegnehmen zu wollen. – Darauf darf ich die Antwort geben: Wie können Sie so grausam sein, daß Sie einen genialen künftigen Feind auf der anderen Seite lassen wollen, der dann Ihren Sohn und Enkel umbringt. – Entweder wir gewinnen das gute Blut, das wir verwerten können, und ordnen es bei uns ein oder, meine Herren – Sie mögen es grausam nennen, aber die Natur ist grausam – wir vernichten dieses Blut. Wir können es aber vor unseren Söhnen und unseren Ahnen nicht verantworten, dieses Blut drüben zu lassen, damit unser Gegner fähige

[24] Rede in Bad Schachen, am 14. Oktober 1943.

Führer und fähige Kommandeure bekommt. Es ist feige, wenn die heutige Generation sich um eine Entscheidung herumdrückt und sie den Nachkommen überläßt.«

Daß sich solche Gedankengänge nicht erst im Krieg entwickelt haben, beweisen Himmlers Expektorationen über Kerenski in seiner Schrift ›Die SS als antibolschewistische Kampforganisation‹: Die Behandlung Kerenskis sei ein Schulbeispiel arischer Gutmütigkeit gewesen. Seine jüdische Mutter sei wegen Beteiligung an anarchistischen Anschlägen zum Tode verurteilt worden, doch habe der Vater des letzten Zaren sie begnadigt, weil sie im Begriff gewesen sei, Mutter dieses Kerenski zu werden. »Und ausgerechnet dieser durch arische Gutmütigkeit zum Leben gekommene Kerenski setzt den letzten Zaren ab und ist Wegbereiter des Bolschewismus.«

Als Vorbild der Härte galt in der SS Reinhard Heydrich, besonders nach seinem Tode. Carl Jakob Burckhardt schreibt über ihn in seinen Erinnerungen[25]:

»Heydrich stellte sich vor mich hin und indem er über meine linke Schulter schaute, sagte er gepreßt: ›Man hält uns für Bluthunde im Ausland, ist es nicht so?‹ Und dann: ›Es ist fast zu hart für den Einzelnen, aber hart wie Granit müssen wir sein, sonst geht das Werk unseres Führers zugrunde. Viel später wird man uns danken für das, was wir auf uns genommen haben.‹«

In den Erinnerungen eines ehemaligen SS-Junkers heißt es:

»Aber meinem Bericht muß ich noch die Erinnerung an den ›blonden Gott‹ Reinhard Heydrich hinzufügen – er wäre sonst nicht vollständig. Heydrich war damals fast schon eine mystische Gestalt. Es gab kaum ein Zimmer in der Junkerschule, in dem nicht sein Bild hing – öfter als das Bild des Reichsführers selbst. Und ich kann die Beinamen nicht alle wiedergeben, mit denen er geschmückt wurde. Besonders eine Eigenschaft wird bei ihm hervorgehoben: seine Härte! Wie sehr er sich und seinen Körper mit eiserner Disziplin beherrschte, bewies nichts besser als jene Sekunden nach dem Attentat, als er, tödlich getroffen und von rasendem Schmerz geschüttelt, noch die Kraft aufbrachte, nach der Pistolentasche zu greifen, sie zu öffnen und fünf Schüsse den Attentätern nachzujagen. Interessant ist auch, daß ihn die Bilder fast ausnahmslos als Gewinner des ›Reichsgepäckmarsches‹ zeigen.«

[25] › Meine Danziger Mission ‹, München 1960, S. 56.

In der Gestalt Heydrichs findet man die soldatische und die weltanschauliche Komponente der Härte für die SS beispielhaft miteinander verschmolzen.

Wie die soldatische Erziehung zur Härte in Demütigung und Inhumanität umschlug, lehrt ein charakteristisches Beispiel aus den bereits zitierten Erinnerungen eines ehemaligen Angehörigen der Waffen-SS:

»Eine besondere Methode der Demütigung war: Wenn jemand beim Einführen der Patronen in den Patronenstreifen durch Zufall eine dieser Patronen zu Boden fallen ließ, so mußte er diese mit dem Mund aufheben. Ich habe mir immer wieder vorgenommen: das werde ich nicht tun. Man kann mit mir machen, was man will, aber ich hebe keine Patronen mit dem Munde auf, sondern nur mit der Hand. Dabei nehme ich mir auch vor, diese Situation nicht herauszufordern, sondern alles zu tun, um zu verhindern, daß mir eine Patrone auf den Boden fällt. Nun passierte es mir aber doch. In solch einer Situation gibt es keinen Befehl mehr, sondern der Unterführer zeigt nur mit dem Daumen nach unten, und der Betreffende weiß schon, was er zu tun hat. Auch bei mir zeigt er mit dem Daumen nach unten – ich bücke mich und hebe die Patrone mit der Hand auf. Wie ein Raubtier auf seine Beute losspringt, so kommt er auf mich zu, führt sein Gesicht ganz nahe an das meine heran, so daß zwischen seiner Nase und meiner Nase keine zwei Millimeter sind, und brüllt in dieser Stellung, was er kann. Ich verstehe natürlich nichts, denn seine Stimme überschlägt sich fast im Brüllen. Am Ende vernehme ich nur noch, daß er schreit: ›Haben Sie vergessen, was zu tun ist?‹ Nachdem er ausgebrüllt hat, übergibt er mich dem stellvertretenden Gruppenführer. Der macht mit mir dann zehn Minuten lang ›Theatervorstellung‹. Das ist eine sehr lange Zeit, während man aus dem Laufschritt nicht herauskommt. Dazu noch gewürzt mit allen bekannten und bewährten ›Einlagen‹. Nach einer solchen Vorstellung kann man sein Hemd auswringen. Dann übergibt mich dieser wieder dem Unterführer selbst. Das erste ist, daß er befiehlt: ›Schmeißen Sie die Patrone weg!‹ Nun, darauf war ich nicht gefaßt. Schon bin ich nahe daran, aufzugeben. Ich werfe die Patrone weg – etwa 2 m von mir entfernt fällt sie zu Boden, und er deutet wieder mit dem Daumen nach unten. Ich zögere eine Sekunde. Dies bemerkend, kommt er auf mich zu. Da bin ich fast soweit, daß ich sie mit dem

Munde aufgehoben hätte. Dann aber – gedacht habe ich nichts mehr dabei, und ich weiß auch nicht warum – habe ich die Patrone wieder mit der Hand aufgehoben. Jetzt ist es gänzlich aus! Er wird rot, brüllt Unverständliches, übergibt die Gruppe dem stellvertretenden Gruppenführer und übernimmt mich selbst. Er beginnt mit 50 Kniebeugen mit vorgehaltenem Gewehr. Dabei muß ich laut zählen. Nun, ich habe schon daheim viel Sport getrieben, und ich bin hier an alles gewöhnt. Aber nach 10 Minuten ›Theatervorstellung‹, bei der ich schon fast knieweich war, noch 50 Kniebeugen mit vorgehaltenem Gewehr machen, das ist schon ein starkes Stück! Ich sage nicht, daß man das physisch nicht durchhalten kann. Es ist nur die Frage, ob man nicht moralisch vorher fertig wird. Und so kommt es auch. Bei 20 Kniebeugen höre ich auf zu zählen. Ich kann nicht mehr! Ich mache noch eine Kniebeuge, dann nehme ich das Gewehr ab und stehe auf. Ich kann nicht sagen, daß ich etwas dabei denke, ich weiß nur, daß ich am Ende bin. Ich höre noch einmal das Brüllen, aber das interessiert mich nicht mehr, weil ich mich plötzlich nicht mehr beherrschen kann. Ich muß weinen, obwohl das nicht mannhaft und nicht soldatisch ist. Ich kann auf seine Fragen nicht mehr antworten, dieser Weinkrampf schüttelt mich derart, daß ich auch nicht mehr reden kann. Ich habe keine Wut und spüre auch keinen Schmerz. Ich bin einfach am Ende. Wie er das sieht, brüllt er: ›Achtung!‹ Und dann: ›Sie Schlappschwanz! Sie Muttersöhnchen! Sie Heulbase! Einen heulenden SS-Mann gab es noch nie! Da drehen sich alle Gefallenen in ihren Gräbern um! Mit so was will man an die Front gehen… usw… usf…‹ Und dann wird ›Sammeln‹ geblasen. Damit ist die Übung vorläufig zu Ende. Er gibt mir noch den Befehl, eine Woche lang sämtliche Klos im ersten Stock sauber zu machen und nachher zwecks Besichtigung ihm zu melden. Und dann befiehlt er noch schnell: ›Werfen Sie die Patrone weg!‹ Ich tue dies und ohne überhaupt darauf zu warten oder auch nur hinzusehen, ob er mit dem Daumen hinunterzeigt, hebe ich sie mit dem Munde auf…«

An diesem Bericht fällt auf, daß die Demütigung des SS-Rekruten sich qualitativ nicht mehr von der eines KZ-Häftlings unterschied. Mutatis mutandis hätte sich der gleiche Vorgang in einem Konzentrationslager abspielen können. In *beiden* Fällen handelte es sich um Sumpfblüten einer zur Inhumanität pervertierten soldatischen Tradition. Denn auch die Konzentrationslager und die Art der Häftlingsbehandlung waren ja ein Stück jenes abartigen Soldatentums, wenigstens in der Zeit, bevor sie ausgesprochene Arbeitslager wurden, also bis 1942. Die Lager sollten dazu dienen, die politischen Gegner der Nationalsozialisten umzuerziehen; gegründet worden waren sie von ehemaligen Soldaten, von SA- und SS-Leuten, und diese praktizierten Erziehung eben so, wie sie Erziehung zu verstehen in der Lage waren: nämlich militärisch beziehungsweise was sie für militärisch hielten. So wurde der Betrieb in den KZ in militärischen Formen aufgezogen, die Häftlinge mußten exerzieren und wurden mit den übelsten Kasernenhofmißbräuchen gequält. Appell, Grußformen, Strammstehen, Rapport und viele andere Bezeichnungen und Praktiken stammten aus dem militärischen Leben, wobei die Bewacher offenbar nicht auf den Gedanken kamen, daß es aus ihrer Sicht eigentlich eine Blasphemie war, die »Untermenschen« an dem von ihnen so glorifizierten Soldatentum teilnehmen zu lassen. Daß die deutschen Folterknechte ihre Gefangenen drillten wie auf dem Kasernenhof, dagegen nie auf den Gedanken kamen, sie einer »Gehirnwäsche« zu unterziehen, ist charakteristisch.

Ein weiteres Beispiel für Inhumanität gegen die eigenen Leute sei aus dem zeitgenössischen Brief eines anderen SS-Mannes zitiert:

> »Unser Kommandeur war ein verrückter Hund! Kaum waren wir nämlich eine Zeit draußen, als immer wieder Sabotagen vorkamen. Auch Partisanenüberfälle gab es. Bei solchen Vorfällen wußte der Chef nichts Besseres, als aus der ahnungslosen Bevölkerung der Orte, wo diese Dinge geschehen sind, jeweils zehn oder zwanzig Menschen aufhängen zu lassen. Und er gab mir immer wieder den Befehl: ›Fertigen Sie einen Galgen an!‹ Du kannst Dir vorstellen, wie erschrocken ich war, als ich diesen Befehl zum erstenmal erhielt. Ich sagte auch zu ihm: ›Sturmbannführer! Ich bitte Sie, mich von diesem Befehl zu befreien.‹
>
> Und er sagte nur: ›Sie Schlappschwanz! Sie wollen ein SS-Mann sein!‹ Und ich mußte den Befehl ausführen. Der Bleistift zitterte in meiner Hand, als ich an meinem Tisch saß und überlegte, wie ich einen Galgen anfertigen soll. Ich habe keinen gezeichnet – ich ging nur in die Schreinerabteilung und bat die Leute dort, mir behilflich zu sein. Ich brauchte nicht lange zu bitten – sie hatten schnell einen Galgen fertig und

ich konnte melden: ›Sturmbannführer, Befehl ausgeführt!‹ Ich war bei der Hinrichtung nicht anwesend, aber von da an sah ich Tag und Nacht einen Galgen, den ich hatte anfertigen lassen, mit einem Gehenkten. – Meinem Chef machte es natürlich Spaß, mich zu quälen, und so oft eine Hinrichtung war – und das war nicht selten – hörte ich von ihm den ironischen Befehl: ›Sturmmann X, Sie sind ja Fachmann im Galgenbau. Bauen Sie einen für zwei, drei, vier Mann.‹ Und ich ging immer wieder in die Schreinerei, und der Galgen wurde angefertigt. Alle fuhren in Urlaub, nur mich ließ er nicht fahren. Er hatte natürlich Angst, ich würde nicht zurückkehren. Er sagte immer wieder zu mir: ›Sie haben noch Urlaubssperre.‹ Aber vor acht Wochen fuhr er auf eine Mine auf und wurde zerrissen. Da bekam ich einen neuen Chef, und der ließ mich heimfahren. Aber ich werde nicht zurückkehren, weil sie einen Henkersknecht aus mir gemacht haben. Ich habe nur den sehnlichsten Wunsch, daß ich das Bild vergessen könnte, das ich Tag und Nacht sehe: einen Galgen mit zwei, drei, vier, fünf Gehängten [sic] daran. Was haben die aus mir gemacht! Einst wollte ich Ingenieur werden – ›Galgenbauer‹ nannte mich mein Chef. Ich kann nicht zurückkehren – es mag geschehen, was will – ich gehe nicht zurück zu Verbrechern! . . .«

Die Beispiele vom »Galgenbauer« und von dem Rekruten, der die Patrone mit dem Mund aufheben mußte, weisen auf einen weiteren sehr wichtigen Tatbestand hin: Mit ganzer Grausamkeit traf die Härte nur diejenigen SS-Männer, die aus irgendeinem Grunde nicht oder noch nicht richtig »dazu«gehörten, also die Rekruten und diejenigen, die – zu Recht oder zu Unrecht – als Einzelgänger und Schwächlinge galten. Das war also nicht anders als bei der Wehrmacht, wo diejenigen mit Vorliebe gedrillt wurden, die aus irgendeinem Grunde »aufgefallen« waren; wen der Unteroffizier einmal aufs Korn genommen hatte, der kam so leicht nicht wieder in die Normalität frei. Für alle dagegen, die in der SS wirklich dazugehörten, die für voll genommen wurden, wurde nicht nur der Grundsatz der Härte, sondern der überspannte Rigorismus überhaupt aufgefangen und weitgehend neutralisiert durch die *Kameraderie*. Es wurde schon gesagt, daß die rigoristischen Idealforderungen der SS von einem geistig und seelisch normal veranlagten Menschen nicht entfernt erfüllt werden konnten, und daß sich deshalb die einen verkrampften und die anderen zu Phrasendrescherei und Heuchelei Zuflucht nahmen. Die allgemein und in der Hauptsache wohl unbewußt geübte Weise, sich mit dem Rigorismus erträglich einzurichten aber war die Kameraderie. Sie bot ein moralisches Existenzminimum, ohne daß man das Idealbild heroischer Existenz aufgeben mußte. Während Kameradschaft bedeutet, daß Menschen zueinanderhalten und füreinander einstehen, heißt Kameraderie, daß sie untereinander nicht mehr die Würde der Eigenständigkeit achten, sich dafür aber gegenseitig Zugeständnisse machen. Unter Berufung auf die »Kameradschaft« konzediert man einander immer mehr Schwächen, deckt wechselseitig Verfehlungen, vertuscht gemeinsames Versagen gegenüber Vorgesetzten und Außenstehenden. Das alles aber behält den Schein soldatischer Tugend, weil es sich als treues Zusammenhalten und wechselseitiges Füreinander-Einstehen deuten läßt; einer mißt sich nur am Verhalten der anderen und nicht mehr an objektiven Maßstäben. Auf diese Weise sinkt das gemeinsame moralische Niveau mehr und mehr ab, ohne daß man sich dessen recht bewußt wird. Eine bereits verrottete Gemeinschaft vermag sich noch an ihrem »Korpsgeist« erbauen, auch wenn sie in Wirklichkeit längst aller heroischen Ideale spottet. Solche Verhältnisse herrschten nicht gleichmäßig in der ganzen SS; gerade dort aber, wo es an echtem militärischem Einsatz fehlte und wo gar, wie etwa in den Konzentrationslagern, die SS-Leute unumschränkte Herren über völlig entrechtete Menschen waren, stand anstelle echter Kameradschaft die Kameraderie in voller Blüte.

Soweit die überlieferten Quellen das Studium des Alltags der SS ermöglichen, stößt man allenthalben auf die *Tendenz zur milderen Praxis*, mit der die Apotheose der Härte und der Rigorismus des offiziellen Selbstverständnisses neutralisiert wurden. Gegenüber anderen war jede Härte recht, untereinander aber sah man sich die Schwächen nach; das war noch die alte Mentalität der Schlägerkolonnen der »Kampfzeit« und deren Ganovenmoral. Gerade in den Konzentrationslagern und den Kommandos, die verbrecherische Befehle auszuführen hatten, spielten »alte Kämpfer« der SS – man nannte sie schon damals »Rabauken« – und österreichische Illegale aus der Dollfuß-Schuschnigg-Zeit eine maßgebende Rolle.

Wieweit auch in den Divisionen der Waffen-SS strikte Forderung und mildere Praxis unter Umständen auseinanderklafften, davon zeugt das Protokoll einer SS-Richtertagung vom Mai

1943. Gegenstand der Besprechung waren die Verstöße gegen das bekanntlich strenge Verbot, mit andersrassigen Frauen zu verkehren[26]:

»Gelegentlich der Richtertagung am 7. 5. 1943 kam in der allgemeinen Aussprache obiges Problem zur Diskussion. Von Seiten des Hauptamtes und von Seiten der einzelnen Chefrichter wurde die Forderung als vordringlich bezeichnet, eine Änderung dieses Befehls des Reichsführers-SS herbeizuführen.

Auf Aufforderung von SS-Standartenführer Dr. Reinecke nahmen zu dieser Frage die einzelnen in Betracht kommenden Chefrichter Stellung:

1.] SS-*Stubaf. Greineder, LSSAH:*
Geschlechtsverkehr bei der Leibstandarte mit andersrassigen Frauen sei sehr häufig. Das käme schon dadurch, daß die Nachschubformationen und ähnliche Verbände viele weibliche andersrassige Hilfskräfte hätten. Es hätte sich vielfach fast die Einrichtung eines Kebsweibes herausgebildet.

2.] SS-*Stubaf. Pfau, Div.* ›Reich‹:
Die Verhältnisse bei der Division ›Das Reich‹ sind ähnlich.

3.] SS-*Stubaf. Heinz, SS- und Polizeigericht Kiew:*
Seiner Ansicht nach verstoßen mindestens 50% sämtlicher SS- und Polizeiangehörigen gegen diesen Befehl. Ihm sei bekannt geworden, daß der Kommandeur der LSSAH erklärt habe, für seine Verbände gelte dieser Befehl nicht. ›Dieser Befehl ist von Leuten gemacht worden, die nur theoretisch Bescheid wissen.‹

4.] SS-*Stubaf. Kaminski, SS- und Pol. Rußland-Mitte:*
SS-Ogruf. von dem Bach drückt alle Augen zu. Dabei werde das Problem auch im Zusammenhang mit dem Problem des § 175 gesehen.
Als man dem Obergruppenführer von dem Bach vorgeschlagen habe, doch dann Bordelle einzurichten, habe der Obergruppenführer erklärt, er für seine Person ginge in kein Bordell.

5.] SS-*Hstuf. Aumund, Div.* ›Reich‹:
SS-Obergruppenführer Krüger habe angedroht, gerichtliche Bestrafungen wegen Ungehorsams gegen diesen Befehl kämen nicht in Frage. Wenn schon bestraft werden müßte, dann nur auf dem Disziplinarwege, um die Form zu wahren, aber getarnt.

[26] Bundesarchiv, NS 7/G 3.

6.] SS-*Stubaf. Zentgraf, Pol. Div.*:

Bei der Polizeidivision würde das Verfahren ebenso wie von Aumund für ›Reich‹ geschildert gehandhabt.

7.] SS-*Hstuf. Siedel, 2. Brigade*:

S. hebt die Unzuträglichkeiten, die besonders durch die lange Dauer des Verfahrens entstehen – Entscheidung des RFSS bei Anordnung, Vorbehalt des RFSS zur Bestätigung, Lichtbilderbeschaffung – hervor. Strafen, die nach 1 Jahr weisungsgemäß ausgesprochen würden, seien der Truppe völlig unverständlich und verfehlten ihren Zweck, um so mehr, als sich die Männer oftmals zwischenzeitlich bewährt hätten.

8.] SS-*Stubaf. Sachs, SS- u. Pol. Krakau*:

Stubaf. Sachs hält den Befehl auch für die Verhältnisse im Generalgouvernement für unhaltbar. Wenige Ungeschickte würden erwischt und bestraft. Meist seien es die Einfältigen, die das erste Mal aus sexueller Not gegen den Befehl verstießen, erwischt und bestraft würden. Die Gerissenen, die gegen den Befehl laufend verstießen oder feste Verhältnisse hätten, würden nicht festgestellt und demzufolge auch nicht bestraft. Eine gerechte Behandlung könne nicht gewährleistet werden. Schon aus diesem Grunde werde der Befehl nie Verständnis bei der Truppe finden . . .«

Welche Folgen eine Kombination von Härte gegenüber anderen und Kameraderie in den eigenen Reihen haben konnte, lehrt ein Brief eines Generals der Polizei namens Herf an seinen bekannteren Namensvetter, Obergruppenführer von Herff, den Chef des SS-Personalhauptamtes, vom 19. Juli 1943:

»Mein lieber Max!

Du hast mich nun in langen Jahren ziemlich genau kennengelernt, vielleicht schätzt Du mich sogar, ich denke es wenigstens.

Ich weiß nicht, ob ich hier *bleiben* kann!

Es gibt Dinge, bei denen ich keinen Spaß verstehe, bei denen ich auch zur kleinsten Aufgabe meiner Gedanken nicht bereit bin. Das sind Meldungen dienstlicher Art.

Meiner Ansicht nach sind die Meldungen, die von hier abgehen, an den Reichsführer ›frisiert‹!

Man sprach – lange bevor ich hier einpassierte – in der Ukraine ganz offen davon, daß die Verlustmeldungen der eigenen Truppe falsch seien. Man sagte, daß die Ziffern künstlich kleingehalten würden, um die ›Erfolge‹ in besonderem Licht erscheinen zu lassen. Ich wage nicht anzudeuten, aus welchen Gründen das geschah.

Als ich einen Tag hier war, wurde mir vom Ia ganz offen gesagt, daß hier Dinge sich abspielten, die unrichtig wären. Die gleiche Versicherung gab mir der bisherige Chef des Stabes, dem man im übrigen meinen Posten versprochen hatte! Das war alles am 2. Tage meines Hierseins. Ich habe beiden Herren erklärt, daß ich unter diesen Umständen hier nicht bleiben könnte. Man riet mir zu, den Versuch zu machen und die Lage zu ändern. Ich habe das bekanntlich getan. Gestern hat ein Gauleiter und Generalkommissar Geheimberichte hier veröffentlicht, *ohne dies zu wollen und zu wissen*, [die für den Führer bestimmt waren!] aus denen hervorgeht, daß bei rund 6000 toten ›Partisanen‹ etwa 480 Gewehre gefunden wurden. Kurz und gut, es wurde eben *alles erschossen*, um die Feindzahl zu heben und damit die eigenen ›Heldentaten‹! Ich sehe ganz klar vor Augen, daß mit diesem System der Anfang vom Ende für den Winter 43/44 gegeben ist, im Hinterland und damit vielleicht auch für die Front. Das Wachsen der Banden ist aber einzig und allein auf diese Art der Behandlung der Russen zurückzuführen.

Ich habe Dir bereits früher mehrfach meine Bedenken über die Art des ›Kolonisierens‹ mitgeteilt, arbeitet man heute aber mit dem System, dann habe ich keine Lust, daß man später mal auf Grund der Akten mir nachweist, daß ich ja mitschuldig sei an der Irreführung des Reichsführers-SS. *Es müssen Tote vorhanden sein*, sie mögen herkommen, woher sie wollen, sonst ist der betreffende Führer kein Führer und kein Soldat. Daß er dann auch keine Auszeichnung bekommt, das kommt noch hinzu.

Der Reichsführer-SS ›mag‹ mich; mir tut das alles sehr leid, da meine Liebe zu ihm bestimmt noch größer ist, aber ... Max ... ich bin kein Gauner und werde auch keiner werden.

Ich habe die Frage der ›6000/480‹ – siehe oben, sofort in dem Sinne gestern abend angeschnitten. Antwort? ›Sie scheinen nicht zu wissen, wie die Banden die Waffen vernichten, um dem Tod zu entgehen und um sich reinzuwaschen.‹ Wie einfach muß es dann sein, diese Banden niederzukämpfen – – – wenn sie die Waffen vernichten!

Lieber Max, ich diene der Sache, nicht einer Person und auch nicht einer Reihe von Trugschlüssen.

Ich danke Dir sehr herzlich für die lieben kameradschaft-

lichen Gedankengänge, die Du für mich gehabt hast, aber ...
ich muß verzichten.

Die Beweggründe habe ich Dir kurz klargestellt.

Wenn Du willst, rufe mich mal nach Berlin, ich komme
gerne, Du kannst Dir ja denken, daß mir diese Zeilen nicht
gerade leicht fielen, sie bilden den Abschluß meiner Laufbahn, auch darüber bin ich mir klar.

Herzlichst!

Dein E.«

Herr von Herff übersandte diesen Brief dem Obergruppenführer Wolff, Chef des Hauptamtes Persönlicher Stab RFSS,
mit dem Bemerken, er wisse, daß die Behauptungen Herfs der
Wahrheit entsprächen, denn sie würden durch viele andere
Quellen bestätigt. Nach dem zitierten Dokument war die Bereitschaft, fremdes Blut nicht zu schonen, offenkundig recht
verbreitet; es fällt deshalb schwer zu glauben, daß die Tötungen der Juden nur unter großen Skrupeln der Beteiligten und
unter unmittelbarer Bedrohung von Leib und Leben stattgefunden haben sollten.

Die Tendenz zur milderen Praxis fand ihre Entsprechung
auch bei Himmler selbst, der gegenüber seinen *eigenen* Leuten ja
kein Berserker war, sondern sich eher betulich-fürsorglich
zeigte. Das gehörte zum Ordensgeist, wie er ihn verstand. Bei
Strafsachen, die ihm vorgelegt wurden, war er geneigt, auch
die Verdienste eines Delinquenten in Rechnung zu stellen und
pädagogischen Erwägungen Raum zu geben, die dem zu Be-
strafenden die Möglichkeit zur Rehabilitierung und Besserung
gaben. – Ein Beispiel, daß Himmler auch in der eigenen Praxis
dem Rigorismus seiner Worte nicht unbedingt entsprach, bezieht sich auf einen Befehl Görings vom April 1943, mit dem
allen Dienststellen streng verboten wurde, Käufe auf den
schwarzen Märkten der besetzten Gebiete zu tätigen. Mit Ge-
heimschreiben vom 27. April 1943 übersandte Himmler den
Befehl Görings an die Hauptamtschefs, Höheren SS- und
Polizeiführer usw. mit dem Zusatz:

»Ich erwarte eine *strikte und beispielhaft korrekte* Durchführung dieses Befehls. Die Chefs der Hauptämter, die Höheren
SS- und Polizeiführer und die Befehlshaber und Kommandeure der Waffen-SS und Polizei sind mir persönlich für die
Durchführung verantwortlich.«

Drei Tage vorher aber hatte er an den Chef des Wirtschafts-Verwaltungshauptamtes, Obergruppenführer Pohl, geschrieben:

»Der Reichsmarschall ließ mich neulich bitten, wir möchten jetzt auf den schwarzen Märkten im Gesamtrahmen sehr zurückhaltend sein, da der Reichsmarschall eine Baisse auf diesen schwarzen Märkten erzeugen will.

Einzelgenehmigungen, wie für 3 Millionen RM Lebensmittel für die N.P.E.A. würde er immer gern geben. Wenn wir Stoffe und andere Ausrüstungsgegenstände haben können, so bitte ich, mich nur jeweils davon zu verständigen.«

Wer den zweiten Brief kennt, wird kaum noch davon zu überzeugen sein, daß ein Verstoß gegen die »strikte und beispielhaft korrekte« Durchführung des Befehls von Göring ernste Folgen nach sich gezogen hätte.

Der Befehl in Weltanschauungssachen und die normative Ordnung

Bei der Darstellung der Organisation von SS und Polizei wurde gezeigt, daß es im nationalsozialistischen Herrschaftssystem eine normative und eine nicht-normative, in der Praxis antinormative Exekutive gab. Diesen beiden Exekutivbereichen lassen sich die zwei Arten von Befehlen grundsätzlich zuordnen: der Befehl in Dienstsachen dem normativen, der Befehl in Weltanschauungssachen dem nicht-normativen Bereich. Der tatsächliche Sachverhalt war allerdings erheblich komplizierter; denn Normativität und nicht-normatives Handeln waren nicht lediglich in zwei klar voneinander unterscheidbaren Bereichen gewissermaßen institutionalisiert, sondern sie kamen darüber hinaus auch im jeweils anderen Bereich zur Wirkung. Das heißt: im normativen Bereich ist ein Prozeß der Relativierung und allmählichen Auflösung von Normen zu beobachten, während sich im nicht-normativen Bereich mannigfache normative Regelungen ausbildeten. Beispiele für die Aufweichung und Auflösung überkommener Normen waren etwa die Auslegung von Gesetzen nach weltanschaulich-nationalsozialistischen Gesichtspunkten, Eingriffe Hitlers in die Unabhängigkeit der Justiz, Generalklauseln in neuen Gesetzen, die Erteilung von ungewöhnlich weitgehenden Sondervollmachten an einzelne Behörden oder die Gewährung von Straffreiheit für Taten, »zu denen sich der Täter durch Übereifer im Kampfe für den nationalsozialistischen Gedanken hat hinreißen lassen«[27].

27 Gesetz vom 23. April 1936 – RGBl. I, S. 379.

Daß andererseits im Bereich der nationalsozialistischen Bewegung allenthalben normative Regelungen getroffen wurden, hat seinen einfachen Grund darin, daß menschliches Zusammenleben entgegen dem uneingeschränkten Verfügungsanspruch totalitärer Herrschaft ohne solche Regelungen nicht möglich ist. Sie waren allerdings vorwiegend technisch-organisatorischer Natur und wurden um politischer Zweckmäßigkeit willen leicht suspendiert. Die Erfahrung lehrt, daß zum Beispiel die Reichsleitung der NSDAP sich auch über selbst erlassene Vorschriften hinwegsetzte, wenn es ihr politisch opportun schien. Die in der nationalsozialistischen Bewegung im Laufe der Jahre ausgebildeten Rechtsnormen sind zu einem wesentlichen Teil auf das Bestreben zurückzuführen, den außernormativen Führungsanspruch im Sinne des von E. R. Huber umschriebenen Legalitätsbegriffs[28] in die bestehende staatliche Ordnung hineinzuinterpretieren. Eine Zusammenstellung der auf diese Weise entstandenen gesetzlichen Bestimmungen bietet die 1936 von Haidn und Fischer herausgegebene Sammlung ›Das Recht der NSDAP‹.

Auch in der SS wurden, von Jahr zu Jahr zunehmend, normative Regelungen ausgebildet. Das rasche Wachstum der Organisation und ihrer Aufgaben erforderte eine fachgerechte bürokratische Technik, zumal die weitgehende Finanzierung aus Mitteln des Reiches dazu zwang, die Bestimmungen der staatlichen Finanzverwaltung zu beachten. Echte Rechtsnormen wurden auch im Dienstrecht und Versorgungswesen und in der SS- und Polizeigerichtsbarkeit ausgebildet beziehungsweise übernommen. Das änderte jedoch nichts an der Tatsache, daß die SS der Prototyp nicht-normativer Exekutive war und entsprechend geführt wurde. Mehr noch als im übrigen Bereich der nationalsozialistischen Bewegung galten in der SS alle Normen nur »auf Abruf« und konnten, wo immer politische Zwecke es erforderten, suspendiert werden. Ein typisches Beispiel dafür, wie sich Himmler über selbstgeschaffene Normen hinwegsetzte, bietet der folgende Brief des dienstältesten SS-Richters beim SS- und Polizeigericht Berlin an das Hauptamt SS-Gericht vom 14. Januar 1942[29]:

»Unter Bezugnahme auf die gestrige Rücksprache zwischen SS-Stubaf. B. und dem Unterzeichneten wird mitgeteilt, daß der Verurteilte Z. inzwischen zum SS-Uscha. befördert und

[28] Vgl. S. 23.
[29] NO-5053.

zum Kriegsverdienstkreuz eingereicht worden ist. Dem Unterzeichneten wurde dies anläßlich der Ende Dezember 1941 erfolgten Durchreise des SS-Hstuf. X berichtet, der Z. mit eigenen Augen als SS-Uscha. gesehen hat und der authentisch von einer Äußerung des SS-Ogruf. Jeckeln zu Z. des Inhalts berichtete, daß es dem SS-Ogruf. leid täte, dem Z. das Kriegsverdienstkreuz nicht haben mitbringen zu können.

Nach Auffassung des SS-Hstuf. X liegen diesen begünstigenden Maßnahmen gegenüber Z. persönliche Anordnungen des RFSS zugrunde.

Der Unterzeichnete hätte hierüber bereits berichtet, wenn nicht von dort aus zu gleicher Zeit die Akten angefordert worden wären; der Unterzeichnete schloß hieraus, daß das Vorstehende bereits bekannt sei.

Eine Rückfrage bei SS-Ogruf. Jeckeln aus diesem Anlaß erscheint dem Unterzeichneten nicht notwendig, weil SS-Hstuf. X über diese Dinge aus eigener, persönlicher Kenntnis und Beobachtung berichtete; es könnte sich also nur noch darum handeln zu erfahren, auf wessen Veranlassung diese Maßnahmen erfolgen.

SS-Hstuf. X hat hier von den jetzigen Verdiensten Z.s berichtet: sie sind in dessen besonders häufiger Hinzuziehung zu Judenaktionen zu erblicken.

Der Unterzeichnete braucht wohl nicht zu erwähnen, daß die Behandlung des Falles Z., angefangen von der Umwandlung der Ausstoßung [aus der SS, d. Verf.] in den Ausschluß über das Absehen von einer auch nur teilweisen Urteilsvollstreckung bis zur neuerlichen Beförderung des Z., in ihm selbst sowohl als auch bei dem Richterkameraden SS-Ostuf. M. ständige und starke *Gewissenskonflikte* auslöst. Ganz abgesehen davon, daß die Ausnahmebehandlung des Z. sowohl dem RFSS-Befehl zuwiderläuft, daß an Angehörige der Bewährungseinheiten keine Auszeichnungen verliehen werden dürfen, und daß sie auch nicht in Einklang zu bringen ist mit dem Grundsatz der SS-Gerichtsbarkeit, daß SS-Führer wegen ihrer Verfehlungen mindestens doppelt so hart bestraft werden müssen als Unterführer oder Männer, stehen dem Unterzeichneten aus seiner SS-richterlichen Praxis naturgemäß eine ganze Reihe von Fällen vor Augen, in denen junge SS-Männer, wegen einer Eigentumsverfehlung geringfügigen Ausmaßes hart bestraft, gnadenlos von jeder wirklichen Bewährungsmöglichkeit ausgeschlossen blieben, obwohl sie vor ihrer Tat ordentliche Soldaten und SS-Männer gewesen waren [manche mit EK-Auszeichnungen!], obwohl sie während der Vollstreckung der Strafe gezeigt hatten, daß sie ihre Tat bitter bereut und obwohl auch von ihnen mancher Frau und Kind hatte, die in bewegenden Gnadengesuchen oftmals vortrugen, sie wüßten ihren Mann oder Vater lieber vor dem Feind gefallen als noch einen Tag im Gefängnis. Der Unterzeichnete hat immer wieder versucht, für diese Gattung von Verurteilten einen Gnadenerweis mit dem Ziel einer Frontbewährung zu erreichen, er ist aber trotz Befürwortung der seinerzeitigen Vorschläge durch SS-Ogruf. Ritterkreuzträger Hausser stets gescheitert, wie sich aus mehreren Akten der SS-Div. ›Reich‹ nachweisen läßt.

Bei alledem kann der Unterzeichnete als verantwortungsbewußter SS-Richter von dem Inhalt der Akte Z. und von den neuerlichen Mitteilungen des SS-Hstuf. X nur mit größter Bitterkeit Kenntnis nehmen. Er ist der Auffassung, daß der RFSS namens aller SS-Richter gebeten werden müßte, die Gründe für die besondere Behandlung des Falles Z. bekanntzugeben, wenn es sich bewahrheiten sollte, daß auch die neuerliche Beförderung des Z. auf eine Anordnung des RFSS zurückgeht.«

Es handelte sich hier also um einen eklatanten Fall von Suspendierung selbst gesetzter Rechtsnormen, und zwar interessanterweise im Zusammenhang mit der Judenvernichtung, also der außernormativen Maßnahme par excellence. Umgekehrt gab es im Zusammenhang mit dieser außernormativen Maßnahme normative Bestimmungen von zweitrangiger Bedeutung, die dazu dienen sollten, die Kontrolle über die Judenverfolgung und Judenvernichtung nicht zu verlieren und unter den Exekutoren Disziplin zu wahren. Am bekanntesten ist die Äußerung Himmlers, daß jeder, der sich auch nur eine Mark aus dem Besitz der Opfer aneigne, des Todes sei – übrigens auch ein typischer Himmlerscher Rigorismus, dem eine beträchtlich mildere Praxis gegenüberstand. Ein anderes Beispiel ist ein SS-Befehl Himmlers vom 16. August 1935, der Einzelaktionen gegen Juden verbot:

»1. Ich verbiete aufs schärfste jede Einzelaktion irgendeines SS-Angehörigen gegen Juden.

2. Die Lösung der Judenfrage ist, wie auch bisher die Lösung aller Fragen, eine Sorge des Führers und nicht eine Sorge von Einzelnen.

3. Zuwiderhandlungen, auch in der leisesten Form, werden mit Ausstoßung aus der SS bestraft.«

In einem Feldurteil des Obersten SS- und Polizeigerichts vom 9. Juni 1943 gegen einen SS-Untersturmführer, der auf eigene Faust mit großer Grausamkeit Hunderte von Juden getötet hatte, heißt es:

»... *Wegen der Judenaktionen als solcher soll der Angeklagte nicht bestraft werden. Die Juden müssen vernichtet werden, es ist um keinen der getöteten Juden schade.* Wenn sich auch der Angeklagte hätte sagen müssen, daß die Vernichtung der Juden Aufgabe besonders hierfür eingerichteter Kommandos ist, soll ihm zugute gehalten werden, daß er sich befugt gehalten haben mag, auch seinerseits an der Vernichtung des Judentums teilzunehmen. Wirklicher Judenhaß ist der treibende Beweggrund für den Angeklagten gewesen. Er hat sich dabei allerdings in Alexandria zu Grausamkeiten hinreißen lassen, die eines deutschen Mannes und SS-Führers unwürdig sind. Diese Übergriffe lassen sich auch nicht, wie der Angeklagte will, damit rechtfertigen, daß sie nur gerechte Vergeltung für das Leid seien, das die Juden dem deutschen Volke angetan haben. Es ist nicht deutsche Art, bei der notwendigen Vernichtung des schlimmsten Feindes unseres Volkes bolschewistische Methoden anzuwenden. An solche grenzt die Handlungsweise des Angeklagten bedenklich. Der Angeklagte hat es zu einer so üblen Verrohung seiner Männer kommen lassen, daß sie sich unter seinem Vorantritt wie eine wüste Horde aufführten. Die Manneszucht ist vom Angeklagten in einer Weise aufs Spiel gesetzt worden, wie es schlimmer kaum denkbar ist. Mag der Angeklagte auch sonst für seine Männer gesorgt haben, so hat er doch durch sein Verhalten seine Dienstaufsichtspflicht gröblichst verabsäumt, wozu nach SS-mäßiger Auffassung auch gehört, daß er seine Männer nicht seelisch verkommen läßt. Der Angeklagte hat sich deshalb insoweit nach § 147 MStGB strafbar gemacht. Da diese Strafvorschrift jedoch nur Gefängnis oder Festung bis zu 15 Jahren als Strafrahmen vorsieht, ist die Anwendung des § 5 a der Kriegssonderstrafrechtsverordnung geboten, da eine derartige Auflösung der Manneszucht eine schwerere Strafe erheischt ...«

Normative Regelungen aus technisch-organisatorischen oder aus disziplinären Gründen, oder aber auch um das Ideal einer Ordensbildung zu verwirklichen; andererseits die Setzung und

Verwirklichung politischer Ziele außerhalb jeder Norm, verbunden mit der Forderung, sich, wo immer nötig, über bestehende Normen hinwegzusetzen; dann aber wieder in manchen Fällen das Bestreben, außernormativen Maßnahmen einen legalen Tarnanstrich zu geben; endlich auch die Praxis, einzelne SS-Dienststellen zur Verfolgung außernormativer Zwecke mit Rechten und Kompetenzen staatlicher Behörden auszurüsten – das alles führte im Laufe der Jahre in der SS zu einer verwirrenden Verquickung normativer und nicht-normativer Elemente, die oft sogar in ein und demselben Vorgang miteinander vermengt waren. So verbot Eicke als Inspekteur der KZ im Jahre 1937 den Wachtruppenangehörigen, Häftlinge zu mißhandeln, und schrieb dazu: »So sehr ich als Nationalsozialist für ein solches Vorgehen [nämlich die Mißhandlung, d. Verf.] Verständnis habe, kann und darf ich dieses Verhalten nicht dulden, wenn wir nicht Gefahr laufen sollen, vom Innenministerium des Deutschen Reiches als unfähig zur Behandlung von Gefangenen bezeichnet zu werden.« Alle drei Monate mußten die Wachtruppen-Angehörigen eine Erklärung unterschreiben, daß sie sich an den Häftlingen nicht vergreifen dürfen, und trotzdem wurde der Willkür und Grausamkeit freier Lauf gelassen. Überhaupt sind die KZ ein interessantes Forschungsobjekt für die Verquickung von normativem und nicht-normativem Verhalten und Handeln. Obgleich sie im Grunde immer eine spezifische Einrichtung der anti-normativen Exekutive waren, haben sich in ihnen normative Regelungen der verschiedensten Art ausgebildet, ohne doch je eine wirkliche Garantie für die Häftlinge darzustellen. Wer zur Häftlingsprominenz gehörte, war vor den Willkürakten der Wachmannschaften ziemlich sicher, aber jeder Tag konnte ihm doch den Sturz in die Anonymität der Masse der Häftlinge bringen, für die auch nicht der geringste Schutz objektiv gesichert war.

In einer Anordnung des Stabshauptamtes des Reichskommissars für die Festigung deutschen Volkstums vom 20. Januar 1942 heißt es:

»Auf Befehl des Reichsführers-SS haben sich alle ungedienten Männer im Dienste des Reichskommissars für die Festigung deutschen Volkstums [auch Nichtangehörige der SS], die den Jahrgängen 08 und jünger angehören, zum freiwilligen Waffendienst in der Waffen-SS zu melden.«

In diesem Falle legitimierte sich der Befehl des Reichsführers-SS letztlich aus weltanschaulicher Verbindlichkeit, während die

»Freiwilligkeit« der Meldung aus dem Bezug auf die staatlich normative Regelung der Rekrutierung der Waffen-SS zu verstehen ist. Die ans Groteske grenzende Paradoxie dieser Anordnung wurde möglich, weil sie Personen betraf, die sich bereits in einem Kompetenzbereich des RFSS [nämlich der Dienststelle des Reichskommissars für die Festigung deutschen Volkstums] befanden und in einen anderen [nämlich in die Waffen-SS] eintreten sollten; dieser Vorgang ist zu vergleichen mit der Heranziehung von Angehörigen der Allgemeinen SS [und nur solche konnte es ja treffen] zu den Totenkopfsturmbannen aufgrund der Notdienstverordnung[30]. Die Notdienstverordnung war staatlicher Zwang; er wurde aber in diesem Falle nur auf solche Personen angewendet, die früher aufgrund freiwilliger Entscheidung der Allgemeinen SS beigetreten waren und sich damit der Befehlskompetenz in Weltanschauungssachen des Reichsführers-SS bereits unterworfen hatten. Im Falle der Angehörigen der Dienststellen des Reichskommissars für die Festigung deutschen Volkstums war der Anteil echter Freiwilligkeit insoweit geringer, als es sich um Volksdeutsche handelte, für die in vielen Fällen die Aktivität in der SS mehr oder weniger Zwang war. Immerhin lehrt der Bericht eines der seinerzeit von dem zitierten Befehl Betroffenen, daß es nicht völlig ausgeschlossen war, sich der befohlenen Freiwilligkeit zu entziehen; es heißt in dem Bericht:

»Ich wurde im Spätherbst 1939 als baltendeutscher Umsiedler zunächst für die Umsiedlungs-Treuhand-AG [UTAG] in Riga dienstverpflichtet und im Frühjahr 1941 zur Zentrale der genannten Gesellschaft, der Deutschen Umsiedlungs-Treuhand GmbH, nach Berlin versetzt. Beide Gesellschaften waren vom ›Reichskommissar für die Festigung deutschen Volkstums‹ mit der vermögensrechtlichen Abwicklung der baltischen Umsiedlung beauftragt. Eine größere Zahl der jüngeren Mitarbeiter der Gesellschaft erhielt im Januar oder Februar 1942 durch die Post eine Aufforderung, sich zur Musterung für die Waffen-SS einzufinden. Die Aufforderung begann meiner Erinnerung nach mit den Worten: ›Der Reichsführer-SS hat für Sie die Einstellungs-Untersuchung zum Eintritt in die Waffen-SS angeordnet. Sie haben sich ...‹ Meine Kollegen sind, soweit mir bekannt, ohne Ausnahme der sehr scharf und ›amtlich‹ wirkenden Aufforderung gefolgt, vor allem, nachdem die Geschäftsleitung mitgeteilt

[30] Vgl. S. 175 f.

hatte, nur diejenigen Mitarbeiter könnten weiter uk-gestellt werden, welche für die Waffen-SS gemustert worden wären. Ich habe damals an die Stelle, von welcher die Musterungsaufforderung ausging, einen Brief geschrieben und gesagt, ich verzichte auf den mir damit ermöglichten ›freiwilligen Eintritt in die Waffen-SS‹, ich sei für die Wehrmacht gemustert und wolle nach meiner Einberufung auch dort Dienst tun. Einige Wochen später erhielt ich ein neues Schreiben von der SS, das etwa mit den Worten begann: ›Sie haben es für möglich gefunden, der Aufforderung des Reichsführers-SS nicht Folge zu leisten.‹ Es wurde ein neuer Termin genannt und gedroht, ein erneutes Nicht-Erscheinen würde Folgen haben. Diese zweite Aufforderung habe ich gleichfalls nicht befolgt, obwohl mir meine Geschäftsleitung nach Rückfrage beim ›Reichskommissariat für die Festigung deutschen Volkstums‹ mitteilte, sie würde mich vor eventuellen Maßnahmen der SS nicht schützen können; man war aber bereit, mich an die Außenstelle unserer Gesellschaft in Riga zu versetzen, um mich aus dem ›Schußfeld‹ zu bringen – wo ich dann weiter nichts mehr von der Sache hörte. Meine Landsleute und Kollegen, die der ersten Aufforderung gefolgt waren, sind fast alle früher oder später zur Waffen-SS gekommen. – Rückblickend halte ich es für einen Zufall, daß mir nichts geschehen ist. Das Ausbleiben einer Reaktion mag daran gelegen haben, daß es sich bei mir um einen Einzelfall handelte. Sollten sich tatsächlich mehrere meiner Kollegen geweigert haben, zur Musterung zu erscheinen, dann hätte die SS ohne Zweifel schärfer durchgegriffen ...«
Ein weiteres Beispiel für das Nebeneinander normativer Regelungen und nicht-normativer Maßnahmen war folgender Sachverhalt:
Durch Führerbefehl vom 2. August 1944 wurde der Reichsführer-SS ermächtigt, Soldaten und Beamte des Heeres, der Waffen-SS und der Polizei über die zuständigen Personalstellen auszutauschen. Himmler hatte also die Vollmacht, Angehörige des Heeres in die Waffen-SS, Angehörige der Waffen-SS in die Polizei usw. zu überstellen. Neben dieser Generalvollmacht blieben jedoch die ins einzelne gehenden Bestimmungen für den freiwilligen Übertritt aktiver Soldaten der Wehrmacht in die Waffen-SS nicht nur unverändert bestehen, sondern es wurden sogar noch Mitte Februar 1945 für das Heerespersonalamt Richtlinien herausgegeben, wonach ein solcher Übertritt nur

Soldaten gestattet war, die Angehörige der Allgemeinen SS waren oder die als hauptamtliche HJ-Führer in die SS-Division »Hitlerjugend« eintreten oder die wegen entsprechender Fachkenntnisse zu den SS-Jagdverbänden übertreten wollten. Daß so eng gefaßte und differenzierte Bestimmungen trotz der Generalbevollmächtigung des RFSS noch getroffen wurden, dürfte damit zusammengehangen haben, daß ein Übertritt, der den Charakter eines Wechsels der beruflichen Laufbahn hatte, noch nach den Normen des Dienstrechtes gemessen wurde, während die Überstellungen aus Erfordernissen des Einsatzes einfach aus der Kompetenz der Führergewalt entschieden wurden.

In der SS war also – oft bis in den Einzelvorgang hinein – normatives und nicht-normatives Verhalten ineinander verschränkt. Dabei blieb allerdings der Herkunft der SS und ihrer Zugehörigkeit zum Bereich des ideologischen Konsenses beziehungsweise der Führergewalt entsprechend die nicht-normative Komponente immer die spezifische und maßgebende. Im Bereich grundsätzlich nicht-normativen Handelns bauten sich ständig Zusammenhänge normativer Regelungen auf, die jedoch – einem elektrischen Spannungsfeld vergleichbar – zusammenbrachen, wann immer auf nicht-normatives Handeln umgeschaltet wurde. Seit 1945 machen sich die in kriegsgerichtlichen Verfahren, Spruchkammerverfahren und den jetzt geführten Kriminalprozessen Angeklagten, ebenso aber auch die Kläger in dienst- und versorgungsrechtlichen Streitfällen die Oszillation zwischen Normativität und nicht-normativem Handeln oft und mit Erfolg zunutze, indem sie nicht-normative Maßnahmen, die an sich dem Befehlsbereich in Weltanschauungssachen zugehören, aus deren sekundären normativen Merkmalen rechtfertigen. Dagegen kann man zu einer historisch richtigen Beurteilung der SS und ihres Wirkens nur kommen, wenn man berücksichtigt, daß die nicht-normative Komponente letztlich die primäre und maßgebende war. Das lehrt nicht nur die geschichtliche Erforschung der Entwicklung der SS, sondern ist auch durch rein logische Überlegungen zu erweisen: denn nicht-normatives Denken hat seiner Natur nach die Möglichkeit, sich normativ zu drapieren, ohne dabei etwas von seiner Eigenart zu verlieren. Normatives Denken dagegen hebt sich selbst auf, wenn es nicht-normativen Gesichtspunkten Raum gibt. – Allerdings bedarf auch unser heutiges *historisches* Bild vom Dritten Reich und von der SS einer gewissen Korrektur: zwar ist es im ganzen völlig zu Recht von der entscheidenden Rolle des anti-normativen Prinzips geprägt, viele Einzelzüge werden jedoch zu simpel und daher falsch gesehen, weil man den Einfluß, den normatives Denken immerhin noch hatte, unterschätzt. Mit anderen Worten ausgedrückt: viele Historiker setzen den »Willkür-Koeffizienten« bei der Beurteilung bestimmter einzelner Ereignisse zu hoch an.

Wie bereits erwähnt [S. 226f.] gab es in der Gesamtorganisation der SS trotz der verwirrenden Verquickung normativer und nicht-normativer Elemente dennoch einige Kommandos und Aufgaben, die *auch damals offenkundig und unverkennbar* der nicht-normativen Exekutive beziehungsweise der Befehlsgebung in Weltanschauungssachen zugehörten. Und zwar waren es diejenigen Kommandos, die ausdrücklich von der Bindung an die Gesetze befreit waren, und diejenigen Aufgaben, die unter ausdrücklicher Suspendierung gesetzlicher, unter Umständen auch sittlicher Normen befohlen und durchgeführt wurden. Es handelte sich dabei, organisatorisch gesehen, in erster Linie um die Gestapo, deren Befugnisse sich nicht aus einzelnen Gesetzen und Verordnungen, sondern aus dem ihr erteilten »politischen Gesamtauftrag« herleiteten, um die Einsatzkommandos des Chefs der Sicherheitspolizei und des SD, die KZ-Bewachung und die Kommandos der Vernichtungslager, für die alle grundsätzlich das gleiche gilt wie für die Gestapo[31]. Ein typisches Beispiel sind die »Richtlinien für die Aussonderung von Zivilpersonen und verdächtigen Kriegsgefangenen des Ostfeldzuges in den Kriegsgefangenenlagern«, die als Anlage 1 dem Einsatzbefehl Nr. 8 des Chefs der Sicherheitspolizei und des SD vom 17. Juli 1941 beigegeben waren[32]. In diesen Richtlinien heißt es:

> »Die Wehrmacht muß sich umgehend von allen denjenigen Elementen unter den Kr. Gef. befreien, die als bolschewistische Triebkräfte anzusehen sind. Die besondere Lage des Ostfeldzuges verlangt daher besondere Maßnahmen, die *frei von bürokratischen und verwaltungsmäßigen Einflüssen* verantwortungsfreudig durchgeführt werden müssen.
>
> Während den bisherigen Vorschriften und Befehlen des Kriegsgefangenenwesens ausschließlich *militärische* Überlegungen zu Grunde lagen, muß nunmehr der *politische* Zweck erreicht werden, das Deutsche Volk vor bolschewi-

---

[31] Die Herauslösung aus der normativen gesetzlichen Ordnung wird ausführlich im ersten Teil: › Die SS – das Herrschaftsinstrument ‹, S. 83 ff., behandelt.

[32] NO-3414.

stischen Hetzern zu schützen und das besetzte Gebiet alsbald fest in die Hand zu nehmen.«

Hier wird in charakteristischer Weise zwischen militärischen und politischen Zwecken unterschieden, wobei letztere weltanschaulich bestimmt waren und durch besondere Maßnahmen [nämlich »Sonderbehandlung«] außerhalb der Normativität erreicht werden sollten. Dem Einsatzbefehl gemäß wurden besondere Kommandos »in Stärke von einem SS-Führer und vier bis sechs Mann« in die Gefangenenlager abgestellt, die die für »Sonderbehandlung« in Frage kommenden Personen festzustellen hatten.

Das spezifische Merkmal derjenigen Befehle in Weltanschauungssachen, die auch damals schon irrtumsfrei als solche erkennbar waren, ist also, daß sie weder von normativen Bestimmungen abgeleitet, noch auch nachträglich und wenigstens äußerlich auf die normative Ordnung abgestimmt wurden. Vielmehr wurden die bestehenden gesetzlichen Bestimmungen und sittlichen Normen ignoriert oder ausdrücklich suspendiert; die Legitimation beschränkte sich auf außernormative, ideologisch-politische Argumente. Die Diskrepanz zur normativen Ordnung wurde also nicht überdeckt, sondern blieb offen bestehen, und zwar nicht nur in der Befehlsgebung, sondern auch in der Durchführung, die ebenfalls außerhalb der Gesetzlichkeit erfolgen mußte und nach Hitlers Willen sicher auch erfolgen sollte. Soweit für Hilfsmaßnahmen Personen doch aufgrund *staatlicher* Dienstpflicht herangezogen werden mußten, verwendete man die Notbrücke der teilweisen sekundären Legalisierung. So war es zum Beispiel bei der Vernichtung der Juden: Der eigentliche Tötungsbefehl ging von Hitler aus und wurde jenseits aller Normativität von Himmler an einige ausgewählte SS-Führer weitergeleitet unter Berufung auf deren weltanschaulich begründete Treuepflicht. Für die Hilfsmaßnahme der Deportation der zu tötenden Juden mußten dagegen auch staatliche Dienststellen in Anspruch genommen werden [Finanzämter, Reichsbahn usw.]. Da diese Stellen nur aufgrund einer amtlichen Anweisung tätig werden konnten, erging der bekannte Auftrag Görings in seiner Eigenschaft als Vorsitzendem des Ministerrats für die Reichsverteidigung an den Chef der Sicherheitspolizei und SD vom Juli 1941[33],

»alle erforderlichen Vorbereitungen in organisatorischer, sachlicher und materieller Hinsicht zu treffen für eine Ge-

[33] PS-710.

samtlösung der Judenfrage im deutschen Einflußgebiet in Europa. Sofern hierbei die Zuständigkeiten anderer Zentralinstanzen berührt werden, sind diese zu beteiligen«.

Man hat oft nicht verstanden, warum ein so wichtiger und kritischer Befehl erstens von Göring erteilt wurde und zweitens erst erging, nachdem die Aktionen schon einige Monate in Gang waren. Das Problem löst sich auf, wenn man erkennt, daß der Auftrag Görings ja gar keinen auslösenden Charakter hatte, sondern nur für einen schon bestehenden außernormativen Befehl die Notbrücke der sekundären Legalisierung zum Verwaltungsgebrauch baute. Dabei wurde den Personen, die hier dienstlich herangezogen wurden, der wahre Zweck der Aktion verschwiegen und in der Wendung »Gesamtlösung der Judenfrage« verhüllt. Es handelt sich im Prinzip um das gleiche Verfahren wie das »summarische Standgerichtsverfahren«, das Generalgouverneur Frank bei der Ermordung der polnischen Intelligenz angeordnet hatte [vgl. S. 228 f.]. Natürlich werden viele der Beteiligten trotzdem gewußt haben, was das Ziel der Deportation war, und es bleibt deshalb das Problem bestehen, wieweit sie moralisch verpflichtet gewesen wären, sich der Teilnahme zu entziehen. Formal gesehen aber wurden die unter Berufung auf die normativ begründete Dienstpflicht Herangezogenen von dem Zweck nicht informiert. Obgleich die Anerkennung der Führergewalt und ihrer Legitimation durch die geschichtliche Sendung Hitlers von jedem Deutschen gefordert wurde, hat Hitler doch keinem Staatsbürger zugemutet, Befehle in Weltanschauungssachen, die in offener Diskrepanz zu den geltenden Gesetzen standen, in voller Kenntnis ihrer Ungesetzlichkeit auszuführen. Dafür wurde vielmehr die spezifische Treuepflicht zum Führer vorausgesetzt, die über jede staatsbürgerliche Loyalitätspflicht hinausging.

Eine zutreffende Beurteilung des Gehorsams gegenüber verbrecherischen Führerbefehlen ist nur möglich, wenn man sich von der falschen Vorstellung frei macht, daß alle Führerbefehle in eine einheitliche Rechtsordnung passen müßten und jeder Führerbefehl rechtsetzende Wirkung gehabt habe. Zwar gab es die Einheit der Führergewalt. Sie war aber nicht normativer Natur, sondern bestand in einer angeblichen außer-normativen geschichtlichen Vollmacht. Nur durch sie waren die außernormativen Führerbefehle verbindlich, dagegen waren sie nicht *rechts*verbindlich. Die Pflicht des Gehorsams ihnen gegenüber war folglich keine Rechtspflicht [und sie wurde als solche auch damals nicht verstanden], sondern eine Treuepflicht, die der Befehlsempfänger durch seinen freiwilligen Konsens mitbegründet hatte. Der Inhalt der außer-normativen Befehle wurde durch den Führerbefehl auch nach damaligen Vorstellungen nicht rechtsgültig, sondern blieb vom geltenden Recht nicht gedeckt, hatte also unverkennbaren Unrechtscharakter. Gerade das gehörte aber zu den Pflichten des überzeugten Gefolgsmannes des Führers, daß er aus weltanschaulicher Überzeugung das geschichtlich Notwendige unter Umständen auch unter bewußter Verletzung der Gesetze tat und die daraus resultierende Spannung ertrug. Das entsprach der Tradition des Kampfes der Nationalsozialisten gegen die Weimarer Republik. Immerhin konnte er im Dritten Reich die Gewißheit haben, daß er im Namen des Gesetzes nicht zur Rechenschaft gezogen werden würde. Andererseits ergibt sich aus der Natur der Sache, daß er nicht in einen Befehlsnotstand geraten konnte, der vergleichbar wäre mit der Befehlsnotstandssituation eines Beamten oder Soldaten, die nur auf Grund allgemeiner staatsbürgerlicher Pflicht dienten. Es entspricht daher nicht der historischen Wahrheit, wenn immer wieder behauptet wird, was Otto Ohlendorf in seinem Gnadengesuch vom Juli 1950 in ausführlicher Darlegung nachzuweisen suchte, daß die Gehorsamspflicht der zu Massenverbrechen befohlenen SS-Angehörigen die gleiche gewesen sei wie die jedes beliebigen deutschen Soldaten, Beamten und Staatsbürgers überhaupt, daß solche Befehle grundsätzlich jeden hätten treffen können und daß die Verweigerung des Gehorsams gegenüber solchen Befehlen die *staatsbürgerliche* Treuepflicht verletzt hätte.

Daß für die Täter kein Zwang bestand, der ebenso jeden beliebigen Deutschen hätte treffen können, erhellt auch daraus, daß es sich ja um Maßnahmen handelte, deren Notwendigkeit zu begreifen nach nationalsozialistischer Auffassung die breite Masse des deutschen Volkes damals gar nicht reif genug war. Himmler sagte in einer seiner Reden:

>»Damit möchte ich die Judenfrage abschließen. Sie wissen nun Bescheid, und Sie behalten es für sich. Man wird vielleicht in ganz ganz später Zeit sich einmal überlegen können, *ob man dem deutschen Volk etwas mehr darüber sagt.* Ich glaube, es ist besser, wir – wir insgesamt – haben das für unser Volk getragen, haben die Verantwortung auf uns genommen [die

Verantwortung für eine Tat, nicht nur für eine Idee] *und nehmen dann das Geheimnis mit in unser Grab.*«

Entsprechend hatte sich Generalgouverneur Frank in der oben [S. 227 ff.] zitierten Sitzung vom 30. Mai 1940 über die von Hitler befohlene Ermordung der polnischen Intelligenz ausgedrückt: »Wenn ich hier im Lande nicht die alte nationalsozialistische Kämpfergarde der Polizei und SS hätte, mit wem wollten wir dann diese Politik machen? Das könnte ich nicht mit der Wehrmacht tun, überhaupt mit niemandem; das sind so ernste Dinge, und wir stehen hier als Nationalsozialisten vor einer so ungeheuer schwierigen und verantwortungsvollen Arbeit, *daß wir auch nur im engsten Kreise überhaupt über diese Dinge reden können.*«

Für Taten, deren Notwendigkeit nur ein enger Kreis Auserwählter einzusehen vermochte, konnte unmöglich eine allgemeine staatsbürgerliche Gehorsamspflicht in Anspruch genommen werden, so etwa, wie jedermann verpflichtet ist, als Soldat für sein Land sein Leben zu wagen. Hier konnte Gehorsam vielmehr nur unter dem Appell an einwandfreie nationalsozialistische Gesinnung und besondere Treuepflicht gegenüber dem Führer gefordert werden. Das bedeutet aber, daß jeder der Täter eine genau definierbare Mitschuld trägt, die – und das ist das mindeste – in seinem ideologischen Konsens begründet ist. Dieser Konsens brauchte nicht in einer echten inneren Überzeugung bestanden zu haben und es mußten auch keineswegs speziell und ausdrücklich die befohlenen Verbrechen bejaht werden. Der Konsens war vielmehr erteilt durch den Beitritt zur SS und wurde so lange nicht zurückgezogen, als sich einer nicht ernstlich bemühte, aus der SS wieder auszutreten und auf diese Weise aus dem Bereich außerordentlicher, weltanschaulich begründeter Verpflichtungen in den Bereich normaler staatsbürgerlicher Loyalitätspflicht zurückzukehren. Auch daß die verbrecherischen Befehle Führerbefehle waren oder auf Führerbefehle zurückgingen, machte sie nicht allgemeinverbindlicher. Denn die Führergewalt hatte zwar grundsätzlich die Staatsgewalt relativiert und ihr nur noch Geltung »auf Abruf« belassen, tatsächlich aber gab es zwei Arten von Führerbefehlen. Die einen wurden mit der bestehenden normativen Ordnung in Einklang gehalten, und sei es auch nur durch nachträgliche gesetzesgerechte Interpretation von an sich rechtswidrigen Anordnungen; die anderen Führerbefehle waren ausschließlich weltanschaulich begründet und wurden mit der bestehenden normativen Ordnung nicht in Einklang gebracht. Musterbeispiele der zweiten Art sind Hitlers Euthanasieanordnung vom 1. September 1939 und sein Judenmordbefehl.

Eine treffende Definition der Mitschuld jedes einzelnen Täters an den weltanschaulich motivierten Massenverbrechen findet sich in einem Gerichtsurteil gegen einen ehemaligen Führer der Sicherheitspolizei. Dort heißt es[34]:

> »Es liegt der Einwand nahe, worin nun aber trotzdem das Verschulden des Angeklagten eigentlich bestehe, da jeder andere, der an seiner Statt ... gewesen wäre, mit überwiegender Wahrscheinlichkeit ebenso gehandelt hätte. Dem ist zu erwidern, daß dann auch jeder andere hätte verurteilt werden müssen, der die Rechtswidrigkeit des Befehls erkannte und nicht als im Notstand befindlich handelte... Wer in den Jahren der nationalsozialistischen Gewaltherrschaft in der Geheimen Staatspolizei den Rang eines SS-Obersturmbannführers erreichte, hat, wenn nicht besondere Umstände zu einer anderen Beurteilung führen müssen, eine Lebensführungsschuld auf sich geladen, und diese ist es, die dann die einzelne Tatschuld nach sich zieht... Es mag sein, daß der Angeklagte in den Jahren, in denen er aus der Staatspolizei noch hätte verhältnismäßig leicht ausscheiden können, mit keinem einzigen Fall dienstlich zu tun hatte oder auch nur davon hörte, der nicht auch heute von den Polizeibehörden und dem Verfassungsschutzamt in der gleichen Weise behandelt würde. Aber andere, ungezählte Millionen des deutschen Volkes wußten, ohne jener Organisation anzugehören, daß im gesamten Staatswesen Unrecht geschah und daß die Geheime Staatspolizei nicht das Unrecht im Staat bekämpfte, sondern verdeckte, förderte, selbst beging. Wenn der Angeklagte dafür jahrelang blind und taub war, ist es seine Schuld, die ihn mit der ihr eigenen Folgerichtigkeit nun zum strafrechtlich verantwortlichen Gehilfen eines Mörders werden ließ.«

Es ist ein Spezifikum totalitärer Herrschaft, sei sie kommunistisch oder nationalsozialistisch, daß sie vorgibt, das Gesetz der Weltgeschichte zu kennen, und den Anspruch erhebt, mit ihrer Politik dieses Gesetz zu erfüllen[35]. Dieser Anspruch muß konsequenterweise dazu führen, daß die positiven und sittlichen Normen des Handelns relativiert und suspendiert wer-

---

[34] Diese Passage wird hier nur insoweit zitiert, als sie treffende Aussagen zur Schuldfrage aus *historischer* Sicht enthält, die *juristischen* Bemerkungen sind ausgelassen.
[35] Vgl. hierzu: Hans Buchheim, Totalitäre Herrschaft. München 1962, S. 18 ff.

den. Denn die Weltgeschichte, sofern sie nicht ausdrücklich unter moralischen oder heilsgeschichtlichen Gesichtspunkten betrachtet wird [und das ist bei den geschichtsphilosophischen Theorien der totalitären Systeme nicht der Fall], verläuft jenseits von Gut und Böse, von Recht und Unrecht. Das Gesetz ihrer Entwicklung wird wertneutral, fast wie ein Naturgesetz vorgestellt. Beispiele für den Nationalsozialismus sind die weiter oben [S. 249 ff.] zitierten Ausführungen Hitlers und Himmlers über den Kampf ums Dasein. Wenn Menschen ihre Entscheidungen nach einem solchen Gesetz richten, kann die Alternative von Recht und Unrecht logischerweise nur noch zweitrangige Bedeutung haben; denn in erster Linie stellt sich die Frage, was das Gesetz der Geschichte jeweils fordert. Die angebliche geschichtliche Notwendigkeit wird also zur obersten Instanz erhoben und erhält Vorrang vor den gesetzlichen Normen wie auch vor den Geboten der Moral. Die Kriterien der Beurteilung von Maßnahmen werden aus der vermeintlichen Kenntnis der geschichtlichen Gesetzmäßigkeit bezogen und nicht aus den Geboten mitmenschlichen Verhaltens. Ja, in der letzten Konsequenz kann der Mensch sogar dem Wahn verfallen, er sei verpflichtet, um der geschichtlichen Notwendigkeit willen die elementarsten Regungen mitmenschlichen Empfindens in sich abzutöten. Diese Vorstellung findet sich zum Beispiel in einer Schrift Reinhard Heydrichs › Wandlungen unseres Kampfes ‹ [1935], wo es heißt:

»Um unser Volk zu erhalten, müssen wir dem Gegner gegenüber hart sein, auch auf die Gefahr hin, dem einzelnen Gegner damit einmal wehe zu tun und eventuell auch bei manchen sicherlich wohlmeinenden Menschen als unbeherrschte Rohlinge verschrien zu werden. Wenn wir nämlich als Nationalsozialisten unsere geschichtliche Aufgabe nicht erfüllen, weil wir zu objektiv und menschlich waren, so wird man uns trotzdem nicht mildernde Umstände anrechnen. Es wird einfach heißen: Vor der Geschichte haben sie ihre Aufgabe nicht erfüllt.«

In den Reden Himmlers kehrt dieser Gedanke immer wieder, wenn er betont, wie schwer es sei, den Befehl zur Judenvernichtung durchzuführen, wie sehr die Aufgabe an sich dem Wesen des germanischen Menschen zuwider sei, daß man sich dazu aber um der Zukunft des Volkes willen überwinden müsse. – Wer in dieser Weise die angebliche geschichtliche Notwendigkeit zur Maxime seines Tuns erhebt, braucht deshalb sein angeborenes Rechtsempfinden nicht verloren zu haben, er kann auch durchaus noch in der Lage sein, die Stimme des Gewissens zu hören. Aber weder die Gesetze noch das Gewissen werden in der Konfliktsituation für ihn den Ausschlag geben, sondern er wird sie als »bürokratische Formalitäten«, als »Privatsache«, »Humanitätsduselei« oder »inneren Schweinehund« abtun, die gegenüber der geschichtlichen Notwendigkeit zurücktreten müssen. Er wird sich sogar dazu versteigen, in der Abtötung der Stimme des Gewissens und humaner Empfindungen im Interesse der geschichtlichen Notwendigkeit eine sittliche Leistung, die Überwindung einer privaten Schwäche zugunsten des gemeinen Wohls zu sehen. Diese Perversion wird unter anderem dadurch gefördert, daß ja die allgemeine Moralanschauung unserer Zeit sowieso dazu neigt, den Wert der Tugend nicht in ihrem Inhalt zu sehen, sondern in der Selbstüberwindung.

Wenn die Frage gestellt wird, ob die an den nationalsozialistischen Massenverbrechen Beteiligten dabei ein Unrechtsbewußtsein gehabt hätten, so muß das also generell bejaht werden. Die charakteristische Geisteshaltung der Täter beruhte nämlich nicht auf einer totalen Umwertung aller Werte, bei der ein für allemal Recht für Unrecht erklärt worden wäre und umgekehrt; sie bestand auch nicht in einer absoluten Verneinung positiver und moralischer Normen überhaupt; sondern sie bestand darin, daß an sich anerkannte und im normalen Leben auch beachtete Normen für den Ausnahmefall im Namen einer geschichtlichen [oder auch politischen] Notwendigkeit suspendiert wurden. Das entsprach der Suspendierung geltender Gesetze zugunsten der baren politischen Zweckhaftigkeit im institutionellen Bereich. Von den an den Verbrechen Beteiligten ist also im allgemeinen zu sagen [ohne daß damit schon über die Besonderheiten des Einzelfalls voraus entschieden werden könnte], daß sie ein partiell *suspendiertes Unrechtsbewußtsein* besaßen. Im Herbst 1942 hatte das Hauptamt SS-Gericht durch den SS-Richter beim Reichsführer-SS bei Himmler anfragen lassen, wie eigenmächtige Judenerschießungen ohne Befehl und Befugnis zu beurteilen seien. Himmler entschied wie folgt[36]:

»Maßgebend für die Frage, ob und welche Bestrafung bei Judenerschießungen ohne Befehl und Befugnis zu erfolgen hat, sind die Beweggründe.

[36] NO-1744.

1.] Bei rein politischen Motiven erfolgt keine Bestrafung, es sei denn, daß die Aufrechterhaltung der Ordnung eine solche erfordert. Ist Letzteres der Fall, dann kann je nach Lage des Falles gerichtliche Verurteilung aus § 90 oder 149 MStGB oder aber disziplinare Ahndung stattfinden.

2.] Bei eigensüchtigen oder sadistischen bzw. sexuellen Motiven erfolgt gerichtliche Ahndung, und zwar gegebenenfalls auch wegen Mordes bzw. Totschlages.«

Wie diese Entscheidung zeigt, war auch bei Himmler selbst durchaus noch der Begriff davon vorhanden, daß es sich um Mord handelte, doch wurde unter dem Aspekt politischer Zielsetzung der Unrechtscharakter der Tat als aufgehoben betrachtet. Felix Kersten, der Masseur Himmlers, berichtet in seinen Erinnerungen[37], er habe Himmler einmal gefragt, wie er denn mit seinen schlechten Taten fertig werde; dieser habe darauf geantwortet: »Man darf die Dinge nicht unter kleinen ichbezogenen Gesichtspunkten betrachten, sondern muß das Gesamtgermanentum ins Auge fassen, das ja auch sein Karma hat. Einer muß sich opfern, auch wenn dies manchmal sehr schwer ist und darf nicht an sich denken. Es ist natürlich angenehmer, sich mit den Blumenbeeten statt mit den Kehrichthaufen und der Müllabfuhr eines Staates zu befassen, aber ohne diese Arbeit würden die Blumenbeete nicht gedeihen. Im übrigen versuche ich, für mich selbst einen Ausgleich zu schaffen, daß ich, wo ich nur immer kann, helfe und Gutes tue, Unterdrückten beistehe und Ungerechtigkeiten beseitige. Glauben Sie, ich bin mit dem Herzen bei all den Dingen, die einfach aus der Staatsraison getan werden müssen? Was gäbe ich darum, Kultusminister wie Rust zu sein und mich nur positiven Aufgaben widmen zu können!«

Wenn es sich bei den Tätern um aus ideologischen Gründen suspendiertes Unrechtsbewußtsein gehandelt hat, wird auch erklärlich, daß die Massenverbrechen zum Teil von Leuten begangen wurden, die im guten bürgerlichen Sinn anständig waren, und daß man unter den Beteiligten Menschen findet, die unter normalen Verhältnissen ein Verbrechen nicht nur nicht begehen, sondern auch nicht in Gedanken erwägen würden. Sicher hat es unter den Beteiligten auch echte Verbrechernatu-

---

[37] Felix Kersten, ›Totenkopf und Treue‹, Hamburg 1952, S. 188 ff. Die Mitteilung Kerstens kann natürlich nicht die Beweiskraft eines zeitgenössischen Dokuments haben. Immerhin zeugt der Erinnerungsband im ganzen von einer guten Kenntnis der Person Himmlers und enthält viele Angaben, die durch dokumentarische Zeugnisse bestätigt werden. Unter diesen Umständen kann die zitierte Stelle wenigstens als zusätzliche Illustration angeführt werden.

ren mit der ganzen Variationsbreite verbrecherischer Motive gegeben, doch sind diese Fälle für die historische Fragestellung ohne besonderes Interesse, weil sie nicht die typischen sind.

Durch einige Faktoren wurde die Suspendierung des Unrechtsbewußtseins noch erleichtert und gefördert, so zum Beispiel durch die im Sozialdarwinismus wurzelnde Anschauung, daß es dem Menschen möglich und erlaubt sei, seine Mitmenschen zu Objekten biologischer Manipulationen zu machen. Durch biologische Züchtungsmaßnahmen nach Vorbild der Kreuzung von Pflanzen und Vieh wollte man wertvolles Erbgut fördern, was dagegen als minderwertig oder gar gefährlich galt, sollte ausgemerzt werden. In beiden Fällen mußte die Zerstörung aller mitmenschlichen Bezüge die Folge sein, besonders wenn gewisse Menschengruppen nicht nur als »Untermenschen«, sondern gar als »Schädlinge« und »Krankheitserreger« im Volkskörper bezeichnet wurden. Da konnte es nicht ausbleiben, daß man sie mit der Mentalität eines Kammerjägers oder Desinfektors umbrachte. In seiner Schrift über ›Die SS als antibolschewistische Kampforganisation‹ [1937] schrieb Himmler, der Kampf zwischen Menschen und Untermenschen sei geschichtliche Regel, solange es Menschen auf Erden gebe. Man könne beruhigt zu der Überzeugung kommen, daß dieses Ringen auf Leben und Tod mit den Juden wohl genauso Naturgesetz sei, »wie der Kampf des Menschen gegen irgendeine Seuche, wie der Kampf des Pestbazillus gegen den gesunden Körper«.

Ein anderes Moment, das die Suspendierung des Unrechtsbewußtseins erleichterte, war die Vortäuschung einer Kampfsituation. Der Krieg wurde als ein Krieg des Judentums gegen das deutsche Volk hingestellt, als ein Rassekrieg auf Leben und Tod. Schon am 30. Januar 1939 hatte Hitler in seiner Reichstagsrede gedroht, wenn es dem internationalen Finanzjudentum gelingen sollte, die Völker noch einmal in einen Weltkrieg zu stürzen, so werde das Ergebnis die Vernichtung der jüdischen Rasse in Europa sein. Ebenso äußerte er sich am 1. Januar 1944, das jüdische Ziel der Vernichtung Europas werde am Ende die sichere Ausrottung des Judentums in Europa bringen[38]. Die Maßnahmen gegen die Juden wurden also als Kampfmaßnahmen hingestellt, bei denen die Tötung des Feindes kein Mord sein könne. Selbst wenn man sich auf diesen absurden Standpunkt stellen wollte, müßte man doch zu der Schlußfolgerung kommen, daß die Juden, soweit sie sich in

[38] ›Der Hoheitsträger‹, 62. Folge.

Hitlers Machtbereich befanden, damit den Status von Kriegsgefangenen gehabt hätten. Doch lehrt die systematische Ermordung der gefangenen russischen Kommissare, daß im Rasse- und Weltanschauungskrieg nationalsozialistischer Prägung auch der kriegsgefangene Feind umgebracht wurde.

Ein letztes förderndes Moment, das in seiner Bedeutung nicht unterschätzt werden darf, war, daß sowohl die Opfer als auch ihre Mörder aus ihrer normalen sozialen Umwelt herausgenommen waren und sich in einem sozialen Ausnahmezustand befanden. Die jüdischen Opfer waren, wenigstens im Gebiet des »Großdeutschen Reiches«, schon seit Jahren systematisch sozial isoliert worden, aber auch die Henker waren es während des Einsatzes »irgendwo im Osten«. Da die Mordaktionen obendrein unter strengster Geheimhaltung stattfanden, war die Versuchung nicht gering, die Taten, da sie außerhalb jeder sozialen Kontrolle stattfanden, auch vor dem Gewissen als nicht geschehen zu betrachten. Wer würde denn später zu Hause danach fragen, was man in einem Wald bei Minsk oder hinterm Stacheldraht von Auschwitz einem unbekannten Juden angetan hat!

Wie die Quellen lehren, ging auch Himmler selbst von der Auffassung aus, daß die Pflicht zur Durchführung der – wie er sagte – »sehr harten Maßnahmen« nicht aus staatsbürgerlicher Loyalität und gesetzlichen Verpflichtungen abzuleiten war, sondern auf einem ausdrücklichen ideologischen Konsens beruhte, den er allerdings bei jedem SS-Mann voraussetzte. Zwar gibt es über diesen Punkt von ihm nicht viele authentische Äußerungen. Die bisher bekanntgewordenen zeigen aber, daß er bei den »sehr harten Maßnahmen« an weltanschauliche Festigkeit und an Treue zur nationalsozialistischen Bewegung appellierte. Bereits in seiner Rede vor den preußischen Staatsräten am 5. März 1936 hatte er ausgeführt, daß die Bekämpfung eines politischen Gegners im Gegensatz zur Bekämpfung krimineller Verbrechen nur von einem soldatischen weltanschaulichen Korps geleistet werden könne:

> »Nur ein solcher Apparat wird fähig sein, diesen fanatischen, überzeugten Gegner zu bekämpfen, der ebenso fanatisch und ebenso überzeugt von der Weltanschauung unseres Staates ist. *Eide allein genügen dafür nicht.* Unumgänglich notwendig ist die blutlich bedingte innerste Einstellung jedes Einzelnen, da er sonst nicht fähig sein wird, die ewig wachen, an keine Dienststunden gebundenen Augen gegenüber dem Gegner

zu haben und für die eigene Nation und für den uns vom Schicksal gesandten und geliebten Führer dieser Nation ein treuer Wächter zu sein.«

In einer Rede vor dem Führerkorps der Leibstandarte sagte Himmler am 7. September 1940:

»Meine Herren, es ist bedeutend leichter in vielen Fällen – und das möchte ich Ihnen einmal sagen, oder möchte ich Ihnen einmal, Sie werden mir das gern zugeben, wieder ins Gedächtnis rufen: Es ist bedeutend leichter in vielen Fällen, mit einer Kompanie ins Gefecht zu gehen, wie mit einer Kompanie in irgendeinem Gebiet eine widersetzliche Bevölkerung kulturell tiefstehender Art niederzuhalten, Exekutionen zu machen, Leute herauszutransportieren, heulende und weinende Frauen wegzubringen und deutsche Volksgenossen über die Grenze aus Rußland herüberzuholen und dort zu versorgen. Ich möchte etwas sagen: Wir müssen beginnen, auch in der Gesamt-Waffen-SS, daß wir die übrige große Tätigkeit der Gesamt-SS und -Polizei erblicken und sehen, daß Sie die Tätigkeit, die der Mann im grünen Rock tut, genau so als wertvoll ansehen wie die Tätigkeit, die Sie tun. Daß Sie die Tätigkeit, die der Mann des SD oder der Sicherheitspolizei tut, genau so als lebensnotwendiges Stück unserer Gesamttätigkeit ansehen wie das, daß Sie mit der Waffe marschieren können. Sie sind die Beneidenswerten, denn wenn Sie etwas tun, wenn eine Truppe sich einen Ruhm erwirbt, dann kann von Ruhm gesprochen werden und dann kann sie ausgezeichnet werden dafür. Viel schwerer ist an vielen Stellen – und ich will damit Ihre Taten wirklich nicht herunter tun, ich bin der Letzte – aber viel schwerer ist, das glauben Sie mir, an vielen Stellen dieses stille Tun-müssen, die stille Tätigkeit, *dieses Postenstehen vor der Weltanschauung*, dieses Konsequent-sein-müssen, Kompromißlos-sein-müssen, das ist an manchen Stellen viel, viel schwerer.«

In einer Rede vor Teilnehmern eines politisch-weltanschaulichen Lehrgangs in Sonthofen am 26. Mai 1944 schließlich sagte Himmler über die Judenvernichtung:

»Nun werden Sie eines begreifen. Diese Maßnahmen im Innern des Reiches können nicht von einer Polizei, die nur aus Beamten besteht, durchgeführt werden. *Dazu hätte ein Korps, das nur seinen Beamteneid geleistet hat, nicht die Kraft. Diese Maßnahmen konnten nur getragen und durchgeführt werden von einer in sich bis zum äußersten gefestigten Organisation, von fanatischen und zutiefst überzeugten Nationalsozialisten.* Die SS rechnet sich dazu und behauptet von sich, dafür geeignet zu sein und hat die Aufgabe übernommen.«

In diesem Zusammenhang ist von Bedeutung, daß die spezifische Tugend der SS die *Treue* war, die *vor* der Tugend des Gehorsams rangierte; der Leitsatz der SS hieß: »Meine Ehre heißt Treue.« Himmler schrieb über Treue und Gehorsam in seiner Schrift ›Die Schutzstaffeln als antibolschewistische Kampforganisation‹:

»Als dritte Richtlinie und Tugend, die zum Aufbau und Wesen dieser Schutzstaffel notwendig ist, sind die Begriffe Treue und Ehre zu nennen. Beide sind unlösbar voneinander. Sie sind niedergelegt in zwei Sätzen, in dem Satz, den der Führer uns geschenkt hat: ›Meine Ehre heißt Treue‹ und in dem Satz des alten deutschen Rechts: ›Alle Ehre von Treue kommt.‹ Viele Dinge, so lehren wir den SS-Mann, können auf dieser Erde verziehen werden, eines aber niemals, die Untreue. Wer die Treue verletzt, schließt sich aus aus unserer Gesellschaft. Denn Treue ist eine Angelegenheit des Herzens, niemals des Verstandes. Der Verstand mag straucheln. Das ist manchmal schädlich, jedoch niemals unverbesserlich. Das Herz aber hat immer denselben Pulsschlag zu schlagen, und wenn es aufhört, stirbt der Mensch genauso wie ein Volk, wenn es die Treue bricht…

Die vierte Richtlinie und Tugend, die für uns gilt, ist die des Gehorsams; des Gehorsams, der bedingungslos aus höchster Freiwilligkeit kommt, aus dem Dienst an unserer Weltanschauung, der bereit ist, jedes, aber auch jedes Opfer an Stolz, an äußeren Ehren und an all dem, was uns persönlich lieb und wert ist, zu bringen; des Gehorsams, der nicht ein einziges Mal zaudert, sondern bedingungslos jeden Befehl befolgt, der vom Führer kommt oder rechtmäßig von den Vorgesetzten gegeben wird; des Gehorsams, der ebenso in der Zeit des politischen Kampfes, wenn der Freiheitswille glaubt, sich empören zu müssen, stilleschweigt, der bei wachesten Sinnen und gespanntester Aufmerksamkeit gegen den Gegner, wenn es verboten ist, nicht den Finger rührt, der ebenso bedingungslos gehorcht und zum Angriff geht, auch wenn er einmal glauben sollte, es in seinem Herzen nicht überwinden zu können…«

In gleichem Sinne hat sich Himmler später noch oft geäußert. Es handelt sich tatsächlich um einen bedingungslosen Gehorsam, der da gefordert wurde, aber er bezog sich, wie das Zitat lehrt, eben nicht auf Befehle in Dienstsachen, sondern auf Befehle in Weltanschauungssachen! Es war nicht der Gehorsam soldatischer Pflichterfüllung, der von jedem Staatsbürger zu fordern ist, sondern der Gehorsam des weltanschaulichen Kämpfers, der auf der Treue basierte, die, wie Himmler oft betonte, darin gezeigt wird, daß einer *mehr tut als die Pflicht*. Bei Quinton heißt es: »Der Held handelt nicht aus Pflicht, er handelt aus Liebe«; dem entspricht es, wenn Himmler sagte, Treue sei eine Angelegenheit des Herzens, nicht des Verstandes. Diese Erhebung der Treue zur Kardinaltugend der SS entsprach völlig den realen Gegebenheiten: da es gegenüber dem Befehl in Weltanschauungssachen eine allgemeine staatsbürgerliche Gehorsamspflicht weder vor 1933 noch in den darauffolgenden Jahren geben konnte, bedurfte es einer anderen Basis, die eine Kontinuität des Konsenses garantierte, und das war eben die Treue. Nach der Dienstvorschrift der SA hat Hitler bereits im November 1921 zu den nationalsozialistischen »Saalordnern« im Vorraum des Hofbräuhauses gesagt:

> »Ihr werdet heute zum ersten Male auf Biegen und Brechen der Bewegung die Treue halten müssen. Keiner von uns verläßt den Saal, außer sie tragen uns als Tote hinaus. Wer feige zurückweicht, dem reiße ich persönlich die Armbinde herunter und nehme ihm das Abzeichen.«

Zuweilen wird behauptet, daß Menschen, die durch und durch überzeugte Nationalsozialisten waren, nicht in der Lage gewesen seien, das Verbrecherische gewisser Maßnahmen und Befehle zu erkennen, und daß sie deshalb nicht schuldhaft gehandelt hätten, sondern Opfer arglistiger Irreführungen geworden seien. Demgegenüber kann auf eine ganze Reihe von Zeugnissen verwiesen werden, daß Menschen, über deren nationalsozialistische Gesinnung kein Zweifel besteht, sehr wohl in der Lage waren, das Abgleiten ins Verbrecherische zu bemerken und das unter Umständen auch ausgesprochen haben[39]. Das bekannteste Beispiel ist die Kritik, die bei vielen Nationalsozialisten Hitlers Einmarsch in die sogenannte Rest-Tschechei im März 1939 gefunden hat, weil er dadurch eklatant das Selbstbestimmungsrecht und das Prinzip der Identität von völkischer und politischer Gemeinschaft verletzte, die bis dahin für viele Menschen glaubwürdige Elemente der nationalsozialistischen Argumentation und Agitation gewesen waren.

[39] Vgl. auch den zitierten Brief von General Herf.

Was der Generalgouverneur Hans Frank über die Zerstörung des Rechts durch SS und Gestapo schrieb, wurde bereits im Zusammenhang der Darstellung der Organisation von SS und Polizei [S. 95 f.] zitiert.

Der Kommandeur der Sicherheitspolizei und des SD in Weißruthenien schrieb am 20. Juli 1943 in einer Aktennotiz über seine Auseinandersetzungen mit Generalkommissar Kube:

»Ich betonte, daß es mir unverständlich sei, daß deutsche Menschen wegen einiger Juden uneins würden. Ich könne immer wieder feststellen, daß man meinen Männern und mir Barbarei und Sadismus vorwerfe, während ich lediglich meine Pflicht täte. Sogar die Tatsache, daß Juden, die sonderbehandelt werden sollten, ordnungsgemäß durch Fachärzte Goldplomben entfernt worden seien, sei zum Gegenstand von Unterhaltungen gemacht worden. Kube entgegnete, diese Art unseres Vorgehens sei eines deutschen Menschen und eines Deutschlands Kants und Goethes unwürdig. Wenn der deutsche Ruf in aller Welt untergraben würde, so sei es unsere Schuld. Im übrigen sei es auch richtig, daß meine Männer sich an diesen Exekutionen geradezu aufgeilen würden. Ich habe gegen diese Darstellung energisch protestiert und betont, daß es bedauerlich sei, daß wir über diese üble Arbeit hinaus auch noch mit Schmutz übergossen würden.«

Werner Best veröffentlichte 1942 in der Zeitschrift ›Reich, Volksordnung, Lebensraum‹ einen Aufsatz ›Herrenschicht oder Führungsvolk‹, in dem er den Herrenrasse-Wahn kritisierte. Er schrieb unter anderem:

»Im Verhältnis des Führungsvolkes zu den übrigen Völkern der Großraumordnung ist zu beachten, daß Führung auf die Dauer nie ohne oder gegen den Willen der Geführten ausgeübt werden kann. Glaubt man aber die Volkspersönlichkeit der geführten Völker aufheben und dennoch ihre menschliche Substanz dem eigenen Volk als einer Herrenschicht unmittelbar dienstbar machen zu können, so treten die Folgen ein, die hier an dem Beispiel des römischen Imperiums und an anderen Beispielen aufgezeigt worden sind. Das Leben läßt sich nicht zwingen und nicht betrügen...

Als stärkstes Volk eines Völkerkreises mit gleichem Raumschicksal in enger Zusammenarbeit mit seinen Bundesgenossen eine völkische Großraumordnung zu schaffen und sie als echtes Führungsvolk nach lebensgesetzlicher Hinsicht zu führen, ist für ein Volk die höchste erreichbare Stufe der

Selbstentfaltung, weil sie Dauer in lebensgesetzlicher Entwicklung verbürgt *statt des Niedergangs, der einem kurzen Herrenwahn unentrinnbar folgt.*«

In diesem Zusammenhang sei schließlich noch aus einem Brief einer Frau von Löwis vom 25. November 1940 zitiert, die der Frau des Obersten Richters der NSDAP, Walter Buch, gegenüber ihrem Entsetzen über die Morde an Geisteskranken Ausdruck gab. Buch schrieb über Frau von Löwis, daß sie einer »vom Himmel gestiegenen nordischen Göttin« gleiche, glühend an der Bewegung hänge und als Frauenschaftsführerin sich große Verdienste erworben habe. Frau von Löwis also schrieb: »...Mein Vertrauen auf eine siegreiche Überwindung aller Schwierigkeiten und Gefahren, die sich dem ›größeren Deutschland‹ auf seinem Weg entgegengestellt haben, ist bis jetzt durch nichts erschüttert worden, und ich habe mich im Glauben an den Führer unbeirrt durch alle Dickichte gekämpft; aber bei dem, was jetzt an uns herantritt, wird einem, wie mir gestern eine junge, 100%ige Parteigenossin sagte, die im rassenpolitischen Amt mitarbeitet, einfach der Boden unter den Füßen weggezogen.

Sie wissen sicher von den Maßnahmen, durch die wir uns zur Zeit der unheilbar Geisteskranken entledigen, aber vielleicht haben Sie doch keine rechte Vorstellung davon, in welcher Weise und in welch ungeheuerlichem Umfang es geschieht, und wie entsetzlich der Eindruck ist im Volk! Hier in Württemberg *spielt sich die Tragödie in Grafeneck auf der Alb ab*, wodurch dieser Ort einen ganz schauerlichen Klang bekommen hat. Anfangs wehrte man sich instinktiv dagegen, die Sache zu glauben oder hielt die Gerüchte zum mindesten für maßlos übertrieben. Mir wurde noch bei unsrer letzten Arbeitstagung auf der Gauschule in Stuttgart Mitte Oktober von ›gutunterrichteter‹ Seite versichert, es handle sich nur um die absoluten Kretinen, und die ›Euthanasie‹ werde nur in ganz streng geprüften Fällen angewendet. Jetzt ist es ganz unmöglich, diese Version noch irgendeinem Menschen glaubhaft zu machen und die absolut sicher bezeugten Einzelfälle schießen wie Pilze aus dem Boden. Man kann vielleicht 20% abziehen, aber selbst wenn man 50% abziehen wollte, wäre damit nichts gebessert. Das Furchtbare und Gefährliche ist ja nicht so sehr die Tatsache an sich; wenn ein Gesetz geschaffen worden wäre in der Art des Sterilisationsgesetzes, das eine bestimmte Kategorie von Kranken unter schärfster fachmännischer Prüfung festgesetzt hätte, Kranke, die wirklich keinen Funken des Erkennens und menschlichen Fühlens mehr in sich tragen, dann bin ich überzeugt, daß nach anfänglicher Aufregung die Gemüter sich beruhigt und die Menschen sich damit abgefunden hätten, vielleicht leichter als mit dem Sterilisationsgesetz. Man hätte in einigen Jahren vielleicht schon kaum mehr begriffen, warum man dieses wohltätige Gesetz nicht schon längst eingeführt habe. Aber so, wie die Sache sich jetzt abspielt, sind die Wirkungen in jeder Hinsicht unabsehbar. Man kann darüber verschiedener Meinung sein, inwieweit Menschen sich das Recht anmaßen dürfen, über Tod und Leben ihrer Mitmenschen zu entscheiden; eins steht jedoch wohl fest: Dieses Recht muß gesetzlich streng festgelegt und mit höchster Gewissenhaftigkeit ausgeübt werden, wenn nicht den gefährlichsten Leidenschaften und dem Verbrechen Tür und Tor geöffnet werden soll. Es war doch von jeher eine beliebte Methode, sich z. B. unbequemer Verwandten dadurch zu entledigen, daß man sie für verrückt erklärte und im Irrenhaus unterbrachte...

Es sind ja durchaus nicht nur die hoffnungslos Verblödeten und Umnachteten, die es trifft, sondern wie es scheint werden allmählich *alle* unheilbar Geisteskranken – daneben auch Epileptiker, die geistig gar nicht gestört sind – erfaßt. Darunter befinden sich vielfach Menschen, die am Leben noch Anteil nehmen, ihr bescheidenes Teil Arbeit leisten, die mit ihren Angehörigen in brieflichem Verkehr stehen; Menschen, *die, wenn das graue Auto der SS kommt, wissen, wohin es geht und was ihnen bevorsteht.* Und die Bauern auf der Alb, die auf dem Feld arbeiten und diese Autos vorbeifahren sehen, wissen auch, wohin sie fahren, und sehen Tag und Nacht den Schornstein des Krematoriums rauchen. Wir wissen doch auch, daß unter den unheilbar Geisteskranken sich viele geistig hochstehende Menschen befinden, solche, die nur partiell gestört und solche, die nur periodisch gestört sind, und die dazwischen Zeiten vollkommener Klarheit und erhöhter Geistestätigkeit haben. Genügte es denn nicht, daß man sie sterilisiert hat, und ist es nicht entsetzlich zu denken, daß über diesen allen nun das Damoklesschwert von Grafeneck hängt?

Wie ich das alles so hinschreibe, erfaßt mich wieder dermaßen die Ungeheuerlichkeit dieser Dinge, daß ich meine, ich müsse aus einem bösen Traum erwachen! Und ausgerechnet jetzt soll die Frauenschaft eine große Werbeaktion in

Szene setzen! Was ist das aber für Werbematerial für die katholische Kirche!

Jetzt klammern die Menschen sich noch an die Hoffnung, daß der Führer um diese Dinge nicht weiß, nicht wissen *könne*, sonst würde er dagegen einschreiten; auf keinen Fall wisse er, in welcher Weise und in welchem Umfang sie geschehen. Ich habe aber das Gefühl, als dürfe es nicht mehr lange so weitergehen, sonst ist auch dieses Vertrauen erschüttert. Es ist ja immer ergreifend, gerade bei einfachen Menschen diesem Vertrauen, diesem selbstverständlichen: ›Der Führer weiß davon selbstverständlich nichts‹ zu begegnen, und diese Waffe müssen wir blank erhalten wie keine andere! Aber wir können es nicht dadurch erreichen, daß wir möglichst lange versuchen, den Leuten Sand in die Augen zu streuen, sie mit Ausreden und Beschwichtigungen hinzuhalten, wenn sie uns fragen; mit Ausreden, die wir selbst nicht glauben. Ich bin auch überzeugt, daß es sich einmal schwer rächen würde, wenn man das gesunde Gefühl des Widerstandes gegen diese Vorgänge im Volk abstumpfen und zum Schweigen bringen wollte; es ist das Gefühl für Recht und Gerechtigkeit, ohne das ein Volk unweigerlich auf die schiefe Ebene gerät...«

Konnte man sich den Befehlen in Weltanschauungssachen entziehen?

Auf die Frage, ob man sich Befehlen in Weltanschauungssachen entziehen konnte, gibt es keine allgemeingültige, auf jeden Fall anwendbare Antwort. Denn welche Möglichkeiten sich jeweils boten, hing nicht zuletzt von den Umständen des Einzelfalles ab. Immerhin gibt es einige Faktoren, die erfahrungsgemäß immer wieder eine Rolle spielten, indem sie die Chancen zum Teil vergrößerten, zum Teil verringerten. Eine kurze Erörterung dieser Faktoren mag helfen, für den jeweils zu entscheidenden Einzelfall eine angemessene Beurteilungsgrundlage zu finden. In den weiteren Zusammenhang dieses Problems gehört auch, über die Gründe zu sprechen, aus denen tatsächlich die Befehle in Weltanschauungssachen befolgt worden sind, und zu erörtern, inwieweit die Besonderheit der SS seinerzeit erkennbar war, und welche Möglichkeiten bestanden, aus der SS wieder auszutreten.

Völlig sicher ist zunächst, daß es überhaupt keinen, auch *keinen weltanschaulichen Zwang* gegeben hat, über die befohlenen Tötungen als solche hinaus *Grausamkeiten zu begehen.* Himmler hat oft betont, daß die Männer, die die »sehr schwere Aufgabe« durchzuführen haben, »anständig« bleiben müßten. Nach dem weiter oben zitierten Feldurteil des Obersten SS- und Polizeigerichts vom 9. Juni 1943 gehörte es zu der Verantwortung des Führers eines Erschießungskommandos, es nicht zur Verrohung seiner Männer kommen zu lassen. Andererseits aber konnte man sich natürlich durch Roheit gegenüber den Opfern oder gegenüber KZ-Häftlingen hervortun und konnte bei manchen Vorgesetzten sogar mit Beifall rechnen, wenn sich die Grausamkeiten als Folge eines heftigen Abscheus gegen Juden und Staatsfeinde darstellten. Ein Hinweis darauf, daß die Grausamkeiten aus dem freien Willen der einzelnen begangen wurden, findet sich in der Aufzeichnung von Rudolf Höss über den Rapportführer des KZ Auschwitz[40]. Höss schrieb: »P. ist hauptsächlich daran schuld, daß es zu diesen wüsten Ausschreitungen, zu den unmenschlichen Mißhandlungen der Häftlinge kommen konnte. Er als Rapportführer hätte das meiste verhindern können – aber im Gegenteil, er wollte das ja, um seinen Machtgelüsten zu frönen.«

Der Befehl in Weltanschauungssachen leitete sich nicht aus normativen Bestimmungen ab und wurde in den gravierenden Fällen auch nicht nachträglich mit diesen Bestimmungen in Einklang gebracht, sondern unter ausdrücklicher Suspendierung der Normativität erteilt und ausgeführt. Daraus folgt logischerweise, daß derjenige, der in der spezifischen Treuepflicht zum Führer stand, beziehungsweise diese nicht kündigen wollte, die Ausführung eines solchen Befehls auch nicht unter Berufung auf Paragraphen verweigern konnte. Die Verbindlichkeit des Befehls war ja keine Rechtsverbindlichkeit, sondern außernormativ. Im mentalen Klima der SS-Kommandos, die mit der Durchführung der Befehle in Weltanschauungssachen befaßt waren, hätte es absurd und herausfordernd gewirkt, wenn sich einer auf § 47 MStGB berufen hätte angesichts von Aufgaben, die angeblich doch von einzigartiger Bedeutung für die Zukunft des Volkes waren und die von einem kleinen Kreis Auserwählter verstanden und vollzogen werden konnten. Zwar ist dieser Paragraph im Gesamtbereich der SS nicht aufgehoben

[40] Bisher nicht veröffentlicht.

worden; noch im Sommer 1944 wurde in den Mitteilungen des Hauptamtes SS-Gericht darauf Bezug genommen. Aber bei den Befehlen, bei denen sowieso *jede* Normativität suspendiert war, war eben auch der § 47 MStGB suspendiert. Eine Berufung auf diesen Paragraphen war um so weniger möglich, als der Mord an den Juden, sofern er nicht mit Sadismus und Disziplinlosigkeit verbunden war, ausdrücklich für notwendig und nicht-verbrecherisch erklärt worden war. Sie brachte überdies eine Gefahr mit sich, die jemand, der sich verbrecherischen Befehlen ernstlich entziehen wollte, gerade vermeiden mußte: es durfte keine Situation entstehen, in der die Ablehnung eines solchen Befehls wie die Verweigerung eines Befehls in Dienstsachen wirkte und leicht als solche ausgelegt werden konnte. Wer sich vor der angetretenen Mannschaft *hochoffiziell* geweigert hätte, jüdische Frauen und Kinder zu erschießen, wäre dieser Situation gefährlich nahe gekommen; er hätte selbst dazu beigetragen, das äußere Bild seines Verhaltens als offenkundigen Verstoß gegen allgemeine gesetzliche Pflichten [z. B. angebliche Wehrkraftzersetzung] hinzustellen. Natürlich kann die ausdrückliche Befehlsverweigerung als Möglichkeit nicht völlig ausgeschlossen werden, aber sie bedeutete ein erhebliches und unnötiges Risiko. Dagegen gab es eine ganze Reihe von Möglichkeiten, sich der Ausführung derartiger Befehle zu entziehen, die ohne besonderes Risiko waren und eher Erfolg versprachen. Sie können generell in folgende Gruppen eingeteilt werden:

1. Unter vorgeblicher Anerkennung der objektiven Richtigkeit der weltanschaulich begründeten Befehle sowie der Treuepflicht einzugestehen, daß man subjektiv den daraus resultierenden Anforderungen nicht gewachsen sei.

2. Unter vorgeblicher Anerkennung der objektiven Richtigkeit der weltanschaulich begründeten Befehle sowie der Treuepflicht sachliche Einwände erheben, die auf den geistigen Horizont und die Mentalität der Vorgesetzten zugeschnitten waren [Opposition des *Ja – aber*].

3. Ohne Abgabe ausdrücklicher Erklärungen sich stillschweigend zu entziehen.

Diese Möglichkeiten waren zahlreicher und realer, als von den Betroffenen heute in der Regel eingestanden wird. Sie seinerzeit genutzt zu haben, würde den Forderungen einer historisch-kritischen Erörterung der Schuldfrage vollauf genügen, denn es kann billigerweise von niemandem verlangt werden, daß er sich heroisch verhält oder etwas tut, was von vornherein aussichtslos ist. Immerhin ist es nötig, von den Betroffenen erheblichen Mut zu erwarten, denn sie waren in die Zwangslage geraten, weil sie mindestens den freiwilligen ideologischen Konsens erteilt hatten, wenn sie sich nicht noch darüber hinaus durch weitere freiwillige Akte in die Lage gebracht haben, radikale Befehle in Weltanschauungssachen zu empfangen.

Zuweilen wird heute behauptet, das Eingeständnis, den unter Berufung auf die Treuepflicht gestellten Anforderungen subjektiv nicht gewachsen zu sein, sei mit einem Treue*bruch* gleichzusetzen, und es habe dafür das Wort Himmlers gegolten, wer die Treue breche, der müsse »aus dem Leben kommen«. Man zitiert in diesem Zusammenhang aus Himmlers Rede vor den SS-Gruppenführern in Posen am 4. Oktober 1943:

> »Sollte im Bereich Ihres Gesichtskreises jemals einer dem Führer oder dem Reich untreu sein, und sei es auch nur in Gedanken, so haben Sie dafür zu sorgen, daß dieser Mann aus dem Orden kommt, und wir werden dafür sorgen, daß er aus dem Leben kommt.«

Was Himmler damit meinte, erhellt aus dem Beispiel, welches er anführte: »Fälle, wie ein Fall Badoglio in Italien, dürfen und werden sich in Deutschland nicht ereignen.« Himmler meinte also eindeutig den Fall des *Verrates*. Es hat aber nichts mit Verrat zu tun, wenn jemand offen eingesteht, einer unter Berufung auf die Treuepflicht gestellten Anforderung nicht gewachsen zu sein.

Zu den oben angeführten 3 Gruppen von Möglichkeiten, sich der Ausführung verbrecherischer Befehle zu entziehen, ist im einzelnen folgendes zu sagen:

Zu Punkt 1:

Das Eingeständnis, den gestellten Anforderungen subjektiv nicht gewachsen zu sein [ohne ihre Berechtigung objektiv in Frage zu stellen], war naheliegenderweise auf die körperliche und seelische Verfassung zu beziehen. Angesichts der begangenen Taten dürfte es für einen normal veranlagten Menschen kaum nötig gewesen sein, eine derartige Schwäche zu simulieren; man brauchte nur zuzugeben, was den Tatsachen entsprach: daß man die Nerven nicht hatte, die Massentötungen auszuführen. Ein solches Verhalten ist keine irreale nachträgliche Forderung; es bedurfte allerdings des Mutes einzugestehen, daß man in einen bestimmten Kreis von Menschen mit einer bestimmten Mentalität nicht passe. Die Möglichkeiten, ein solches Eingeständnis einzuleiten, waren gegeben. Höss schreibt in seinen bereits zitierten Erinnerungen an den Rapportführer von Auschwitz:

>Bei den Exekutionen war P. stets zugegen, er hat wohl auch die meisten Tötungen durch Genickschuß durchgeführt. Ich habe ihn viel beobachtet, konnte aber nie die leiseste Triebregung sehen. Gleichmütig und gelassen ohne jegliche Hast und unbeweglichen Gesichts führte er sein schauriges Werk durch. Auch bei seinem Dienst an den Gaskammern konnte ich bei ihm auch nicht eine Spur von Sadismus bemerken. Sein Gesicht war stets verschlossen und unbeweglich. Er war auch psychisch so verhärtet, daß er ununterbrochen töten konnte, ohne sich dabei etwas zu denken. *P. war auch der Einzige* von denen, die unmittelbar mit den Vernichtungen zu tun hatte, *der nicht einmal in einer ruhigen Stunde mich ansprach und sein Herz ausschüttete über das grausige Geschehen.*<

Nur wenn man von der unzutreffenden Vorstellung ausgeht, als habe in den SS-Kommandos, den Dienststellen der Gestapo, den Einsatzgruppen und den Konzentrationslagern zwischen den dort tätigen Männern keine andere Verbindung bestanden als ein nahezu anonymes striktes Befehls-Gehorsams-Verhältnis, kann man glauben, es habe keine Ansatzpunkte für den subjektiv begründeten Willen gegeben, von der Ausführung verbrecherischer Befehle suspendiert zu werden. In Wirklichkeit bot mindestens die Kameraderie mit Sicherheit Mittel und Wege. Die wissenschaftlich-historische Beweisführung wäre hier überfordert, wenn sie positiv einzelne Möglichkeiten aufzählen sollte; sehr wohl aber kann sie zeigen, daß die Wirklichkeit des Lebens in der SS nicht so rigoristisch war, wie es nach den offiziellen damaligen Äußerungen den Anschein hat. Daraus folgt, daß die mannigfachen Möglichkeiten, sich unangenehmen Aufträgen zu entziehen, wie sie die Erfahrung aus jeder Truppe und Behörde kennt, auch in der SS vorhanden waren. Am meisten gefährdet waren wohl diejenigen, die, aus welchen Gründen immer, als nicht in die >Gemeinschaft< passend empfunden und deshalb Opfer böswilliger Schikanen wurden, so, wie oben am Beispiel des >Galgenbauers< demonstriert. Andererseits hatten diejenigen besonders gute Chancen, die sich durch Leistung ausgezeichnet hatten, in ihrem ganzen Habitus den damaligen Idealen entsprachen, die sich als Nationalsozialisten verdient gemacht hatten [»Alte Kämpfer«] oder hohe Kriegsauszeichnungen besaßen.

Ein speziell der SS entsprechendes Argument, dessen sich allerdings nur Leute bedienen konnten, die schon länger der SS angehörten, bot sich aus folgendem Sachverhalt: Nach Himmlers Willen sollte die SS ein Orden sein, und er hatte im Laufe der Jahre ein Idealbild dieses Ordens entwickelt. Gerade unter den älteren SS-Angehörigen gab es angesehene, über alle politischen Zweifel erhabene Kreise, die nicht damit einverstanden waren, daß dem Orden polizeiliche und angeblich polizeiliche Aufgaben übertragen wurden. Es gab eine SS-interne Diskussion, ob die polizeilichen Aufgaben mit dem Ordensprinzip überhaupt vereinbar waren; auch bei Himmler selbst findet man solche Überlegungen zuweilen angedeutet. Diese Diskussion bot dafür in Frage kommenden Personen einen glaubwürdigen und sinnvollen Ansatzpunkt, sich Befreiung von der Ausführung verbrecherischer Befehle zu erwirken. Auch subjektiv-religiöse Gründe dürften nicht so wenig Aussichten gehabt haben, wie es bei einer oberflächlichen Betrachtung scheinen will; mit Sicherheit war in dieser Beziehung bei Himmler selbst mit einer gewissen Toleranz zu rechnen. Sie hätte allerdings mit dem Verzicht auf eine weitere Karriere in der SS erkauft werden müssen; im Frieden wäre die Rücksichtnahme auf religiöse Skrupel vermutlich mit einer Entlassung aus der SS verbunden gewesen, im Krieg mit der Versetzung zu einer der Front-Divisionen der Waffen-SS. Der Einwand, daß Himmler sich kaum für die Gewissensnöte eines kleinen Scharführers oder Untersturmführers interessiert haben dürfte, ist nicht stichhaltig. Es gibt zahlreiche Zeugnisse dafür, daß sich Himmler in außerordentlichem Umfang um Einzelheiten und Kleinigkeiten gerade auch von rein menschlichem Belang in seinem Befehlsbereich gekümmert hat; das hängt mit seinen Ordensvorstellungen zusammen. So gibt es, um nur ein Beispiel aus sehr vielen zu zitieren, eine Korrespondenz über den Frühstücksküchenzettel der Frauen in den Lebensborn-Heimen. Himmler hatte angeordnet, daß die Frauen statt Brötchen morgens Haferbrei bekommen sollten. Nach einiger Zeit wurde ihm mitgeteilt, daß die Frauen murrten und die gewohnten Brötchen verlangten. Daraufhin schrieb Himmler persönlich, daß der Haferbrei natürlich den Geschmacksrichtungen der Frauen entsprechend verschieden zubereitet werden müsse: für die einen salzig und kräftig, für die anderen mit Milch und

Zucker, für wieder andere mit Obst usw. – Die Angehörigen der verschiedenen Sonderkommandos, die mit der Durchführung von Befehlen in Weltanschauungssachen beauftragt waren, waren zudem ja nicht irgendwelche beliebigen Männer, die sich aus der breiten Masse der Waffen-SS-Angehörigen überhaupt nicht hervorhoben, sondern es handelte sich um einen überschaubaren Kreis von Menschen, die schon wegen ihres streng geheimen einmaligen Auftrages ein besonderes Interesse fanden.

Wertlos ist für die Frage, wie man sich unter Hinweis auf subjektive Gründe der Ausführung verbrecherischer Befehle hätte entziehen können, die in diesem Zusammenhang jetzt oft zitierte Passage aus der Rede Himmlers vor den SS-Gruppenführern in Posen am 4. Oktober 1943:

> »Wenn also einer glaubt, er könne die Befolgung eines Befehles nicht verantworten, dann hat er das ehrlich zu melden; ich kann es nicht verantworten, ich bitte, mich davon zu entbinden. Dann wird wohl in den meisten Fällen der Befehl kommen: Sie haben das doch durchzuführen. Oder man denkt: der ist mit den Nerven fertig, der ist schwach. Dann kann man sagen: Gut, gehen Sie in Pension, Befehle müssen aber heilig sein. Wenn die Generäle gehorchen, dann gehorchen die Armeen von selbst.«

Denn diese Stelle bezieht sich nach Wortlaut und Zusammenhang nur auf SS-Führer im Generalsrang und auf den militärischen Einsatz.

Zu Punkt 2:

Die Opposition des Ja – aber ist charakteristisch für das Leben unter totalitärer Herrschaft überhaupt. Denn wenn der Opposition grundsätzlich jede Legitimität abgesprochen wird, muß sie sich in Formen der Zustimmung kleiden. Das *Nein*, das eigentlich gemeint ist, würde von vornherein verworfen werden, deshalb äußert es sich als Sorge, das an sich erstrebenswerte Ziel einer Anordnung könne durch bestimmte Maßnahmen, die ihm dienen sollen, gerade verfehlt werden. Ein Musterbeispiel solcher Opposition war folgender Fall:

Am 1. Mai 1942 bat Reichsstatthalter Greiser [Reichsgau Wartheland] Himmler um Genehmigung, 20–25 000 Polen mit offener Tuberkulose vergasen zu lassen. Der Höhere SS- und Polizeiführer im Warthegau, Koppe, schrieb zwei Tage später an Obersturmbannführer Rudi Brandt im Persönlichen Stab RFSS, er halte die vom Gauleiter Greiser angestrebte Lösung für die einzig mögliche und bitte deshalb, dem Reichsführer entsprechend zu berichten. Himmler schrieb daraufhin am 27. Juli 1942 an Greiser:

»Ich habe keine Bedenken dagegen, daß die im Gebiet des Reichsgaues Wartheland lebenden, mit offener Tuberkulose behafteten Schutzangehörigen und Staatenlosen polnischen Volkstums, soweit ihre Krankheit nach amtsärztlicher Feststellung unheilbar ist, der Sonderbehandlung im Sinne Ihres Vorschlages unterzogen werden. Ich würde jedoch bitten, daß die einzelnen Maßnahmen vorher mit der Sicherheitspolizei eingehend besprochen werden, damit die Durchführung möglichst unauffällig erfolgen kann.«

Als die Vorbereitungen für die Tötung der Polen schon ziemlich weit fortgeschritten waren, machte Dr. Kurt Blome, stellvertretender Leiter des Hauptamtes für Volksgesundheit der NSDAP, in einem Brief an Greiser vom 18. November 1942 jedoch Bedenken geltend, die der charakteristischen *Ja-aber*-Taktik folgten:

»... Auf Ihren Wunsch hin habe ich die entsprechenden Vorbereitungen mit den in Frage kommenden Stellen getroffen, um dieses Radikalverfahren anlaufen und innerhalb eines halben Jahres durchführen zu lassen. Sie sagten mir, daß Sie von zuständiger Stelle die Zustimmung für die Sonderbehandlung erhalten und auch die entsprechende Unterstützung zugesagt bekommen haben. Bevor aber die Aktion nun endgültig anläuft, halte ich es für richtig, daß Sie sich noch einmal ausdrücklich dahingehend versichern, daß der Führer mit einer solchen Lösung wirklich auch einverstanden ist.

Ich könnte mir denken, daß der Führer, nachdem er schon vor längerer Zeit die Aktion in den Irrenanstalten abgestoppt hat, im Augenblick eine ›Sonder-Behandlung‹ der aussichtslos Kranken politisch nicht für zweckmäßig oder tragbar hält. Bei der Euthanasie-Aktion handelte es sich um erbkranke Menschen deutscher Staatsangehörigkeit. Jetzt würde es sich um Infektiöserkrankte eines unterworfenen Volkes handeln.

Daß der in Aussicht genommene Weg die einfachste und radikalste Lösung darstellt, steht außer allem Zweifel. Wenn die Garantie einer restlosen Geheimhaltung gegeben wäre, könnte man Bedenken – gleich welcher Art – zurückstellen. Ich halte aber eine Geheimhaltung einfach für unmöglich.

Daß diese Annahme zutrifft, dürfte die Erfahrung gelehrt haben. Wenn nun diese Kranken – wie geplant – in das Altreich angeblich zur Behandlung bzw. Heilung geschickt werden, in Wirklichkeit aber nicht zurückkommen, so merken eines Tages auch bei der besten Geheimhaltung die Angehörigen der Kranken, daß hier ›irgend etwas nicht in Ordnung geht‹. Es ist auch zu bedenken, daß sich sehr viele polnische Arbeitskräfte im Altreich befinden, diese Rückfragen über den Verbleib ihrer Angehörigen halten, daß eine gewisse Anzahl Deutscher mit Polen verwandt oder verschwägert ist, also auf diese Art und Weise vom Abtransport der Kranken Kenntnis erhält. Sehr bald würden bestimmte Nachrichten über die Aktion durchsickern, die von der feindlichen Auslandspropaganda aufgegriffen werden. In welcher Form dies geschieht und welcher Methoden man sich dabei bedient, das hat die Euthanasie-Aktion gelehrt. Politisch dürfte diese neue Aktion noch mehr ausgewertet werden, da es sich hier um Angehörige einer besiegten Nation handelt. Auch die Kirche wird nicht schweigen. – Man wird auch nicht bei der Polemik über diese Aktion stehenbleiben. Gewisse Kreise, die daran interessiert sind, werden das Gerücht im Volk ausstreuen, daß man gleiche Methoden in Zukunft auch gegenüber den deutschen Tuberkulösen anwenden wird. Ja, daß damit zu rechnen ist, daß in Zukunft mehr oder weniger alle unheilbaren Kranken erledigt würden. Ich erinnere in diesem Zusammenhang an das immer wiederkehrende Beispiel aus jüngster Zeit, wo die ausländischen Sender im Zusammenhang mit der Ernennung von Prof. Brandt zum Generalkommissar die Nachricht verbreiteten, daß sein Auftrag dahin gehe, sich um die Schwerversehrten möglichst wenig, aber um die Wiederherstellung der Leichtverwundeten um so mehr zu kümmern. Und Schwarzhörer gibt es mehr als genug. –

Es ist des weiteren in Rechnung zu stellen, daß das beabsichtigte Verfahren für unsere Feinde ein ausgezeichnetes Propagandamaterial nicht nur bei den italienischen Ärzten und Wissenschaftlern, sondern beim ganzen italienischen Volk infolge der starken katholischen Bindungen abgibt. Daß der Feind die Ärzteschaft der Welt mobilisieren wird, steht ebenfalls außer allem Zweifel. Und dies ist ja um so leichter möglich, als von altersher die allgemeine Auffassung vom ärztlichen Tun und Handeln dahin geht, ›dem armen, unschuldigen Kranken sein Leben möglichst lange zu erhalten und seine Leiden zu mildern‹.

Ich glaube daher, daß dem Führer diese Gesichtspunkte vor Beginn der Aktion vorgetragen werden müssen, denn meines Erachtens kann nur er allein alle Zusammenhänge übersehen und entscheiden . . .«

Am 21. November machte Greiser Himmler von diesen Bedenken Mitteilung und war offenkundig bestrebt, sie zu zerstreuen:

». . . Ich erlaube mir, Ihnen eine Abschrift des Blome'schen Briefes vom 18. November zur gefl. Kenntnisnahme zu übersenden mit der Bitte, insbesondere die Seiten 3, 3a und 4 zu lesen und mir alsdann mitteilen zu wollen, ob Sie es für nötig halten, den Führer über diesen Stand des Verfahrens zu unterrichten und evtl. zu befragen, oder ob ein solches Vorgehen verneint werden muß.

Ich für meine Person glaube nicht, daß der Führer in dieser Angelegenheit noch einmal befragt werden muß, um so mehr, als er mir bei der letzten Rücksprache erst bezüglich der Juden gesagt hat, ich möchte mit diesen nach eigenem Ermessen verfahren.

Ich bitte Sie, Reichsführer, mir alsbald Ihre Stellungnahme zu übermitteln, damit das zum Anlaufen gekommene Verfahren keine unnötige Verzögerung erhält.«

Himmler jedoch antwortete am 3. Dezember 1942:

»Ihren Brief vom 21. 11. 1942 habe ich erhalten. Ich glaube auch, daß es richtiger ist, die von Pg. Dr. Blome geltend gemachten Bedenken zu berücksichtigen. In der beabsichtigten Weise gegen die Kranken vorzugehen, ist meiner Ansicht nach nicht möglich, zumal ja an eine praktische Auswertung der Untersuchungen – wie Sie mir mitteilen – erst in einem halben Jahr herangegangen werden könnte.

Ich schlage Ihnen vor, ein geeignetes Gebiet herauszusuchen, in das dann die unheilbaren Tuberkulose-Kranken geschickt werden könnten. Über die Unheilbaren hinaus könnte man in dieses Gebiet auch sehr gut noch andere leichter Tuberkulosekranken tun. Diese Aktion müßte selbstverständlich auch in geeigneter Form propagandistisch ausgewertet werden.

Ich habe mir, bevor ich diesen Brief schrieb, noch einmal eingehend überlegt, ob nicht der ursprüngliche Gedanke doch in irgendeiner Form durchgeführt werden sollte. Ich bin aber zu der Überzeugung gekommen, daß es richtiger ist, auf dem anderen Weg vorzugehen.«

So war es Blome gelungen, durch die Taktik des *Ja – aber* Tausenden von Polen das Leben zu retten. Er hätte das gewiß nicht erreicht, sondern wäre mit Sicherheit mindestens in Ungnade gefallen, wenn er sich in »Humanitätsduseleien« ergangen und gegen den Greiserschen Plan unter Berufung auf Recht und Menschlichkeit protestiert hätte.

Entsprechendes Verhalten war mutatis mutandis natürlich auch auf tieferen Ebenen der Hierarchie möglich. Allerdings mußte die taktische Linie streng eingehalten werden, und es durften weder die wahren humanitären Gründe der Opposition durchscheinen noch durfte politische Kritik oder Kritik an der SS und Polizei zum Ausdruck kommen. Beispiel eines in der taktischen Anlage ausgesprochen ungeschickten Schrittes ist der Brief des damaligen Amtsarztes von Warschau und Bezirksleiters des Reichs-Tuberkulose-Ausschusses im Generalgouvernement vom 7. Dezember 1942, der möglicherweise sogar in der gleichen Angelegenheit geschrieben worden ist, in die Blome eingriff. In diesem an Hitler gerichteten Brief heißt es:

»Bei einer Regierungsbesprechung über die Tuberkulosebekämpfung wurde uns von dem Leiter der Abteilung Bevölkerungswesen und Fürsorge, Oberverwaltungsrat W., als geheime Reichssache mitgeteilt, es sei beabsichtigt, oder werde erwogen, bei der Umsiedlung von 200000 Polen im Osten des Generalgouvernements zwecks Ansiedlung deutscher Wehrbauern mit einem Drittel der Polen – 70000 alten Leuten und Kindern unter 10 Jahren so zu verfahren, wie mit den Juden, das heißt, sie zu töten. Wenn diese Mitteilung nicht dienstlich erfolgt wäre, so würde ich sie in das Reich der Fabel verweisen. Ich weiß auch nicht, inwieweit dieser Gedanke schon der Ausführung genähert wurde. Andererseits habe ich in den 2 Jahren meiner Tätigkeit im Generalgouvernement allzu viele Fehler untergeordneter Stellen miterlebt, um eine solche Mitteilung als Phantasiegebilde leicht nehmen zu können. Auch ist die Zahl der Menschen, die davon reden, jetzt schon zu groß und hat den Kreis berechtigter Mitwisser weit überschritten.«

Auch der Schreiber dieses Briefes führte zunächst Gesichtspunkte der Opportunität an [der Feindpropaganda keinen Stoff liefern usw.]. Dann aber fuhr er fort, er sei zu der Überzeugung gekommen,

»daß wir kein Interesse an der Verringerung der polnischen Volkszahl oder der Zerstörung ihres Bevölkerungsauftriebes haben. Von allen Fremdarbeitern ist rassisch der Pole als ein uns nahestehendes Element zu betrachten und sehr viel weniger gefährlich als die Rassen im Südosten, deren Bevölkerungsdruck wir auf die Dauer aus eigener Kraft nicht standhalten können. Das Bild, welches Polizei und SD von Polen entwerfen, ist vielleicht allzu einseitig. Mancher Ansatz zur Einordnung, der sich auf polnischer Seite in den letzten Jahren zeigte, ist unter diesem polizeilichen Gesichtspunkt nicht ernst genommen und wieder verschüttet worden. Die Mehrzahl des Volkes ist sehr müde und elend und sucht den Frieden auch mit uns. 10 Unruhestifter aber machen den guten Willen von Hunderten zunichte. Die deutschen Fachleute, welche aus Polen wichtige Arbeitsleistung für den deutschen Sieg herausholen, urteilen in manchen Dingen anders als die Männer, welche gegen die Unterwelt der Widerstandsbewegung kämpfen müssen. Aus beiden Anschauungen zusammen ergibt sich ein richtiges Bild. Hören Sie, mein Führer, deshalb die Männer der Rüstungskommandos und der Industrie, sowie die Landwirtschaft. Und lassen Sie sich vortragen vom Geopolitiker, vom Bevölkerungspolitiker, ja vielleicht vom Psychologen und vom Arzt. Dann entscheiden *Sie*, mein Führer, über das Schicksal Polens und seiner Menschen. Hier im Generalgouvernement soll ein Lebensraum Großdeutschlands sein, der langsam mit dem Mutterlande verwächst. Als leergebrannte Öde wird dieses Land eine solche Aufgabe in Jahrzehnten nicht erfüllen. Polen braucht eine harte Hand, aber nicht in der Zerstörung, sondern im Aufbau. Wir haben Millionen Polen im Reich eingedeutscht. Wir werden das auch im Warthegau leisten und es ist nicht unmöglich, den Polen des Generalgouvernements zum loyalen Mitarbeiter zu erziehen. Aber vergessen wir nicht, daß eine der wenigen sympathischen Eigenschaften der Polen die Liebe zum Kinde ist und daß wir mit dem Leben polnischer Kinder den letzten Funken von Verständigungsbereitschaft auslöschen würden.«

Himmler, dem der Brief zur Kenntnis gebracht worden war, ließ Ende März 1943 beim Reichsgesundheitsführer Dr. Conti fragen, was mit dem Briefschreiber geschehen sei: »Der Reichsführer-SS beabsichtigt, Dr. H. wegen seiner staatsgefährlichen Ansichten für die Dauer des Krieges in ein Konzentrationslager einzuweisen.« – Bemerkenswert ist allerdings auch, daß sich Himmler zwei Wochen später auf die Fürsprache von Dr. Conti hin bereit erklärte, gegen den Briefschreiber nichts weiter zu unternehmen.

Zu Punkt 3:

Zu den Möglichkeiten, sich verbrecherischen Befehlen stillschweigend zu entziehen, ist grundsätzlich das gleiche zu bemerken, was schon zu Punkt 1 gesagt worden ist: das rigoristische äußere Bild, das die SS von sich selbst zeichnete, rechtfertigt nicht die Annahme, es sei auch in Wirklichkeit so hart und so streng zugegangen und es habe die üblichen, aus der Erfahrung beim Militär bekannten Wege, sich zu drücken, nicht gegeben. Einer dieser Wege war, sich in irgendeiner anderen Funktion so unentbehrlich zu machen, daß man von dort nicht wegkommandiert wurde. Ein ehemaliger Angehöriger der Waffen-SS schreibt in seinen Erinnerungen:

»Dabei glaube ich aber jetzt schon zu wissen, daß dieser ›Gehorsam bis in den Tod‹ keine Begrenzung duldet. Diese Probleme bewegen mich nicht jetzt erst, jetzt aber besonders. Sie bewegen mich seit jener Zeit, als ich einsehen mußte, daß man sich nicht auf die Weise einer Tat entziehen kann, indem man einen Befehl nicht ausführt oder Widerstand leistet. Im Gegenteil: ich weiß jetzt, daß man durch Widerstand oder durch *Befehlsverweigerung* nur noch mehr reizt, und auch, daß noch so feste Vorsätze schnell zu brechen sind. Schon seit Wochen verfolge ich aus diesen Erkenntnissen heraus eine gewisse Methode, und zwar gehe ich davon aus, daß man sich am besten bei seinen Vorgesetzten *unentbehrlich* macht. Das ist mir bis zu einem gewissen Grade auch schon gelungen. Ich glaube jedenfalls nicht, daß mein derzeitiger Kompaniechef mich für eine KZ-Bewachung freigeben würde.«

Von sehr zweifelhaftem Wert ist dagegen das Rezept, eine Krankheit zu simulieren, denn das ist eine Kunst, die nicht jedermann beherrscht und die gerade guten Charakteren sehr schwer fallen dürfte.

Unter die Rubrik des legendären Rigorismus der SS gehört die immer wieder aufgestellte Behauptung, ein SS-Angehöriger, der einen Befehl in Weltanschauungssachen verweigert oder versucht hätte, von der Ausführung eines solchen Befehls dispensiert zu werden, hätte damit rechnen müssen, von seinem Vorgesetzten kurzerhand selbst getötet oder in ein KZ eingewiesen zu werden. Daß dieser Behauptung heute so leicht Glauben geschenkt wird, beruht auf einem Denkfehler. Man weiß aus eigener Erfahrung oder aus der Überlieferung und historischen Darstellungen, daß SS-Dienststellen und auch einzelne SS-Angehörige in zahllosen Fällen Willkürakte schwerer und leichter Art begangen haben. Kein Deutscher und kein Mensch in den von Deutschland besetzten Gebieten war davor sicher, nicht Opfer dieser Willkür zu werden, die ja bei der SS als außernormativer Exekutive nicht etwa akzidentiell, sondern spezifisch war. Für jeden war die SS eine latente Gefahr, allein schon durch ihre Existenz verbreitete sie eine Atmosphäre des Terrors. Es ist jedoch völlig unbegründet, aus der Tatsache, daß die SS gegenüber *anderen* mit Willkür und Härte verfuhr, den Schluß zu ziehen, daß sie in gleicher Weise sich auch gegenüber ihren *eigenen* Leuten verhalten habe und daß auch die SS-Angehörigen selbst in ständiger Furcht hätten leben müssen. Dieser Schluß findet nicht nur keine Bestätigung in den historischen Quellen, sondern er erweist sich auch bei einfacher logischer Überlegung als falsch. Denn in dem Maße, in dem Himmler seinem höheren Führerkorps, den Hauptamtschefs, Divisionskommandeuren, Einsatzgruppenführern, Höheren SS- und Polizeiführern usw. willkürliches Verhalten gegenüber ihren Untergebenen gestattet, insbesondere ihnen etwa eine freie Verfügung über deren Leben eingeräumt hätte, in dem Maße hätte er seiner eigenen Macht und Autorität Abbruch getan. Eine gesicherte Führung dieser riesenhaften, zu einem wesentlichen Teil im außernormativen Bereich agierenden Organisation war nur möglich, wenn sie in sich eine strenge Ordnung besaß, die auch wirklich eingehalten wurde. Himmler hat das selbst, wenn auch in einer sehr ideal gefärbten Weise, ausgesprochen, als er in seiner Rede in Kochem am 25. Mai 1944 ausführte:

»...

Es war selbstverständlich, daß diese harten Zugriffe [in diesem Falle war die Beschaffung von Zwangsarbeitern gemeint, auf alle anderen ›harten Zugriffe‹ ist das aber natürlich in gleicher Weise zu beziehen] ohne gesetzliche Grundlage erfolgten. Ich weiß, daß das – das habe ich schon erwähnt – vielen schwer aufs Herz fiel, aus bester Überlegung und aus anständigster Sorge. Zur gleichen Zeit aber, in derselben

Zeit, in der als Schutzstaffel und als Polizei, die ja neu organisiert wurde, diese Zugriffe nur nach dem inneren Recht, das wir unserem Volke gegenüber hatten und nach der inneren Verpflichtung vollzogen, *haben wir in unseren eigenen Reihen immer wieder Recht geschaffen und haben uns selbst nach strengsten Gesetzen ausgerichtet . . .«*

Daß Himmler diese positive Einstellung zu einer geordneten und strengen SS-Gerichtsbarkeit ernst meinte, beweist folgendes Vorkommnis: Bei dem gegen Ende des Krieges zunehmenden Mangel an frontverwendungsfähigen Männern war Himmler bemüht, alle sich bietenden Ersatzmöglichkeiten auszuschöpfen. Dazu gehörte unter anderem auch, daß in der Einheit Dirlewanger[41] zunächst Wilddiebe und später sogar KZ-Häftlinge als Soldaten eingesetzt wurden und daß verurteilten SS-Angehörigen die Gelegenheit zur Rehabilitierung durch Frontbewährung geboten wurde. Dieser Rehabilitierungseinsatz erfolgte unter anderem ebenfalls in der Einheit Dirlewanger, die also keine Straf-, sondern eine Bewährungseinheit war und den Charakter einer Freiwilligen-Abteilung der Waffen-SS hatte. Im Zusammenhang mit dem Bemühen, Nachersatz für Dirlewanger zu erhalten, legte der Chef des SS-Hauptamtes, Obergruppenführer Berger, Himmler am 22. März 1944 folgenden Befehlsentwurf vor:

»... Um für die schwierige Ersatzfrage Abhilfe zu schaffen, wünsche ich, daß SS-Obersturmbannführer *Dirlewanger* oder ein von ihm im Einvernehmen mit SS-Obergruppenführer *Berger* bestellter, in der Bandenbekämpfung erfahrener, Sonderbeauftragter aus den Insassen der Strafvollzugslager und Haftanstalten der SS und Polizei diejenigen Angehörigen der Waffen-SS heraussucht, die nach ihrem Charakter und ihrer Straftat zu einem Einsatz bei *Dirlewanger* geeignet sind. Dabei ist entsprechend der Dringlichkeit und Wichtigkeit der Bandenbekämpfung möglichst großzügig zu verfahren. Die ausgesuchten Männer haben die Möglichkeit, sich durch tapferen Einsatz zu rehabilitieren. Diese Anordnung geht allen allgemeinen oder besonderen Anordnungen über den Strafvollzug vor.

Die Untersuchungsführer haben bei allen schon angefallenen oder künftig anfallenden Ermittlungssachen gegen Angehörige der Waffen-SS zu überprüfen, ob diese nach dem Cha-

[41] Darüber ausführlich Hellmuth Auerbach, ›Die Einheit Dirlewanger‹. In Vjh. f. Zeitgesch. 10 (1962), S. 250–263.

rakter ihrer Person und ihrer Straftat SS-Obersturmbannführer *Dirlewanger* zur Verfügung gestellt werden können
und bejahendenfalls sind sie ihm zur Verfügung zu stellen.
Die *Ermittlungsverfahren sind* bis nach Bewährung bei SS-
Obersturmbannführer *Dirlewanger auszusetzen* . . .«
Hier wurde also vorgeschlagen, SS-Angehörige, gegen die
lediglich ein Ermittlungsverfahren lief, ohne Gerichtsurteil
zwar nicht in eine Strafeinheit, wohl aber in eine Bewährungseinheit einzuweisen, in der der Dienst mit wesentlich erhöhter
Lebensgefahr verbunden war. Obwohl Himmler sonst durchaus dazu neigte, sich mit aller Rücksichtslosigkeit Nachersatz
zu beschaffen, hat er diesen Befehlsentwurf nicht unterschrie-
ben. Der SS-Richter beim RFSS teilte dem Hauptamt SS-Gericht in einem Schreiben vom 6. Juni 1944 vielmehr mit:

> »Die Abstellung von SS- und polizeigerichtlichen Unter-
> suchungsgefangenen zum SS-Sonderregt. Dirlewanger hat
> der Reichsführer-SS abgelehnt, *weil eine derartige Maßnahme
> das Ende jeder Strafrechtspflege in der SS und Polizei bedeuten
> würde.*«

Aufschlußreich ist auch folgender Befehl Himmlers vom 20. Februar 1944 über die Gerichtsbarkeit in der Einheit Dirlewanger:

> »1. Im Kampfeinsatz hat der Kommandeur über alle An-
> gehörige dieses so gesondert zusammengesetzten Batail-
> lons das Gerichtsrecht über Leben und Tod.
>
> 2. Die Rehabilitierung der früheren Wilderer geschieht
> ohne Mitbeteiligung des Hauptamtes SS-Gericht auf dem
> Wege über SS-Obergruppenführer Berger und SS-Grup-
> penführer Nebe im Reichssicherheitshauptamt durch das
> Reichsjustizministerium. Von der erfolgten Rehabilitie-
> rung erhält das Hauptamt SS-Gericht Mitteilung durch
> SS-Obergruppenführer Berger.
>
> 3. Über die KZ-Häftlinge erhält der Kommandeur des Ba-
> taillons, SS-Obersturmbannführer Dirlewanger, die Ge-
> richtsbarkeit über Leben und Tod auch im Ruhequartier
> und der Feldgarnison.
>
> 4. Die Wilderer unterstehen nach ihrer Rehabilitierung der
> SS-Gerichtsbarkeit. Solange sie noch nicht rehabilitiert
> sind, hat der Kommandeur auch im Ruhequartier und in
> der Feldgarnison das Recht über Leben und Tod.
>
> 5. Zur Rehabilitierung eingesetzte ehemalige SS-Männer
> unterliegen im Ruhequartier und in der Feldgarnison der
> SS-Gerichtsbarkeit.«

Hier wurde einem Kommandeur das *Gerichts*recht über Leben und Tod eingeräumt, aber eben in einem ganz bestimmten extremen Ausnahmefall, den die Einheit Dirlewanger zweifelsohne darstellte. Und auch in diesem Falle waren sogar die bereits rehabilitierten Wilderer und die nicht rehabilitierten SS-Angehörigen im Ruhequartier der SS- und Polizeigerichtsbarkeit unterstellt. Gerade die ausdrücklichen Ausnahmebestimmungen beweisen außerdem, daß normalerweise in der SS ein Kommandeur nicht das Recht hatte, einen seiner Untergebenen einfach über den Haufen zu schießen. Das war nur in *einer* Situation möglich, in der es von Hitler für die gesamte Wehrmacht angeordnet war, nämlich bei Auflösung der Disziplin. Die betreffende Anordnung wurde im Führerbefehl Nr. 7 vom 24. Februar 1943 getroffen:

»Ich habe erfahren, daß es bei den in den letzten Wochen befohlenen Rückzugs- und Räumungsbewegungen teilweise zu unerfreulichen, undisziplinierten und für den tapferen Frontsoldaten niederziehenden Bildern, besonders in den Großstädten und auf Hauptrückmarschstraßen gekommen ist. Das ist untragbar, der deutschen Wehrmacht unwürdig und kann die schwersten Folgen haben.

Es liegt daran, daß die Vorgesetzten sich nicht mit allen Mitteln durchsetzen.

Ich habe nicht vor, das einreißen zu lassen.

Je härter die Zeit, um so härter müssen die Mittel sein, mit denen der Vorgesetzte seinen Willen durchdrückt.

Ich verlange deshalb, daß jeder Vorgesetzte – Offizier wie Unteroffizier oder in besonderen Lagen jeder beherzte Mann – die Durchführung seiner Befehle und die Aufrechterhaltung von Disziplin und Ordnung nötigenfalls mit Waffengewalt zu erzwingen und *Ungehorsame auf der Stelle zu erschießen hat*. Das ist nicht nur sein Recht, sondern seine Pflicht. Tut der Vorgesetzte das nicht, setzt er sich derselben Lage aus. Es ist falsch, auf eine spätere gerichtliche Bestrafung zu warten. Sofort ist einzuschreiten.

Ich werde jederzeit solche energischen Führer vor etwaigen juristischen Folgen ihrer Handlungen schützen und verlange dies von allen höheren Vorgesetzten. Ich werde daher auch rücksichtslos gegen alle die Vorgesetzten einschreiten, die ihre Autorität nicht mit allen Mitteln unter vollem Einsatz ihrer Person zu wahren wissen. Sie trifft dieselbe Strafe wie die Unbotmäßigen, gegen die sie nicht eingeschritten sind.

Ich wünsche, daß dies als mein Befehl nochmals ausdrücklich und immer wieder, besonders in harten Lagen, bekanntgegeben wird.«

Ein Kommandeur konnte einen seiner Leute auch nicht ohne weiteres in ein Konzentrationslager einweisen. Zwar wird aus der Frühzeit der Konzentrationslager glaubwürdig berichtet, daß der damalige Inspekteur der Konzentrationslager, Eicke, Angehörige der Wachmannschaft, die sich eine schwere Verfehlung zuschulden haben kommen lassen, kurzerhand unter die Häftlinge steckte. Abgesehen davon, daß nichts darüber bekannt ist, ob es sich dabei um eine regelrechte KZ-Haft von langer Dauer gehandelt hat oder nur um einen Arrest, war ein solches Vorgehen nur in einer Zeit möglich, als die SS im allgemeinen und das Konzentrationslagerwesen im besonderen noch wenig durchorganisiert waren; und auch damals konnte sich wohl nur ein Mann wie Eicke so etwas leisten. In den Kriegsjahren jedenfalls konnte ein KZ-Kommandant nicht eigenmächtig einen seiner Wachtruppenangehörigen ins KZ bringen, mindestens nicht, ohne selbst eine Bestrafung zu riskieren. Nach Ausweis der Quellen war überhaupt nur Himmler selbst in der Lage, einen SS-Angehörigen aus der Truppe direkt in ein Konzentrationslager einzuweisen. Wenn der Chef des SS-Hauptamtes, Obergruppenführer Berger, in einem Stabsbefehl vom 2. Oktober 1943[42] drohte: »Wer in Zukunft noch einmal gegenüber Insubordination weich wird, den lasse ich ins Konzentrationslager abführen«, so kann bei einiger Kenntnis des Charakters von Berger diese eine Stelle nicht als Beweis dafür gelten, daß er tatsächlich das Recht gehabt hätte, jemanden ins KZ einzuweisen. – Theoretisch dürfte die Möglichkeit bestanden haben, daß ein Angehöriger einer SS-Einheit bei einem politischen Vergehen von der Gestapo in Schutzhaft genommen wurde; ein Quellenbeleg dafür ist allerdings nicht bekannt.

Es bleibt die Frage offen, warum Menschen, die an sich keine verbrecherischen Neigungen besitzen, regelmäßig an der Ausführung verbrecherischer Befehle teilnahmen, ohne ernsthaft Wege zu suchen, davon dispensiert zu werden. Zur Begründung der Antwort muß man von der allgemeinen Erfahrung ausgehen, daß der Mensch von Natur aus bestrebt ist, sich in seiner sozialen Umwelt zu bewähren und deren fundamentalen Anschauungen und Verhaltensregeln zu entsprechen. Dieses Be-

---

[42] NO-321.

streben ist auch dann nicht unbedingt moralisch zu verwerfen, wenn der einzelne dabei teilweise gegen seine eigene Überzeugung handelt. Denn er wird im allgemeinen in weitgehendem Maße auf seine soziale Umwelt angewiesen sein, und es ist auch denkbar, daß er sich nur deswegen fügt, weil er meint, in der Erkenntnis des Richtigen selbst nicht weit genug fortgeschritten zu sein. So kann etwa ein überzeugter Kommunist gewisse Forderungen, die die Partei an ihn stellt, zwar für moralisch nicht vertretbar halten, er kann dabei aber aufgrund seiner Gesamtüberzeugung von der Richtigkeit des Kommunismus und im Vertrauen auf die Moralität seiner Führer zu der Ansicht kommen, daß seine subjektiven Bedenken nur darauf beruhen, daß er im Verständnis der Doktrin noch nicht genügend Fortschritte gemacht habe. Solche Gründe, entgegen persönlichen Überzeugungen den Forderungen der sozialen Umwelt doch zu entsprechen, sind natürlich nur innerhalb sehr enger Grenzen zu rechtfertigen. Jenseits dieser Grenzen, insbesondere aber, wenn offenkundig verbrecherische Handlungen gefordert werden, macht sich der Betroffene schuldig, wenn er nicht den Mut findet, entweder sich zu weigern oder, falls das nicht möglich ist, sich aus seiner Umwelt zu lösen. Schwache Charaktere neigen jedoch dazu, dem sozialen Beharrungsvermögen weit über die gebotenen Grenzen hinaus nachzugeben. *Denn auch wenn keine Strafen drohen, erfordert es erheblichen Mut, sich in seiner sozialen Umwelt »unmöglich« zu machen* und sich von ihr zu lösen. Im normalen Leben hat es gewöhnlich keine besondere Bedeutung, wenn jemand entgegen besserer Einsicht die Kraft nicht findet, sein soziales Beharrungsvermögen zu überwinden; in einer Gemeinschaft wie der SS aber mußte diese Schwäche früher oder später zur Schuldverstrickung führen. Man braucht nicht zu bezweifeln, daß manche Angehörige der verschiedenen Sonderkommandos unter den Maßnahmen litten, die sie durchführen mußten. Größer als dieses Leiden jedoch war bei ihnen der Mangel an Mut zuzugeben, daß sie den Anforderungen der selbstgewählten Gemeinschaft nicht gewachsen waren. So konnte es geschehen, daß sie gar nicht versuchten, dispensiert zu werden, obgleich sich Chancen dafür boten. Eine besonders primitive Form dieses Verhaltens liegt bei denjenigen vor, die einfach keinen Ärger haben wollten und den bequemsten Weg gingen. Obgleich sie es sonst mit dem unbedingten Gehorsam nicht so genau nahmen und sich, wo es nur ging, drückten, nahmen sie den Satz »Befehl ist Befehl« gern als billige Entschuldigung, wo es Unannehmlichkeiten bereitet hätte, sich der Mitwirkung an einem Verbrechen zu entziehen.

Nicht die – objektiv ohnehin unbegründete – Angst, daß schon ein Versuch, von der Teilnahme an verbrecherischen Maßnahmen dispensiert zu werden, das Leben kosten könne; auch nicht die irrige Meinung, daß das Befohlene rechtens sei, dürfte also die Angehörigen der Sonderkommandos veranlaßt haben, den Befehlen Folge zu leisten, sondern ein schuldhaftes soziales Beharrungsvermögen und der Mangel an Mut, sich in ihrer sozialen Umwelt »unmöglich« zu machen und aus dem Rahmen zu fallen. Leicht wäre ein ernsthafter Versuch, sich herauszulösen, ganz gewiß nicht gewesen, lebensgefährlich aber auch nicht. – Dieser Mangel an Mut wiegt um so schwerer, als die Betreffenden ja nicht ohne eigenes Zutun in die kritische Lage geraten waren. Denn

1. war der Eintritt in die SS freiwillig,
2. mußte der Eintretende mindestens eine Allgemeinvorstellung von der fragwürdigen Besonderheit dieser Organisation haben,
3. ist es wenigstens bis zum Beginn des Krieges durchaus möglich gewesen, aus der SS wieder auszutreten.

Zu Punkt 1:

Ungefähr bis Mitte 1942 war niemand gezwungen, irgendeiner der Teilorganisationen der SS beizutreten, sondern der Eintritt beruhte auf echter Freiwilligkeit. Es war auch keineswegs so, wie man es heute zuweilen dargestellt findet, daß jeder national und militärisch begeisterungsfähige junge Deutsche kein anderes Ziel gekannt hätte, als ausgerechnet zu den bewaffneten SS-Verbänden zu gehen. Obgleich die Stärke dieser Verbände in der Vorkriegszeit nur ca. 25 000 Mann betrug [VT 1935: 9000, 1936: 10000, 1937: 12000; TV 1935: 2500, 1936: 3500, 1937: 5000], hatte die SS trotzdem große Schwierigkeiten, den erforderlichen Nachwuchs zu bekommen. Es gibt aus den Jahren 1936 bis 1939 mehrere Erlasse des SS-Hauptamtes, in denen der Mangel an Freiwilligen beklagt und intensive Freiwilligenwerbung angeordnet wurde. In einem Erlaß des Chefs des SS-Hauptamtes vom 6. November 1937 wurde angeordnet, daß jeder HJ-Bann bis 15. Januar 1938 mindestens 15 und bis zum 1. Juni 1938 mindestens 10 SS-geeignete Freiwillige zu benennen habe. Aus diesen Angaben darf man schließen, daß es in einem 75-Millionen-Volk schon etwas Besonderes war, wenn einer zur bewaffneten SS ging – oder auch zur Allgemeinen SS, die im Dezember 1938 rund 200 000 Mann stark war.

Zu Punkt 2:

Als im Jahre 1933 die SA auf dem Höhepunkt ihrer Macht stand und das Hauptinstrument des nationalsozialistischen Terrors war, traten diejenigen, die lediglich glaubten, eine Konzession machen zu müssen, in die damals als vornehmer und harmlos geltende SS oder in den »Stahlhelm« ein. Nach dem 30. Juni 1934 dagegen kehrten sich die Verhältnisse um: die SA wurde harmlos, während die SS, nachdem sie bei der Liquidierung der SA-Führer mitgewirkt hatte, rasch einen finsteren Ruf gewann.

In der heutigen Diskussion über die nationalsozialistische Zeit wird mit Recht immer wieder betont, daß kein Deutscher, der damals erwachsen war, sich von einer Mitverantwortung freisprechen kann, daß andererseits aber auch viele engagierte Nationalsozialisten Hitlers verbrecherische Politik nicht gewollt haben, sondern ehrlicherweise meinten, Deutschlands Wohl zu dienen. Doch darf über solchen Feststellungen die historische Tatsache nicht in Vergessenheit geraten oder gar mit Absicht vernebelt werden, *daß es in Deutschland zwischen 1933 und 1945 drei klar voneinander unterscheidbare Gruppen gab:* eine Minderheit überzeugter »Nazis«, eine Minderheit überzeugter Nazi-Gegner und eine große Mehrheit von Menschen, die das Regime über sich ergehen ließen oder auch mitmachten, soweit sie meinten, mitmachen zu müssen, die jedoch keine überzeugten und aktiven Gefolgsleute des Führers waren. Die »richtigen Nazis« bildeten eine von den anderen klar sich abhebende Gruppe, über die *Werner Bergengruen* in seinen ›Schreibtischerinnerungen‹ sehr treffend sagt:

»Ich meine die sonderbare Isolierung, in der sich mit all seinen Anhängern dies auf seine Volksverbundenheit so stolze Regime befand. Man lernte bald jene Vorsicht in kleinen Dingen, deren es zum Überleben bedurfte. Man sprach mit Vertrauenswürdigen, nicht mit Leuten, die nach dem Dritten Reich rochen. Bevor man eine Einladung annahm, erkundigte man sich möglichst, wer an Gästen da sein werde. Waren Braune zu erwarten, so ging man nicht hin. War eine Begegnung unvermeidlich, so sprach man mit ihnen nicht mehr als das Notwendigste. *Manchmal war es fast, als handele es sich bei den Männern der Partei und den ihr angeschlossenen Körperschaften um Angehörige einer Invasions- und Okkupationsarmee, welche die Sprache des von ihnen bewältigten Landes nur ungenügend beherrschten und infolgedessen von den Gesprächen und Gedanken der unterdrückten Einheimischen wenig erfuhren.* Niemand sagte ihnen etwas, und sie selbst wären kaum auf den Gedanken verfallen, sich nach anderen Informationsquellen als den sich ihnen so freigebig anbietenden des Regimes umzutun. Trat etwas an sie heran, das ihr Bild hätte trüben können, so mögen sie an einen vereinzelten Unglücksfall oder an einen Irrtum untergeordneter Stellen geglaubt, sich in ihr blindes Vertrauen auf den Gottgesandten geflüchtet und das Erfahrene geschwind verdrängt haben.«

Man wußte bald, wer im eigenen Lebensbereich Nazi war und nahm sich vor ihm in acht. Bei Menschen, denen man zum ersten Male begegnete, lernte man rasch, anhand gewisser Symptome auf ihre politische Gesinnung zu schließen. Ursula von Kardoff hat das in ihren ›Berliner Aufzeichnungen‹ aus Anlaß ihrer ersten Begegnung mit dem Journalisten Richard Thilenius beschrieben:

»Ich finde, man kann das Klima eines Anti-Nazis sehr schnell spüren. Er sagt nicht: ›Der Führer.‹ Er sieht die Lage im Osten skeptisch an. Er liest die ›Frankfurter Zeitung‹ oder die ›DAZ‹, er geht lieber in französische Filme als in die Monsterfilme der Ufa, er verachtet das Haus der Deutschen Kunst, liest Burckhardt, Spengler, englische Romane oder französische Lyrik, kennt die betreffenden Stellen in ›Dichtung und Wahrheit‹ über den Dämon Menschen oder bei Heine über die Warnung vor dem germanischen Gott Thor oder das Gedicht von Gottfried Keller über die Denunzianten oder das Gedicht von Claudius ›S'ist Krieg, s'ist leider Krieg, doch begehre ich, nicht schuld daran zu sein‹. Er hört sich lieber Kammermusik als Wagneropern an und drückt sich in jeder Form vor Aufmärschen und Parteikundgebungen, er hat eine gewisse pessimistische Art, über die Ernährungs- oder über die Benzinlage zu reden und mit besonderem Nachdruck auf Stalingrad zu verweisen. Möglich, daß Provokateure auch so vorgehen, aber sie machen es meist sehr viel gröber.«

Die hier aufgeführten Merkmale beziehen sich überwiegend auf ein überdurchschnittliches geistiges Niveau. Entsprechende

Kennzeichen gab es aber auch in Kreisen einfacherer Menschen. *Der aktive, seine politische Einstellung betonende Nazi war in Deutschland in der Minderheit, wenn nicht gar eine Seltenheit, jedenfalls war er im Bewußtsein der Bevölkerung etwas Besonderes.* Unter den vielen nationalsozialistischen Organisationen aber wurde im Volk keine so sehr mit dem Regime und seinen aktiven Anhängern identifiziert wie die SS. Sie war im öffentlichen Bewußtsein keine Mitläufer-Organisation wie die Deutsche Arbeitsfront, die SA, die nationalsozialistischen Standesorganisationen und bis zu einem gewissen Grad auch die NSDAP selbst, sondern sie galt wirklich als das, was sie zu sein beanspruchte: die Kerntruppe des Regimes. Wer zur SS ging, tat nicht ein Übriges, weil er glaubte, nicht umhin zu können, sondern er bekannte sich öffentlich zu dem Regime und stellte sich ausdrücklich in dessen Dienst. Auch die Zusammenhänge, die zwischen SS und Gestapo, zwischen SS und Konzentrationslagern bestanden, waren dem allgemeinen Bewußtsein präsent, wenn auch gewiß nicht in einer den wirklichen Verhältnissen entsprechenden Artikulation. Diese allgemeine Bewußtseinslage spiegelt sich auch in manchen Äußerungen Himmlers wider.

So heißt es zum Beispiel in seiner Schrift über ›Die SS als antibolschewistische Kampforganisation‹:

»Ich weiß, daß es manche Leute in Deutschland gibt, denen es schlecht wird, wenn sie diesen schwarzen Rock sehen; wir haben Verständnis dafür und erwarten nicht, daß wir von allzu vielen geliebt werden. Achten werden und sollen uns alle, denen Deutschland am Herzen liegt, fürchten sollen uns die, die irgendwie und irgendwann dem Führer und der Nation gegenüber ein schlechtes Gewissen haben müssen. Für diese Menschen haben wir eine Organisation ausgebaut, die Sicherheitsdienst heißt, und ebenso stellen wir als SS die Männer für den Dienst in der Geheimen Staatspolizei.«

Und in seiner Rede vor den Preußischen Staatsräten sagte Himmler von der 1920 bis 1923 nationalsozialistisch durchsetzten politischen Polizeiabteilung in München, diese sei verhaßt gewesen, »so wie wir heute verhaßt sind«.

Wer also später als 1934 in die SS eingetreten ist, konnte wissen, was er tat. Natürlich waren Bildungsgrad und politische Herkunft nicht ohne Einfluß auf die Erkenntnis der Bedeutung des Schrittes. Ein Bauernbursche, der 1937 in einen Totenkopfsturmbann eingetreten ist, ist anders zu beurteilen als ein Rechtsreferendar, der damals zum SD ging. Zwar konnte keiner, der in die SS eintrat, wissen, daß er einmal den Befehl erhalten könnte, an organisiertem Massenmord teilzunehmen, wohl aber mußte jeder gewärtig sein, zu einem Kommando zu kommen, wo er rechtswidrige Befehle auszuführen hatte. Er akzeptierte durch seinen Eintritt gewisse Prinzipien und Übungen, die dazu prädestiniert waren, bei gegebener Gelegenheit schuldhaftes Verhalten gewissermaßen auszukristallisieren. Zwar ist niemand, der in einem totalitären System lebt, sicher davor, von diesem in eine tragische Zwangslage gebracht zu werden, in der er schuldig wird. In die SS einzutreten bedeutete aber, eine solche Situation fahrlässig zu riskieren. Eine Ausnahme machen in dieser Beziehung am ehesten noch diejenigen, die in die SS-Verfügungstruppe eintraten; diese war zwar auch eine Kerntruppe des Regimes, sie erhielt aber offenkundig eine ausschließlich militärische Ausbildung und hatte nichts mit dem politischen Einsatz der Allgemeinen SS, mit politisch-polizeilichen Angelegenheiten und mit den Konzentrationslagern zu tun. *Alle* jedoch, die der SS beitraten, verließen den Bereich, in dem man nur zur normalen staatsbürgerlichen Loyalität verpflichtet war und traten in den Bereich des Befehls in Weltanschauungssachen ein. *Alle* erteilten durch ihren Beitritt den ideologischen Konsens und erklärten sich bereit, mehr zu tun als ihre Pflicht. Das alles gilt auch für diejenigen, die nach dem 30. Januar 1933 in die politische Polizei und nach 1936 [dem Jahr, in dem Himmler Chef der Deutschen Polizei wurde] in eine andere Sparte der Polizei, vor allem in die Sicherheitspolizei, eingetreten sind. Denn die politische Polizei bildete von Anfang an ein wichtiges Machtinstrument des nationalsozialistischen Regimes, und die übrige Polizei war seit 1936 unverkennbar mit der SS verbunden. Anders liegen die Dinge dagegen bei Polizeibeamten, die schon *vor* 1933 in der politischen Polizei tätig gewesen waren oder schon *vor* 1937 einer anderen Sparte der Polizei angehört hatten und später nicht irgendwann der SS beitraten. Zur angemessenen Beurteilung ihrer Lage muß man davon ausgehen, daß zuerst die politische Polizei, später die gesamte Sicherheitspolizei und bis zu einem gewissen Grade die gesamte Polizei überhaupt in einem konsequent verlaufenden, über die ganze Zeit der nationalsozialistischen Herrschaft sich hinziehenden Prozeß aus dem Zusammenhang mit der staatlichen Verwaltung herausgelöst und in die SS integriert wurden. Im Verlaufe dieses Prozesses der Entstaatlichung der deutschen Polizei, der weiter oben beschrieben wurde, gerieten die alten Polizeibeamten allmählich aus dem Bereich der Befehle in Dienstsachen in den der Befehle in Weltanschauungssachen, oder genauer ausgedrückt: der Bereich der Befehle in Dienstsachen blieb bestehen und wurde allmählich von Befehlen in Weltanschauungssachen und von Elementen der nicht-normativen Exekutive überlagert beziehungsweise durchwirkt. Der Polizeibeamte konnte diesen Prozeß zwar erkennen, es war für ihn jedoch sehr schwer, bei den schrittweisen Veränderungen zu entscheiden, wann der Punkt erreicht sei, an dem das weitere Mitwirken an der polizeilichen Exekutive nicht mehr zu vertreten war. Und zwar war das um so schwieriger, solange ihm keine Teilnahme an offenkundigen Verbrechen zugemutet wurde und der überwiegende Teil des polizeilichen Einsatzes auch dann sekundär legalisiert war, wenn er Zwecken der nicht-normativen Exekutive diente. Schließlich stand der alte Polizeibeamte in seinem in normalen Zeiten erwählten und erlernten Beruf, aus dem auszuscheiden nicht leicht zumutbar war. Natürlich gab es auch für diese Gruppe Grenzen, die der einzelne nicht überschreiten durfte, ohne schuldig zu werden, und selbstverständlich hängt im Einzelfall viel davon ab, wieweit einer freiwillig die Entwicklung gefördert hat, in die er geraten war; aber generell ist festzustellen, daß alte Polizeibeamte in die Lage kommen konnten, typische Befehle in Weltanschauungssachen zu empfangen, *ohne* je den ausdrücklichen ideologischen Konsens erteilt zu haben.

Zu Punkt 3:

Wer die besondere Eigenart der SS und ihrer Mentalität doch erst erkannte, nachdem er bereits eingetreten war, hatte mindestens bis zu Beginn des Krieges die *Möglichkeit, wieder auszutreten.* Ohne jede Schwierigkeit konnten das vor allem diejenigen tun, die bis Mitte 1934 eingetreten waren, also in der Zeit, in der die SS noch allgemein als eine harmlosere Variante der SA galt. Denn ihr Wunsch, die Formation wieder zu verlassen, traf sich mit Himmlers Wunsch, die durch die Masseneintritte von 1933 aufgeblähte Organisation wieder zu verkleinern und nur solche Männer in der SS zu haben, die auch wirklich am Dienst interessiert waren. In seiner Kochemer Rede vom 25. Mai 1944 sagte Himmler:

»Ich darf Ihnen sagen, die einzig wirklich gefährliche Zeit, die ich für die Schutzstaffel in der Entwicklung sah, war nicht etwa das Verbot der SA und SS im Jahre 1932, sondern die einzig gefährliche Zeit waren der Februar und März 1933, wo in dem Siegesjubel der Machtergreifung sehr viele einzelne Führer der örtlichen Einheiten, der Stürme und Sturmbanne auf einmal von dem Begriff der Minderheit weg – und dazu übergingen, nun in Massen aufzunehmen. Das war eine gefährliche Zeit. Und ich habe zwei Jahre gebraucht, um durch Anspannung des Dienstes, durch noch größere Belastung und noch größere Forderungen alle die, die nicht zu uns paßten und die die Härte nicht hatten, um bei uns bleiben zu können, aus der Schutzstaffel wieder auszuscheiden, also alles das, was Konjunktur war.«

Auch für die Jahre 1937 und 1938 sind zahlreiche Austritte aus der SS zu belegen. Über diese Zeit gibt es eine sehr ausführliche Statistik der SS, in der auch die Zahl der Entlassungen angegeben ist. Demnach hat es im Jahre 1937 aus dem gesamten SS 7960 Entlassungen gegeben [ohne Ausschlüsse oder Ausstoßungen, die in den Statistiken gesondert angegeben werden]. Von diesen 7960 Entlassungen entfielen 84 auf die Verfügungstruppe, 146 auf die Totenkopfverbände und der Rest auf die Allgemeine SS. Von diesen Fällen wiederum erfolgten bei der Verfügungstruppe 23 und bei den Totenkopfverbänden 81 auf eigenen Antrag. Unter den Entlassungsgründen sind im Falle der Totenkopfverbände angegeben: 13 wegen Übertritts zum Heer oder zum Reichsarbeitsdienst, 14 aus gesundheitlichen und 40 aus beruflichen Gründen. Für 1938 sind in der Statistik nur die Entlassungen aus der Allgemeinen SS angegeben; es waren 5638, davon 5104 auf eigenen Antrag. Unter den Gründen rangierten berufliche Gründe mit 2074 Fällen weit an der Spitze; es folgten Übertritt zur Wehrmacht in 936 und Krankheit in 905 Fällen. 173 Mann wurden, ohne selbst einen Antrag gestellt zu haben, »wegen Interesselosigkeit« entlassen. Auch die Entlassungen aus der Allgemeinen SS sind für die Frage, wieweit man sich rechtzeitig der Gefahr entziehen konnte, rechtswidrige Befehle in Weltanschauungssachen zu erhalten, nicht ohne Bedeutung. Denn von den Einberufungen zu den SS-Totenkopfsturmbannen aufgrund der Notdienstverordnung vom 15. Oktober 1938 konnten ja nur Mitglieder der Allgemeinen SS betroffen werden. Das Versäumnis, eine gebotene Möglichkeit, aus der Allgemeinen SS auszutreten, nicht genutzt zu haben, kommt in folgendem Fall besonders gravierend zum Ausdruck: In einem Erlaß des SS-Hauptamtes vom

12. Januar 1939 heißt es, daß alle diejenigen SS-Männer, die erst nach ihrem 45. Lebensjahr in die Schutzstaffel eingetreten sind, zu entlassen seien, »deren Interesse an der Schutzstaffel nicht auf weltanschaulichem, sondern auf wirtschaftlichem Gebiet liegt und die infolgedessen bei ihrer Einberufung betrübt oder bestürzt waren, daß der schwarze Rock ihnen nicht nur Vorteile bringt, sondern daß auch dienstliche Anforderungen an sie gestellt werden«. Wer diese Möglichkeit nicht ergriff, der wurde schon einen Monat später für den Mobilmachungsfall karteimäßig für die Konzentrationslagerbewachung vorgemerkt. Am 31. August 1939 mußten viele von diesen Männern bei den Konzentrationslagern einrücken. Ein Beispiel für das Ausscheiden aus den Totenkopfverbänden aus Interesselosigkeit findet sich im Wachtruppenbefehl des Sturmbannes »Sachsen« vom 22. November 1935, wo es heißt:

»Immer wieder werden von Jungbauern Entlassungsgesuche eingereicht mit der Begründung, daß sie plötzlich den Erbhof übernehmen wollen. Die Wachtruppe hat kein Interesse an solchen Männern, denen die Aufgabe der Wachtruppe nicht klar geworden ist. Alle Entlassungen werden daher befürwortend weitergereicht.«

Im Wachtruppenbefehl vom 1. April 1937 gab Eicke bekannt:

»Wer in den Totenkopfverbänden nicht gehorchen kann und nach Kompromissen sucht, *muß* gehen; dabei kann auf niemand Rücksicht genommen werden. Alleine schon unser Abzeichen zwingt dazu, alles Persönliche zurückzustellen. Auch hier kann gesagt werden, wer nicht freudig und freiwillig gehorcht, ist nicht SS-Mann sondern Zweck-Mann; es kann für uns alle keine größere Freude geben, als ihn loszuwerden.«

Der Text eines Entlassungsbescheides vom Sommer 1938 lautete folgendermaßen[43]:

»*Sie werden mit Wirkung vom* 26. Juli 1938 *aus der Schutzstaffel entlassen.*

Begründung:

Durch Ihre berufliche Tätigkeit sind Sie zur ordnungsgemäßen Dienstleistung in der SS nicht mehr in der Lage. Ihrem eigenen Antrage v. 21. 6. 38 auf Entlassung war daher gemäß SS-Befehlsblatt Nr. 5 v. 25. 5. 36 Ziffer 6, 2e stattzugeben. Eine evtl. spätere Wiederaufnahme in die SS müßte die Mög-

[43] Es handelt sich um einen Vordruck, der kursiv gesetzte Text ist gedruckt, der übrige mit Schreibmaschine ausgefüllt.

lichkeit zur uneingeschränkten Dienstleistung zur Voraussetzung haben.

Für die der SS bisher geleisteten Dienste danke ich Ihnen.

Gegen die verfügte Entlassung steht Ihnen das Recht der Beschwerde unmittelbar an: ...innerhalb einer Frist von 7 Tagen – beginnend 1 Tag nach Aushändigung dieser Verfügung – zu.«

Obgleich die Entlassung aus der SS vor dem Krieg mit Sicherheit möglich war, und obgleich es sogar amtliche Vorschriften über die Entlassungsprozedur gab, war sie in der Praxis doch nicht unbedingt leicht zu erreichen. Sie erforderte schon damals den Mut, aus dem Rahmen zu fallen, obwohl keine Strafe und erst recht keine Gefahr für Leib und Leben drohte. Ein Beispiel dafür bietet ein im Jahr 1960 aus dienstlichem Anlaß aufgesetztes Protokoll über die Aussage eines ehemaligen Angehörigen der Totenkopfverbände, in dem unter anderem steht:

»...Nachdem er bei seinem Wachdienst [im KZ] im ›Schlauch‹ hin und wieder Schreie aus dem Zellenbau vernommen und selbst mit eigenen Augen durch den Lagerzaun die körperliche Züchtigung von Häftlingen durch Prügelstrafe gesehen habe, sei er nach Ostern 1937 an seinen Kp-Chef SS-Hauptsturmbannführer *Dusenschön* [sic!] herangetreten, um seine Entlassung zu beantragen, da er nicht Gefangenenwärter, sondern Soldat sein wolle. Sein Kp-Chef, bei dem er bis dahin einen sehr guten Stand gehabt habe, sei bei seinem Vorbringen völlig aus der Fassung geraten und habe ihn fürchterlich angefahren und ihm 24 Stunden Bedenkzeit gegeben. Von Stund' an sei er dann, nachdem er bei seinem Entschluß geblieben sei, bei jeder Gelegenheit schikaniert worden; so habe er z. B., wenn die anderen auf dem Exerzierplatz Pause machten, mit angezogenem Gewehr um den Platz laufen und während der Formalausbildung als stellvertretender Gruppenführer in Reih' und Glied mit den Rekruten exerzieren müssen.

Sein Entlassungsgesuch hätten sowohl der Rgt.- als auch der Div.-Kdr., SS-Gruppenführer *Eicke*, wieder rückgängig zu machen versucht. Er habe jedoch weiterhin auf seiner Entlassung bestanden, die dann auch zum 30. 7. 1937 erfolgt sei...«

Es handelte sich hier um einen Fall, wo das Entlassungsgesuch mit einer ausdrücklichen Kritik begründet wurde [was ja keineswegs unbedingt sein mußte], einer Kritik allerdings, die sich im Rahmen für Nationalsozialisten zumutbarer Argumente bewegte [Gefangenenwärter statt Soldat]. Die Schwierigkeiten, die dem Betreffenden gemacht wurden, obgleich er nur etwas erstrebte, was zu erstreben er ein normativ fixiertes Recht hatte, sind auch ein Beispiel für die weiter oben erörterte Verquickung von Normativität und nicht-normativer Praxis.

Einen anderen, allerdings nur für bestimmte Geburtsjahrgänge in Frage kommenden Weg, von den SS-Totenkopfverbänden loszukommen, zeigt folgende Verfügung des Oberkommandos des Heeres vom 3. September 1940:

>Am 1. 10. 1937 ist eine Reihe von Wehrpflichtigen zur Ableistung ihrer Wehrpflicht in das Heer eingetreten, die vorher schon in den damaligen SS-Totenkopfverbänden gedient und sich zu 12jähr. Dienstzeit in diesen verpflichtet haben.

Ein Teil dieser SS-Angehörigen hat gebeten, sich beim Heer zum Längerdienen verpflichten zu dürfen. Solche Angehörige der SS-Totenkopfverbände können von Einheiten des Heeres auf 12 Dienstjahre verpflichtet werden; sie gelten von ihrer früheren Verpflichtung als entbunden. Dagegen sind Angehörige dieser SS-Totenkopfverbände, die ihrer 2jähr. Wehrpflicht im Heere genügt haben und deren weitere Verwendung nur im Ersatzheer vorgesehen ist, der T-Division zur Verfügung zu stellen.

. . .

Aufgrund der Bestimmungen kommen für Freistellung an die SS-Totenkopfverbände nur in Frage: Soldaten, die ihrer 2jähr. Wehrpflicht im Heere genügt haben, also Angehörige der Geburtsjahrgänge 1914 und jünger.<

Im Kriege war der Austritt aus der Waffen-SS unmöglich, denn der Dienst in der Waffen-SS war Wehrdienst. Da das gesamte KZ-Personal dienstrechtlich zur Waffen-SS gehörte, kam also auch für dieses ein Austreten aus der SS nicht in Frage. Die Betreffenden hätten sich also um Versetzung zu einer anderen Dienstleistung, einem anderen Kommando oder an die Front bemühen müssen. Daß das möglich war, wurde weiter oben erörtert. Ähnlich lagen die Dinge bei der Polizei: auch aus dem Polizeidienst konnte man im Kriege nicht ausscheiden, sondern auch hier kam nur die Versetzung zu anderen Dienstleistungen in Frage. Da in der Polizei große Personalknappheit herrschte, dürften Gesuche um Einziehung in die Waffen-SS nur in allerseltensten Ausnahmefällen genehmigt worden sein.

Als Einzelheit anzumerken ist in diesem Zusammenhang, daß Notdienstverpflichtete nicht unbedingt automatisch und gegen ihren Willen in die Waffen-SS und damit in den Wehrdienst übergeführt werden konnten. Das wird durch folgendes Schreiben des Kommandeurs der SS-Sonder- und Polizeihaftlager an die Ergänzungsstelle der Waffen-SS »Südwest« vom 28. September 1940 bewiesen:

»Das SS-Sonderlager Hinzert nimmt Bezug auf die am gestrigen Tage mit dortiger Dienststelle geführte telef. Rücksprache, wonach die am 12. 9. 40 zum SS-Sonderlager Hinzert lt. Notdienstverordnung einberufenen SS- und RKB-Angehörigen... befragt wurden, ob sie sich zu weiterem Freiwilligendienst im SS-Sonderlager Hinzert bereiterklären würden. Es hat sich jedoch von den Genannten keiner hierzu bereit erklärt, weshalb diese auf dortige Anordnung innerhalb der nächsten 10 Tage wieder in ihre Heimat entlassen werden.

Am 26. 9. 40 meldete sich der SS-Staffelmann D... im SS-Sonderlager Hinzert zum Dienst. D. ist ebenfalls vom SS-Oberabschnitt Südwest lt. Notdienstverordnung einberufen worden und erklärt sich bereit im SS-Sonderlager Hinzert freiwillig weiter seinen Dienst zu versehen, was aber nur möglich ist, wenn eine nachträgliche ordnungsgemäße Einberufung über das zuständige Wehrbezirkskommando veranlaßt wird.«

Es lassen sich aufgrund dieses vereinzelten Belegs keine weitreichenden Schlußfolgerungen ziehen. Mit Sicherheit geht jedoch daraus hervor, daß man auch für die Kriegszeit nicht von der Vorstellung befangen sein darf, alle dienstlichen Veränderungen seien über die Köpfe der Betroffenen vorgenommen und es sei überhaupt nie jemand nach seinem Einverständnis gefragt worden.

Zur Orientierung des wissenschaftlichen Benutzers

Der erste Teil des vorliegenden Bandes (Seite 13 bis 212) enthält das Gutachten über ›Die Organisation von SS und Polizei unter nationalsozialistischer Herrschaft‹, das der Verfasser im Prozeß gegen Mulka und andere (»Auschwitz-Prozeß«) dem Schwurgericht in Frankfurt am Main im Dezember 1963 schriftlich vorgelegt und in der Hauptverhandlung am 7. Februar 1964 auszugsweise mündlich vorgetragen hat. Den zweiten Teil dieses Buches (Seite 213 bis 318) bildet das Gutachten ›Das Problem des Befehlsnotstandes bei den vom nationalsozialistischen Regime befohlenen Verbrechen in historischer Sicht‹. Der Verfasser hat es im gleichen Prozeß im Juni 1964 schriftlich vorgelegt und am 2. Juli 1964 in der Hauptverhandlung auszugsweise mündlich vorgetragen.

Von beiden Gutachten wird hier die Originalfassung veröffentlicht. Soweit der Text geändert ist, handelt es sich um die Beseitigung stilistischer Mängel und eine Verdeutlichung der Gedankenführung an manchen Stellen. Außerdem wurden einige kleine sachliche Fehler verbessert. Das Gutachten über die Organisation von SS und Polizei liegt bereits in einer anderen gedruckten Ausgabe vor, die die »Studiengesellschaft für Zeitprobleme«, Bonn, im Sommer 1964 herstellte und an die regelmäßigen Bezieher ihrer Schriften verteilte. Diese Ausgabe gibt es nicht im Buchhandel.

Während das Gutachten über den Befehlsnotstand für den Prozeß völlig neu ausgearbeitet wurde, sind in dem Gutachten über die Organisation von SS und Polizei eine Reihe älterer Arbeiten des Verfassers mitverwendet. Es handelt sich vor allem um folgende Titel:

Die SS in der Verfassung des Dritten Reiches. In: Vierteljahreshefte für Zeitgeschichte, Jg. 3 (1955), S. 127ff.

Die Höheren SS- und Polizeiführer. In: Vierteljahreshefte für Zeitgeschichte, Jg. 11 (1963), S. 362ff.

Rechtsstellung und Organisation des Reichskommissars für die Festigung deutschen Volkstums. In: Gutachten des Instituts für Zeitgeschichte. München 1958, S. 239ff.

Die Organisation der Sondergerichtsbarkeit der SS und Polizei. Ebenda, S. 343ff.

Die organisatorische Entwicklung der politischen Polizei in Deutschland in den Jahren 1933 und 1934. Ebenda, S. 294ff.

Die Aufnahme von Polizeiangehörigen in die SS und die Angleichung ihrer SS-Dienstgrade an ihre Beamtenränge (Dienstgradangleichung) in der Zeit des Dritten Reiches. Ungedrucktes Gutachten, München, September 1960.

Die Grenzpolizei der Geheimen Staatspolizei. Ungedrucktes Gutachten, München, Oktober 1959.

In diesen Arbeiten findet man das jeweilige Thema etwas ausführlicher behandelt als hier; andererseits enthält der vorliegende Text einige Verbesserungen und Ergänzungen, so etwa bei der Abhandlung des ›Erlasses des Führers und Reichskanzlers zur Festigung deutschen Volkstums‹ vom 7. Oktober 1939. Den Führerbefehl über die bewaffneten SS-Verbände vom 17. August 1938 beurteilt der Verfasser jetzt etwas anders als in seinem Aufsatz über ›Die SS in der Verfassung des Dritten Reiches‹. Neu ausgearbeitet wurde die Darstellung der Struktur der nationalsozialistischen Herrschaft. Unter dem Aspekt des Ausnahmezustandes betrachtet erscheint eine Abhandlung des Verfassers über das gleiche Thema in der von Ernst Fraenkel herausgegebenen Sammlung ›Der Staatsnotstand‹ (Colloquium-Verlag, Berlin 1965). Das häufige und sehr ausführliche Zitieren von Quellentexten und die Beschränkung auf die notwendigsten Anmerkungen entspricht dem forensischen Zweck der Gutachten. Soweit die Dokumente ohne Angabe der Fundstellen zitiert werden, handelt es sich um Material aus dem Archiv des Instituts für Zeitgeschichte.

Beim Gutachten über den Befehlsnotstand muß man berücksichtigen, daß es sich um ein Produkt historischer, nicht aber juristischer Forschung handelt. Zwischen beiden besteht nicht nur ein Unterschied der Fragestellung, sondern auch gewisse Diskrepanzen der Terminologie. Die Begriffe, deren sich der Jurist bedient, sind in der Regel viel mehr fixiert und präzisiert, andererseits jedoch dadurch auch viel enger und beziehungsärmer als die des Historikers. Trotzdem dürften gerade im Falle des Dritten Reiches die reinen Rechtsverhältnisse nicht zutreffend erkannt werden können, wenn ihre historisch-politischen Voraussetzungen unberücksichtigt bleiben.

München, den 28. Januar 1965   Hans Buchheim

Martin Broszat:
Nationalsozialistische Konzentrationslager 1933–1945

Schriftliches Sachverständigen-Gutachten für den Auschwitz-Prozeß, vor dem Schwurgericht Frankfurt a. M. am 21. Februar 1964 mündlich vorgetragen.

Vorbemerkung

Die nationalsozialistischen Konzentrationslager sind seit Eugen Kogons meisterlicher Schrift über den ›SS-Staat‹ (1946) nicht wieder Gegenstand systematischer historischer Beschreibung gewesen. Inzwischen haben sich die Dokumentenbasis und die Ergebnisse der Einzelforschung, die dem Historiker zur Verfügung stehen, erheblich erweitert. Dennoch bleibt ein befremdlicher Widerspruch: Die nationalsozialistischen Konzentrationslager sind zwar zu einem gängigen Begriff der allgemeinen historisch-politischen Meinungsbildung geworden, es existiert aber wenig sicheres Wissen über sie.

Die folgende Darstellung, anläßlich des Frankfurter Auschwitz-Prozesses als Gutachten entstanden, ist nicht selbst schon die fällige umfassende Geschichte der nationalsozialistischen Konzentrationslager, vielleicht aber ein Gerüst dazu. Es geht ihr vor allem darum, die zeitlichen Phasen der Entwicklung, die Organisations- und Führungsstruktur der Konzentrationslager und ihre innerhalb der zwölf Jahre nationalsozialistischer Herrschaft stark veränderte und ausgeweitete Funktion, Größenordnung und Wirkung zu erfassen. Ein planvolles System der Konzentrationslager bestand nicht von Anfang an. Aus dem gewaltsam improvisierten Ausnahmezustand des Frühjahrs 1933 mit seinen Rivalitäten und inneren Unklarheiten entwickelten sich die Lager vielmehr erst allmählich und weder zwingend noch ohne Widerstände in der Übergangszeit zwischen 1933 und 1936 zu einer permanenten, nach Ausdehnung drängenden Institution des Hitler-Staates. Und selbst noch die katastrophale letzte Phase der Konzentrationslager (1942–1945) hinterläßt neben dem Bild ideologisch-bürokratischer Systematik des Terrors den Eindruck »wütender« Improvisation. Innerhalb einer »Anatomie« der nationalsozialistischen Herrschaft ist dieses Symptom einer gleichsam »unternehmerischen« Akkumulation der Gewaltanwendung nicht zu übersehen.

Verglichen mit den Dimensionen, welche die Konzentrationslager in der zweiten Kriegshälfte einnahmen, mag ihre Bedeutung vor 1939 geringfügig, ja nahezu harmlos erscheinen. Gleichwohl legt unsere Darstellung auf die Vorkriegsentwicklung besonderes Gewicht, weil in ihr wesentliche Vorentscheidungen fielen. Bildeten doch die Konzentrationslager ein bedeutsames Kriterium dafür, ob der nationalsozialistische Führerabsolutismus nach der Übernahme und Stabilisierung der

Macht bei autoritärer Staatsumgestaltung stehenbleiben oder zur kontinuierlichen Auflösung und Aufsaugung der Rechts- und Staatsordnung weitertreiben würde.

Daß die Konzentrationslager nach 1933/34 ohne objektive Notwendigkeit beibehalten wurden, bedeutete bereits willentliche Prolongierung des Ausnahmezustandes, und es war nicht von ungefähr, daß sie nach Beginn des Krieges zu einem gigantischen Apparat anwuchsen. Denn der Krieg war für die nationalsozialistische Führung auch im Innern das wesensgemäße Element: der große Ausnahmezustand zur Durchsetzung totaler Verfügungsgewalt. Aus den Schutzhaftlagern für Staatsfeinde wurden Stätten massenhafter Zwangsarbeit, biologisch-medizinischer Experimente und physischer Eliminierung jüdischen und anderen unerwünschten Lebens.

München, Sommer 1964   Martin Broszat

1. Begriff und Institution der Schutzhaft

Die Bezeichnung Schutzhaft, die zum Inbegriff der politischen Gegnerbekämpfung im Dritten Reich werden sollte, ist sogleich nach der Notverordnung vom 28. Februar 1933 auf die damals vor allem gegen kommunistische Funktionäre gerichteten Verhaftungen angewandt worden[1]. In einschlägigen preußischen Erlassen des Jahres 1933 ist gelegentlich alternativ von »politischer Schutzhaft«, von »Polizeihaft aus politischen Gründen« oder auch von »politischer Haft« die Rede[2]. Die Verbindung der »Schutzhaft« mit dem Begriff der Polizeihaft[3] verweist auf das Polizeirecht. Vor 1914 verstand man unter Schutzhaft in Preußen und anderen deutschen Ländern ausschließlich die kurzfristige polizeiliche Verwahrung, die zum Schutze und im eigenen Interesse einer Person (vor öffentlicher Gefährdung durch Angriffe einer Volksmenge o. ä.) vorgenommen wurde. Schon während des Weltkrieges wurde es aber üblich, auch die aufgrund des militärischen Belagerungszustandes über staatspolitisch verdächtige Personen verhängte Haft als Schutzhaft zu bezeichnen[4]. Zur Anordnung von präventiver militärischer Schutzhaft in diesem Sinne kam es dann ebenfalls in den Jahren 1919/20 bei der Unterdrückung kommunistischer oder separatistischer Bestrebungen im Rahmen zeitlich und lokal begrenzten Ausnahmezustandes durch Reichswehrbefehlshaber und im Einvernehmen mit dem Reichswehrminister vor allem in Berlin, Bayern (bei der Niederwerfung der Räterepublik) und

---

[1] Die Not-VO vom 28. Februar 1933 ebenso wie die im Runderlaß des kommissarischen Preußischen Ministers des Innern [Göring] vom 3. März 1933 den preußischen Polizeibehörden erteilten Richtlinien zur Durchführung der VO vom 28. Februar 1933 (MBliV. I, S. 233) enthalten den Begriff der Schutzhaft noch nicht. Die aufgrund der VO von der Polizei im gesamten Reichsgebiet vorgenommenen Verhaftungen wurden in den diesbezüglichen Berichten des preußischen Polizeipräsidenten aber schon im März 1933 als »Schutzhaft«, dagegen in den gleichzeitigen Anordnungen der bayerischen Behörden als Überführung in »Polizeihaft« bezeichnet. Im April 1933 setzte sich auch im amtlichen Gebrauch in Bayern der Begriff »Schutzhaft« durch.

[2] So in dem Runderlaß des Pr. Min. d. Innern vom 14. Oktober 1933 betr. Vollstreckung der Schutzhaft; Bundesarchiv/Koblenz (künftig zit. als BA): Slg. Schumacher/271; ferner Akten d. Pr. Min. d. Innern/Polit. Polizei, Mikrofilm Inst. f. Zeitgesch., MA 198/2.

[3] Später unterschied man von den politischen Schutzhäftlingen die im Rahmen der sogenannten »Vorbeugenden Verbrechensbekämpfung« von der Kriminalpolizei in die Konzentrationslager eingewiesenen Kriminellen und Asozialen, die als »Polizeiliche Vorbeugungshäftlinge« (PVH) klassifiziert wurden; so noch in der letzten Belegstärkeübersicht des KL Dachau vom 26. April 1945; Fotokopie im Inst. f. Zeitgesch.

[4] Vgl. Otto Geigenmüller, Die Polizeiliche Schutzhaft im nationalsozialistischen Deutschland. Jur. Diss. – Leipzig 1937, S. 7 ff.

im Ruhrgebiet[5]. Schließlich fiel unter den Begriff Schutzhaft später auch die im preußischen Polizeiverwaltungsgesetz vom 1. Juli 1931 (§ 15) vorgesehene Polizeihaft zum Schutz der öffentlichen Ordnung, dabei war jedoch vorgeschrieben, daß der Verhaftete binnen 24 Stunden dem Richter vorgeführt werden müsse[6].

Die Möglichkeit stark erweiterter Dauer polizeilicher Haft (bis zu drei Monaten) wurde nach Hitlers Ernennung zum Reichskanzler schon durch die am 4. Februar 1933 vom Reichspräsidenten erlassene Notverordnung zum Schutz des deutschen Volkes[7] geschaffen. Sie war jedoch ausdrücklich nur bei Verdacht strafbarer Handlungen (Landes- und Hochverrat, bewaffnete Störung der öffentlichen Sicherheit) zulässig und gab dem Verhafteten außerdem das Recht, den Richter anzurufen, der im Zweifelsfall über die Fortdauer der Haft zu entscheiden hatte.

Erst die nach dem Reichstagsbrand erlassene Notverordnung zum Schutz von Volk und Staat[8] hob neben anderen Grundrechten der Weimarer Verfassung auch die Unverletzlichkeit der persönlichen Freiheit (Art. 114) auf und schuf damit die Grundlage zur polizeilichen Verhaftung von politischen Gegnern (im weitesten Sinne), die sich grundsätzlich von der auf dem Wege eines Rechtsverfahrens durch ein Gerichtsurteil begründeten Strafhaft und der nur kurzfristig zulässigen Polizeihaft unterschied[9]. Offizielle Definitionen nationalsozialistischer Provenienz bestätigten ausdrücklich, daß die aufgrund der VO vom 28. Februar 1933 angeordnete Schutzhaft kein Instrument zur Ahndung strafbarer Handlungen sein sollte, sondern eine »vorbeugende« Polizeimaßnahme zur Ausschaltung der von »staatsfeindlichen Elementen drohenden Gefahren«. Hans Tesmer, Regierungsrat im Geheimen Staatspolizeiamt, charakterisierte 1936 rückblickend die durch die VO vom 28. Februar 1933 geschehene grundlegende Neuerung:

[5] Vgl. die Akte ›Schutzhaft‹ im BA: R 43 II/398.
[6] Vgl. dazu auch die Aussagen des ehem. preußischen Innenministers Severing vor dem Internat. Militärtribunal in Nürnberg, IMT, XIV, S. 302 f.
[7] RGBl. I, S. 35.
[8] RGBl. I, S. 83.
[9] In einem späteren Runderlaß des Chefs der Sicherheitspolizei vom 26. Februar 1937 wurden die nachgeordneten Stapo(leit)stellen ausdrücklich aufgefordert, »in Zukunft von der Möglichkeit der Anordnung der polizeilichen Haft nach § 22, Abs. 4 der Verordnung vom 4. Februar 1933 keinen Gebrauch zu machen, um zu vermeiden, daß eine richterliche Nachprüfung polizeilicher Maßnahmen notwendig wird«. Dies sei auch »überflüssig, da in allen diesen Fällen die Möglichkeit der Anordnung der Schutzhaft gegeben ist«; Allg. Erlaßsammlung des RSHA, 2 F IX, S. 1.

»War es für die Polizei bisher nur möglich, im Rahmen §§ 112 ff. der Strafprozeßordnung als Hilfsbeamte der Staatsanwaltschaft zur Verfolgung strafbarer Handlungen zur Festnahme zu schreiten oder unter bestimmten Voraussetzungen ... Personen auf kurze Zeit in polizeiliche Verwahrung zu nehmen, so hatten jetzt die zuständigen Polizeibehörden das Recht erhalten, zur Bekämpfung staatsfeindlicher Bestrebungen das wirksamste Mittel im Kampf gegen den Staatsfeind, die Freiheitentziehung in Form der Schutzhaft, anzuordnen.«[10]

2. Die Verhaftungswelle vom März/April 1933 und die ersten Konzentrationslager

Wie aus dem einleitenden Absatz der Verordnung vom 28. Februar 1933 ersichtlich ist, war diese zunächst vor allem gegen die Kommunistische Partei, ihre Organisationen, Presseorgane, Versammlungen und Funktionäre gerichtet. Während der vertraulichen Sitzung des Reichskabinetts, das nach dem Reichstagsbrand am Vormittag des 28. Februar 1933 die geplante Verordnung beriet, äußerte Hitler (laut Protokoll), »daß jetzt eine rücksichtslose Auseinandersetzung mit der KPD dringend geboten sei. Der psychologisch richtige Moment für diese Auseinandersetzung sei jetzt gekommen« und dürfe »nicht von juristischen Erwägungen abhängig gemacht werden«. Hitler hatte dabei auch die für den 5. März angesetzten Reichstagswahlen im Auge und versprach sich von einer raschen Zerschlagung der Kommunistischen Partei einen um so sicheren Sieg der hinter seiner Regierung stehenden nationalen Rechten (NSDAP und Deutschnationale). In der Kabinettssitzung vom 28. Februar bemerkte er: »Nachdem die Brandstiftung im Reichstagsgebäude sich ereignet habe, zweifle er nicht mehr daran, daß die Reichsregierung nunmehr bei den Wahlen 51 Prozent erobern werde.«[11]
Es mag dahingestellt bleiben, ob Hitler nach dem Reichstagsbrand tatsächlich das Bestehen einer kommunistischen Gefahr und Verschwörung argwöhnte oder ob er nur bewußt und eilfertig den Anlaß zu einer Gewaltaktion zur Zerschlagung der

---

[10] Hans Tesmer, Die Schutzhaft und ihre rechtlichen Grundlagen. In: Zschr. ›Deutsches Recht‹, Jg. 6 (1936), S. 135 f.
[11] Protokoll der Sitzung des Reichskabinetts vom Vormittag des 28. Februar 1933 im BA: R 43 I/1459, S. 756 ff.

kommunistischen Organisationen und zur Ausschaltung ihrer Führer ergriff. Seine – letztlich ideologisch bestimmte – Entschlossenheit zur brutalen Unterdrückung der Kommunisten stand seit langem fest. Schon sieben Jahre vorher hatte Hitler in einer nichtöffentlichen Rede in Hamburg erklärt:

>Wenn eine Bewegung den Kampf gegen den Marxismus durchführen will, hat sie genauso intolerant zu sein wie es der Marxismus selbst ist. Sie darf keinen Zweifel darüber lassen... wenn wir siegen, wird der Marxismus vernichtet, und zwar restlos; auch wir kennen keine Toleranz. Wir haben nicht eher Ruhe, bis die letzte Zeitung vernichtet ist, die letzte Organisation erledigt ist, die letzte Bildungsstätte beseitigt ist und der letzte Marxist bekehrt oder ausgerottet ist. Es gibt kein Mittelding.<[12]

Zur Durchführung der Reichstagsbrand-Verordnung gab der Preußische Innenminister (Göring) den preußischen Polizeibehörden in einem Runderlaß vom 3. März 1933 die Weisung:

>Nach Zweck und Ziel der VO. werden sich die nach ihr zulässigen erweiterten Maßnahmen in erster Linie gegen die Kommunisten, dann aber auch gegen diejenigen zu richten haben, die mit den Kommunisten zusammenarbeiten und deren verbrecherische Ziele, wenn auch nur mittelbar, unterstützen oder fördern. Zur Vermeidung von Mißgriffen weise ich darauf hin, daß Maßnahmen, die gegen Angehörige oder Einrichtungen anderer als kommunistischer, anarchistischer oder sozialdemokratischer Parteien oder Organisationen notwendig werden, auf die VO. zum Schutz von Volk und Staat v. 28. 2. 1933 nur dann zu stützen sind, wenn sie der Abwehr solcher kommunistischen Bestrebungen in weitestem Sinne dienen.<[13]

Zugleich mit der Aufhebung der freiheitlichen Grundrechte bevollmächtigte die Reichstagsbrand-Verordnung die Reichsregierung, alle zur Bekämpfung der kommunistischen Organisationen und anderer Gegner beabsichtigten Maßnahmen unter Aufhebung der Länderhoheit direkt wahrzunehmen. Reichsinnenminister Dr. Frick konnte aufgrund dessen in der Folgezeit in denjenigen Ländern, in denen eine Leitung der Polizei in nationalsozialistischem Sinne nicht ohnehin verbürgt war, Reichskommissare mit Polizeibefugnissen einsetzen. So gelangte

[12] Vgl. Werner Jochmann, Im Kampf um die Macht. Hitlers Rede vor dem Hamburger Nationalklub (28. Februar 1926). Frankfurt/Main 1960, S. 114.
[13] MBliV. I, S. 233.

binnen weniger Wochen der innenpolitisch entscheidende Sektor der Polizei im Reichsgebiet fast überall in die Hände von SA- oder SS-Führern, Politischen Leitern der NSDAP und anderen »zuverlässigen« Parteigängern. Nach dem Beispiel, das Göring als geschäftsführender preußischer Innenminister schon Mitte Februar 1933 gegeben hatte, gingen auch die meisten der neuen nationalsozialistischen Chefs der Polizei in den außerpreußischen Ländern dazu über, der SA und SS hilfspolizeiliche Befugnisse einzuräumen. Der Reichsführer-SS, Heinrich Himmler, schon am 9. März 1933 in München als Kommissarischer Polizeipräsident eingesetzt (mit Reinhard Heydrich als Leiter des politischen Referats der Abteilung VI der Münchener Kriminalpolizei), erhielt am 1. April 1933 die Berufung zum Politischen Polizeikommandeur Bayerns. Damit war zugleich die Verselbständigung der politischen Polizei in Bayern, ihre Ausgliederung aus der Polizeidirektion München und ihre Umbildung zu einer ministeriellen Sonderbehörde innerhalb des bayerischen Innenministeriums verbunden[14]. Himmler suchte von Anfang an die Führungsstellen der politischen Polizei in die Hände der SS zu legen.

Unter diesen Umständen wurde die mit der Notverordnung vom 28. Februar 1933 begründete Aktion zur Zerschlagung der kommunistischen Organisationen in den meisten Gebieten des Reiches sehr radikal ausgelegt und durchgeführt. In Berlin gab Göring noch in der Nacht zum 28. Februar Anweisung zur Verhaftung sämtlicher kommunistischer Reichstags- und Landtagsabgeordneter sowie einiger Tausend sonstiger kommunistischer Funktionäre.

In Bayern hatte die noch amtierende Regierung Held am 1. März außer dem Verbot kommunistischer Versammlungen und Zeitungen sich zunächst auf die Anweisung beschränkt, »kommunistische Aufwiegler in Polizeihaft zu nehmen«[15]. Nachdem am 9. März der Gauleiter der NSDAP in Oberbayern, Adolf Wagner, zum Staatskommissar für das bayerische Innenministerium ernannt worden war, wurde der Kreis der zu Verhaftenden erheblich weiter gezogen und auch auf andere politische Gegner ausgedehnt. Ein Schreiben Wagners an den gleichfalls neuer-

[14] Vgl. die Anordnung des Bayer. Staatsmin. d. Innern vom 1. April 1933, Ges. u. VO-Bl. f. d. Freistaat Bayern, 1933, S. 95.
[15] Erlaß des Bayer. Staatsmin. d. Innern vom 1. März 1933 an die Regierungen [der Reg.Bezirke], die Polizeidirektionen, Staatspolizeiämter, Bezirksämter und Stadtkommissare; BA: Slg. Schumacher/271. Vgl. auch die Bekanntmachung des Bayer. Staatsmin. d. Innern vom 4. März 1933; Ges.- u. VO-Bl. d. Freistaates Bayern, 1933, S. 85.

nannten nationalsozialistischen Staatskommissar für das bayerische Justizministerium Dr. Hans Frank vom 13. März 1933 nahm hierauf Bezug:

>»Ich mache ergebenst darauf aufmerksam, daß der Vollzug der Verordnung zur Inhaftierung aller kommunistischen Funktionäre und Reichsbannerführer bis jetzt noch nicht so ausdrücklich durchgeführt wurde, wie das im Hinblick auf die Aufrechterhaltung der Sicherheit und Ruhe notwendig wäre. Aufgrund der gestrigen Besprechung mit den Herren Regierungspräsidenten ist wohl anzunehmen, daß die in Frage kommenden Dienststellen nunmehr mit größerer Gründlichkeit die Durchführung der Anordnung in Angriff nehmen.

Es ist deswegen wahrscheinlich noch mit einem größeren Andrang von in Polizeigewahrsam genommenen Leuten zu rechnen.

Falls die den Justizbehörden zur Verfügung stehenden Gefängnisse nicht ausreichend sein sollten, empfehle ich, dieselben Methoden zur Anwendung zu bringen, die man früher den Masseninhaftierten der Nationalsozialistischen Deutschen Arbeiterpartei gegenüber anwandte. Man sperrte sie bekanntlich in irgendein leer stehendes Gemäuer und kümmerte sich nicht darum, ob sie den Unbilden der Witterung ausgesetzt waren oder nicht.«[16]

Wagner empfahl gleichzeitig die Einrichtung besonderer Schutzhaft-Unterkünfte außerhalb der Polizei- und Justiz-Gefängnisse. Schon am 20. März 1933 ließ Himmler als Kommissarischer Polizeipräsident von München auf dem Gelände und in den Steinbaracken einer ehemaligen Pulverfabrik in der Nähe von Dachau bei München das erste Konzentrationslager errichten. Der Völkische Beobachter berichtete hierüber am 21. März 1933:

»... Hier werden die gesamten kommunistischen und soweit dies notwendig ist, Reichsbanner- und sozialdemokratischen Funktionäre zusammengezogen, da es auf die Dauer nicht möglich ist und den Staatsapparat zu sehr belastet, diese Funktionäre in den Gerichtsgefängnissen unterzubringen. Es hat sich gezeigt, daß es nicht angängig ist, diese Leute in die Freiheit zu entlassen, da sie weiter hetzen und Unruhe stiften ...«[17]

Die Justiz selbst drängte darauf, die in ihren Strafanstalten einsitzenden Schutzhäftlinge loszuwerden. Die meisten von ihnen befanden sich noch Ende April in den örtlichen Gefängnissen

[16] Ebenda.
[17] >Völkischer Beobachter< vom 21. März 1933.

des Landes. Justizminister Frank schrieb dem bayerischen Innenminister am 21. April 1933:

»Nach den mir zugehenden Berichten der Generalstaatsanwälte sind die Strafanstalten und Gerichtsgefängnisse nach wie vor infolge hoher Belegung mit Schutzhaftgefangenen überfüllt. Ich sehe mich deshalb erneut genötigt, auf die durch die Überfüllung hervorgerufenen Mißstände hinzuweisen. Die Zusammenlegung der Gefangenen auf ungenügenden Raum gefährdet ernstlich die körperliche Gesundheit und führt, zumal es an jeglicher Beschäftigungsmöglichkeit fehlt, zu schweren Haftpsychosen. Dazu kommt, daß es bei dem vorhandenen Beamtenstand nicht möglich ist, die Gefangenen in entsprechender Weise zu beaufsichtigen. Darüber hinaus hat aber die durch die Übernahme von Schutzhaftgefangenen verursachte Überbelegung noch zur Folge, daß der Strafvollzug in beträchtlichem Umfange lahmgelegt ist. Wie ich bereits in meinem Schreiben vom 11. April 1933 Nr. IV 11 302 a mitgeteilt habe, mußte schon in vielen Fällen die Vollstreckung von Freiheitsstrafen aufgehoben werden. Aus dem gleichen Grunde konnten und können Beschuldigte, gegen die zwecks unbehinderter Klärung der Sachlage Untersuchungshaft zu verhängen wäre, nicht in Haft genommen werden. Die gegenwärtigen Zustände verhindern also die Durchführung einer geordneten Rechtspflege und gefährden damit lebenswichtige Interessen des Staates und Volkes. Sie sind für die Justizverwaltung unerträglich und können nicht weiter verantwortet werden. Ich muß deshalb dringend ersuchen, anzuordnen, daß die Strafanstalten und Gerichtsgefängnisse umgehend von allen Schutzhaftgefangenen entlastet werden ...

Der Herr Politische Polizeikommandeur Bayerns hat Abdruck dieses Schreibens erhalten.«[18]

Über die in Preußen aufgrund der Verordnung vom 28. Februar 1933 verhängte Schutzhaft liegen eine Reihe von 14tägigen Berichten der preußischen Regierungspräsidenten beziehungsweise Polizeipräsidenten vor, die in der Polizeiabteilung des Preußischen Innenministeriums statistisch ausgewertet wurden[19]. Aus diesen Unterlagen ist ersichtlich: Der zeitliche

---

[18] BA: Slg. Schumacher/271.
[19] In Akten des Preuß. Min. d. Innern/Politische Polizei, Mikrofilm Inst. f. Zeitgesch., MA 198/2, insbes. Bl. 83 f., 152 f., 223 f., 281 f. – Aufgrund des Runderlaß des Preußischen Ministers des Innern vom 3. März 1933 mußten die Regierungspräsidenten 14tägige Berichte über die aufgrund der VO vom 28. Februar 1933 ergriffenen Maßnahmen einsenden.

Schwerpunkt der ersten, vornehmlich gegen kommunistische Funktionäre gerichteten Welle von Schutzhaftanordnungen durch die preußische Polizei fiel in die Monate März und April 1933. Für einen großen Teil der insgesamt 34 preußischen Regierungsbezirke liegen genaue Angaben über die in beiden Monaten (in jeweils 14tägiger Berichtszeit) in Schutzhaft genommenen Personen vor. Sie erlauben es, folgende statistische Teilbilanz für die Monate März bis April 1933 zu ziehen:

Berichts-Zeitraum (1933)	Zahl der gemeldeten preuß. Regierungsbezirke (von insgesamt 34)	Zahl der in den gemeldeten preuß. Regierungsbezirken in Schutzhaft genommenen Personen
1.–15. März	24	7784
16.–31. März	16	2860
1.–15. April	20	3017
16.–30. April	19	2693
März/April 1933	(= 60 Prozent) durchschnittlich 20 von 34	16354

Diese Teilzahlen, die sich auf rund 60 Prozent der preußischen Regierungsbezirke beziehen, ergeben mit großer Wahrscheinlichkeit, daß die Gesamtzahl der in Preußen in den Monaten März/April 1933 von der Polizei in Schutzhaft genommenen Personen mindestens bei 25000 (wahrscheinlich noch etwas höher) gelegen haben muß, zumal die beträchtlichen Verhaftungen in der Reichshauptstadt Berlin in den verwendeten Unterlagen nicht enthalten sind.

Es handelt sich bei diesen rund 25000 Verhafteten in Preußen nur um die von der Polizei gemeldeten Schutzhaftfälle. Die vor allem in den Großstädten von SA und SS durchgeführten »wilden« Verhaftungen von politischen Gegnern sind darin nicht enthalten. Andererseits ist zu berücksichtigen, daß ein erheblicher Teil der festgesetzten Personen nur sehr kurzfristig in Haft blieb und schon nach einigen Tagen oder Wochen wieder entlassen wurde[20].

---

[20] Im Entwurf eines Schreibens des Pr. Min. d. Innern an den RMdI vom Juni 1933 heißt es: »Nach meinen bisherigen Unterlagen befanden sich in Preußen während des Monats März 1933 durchschnittlich 15000 Personen und während des Monats April 1933 13000 Personen in Schutzhaft.« BA: Slg. Schumacher/271. Diels erklärte später, er habe »die Zahl der Freiheitsberaubungen im preußischen Staatsgebiet im April (1933) auf rund 30000 geschätzt«; vgl. Rudolf Diels, Lucifer ante portas. Stuttgart 1950, S. 346.

Auffällig ist im übrigen die erhebliche zahlenmäßige Differenz der polizeilichen Schutzhaftmaßnahmen in den einzelnen preußischen Regierungsbezirken. Es spiegelt sich hierbei nicht nur der Unterschied von Stadt und Land, der sozialen, konfessionellen und politischen Struktur der einzelnen Bezirke, sondern auch der jeweiligen (gemäßigteren oder schärferen) Polizeileitung. So entfielen in der ersten Märzhälfte auf ganz Ostpreußen (Regierungsbezirke Königsberg, Gumbinnen, Allenstein) nur 421, auf Schlesien (Regierungsbezirke Liegnitz, Breslau, Oppeln) 1142 Schutzhaftfälle. In der gleichen Zeit meldete der ländliche Regierungsbezirk Schleswig 382 Fälle, der ebenfalls ländliche Regierungsbezirk Hildesheim nur 77. Besonders krasse Unterschiede sind in den preußischen Gebieten des Rheinlandes und Westfalens festzustellen. Die absolut höchste Zahlenmeldung stammt aus dem Regierungsbezirk Düsseldorf, wo SS-Gruppenführer Weitzel als Polizeipräsident fungierte. Hier wurden im März/April 1933 insgesamt 3818 Personen in Schutzhaft genommen, während für den gleichen Zeitraum im Regierungsbezirk Trier lediglich 78 Schutzhaftfälle gemeldet wurden.

Der durch die VO vom 28. Februar 1933 geschaffene Ausnahmezustand und die von Hitler, Göring, Röhm, Himmler u. a. deutlich proklamierte Absicht gewaltsamer »Abrechnung« mit den Kommunisten und anderen Feinden der sogenannten nationalen Erhebung mobilisierte nunmehr auch die bisher noch leidlich in Zaum gehaltenen bewaffneten Verbände der SA und SS zu eigenmächtigem Vorgehen. Vor allem in den Großstädten kam es zu gewaltsamen und nicht selten blutigen Exzessen. Der damalige Chef der Politischen Abteilung (IA) des Berliner Polizeipräsidiums (ab 26. April 1934: Geheimes Staatspolizeiamt – Gestapa) Rudolf Diels berichtete später über diese Aktionen:

»Aus allen Teilen der Hauptstadt erreichten uns in der IA Gerüchte, polizeiliche Rapporte, Beschwerden und Siegesmeldungen über die Aktionen der SA. Sie war, im Gegensatz zur Partei, auf ihre Machtergreifung vorbereitet. Die bedurfte keiner einheitlichen Leitung; der ›Gruppenstab‹ gab das Beispiel, doch keine Befehle. Aber bei den ›Stürmen‹ gab es feste Pläne für die Aktionen in den Kommunistenvierteln. Jeder SA-Mann war in jenen Märztagen ›dem Feind auf den Fersen‹, jeder wußte, was er zu tun hatte. Die ›Stürme‹ säuberten die Bezirke. Sie kannten nicht nur die Wohnungen, sondern sie hatten auch von langer Hand die Unterschlupfe

und Treffpunkte ihrer Gegner ausgekundschaftet ... Nicht nur die Kommunisten, sondern jeder, der sich einmal gegen Hitlers Bewegung ausgesprochen hatte, war gefährdet ...
SA-Männer zerstörten die Einrichtung der Wohnung des Sohnes des Reichspräsidenten Ebert. Sie drangen in die Wohnungen der Besitzer der Verlagshäuser Ullstein und Mosse ein. Von den Mitgliedern der ›Weltbühne‹ und des ›Tagebuchs‹ verschleppten sie, wessen sie habhaft werden konnten ... SA-Führer gingen nicht mehr zu Fuß. Die heiter gestimmten Sieger brausten in eleganten Autos über den Kurfürstendamm und die Linden. Fabrikanten oder Kaufleute hatten ihnen die Wagen zur Verfügung gestellt oder geschenkt, um ihre Protektion zu gewinnen. Juden und Demokraten waren die Wagen einfach weggenommen worden ...
In diesen Märztagen entstanden die Konzentrationslager um Berlin. Es kamen Nachrichten über Lager bei Oranienburg, Königswusterhausen und Bornim ... In den einzelnen Stadtteilen entstanden ›Privatgefängnisse‹. Die ›Bunker‹ in der Hedemann- und Voßstraße wurden zu infernalischen Stätten der Menschenquälerei. Es entstand das Columbia-Gefängnis der SS, die allerschlimmste Marterstätte ...
Der Aufstand der Berliner SA elektrisierte die entferntesten Landesteile. In vielen Großstädten, in denen die polizeiliche Macht den örtlichen SA-Führern übertragen worden war, herrschte das revolutionäre Treiben ... In Niederschlesien betrieb der SA-Gruppenführer Heines von Breslau aus ein Gewaltregiment. Im nördlichen Rheinland war es SS-Gruppenführer Weitzel, der als Polizeipräsident von Düsseldorf zusammen mit dem SA-Führer Lobek einen wilden Radikalismus entfaltete. In den Städten des Ruhrgebietes herrschte die SA Terbovens. In Ostpreußen hatte Gauleiter Koch weder die SA noch die SS hochkommen lassen. Hier regierten die politischen Leiter. Es ging gegen die ›Reaktion‹. Das Land befand sich wie im Kriegszustand, in dem der Adel als der imaginäre Gegner Freiheitsberaubungen über sich ergehen lassen mußte. Von Stettin aus ermunterte das Beispiel des SA-Gruppenführers von Heydebreck die pommersche SA, das Land zu terrorisieren. Aus Rostock, Stargard und Greifswald wurden Fälle von Mißhandlungen gemeldet. Die Quälereien hatten einigen Opfern das Leben gekostet.«[21]

[21] Rudolf Diels, a. a. O., S. 222 ff., vgl. dazu auch Hans Bernd Gisevius, Bis zum bitteren Ende. Hamburg 1960, S. 92 ff.

3. Neue Verhaftungswelle im Sommer 1933
und das Normalisierungsbestreben der Staatsorgane

Die gewaltsame Ausschaltung der Kommunisten, die in dem am 5. März gewählten Reichstag ihre Sitze nicht mehr einnehmen konnten, befreite Hitler von diesem am meisten gehaßten Gegner und schuf die entscheidende Voraussetzung zur Durchsetzung des mit Zweidrittel-Mehrheit zu beschließenden Ermächtigungsgesetzes (23. März 1933), das Hitler ein wesentliches Stück näher an die absolute Staatsführung heranbrachte. Von der neuen Position aus konnte eine Reihe weiterer Gegner eliminiert werden: Am 2. Mai fand die Aktion zur Zerschlagung der Freien Gewerkschaften statt, am 9. Mai wurde das Vermögen des Reichsbanners und der SPD beschlagnahmt, am 22. Juni die Sozialdemokratische Partei offiziell verboten und am 7. Juli ihre Mandate im Reichstag, den Landtagen und Kommunalvertretungen kassiert.

In den darauffolgenden Wochen vollzog sich unter öffentlichem Druck die Selbstauflösung der bürgerlichen Parteien. Der gesamte Prozeß dieser Ausschaltung der nicht-kommunistischen politischen Gruppen und Organisationen war abermals mit einer Welle von Verhaftungen verbunden. In die teils von SA, teils von SS oder Polizei eingerichteten Lager Dachau, Oranienburg, Papenburg, Esterwegen, Dürrgoy bei Breslau, Kemna bei Wuppertal, Sonnenburg, Sachsenburg u. a. m. sowie in Gefängnissen und Haftstrafanstalten wurden im Sommer und Herbst 1933 in verstärktem Maße Sozialdemokraten, Demokraten, Führer des Zentrums, der Bayerischen Volkspartei, Deutschnationale, Royalisten, bürgerliche und nicht zuletzt jüdische Journalisten und Schriftsteller, Rechtsanwälte, vereinzelt auch mißliebige Unternehmer, Beamte usw. eingewiesen. Wie aus einem Erlaß der von Himmler geleiteten Bayerischen Politischen Polizei vom 26. Juni 1933 hervorgeht, bestand in Bayern z. B. die Weisung, von den ehemaligen Mitgliedern der Bayerischen Volkspartei »außer Reichs- und Landtagsabgeordneten« auch »diejenigen Personen in Schutzhaft zu nehmen, die sich in parteipolitischer Hinsicht besonders hervorgetan haben«[22].

In Preußen wuchs die Zahl der Schutzhaftgefangenen nach leichtem Absinken im Mai und Juni wieder auf 14000 an[23]. Bis zum

---

[22] Funkspruch der Bayer. Polit. Polizei an die Polizeidirektionen Nürnberg, Regensburg, Würzburg, Hof, Augsburg, Ludwigshafen vom 26. Juni 1933; BA: Slg. Schumacher/271.
[23] Schreiben des bayer. Vertreters beim Reich, Gesandten Sperr, vom 20. Juli 1933 an Geheimrat Frhr. v. Stengel, ebenda.

Juni 1933 hatte das Preußische Innenministerium insgesamt sechs Lager offiziell als staatliche (und aus der preußischen Staatskasse finanzierte) Konzentrationslager anerkannt: das »Übungslager Quednau«, das in einem ehemaligen Zuchthaus untergebrachte Lager Sonnenburg, ferner die Lager Hammerstein, Lichtenburg, die Strafanstalt Werden und die Arbeitsanstalt Brauweiler (bei Köln). Diese Lager, so vermerkte man im Preußischen Innenministerium im Juni 1933, stellten »durchweg« nur eine »provisorische« Form der Verwahrung dar, »die demnächst zugunsten einer produktiven Beschäftigung der Häftlinge in neu einzurichtenden Konzentrationslagern in den Moorgebieten des Regierungsbezirks Osnabrück geändert werden soll«. Man plante eine Konzentration der preußischen Schutzhäftlinge in den Moorgebieten des Emslandes, wodurch zugleich ein produktiver Einsatz erreicht werden sollte. Durch Ausbau der dort schon errichteten Konzentrationslager (Esterwegen, Börgermoor) sollte eine Gesamtkapazität für 10 000 Gefangene geschaffen werden, »da für die nächsten Jahre mit einer Dauerzahl von 10 000 Häftlingen zu rechnen« sei. »Außer diesen Konzentrationslagern in den Moorgebieten des Regierungsbezirkes Osnabrück« sollten lediglich noch »das bereits als Konzentrationslager benutzte Zuchthaus Sonnenburg« (Regierungsbezirk Frankfurt/Oder) und »allenfalls das in Lichtenburg, Regierungsbezirk Merseburg, im Entstehen begriffene Lager« beibehalten werden[24].

Nach einer internen Aufstellung des Reichsministeriums des Innern befanden sich am 31. Juli 1933 im Reichsgebiet insgesamt 26 789 Personen in Schutzhaft, die sich folgendermaßen auf die einzelnen Länder verteilten[25]:

Preußen	14 906	Braunschweig	248
Bayern	4 152	Oldenburg	170
Sachsen	4 500	Anhalt	112
Württemberg	971	Bremen	229
Baden	539	Lippe-Detmold	17
Thüringen	16	Lübeck	27
Hessen	145	Mecklenburg-Strelitz	16
Hamburg	682	Schaumburg-Lippe	24
Mecklenburg-Schwerin	35		

Die Verhaftungswelle im Sommer 1933 hatte erneut das willkürliche und gewaltsame Vorgehen der SA und SS hervortreten

[24] Entwurf eines Schreibens des Pr. Min. d. Innern vom Juni 1933 (vgl. Anm. 20).
[25] Rundschreiben des RMdI vom 11. September 1933; Akten Reichskanzlei. BA: R 43 II/389.

lassen, die sich keineswegs nur als Hilfspolizei aufführte, vielmehr den Kampf gegen »Marxismus, Judentum und Reaktion« auf ihre Weise führte und dabei je länger desto mehr auch mit der Polizei und den staatlichen Verwaltungsorganen in Konflikt geriet. Der preußische Ministerpräsident und Innenminister Göring, der nationalsozialistische Reichsinnenminister Dr. Frick, der deutschnationale Reichsjustizminister Dr. Gürtner begannen über das Ausmaß der Eigenmächtigkeiten der SA beunruhigt zu werden und auch Hitler selbst konnte sich ihren Argumenten nicht ganz verschließen. Der neue Reichskanzler hatte nicht nur Rücksicht auf die konservative Reichswehr und den Reichspräsidenten zu nehmen. Er wußte auch, daß die Autorität seines Regimes letzten Endes mit der Behebung der wirtschaftlichen Depression und Arbeitslosigkeit stand und fiel. Diese aber verlangte ein gewisses Maß bürgerlicher Rechtssicherheit. Außerdem sah Hitler durchaus die Gefahr, die seiner eigenen Stellung drohen konnte, wenn dem revolutionären Gebaren der SA unter Stabschef Ernst Röhm nicht Einhalt geboten wurde.

Vor den Reichsstatthaltern und den SA-Führern sprach sich Hitler Anfang Juli 1933 deutlich dagegen aus, weiterhin »sinnlos daraufhlos zu revolutionieren«. Insbesondere die Wirtschaft verlange die Überleitung zur Evolution. Reichsinnenminister Dr. Frick erklärte am 10. Juli 1933 in einem Rundschreiben an die Reichsstatthalter und Landesregierungen, die nationale Revolution sei mit der Auflösung der letzten bürgerlichen Parteien »abgeschlossen«. Die NSDAP habe als Trägerin des Staates nunmehr die Aufgabe, den »gesetzmäßigen Aufbau« zu unterstützen. Namentlich die Stabilisierung der Wirtschaft werde aber »auf das schwerste gefährdet, wenn weiterhin von einer Fortsetzung der Revolution oder von einer zweiten Revolution geredet wird«. Unbefugte Eingriffe in die Wirtschaft und Mißachtung von Anordnungen der staatlichen Behörden seien Auflehnung »gegen den Führer selbst« und würden in Zukunft »mit den schärfsten Mitteln geahndet«[26]. Am 2. August wurde in Preußen die SA-Hilfspolizei aufgelöst. In der Folgezeit gelang es der Polizei allmählich, den schlimmsten Exzessen der SA und SS in Berlin und in den Provinzen Einhalt zu gebieten, die SA-Prügelstätten sowie eine Reihe wilder SA-Lager aufzulösen.

Der preußische Justizminister verkündete am 25. Juli 1933 in einer allgemeinen Verfügung an die Staatsanwaltschaften »aus Anlaß der Beendigung der nationalsozialistischen Revolution«

<hr>

[26] Schultheß' Geschichtskalender, Jg. 1933, 10. Juli.

eine Amnestierung der Strafen oder Niederschlagung der Strafverfolgung in den meisten zurückliegenden Fällen, in denen SS- und SA-Angehörige sich bei der Verfolgung von Gegnern straffällig gemacht hatten. Um ähnlichen Erscheinungen künftig besser begegnen zu können, wurde Anfang August unter Aufsicht des Preußischen Justizministeriums eine zentrale Staatsanwaltschaft gebildet. Man suchte vor allem die in den eigenmächtig eingerichteten Lagern noch weiterhin vorkommenden Mißhandlungen und Tötungen von Schutzhäftlingen nunmehr mit Nachdruck zu bekämpfen und die Schuldigen unter Anklage zu stellen. In den Moorlagern Papenburg-Esterwegen wurden gegen den heftigen Widerstand des Düsseldorfer Polizeipräsidenten und SS-Führers im Herbst 1933 sogar die SS-Bewachungsmannschaften vorübergehend durch Berliner Polizei abgelöst.

In einem Runderlaß an die preußischen Regierungspräsidenten vom 14. Oktober 1933 ordnete der preußische Innenminister an: Aus politischen Gründen inhaftierte Personen seien »grundsätzlich in staatlichen Konzentrationslagern« oder – sofern dies nicht möglich oder nur eine sehr kurzfristige Haft beabsichtigt sei – »in staatlichen oder kommunalen Polizeigefängnissen in Gewahrsam zu halten«. Jede »anderweitige Verwahrung« sei »künftig nicht zulässig«. Nur die Lager Papenburg, Sonnenburg, Lichtenburg, Brandenburg, die Provinziallandesanstalt Brauweiler bei Köln und das Provinzialwerkhaus Mohringen bei Hannover seien staatlich anerkannte oder bestätigte Konzentrationslager. »Sonstige Einrichtungen zur Unterbringung politischer Schutzhäftlinge« müßten »jedenfalls noch vor Ende dieses Jahres aufgelöst« werden. »Eine Neuzuführung von Schutzhäftlingen in solche Einrichtungen« sei »daher verboten«[27]. Durch einen weiteren Erlaß vom 10. November 1933 führte der preußische Innenminister bei den Ober- und Regierungspräsidenten sowie den Landespolizeiinspektionen Beschwerde, daß verschiedentlich in Dienst stehende Beamte ohne Hinzuziehung des Innenministeriums in Konzentrationslager überführt worden seien. Der Erlaß ersuchte außerdem den Regierungspräsidenten in Düsseldorf um »sofortigen Bericht« darüber, aus welchen Gründen eine Reihe von Beamten in das Lager Kemna bei Wuppertal gebracht worden sei und fuhr fort:

[27] Runderlaß des Preußischen Ministers des Innern – II 9 1600 – vom 14. Oktober 1933; BA: Slg. Schumacher/271 (gezeichnet von Staatssekr. Grauert »in Vertretung«).

»Was das Lager Kemna selbst betrifft, so hat der Polizeipräsident Veller vor einiger Zeit bei einem Besuch in meinem Ministerium dem Leiter der politischen Gruppe die Einrichtung dieses Lagers mitgeteilt, ohne daß ich bei der Ungeeignetheit der benutzten Fabrikräume, beim Fehlen von Waschgelegenheiten und bei den sonst gegebenen sanitären Mängeln bisher meine Zustimmung hierzu sowie zum Fortbestand des Lagers erteilt habe.

Ich vermag auch die Notwendigkeit der Beibehaltung des Lagers nicht anzuerkennen. Die Häftlinge müssen, soweit sie wegen etwa noch notwendiger Vernehmungen zunächst nicht in die staatlichen Konzentrationslager ins Emsland abtransportiert werden können, in Polizeigefängnissen verwahrt werden, an denen es in Wuppertal nicht fehlt . . . Ich beabsichtige im übrigen, das Lager noch im Laufe des Monats ganz aufzulösen und die Häftlinge in staatliche Konzentrationslager verbringen zu lassen.«[28]

Am 15. Dezember 1933 berichtete der preußische Justizminister u. a. davon, daß es »mehrfach vorgekommen« sei, daß Rechtsanwälte ohne Hinzuziehung des Justizministeriums in Schutzhaft genommen wurden und dadurch den Prozeßparteien und Angeklagten »schwere Nachteile« erwachsen und »das Ansehen der Justiz und damit des Staates selbst gefährdet« seien[29].

Schon in den ersten preußischen Erlassen zur Durchführung der Notverordnung vom 28. Februar 1933 war bestimmt worden, daß das Recht der Schutzhaftverhängung nur den Kreispolizeibehörden zustehe und daß den Gefangenen bei Beginn der Schutzhaft schriftliche Schutzhaftbefehle auszuhändigen seien. Daran hatte man sich anscheinend während des Jahres 1933 oft nicht gehalten, so daß sich der preußische Gestapochef Diels am 16. Januar 1934 veranlaßt sah, die Ober- und Regierungspräsidenten zur genauen Beachtung dieser Bestimmungen anzuhalten:

»Konnte in der ersten Zeit der Machtübernahme darüber hinweggesehen werden, weil die Sicherung des Staates gegen Anschläge und Umtriebe seiner Feinde damals schnelle, durch formale Vorschriften nicht behinderte Maßnahmen erforderte, so müssen heute die ergangenen Bestimmungen genau

[28] Runderlaß des Preußischen Ministers des Innern – II 9 1600/10 – vom 10. November 1933; BA: P 135/3715, Bl. 228.

[29] Schreiben des Preußischen Justizministers vom 15. Dezember 1933 an den Preußischen Minister des Innern [gez. Dr. Nadler]; BA: P 135/3715, Bl. 231.

beachtet werden . . . Zuwiderhandelnde setzen sich der Gefahr aus, wegen Amtsmißbrauch und Freiheitsberaubung zur Verantwortung gezogen zu werden.«[30]

In die gleiche Richtung zielte ein Runderlaß des Reichsinnenministers an die Landesregierungen vom 9. Januar 1934. Er wies auf Beschwerden hin, aus denen sich ergebe, »daß von der Schutzhaft in manchen Fällen ein mit dem Zweck nicht vereinbarlicher Gebrauch gemacht wird«. Die verantwortlichen Stellen seien verpflichtet, »in jedem Falle genau zu prüfen, ob ein begründeter Anlaß für die Verhängung von Schutzhaft vorliegt«. Insbesondere müßten (von seiten der NSDAP) erstattete Anzeigen »erst nachgeprüft werden, ehe Schutzhaft angeordnet wird«. Voraussetzung sei, daß »eine Gefährdung der öffentlichen Sicherheit und Ordnung ernstlich zu besorgen ist«, und die Schutzhaft dürfe »auch nur solange aufrechterhalten werden, als diese Besorgnis tatsächlich besteht«.

»Dagegen darf die Schutzhaft nicht als ›Strafe‹, d. h. als Ersatz für eine gerichtliche oder polizeiliche Strafe, zudem mit von vornherein begrenzter Dauer verhängt werden. Es ist daher grundsätzlich nicht angängig, daß anstelle der Einleitung eines Strafverfahrens Schutzhaft angeordnet wird. Wiederholt ist in der letzten Zeit auch gegen Rechtsanwälte Schutzhaft verhängt worden. Soweit der Rechtsanwalt lediglich die Interessen seines Klienten in angemessener Form wahrnimmt, kann eine Inschutzhaftnahme auch dann nicht als zulässig anerkannt werden, wenn sich der Anspruch oder der Antrag des Klienten gegen ein Staatsorgan richtet . . .«[31]

Der Erlaß Fricks war nicht zuletzt auf Bayern gemünzt, wo SA, SS und örtliche »Hoheitsträger« der NSDAP starken Einfluß auf die Polizeiexekutive ausübten und zum Teil noch immer selbstherrlich Schutzhaftmaßnahmen anordneten. Die Verquickung von Staats- und Parteifunktionen war bei der Leitung der Bayerischen Politischen Polizei besonders evident. Als politischer Polizeikommandeur unterstanden Himmler und sein geschäftsführender Vertreter Heydrich dem bayerischen Innenminister Adolf Wagner, der zugleich Gauleiter der oberbayerischen NSDAP war. In seiner Eigenschaft als Reichsführer-SS gebot Himmler aber über ein eigenes Machtinstrument und war von Anfang an bemüht, die Führungsposition der politischen

⁰ Runderlaß des Preußischen Ministerpräsidenten – Geheime Staatspolizei vom 16. Januar 1934; BA: Slg. Schumacher/271.

³¹ Runderlaß des RMdI an die Landesregierungen vom 9. Januar 1934; BA: Slg. Schumacher/271.

Polizei in München mit SS-Männern zu besetzen. Ernst Röhm war als Stabschef der SA zwar der Dienstvorgesetzte des Reichsführers-SS, doch dieser blieb in polizeilicher Hinsicht, d. h. in seiner Eigenschaft als Befehlshaber des staatlichen Apparates der politischen Polizei, von Röhm unabhängig und konnte im Einvernehmen mit dem Innenminister die polizeiliche Exekutive sogar gegen die SA einsetzen. Andererseits stand er aber, sobald es um Konflikte zwischen der SS und den Staatsorganen ging, oft in einer Front mit dem Stabschef der SA.

Charakteristisch hierfür war der Fall der drei Schutzhaftgefangenen Handschuch, Frantz und Dr. Katz, die im Herbst 1933 in dem unter SS-Leitung stehenden Konzentrationslager Dachau an den Folgen von Mißhandlungen ums Leben gekommen waren. Da der Staatsanwaltschaft eine Ermittlung an Ort und Stelle im Lager verweigert worden war, befaßte sich auf Antrag des bayerischen Justizministers (H. Frank) am 5. Dezember 1933 der bayerische Ministerrat mit dem Vorfall und beschloß, die »Strafverfahren wegen der Vorkommnisse im Konzentrationslager Dachau mit aller Entschiedenheit weiterzuführen« und »etwaigen Verdunklungsversuchen ... entgegenzutreten«. Notfalls sei »zur Unterstützung die Landespolizei heranzuziehen«. Himmler, der von dem Beschluß Kenntnis erhielt, erklärte daraufhin: »die Sache gehe in hohem Maße den Stabschef der SA, Herrn Reichsminister Röhm, an. Er müsse erst mit diesem Rücksprache nehmen.« Dem vom bayerischen Justizminister abgesandten Verbindungsmann erklärte Röhm sodann im Beisein Himmlers: Die fraglichen Vorgänge seien »politischer Natur«, sie müßten »unter allen Umständen zunächst von den politischen Stellen entschieden werden« und schienen ihm (Röhm) »für eine Behandlung durch die Justizbehörden vorerst nicht geeignet«. Dies sei seine »Ansicht als Stabschef und auch als Reichsminister«, der ein Interesse daran habe, daß »das Reich nicht« durch derartige Verfahren »geschädigt« werde[32]. Das Argument, man müsse eine Schädigung des Ansehens der nationalsozialistischen Bewegung vermeiden, wurde jetzt und später von seiten der Partei in nahezu allen derartigen Fällen mit mehr oder weniger Erfolg ausgespielt. In ihrer Stellung als Befehlshaber der politischen Polizei hatten sich Himmler und Heydrich 1933/34 in Bayern jedoch, ähnlich wie die von Diels geleitete preußische Gestapo, verschiedentlich auch mit den ört-

[32] Vgl. Aufzeichnungen von StA Dr. Stepp und Min.Rat Dr. Döbig vom 6. Dezember 1933; BA: Slg. Schumacher/329 (auch Nürnbg. Dok. D-926).

lichen SA-Gewaltigen auseinanderzusetzen, die entweder selbst
Jagd auf politische Gegner machten oder die lokalen Polizeibehörden auf sie hetzten. So waren an zahlreichen Orten Bayerns
zum Beispiel katholische Geistliche, die als Widersacher des Nationalsozialismus galten, festgesetzt worden, obgleich (wohl vor
allem mit Rücksicht auf den Vatikan) Himmler bereits am 2. Juli
1933 befohlen hatte, daß die Verhaftung von Priestern seiner
besonderen Genehmigung bedürfe. In einem Runderlaß an die
bayerischen Polizeiämter vom 18. März 1934 wies Heydrich, der
die eigentliche Geschäftsführung des bayerischen politischen
Polizeikommandeurs innehatte, erneut darauf hin, daß sich verschiedene Ordinariate »beschwerdeführend an das Kultus-
ministerium« gewandt hätten, »weil durch die Inschutzhaftnahme von Geistlichen die Seelsorge in einigen Gemeinden
empfindlich gestört worden sei«. Von einer Verhängung der
Schutzhaft dürfe deshalb künftig nur in besonders »schweren
Fällen« Gebrauch gemacht werden[33].
Bei dem Bestreben zur Vereinheitlichung und Zusammenfassung der politischen Polizei in den einzelnen Ländern über-
kreuzten sich im Frühjahr 1934 zwei Bemühungen: a) die auf
eine gewisse Normalisierung und Reduzierung des Schutzhaft-
gebrauchs gerichtete Reichsaufsicht des Reichsinnenministers,
der sich dazu der Reichsstatthalter bediente, und b) die erfolgreiche Ambition Himmlers, die politische Polizei im ganzen
Reichsgebiet in seine Hand zu bekommen. Die Position des
Reichsinnenministers schien zunächst insofern verstärkt, als
durch das Gesetz über den Neuaufbau des Reiches vom 30. Januar 1934[34] die Souveränität der Landesregierungen erlosch
und an das Reich überging. Die Landesregierungen wurden damit unmittelbar der Reichsregierung unterstellt, und im Rahmen der neuen zentralistischen Staatsverfassung erhielt der
Reichsinnenminister – über die Reichsstatthalter – unmittelbares
Weisungsrecht gegenüber den Landesregierungen, das sich auch
auf die Polizei der Länder bezog.
Gleichzeitig hatte aber Himmler eine andere Zusammenfassung
angebahnt. Da er als Reichsführer-SS und Leiter des Sicherheitsdienstes in Hitlers Augen offenbar über besonders günstige
Voraussetzungen zur Neugestaltung und Vereinheitlichung der
Arbeit der politischen Polizei verfügte, gelang es ihm, zwischen

[33] Runderlaß der bayer. polit. Polizei vom 23. Februar und 18. März 1934 betr. Inschutzhaftnahme
von Geistlichen; BA: Slg. Schumacher/271.
[34] RGBl. I, S. 75.

November 1933 und Januar 1934 in allen Ländern, außer in Preußen, zum Kommandeur der politischen Polizei beziehungsweise der jeweiligen Staatspolizei ernannt zu werden. Ende Januar 1934 vereinigte Himmler in seiner Hand das Kommando über die Staatspolizei in Bayern, Württemberg, Baden, Hessen, Sachsen, Anhalt, Thüringen, Braunschweig, Oldenburg und den Hansestädten Hamburg, Bremen und Lübeck. Das war eine beträchtliche Machtposition, und der RFSS war nicht gesonnen, sie dem Reichsinnenministerium auszuliefern.

In Bayern, wo die stärkste Bastion Himmlers und Heydrichs bestand, kam es im Frühjahr zu heftigen Auseinandersetzungen mit dem Reichsstatthalter (v. Epp), der in einem an den bayerischen Innenminister gerichteten Memorandum vom 20. März 1934 auf zahlreiche »Mißbräuche in der Verhängung der Schutzhaft« in Bayern hingewiesen und der Befürchtung Ausdruck gegeben hatte, daß dadurch das »Rechtsvertrauen«, das »die Grundfeste jedes Staatswesens« bilde, »erschüttert« werden könnte. Während in Preußen durch Haftentlassungen die Zahl der Schutzhaftgefangenen seit dem Sommer 1933 stark reduziert worden war, hatte sich in Bayern wenig geändert, so daß Reichsstatthalter von Epp wegen des »unverhältnismäßig hohen Standes der Schutzhaftgefangenen« in Bayern um eine »Nachprüfung der anhängigen Schutzhaftfälle« ersuchen mußte[35].

Nachdem auch das Justizministerium in München starke Bedenken gegen die praktische Handhabung der Schutzhaft erhoben hatte, sah sich der bayerische Innenminister Ende März 1934 zu der Anordnung genötigt, daß künftig die »Verhängung der Schutzhaft eingeschränkt werden« solle[36]. Vermutlich auf Veranlassung Himmlers und Heydrichs beantwortete er aber die Beschwerde des Reichsstatthalters am 14. April 1934 mit einem Bericht, der – nach Meinung des Reichsstatthalters – »in jedem Satz angreifbar und widerlegbar« sei, zahlreiche »Unrichtigkeiten, Verdrehungen, Entstellungen und Verfälschungen« enthalte und auch durch seine Form »eine sachliche Behandlung unmöglich« mache. Die zuständigen Stellen des bayerischen Innenministeriums (politische Polizei) hätten eine Überprüfung der Schutzhaftangelegenheiten durch den Reichsstatthalter als Anmaßung zurückgewiesen, was eine »vollkommene Verken-

---

[35] Undatierte und unvollständige diesbezügliche Aufzeichnungen aus der Dienststelle des Reichsstatthalters in München im BA: Slg. Schumacher/271.

[36] Ersichtlich aus einem Schreiben der Regierung von Niederbayern und Oberpfalz an das Bezirksamt Amberg vom 5. April 1934; BA: Slg. Schumacher/271.

nung der Stellung des Reichsstatthalters« bedeute und indirekt auch gegen den Reichsinnenminister gerichtet sei[37].

Der Einfluß des RMdI auf die Praxis der Schutzhaftverhängungen blieb von Anfang an gering. Unbestritten war aber noch seine Kompetenz, einheitliche Richtlinien für die Handhabung der Schutzhaft im gesamten Reichsgebiet aufzustellen. Diesem Zweck diente der grundlegende Schutzhafterlaß des RMdI vom 12. April 1934[38], der am 26. April 1934 durch einige Zusätze ergänzt wurde. Der Erlaß war insofern bemerkenswert, als der Reichsminister des Innern darin einleitend feststellte, daß die Notverordnung vom 28. Februar 1933 das Recht der Freiheit der Person nur »zeitweilig aufgehoben« habe und nur vorerst die »Zeit für die völlige Beseitigung der Schutzhaft noch nicht reif« sei. Es gelte aber unbedingt eine mißbräuchliche Anwendung zu verhindern, zu der es in der Vergangenheit vielfach gekommen sei. Mit der These, daß die VO vom 28. Februar 1933 nur einen zeitlich befristeten Ausnahmezustand geschaffen habe, der irgendwann sein Ende finden müsse, schloß sich das Reichsinnenministerium den damals von verschiedenen Gerichten, einschließlich des Reichsgerichts, vorgenommenen Auslegungen der Reichstagsbrand-Verordnung an[39], die sich allerdings nicht durchzusetzen vermochten.

Der Runderlaß vom 12./26. April 1934 verfügte im übrigen, daß zur Anordnung von Schutzhaft in Preußen nur das Geheime Staatspolizeiamt, die Ober- und Regierungspräsidenten oder der Polizeipräsident von Berlin und die Staatspolizeistellen in den Regierungsbezirken und in den anderen Ländern entsprechende Behörden (also nicht mehr die Kreisbehörden) zuständig seien. Ausdrücklich war bestimmt: »Nicht befugt zur Inschutzhaftnahme sind Stellen der NSDAP und der SA (Kreisleiter, Gauleiter, SA-Führer).« Sie können zwar »die Verhängung von Schutzhaft bei den zuständigen Amtsstellen anregen«. Diesen aber »obliegt die pflichtmäßige Nachprüfung der Voraussetzungen und die ausschließliche Verantwortung für die Maßnahme«. Und es hieß weiter: »Wer ohne Befugnis einen Menschen einsperrt oder auf andere Weise des Gebrauchs der persönlichen Freiheit beraubt, macht sich der Freiheitsentziehung (§§ 239, 341, 358 des Strafgesetzbuches) schuldig. Gegebenenfalls ist die Strafverfolgung rücksichtslos durchzuführen.«

[37] Aufzeichnungen der Reichsstatthalterei in München (vgl. Anm. 35).

[38] Az.: I 3311 A. im BA: R 58/264.

[39] Vgl. Juristische Wochenschrift, Jg. 1934, S. 1747, über einen Entscheid des Sondergerichts Darmstadt; ferner Deutsche Justiz, Jg. 1934, S. 63 f. (Urteil des Reichsgerichts).

In dem Runderlaß waren sodann (Art. II–V) folgende Richtlinien bezüglich der Prozedur der Ausstellung von Schutzhaftbefehlen, der zulässigen Schutzhaftgründe sowie der Vollstrek-
kung und Dauer der Schutzhaft beziehungsweise Haftüberprüfung erteilt, die bis Anfang 1938 in Geltung blieben:

II. *Schutzhaftbefehl*

(1) Bei der Inschutzhaftnahme oder spätestens 24 Stunden
nach der Festnahme ist dem Häftling ein schriftlicher,
unterschriftlich vollzogener Schutzhaftbefehl zu behän-
digen.

(2) Der Schutzhaftbefehl muß die Gründe für die Schutzhaft enthalten.

(3) Den nächsten Angehörigen (Ehefrau, Eltern, Kindern,
Geschwistern) ist, sofern nicht besondere Bedenken bestehen, auf Anfrage mitzuteilen, aus welchen Gründen
die Schutzhaft verhängt ist und wo sich der Häftling
befindet.

(4) Bei der Inschutzhaftnahme von Mitgliedern der NSDAP
ist die zuständige Gau- oder Kreisleitung sowie die zuständige Parteigerichtsstelle (Gau- oder Kreisgericht)
unter Angabe der Gründe, aus denen die Schutzhaft verhängt worden ist, zu benachrichtigen.

III. *Zulässigkeit*

(1) Die Verhängung der Schutzhaft ist nur zulässig
a] zum eigenen Schutz des Häftlings,
b] wenn der Häftling durch sein Verhalten, insbesondere
durch staatsfeindliche Betätigung die öffentliche Sicherheit und Ordnung *unmittelbar* gefährdet.

(2) Danach ist, sofern nicht *zugleich* die Voraussetzungen
des Abs. 1 vorliegen, eine Verhängung von Schutzhaft
nicht zulässig, insbesondere
a] gegen Personen, die lediglich von einem ihnen nach
bürgerlichem oder öffentlichem Recht zustehenden
Anspruch (z.B. Anzeige, Klage, Beschwerde) Gebrauch machen,
b] gegen Rechtsanwälte wegen der Vertretung von Interessen ihrer Klienten,
c] wegen persönlicher Angelegenheiten, wie z.B. Belei-
digungen,
d] wegen irgendwelcher wirtschaftlicher Maßnahmen
(Lohnfragen, Entlassung von Arbeitnehmern u. dgl.).

(3) Die Verhängung von Schutzhaft ist ferner nicht zulässig

zur Ahndung strafbarer oder zwar nicht strafbarer, aber sonst verwerflicher Handlungen. Strafbare Handlungen sind durch die Gerichte abzuurteilen. Für die Verhaftung von Angeschuldigten gelten die Vorschriften der Strafprozeßordnung (§§ 112 ff.). Auch ohne richterlichen Haftbefehl ist eine vorläufige Festnahme nach § 127 Abs. 2 der Strafprozeßordnung zulässig (Polizeihaft). Nur in besonderen Ausnahmefällen kann danach bei strafbaren Tatbeständen die Verhängung von Schutzhaft gerechtfertigt erscheinen. In diesen Fällen ist schleunigst auf den Erlaß eines richterlichen Haftbefehls hinzuwirken.

IV. *Vollstreckung*

Die Schutzhaft ist ausschließlich in staatlichen Gefangenenanstalten oder Konzentrationslagern zu vollstrecken.

V. *Dauer*

(1) Die Schutzhaft ist nur solange aufrechtzuerhalten als ihr Zweck (Ziffer III, 1) es erfordert.

(2) Die Verhängung von Schutzhaft als Ersatzstrafe auf bestimmte Zeit ist unzulässig.

(3) Der Schutzhäftling ist unverzüglich nach seiner Festnahme über die Gründe des Schutzhaftbefehls zu hören. Falls danach die Schutzhaft aufrechterhalten werden soll, ist, sofern sie nicht von der Obersten Landesbehörde selbst angeordnet worden ist, dieser sofort zu berichten. Wenn nicht die Oberste Landesbehörde selbst die Schutzhaft angeordnet hat, ist der Häftling am achten Tage nach seiner Festnahme aus der Schutzhaft zu entlassen, sofern bis zu diesem Zeitpunkt die Oberste Landesbehörde den Schutzhaftbefehl nicht *ausdrücklich* bestätigt hat. Die Bestätigung ist dem Häftling schriftlich mitzuteilen.

(4) Ist der Schutzhaftbefehl von der Obersten Landesbehörde erlassen oder von ihr bestätigt worden, so ist *drei Monate* nach der Festnahme von der Obersten Landesbehörde von *Amts wegen* zu prüfen, ob der Häftling entlassen werden kann. Bleibt die Schutzhaft aufrechterhalten, so ist diese Nachprüfung jeweils nach drei Monaten zu wiederholen . . .[40]

---

[40] Akten des Preuß. Min. d. Innern betr. Schutzhaft; Inst. f. Zeitgesch. Mikrofilm MA 198/2, Bl. 15 ff.; ferner auch BA: Slg. Schumacher/271. Dort auch ein erster Entwurf des Runderlasses vom 28. Februar 1934.

Der Schutzhafterlaß des RMdI vom 12./26. April 1934 war Ausdruck des von der inneren Verwaltung ausgehenden Strebens nach Normalisierung und möglichst gar völligem Abbau der außerordentlichen Einrichtung der Schutzhaft und der Konzentrationslager, das damals auch vor allem von seiten der Justiz unterstützt wurde. In Preußen waren im Frühjahr 1934 die meisten »wilden KZ's« aufgelöst worden. Von den SA- und SS-Lagern blieben nur Oranienburg, die Emsland-Lager, Lichtenburg und das Columbia-Haus in Berlin bestehen. Im Februar 1934 war es der Geheimen Staatspolizei und der preußischen Zentralen Staatsanwaltschaft gelungen, das in der Vulkanwerft in Stettin eingerichtete illegale Konzentrationslager, in dem es zu zahlreichen Mißhandlungen von Häftlingen gekommen war, aufzulösen. Im April 1934 wurden die Hauptschuldigen (SS-Obersturmführer Dr. Hoffmann, Pleines, Fink u. a.) zu mehrjährigen Zuchthaus- oder Gefängnisstrafen verurteilt[41]. Der SA- und SS-Terror, der im Frühjahr und Sommer 1933 die Szene beherrscht hatte, schien gebrochen.

Von einer stabilen Normalisierung war man aber noch weit entfernt. Das beleuchtet ein Memorandum des Leiters der Polizeiabteilung im RMdI vom Frühjahr 1935. Es heißt dort[42]:

»In der letzten Zeit haben die Schutzhaftmaßnahmen bedenklich zugenommen. Ich halte es für dringend notwendig, daß eine endgültige Klärung erfolgt, nach welchen Richtlinien über Begründung, Dauer und Art der Vollstreckung von Schutzhaft verfahren werden soll. Der Schutzhafterlaß des Reichsinnenministeriums ist durch die Praxis der politischen Polizei längst außer Kraft gesetzt worden. Es gelingt kaum noch, einen ausreichenden Bericht über eine Schutzhaft zu erhalten. Die an uns in diesen Dingen gemachten Eingaben weisen immer wieder auf einen Punkt hin, der auch mir bedeutungsvoll erscheint: Beteiligte und Angehörige finden sich mit der Tatsache der Schutzhaft ab, nicht aber mit der vollkommenen Unsicherheit darüber, aus welchen Gründen nun eigentlich Schutzhaft verhängt werden kann oder nicht. Diese fraglose *Rechtsunsicherheit* schafft Unruhe und Verbitterung. Es ist auch . . . unerträglich, wenn offensichtlich in den verschiedenen Landesteilen nach verschiedenen Gesichtspunkten gehandelt wird . . . Aus beamten-politischen Gründen muß ich auch grundsätzliche Bedenken dagegen erheben,

[41] Diels, a. a. O., S. 394 ff.
[42] Nürnbg. Dok. PS-775 (ohne Datum).

daß neuerdings wieder ohne vorherige Kenntnis vorgesetzter Dienststellen Schutzhaftmaßnahmen gegen Beamte verhängt oder, was sich manchmal noch schlimmer auswirkt, staatspolizeiliche Ermittlungen gegen sie angestellt werden. Ich führe hier nur den Fall [des] Kreisleiters in Esterwegen an, der 8 Tage in Schutzhaft saß, weil er, wie sich nachträglich herausgestellt hat, seinem Landrat einen richtigen Bericht über Mißhandlungen durch SS übergeben hatte . . .«

Die Denkschrift schließt mit der Feststellung:

> »*Entweder* trägt diese Verantwortung der Reichsminister des Innern. Dann muß er in einem ganz anderen Maße in die Lage versetzt werden, in den Fragen politisch-polizeilicher Art befehlen zu dürfen,
>
> *oder* diese Verantwortung übernimmt nunmehr in allen Konsequenzen der Reichsführer-SS, der ja bereits faktisch die Führung der politischen Polizei im Reich für sich in Anspruch nimmt . . .«

Tatsächlich kam es auch nicht zum völligen Abbau der Lager und des Instruments der Schutzhaft. Vielmehr bahnte sich in derselben Zeit, als die Lager und die Zahl der Schutzhaftgefangenen reduziert wurden, unter der Leitung der SS eine Systematisierung der Konzentrationslagereinrichtung an, die die Handhabung der Schutzhaft schließlich völlig der Aufsicht der Justiz und der Verwaltung entzog und sie zu einer von der Öffentlichkeit abgeschirmten ausschließlichen Domäne der gleichgeschalteten SS und Polizei machte. Als Frick im April 1934 seinen Schutzhafterlaß herausgab, war in Preußen gleichzeitig Diels als Inspekteur der Gestapo abgesetzt und durch Himmler beziehungsweise Heydrich ersetzt worden. Himmler hatte das Ziel einer Vereinigung der gesamten politischen Polizeien der Länder in seiner Hand erreicht. Göring blieb zwar weiterhin Chef der Preußischen Geheimen Staatspolizei, die durch Gesetz vom 30. November 1933[43] einen selbständigen Zweig der inneren Verwaltung (mit dem Staatspolizeiamt als oberster Landesbehörde) bildete und damit der Ministerialinstanz des Preußischen Innenministeriums entzogen und dem Preußischen Ministerpräsidenten unmittelbar unterstellt worden war.

Als sein Vertreter, mit der Dienstbezeichnung »Inspekteur der Geheimen Staatspolizei«, nahm aber fortan Himmler praktisch die Aufsicht über die Gestapo wahr, während Heydrich, der am 22. April 1934 zum Chef des preußischen Geheimen Staatspoli-

---

[43] G. S., S. 413.

zeiamtes (Gestapa) ernannt wurde, als eigentlicher Hausherr in die Prinz-Albrecht-Straße einzog. Damit war eine wesentliche Voraussetzung dafür geschaffen, daß sich im Bereich der Schutzhaft- und Konzentrationslager-Angelegenheiten die Dinge nach dem Willen Himmlers und der SS entwickelten.

Der Aufbau des SS-Systems der Konzentrationslager 1934–1937

1. Grundzüge der Entwicklung

Der Schutzhafterlaß des RMdI vom 12./26. April 1934 blieb als Richtlinie bis Januar 1938 in Kraft[44]. Bei der weiteren Entwicklung der Konzentrationslager setzte sich aber nicht die Tendenz zur Beendigung des Ausnahmezustandes, sondern das gegenteilige Bestreben, ihn zur festen und dauerhaften Einrichtung zu machen, durch.

Der von Himmler und Heydrich abgelöste Chef des Gestapa hat in seinem Erinnerungsbuch bezeugt, daß Hitler sich im Dezember 1933 bei einer Besprechung im Beisein Görings zwar den Argumenten, die für eine Reduzierung der Zahl der Schutzhäftlinge sprachen, nicht ganz verschloß, daß er aber entschieden gegen den Gedanken Stellung nahm, das mit der Schutzhaft eingeführte Instrument zur polizeilichen Ausschaltung politisch oder anderweitig unerwünschter oder als gefährlich erachteter Personen aufzugeben. Obwohl die seit März 1933 bestehenden Sondergerichte sowie zahlreiche neueingeführte gesetzliche Bestimmungen zur Bestrafung unerwünschter politischer oder sonstiger gegen die Regierung gerichteter Tätigkeit als völlig ausreichende Vorkehrungen gegen die inzwischen polizeilich und politisch ausgeschalteten Gegner oder Rivalen der NSDAP gelten konnten, war zu erkennen, daß Hitler, der der Justiz prinzipiell mißtraute, sich nicht mit der Strafverfolgung durch die Justiz begnügen wollte.

Die im Frühjahr und Frühsommer 1934 nicht ganz hoffnungs-

---

[44] Ihre Anwendung auf Bayern geschah durch eine besondere Rundverfügung des bayerischen Innenministers vom 2. Mai 1934 (Nr. 2186a 59), mit der die Bestimmungen des Sondererlasses des RMdI vom 12./26. April 1934 teils wörtlich übernommen, teils auf die besonderen bayerischen Verhältnisse angewandt und konkretisiert wurden. In ihr wurde z. B. angeordnet, daß [nur] in denjenigen Fällen, in denen »eine längere Verwahrungsdauer unbedingt geboten« erscheine, »der Häftling auf Weisung der bayerischen politischen Polizei mit dem nächsten Sammelschubtransport dem Konzentrationslager Dachau zu überstellen« sei und daß »für die Entlassung der im Konzentrationslager Dachau untergebrachten Schutzhaftgefangenen ... ausschließlich die bayerische politische Polizei zuständig« sei; BA: Slg. Schumacher/271.

losen Bemühungen der Verwaltung und Justiz, gesetzliche Zustände wiederherzustellen, erlitten einen schweren Schock, als Hitler persönlich am 30. Juni die verfahrenslose Erschießung Röhms und der mit dem Stabschef der SA besonders eng vertrauten SA-Führer anordnete und gleichzeitig andere ihm lästig gewordene Personen von Rang (Gregor Strasser, Schleicher u. a.) umbringen ließ und die Aktionen nachträglich für »rechtens« erklärte. Die gewaltsame Entmachtung der SA kam dabei unmittelbar der SS und Himmler zugute, deren bisherige Unterstellung unter die SA-Führung aufgehoben wurde. Auch im Bereich der Konzentrationslager war der übermächtige Rivale der SS nunmehr ausgeschaltet. Als Konsequenz der Röhm-Affäre lösten bewaffnete SS-Mannschaften teilweise unter Gewaltandrohung (so in Oranienburg) die bisherige SA-Bewachung verschiedener Lager ab.

Hitler bemühte sich zunächst in den folgenden Wochen, einen Schlußstrich unter die Affäre zu ziehen. Als ihm nach Hindenburgs Tod (2. August 1934) auch das Amt und die Befugnis des Reichspräsidenten zufielen und seine Führungsvollmacht dadurch weiterhin abgesichert wurde, gab er am 7. August 1934 einen allgemeinen Amnestie-Erlaß heraus, aufgrund dessen auch Schutzhäftlinge, in erster Linie festgesetzte SA-Angehörige, entlassen werden sollten[45]. Im Amnestie-Erlaß vom 7. August 1934 erklärte Hitler außerdem:

> »Im übrigen wünsche ich, nachdem die Aktion des 30. Juni 1934 abgeschlossen ist, daß künftig der Erlaß des Reichsministers des Innern vom 12./26. April 1934 über die Zulässigkeit und Vollstreckung der Schutzhaft von allen Stellen genau beachtet wird.«

Diese Willensäußerung des Führers war aber kaum mehr als ein Versuch zur Beschwichtigung der Unruhe, die in höchsten Staatsstellen durch die Röhm-Affäre erzeugt worden war. Auch in der Zukunft deckte Hitler zumindest mittelbar in einer Reihe von Fällen den krassen Verstoß gegen die Schutzhaftbestimmungen und brachte durch Niederschlagungen und Begnadigungen deutlich zum Ausdruck, was er von staatsanwaltschaftlichen Ermittlungen gegen SA- und SS-Leute in Lagern hielt. Ein bezeichnendes Beispiel bildete der Fall des sächsischen Kon-

---

[45] Akten des Preuß. Min. d. Innern, Mikrofilm Inst. f. Zeitgesch. MA 198/2, Bl. 115. Dort auch (Bl. 116ff.) ein entsprechender Durchführungserlaß Görings in seiner Eigenschaft als Chef der Gestapo vom 10. August 1934.

zentrationslagers Hohnstein. Hier waren im Jahre 1934 eine Reihe schwerer Mißhandlungen von Häftlingen festgestellt worden. Gegen 23 SA-Führer und Bewacher des Lagers, darunter den Kommandanten SA-Standartenführer Jähnichen sowie den Gestapobeamten Oberregierungsrat Erich Vogel, der für die Aufnahme und Vernehmung der Häftlinge zuständig war und sich dabei an den Mißhandlungen beteiligt hatte, wurde Anklage erhoben. Der sächsische Gauleiter Mutschmann empfahl in einem Schreiben an Reichsjustizminister Dr. Gürtner vom 19. Dezember 1934 die Niederschlagung des Verfahrens, da es eine dem Ansehen der nationalsozialistischen Bewegung abträgliche Wirkung haben würde. Gürtner antwortete jedoch am 8. Januar 1935, daß er gegen eine Niederschlagung, die allein der Führer und Reichskanzler anordnen könne, »größte Bedenken« habe:

> »Die Art der Mißhandlungen [in Hohnstein] zeugt von einer Roheit und Grausamkeit der Täter, die deutschem Empfinden und Fühlen völlig fern liegt. Derartige an orientalischen Sadismus erinnernde Grausamkeiten können auch in der größten kämpferischen Erbitterung keine Erklärung und Entschuldigung finden.«[46]

Der Prozeß konnte vor dem Dresdner Landgericht durchgeführt werden, stand aber unter scharfer Kritik von Parteiseite. Mutschmann selbst griff in das schwebende Verfahren durch eine Intervention beim Direktor des Landgerichts ein. Am 15. Mai 1935 wurden dennoch die 23 angeklagten SA-Angehörigen, allerdings zu relativ milden Gefängnisstrafen, verurteilt. Die Partei suchte sich aber auf ihre Weise zu rächen. Zwei Schöffen, die der NSDAP angehörten und an dem Urteil mitgewirkt hatten, wurden aus der Partei ausgeschlossen. Dem Staatsanwalt, der die Anklage vertreten hatte und der selbst der SA angehörte, wurde von seinem SA-Vorgesetzten der Austritt nahegelegt. Reichsjustizminister Gürtner erfuhr von dem Nachspiel und ersuchte in einem Schreiben an den Stellvertreter des Führers vom 5. Juni 1935 um Abhilfe, da sonst die »als Grundlage jeder ordnungsgemäßen Strafrechtspflege anzusehende richterliche Unabhängigkeit hinfällig« würde[47]. Außerdem empfahl Gürtner in einem Schreiben an Hitler vom 18. Juni 1935, dem vorliegenden Gesuch Mutschmanns zur Niederschlagung des noch anstehenden gesonderten Verfahrens gegen ORRat Vogel nicht stattzu-

[46] Nürnbg. Dok. PS-783.
[47] Nürnbg. Dok. PS-784.

geben. Ende November 1935 wurde jedoch im Reichsjustizministerium bekannt, daß Hitler sämtliche im Hohnstein-Prozeß
Verurteilten begnadigt, außerdem die Niederschlagung des Verfahrens gegen den Gestapobeamten Vogel angeordnet habe,
nachdem Mutschmann persönlich bei Hitler vorgesprochen
hatte[48].

Symptomatisch sind auch einige andere dokumentarisch belegte
Fälle aus dem Jahre 1935, die die Konzentrationslager betrafen.
Am 30. Januar 1935 brachte der Reichsinnenminister in einem
Erlaß an die Bayerische Staatskanzlei erneut, wie schon mehrfach
vorher, zur Sprache, daß Bayern eine »unverhältnismäßig große
Zahl von Schutzhäftlingen« aufweise, »ohne daß seitens der
bayerischen politischen Polizei« bisher etwas zu ihrer Herabset-
zung getan oder eine »hinreichende Erklärung« gegeben wäre.
»Auch nach den neuesten Aufstellungen« liege »die Zahl der
bayerischen Schutzhäftlinge noch mehrere Hundert höher als die
Gesamtziffer der Schutzhäftlinge in sämtlichen übrigen Ländern,
einschließlich Preußens«. Er (Frick) ordne deshalb eine sofortige
Nachprüfung durch den bayerischen Minister des Innern an
und bitte bis zum 1. März um die Aufstellung »einer Liste sämtlicher Schutzhäftlinge, die länger als 6 Monate einsitzen und
genaue Angabe der Gründe«. Himmler bekam in seiner Eigenschaft als Kommandeur der bayerischen politischen Polizei eine
Abschrift dieses Schreibens in die Hände und sprach darüber
mit Hitler. Ein handschriftlicher Vermerk auf dieser Abschrift
zeigt auf lakonische Weise, was das Ergebnis dieser Rücksprache
war. Er lautet:

»Dem Führer vorgelegt 20. 2. 1935. Die Gefangenen bleiben.
H[einrich] H[immler].«[49]

Unregelmäßigkeiten und Willkür bei der Verhängung der
Schutzhaft und ihrer Vollstreckung in den Konzentrationslagern
veranlaßten 1935 auch den Reichsjustizminister verschiedentlich, beim Reichsführer-SS vorstellig zu werden. Er wies auf
die hohe Zahl von Todesfällen in den Konzentrationslagern hin
und empfahl Maßregeln zu ihrer Verhinderung. Außerdem
drängte der Reichsjustizminister darauf, künftig bei der Verhängung von Schutzhaft Rechtsanwälte zuzulassen und den Gefangenen die Möglichkeit einer Rechtshilfe zu gewähren. Himmler antwortete auf die Anregung mit zwei überaus kurzgefaßten
Schreiben vom 6. November 1935. Sie lauteten:

[48] Nürnbg. Dok. PS-786–788.
[49] Pers. Stab RFSS, Inst. f. Zeitgesch., Mikrofilm Rolle 70, Bl. 2587701/02.

a] »Ich habe Ihr Schreiben vom 16. 10. sowie die Aufstellung von Todesfällen in den Konzentrationslagern gelegentlich meines Vortrages am 1. November 1935 dem Führer selbst vorgelegt. Besondere Maßnahmen werden bei der ohnehin gewissenhaften Leitung der Konzentrationslager nicht als notwendig erachtet.   gez. H. Himmler«

b] »Ich habe in der Angelegenheit des an uns herangetragenen Wunsches betr. Erteilung der Genehmigung, bei Schutzhaftfällen Rechtsanwälte einzuschalten, dem Führer und Reichskanzler am 1. 11. 1935 Vortrag gehalten.
Der Führer hat die Hinzuziehung von Rechtsanwälten verboten und mich beauftragt, Ihnen seine Entscheidung zur Kenntnis zu bringen.   gez. H. Himmler«[50]

In das Jahr 1935 fielen auch neue Verhaftungsaktionen gegen Personen, die der »hetzerischen« marxistischen Betätigung verdächtig waren. Interne Zahlenübersichten des Geheimen Staatspolizeiamtes aus den sechs Monaten vom Oktober 1935 bis zum März 1936 lassen erkennen, daß die Zahl der »wegen Betätigung für die KPD und SPD« Festgenommenen, von denen anzunehmen ist, daß ein erheblicher Teil zumindest kurzfristig in Konzentrationslager überführt wurde, in dieser Zeit beträchtlich gewesen ist.

Zahlen der wegen Betätigung für die KPD und SPD von der Staatspolizei festgenommenen Personen (Oktober 1935 bis März 1936)[51].

Monat	im Reichsgebiet insgesamt	davon in Preußen
Oktober 1935	1510	952
November 1935	1098	564
Dezember 1935	832	594
Januar 1936	1238	758
Februar 1936	1195	879
März 1936	1393	881

Bei der überwiegenden Zahl der staatspolizeilichen Festnahmen aus politischen Gründen handelte es sich in dieser Zeit offenbar

[50] Pers. Stab RFSS, Inst. f. Zeitgesch., Rolle 40, Bl. 2550980 ff.
[51] Zusammenstellung aufgrund der Tagesmeldungen des Gestapa; BA: R 58/67. – Aus der detaillierten Übersicht geht auch hervor, welche Stapolstellen jeweils die Verhaftungen vornahmen. So betrug z. B. im Oktober 1935 die Zahl der Festnahmen wegen »marxistischer« Betätigung durch die Stapoleitstelle Berlin allein 305 Personen.

um Bagatellsachen. Interessanten Einblick gewähren in dieser Beziehung Meldungen der bayerischen politischen Polizei, welche den Zeitraum vom 30. März bis zum 2. November 1936 (d. h. rund 7 Monate) umfassen. Aus ihnen ist nicht nur die Zahl der in dieser Zeit in Bayern durch die politische Polizei Verhafteten ersichtlich – insgesamt 1791 Personen[52] –, auch die bestimmungsgemäß schriftlich zu vermerkenden Haftbegründungen sind im einzelnen verzeichnet. Dabei fällt die oft überaus vage Formulierung auf. In nicht weniger als 237 Fällen (= ca. 13 %) wurde »staatsabträgliches« oder »staatsfeindliches Verhalten« als Haftgrund angegeben, in einigen Fällen hieß es noch unbestimmter: »wegen politischer Umtriebe« oder »wegen zersetzenden Verhaltens« u. ä. Mit einigermaßen konkreten Angaben ist die Verhaftung folgender Personengruppen begründet:

wegen Vorbereitung oder des Verdachts
der Vorbereitung zum *Hochverrat* verhaftet: 252 Personen (= 14 %)

wegen Betätigung oder Propaganda für
die *KPD oder SPD* verhaftet: 156 Personen (= 8 %)

wegen verbotener Betätigung für die
»*Ernsten Bibelforscher*« verhaftet: 137 Personen (= 7 %)

wegen Störung oder Gefährdung der
öffentlichen Sicherheit oder volksschädigenden Verhaltens verhaftet: 137 Personen (= 7 %)

wegen Vergehen oder Verdacht des Vergehens gegen § 175 verhaftet: 83 Personen (= 4,2%)

Der relativ größte Anteil der Verhaftungen entfiel offenbar auf Personen, die der Polizei wegen sogenannter staatsfeindlicher Äußerungen gemeldet worden waren. In 340 Fällen (= fast 20 %) sind »staatsfeindliche Äußerungen«, »Verbreitung von Greuelnachrichten«, »Beleidigung des Führers«, »Beleidigung führender Persönlichkeiten«, »Verächtlichmachung des Hakenkreuzes«, »abfällige Äußerungen über Gauleiter Streicher« u. ä. als Haftgründe angegeben. Dabei ist außerdem zu mutmaßen, daß auch hinter einem erheblichen Teil anderer allgemeingehaltener Begründungen (z. B. »staatsabträgliches Verhalten«) sich ähnliche Fälle verbargen.

---

[52] Im gleichen Zeitraum wurde die Schutzhaft von 1047 Personen in Bayern aufgehoben; BA: R 58/802 und 803.

Kritik an der nationalsozialistischen Führung sollte mit dem Mittel der Schutzhaft offenbar im Keime erstickt werden. Hierin lag gerade in der Übergangsphase der Jahre 1935/36 eine für das Regime wichtige Funktion der Konzentrationslager.

Schon im Laufe des Jahres 1935 wurde es immer deutlicher, daß Hitler nicht daran dachte, die Konzentrationslager oder das Instrument der Schutzhaft aufzugeben oder sie der Justizkontrolle zu unterwerfen. Von einer befristeten Geltung der Notverordnung vom 28. Februar 1933 war nicht mehr die Rede. Auch innerhalb der Justiz paßte man sich dem Führerwillen an: in der Rechtsprechung setzte sich in zunehmendem Maße die Auslegung durch, daß Zwangsmaßnahmen aufgrund dieser VO nicht nur gegen staatsgefährdende kommunistische Bedrohung im engeren Sinne, sondern zur Abwehr aller gegen den Staat und die nationalsozialistische Volksgemeinschaft verstoßenden Erscheinungen berechtigt seien. Das Preußische Kammergericht als die höchstrichterliche preußische Instanz stellte in einer Entscheidung vom 8. Dezember 1935, bei der es um die Verurteilung von Jugendlichen wegen Betätigung in einer katholischen Jugendbewegung ging, die These von der indirekten kommunistischen Gefahr auf und argumentierte: Ziel des Nationalsozialismus sei die Schaffung einer unteilbaren Volksgemeinschaft. Organisatorische Bestrebungen, welche die Besonderheit des religiösen Bekenntnisses über Gebühr betonten, stünden dem entgegen, wirkten als ein Faktor der Desintegration und leisteten damit indirekt kommunistischen Zielen der Zersetzung Vorschub[53].

Schon im Frühjahr des gleichen Jahres hatte das Preußische Oberverwaltungsgericht durch ein Urteil vom 2. Mai 1935 auch den Rechtsstandpunkt vertreten, daß gegen Zwangsmaßnahmen der Geheimen Staatspolizei als einer selbständigen Instanz der inneren Verwaltung mit politisch-polizeilichem Sonderauftrag das Rechtsmittel der Verwaltungsklage nur in begrenztem Maße zulässig sei[54]. Das preußische Gesetz über die Geheime Staatspolizei vom 10. Februar 1936[55] definierte sodann (in § 7) ausdrücklich: »Verfügungen und Angelegenheiten der Geheimen Staatspolizei unterliegen nicht der Nachprüfung

---

[53] Reichsverwaltungsblatt, 1936, S. 61; vgl. dazu Ernst Fraenkel, The Dual State. New York 1941, S. 17 ff.

[54] Reichs- und Preußisches Verwaltungsblatt, Bd. 56, S. 577; vgl. dazu auch den Runderlaß des stellvertr. Chefs der Pr. Geh. St. Pol. vom 9. März 1936/I G Nr. 43/36; Allg. Erlaßsammlung a. a. O., 2 F I, S. 1.

[55] G. S., S. 21.

durch die Verwaltungsgerichte.« Nach Erlaß dieser überaus wichtigen gesetzlichen Bestimmung bestand gegen Maßnahmen der Gestapo, insbesondere auch der Schutzhaftverhängung, nur noch die Möglichkeit der Dienstaufsichtsbeschwerde, ein freilich illusorisches Mittel, denn über sie entschied in letzter Instanz das Geheime Staatspolizeiamt. Die polizeiliche Inhaftierung von politischen Gegnern war damit definitiv der richterlichen Kontrolle und Anfechtung entzogen. Nach Erlaß des Gesetzes schrieb Dr. Werner Best, Heydrichs Vertreter im Geheimen Staatspolizeiamt:

»Mit der Errichtung des nationalsozialistischen Führerstaates ist zum ersten Mal in Deutschland eine Herrschaft entstanden, die aus einer lebendigen Idee ihre Legitimation schöpft, jeden Angriff auf den gegenwärtigen Zustand des Staates und auf seine gegenwärtige Führung mit allen staatlichen Machtmitteln abzuwehren. Der politische Totalitätsgrundsatz des Nationalsozialismus, der dem weltanschaulichen Grundsatz der organischen unteilbaren Volkseinheit entspricht, duldet keine politische Willensbildung in seinem Bereich, die sich nicht der Gesamtwillensbildung einfügt. Jeder Versuch, eine andere politische Auffassung durchzusetzen oder auch nur aufrechtzuerhalten, wird als Krankheitserscheinung, die die gesunde Einheit des unteilbaren Volksorganismus bedroht, ohne Rücksicht auf das subjektive Wollen seiner Träger ausgemerzt.

Aus diesen Grundsätzen heraus hat der nationalsozialistische Führerstaat zum ersten Mal in Deutschland eine politische Polizei entwickelt, wie sie von unserem Standpunkt aus als modern, d. h. den Bedürfnissen unserer Gegenwart entsprechend, aufgefaßt wird: als eine Einrichtung, die den politischen Gesundheitszustand des deutschen Volkskörpers sorgfältig überwacht, jedes Krankheitssymptom rechtzeitig erkennt und die Zerstörungskeime – mögen sie durch Selbstzersetzung entstanden oder durch vorsätzliche Vergiftung von außen hineingetragen worden sein – feststellt und mit jedem geeigneten Mittel beseitigt.

Diese Staatsfeinde aufzuspüren, sie zu überwachen und im richtigen Augenblick unschädlich zu machen, ist die präventivpolizeiliche Aufgabe einer politischen Polizei. Zur Erfüllung dieser Aufgabe muß sie in der Lage sein, unabhängig von jeder Bindung jedes zur Erreichung des notwendigen Zwekkes geeignete Mittel anzuwenden. Denn nach richtiger Auffassung haben im nationalsozialistischen Führerstaat die zum Schutz des Staates und des Volkes und zur Durchsetzung des Staatswillens berufenen Einrichtungen grundsätzlich jede zur Erfüllung ihrer Aufgabe erforderliche Befugnis, die sich allein aus der neuen Staatsauffassung ableitet, ohne daß es einer besonderen gesetzlichen Legitimation bedarf ... Eine gesetzliche Normierung der von einer politischen Polizei anzuwendenden Mittel ist so wenig möglich, wie es unmöglich ist, jede Art von Angriffen der Staatsfeinde und jede sonst im Staate drohende Gefahr für alle Zukunft vorauszusehen ... Aus dieser zwangsläufigen Gegebenheit entsprang der Begriff der politischen Polizei als eines Staatsschutzkorps neuer und eigener Art, dessen Angehörige sich neben ihrer beamtenmäßigen Pflichterfüllung als Mitglieder eines kämpferischen Verbandes fühlen ...«[56]

In einem gleichzeitigen Aufsatz über ›Die Bekämpfung der Staatsfeinde‹ führte Heydrich aus, daß ein erfolgreicher Kampf gegen den Volks- und Staatsfeind in der Gestalt des Judentums, des Kommunismus, des Freimaurertums und »politisierender« Kirchenvertreter nur gewährleistet sei, »wenn der Gegner dauernd kampfunfähig wird und bleibt« und wenn er »geistig in seinen Methoden und Mitteln erkannt wird«. Voraussetzung der polizeilichen Gegnerbekämpfung sei »der weltanschauliche Ideenkampf gegen die Grundlagen des Gegners«, der »nur durch die nationalsozialistische Bewegung geführt werden« könne. Deshalb müsse die »Staatspolizei in engster Fühlung mit dem Sicherheitsdienst des Reichsführers-SS« arbeiten, dem als »Zweig der Gesamt-SS von der Reichsleitung der NSDAP die nachrichtenmäßige Erforschung und Überwachung der ideenmäßigen Gegner des Nationalsozialismus übertragen ist«.

»Die notwendige enge Zusammenarbeit zwischen Sicherheitsdienst der Bewegung und der Staatspolizei des Staates ist sichergestellt durch die Tatsache, daß der Reichsführer-SS als solcher oberster Chef des Sicherheitsdienstes und gleichzeitig der stellvertretende Chef der Geheimen Staatspolizei ist und daß der Leiter des Geheimen Staatspolizeiamtes unter ihm gleichzeitig der Chef des Sicherheitshauptamtes ist.«[57]

Die Aufsaugung der staatlich-polizeilichen Kompetenzen durch die Parteiorganisation der SS und ihre Herauslösung aus der

---

[56] Werner Best, Die Geheime Staatspolizei. In: Zschr. Deutsches Recht, Jg. 1936, S. 125 ff.
[57] Reinhard Heydrich, Die Bekämpfung der Staatsfeinde; ebenda, S. 121 ff.

inneren Verwaltung war im Bereich der politischen Polizei schon im April 1934 weitgehend erreicht und durch das preußische Gesetz über die Gestapo vom 10. Februar 1936 definitiv gesichert. Mit Himmlers Ernennung zum Chef der deutschen Polizei am 17. Juni 1936[58] wurde sie schließlich auf den Gesamtbereich der Polizei ausgedehnt. Die Personalunion in der Leitung von SS und Polizei bildete sodann die Grundlage dafür, daß künftig auch in institutioneller Hinsicht SS und Polizei eng miteinander verschmolzen.

Auf dem besonderen Gebiet der Konzentrationslager hatte dieser Prozeß in Dachau schon 1933 begonnen. Die Jahre 1934 bis 1937 bildeten in der Geschichte der nationalsozialistischen Konzentrationslager in zweifacher Hinsicht eine Übergangsphase: In dieser Zeit wurden die meisten der in der revolutionären Phase nationalsozialistischer Machtergreifung namentlich von der SA gegründeten Sammelstätten und mehr oder weniger »wilden« Lager für politische Gefangene geschlossen, die Zahl der Schutzhäftlinge im ganzen stark reduziert und die übelsten Mißstände und Exzesse abgestellt. Ausgehend von Dachau und anfangs vor allem gestützt auf die frühe Machtbastion Himmlers und Heydrichs in Bayern, kam es in der gleichen Zeit aber zu einer Monopolisierung und Vereinheitlichung der wenigen noch bestehen gebliebenen Lager in der Hand der SS, zur Herausbildung eines Modells der inneren Lagerordnung und allgemeiner Regeln hinsichtlich der Kompetenzen, Bewachungsmannschaften usw., ferner auch zu einer Ausdehnung der Konzentrationslagerhaft auf andere nichtpolitische Personengruppen.

2. Das Dachauer Modell:
Häftlingsstrafen, Häftlingsbehandlung und Wachvorschriften

Das im März 1933 errichtete Konzentrationslager Dachau glich in den ersten Monaten seines Bestehens den meisten der sogenannten »wilden KZ's«. Die eingelieferten Häftlinge waren in weitem Maße der Willkür und dem Terror der Bewachungsmannschaften ausgesetzt, die sich in Dachau von Anfang an vor allem aus bewaffneten Angehörigen der Allgemeinen SS zusammensetzten. Wenn überhaupt, so bestanden nur sehr allgemeine Dienstvorschriften für die Wachtruppe, so daß Willkür, Gewalt und die von der Lagerleitung nachweisbar begünstigte Tendenz, den wehrlosen politischen Gegnern oder Juden unter

[58] RGBl I, S. 487.

den Gefangenen die eigene Macht spüren zu lassen, sich ausbreiten konnte. Erster Kommandant des Lagers Dachau war der SS-Hauptsturmführer Wäckerle, unter dessen Leitung sich zahlreiche Mißhandlungen, auch eine Reihe von brutalen Morden zutrugen. Als die Staatsanwaltschaft des Landgerichts München II 1933 wegen vier in der zweiten Maihälfte 1933 in Dachau ermordeter Gefangener im Lager Ermittlungen anstellte, stellte sie u. a. fest, daß der Kommandant Wäckerle einen Kanon drakonischer »Sonderbestimmungen« für die Gefangenen schriftlich fixiert hatte. Diese enthielten keine Vorschriften für die Wachtruppe, sondern waren ein erster, offenbar von Himmler inspirierter Versuch, die Häftlingsbehandlung im Lager in ein System von Strafen und Klassifizierungen zu pressen. Wäckerle sagte gegenüber dem vernehmenden Staatsanwalt aus, »er habe diese Bestimmungen auf Befehl seiner vorgesetzten Stelle selbst verfaßt« und sie seien »vom Herrn politischen Polizeikommandeur [Himmler] genehmigt« worden[59]. In den Sonderbestimmungen hieß es, im Lager gelte »das Standrecht«, bei Fluchtversuchen würde ohne Anruf von der Waffe Gebrauch gemacht. Im übrigen enthielten sie eine lange Aufzählung strafbarer Handlungen, die insbesondere mit Arrest, gestaffelt nach gelindem, mittlerem oder strengem Arrest, bis zu drei Monate bestraft werden konnten. Strenger Arrest bedeutete Einzelhaft in einer »vollkommen dunklen Kammer« bei Wasser und Brot. Die Arreststrafen sollten vor allem jeden Ungehorsam, mangelnde Pünktlichkeit oder Unhöflichkeit bestrafen und die Häftlinge auch vor Beschwerden zurückschrecken.

Nach § 8 der »Sonderbestimmungen« wurden außerdem bestimmte Vergehen, so die tätliche Widersetzlichkeit, Anstiftung zum Ungehorsam oder der Versuch hierzu, mit dem Tode bedroht. Schließlich war eine Einteilung der Gefangenen in drei Klassen, die sich nach Unterbringung und Verpflegung unterschieden, vorgesehen. Zunächst sollten alle Gefangenen in die mittlere Klasse (II) eingestuft und dann je nach »Führung« entweder bessergestellt oder in die Strafklasse (III) überführt werden, in der die Gefangenen in den Baracken statt einer Matratze nur eine harte Schlafunterlage erhielten und ihre Verpflegung gekürzt werden sollte. Klasse III war aber auch vorgesehen für Gefangene, »deren Vorleben eine besonders scharfe Beaufsichtigung« erfordert.

---

[59] Vgl. Nürnbg. Dok. PS-1216; Text der Sonderbestimmungen auch abgedruckt in IMG XXXVI, D-922.

In den Bestimmungen hieß es, daß die »Gerichtsbarkeit ausnahmslos durch den Kommandeur des Lagers ausgeübt« wird. Bei der Aburteilung der mit Todesstrafe bedrohten Fälle (§ 8) sahen sie folgendes Verfahren vor:

> »Alle unter § 8 fallenden Fälle werden durch ein Lagergericht abgeurteilt, welches sich zusammensetzt aus dem Kommandeur des Lagers, einem oder zwei von dem Lagerkommandanten zu bestimmenden Offizieren und einem der Wachtruppe angehörenden SS-Mann. Die Anklagebehörde wird ebenfalls von einem von dem Lagerkommandeur zu bestimmenden, der Lagerkommandantur angehörenden SS-Mann ausgeübt. Bei Stimmengleichheit entscheidet die Stimme des Vorsitzenden des Lagergerichts. Vorsitzender ist der jeweilige Kommandeur des Lagers.«

Wenngleich es fraglich ist, inwieweit die »Sonderbestimmungen« in Dachau tatsächlich Geltung erlangt und Anwendung gefunden haben, und es nicht bekannt ist, ob insbesondere das in dieser Strafordnung vorgesehene Verfahren lagereigener Verhängung von Todesurteilen angewandt wurde, so zeigte sich hier doch bereits – im Gegensatz zu den meisten damaligen SA-Lagern – die Tendenz zur Systematisierung des Terrors und der Fixierung bestimmter Grundsätze der Häftlingsbehandlung, etwa die Einteilung in einzelne Blocks mit je verschiedenen Haftbedingungen, vor allem auch das Bestreben Himmlers, die Lager als Bezirke eigenen Rechts außerhalb der Strafgesetze und der ordentlichen Strafjustiz zu organisieren. Die Münchener Staatsanwaltschaft, die die »Sonderbestimmungen« ausgehändigt bekam, ersuchte Ende Mai 1933 den bayerischen Justizminister um Nachprüfung, ob die selbstherrliche Anordnung des Standrechts und der Todesstrafe durch den Lagerkommandanten beziehungsweise die politische Polizei überhaupt zulässig sei[60]. Doch Himmler und die ihm unterstellten Kommandanten machten von ähnlichen Strafandrohungen auch später Gebrauch. Der Dachauer Kommandant Wäckerle war allerdings unhaltbar geworden. Die Staatsanwaltschaft erhob am 1. Juni 1933 gegen ihn sowie den Lagerarzt Dr. Nuernbergk und den Kanzleiobersekretär Mutzbauer von der Lagerkommandantur wegen Mordbegünstigung Anklage (Fall des Häftlings Sebastian Nefzger)[61], und Himmler mußte den Kommandanten absetzen.

---

[60] Schreiben Oberstaatsanwalt Wintersbergers an das Bayerische Staatsministerium der Justiz vom 29. Mai 1933; ebenda.
[61] IMG, XXVI, PA-645; bezüglich der anderen drei Mordfälle (Kaufmann Schloß, Rechtsanwalt Dr. Strauss, Hilfsarbeiter Haussmann) vgl. auch PS-641/644.

Die weitere Systematisierung der Häftlingsbehandlung und -bestrafung sowie die Regelung der Kompetenzverteilung und detaillierte Dienstvorschriften auch für die Wachtruppe bildeten sich vor allem unter Leitung des Ende Juni 1933 eingesetzten neuen Dachauer Kommandanten, SS-Oberführer Theodor Eicke, heraus. Unter Eicke wurde Dachau zum Modell für die anderen Lager, und nachdem Eicke Mitte 1934 zum Inspektor der KL ernannt worden war, übte er auch nächst Himmler den stärksten persönlichen Einfluß auf die künftige Organisation und den »Geist« der SS-Wachtruppe aus.

Theodor Eicke, geb. 1892 in Hampont (Elsaß-Lothringen), war nach dem Ausscheiden aus der aktiven Zahlmeister-Laufbahn in der kaiserlichen Armee 1919 zur Polizeiverwaltung in Thüringen übergetreten, hatte nach Ablegung der Kommissarsprüfung (1920) kurzfristige Anstellungen bei der Schutz- und Kriminalpolizei, schließlich im Polizeiverwaltungsdienst in Ludwigshafen a. Rh. erhalten, war aber wegen verschiedener gegen die Republik gerichteter politischer Tätigkeiten überall bald entlassen worden und zeitweilig erwerbslos gewesen. Zwischen 1923 und 1932 als Kaufmann und Sicherheitskommissar des Werk-Spionageabwehrdienstes der IG-Farbwerke Ludwigshafen tätig, wurde er Ende 1928 Mitglied der NSDAP und SA, trat aber bald in die SS über, wo er schnell Karriere machte. Ende 1930 wurde er zum Führer des SS-Sturms Ludwigshafen ernannt und ein Jahr später als SS-Standartenführer mit der Leitung der SS-Standarte der Rheinpfalz beauftragt. Wegen der Vorbereitung an politischen Bombenattentaten im März 1932 zu zwei Jahren Zuchthaus verurteilt, flüchtete Eicke im Sommer 1932 auf Anweisung Himmlers nach Italien und übernahm als SS-Oberführer die Leitung des SS-Flüchtlingslagers, das die italienischen faschistischen Behörden in Malcesine am Gardasee eingerichtet hatten. Mitte Februar 1933 kehrte Eicke nach Deutschland zurück. Da er aber hier versuchte, seine alte Fehde mit dem Gauleiter der pfälzischen NSDAP (Bürckel) gewaltsam auszutragen, wurde er auf Weisung Himmlers am 21. März in Schutzhaft genommen und zur Beobachtung seines Geisteszustandes in die psychiatrische Universitätsklinik nach Würzburg überwiesen[62], wo ihn der damalige Privatdozent Dr. Heyde zu begutachten hatte.

Als im Juni der Kommandant in Dachau ausgewechselt wer-

---

[62] Vgl. Eickes handschriftl. Lebenslauf in SS-Personalakte Eicke; Fotokopie im Inst. f. Zeitgesch. Fa 74.

den mußte, entsann sich Himmler Eickes, der in der Klinik in Würzburg in wortreichen Briefen an den Reichsführer-SS seine Freilassung begehrte. Ende Juni 1933 wurde Eicke zum neuen Kommandanten von Dachau ernannt. Als Himmler im April 1934 auch die Leitung der preußischen Geheimen Staatspolizei erhalten hatte, beauftragte er Eicke im Mai 1934 mit der Neuorganisation und Vereinheitlichung der gesamten Konzentrationslager[63]. Seine offizielle Ernennung zum »Inspekteur der Konzentrationslager und SS-Wachverbände [SS-Totenkopfverbände]« erfolgte am 4. Juli 1934[64]. Am 11. Juli 1934 wurde Eicke zum SS-Gruppenführer befördert und war damit auch rangmäßig den am Aufbau der SS maßgeblich beteiligten anderen Mitarbeitern Himmlers (Heydrich, Pohl) gleichgestellt.

Die unter Eickes Leitung in Dachau eingeführten Neuerungen fanden u. a. Ausdruck in der am 1. Oktober 1933 »Zur Aufrechterhaltung der Zucht und Ordnung« erlassenen ›Disziplinar- und Strafordnung für das Gefangenenlager‹[65] und besonderen ›Dienstvorschriften für die Begleitposten und die Gefangenenbewachung‹[66]. Die neue Disziplinar- und Strafordnung, die dokumentarisch nur unvollständig überliefert ist, übernahm die meisten Prinzipien der früheren »Sonderbestimmungen« Wäckerles, sie hielt insbesondere daran fest, daß der Lagerkommandant die »vollziehende Strafgewalt« in der Hand habe und bei ihrer Ausübung nur »dem Politischen Polizeikommandeur persönlich verantwortlich« sei. Auch Eickes Straf- und Disziplinarordnung sah ein abgestuftes System von Arreststrafen (8 Tage, 14 Tage, 21 Tage und 42 Tage strengen Arrest) vor. Ebenso war die Einzelhaft bei Wasser und Brot, die zahlreiche Häftlinge zur Verzweiflung und zum Selbstmord trieb, beibehalten. Als neue Strafart, die künftig in allen Konzentrationslagern eingeführt wurde, kam die Prügelstrafe hinzu. Vorgesehen waren dabei als Regel »25 Stockhiebe«, die auch zusätzlich zur Arreststrafe angeordnet werden konnten. Auf Eicke scheint auch die besondere Anordnung zurückzugehen, daß die Prügelstrafe vor der angetretenen Truppe der SS-Wachmannschaft und den Häftlingen sowie in Gegenwart des Kommandanten beziehungsweise Schutzhaftlagerführers von mehreren SS-Leuten (später auch Häftlingen) auszuführen sei[67].

[63] Ebenda.
[64] Dienstbescheinigung des SS-Personalhauptamtes vom 30. März 1943, ebenda.
[65] IMG, XXVI, PS-778 (Teilwiedergabe).
[66] In: Nürnbg. Dok. PS-1216.
[67] Vgl. Rudolf Höß, Kommandant in Auschwitz. Stuttgart 1958, S. 54.

Dadurch sollte bewußt dokumentiert und einexerziert werden, daß die Prügelstrafe der Willkür des einzelnen Bewachers entzogen und gleichsam ein ordentlicher Strafvollzug sei. Durch die Ausführung der Prügelstrafe durch jeweils mehrere SS-Männer sollte die Mißhandlung zugleich unpersönlich und anonym gemacht und jeder Angehörige der Wachtruppe von Anfang an an diesen Vorgang gewöhnt werden, zu dem er jederzeit kommandiert werden konnte.

Wie die früheren »Sonderbestimmungen« sah auch die Disziplinar- und Strafordnung Eickes die Todesstrafe für bestimmte Vergehen vor. Die Paragraphen 11 und 12 bestimmten: derjenige Häftling, der »zum Zwecke der Aufwiegelung« politisiert oder sich mit anderen zusammenfindet, gegnerische »Greuelpropaganda« weitergibt o. ä., »wird kraft revolutionären Rechts als Aufwiegler gehängt«; wer »einen Posten tätlich angreift«, »den Gehorsam ... verweigert« oder Meuterei in irgendeiner Form betreibt, »wird als Meuterer auf der Stelle erschossen oder nachträglich gehängt«. Desgleichen wurde vorsätzliche Sabotage mit der Todesstrafe bedroht (§ 13).

Als mildere Strafen waren außerdem vorgesehen besonders »harte körperliche oder besonders schmutzige Arbeit ... unter besonderer Aufsicht«, ferner als Nebenstrafen: »Strafexerzieren, Prügelstrafe, Postsperre, Kostentzug, hartes Lager, Pfahlbinden, Verweis und Verwarnungen.« Die Straf- und Disziplinarordnung schrieb ferner vor:

> »Sämtliche Strafen werden aktlich vermerkt. Arrest und Strafarbeit verlängern die Schutzhaft um mindestens 8 Wochen; eine verhängte Nebenstrafe verlängert die Schutzhaft um mindestens 4 Wochen. In Einzelhaft verwahrte Häftlinge kommen in absehbarer Zeit nicht zur Entlassung.«

Der Grundsatz, daß die Häftlinge mit äußerster, aber unpersönlicher und disziplinierter Härte zu behandeln seien und es ihnen gegenüber keine Toleranz gebe, war ausdrücklich der Strafordnung vorangestellt und wurde von Eicke auch bei der Schulung und Instruktion der SS-Wachtruppe stereotyp wiederholt. In Erinnerung an die Schulung im Lager Dachau, in das er 1934 kommandiert wurde, gab der spätere Auschwitzer Kommandant Rudolf Höß wieder, worauf Eickes Predigten hinausliefen:

> »Jede Spur von Mitleid zeige den ›Staatsfeinden‹ eine Blöße, die sie sich sofort zu Nutze machen würden. Jegliches Mitleid mit ›Staatsfeinden‹ sei eines SS-Mannes unwürdig. Weichlinge hätten in seinen Reihen keinen Platz und würden gut

tun, sich so schnell wie möglich in ein Kloster zu verziehen. Er [Eicke] könne nur harte entschlossene Männer gebrauchen, die jedem Befehl rücksichtslos gehorchten. Nicht umsonst trügen sie den Totenkopf und die stets geladene scharfe Waffe. Sie stünden als einzige Soldaten auch in Friedenszeiten Tag und Nacht am Feind, am Feind hinter dem Draht ...
Eicke hatte den Begriff ›gefährliche Staatsfeinde‹ so eindringlich und überzeugend in seine SS-Männer hineingetrommelt, daß jeder, der es nicht besser wußte, fest davon durchdrungen war ...
Eickes Absicht war, seine SS-Männer durch seine dauernden Belehrungen und entsprechende Befehle ... von Grund auf gegen die Häftlinge einzustellen, sie auf die Häftlinge scharf zu machen ...«[68]

Das Bestreben, der Häftlingsbehandlung und -bewachung die Form eines strengen Exekutionsvollzuges zu geben, kennzeichnete auch die zusammen mit der Strafordnung am 1. Oktober 1933 von Eicke in Dachau eingeführte Dienstvorschrift für die Begleitposten und Gefangenenbewachung. Sie regelte bis ins einzelne das Verfahren des Häftlingsappells, des militärisch geordneten Abmarsches der Häftlingskolonnen zur Arbeit, die Pflichten der Torwache und Begleitposten, der Kontrolle, sogar den Wortlaut einzelner Kommandos, den Abstand, den die Posten von den Häftlingen zu halten hatten, die Form der Ehrenbezeigung, die die Häftlinge leisten mußten, das Laden und Entsichern des Gewehrs usw. Ausdrücklich hieß es in der Dienstvorschrift:

»Den Begleitposten obliegt lediglich die Bewachung der Gefangenen. Sie richten ihr Augenmerk auf das Verhalten derselben bei der Arbeit. Träge Gefangene sind zur Arbeit anzuhalten. Streng untersagt ist jedoch jede Mißhandlung und Schikane.
Ist ein Gefangener bei der Arbeit sichtlich nachlässig und faul, oder gibt er freche Antworten, dann stellt der Posten den Namen fest. Nach Dienstschluß erstattet er Meldung. Selbsthilfe bedeutet Mangel an Disziplin. Wenn die Gefangenen Achtung vor dem SS-Posten haben sollen, darf es dem SS-Mann als Posten nicht gestattet sein, in träger Haltung herumzustehen, sich anzulehnen, das Gewehr auf den Rücken zu schieben oder die Hand auf die Mündung zu legen.
Lächerlich und unsoldatisch benimmt sich ein Posten, der

[68] Rudolf Höß, a. a. O., S. 56 und S. 64 f.

dem fallenden Regen ausweicht ... Der SS-Mann hat Stolz und Würde zu zeigen ... Die Anrede ›Du‹ kommt einer Verbrüderung gleich. Erniedrigend ist es für einen Totenkopfträger, der sich von Bolschewiken und Bonzen zum Botengänger machen läßt ... Dem SS-Begleitposten ist es verboten, außerdienstliche Gespräche mit den Gefangenen zu führen ...«

Besonders rigoros waren die Vorschriften zum sofortigen Gebrauch der Schußwaffe im Falle eines Anzeichens von Flucht oder Gefangenenmeuterei:

»Wer einen Gefangenen entweichen läßt, wird festgenommen und wegen fahrlässiger Gefangenenbefreiung der bayer. politischen Polizei übergeben. Versucht ein Gefangener zu entfliehen, dann ist ohne Anruf auf ihn zu schießen. Der Posten, der in Ausübung seiner Pflicht einen Gefangenen erschossen hat, geht straffrei aus.

Wird ein Posten von einem Gefangenen tätlich angegriffen, dann ist der Angriff nicht mit körperlicher Gewalt, sondern unter Anwendung der Schußwaffe zu brechen. Ein Posten, der diese Vorschrift nicht beachtet, hat seine fristlose Entlassung zu gegenwärtigen ...

Meutert oder revoltiert eine Gefangenenabteilung, dann wird sie von allen aufsichtsführenden Posten beschossen. Schreckschüsse sind grundsätzlich untersagt.«

Diese Postenvorschriften wurden nachweislich auch in den anderen Konzentrationslagern eingeführt, die Eicke als Inspekteur der KL ab 1934 übernahm. Als im März/April 1935 im KL Columbia-Haus in Berlin zwei Häftlinge angeblich wegen Widerstandes erschossen wurden, rechtfertigten sich die Täter gegenüber dem ermittelnden Staatsanwalt ausdrücklich mit dem Hinweis auf die Dienstvorschrift, deren Befolgung »bis in die neueste Zeit« ihnen »von den Vorgesetzten zur Pflicht gemacht« worden sei.

Gleichzeitig führte der Kommandant des Lagers (Dr. Reiner) in einem Bericht vom 8. Mai 1935 an Himmler aus, daß er bei der Behandlung der Gefangenen »die vom Inspekteur gegebenen Befehle klar weitergegeben« und jedes Berühren eines Gefangenen, Beschimpfungen, Sprechen über außerdienstliche Angelegenheiten mit den Häftlingen verboten habe. »Meldungen über renitentes Benehmen von Häftlingen oder Gehorsamsverweigerungen habe er weitergegeben und Prügelstrafe beantragt, im Falle der Genehmigung durch den Inspekteur sei die Strafe an dem Beschuldigten vor versammelten Häftlingen vollzogen worden. Dabei sei er immer persönlich zugegen gewesen.«[69]

In dergleichen Fällen, in denen aus den Konzentrationslagern Erschießungen auf der Flucht oder bei Widerstand gemeldet wurden und glaubhaft gemacht werden konnten, haben die zuständigen Staatsanwaltschaften in der Regel schon damals die Ermittlungen eingestellt und keine Anklage erhoben, obwohl es sich rechtlich um klaren Mord beziehungsweise Totschlag handelte. Immerhin war man sich in weiten Kreisen der Justiz der Unrechtmäßigkeit dieses Geschehens durchaus bewußt. So erklärte in dem genannten Fall (KL Columbia-Haus) der Berliner Generalstaatsanwalt:

> »Die Dienstvorschrift könne die Beschuldigten nicht entlasten. Da sie sich nicht als gesetzliche Bestimmung darstellt, kann sie die Rechtswidrigkeit des Handelns der Beschuldigten nicht beseitigen. Es handelt sich hier um ein bedauerliches Auseinanderklaffen von Dienstanweisungen und rechtlich Zulässigem.«[70]

Die in Dachau im Oktober 1933 entwickelten allgemeinen Postenvorschriften galten dem Sinne nach bis Kriegsende. In einem späteren Runderlaß an die Lagerkommandanten vom 27. Juli 1943 übersandte der Inspekteur der KL ein siebenseitiges Merkblatt als Grundlage für den »Unterricht über Aufgaben und Pflichten der Wachposten«, das in Inhalt und Tenor weitgehend den alten Anweisungen Eickes entsprach[71].

Anders verhielt es sich mit den Strafvorschriften. Von der in der Dachauer Strafordnung von 1933 vorgesehenen Todesstrafe des Erhängens oder Erschießens scheint von Anfang an allenfalls ein verschleierter Gebrauch gemacht worden zu sein. Da bei der Vollstreckung solcher sogenannter Todesstrafen, wenn sie nicht glaubhaft als Erschießungen auf der Flucht oder infolge von Widerstand dargestellt werden konnten, in den ersten Jahren nach 1933 eine Anklageerhebung durch die Staatsanwaltschaft zu gewärtigen war, bildete dies für die SS ein zweischneidiges Schwert. Wie aus Aufzeichnungen des Reichsjustizministers hervorgeht, hat Eicke auch selbst im April 1935 erklärt, daß zu dieser Zeit eine »geheime Gegenorder« ergangen sei, »wonach diese scharfen Strafbestimmungen in Wirklichkeit nicht zur Anwendung gelangen«, sondern lediglich der »Einschüchterung«

---

[69] Vgl. Diensttagebuch des Reichsjustizministers Dr. Gürtner (Nürnbg. Dok. PS-3751), Eintragungen vom 18. April, 29. Mai und 24. Juni 1935.
[70] Ebenda, Eintragung vom 29. Mai 1935.
[71] BA: NS 19/1829, Bl. 115 ff.

dienen sollten[72]. Um den wegen der zahlreichen unnatürlichen Todesfälle in den Konzentrationslagern wachsenden Bedenken der Justiz den Boden zu entziehen, erließ im Oktober 1935 auch die Gestapo besondere Richtlinien für die Konzentrationslager, denen zufolge die Kommandanten verpflichtet waren, von sich aus bei nicht einwandfrei ärztlich festgestellter natürlicher Todesursache der Staatsanwaltschaft sofortige Anzeige zu erstatten[73]. Der Willkür der Kommandanten waren damit Grenzen gesetzt.

Wie aus dem zitierten Schreiben des Kommandanten des KL Columbia-Haus hervorgeht, waren schon zu dieser Zeit (1935) die Lagerleiter nicht berechtigt, die schwersten Strafen von sich aus zu verhängen. Auch die Prügelstrafe bedurfte der Genehmigung durch den Inspekteur der KL. In den Jahren relativ geordneten Schutzhaftvollzugs zwischen 1935/36 und 1939 wurden die willkürlichen Tötungen seltener. Es dominierten als Strafen in allen Konzentrationslagern die regelmäßigen Prügelszenen, die Verhängung von Arrest, die Strafarbeiten, Erschwerung der Haftbedingungen durch Schreibverbot und Postentzug, daneben das von Eicke schon in Dachau eingeführte sogenannte Baumbinden und ähnliches. Mißhandlungen und Tötungen von Häftlingen durch SS-Wachmannschaften blieben auch in dieser Zeit nicht aus, zumal man den Haß gegen die Häftlinge bewußt züchtete, sie wurden aber zwischen 1935 und 1939 auf ein verhältnismäßig geringes Maß herabgeschraubt.

*3. Der Inspekteur der Konzentrationslager
und Führer der Totenkopfverbände (Kompetenzen der Leitung und
Verwaltung, Entwicklung der KL und Totenkopfverbände bis 1938)*

Während Eickes Zeit in Dachau bildeten sich nicht nur die später maßgeblichen Prinzipien der Häftlingsbehandlung heraus, sondern auch die Grundsätze der Organisation, der Kompetenz- und Aufgabenverteilung bei der Leitung und Verwaltung der Konzentrationslager. Rückblickend schrieb Eicke am 10. August 1936 an Himmler, er habe bei seinem Amtsantritt in Dachau »eine korrupte Wachabteilung von knapp 120 Mann« vorgefunden:
»Wir galten allgemein als notwendiges Übel, das nur Geld kostet; unscheinbare Wachmänner hinter Stacheldraht. Die

[72] Gürtner-Tagebuch (vgl. Anm. 69), Eintragung vom 18. April 1935.
[73] Ebenda, Eintragung vom 21. Oktober 1935.

knappe Löhnung für meine Führer und Männer habe ich dekadenweise bei den Staatskassen förmlich erbetteln müssen. Ich selbst bezog als Oberführer in Dachau ein Monatsgehalt von 230,– RM . . . Nicht eine Patrone oder Gewehr, geschweige denn ein Maschinengewehr waren zu Beginn vorhanden. Von der ganzen Belegschaft konnten 3 Mann mit einem MG umgehen. Meine Männer hausten in zugigen Fabrikhallen. Überall herrschte Armut und Elend. Damals unterstanden diese Wachmänner dem Oberabschnitt Süd, der die Sorgen und Nöte mir überließ, im übrigen mir aber ungefragt Leute schickte, die er aus irgendeinem Grunde in München loshaben wollte; damit verseuchte man mir die Truppe und deren Stimmung. Untreue, Unterschlagung und Korruption habe ich angetroffen. Binnen 4 Wochen habe ich rund 60 Mann deshalb entlassen müssen. Es ging nicht vorwärts, weil die Truppe dem Oberabschnitt Süd befehlsmäßig unterstand und von dort beeinflußt und als Sammelbecken sogenannter Versorgungsanwärter benutzt wurde. Als ich so nicht weiter kam, hat Reichsführer-SS meinem Antrag entsprochen und die kleine Wachtruppe mir ausschließlich unterstellt. Von nun an begann der ungestörte Aufstieg . . .«[74]

Die Verselbständigung der Wachtruppe in Dachau und ihre Herauslösung aus dem Verband der Allgemeinen SS geschah im Herbst 1934, als Eicke bereits zum Inspekteur der Konzentrationslager ernannt worden war, aber eine Zeitlang noch weiterhin den Posten des Dachauer Kommandeurs bekleidete (Eickes Nachfolger als Kommandant in Dachau waren 1935: SS-Oberführer Heinrich Deubel; 1936–1939: SS-Oberführer Hans Loritz, der vorher der Kommandant des Lagers Esterwegen gewesen war).

Bis zum Herbst 1934 gehörte die Wachtruppe des Konzentrationslagers »SS-mäßig« zum Oberabschnitt Süd der Allgemeinen SS und war nur hinsichtlich ihres Einsatzes und ihrer Ausbildung als Wachtruppe dem Kommandanten unterstellt. Der für die Wachaufgaben 1933 gebildete besondere »SS-Sturmbann Dachau«[75] beziehungsweise die »Wachtruppe Oberbayern der Allgemeinen SS«[76] war in Dachau schon 1933/34 in besonderen SS-Baracken beziehungsweise -Kasernen neben dem eigent-

[74] Schreiben SS-Gruf. Eicke an RFSS vom 10. September 1936; Personalakte Eicke (vgl. Anm. 62).
[75] So bezeichnet in der Dienstvorschrift Eickes vom 1. Oktober 1933; Nürnbg. Dok. PS-1216. Im Januar 1937 gab Himmler an: z. Z. 8000 Häftlinge; DMT XXIX, PS – 1992 (A), S. 217.
[76] Vgl. dazu auch eidesstattl. Erklärung von Max Schobert; Nürnbg. Dok. NO-2329.

lichen Lager untergebracht. Die SS-Männer der Wachtruppe wurden wie hauptamtliche Angestellte der Allgemeinen SS entlohnt und erhielten' Waffenausbildung und -ausrüstung. Der Führer des SS-Sturmbanns Dachau unterstand nicht dem Kommandanten des Lagers. Dieser konnte vielmehr nur über den Teil der Wachtruppe verfügen, der jeweils für den Posten- und Begleitdienst ins Lager abgestellt war. Die Aufsicht über die Posten lag beim sogenannten »Kasernentagesdienst«, später als »Führer vom Dienst« bezeichnet. Ihm, der außerhalb des Lagers, in den SS-Kasernen, seinen Standort hatte, beziehungsweise dem Führer des SS-Sturmbanns Dachau, mußten laut Wachvorschrift vom 1. Oktober 1933 auch Pflichtverletzungen der Posten und Mißstände in der Ausführung der Bewachung gemeldet werden.

Von dem wechselnden Einsatz des Posten- und Begleitdienstes ist das ständige SS-Personal im Lager selbst zu unterscheiden. Schon zu Eickes Zeit war es in Dachau in verschiedene Abteilungen gegliedert. Bereits 1933 gab es neben der Kommandantur die politische Abteilung des Lagers[77] als Außenposten der politischen Polizei im Lager, außerdem die besondere Dienststelle des Lagerarztes, und wohl auch schon einen besonderen Verwaltungsführer, dem die Lagerkasse, die sogenannten Häftlingseffekten, die Lagerwerkstätten, Verpflegungs- und Bekleidungsangelegenheiten unterstanden. Im Schutzhaftlager selbst, das in Dachau 1935 aus 10 Häftlings-Kompanien beziehungsweise -Blocks mit je ca. 250 Häftlingen bestand (davon 8 Kompanien mit politischen Häftlingen)[78], hatten die Kompanie- beziehungsweise Blockführer in der Regel den Rang eines SS-Scharführers (= Feldwebel) inne, der Rapportführer den Rang eines Hauptscharführers (= Hauptfeldwebel) und der Schutzhaftlagerführer den Rang eines SS-Führers (= Offizier). Mit der Vergrößerung der Lager wurde später meist ein 1. und ein 2. Schutzhaftlagerführer eingesetzt, die abwechselnd 24stündig »diensthabend« waren. Die Blockführer und der Rapportführer verfügten über kein weiteres SS-Personal, sondern bedienten sich sogenannter Häftlingsfunktionäre (Block- und Stubenältester), die aber nicht von ihnen selbst, sondern vom Schutzhaftlagerführer berufen wurden.

Seit 1935/36 kristallisierte sich ein festes Schema der Kompe-

---

[77] Vgl. Schreiben der Staatsanwaltschaft beim Landgericht München II an den GenStA des OLG München vom 30. Juli 1934; IMT, XXXVI, D-926.
[78] Vgl. Rudolf Höß, a. a. O., S. 57 f.

tenzverteilung heraus, das fünf verschiedene Lagerabteilungen vorsah. Der spätere Auschwitzer Kommandant Rudolf Höß hat nach dem Krieg in der Untersuchungshaft in Krakau angegeben, daß eine als Modell für alle Lager geltende Lagerordnung von der Inspektion der KL 1936 herausgegeben worden sei. Danach waren die Abteilungen und Aufgabenbereiche folgendermaßen gegliedert[79]:

I. *Kommandantur*
   (Lagerkommandant, Adjutant, Postzensurstelle)
II. *Politische Abteilung*
   (Leiter der Politischen Abteilung, Erkennungsdienst)
III. *Schutzhaftlager*
   (Schutzhaftlagerführer, Rapportführer, Blockführer, Arbeitsdienstführer, Kommandoführer)
IV. *Verwaltung*
   (Verwaltungsführer, Gefangenen-Eigentumsverwaltung, Lager-Ingenieur)
V. *Lagerarzt*

Nicht als lagerinterne Abteilung, sondern als dem Lager nur zugeteilte, galt der jeweilige »Führer vom Dienst« der Wachtruppe.

Dieser Organisationsplan wird bestätigt durch eine aus den Akten des Inspekteurs der Konzentrationslager stammende (undatierte) Aufzeichnung über den »Zweck und die Gliederung der Konzentrationslager«, die um das Jahr 1938 herum, jedenfalls vor Kriegsbeginn entstand und gleichfalls die von Höß genannten Abteilungen aufzählt[80]. In den vorliegenden Zeugnissen ist der besonders wichtige Aufgabenbereich der Politischen Abteilung klar umschrieben. Höß kennzeichnet ihn folgendermaßen:

»Der Leiter der politischen Abteilung ist stets ein Beamter der Geheimen Staatspolizei oder der Kriminalpolizei. Er steht dem Lagerkommandanten für die Aufgaben der politischen Abteilung zur Verfügung. In Ausübung seines Dienstes als

---

[79] Unveröffentlichte Aufzeichnung von Rudolf Höß über die »Lagerordnung für die Konzentrationslager« (Krakau, 1. Oktober 1946), Fotokopie im Inst. f. Zeitgesch. – Das von Höß wiedergegebene Schema deckt sich mit den Angaben des ehem. Kommandanten von Buchenwald, SS-Oberführer Hermann Pister (Nürnbg. Dok. NO-254). Auch P. unterscheidet die fünf Abteilungen in dem von ihm 1941 übernommenen Lager Buchenwald: I. Kommandantur, II. Polit. Abt., III. Schutzhaftlager, IV. Verwaltung, V. Sanitätswesen. Er nennt außerdem eine besondere Abteilung III E: Arbeitseinsatz. Auch Höß gibt in seinen Erinnerungen an, daß es in Auschwitz einen besonderen Arbeitseinsatzführer gegeben habe.
[80] BA: NS 3/391.

Beamter der Gestapo bzw. Kripo untersteht er der für das betr. KL zuständigen Gestapo- bzw. Kripostelle. Als Hilfskräfte stehen ihm geeignete Angehörige des Kommandanturstabes zur Verfügung.

Der Leiter der Pol. Abt. führt Vernehmungen von Häftlingen durch im Auftrag von Polizeidienststellen, der Justiz und dem Lagerkommandanten. Er ist verantwortlich für die Häftlingskartei und ordnungsmäßige Führung der Häftlingsakten, ebenso für die Erfassung der Neuzugänge. Fehlende Schutzhaftunterlagen hat er anzufordern. Er ist verantwortlich für die termingerechte Überstellung von Häftlingen zu Polizeidienststellen und Gerichtsterminen. Zur Erstellung angeforderter Führungsberichte leitet er die betr. Akten dem Schutzhaftlagerführer zu und überwacht die Termine.

Bei angeordneten Entlassungen hat er die zuständigen Polizeidienststellen zu verständigen und die Entlassung durchzuführen. – Bei Häftlingsunfällen hat er die zuständige Staatsanwaltschaft zu verständigen und die gerichtsärztliche Leichenöffnung anzufordern. In allen Todesfällen hat er die nächsten Angehörigen zu verständigen. Er hat die Überführung der Leichen verstorbener Häftlinge nach dem nächstgelegenen Krematorium zu veranlassen und, falls dies von den Angehörigen gewünscht, die Aschen-Urne an die Friedhofsverwaltung des Heimatortes der verstorbenen Häftlinge versenden zu lassen.

Bei Häftlingsflucht hat er die Fahndung bei den zuständigen Polizei-Dienststellen zu veranlassen.

Jegliche Häftlings-Veränderung durch Entlassung, Überstellung, Tod oder Flucht hat er der betreffenden einweisenden Dienststelle mitzuteilen.

Der Politischen Abteilung angeschlossen ist der Erkennungsdienst. Durch diesen ist jeder Häftling zu erfassen. Von jedem Häftling sind Lichtbilder, Fingerabdrücke und genaue Personalbeschreibung zu erstellen und den Häftlingsakten beizufügen.«[81]

In einem besonderen Abschnitt seiner im Original bisher nicht veröffentlichten Aufzeichnungen hat Höß auch die praktische Handhabung der Aufgaben der Politischen Abteilungen geschildert, wie sie sich dann später (1940–43) in Auschwitz unter Lei-

---

[81] Höß-Aufzeichnung über die Lagerordnung der KL (vgl. Anm. 79); vgl. dazu auch die Angaben des ehem. Kdt. von Buchenwald (SS-Of. Pister) in Nürnbg. Dok. NO-254, S. 10. Danach gehörten der Pol. Abt. in Buchenwald 1941 als Leiter ein Kriminalsekretär und zwei Kriminalassistenten an.

tung des aus Wien stammenden SS-Untersturmführers und Kriminalsekretärs Maximilian Grabner entwickelte:

»Bei der Errichtung des KL Auschwitz wurde Grabner von seiner Dienststelle, Stapoleitstelle Kattowitz, als Leiter der Polit. Abt. zur Verfügung gestellt. Grabner hatte keine Ahnung vom KL, ... Standartenführer Dr. Schäfer [Stapoleitstelle Kattowitz] konnte mir aber keinen besseren zur Verfügung stellen ... Grabners größter Fehler war seine Gutmütigkeit Kameraden gegenüber. Aus falsch verstandener Kameradschaftlichkeit brachte er unzählige, oft wüste Vorfälle und Ausschreitungen von SS-Führern u. -Männern nicht zur Meldung, um die Betreffenden vor Strafe zu schützen ... [und] trug viel dazu bei, daß diese Ausschreitungen überhand nahmen. Gerade er hatte die Aufgabe, dem Lagerkommandanten alle Verfehlungen gegen die Lagerordnung rücksichtslos zur Meldung zu bringen. Das tat er nur dann, wenn er wußte, daß ich irgendeiner Schweinerei auf der Spur war. Als Kriminalbeamter war er beschlagen genug, um sich nicht fangen zu lassen ...

Grabner wußte viel und war wohl auch über alle Vorgänge im Schutzhaftlager unterrichtet, doch Kameraden zur Anzeige zu bringen, das brachte er ohne kategorisches Muß nicht fertig ... Durch sein zwiefältiges Unterstellungsverhältnis – Stapoleitstelle – Kommandantur – waren seine Befugnisse und seine Arbeitsaufgaben nicht ganz klar zu umgrenzen und daher auch nicht genau zu kontrollieren. Er konnte sich immer auf das eine oder andere Feld zurückziehen. Auch mischte ich mich grundsätzlich nicht in Stapofragen, besonders nicht in die Untersuchungen und Vernehmungen der Polit. Abt. im Auftrag der Stapo oder der Untersuchungskommissionen verschiedener Stapostellen bzw. des B. d. S. Krakau, die laufend in Auschwitz tätig waren. Wenn Grabner besondere Aufträge von seiner Stapo-Leitstelle bekam, hat er mir dies auch stets gemeldet ... Diese waren so vielfältig und zahlreich, daß Grabner eigentlich mehr für die Stapo tätig war als für das Lager ... Mit dem raschen Steigen der Häftlingszahlen wuchsen auch die Lager-Aufgaben der Polit. Abt. Grabner hatte aber nur wenige tüchtige Mitarbeiter ... Die meisten eigneten sich nicht für diese Arbeiten. Sie überließen auch die Arbeit gar zu gern den Häftlingen, die in immer größerer Zahl ... herangezogen wurden. Grabner versicherte mir zwar immer, daß diese nur untergeordnete Dinge

bearbeiteten. In Wirklichkeit waren aber die führenden Häftlingskreise im Lager genau über alle wichtigen Vorgänge in der Pol. Abt. unterrichtet . . .
Für Grabner war die Polit. Abt. schon zu unübersichtlich geworden . . . Allein die Judenvernichtungsaktion hätte einen Stapobeamten benötigt. Für Auschwitz-Birkenau wären zumindest ein Kommissar und drei Sekretäre notwendig gewesen . . . Grabner war auch verantwortlich für die Krematorien und die strikte Einhaltung der für diese ergangenen Befehle . . . Auch für die Durchführung der Exekutionen der von den Standgerichten zum Tode Verurteilten war Grabner verantwortlich . . . Grabner war schon im Sommer 1943 völlig ›fertig‹, doch er wollte dies nicht eingestehen, bis Krankheit und SS-Gericht ihn niederzwangen.«[82]
Nach diesem Vorblick auf die spätere Praxis innerhalb des Tätigkeitsbereichs der Politischen Abteilung in Auschwitz, ist zunächst die allgemeine Entwicklung der Leitung der Konzentrationslager weiter zu verfolgen.
Als Eicke 1934 von Himmler mit der Übernahme der Konzentrationslager in die Hand der SS und ihrer Neuorganisation beauftragt worden war, bestand ein wesentlicher Teil seiner Aufgabe darin, die zum Teil noch in kleinen örtlichen Lagern über das Reichsgebiet verstreuten Schutzhäftlinge in einigen größeren Lagern zusammenzufassen und in diesen eine einheitliche Leitung und Bewachung durch SS-Führer und -Mannschaften durchzusetzen. Im März 1935 war dieser Prozeß so weit gediehen, daß der Aufsicht Eickes sieben Lager (Dachau, Esterwegen, Lichtenburg, Sachsenburg, Columbia-Haus, Oranienburg, Fuhlsbüttel bei Hamburg) unterstanden, in denen sich insgesamt 7000 bis 9000 Häftlinge befunden haben dürften[83]. Bei sämtlichen dieser Lager waren kasernierte SS-Wachverbände stationiert. Sie gehörten seit Ende 1934 nicht mehr zum Gesamtverband der Allgemeinen SS, sondern wurden als »SS-Wachverbände« oder – nach ihrem in Dachau schon 1933 eingeführten Totenkopfabzeichen auf dem Kragenspiegel – als »SS-Totenkopfverbände« bezeichnet und bildeten als solche neben den SS-Verfügungstruppen einen besonderen Zweig der

[82] Aufzeichnung Höß' über Maximilian Grabner (Krakau, November 1946), Fotokopie im Inst. f. Zeitgesch.
[83] Dachau war mit rund 2500 Häftlingen (wohl noch vor Esterwegen) das größte der damaligen Lager. Wie aus dem im BA/Koblenz vorhandenen Bestandbuch des KL Sachsenburg hervorgeht, hatte Sachsenburg Ende 1935 eine Ist-Stärke von rund 1180 Häftlingen. Erheblich kleiner war die Zahl der Häftlinge in Columbia-Haus und in Fuhlsbüttel.

bewaffneten SS. Aus der Dachauer »Wachtruppe Oberbayern der Allgemeinen SS« entstand die »SS-Totenkopfstandarte Oberbayern« und ähnlich wurden die SS-Wachstürme (später Sturmbanne und Standarten) bei den anderen Konzentrationslagern mit entsprechend regionalen Bezeichnungen versehen, die auch auf dem Ärmelstreifen der Uniform angebracht waren. Nach dem Stand vom März 1935 gab es folgende unterschiedlich starken Totenkopfeinheiten[84]:

SS-Totenkopf-(beziehungsweise Wach-)Verbände:

›Oberbayern‹   (KL Dachau)
›Ostfriesland‹   (KL Esterwegen)
›Elbe‹   (KL Lichtenburg)
›Sachsen‹   (KL Sachsenburg)
›Brandenburg‹   (KL Oranienburg und Columbia-Haus)
›Hansa‹   (Hamburg-Fuhlsbüttel)

Eine Anordnung des Chefs des SS-Hauptamtes vom 9. März 1936 bestimmte, daß zum Lagerpersonal selbst gehörende SS-Angehörige (allerdings nur bis zum Range eines Obersturmbannführers) durch ein »K« auf dem Kragenspiegel der Uniform besonders zu kennzeichnen und von den Wachstürmern der außerhalb der Konzentrationslager kasernierten SS-Mannschaften und -Führer zu unterscheiden seien. Außerdem galt folgende Uniformvorschrift:

> »Die Angehörigen der SS-Wachverbände tragen für den Exerzier- und Wachdienst die *erdbraune Uniform* mit Kampfbinde und Kragenspiegeln, jedoch ohne Hoheitsabzeichen am Ärmel und ohne Ärmelstreifen. Im Geländedienst kann das Tragen der Kampfbinde unterbleiben. Dem Personal bei den Kommandanturstäben ist das Tragen der erdbraunen Uniform im Dienst gestattet. Ehrenposten auf öffentlichen Straßen und Plätzen tragen jederzeit den schwarzen SS-Dienstanzug. Das Tragen der erdbraunen Uniform als Ausgehanzug ist verboten.«[85]

Seit Ende 1934 war SS-Gruppenführer Eicke sowohl »Inspekteur der Konzentrationslager« als auch »Führer der SS-Wachverbände«. In den Jahren 1938/39 wurde als amtliche Dienst-

[84] So laut Schreiben des Chefs des SS-Hauptamtes vom 18. März 1935 betr. Abzeichen der kasernierten Wachverbände; BA: Slg. Schumacher/329.
[85] Verfügung des Chefs des SS-Hauptamtes, SS-Gruf. Heißmeyer betr. Abzeichen der SS-Wachverbände vom 9. März 1936; BA: Slg. Schumacher/329.

bezeichnung geläufig: »Führer der SS-Totenkopfverbände und Konzentrationslager«. Die neue Institution, aus der auch ein besonderer »Stab des Führers der KL und SS-TV« entstand, etablierte sich 1935 in Berlin (NW 7, Friedrichstraße 129, Block F) und unterstand organisatorisch dem vom SS-Gruppenführer Heißmeyer geleiteten SS-Hauptamt, dem auch die SS-Verfügungstruppe und die Allgemeine SS unterstellt waren. Am 2. August 1938 zog Eickes Stab nach Oranienburg bei Berlin (in der Nähe des 1936 errichteten neuen Konzentrationslagers Sachsenhausen) um[86], wo der Führungsstab der Konzentrationslager bis 1945 blieb.

Wie aus den vorliegenden Dokumenten ersichtlich ist, gab das SS-Hauptamt die Richtlinien für die Organisation, Gliederung und Uniformierung der SS-Totenkopfverbände heraus und handhabte die Einstellung von jungen Freiwilligen[87]. Das dem SS-Hauptamt eingegliederte Verwaltungsamt der SS (SS-Brigadeführer Pohl) war außerdem für die Versorgung und Verwaltung der Totenkopfverbände und KL zuständig, die seit 1935 aus Reichsmitteln unterhalten wurden. Pohl als Verwaltungschef der SS machte die Etat-Voranschläge für die SS-TV und KL und verhandelte mit den zuständigen Referenten des Reichsfinanzministeriums über die Höhe der Mittel. Die den SS-Totenkopfverbänden und KL bewilligten Mittel wurden dabei dem Etat des Reichsinnenministeriums angeschrieben[88].

Bei den eigentlichen Führungsaufgaben und Entscheidungen, die die Entwicklung der Konzentrationslager und Totenkopfverbände betrafen, scheint Eicke als Führer der SS-TV und KL ungeachtet der formellen Unterstellung unter das SS-Hauptamt jedoch weitgehend freie Hand gehabt und sich nur Himmler persönlich verantwortlich gefühlt zu haben. Bezeichnend ist, daß er sich in wichtigen Fragen unmittelbar an Himmler wandte,

---

[86] Vgl. das Rundschreiben des Stabsführers der SS-TV/KL SS-Of. Glücks vom 18. Juli 1938 an die Führer der Totenkopfstandarten und Kommandanten der KL; BA: NS 3/391.

[87] Wie aus einem Schreiben des Hauptamtschefs SS-Gruf. Heißmeyer von Anfang März 1936 betr. Rekruteneinstellung in die SS-Wachverbände ersichtlich ist, leitete das SS-Hauptamt die Ersatzanforderungen der SS-Totenkopfverbände an die Führer der SS-Oberabschnitte weiter und beauftragte diese mit der Freiwilligen-Werbung. In dem Schreiben heißt es: »Im Interesse eines beschleunigten Aufbaues dieser Einheit werden die Führer der SS-Oberabschnitte gebeten, je 80 Freiwillige bis spätestens 25. März 1936 namentlich anher zu melden.« Das Schreiben formulierte sodann verschiedene Bedingungen: die Bewerber sollen den Jahrgängen 1914–1919 angehören, müssen eine Mindestkörpergröße von 1,70 m haben, völlig gesund und »rassisch einwandfrei« sein; BA: Slg. Schumacher/329.

[88] Unterlagen über die Anforderungen des RFSSuChdDtPol im RMdI für die SS-TV und KL im Jahre 1938 in BA: R 2/12 164; vgl. auch Enno Georg, Die wirtschaftlichen Unternehmungen der SS. Schriftenreihe der Vierteljahrshefte f. Zeitgesch., Nr. 7. Stuttgart 1963, S. 26 f.

sich auch ausdrücklich darauf berief, daß die Totenkopfverbände und KL ihm »persönlich« unterstellt seien, und daß er ferner bei Schreiben an Himmler den Chef des SS-Hauptamtes lediglich abschriftlich in Kenntnis setzte[89].

Was die Gestaltung der Lager und die Praxis der Schutzhaftbedingungen betraf, so hatte Eicke weniger auf den nicht sonderlich einflußreichen Chef des SS-Hauptamtes (Heißmeyer) Rücksicht zu nehmen als auf die von Heydrich geleitete Geheime Staatspolizei. Da diese für die Schutzhaftverhängungen und -entlassungen zuständig war und sie über die ihr unterstehenden politischen Abteilungen in den Lagern auch über die dort herrschenden inneren Verhältnisse informiert war, konnte sie mittelbar und unmittelbar auch auf die Lager einwirken. Zwischen der Gestapo und dem Inspekteur KL kam es dabei zu manchen Spannungen. Am 10. August 1936 berichtete Eicke an Himmler, daß der Leiter des Büros der Geheimen Staatspolizei im Reichsinnenministerium und Stellvertreter Heydrichs, SS-Standartenführer Dr. Best, »an gewisser Stelle erklärt« habe, »daß in den Konzentrationslagern eine Schweinerei herrsche« und es »an der Zeit sei, daß man die Lager wieder der Gestapo unterstelle«. Zur gleichen Zeit bestanden Bestrebungen, die SS-Totenkopfverbände der zentralen Leitung durch Eicke zu entziehen und den jeweiligen SS-Oberabschnittsführern der Allgemeinen SS zu unterstellen[90]. Eicke vermochte diese Tendenzen jedoch abzuwehren. Bis Kriegsbeginn blieb er Inspekteur der KL und Führer der Totenkopfverbände.

Im Winter 1936/37 war mit rund 7500 Häftlingen der wohl niedrigste Stand der Schutzhäftlinge in den KL erreicht[91]. In dieser Zeit innenpolitischer Festigung des Regimes schien das außerordentliche Instrument der Konzentrationslager weitgehend entbehrlich. Auch die Staatspolizei mußte dem Rechnung tragen. Bezeichnend ist ein Runderlaß des preußischen Gestapa vom 17. Dezember 1936 an die Stapo(leit)stellen, in dem diese ermahnt werden, nur in dringenden Fällen von der Schutzhaft Gebrauch zu machen:

»Ein übermäßiger Gebrauch der Schutzhaft muß dazu führen,

---

[89] So z. B. im Falle des Schreibens Eickes an den RFSS vom 10. August 1936 (SS-Personalakte Eicke, vgl. Anm. 62), das grundsätzliche Fragen der künftigen Befehlsführung über die SS-TV zum Gegenstand hatte und von dem im folgenden noch die Rede ist.

[90] Vgl. Anm. 89.

[91] In den Verhandlungen für den Etat der Konzentrationslager für das Jahr 1937 wurde für das 1. Halbjahr 1937 noch ein Gesamtbestand von 7500 Häftlingen, dagegen für das 2. Halbjahr 1937 ein Stand von 10000 Häftlingen veranschlagt; vgl. BA: R 2/12 163.

daß diese schärfste Waffe der Geheimen Staatspolizei in Mißkredit gebracht und die weitverbreiteten Bestrebungen nach Aufhebung der Schutzhaft gefördert werden.«[92]

Die Zahl der Lager wurde weiter verringert, zugleich aber mit dem Neubau »moderner« und großer Lager begonnen. Nachdem schon 1935 die zunächst von Eicke übernommenen Lager Oranienburg und Fuhlsbüttel geschlossen worden waren, wurde im August 1936 auch das Konzentrationslager Esterwegen aufgelöst und den Justizbehörden übergeben, die in den Moorgebieten des Emslandes seit Frühjahr 1934 bereits eine Reihe von Strafgefangenenlagern (auch für politische Verurteilte) unterhielten. Zur gleichen Zeit kam es zur Auflösung des besonders berüchtigten SS-Lagers Columbia-Haus in Berlin. Die Häftlinge von Esterwegen wurden einschließlich der Wachmannschaften in das im September 1936 neuerrichtete Lager Sachsenhausen bei Oranienburg überführt. Ein Jahr später, im Juli 1937, wurde auch das Lager Sachsenburg aufgelöst. An seine Stelle trat (ab August 1937) das bei Weimar errichtete neue große Lager Buchenwald.

Zwischen August 1937 und Juli 1938 bestanden im Reichsgebiet insgesamt vier Konzentrationslager: Dachau, Sachsenhausen, Buchenwald und (seit Sommer 1937 nur noch als Frauenkonzentrationslager) Lichtenburg. Die neuen Lager Sachsenhausen und Buchenwald waren aufgrund Dachauer Erfahrungen nach einheitlichen Gesichtspunkten errichtet worden und entsprachen auch in ihrer »Kapazität« dem Dachauer Vorbild.

Der Konzentration der Häftlinge auf die drei großen Lager entsprach auch eine ab August 1937 durchgeführte Neugliederung der Totenkopfverbände. Bei jedem der drei Lager war im August 1937 ein Totenkopfverband mit je 1000 bis 1500 Mann stationiert. Das in den drei Lagern selbst eingesetzte SS-Personal (ohne Wachtruppe) betrug in dieser Zeit

in Dachau	121 Personen (SS-Angehörige)
in Buchenwald	120 Personen (SS-Angehörige)
in Sachsenhausen	111 Personen (SS-Angehörige)

Der Stab des Inspekteurs der KL und SS-TV zählte damals 43 Personen.

Ende 1937 hatten die SS-Totenkopfverbände eine Gesamtstärke von 4833 Personen, davon 216 Führer und 976 Unterführer.

[92] Allg. Erlaß-Slg. (RSHA), S F VIIIa, S. 2.

Von den 216 SS-Führern der Totenkopfverbände waren 33 als Kommandanten, Schutzhaftlager-, Rapport-, Verwaltungsführer u.ä. in den Lagern eingesetzt. Der überwiegende Teil der Mannschaften bestand aus sehr jungen SS-Angehörigen zwischen 16 und 20 Jahren. Nach dem Stand von Ende 1938 waren 93,5% der Angehörigen der Totenkopfstandarten ledig und 69% waren aus der Kirche ausgetreten (der Prozentsatz der sogenannten »Gottgläubigen« betrug zur gleichen Zeit bei der Allgemeinen SS 21,9% und bei den Verfügungstruppen 53,6%). Auch der Prozentsatz der auf eigenen Antrag oder auf Veranlassung ihrer Führer Entlassenen war bei den Totenkopfeinheiten mit 2,5% relativ hoch (1937: 81 Angehörige der SS-TV auf eigenen Antrag, 65 aus dienstlichen, gesundheitlichen, weltanschaulichen oder sonstigen Gründen entlassen)[93].

4. Ausweitung der Konzentrationslagerhaft: neue Häftlingskategorien

Während der Übergangszeit der Jahre 1934 bis 1937 bahnte sich auch bei den Einweisungen in die KL ein Wandel beziehungsweise eine Ausweitung der Motivation an. Nicht mehr nur politische Gegner, sondern auch andere, wie es hieß, volksschädigende Elemente, kamen in die Lager. In Dachau bestand 1937/38 die weit überwiegende Mehrzahl der Gefangenen aus politischen Häftlingen, in Sachsenhausen dagegen stand diesen bereits damals eine wohl ebenso große Zahl von sogenannten Asozialen, Homosexuellen, Bibelforschern, Gewohnheitsverbrechern gegenüber[94]. Entgegen dem in der Schutzhaft-VO des RMdI vom 12./26. April 1934 vertretenen Grundsatz, daß die Schutzhaft keine Ersatzstrafe sei, war man dazu übergegangen, sie in diesem Sinne zu verwenden, das heißt Personen in die Konzentrationslager einzuweisen, die man für schädlich hielt, obwohl sie nach bestehendem Recht nicht bestraft werden konnten. Diese Funktion einer Korrektur der ordentlichen Gerichtsbarkeit oder zusätzlicher vorbeugender Haft erhielten die KL auch auf dem Gebiet der politischen Strafverfolgung. Schon seit 1933 wurden verschiedentlich zwischen Justizverwaltung und Polizei förmliche Verabredungen getroffen, daß Personen, die des Landes- oder Hochverrats angeklagt oder deswegen verurteilt wa-

[93] Vorstehende Zahlen und Angaben basieren auf dem ›Statistischen Jahrbuch der Schutzstaffel der NSDAP‹, Jgg. 1937 und 1938.
[94] Vgl. Rudolf Höß, Kommandant in Auschwitz, a. a. O., insbes. S. 83.

ren, nach Verbüßung ihrer Strafe in Konzentrationslager zu überweisen seien[95]. So verfügte z. B. die bayerische politische Polizei am 5. September 1935, daß in Zukunft bei »allen Personen, die vom Volksgerichtshof abgeurteilt werden«, rechtzeitig das Datum der voraussichtlichen Entlassung aus der Strafhaft festgestellt wird, damit sofort anschließend eine Überführung in die Konzentrationslager veranlaßt werden könne[96]. In der gleichen Zeit ordnete die politische Polizei in Bayern an:

»Kommunistische Funktionäre, die nach Strafverbüßung zur Entlassung kommen sollen, sind grundsätzlich in Schutzhaft zu nehmen, sofern es sich bei ihnen um gefährliche Staatsgegner handelt oder anzunehmen ist, daß sie sich wieder der illegalen KPD zur Verfügung stellen werden.«[97]

Sehr häufig nahm die Gestapo auch Personen in Schutzhaft, bei denen die Justiz Ermittlungen wegen des Verdachts oder der Beschuldigung politischer Vergehen infolge Beweismangels einstellen mußte oder eingeleitete Prozesse mit Freispruch endeten. Die Kritik an der Justiz und die vorsätzliche Korrektur gerichtliche Urteile durch die Polizei war hier besonders offenkundig. Hitler selbst hat verschiedentlich, insbesondere nach Beginn des Krieges, auch gerade in Fällen, in denen es um nichtpolitische Verbrechen ging, die Überstellung von Justizgefangenen an die Gestapo unmittelbar angeordnet[98].

Die Tendenz zur Anwendung sogenannter »vorbeugender Haft« außerhalb der befristeten Strafhaft auch auf unpolitischem Gebiet kam schon durch das am 24. November 1933 erlassene Gesetz »gegen gefährliche Gewohnheitsverbrecher«[99] zum Ausdruck. Es schrieb vor, daß Personen, die schon zweimal wegen krimineller Delikte oder Verbrechen rechtskräftig verurteilt worden seien, als »gefährliche Gewohnheitsverbrecher« anzusehen und von den Gerichten nicht nur zu befristeter Freiheitsstrafe, sondern außerdem zu unbefristeter *Sicherungsverwahrung* zu verurteilen seien. Außerdem bestimmte das Gesetz, daß in weniger schweren Fällen sogenannter Gewohnheitsverbrechen, zusätzlich zur Strafe, bestimmte »Maßregeln der Besserung und

---

[95] Vgl. dazu das Schreiben des Preußischen Gestapa vom 24. November 1933 an den preußischen Justizminister, in dem es heißt, es sei »sicherzustellen, daß Landesverräter im Anschluß an die Verbüßung ihrer Freiheitsstrafe in Schutzhaft überführt werden können«, was sich »im Hinblick auf die Rückfälligkeit der meisten Landesverräter fast stets empfehlen« wird; BA: P 135/3715, Bl. 232.
[96] BA: Slg. Schumacher/271.
[97] Runderlaß d. bayer. polit. Polizei vom 13. August 1935; BA: Slg. Schumacher/271.
[98] Vgl. Martin Broszat: Zur Perversion der Strafjustiz im Dritten Reich. In: Vjh. f. Zeitgesch. Jg. 6 (1958), S. 390 ff.
[99] RGBl. I, S. 995.

Ordnung« wie die Unterbringung in einem Arbeitshaus, in Trinkerheilanstalten o. ä. aufzuerlegen seien. Für die Anordnung von Sicherungsverwahrung oder Überweisung in besondere Anstalten blieb aufgrund dieses Gesetzes aber die Justiz zuständig. Schon Anfang 1935 ging die Polizei jedoch dazu über, ihrerseits gegen sogenannte Gewohnheitsverbrecher vorbeugende Polizeihaft anzuordnen und die Betreffenden nach Dachau oder in andere Lager zu überstellen[100]. Ein solches Vorgehen ergab sich vor allem aus der Praxis kriminalpolizeilicher Nachüberwachung sogenannter vorbestrafter Gewohnheitsverbrecher, in deren Rahmen »vorbeugende Polizeihaft« angeordnet werden konnte, wenn andere polizeiliche Auflagen [Aufenthaltsbeschränkungen, Entzug des Führerscheins u. a.] nicht wirksam genug erschienen[101]. Es war dann nur eine weitere »Vereinfachung« des Problems, solche Leute einfach nach Dachau abzuschieben.

Größeren Umfang nahm die Einweisung sogenannter Gewohnheitsverbrecher in die Konzentrationslager erst an, als Himmler 1936 als Chef der Deutschen Polizei auch die Kriminalpolizei der Länder in die Hand bekam und nachdem durch die Errichtung des Reichskriminalpolizeiamtes (1937) die vollen organisatorischen Voraussetzungen für eine einheitliche Verschärfung der kriminalpolizeilichen Maßnahmen gegeben waren. Am 27. Januar 1937 ersuchte das von SS-Gruppenführer Nebe geleitete Preußische Kriminalpolizeiamt die Kriminalpolizei(leit)stellen um

>»beschleunigte Übermittlung einer Liste aller Rechtsbrecher des dortigen Kriminalpolizeistellenbezirks, die nach Auffassung der Kriminalpolizei als Berufs- und Gewohnheitsverbrecher sowie als gewohnheitsmäßige Sittlichkeitsverbrecher anzusprechen sind und sich auf freiem Fuß befinden ... Da beabsichtigt ist, zu einem bestimmten Zeitpunkt eine größere Anzahl Berufsverbrecher unerwartet in vorbeugende Polizeihaft zu nehmen, sind die Listen einwandfrei zu führen und die Listennummern nicht zu verändern. Im Falle der Durchführung der Maßnahme wird durch Funkspruch lediglich die

---

[100] Anordnung vorbeugender Polizeihaft nach der Entschließung des Bayer. Staatsmin. d. Innern vom 9. Januar 1935, Nr. 2355a 18 »gegen Berufs-, Gewohnheits- und Sittlichkeitsverbrecher und ihre Einschaffung in das Konzentrationslager Dachau«. Der Text dieser Anordnung ist nicht bekannt, die Tatsache der Anordnung geht jedoch hervor aus der durch Runderlaß der bayer. polit. Polizei vom 1. August 1936 den zuständigen Ämtern bekanntgemachten »Zusammenstellung der in Bayern geltenden Schutzhaftbestimmungen«, S. 13; BA: Slg. Schumacher/271.
[101] Vgl. dazu den Aufsatz von ORR Dr. Albrecht Böhme, Die Vorbeugungsaufgaben der Polizei; Zschr. Deutsches Recht, Jg. 1936, S. 142 f.

Listennummer der in Frage kommenden Berufsverbrecher übermittelt werden.«[102]

Am 23. Februar 1937 ordnete Himmler selbst an, daß von der Kriminalpolizei »etwa 2000 Berufs- und Gewohnheitsverbrecher oder gemeingefährliche Sittlichkeitsverbrecher in polizeiliche Vorbeugungshaft zu nehmen« seien. Die Verfügung Himmlers und ein Ausführungserlaß des Kriminalpolizeiamtes vom 27. Februar 1937 bestimmten, daß diese rund 2000 Personen aus den Listen auszuwählen, »schlagartig« am 9. März 1937 »im gesamten Reichsgebiet festzunehmen« und »den Konzentrationslagern Sachsenhausen, Sachsenburg, Lichtenburg und Dachau zuzuführen seien«[103].

Im Gegensatz zu der durch Gesetz vom 24. November 1933 vorgesehenen Maßregel der Sicherungsverwahrung handelte es sich bei dieser Aktion nicht um erneut straffällig gewordene Personen. Auch lag ihr keine klare Definition zugrunde, wer als vorbestrafter »Gewohnheitsverbrecher« anzusehen sei. Vielmehr blieb es dem Ermessen der Kriminalpolizei überlassen, aufgrund ihrer Unterlagen diesen Personenkreis selbst zu bestimmen, wobei die angeordnete Pauschalsumme der Verhaftungen naturgemäß die Willkür der Auswahl fördern mußte. Da es einen anderen Rechtsgrund für die Verhaftungsaktion nicht gab, stützte Himmler seine Anordnung vom 23. Februar 1937 ausdrücklich auf die Notverordnung zum Schutz von Volk und Staat vom 28. Februar 1933. Diese ursprünglich nur gegen die Kommunisten gerichtete VO, die in den folgenden Jahren auf alle möglichen anderen Gruppen von politischen Gegnern angewandt worden war, erfuhr dadurch eine Auslegung, die eindeutig über den Bereich der politischen Gegnerbekämpfung und damit auch über die Zuständigkeit der politischen Polizei hinausging. Die Verhaftungsaktion vom März 1937 stellte eine uferlose Ausweitung und Strapazierung der geläufigen Grundsätze kriminalpolizeilicher Nachüberwachung und Vorbeugung dar. Sie bedeutete ferner eine klare Desavouierung der Justiz, insbesondere auch des von der nationalsozialistischen Regierung 1933 selbst eingeführten Gesetzes gegen Gewohnheitsverbrecher und der Handhabung der darin vorgesehenen Maßregeln der Sicherungsverwahrung durch die Justiz. Außerdem verwischte sie weitgehend die Grenzen zur Schutzhaft und gab der

---

[102] Enthalten in vertrauliche Erlaßsammlung ›Vorbeugende Verbrechensbekämpfung‹, Schriftenreihe des Reichskriminalpolizeiamtes/Berlin, Nr. 15. Dezember 1941, Bl. 27.
[103] Ebenda, Bl. 28/29.

Polizei einen weiten Spielraum für Verhaftungen und Konzentrationslagereinweisungen auch außerhalb der politischen Strafverfolgung. Die Einwände der Justiz fanden aber nur insofern Berücksichtigung, als sie den Reichsinnenminister bewogen, Ende 1937 einen grundlegenden Erlaß über die ›Vorbeugende Verbrechensbekämpfung durch die Polizei‹ herauszugeben, der das neue Instrument der »polizeilichen Vorbeugungshaft« prinzipiell anerkannte und lediglich seine Anwendung einzuschränken suchte. Nach diesem Erlaß des RMdI vom 14. Dezember 1937 sollte die Vorbeugungshaft u. a. anwendbar sein auf Personen, die mindestens dreimal mit Gefängnis oder Zuchthaus von mindestens sechs Monaten vorbestraft waren (Berufs- oder Gewohnheitsverbrecher) »und wenn damit zu rechnen ist, daß sie auch in Zukunft strafbare Handlungen begehen«, ferner auf Vorbestrafte, die wegen der Schwere der Straftat und möglicher Wiederholung »eine so große Gefahr für die Allgemeinheit« bildeten, daß es nicht geraten erscheint, sie auf freiem Fuß zu belassen, außerdem Personen mit falschem Namen, die den Verdacht erwecken, eine Straftat verdecken zu wollen; schließlich aber auch auf Personen, die, »ohne Berufs- oder Gewohnheitsverbrecher zu sein«, durch ihr »asoziales Verhalten die Allgemeinheit gefährden«.

Der Erlaß schrieb im übrigen vor, daß im Gegensatz zur Schutzhaft, die vierteljährlich zu überprüfen war, die regelmäßige Haftüberprüfung (und eventuelle Entlassung) der polizeilichen Vorbeugungshäftlinge höchstens binnen Jahresfrist und mindestens alle zwei Jahre vorzunehmen sei[104].

Die Bestimmungen des Erlasses boten die Handhabe, auch gegen sogenannte Asoziale polizeiliche Vorbeugungshaft zu verhängen, einer Praxis, der ebenfalls in den einzelnen Ländern schon in den vorangegangenen Jahren zum Teil vorgearbeitet worden war. Schon in allgemeinen Richtlinien, die die bayerische politische Polizei am 1. August 1936 über die Verhängung der Schutzhaft herausgegeben hatte, war zwischen der Festnahme politischer und unpolitischer Schädlinge unterschieden worden. Als asoziale Personen, gegen die notfalls Schutzhaft zu verhängen sei, hatten Richtlinien aufgezählt: Bettler, Landstreicher, Zigeuner, Landfahrer, Arbeitsscheue, Müßiggänger, Prostituierte, Querulanten, Gewohnheitstrinker, Raufbolde, Verkehrssünder und sogenannte Psychopathen und Geisteskranke[105]. Nach

[104] Erlaßsammlung ›Vorbeugende Verbrechensbekämpfung‹, a. a. O., Bl. 41 ff.
[105] BA: Slg. Schumacher/271.

Verfügungen, die im Einvernehmen mit der politischen Polizei vom Bayerischen Innenministerium 1935/36 herausgegeben wurden, konnten auch sogenannte Preistreiber auf dem Lebensmittelmarkt [wenn »verwerflicher Egoismus die Triebfeder für dieses asoziale Handeln bildet«] oder arbeitsvertragsbrüchige Landarbeiter in Schutzhaft genommen werden[106].

In den Jahren 1937/38 zog Himmler, dabei offenkundig unterstützt von Hitler, den Kreis der in die Konzentrationslager einzuweisenden Personen zunehmend weiter. Bezeichnend ist ein Runderlaß des RFSSuChdDtPol vom 26. Januar 1938, der einen »einmaligen, umfassenden und überraschenden Zugriff« gegen sogenannte arbeitsscheue Elemente ankündigte[107]:

>»Arbeitsscheu im Sinne dieses Erlasses sind Männer im arbeitsfähigen Lebensalter, deren Einsatzfähigkeit in der letzten Zeit durch amtsärztliches Gutachten festgestellt worden ist oder noch festzustellen ist, und die nachweisbar in zwei Fällen die ihnen angebotenen Arbeitsplätze ohne berechtigten Grund abgelehnt oder die Arbeit zwar aufgenommen aber nach kurzer Zeit ohne stichhaltigen Grund wieder aufgegeben haben.
>
> Die örtlich zuständigen Arbeitsämter sind bereits angewiesen, die ihnen bekannten Arbeitsscheuen in der Zeit vom 18. 2. bis 4. 3. 1938 zu ermitteln und den Staatspolizeileitstellen mitzuteilen.
>
> Darüber hinaus haben die Staatspolizeileitstellen von sich aus Erhebungen über die in ihrem Bezirk wohnenden arbeitsscheuen Elemente anzustellen ... Die Staatspolizeileitstellen haben nach Abschluß dieser Erhebungen in der Zeit vom 4. 3. bis 9. 3. 1938 die festgestellten Personen festzunehmen ... Die anzulegenden Personalakten sind mit eingehender Stellungnahme und Entscheidungsvorschlag spätestens bis zum 15. 3. 1938 dem Geheimen Staatspolizeiamt (Ref. II D) vorzulegen, das in jedem Fall die Entscheidung über die Anordnung der Schutzhaft und Überstellung der Konzentrationslager allein trifft ... Für die Schutzhaft wird zunächst grundsätzlich eine Mindestdauer von drei Monaten festgesetzt. Die Haftprüfung durch das Geheime Staatspolizeiamt hat alle drei Monate zu erfolgen ...
>
> Die Schutzhäftlinge sind ausschließlich dem Konzentrationslager Buchenwald bei Weimar zu überstellen.«

[106] Bekanntmachung des Bayer. Staatsmin. d. Innern vom 16. Februar 1935 und Entschl. des Bayer. Staatsmin. d. Innern vom 14. Juli 1936; ebenda.
[107] Erlaßsammlung ›Vorbeugende Verbrechensbekämpfung‹, a. a. O., Bl. 46 ff.

Auffälligerweise war mit der Leitung dieser Aktion gegen sogenannte Arbeitsscheue die Staatspolizei beauftragt (während die Kriminalpolizei nur bei den Ermittlungen beteiligt war). Außerdem war ausdrücklich von Schutzhaft, nicht von polizeilicher Vorbeugungshaft die Rede. Der Grund hierfür lag, wie sich aus Himmlers Anordnung deutlich ergibt, darin, daß der engere Begriff der Asozialen, wie er in dem Erlaß des RMdI über vorbeugende Verbrechensbekämpfung enthalten war, nicht recht auf diesen Personenkreis der Arbeitsscheuen paßte und Himmler deshalb Schwierigkeiten befürchtete. Schutzhaftverhängungen durch die Gestapo aber waren durch das Gestapo-Gesetz von einer Nachprüfung durch Verwaltungsgerichte abgesichert. Deshalb beauftragte Himmler die Gestapo und ließ Schutzhaft verhängen, obwohl es sich um eine Aktion handelte, die eindeutig nicht gegen politische Gegner gerichtet war. Insofern bildete die Aktion zur Festnahme der Arbeitsscheuen vom März/April 1938 ein besonders sinnfälliges Beispiel dafür, wie im Einzelfall von Himmler selbst die Richtlinien zur Verhängung von Schutzhaft mißachtet und Normen und Institutionen willkürlich ausgetauscht wurden, um nur den verfolgten Zweck zu erreichen[108].

Eine weitere Kategorie von Schutzhaftgefangenen, die seit 1935 eine nicht unerhebliche Gruppe in den Konzentrationslagern darstellte, rekrutierte sich aus Angehörigen der »Internationalen Vereinigung der Ernsten Bibelforscher« (Zeugen Jehovas). Die Organisation der Internationalen Bibelforscher war schon 1933 im Dritten Reich aufgelöst und jede Werbung und Propaganda für die Zeugen Jehovas gesetzlich verboten worden, weil man hierin vor allem eine Form der Wehrkraftzersetzung erblickte. Zahlreiche Fälle wurden auch vor Gericht abgeurteilt. Der Gestapo schien das Vorgehen der Gerichte jedoch zu mild. Sie ordnete bereits im März 1935 kurzfristige Schutzhaft und entsprechende Ermahnungen in denjenigen Fällen an, in denen die Betreffenden aus der Untersuchungshaft wieder entlassen worden waren[109]. Im Februar 1936 erging die Weisung, alle ehemaligen Führer der Internationalen Bibelforschervereinigung

[108] Über die mehrfache Verschiebung der Aktion, die anscheinend erst im April 1938 durchgeführt wurde, vgl. Erlaßsammlung ›Vorbeugende Verbrechensbekämpfung‹, Bl. 64. Außerdem [für den Bereich Bayerns]: Runderlaß der Stapostelle Würzburg vom 21. März 1938 und Runderlaß der Stapoleitstelle München vom 14. April 1938; BA: Slg. Schumacher/271.
[109] In Bayern durch Rundentscheid der bayer. polit. Polizei vom 26. Juni 1935; vgl. Zusammenstellung der in Bayern geltenden Schutzhaftbefehle vom 1. August 1936, Bl. 6; BA: Slg. Schumacher/271.

(IBV) »bis zu 2 Monaten« in Schutzhaft zu nehmen[110]. Mitte
Mai 1937 kam es zu einer weiteren Verschärfung. Die Gestapo
ordnete an:

»Jede Person, die in irgendeiner Form die Bestrebungen der
illegalen I.B.V. oder den Zusammenhalt ihrer Anhänger för-
dert, ist in Schutzhaft zu nehmen und unverzüglich dem Gericht zum Erlaß eines richterlichen Haftbefehls vorzuführen.

Wird ein richterlicher Haftbefehl nicht erlassen, so ist die für
die I.B.V. tätig gewordene Person gegebenenfalls auch über
7 Tage hinaus in Schutzhaft zu nehmen oder die Überstellung
in ein Konzentrationslager anzuordnen ... Bezüglich der
Dauer der Schutzhaft ist ein strenger Maßstab vor allem dann
anzulegen, wenn es sich um einen Funktionär der I.B.V.
oder eine bereits rückfällige Person handelt ...«[111]

Die verschiedenen Häftlingskategorien wurden in den Lagern
besonders gekennzeichnet. Das schon in den Jahren vor dem
Krieg eingeführte einheitliche Schema der Kennzeichnung bestand darin, daß das Stoffdreieck, das jedem Gefangenen auf die
Häftlingskleidung aufgenäht wurde, je nach Häftlingskategorie
in verschiedenen Farben ausgefertigt wurde:

für politische Häftlinge	Rot
für Bibelforscher	Lila
für Asoziale	Schwarz
für Kriminelle	Grün
für Homosexuelle	Rosa
für Emigranten	Blau

Jüdische Häftlinge mußten zusätzlich zu dem Farbdreieck ein
gelbes Dreieck tragen, das so auf das Farbdreieck aufgenäht
wurde, daß sich ein sechseckiger Zionsstern ergab. Ein zusätzliches Kennzeichen in Gestalt eines Querbalkens über dem Dreieck wurde für sogenannte rückfällige Häftlinge eingeführt, die

---

[110] Rundentscheid der bayer. polit. Polizei vom 1. Februar 1936, ebenda.
[111] Runderlaß der Gestapo/Stapoleitstelle München vom 19. Mai 1937 betr. Schutzhaft gegen Ernste
Bibelforscher, BA: Slg. Schumacher/271. Vgl. dort auch Runderlaß der Stapoleitstelle München vom
20. August 1937 betr. Schutzhaftverhängung gegen Bibelforscher, die aus der Strafverbüßung
entlassen sind. Es heißt dort u. a.: »Der Herr Reichsminister der Justiz hat dem Geheimen Staatspolizeiamt Berlin mitgeteilt, daß er die verschiedentlich von den ihm nachgeordneten Behörden
geäußerte Meinung, die Inschutzhaftnahme der Bibelforscher nach Strafverbüßung gefährde die
Autorität der Gerichte, nicht teile. Die Notwendigkeit staatspolizeilicher Maßnahmen auch nach
Strafverbüßung sei ihm durchaus verständlich. Er bitte jedoch, die Verbringung von Bibelforschern in Schutzhaft nicht unter Begleitumständen vorzunehmen, die dem Ansehen der Gerichte
abträglich sein könnten ...«

nach ihrer Entlassung ein zweites Mal oder öfter in das KL eingewiesen worden waren. Ihre Situation war dadurch besonders verschärft, daß sie laut Weisung Himmlers vom 3. März 1936 besonderen Abteilungen (Schwerarbeit) zugewiesen wurden, eine Haftüberprüfung erst nach drei Jahren erfolgte und sie außerdem erschwerten Haftbedingungen (reduzierter Briefempfang, kein Paketempfang, Rauchverbot) unterworfen wurden[112]. Weitere Kennzeichen wurden für Häftlinge der Strafkompanien und fluchtverdächtige Häftlinge eingeführt. Nach Kriegsbeginn, als die weit überwiegende Zahl der Häftlinge sich aus Nichtdeutschen zusammensetzte, wurde auch die Nationalität der Häftlinge (P = Pole, F = Franzose u. ä.) auf der Kleidung kenntlich gemacht (großer Buchstabe auf dem Dreieck).

Neue Entwicklungen in den Jahren 1938/39

1. Der Schutzhafterlaß vom 25. Januar 1938

Bis Januar 1938 war für die Verhängung und Vollstreckung der Schutzhaft im wesentlichen der Erlaß des RMdI vom 12./26. April 1934 maßgeblich gewesen.

Am 25. Januar 1938 wurden die bisher geltenden Richtlinien in einem neuen grundlegenden Erlaß des RMdI zum Teil zusammengefaßt, zum Teil abgeändert[113]. Als wesentliche Neuerungen enthielt der Erlaß:

a] Eine erweiterte Zweckbestimmung der Schutzhaft (nicht nur gegen politische Gegner im engeren Sinne).

§ 1, Abs. 1 lautete:

»Die Schutzhaft kann als Zwangsmaßnahme der Geheimen Staatspolizei zur Abwehr aller volks- und staatsfeindlichen Bestrebungen gegen Personen angeordnet werden, die durch ihr Verhalten den Bestand und die Sicherheit des Volkes und Staates gefährden.«

b] Die Beschränkung der Befugnis der Schutzhaftverhängung auf das Gestapa/Berlin (bisher konnten auch die Landesregierungen beziehungsweise Stapoleitstellen und die Regierungspräsidenten beziehungsweise Stapostellen Schutzhaft anordnen).

---

[112] Allg. Erlaßsammlung des RSHA, a. a. O., 2 F VIIIa, S. 1.
[113] Ebenda, 2 F VIIIa, S. 3.

§ 2 schrieb u. a. vor:

> »(1) Zur Anordnung der Schutzhaft ist ausschließlich das Geheime Staatspolizeiamt zuständig.
>
> (2) Anträge auf Anordnung der Schutzhaft sind durch die Staatspolizeileit- bzw. Staatspolizeistellen an das Geheime Staatspolizeiamt zu richten . . .«

c] Der Begriff der Schutzhaft wurde nur noch auf die langfristige, in Konzentrationslagern zu vollstreckende Haft angewendet:

> § 6: »Die Schutzhaft ist grundsätzlich in staatlichen Konzentrationslagern zu vollstrecken.«

Dagegen galt die kurzfristige, in der Regel in Polizeigefängnissen vollstreckte Schutzhaft künftig als »Vorläufige Festnahme«, neu geregelt insbesondere durch die Bestimmung, daß sie binnen 10 Tagen aufzuheben sei[114], wenn nicht inzwischen Schutzhaft und Überführung in ein KL angeordnet würde (§ 3).

Der neue Erlaß übernahm im übrigen die alten Bestimmungen über die schriftliche Ausfertigung des Schutzhaftbefehls (jetzt in jedem Fall durch das Gestapa anzufertigen), der dem Schutzhäftling gegen Empfangsbestätigung ausgehändigt werden, die Gründe der Haft angeben und den Angehörigen bekanntgemacht werden mußte. Auch die Vorschrift der vierteljährlichen Haftüberprüfung blieb bestehen. Diese und die Anordnung der Entlassung ging jetzt ebenfalls ausschließlich an das Gestapa über[115].

Der Schutzhafterlaß des RMdI vom 25. Januar 1938 war noch Ausdruck der Bestrebungen, die Schutzhaftverhängung an einheitliche Regeln zu binden, sie von einer zentralen Stelle aus zu leiten, zu kontrollieren und damit einen ordnungsgemäßen Vollzug zu gewährleisten. Er überkreuzte sich indessen bereits mit Tendenzen, die eine gegenteilige Wirkung herbeiführten. Schon 1937 hatte sich das Bestreben Himmlers abgezeichnet, den Kreis der in die Konzentrationslager einzuweisenden Personen beträchtlich zu erweitern. Nach der vorangegangenen Reduzierung der Zahl der Lager und Häftlinge war mit den Aktionen gegen sogenannte Gewohnheitsverbrecher und Aso-

---

[114] Durch Runderlaß des RMdI vom 4. Oktober 1939 im Hinblick auf die »ungleich höhere Festnahmetätigkeit der Staatspolizei(leit)stellen« seit Kriegsbeginn auf drei Wochen erweitert; Allg. Erlaßsammlung, a. a. O., 2 F VIIIa, S. 7.

[115] Der neue Erlaß trat am 1. Februar 1938 in Kraft, für die außerpreußischen Länder wurde eine Abwicklung der laufenden Schutzhaftangelegenheiten in eigener Regie der Stapo(leit)stelle bis 30. August 1938 zugestanden; ebenda, S. 5 f.

ziale ein neuer Anstieg der Häftlingsziffern eingeleitet und eine Funktionserweiterung der Lager angebahnt worden, die 1938 noch weit stärker zum Ausdruck kommen sollte. In den Richtlinien, die das Reichskriminalpolizeiamt am 4. April 1938 zu dem Grundlegenden Erlaß des RMdI über die vorbeugende Verbrechensbekämpfung (14. Dezember 1937) herausgab, wurde den Konzentrationslagern, in denen auch die polizeilichen Vorbeugungshäftlinge (Kriminelle und Asoziale) untergebracht werden sollten (zusätzlich zu ihrer bisherigen Funktion der Ausschaltung politischer Gegner), ausdrücklich auch der Charakter von »staatlichen Besserungs- und Arbeitslagern« zugesprochen[116].

2. Inhaftierung von »Asozialen«:
Die Lager als »Erziehungs- und Produktionsstätten« der SS

Die Fortführung der 1937 begonnenen Aktionen gegen sogenannte Kriminelle und Asoziale, die zentral geleitet und im ganzen Reich »schlagartig« durchgeführt wurden, beschränkte sich nicht auf die bereits genannte Festnahme von »Arbeitsscheuen« im März/April 1938. Wenig später, nach der Angliederung Österreichs, wurde dort ebenfalls ein durch Erlaß des RKrPA vom 31. März 1938 vorbereiteter »schlagartiger Zugriff« der Kriminalpolizei zur vorbeugenden Verbrechensbekämpfung inszeniert[117]. Und am 1. Juni 1938 ordnete Heydrich eine neue umfassende Aktion gegen Asoziale im ganzen Reichsgebiet an: Zwischen dem 13. und dem 18. Juni sollten dabei aus jedem Kriminalpolizeileitstellenbezirk »unter schärfster Anwendung des Erlasses vom 14. Dezember 1937 mindestens 200 männliche arbeitsfähige Personen (asoziale), außerdem alle mit Gefängnisstrafe vorbestraften männlichen Juden in polizeiliche Vorbeugungshaft« genommen und »sofort dem Konzentrationslager Buchenwald« zugeführt werden[118].
Der Personenkreis der Asozialen, die festgenommen werden sollten, war in dem Erlaß folgendermaßen beschrieben:
a] Landstreicher, die zur Zeit ohne Arbeit von Ort zu Ort ziehen;

---

[116] Runderlaß des RKrPA vom 4. April 1938, B II, Abs. 1; in: Erlaßsammlg. ›Vorbeugende Verbrechensbekämpfung‹, a. a. O., Bl. 71.
[117] Erlaßsammlg. ›Vorbeugende Verbrechensbekämpfung‹, a. a. O., Bl. 63.
[118] Ebenda, Bl. 81. Ferner auch in BA: Slg. Schumacher/271; dort auch ersichtlich, daß dieser Erlaß des RKrPA an die Kripoleitstellen vom 1. Juni 1938 [Az. 6001/235.38] von Heydrich (als Chef des Sicherheitshauptamtes) gezeichnet wurde.

b] Bettler, auch wenn diese einen festen Wohnsitz haben;

c] Zigeuner und nach Zigeunerart umherziehende Personen, wenn sie keinen Willen zur geregelten Arbeit gezeigt haben oder straffällig geworden sind;

d] Zuhälter, die in ein einschlägiges Strafverfahren verwikkelt waren – selbst wenn eine Überführung nicht möglich war – und heute noch in Zuhälter- und Dirnenkreisen verkehren, oder Personen, die in dringendem Verdacht stehen, sich zuhälterisch zu betätigen;

e] solche Personen, die zahlreiche Vorstrafen wegen Widerstandes, Körperverletzung, Raufhandels, Hausfriedensbruchs u. dgl. erhalten und dadurch gezeigt haben, daß sie sich in die Ordnung der Volksgemeinschaft nicht einfügen wollen.

Die einleitende Begründung des Erlasses nennt als Zweck der Aktion einerseits die Ausschaltung von Personen, die »der Gemeinschaft zur Last fallen und sie dadurch schädigen«, andererseits den Bedarf an Arbeitskräften:

> »Die straffe Durchführung des Vierjahresplanes erfordert den Einsatz aller arbeitsfähigen Kräfte und läßt es nicht zu, daß asoziale Menschen sich der Arbeit entziehen und somit den Vierjahresplan sabotieren.«

Hier war zum erstenmal klar ausgesprochen, daß Zwangsarbeitseinsatz ein wesentlicher Zweck der KL sei. Es liegt aufgrund dessen die Vermutung nahe, daß es bei den polizeilichen Aktionen gegen sogenannte Kriminelle und Asoziale, die in den Jahren 1937/38 so auffällig forciert wurden, nicht allein um den vorbeugenden Schutz der Volksgemeinschaft ging, wie das Regime ihn verstand, sondern auch um die Zwangsrekrutierung von Arbeitskräften für bestimmte Projekte, an denen die nationalsozialistische Führung und die SS besonders interessiert waren. Diese Vermutung wird schon dadurch bestätigt, daß in den behandelten Erlassen verschiedentlich ausdrücklich angeordnet wurde, es seien männliche und arbeitsfähige Personen festzunehmen. Vor allem aber drängt sich ein anderer Zusammenhang auf: In die Zeit der forcierten neuen Verhaftungsaktionen fiel die Errichtung SS-eigener Baustoffproduktionsstätten in und bei den Konzentrationslagern. Zu ihrer Inbetriebnahme brauchte man größere Häftlingskontingente.

Im Frühjahr 1938 war die SS-Firma der »Deutschen Erd- und Steinwerke GmbH« (DEST) gegründet worden, deren Zweck vor allem in der Anlage von Ziegelwerken und der Ausbeutung von Steinbrüchen bestand[119]. Sie betrieb als erste Vorhaben die Errichtung je eines Großziegelwerkes in Sachsenhausen und bei Buchenwald (Berlstedt). Hinzu kamen im Sommer der Erwerb und die Inbetriebnahme von Granitsteinbrüchen bei Flossenbürg (Oberpfalz) und bei Mauthausen in der Nähe von Linz. Diese Erwerbungen waren ausschlaggebend für die gleichzeitige Anlage je eines neuen Konzentrationslagers bei Flossenbürg und Mauthausen.

Der Plan, die Konzentrationslager als Arbeitskraft-Potential für die Gewinnung von Natur- und Ziegelsteinen unter Regie der SS zu benutzen, stand in engem Zusammenhang mit den damals unter Leitung von Albert Speer in Angriff genommenen nationalsozialistischen Bauprogrammen zur »Neugestaltung der Reichshauptstadt« und anderer Großstädte (München, Nürnberg, Weimar, Hamburg). Hitler, der am Projekt dieser »Führerbauten« besonders hing, kam dabei gemeinsam mit Speer und Himmler auf den Gedanken, die Arbeitskraft der Häftlinge für diese Pläne nutzbar zu machen und den Konzentrationslagern dadurch zugleich eine Produktionsaufgabe zuzuweisen. Der RFSS und sein Verwaltungschef Pohl konzentrierten sich mit Eifer auf die neue Aufgabe, die zugleich der SS eine neue Funktion einräumte. Es ging nicht nur darum, die Häftlinge produktiver einzusetzen, sondern das mit den SS-Produktionsstätten entstehende unternehmerische Interesse der SS löste nun auch ein zusätzliches Bedürfnis aus, die Zahl der Lager und Häftlinge zu erhöhen.

Auch für die Ortswahl der 1940 neu eingerichteten Konzentrationslager Groß-Rosen in Niederschlesien und Natzweiler im Elsaß war das Vorkommen von abbaufähigem Granit ausschlaggebend. Bei beiden Lagern entstanden ebenfalls SS-eigene DEST-Werke, die sich der Arbeitskraft der Häftlinge bedienten. Von Natzweiler waren Speer und der SS-Verwaltungschef Pohl durch einen besonders seltenen roten Granit angelockt worden.

3. Weitere Verhaftungsaktionen (Österreich, Sudetenland, Judenaktion) und zahlenmäßige Entwicklung der Lager

Das Anwachsen der Zahl der Häftlinge und Lager im Jahre 1938 hatte noch andere Gründe, denn in dieses Jahr fielen die ersten

---

[119] Hierzu und zum folgenden Enno Georg, Die wirtschaftlichen Unternehmungen der SS. Schriftenreihe der Vierteljahrshefte f. Zeitgesch. Nr. 7. Stuttgart 1963, S. 42 ff.

territorialen Expansionen des Dritten Reiches, seine Erweiterung zum Großdeutschen Reich. Die Gleichschaltung der neuen Gebiete (Österreichs und des Sudetenlandes) bedeutete, daß hier die Ausschaltung von politischen Gegnern, die im Altreich schon 1933/34 weitgehend durchgeführt war, bei der Besetzung und Eingliederung nachgeholt werden mußte. Spezialkommandos der Sicherheitspolizei fahndeten im März/April 1938 in Österreich und im Oktober/November im Sudetenland nach sogenannten Staatsfeinden. In Dachau, Buchenwald und Sachsenhausen wurden einige Tausend neuer politischer Häftlinge eingeliefert. Bei einer Besprechung über die produktive Ausgestaltung der Lager im Juni 1938 wies der SS-Verwaltungschef, SS-Gruppenführer Pohl, darauf hin, daß »durch den Anschluß Österreichs« die »Zahl der Häftlinge in den Konzentrationslagern sehr erheblich angestiegen« sei[120].

Nach der Einverleibung des Sudetenlandes erschien selbst dem Geheimen Staatspolizeiamt der Personenkreis, der dort von den örtlichen Organen der Sicherheitspolizei zum Teil aufgrund von bloßen Denunziationen festgenommen worden war, zu umfangreich. Heydrich sah sich am 24. Dezember 1938 zu einem Erlaß an die zuständigen Stapo[leit]stellen veranlaßt, in dem er um Überprüfung der Gründe der Festnahme ersuchte:

> »Aus den hier vorliegenden Festnahmemeldungen geht hervor, daß eine Reihe der im sudetendeutschen Gebiet s. Zt. festgenommenen Häftlinge nur deswegen festgenommen sind, weil ihnen vorgeworfen wird, einer marxistischen Partei mit oder ohne Funktion angehört bzw. sich früher deutschfeindlich betätigt zu haben. In einzelnen Meldungen war der Grund noch unzulänglicher, z. B. »Tscheche«, in verschiedenen Fällen auch überhaupt nicht angegeben. Vielfach sind auch Festnahmen auf Grund von Beschuldigungen erfolgt, die sich bei Nachprüfung als haltlos oder stark übertrieben herausstellten . . .«[121]

Den Anlaß für diese Ermahnung Heydrichs vom 24. Dezember 1938 bildete vor allem die damalige katastrophale Überbelegung der Konzentrationslager. Denn außer den neuinhaftierten Gruppen von Vorbeugungshäftlingen und politischen Schutzhäftlingen waren nach der sogenannten Reichskristallnacht vom

---

[120] Aktenvermerk Stableiter Sauperts (Deutsche Arbeitsfront) über eine Besprechung mit SS-Gruf. Pohl am 15. Juni 1938; BA: Slg. Schumacher/329.
[121] Runderlaß der Gestapo (gez. Heydrich) vom 24. Dezember 1938 (II D/Allg. Nr. 38 300); BA: R 58/1027.

9. November 1938 im Reichsgebiet ca. 35 000 Juden zusammengetrieben und auf besonderen Befehl Hitlers vorübergehend in die Konzentrationslager eingewiesen worden. Durch die Aktion sollte ebenso wie durch die Zertrümmerung der jüdischen Geschäfte und die Zerstörung der Synagogen den Juden in Deutschland der offene Kampf angesagt und unmißverständlich demonstriert werden, daß sie unerwünscht seien. Die Einweisung in die Lager war ein bewußtes Druckmittel zur Forcierung der jüdischen Auswanderung.

In die Lager Buchenwald, Dachau und Sachsenhausen wurden im November 1938 je ca. 10 000 Juden eingeliefert, die nur äußerst notdürftig untergebracht werden konnten. Bei der Anforderung neuer Mittel für den Ausbau der KL wies der Vertreter des Reichsführers-SS (Dr. Best) am 26. November 1938 darauf hin, daß »die Ereignisse in den letzten Tagen eine Steigerung der Häftlingszahl von 24 000 auf rund 60 000 gebracht« hätten[122].

Die für das Lager Buchenwald erhalten gebliebenen statistischen Unterlagen verdeutlichen das allgemeine Ansteigen der Häftlingszahlen seit dem Frühjahr 1938. Zwischen September 1937 und Mai 1938 war die Zahl der Häftlinge in Buchenwald nur sehr allmählich von 2300 auf 3000 gestiegen. Infolge der österreichischen politischen Häftlinge und der Asozialen-Aktion wuchs sie zwischen Juni und August 1938 um mehr als das Doppelte an und erreichte 7800. Durch die Häftlinge aus dem Sudetenland und vor allem die Judenaktion kletterte die Häftlingszahl im Dezember 1938 auf 17 000. Eine Aktenaufzeichnung des Reichsfinanzministeriums besagt, der Leiter des Sanitätswesens der SS, Dr. Grawitz, habe am 30. November 1938 vorgesprochen, um Mittel für die Besserung der hygienischen Verhältnisse in den Lagern zugewiesen zu erhalten und dabei erklärt, daß infolge der »auf Befehl des Führers bekanntlich unlängst erfolgten zahlreichen Inhaftierungen die Konzentrationslager derart überbelegt seien, daß es ans Unerträgliche grenze. Es bestehe bereits Seuchengefahr ...«[123]

Die nach der »Kristallnacht« festgenommenen Juden, meist wohlhabende Bürger, blieben nur einige Wochen in den Lagern und wurden entlassen, nachdem sie sich verpflichtet hatten, aus Deutschland auszuwandern. Am 31. Januar 1939 teilte Heydrich den Stapoleitstellen und dem Führer der Totenkopfverbände

---

[122] BA: R 2/12 164.
[123] Vermerk (gez. Wever) vom 15. Dezember 1938; BA: R 2/12 163.

und Konzentrationslager mit, Himmler habe »entschieden, jüdische Schutzhäftlinge können grundsätzlich, wenn sie im Besitze von Auswanderungspapieren ... sind, entlassen werden«. Dabei sei den Betreffenden aber die »mündliche Androhung« zu machen, daß sie lebenslänglich in ein Konzentrationslager kämen, wenn sie, nachdem sie »zum Zwecke der Auswanderung entlassen« seien, später wieder zurückkehren würden[124].

Im Frühjahr und Sommer 1939 gingen die Häftlingszahlen in den drei großen Lagern Dachau, Sachsenhausen und Buchenwald auf je 5000 bis 6000 zurück. In Mauthausen und Flossenbürg befanden sich zu dieser Zeit mindestens je 3000 Häftlinge[125]. Die Gesamtzahl der Häftlinge betrug bei Kriegsbeginn rund 25 000. Neben den fünf Männerlagern war – anstelle des aufgelösten Lagers Lichtenburg – im Mai 1939 ein neues größeres Frauenkonzentrationslager in Ravensbrück (bei Fürstenberg/Mecklenburg) errichtet worden[126].

Seit 1937 hatten auch die Totenkopfverbände eine starke Vermehrung erfahren. Nach der Angliederung Österreichs und der Errichtung des KL Mauthausen war (mit dem Standort in Mauthausen) eine neue SS-Totenkopfstandarte »Ostmark« neben den bereits bestehenden drei Standarten (»Oberbayern«, »Brandenburg«, »Thüringen«) aufgestellt worden. Der Etat der Totenkopfstandarten war 1938 etwa doppelt so hoch wie der der Konzentrationslager (einschließlich des SS-Personals). Als im September 1938 anläßlich der tschechischen Krise eine kriegerische Auseinandersetzung ernstlich bevorzustehen schien, hatte Hitler am 17. August 1938 angeordnet, daß im Mobilmachungsfalle die aktiven Totenkopfstandarten als Polizeiverstärkung im Rahmen der Wehrmacht eingesetzt und die Aufgabe der Lagerbewachung von älteren Angehörigen der Allgemeinen SS übernommen werden sollten. Daraufhin wurden im Herbst rund 4000 über 45 Jahre alte Angehörige der Allgemeinen SS zur militärischen Ausbildung zu den Totenkopfeinheiten, außerdem rund 10000 jüngere Führer und Mannschaften der Allgemeinen SS als Polizeiverstärkung einberufen[127].

[124] Erlaß der Gestapo vom 31. Januar 1939; BA: R 58/1027.
[125] Laut Vermerk des für den Etat der KL zuständigen Referenten im Reichsfinanzministerium vom 10. August 1938 befanden sich schon zu dieser Zeit in Flossenbürg und Mauthausen je 3000 Häftlinge; BA: R 2/12 163.
[126] Runderlaß des Gestapa vom 2. Mai 1939 mit der Mitteilung: »Am 15. 5. 1939 erfolgt die Verlegung des Frauenkonzentrationslagers Lichtenburg nach Ravensbrück«; BA: R 58/1027.
[127] Schreiben des RFSSuChdDtPol (gez. Best) an d. R.Min. d. Finanzen vom 8. Oktober 1938; BA: R 2/12 164.

Es zeichnete sich damit ab, daß neben den SS-Verfügungstruppen auch die Totenkopfverbände in Zukunft die Funktion einer militärischen und polizeilichen Streitmacht der SS haben sollten. Aus der Bewachung der Lager, die ursprünglich die ausschließliche Aufgabe der Totenkopfverbände (SS-Wachverbände) gewesen war, hatten sich neue, selbständige Zwecke ergeben. Mit Umsicht nutzte Himmler die Domäne der Konzentrationslager auch weiterhin, um seine Kompetenzen und seine Machtposition auszubauen.

Die Konzentrationslager in den ersten Kriegsjahren 1939–1941/42

Der Beginn des Krieges stellt die eigentliche Zäsur in der Entwicklung der Konzentrationslager dar. Das gilt sowohl in quantitativer wie qualitativer Hinsicht. Höß schrieb in seinen Erinnerungen: »Es kam der Krieg und mit ihm die große Wende im Leben der KL.«[128]. Erst in den Kriegsjahren schwoll die Zahl der Lager und Häftlinge ins Riesenhafte an. Jetzt veränderte sich aber auch der Personenkreis der Häftlinge wesentlich. Bei Kriegsende befand sich in den Lagern im Durchschnitt nur noch eine Minderheit von 5–10 Prozent deutscher Häftlinge. Die übergroße Mehrheit bestand aus Angehörigen fremder Nationalität: Russen, Polen, Franzosen, Holländer, Belgier, Tschechen, Griechen, Serben, Kroaten usw. Und unter ihnen war wiederum die Zahl der jüdischen Häftlinge besonders umfangreich.

In den Kriegsjahren wurde außerdem die Funktion der Konzentrationslager in mancherlei Hinsicht verändert, es trat ein Wechsel der Kompetenz und Leitung ein, das Verfahren der Schutzhaftverhängung, die Praxis der Vollstreckung wurden auf die Massenverhältnisse umgestellt und pauschaliert.

Innerhalb der Gesamtzeit der Kriegsjahre ist dabei zu unterscheiden zwischen der Phase der Jahre 1939–1941/42, als die Ausdehnung des Konzentrationslagerwesens noch relativ langsam vonstatten ging, und der überstürzten Massierung in der Spätphase ab 1942. Die Unterstellung der Konzentrationslager unter das Wirtschaftsverwaltungshauptamt im März 1942 kann dabei als Wendepunkt gelten.

---

[128] Rudolf Höß, a. a. O., S. 69.

Wie in Hitlers Weisung vom August 1938 vorgesehen, wurden schon im Zuge der militärischen Mobilmachung vor dem Polenfeldzug die aktiven Totenkopfstandarten (Wachtruppen) bei den KL durch Ersatzformationen (ältere Jahrgänge) abgelöst, die seit Herbst 1938 aus der Allgemeinen SS zum Dienst in den Totenkopfverbänden (aufgrund der Notdienst-Verordnung) einberufen und auf ihre Aufgabe vorbereitet worden waren[129].

Eicke schied bald nach Kriegsbeginn aus der Inspektion der KL aus, leitete die Aufstellung und den Einsatz der in Polen eingesetzten SS-Totenkopfstandarten sowie die nach Ende des Feldzuges in Dachau aufgenommene Aufstellung der ersten SS-Totenkopfdivision. Am 14. November 1939 wurde er zum Kommandeur der SS-Totenkopfdivision ernannt. Als General der Waffen-SS ist er am 16. Februar 1943 in Rußland gefallen, ohne daß er in der Kriegszeit mit den Konzentrationslagern noch etwas zu tun gehabt hätte[130].

Nachfolger Eickes als Inspekteur der Konzentrationslager (nicht als Führer der SS-Totenkopfverbände) wurde nach vorübergehender Beauftragung des Hauptamtschefs Heißmeyer SS-Brigadeführer Richard Glücks, der schon bisher den Stab Eickes in Oranienburg geleitet hatte. Seine Dienststellenbezeichnung lautete bis zum März 1942:

Der Reichsführer-SS – Inspekteur der Konzentrationslager –
Innerhalb des Gesamtbereichs der SS-Hauptämter, die dem Reichsführer-SS unterstanden, ressortierte der Inspekteur zunächst weiterhin beim SS-Hauptamt. Als im August 1940 aus den zwei Kommando-Ressorts des SS-Hauptamtes (Kommando der Allgemeinen SS und Kommando der Waffen-SS) das neue SS-Führungshauptamt unter SS-Obergruppenführer Jüttner entstand, wurde diesem auch die Inspektion KL eingegliedert (bis März 1942). Offenbar ist aber, ähnlich wie schon unter Eicke, in allen wichtigen Fragen, die die KL betrafen, unmittelbar zwischen dem Inspekteur KL und dem Reichsführer-SS verhandelt worden, wobei das Führungshauptamt im wesentlichen wohl

---

[129] Höß schrieb hierüber aufgrund seiner Erinnerungen als Adjutant in Sachsenhausen (1939): »Am ersten Kriegstage hielt Eicke eine Ansprache an die Führer der Ersatzformationen ... Darin betonte er, daß nun die harten Gesetze des Krieges ihr Recht verlangten. Jeder SS-Mann habe ... sich voll und ganz einzusetzen. Jeder Befehl müsse ihm heilig sein und auch den schwersten und härtesten hätte er ohne Zögern auszuführen.« Rudolf Höß, a. a. O., S. 69.
[130] Vgl. Dienstzeitbescheinigung des SS-Personalhauptamtes vom 30. März 1943; SS-Personalakte Eicke (vgl. Anm. 62).

nur unterrichtet wurde, oder, z.B. bei den Einsetzungen neuer Lagerkommandanten, nur die Berufungen vollzog, die der Reichsführer-SS im Benehmen mit dem Inspekteur KL angeordnet hatte[131].

Mehr als das SS-Führungshauptamt unter Jüttner scheint schon in den ersten Kriegsjahren das von SS-Gruppenführer Pohl geleitete Hauptamt Haushalt und Bauten in die Lager hineinregiert zu haben. Hier bestand im Amt I (Haushalt), das von SS-Oberführer Georg Lörner geleitet wurde, eine besondere Hauptabteilung für den Arbeitseinsatz der KL-Häftlinge (Hauptabt. I/5) unter SS-Hauptsturmführer Burböck[132]. Ihre Einrichtung geht wahrscheinlich auf die stärkere Heranziehung von Häftlingen für die von Pohl (in seiner gleichzeitigen Eigenschaft als Chef des SS-Hauptamtes Verwaltung und Wirtschaft) geleiteten Produktionsbetriebe der SS seit den Jahren 1938/39 zurück (zu den DEST-Unternehmen trat das im Frühjahr 1939 gegründete SS-Unternehmen der Deutschen Ausrüstungswerke, abgekürzt: DAW). Seit 1940 war zunächst in kleinem Maßstab auch mit der Abstellung von Häftlingen für kriegswichtige Betriebe begonnen worden.

In seiner Eigenschaft als Leiter des Arbeitseinsatzes der Häftlinge konnte Burböck den seit Kriegsbeginn in den Lagern ernannten Arbeitseinsatzführern unmittelbare Weisungen erteilen. Um Diskrepanzen mit der Inspektion KL zu vermeiden, wurde die bisherige Hauptabteilung I/5 im Hauptamt Haushalt und Bauten mit Wirkung vom 30. September 1941 aufgelöst und der Inspektion KL eingegliedert. Burböck erhielt dort die Dienststellung eines »Beauftragten für den Häftlingseinsatz«[133].

Dagegen verblieb beim Hauptamt Haushalt und Bauten die Inspektion des gesamten Bauwesens der Konzentrationslager [zu-

[131] So berichtete z. B. der Ende 1941 anstelle von SS-Standartenführer Karl Koch als Kommandant in Buchenwald eingesetzte damalige SS-Obersturmbannführer Hermann Pister, er habe am 18. Dezember 1941 von Glücks die Mitteilung erhalten: »Der Reichsführer-SS hat Sie zum Kommandanten des KL Buchenwald ernannt . . .«. Er (Pister) habe sich daraufhin befehlsgemäß am 20. Dezember in Oranienburg gemeldet, sich dann zusammen mit Glücks am 21. Dezember zum Chef des SS-Führungsamtes, SS-Obergruppenführer Jüttner, »den damaligen Chef von . . . Glücks« begeben, und dort sei ihm die durch Himmler angeordnete Einsetzung als Lagerkommandant »offiziell bekanntgegeben« worden; Affidavit H. Pister; Nürnbg. Dok. NO-254, S. 1/2.

[132] Vgl. Organisationsplan des Hauptamtes Haushalt und Bauten (nach dem Stand von 1941); Nürnbg. Dok. NO-620 und NO-2572.

[133] Vgl. Organisationsplan des Hauptamtes Haushalt und Bauten (nach dem Stand von 1941); Nürnbg. Dok. NO-620 und NO-2582.

[133] Anordnung des Chefs des Hauptamtes Haushalt und Bauten vom 5. September 1941 (I/Ch S 8/41); BA: Slg. Schumacher/329.

sammengefaßt in der Hauptabteilung II/C: Bauwesen der Konzentrationslager und der Polizei, unter SS-Hauptsturmführer List]. Im Herbst 1941 beauftragte Himmler den von der Luftwaffe zur SS übernommenen SS-Standartenführer Dr.-Ing. Kammler mit der gesamten Leitung des SS-Bauwesens. Kammler wurde in dieser Eigenschaft Leiter der Amtsgruppe C (Bauwesen) des im Februar 1942 errichteten SS-Wirtschaftsverwaltungshauptamtes (WVHA). Unter seiner Leitung dehnte sich das Bauwesen der SS enorm aus. In seiner Untersuchung über »die wirtschaftlichen Unternehmungen der SS« hat Enno Georg die weitere Entwicklung der von Kammler geleiteten Bautätigkeit beschrieben. Es heißt dort[134]:

»Der Amtsgruppe C des WVHA unterstanden zahlreiche SS-Baudienststellen (Bauinspektionen, Zentralbauleitungen und örtliche Bauleitungen), die mit der Ausführung der einzelnen Bauvorhaben beauftragt waren. Die generelle Planung, Berechnung und Überwachung oblag der Amtsgruppe C mit ihren sechs Ämtern.

Als Arbeitskräfte wurden auf den Baustellen der SS vorwiegend KL-Häftlinge verwendet, ferner Kriegsgefangene, Juden und ausländische Arbeiter. Der Arbeitseinsatz von Häftlingen für Bauarbeiten der SS nahm seit 1942 einen immer größeren Umfang an. Gegen Ende des Krieges beschäftigte die Amtsgruppe C auf ihren Baustellen etwa 50000 KZ-Insassen als Arbeitskräfte.

Seit 1943 wurde Obergruppenführer Dr. Kammler in steigendem Maße mit Sonderaufgaben der Rüstungswirtschaft beauftragt, so daß sein Tätigkeitsgebiet den Rahmen der SS weit überschritt. Zu diesen Aufgaben gehörten vor allem:

1. Beteiligung am sogenannten Jägerprogramm (Fertigung und Einsatz der Düsenjäger Me 262 und He 162).
2. Bau von unterirdischen Anlagen zur Verlagerung der Rüstungsindustrie (vor allem der V-Waffen und Flugzeugfertigung) unter die Erde (wegen der ständigen Bombengefahr).
3. Fertigung und Einsatz der V-Waffen (V 1 und V 2).

Die Durchführung dieser Aufgaben wurde vom ›Sonderstab Kammler‹ geleistet, dem außer Angehörigen der Amtsgruppe C Fachleute aus allen Wehrmachtsteilen angehörten.

[134] Enno Georg, a. a. O., S. 37 f.

Als Chef des Sonderstabes war Kammler nicht dem WVHA, sondern dem Reichsführer-SS persönlich und unmittelbar unterstellt. Der ›Sonderstab Kammler‹ verfügte über eine eigene, vom WVHA unabhängige Organisation von sogenannten S-Inspektionen (Sonder-Inspektionen) und Führungsstäben, die über das ganze Reich verteilt waren. Seine Aufträge erhielt er vom Rüstungsministerium und – bezüglich der V-Waffen – vom OKW.

Bei den Bauvorhaben des Sonderstabes Kammler sind zu unterscheiden:

1. A-Projekte (unterirdische Anlagen: Stollenbau, Ausbau von Tunnels, Einrichtungen von unterirdischen Hallen für die Fertigung von V-Waffen und Flugzeugen); eines der größten dieser Unternehmen war ›Dora‹ (Mittelbau) bei Nordhausen, wo V-Waffen hergestellt wurden.
2. B-Projekte (oberirdische Anlagen, die ebenfalls der Verlagerung von wichtigen Rüstungsbetrieben dienten).
3. S-Projekte (Sonder-Bauvorhaben, z.B. S III, das große unterirdische Führerhauptquartier, das beim Truppenübungsplatz Ohrdruf in Thüringen errichtet wurde).

Bei diesen gewaltigen Unternehmungen, die in den letzten Kriegsjahren unter der energischen Leitung von Dr. Kammler in großer Eile vorangetrieben wurden, waren Zehntausende von KZ-Häftlingen als Arbeitskräfte eingesetzt.

Durch seine neuen Aufgaben hat sich Dr. Kammler mit seiner Amtsgruppe C immer mehr aus dem WVHA herausgelöst. Es ist anzunehmen, daß aus der Amtsgruppe C bei längerer Fortdauer des Krieges ein selbständiges Hauptamt ›Bauten‹ unter Führung von Dr. Kammler geworden wäre.«

2. Neue Verhaftungswelle und erste Exekutionen in den KL nach Kriegsbeginn

Schon Ende August 1939 waren offenbar Vorkehrungen getroffen worden, um bei Beginn des Krieges eine größere Zahl präsumtiver Gegner des Regimes in Schutzhaft zu nehmen. Auch die Leitung der Justiz beziehungsweise der Staatsanwaltschaften hatte davon Kenntnis erhalten. Ein Beleg hierfür ist ein Runderlaß des Generalstaatsanwalts beim OLG Stuttgart vom 28. August 1939 an die Leiter der Strafvollzugsanstalten:

»Die derzeitige gespannte Lage wird es voraussichtlich mit sich bringen, daß die Geheime Staatspolizei zahlreiche Personen in Schutzhaft nimmt.

Ich ersuche, Gesuchen um vorübergehende Aufnahme solcher Häftlinge bis zur Höchstbelegungsfähigkeit Ihrer Anstalt zu entsprechen . . .«[135]

In den Tagen und Wochen nach Kriegsbeginn kam es sowohl *materiellrechtlich* (durch eine Reihe neuer Kriegsstrafverordnungen: VO über außerordentliche Rundfunkmaßnahmen vom 1. September, Kriegswirtschafts-VO vom 4. September, Volksschädlings-VO vom 5. September, VO gegen Gewaltverbrechen vom 5. Dezember 1939) als auch *verfahrensrechtlich* (Vereinfachungs-VO vom 1. September mit Ausdehnung der Sondergerichte auch auf kriminelle Vergehen, Einführung des Schnellverfahrens und Einschränkung der Verteidigung; Gesetz zur Änderung des Strafverfahrens vom 16. September 1939, das der Justizverwaltung das Mittel des »außerordentlichen Einspruchs« gegen zu milde Urteile in die Hand gab) zu einer außerordentlichen Verschärfung des Strafrechts, dabei auch zu einer Vervielfachung der Todesstrafandrohungen.

Diese Verschärfung des Strafrechtes schien Hitler indessen keineswegs zu genügen. Bei Beginn des Krieges erhielt Himmler vielmehr gleichzeitig die Anweisung, mit polizeilichen Mitteln gegen alle Feinde des Staates und der Volksgemeinschaft vorzugehen und dabei nicht nur von der Schutzhaft Gebrauch zu machen, sondern in schweren Fällen die betreffenden Personen ohne Hinzuziehung der Justiz zu liquidieren.

Aufgrund der von Hitler und Himmler erteilten Weisungen gab der Chef der Sicherheitspolizei am 3. September 1939 (Tag des englisch-französischen Kriegseintritts) einen an die Höheren SS- und Polizeiführer, Inspekteure der Sicherheitspolizei und Dienststellen der Gestapo gerichteten Runderlaß über die »Grundsätze der inneren Staatssicherung während des Krieges« heraus. Darin hieß es:

»Jeder Versuch, die Geschlossenheit und den Kampfeswillen des deutschen Volkes zu zersetzen, ist rücksichtslos zu unterdrücken. Insbesondere ist gegen jede Person sofort durch Festnahme einzuschreiten, die in ihren Äußerungen am Sieg des deutschen Volkes zweifelt oder das Recht des Krieges in Frage stellt . . .

---

[135] BA: Slg. Schumacher/271.

Besondere Aufmerksamkeit ist auf alle Versuche zu richten, ... andere Personen in volks- und reichsfeindlichem Sinne zu beeinflussen ... Wenn die Voraussetzungen der Öffentlichkeit oder der Zirkelbildung vorliegen, sind die Personen in jedem Falle festzunehmen. Nach der Festnahme einer verdächtigen Person sind unverzüglich alle zur möglichst vollständigen Klärung des Falles erforderlichen Ermittlungen durchzuführen ... Alsdann ist unverzüglich dem Chef der Sicherheitspolizei Bericht zu erstatten und um Entscheidung über die weitere Behandlung des Falles zu bitten, *da gegebenenfalls auf höhere Weisung brutale Liquidierung solcher Elemente erfolgen wird ...*«[136]

Ein am 20. September 1939 an die Stapo(leit)stellen gerichteter Durchführungserlaß Heydrichs erläuterte noch genauer, daß Personen, deren Handlungen wegen ihrer Verwerflichkeit, ihrer Gefährlichkeit oder ihrer »propagandistischen Auswirkung« besonders schwerwiegend seien, »ohne Ansehen der Person durch rücksichtsloses Vorgehen (nämlich durch Exekution) ausgemerzt« werden müßten. Solche Fälle seien z. B.

»Sabotageversuche, Aufwiegelung oder Zersetzung von Heeresangehörigen [sic] oder eines größeren Personenkreises, Hamsterei in großen Mengen, aktive kommunistische oder marxistische Betätigung usw.«

In allen Fällen, wo nach Dafürhalten der Stapo(leit)stellen eine »Sonderbehandlung« (Exekution) angezeigt erscheine, sei »sofort Schutzhaft zu verhängen« und mit »Blitz-Fernschreiben« dem Chef der Sicherheitspolizei zu berichten. Ausdrücklich wurden die Stapoleitstellen auch angewiesen, dafür zu sorgen, daß die Kreis- und Ortspolizeibehörden in diesen besonders schweren Fällen sofort die Gestapo verständigten, damit diese durch Schutzhaftverhängung einer Überstellung der festgenommenen Personen an den Ermittlungsrichter zuvorkommen könnten und eine Einschaltung der Justiz vor der End-Entscheidung des Chefs der Sicherheitspolizei »vermieden wird«[137]. Besondere Richtlinien, die am 26. September zur Ausführung dieses Erlasses an die zuständigen Abteilungen des Geheimen Staatspolizeiamtes erteilt wurden[138], lassen erkennen, daß die zur Exekution vorgeschlagenen Fälle Himmler selbst unterbreitet werden sollten.

[136] BA: Slg. Schumacher/271.
[137] Nürnbg. Dok. NO-2263.
[138] Nürnbg. Dok. NO-905.

Aufgrund des Erlasses, in einigen Fällen auch aufgrund persönlicher Weisungen Hitlers, wurden schon in den Septembertagen im Reichsgebiet eine Reihe von Personen, die der Kriegssabotage oder besonders schwerer krimineller Verbrechen verdächtig oder schuldig waren, ohne gerichtliches Verfahren erschossen. Zum Teil handelte es sich dabei auch um Strafgefangene in Haftanstalten der Justiz, deren sich die Sicherheitspolizei bemächtigte. In diesen Fällen stellte die sicherheitspolizeiliche Exekution eine besonders drastische Desavouierung der Justiz und einen gewaltsamen Eingriff in deren Zuständigkeit dar.

Als Ort der Hinrichtung bediente sich die Sicherheitspolizei der Konzentrationslager. Damit waren die Lager schon in den ersten Septembertagen in eine neue Funktion eingesetzt: neben anderen Zwecken dienten sie fortan auch als Stätten der physischen Vernichtung, der entweder gar kein oder ein der Justiz entzogenes Schnellverfahren der »Verurteilung« voranging. Höß berichtet, daß er als Adjutant von Sachsenhausen kurz nach Kriegsbeginn die erste derartige Exekution habe leiten müssen. Er schreibt darüber:

»Am selben Abend wurde die erste Exekution des Krieges in Sachsenhausen durchgeführt. Ein Kommunist, der in den Junkers-Werken in Dessau sich geweigert hatte, Luftschutzarbeiten durchzuführen, wurde auf die Anzeige des Werkschutzes hin von der dortigen Stapo verhaftet und nach Berlin zur Gestapo gebracht und verhört, der Bericht dem RFSS vorgelegt, der die sofortige Erschießung befahl. Laut einem geheimen Mobilmachungsbefehl waren sämtliche vom RFSS bzw. vom Gestapa angeordneten Exekutionen im nächstgelegenen KL durchzuführen.

Um 22 Uhr rief Müller vom Gestapa an, daß ein Kurier mit einem Befehl unterwegs sei. Dieser Befehl sei sofort durchzuführen. Kurz danach traf ein PKW mit zwei Stapo-Beamten und einem gefesselten Zivilisten ein. Der Kommandant erbrach das angekündigte Schreiben, in dem nur kurz stand:

›Der N. N. ist auf Befehl des RFSS zu erschießen. Es ist ihm dies im Arrest zu eröffnen und eine Stunde danach zu vollziehen.‹

Der Kommandant eröffnete nun dem Verurteilten den erhaltenen Befehl. Dieser war völlig gefaßt, obwohl er nicht mit dem Erschießen gerechnet hatte ... Als Adjutant war ich Führer des Kommandanturstabes. Als solcher hatte ich – lt. geh. Mob. Befehl – die Exekutionen durchzuführen.«[139]

Höß' Darstellung läßt deutlich den Instanzenzug bei den auf Weisung der Sicherheitspolizei in den KL durchgeführten ersten Exekutionen während des Krieges erkennen, der dann später, vor allem auch in Auschwitz, regelmäßige Übung wurde. Sonst nicht belegbar ist der geheime Mobilmachungsbefehl, von dem Höß in diesem Zusammenhang spricht. Es darf aber unterstellt werden, daß es einen solchen, wohl im Einvernehmen mit dem Inspekteur der KL erlassenen Befehl, der die Vollstreckung der Exekutionen in den KL betraf, gegeben hat.

Bezeichnend für die künftige Verfassungsentwicklung des Hitler-Staates war auch das Nachspiel, das sich für die Justiz aus diesen ersten Exekutionen ergab. Es war schon in den Jahren zuvor zur Regel geworden, daß die örtlichen Staatsanwaltschaften, wenn sie von eigenmächtigen Gewaltsamkeiten der SS wie überhaupt von Strafsachen erfuhren, in die Parteifunktionäre verwickelt waren und die deshalb politisch delikat erschienen, zunächst nur ihren Justizverwaltungsvorgesetzten berichteten und nicht ohne deren ausdrückliche Weisung ermittelten oder etwa gar Anklage erhoben. Das hatte den Effekt, daß in diesen Fällen die normale Ermittlungstätigkeit der Strafverfolgungsbehörden ruhte, sofern nicht das Justizministerium selbst anders entschied. Im Falle der sicherheitspolizeilichen Exekutionen, die in den Wochen nach Kriegsbeginn stattfanden, läßt sich die Reaktion des Reichsjustizministers dokumentarisch recht genau belegen.

Reichsjustizminister Dr. Gürtner hatte in der zweiten Septemberhälfte zum Teil durch Presseverlautbarungen über drei namentlich genannte Fälle von Erschießungen auf Befehl der Sicherheitspolizei erfahren. Außerdem war ihm durch eine Mitteilung von SS-Brigadeführer Dr. Best, der im RMdI als Dienststellenleiter des RFSSuChdDtPol fungierte, bekannt geworden, daß der Führer »diese Hinrichtungen angeordnet oder genehmigt« und »weiter den Auftrag erteilt« habe, der Reichsführer-SS solle »mit allen Mitteln«, auch mit »sofortiger Exekution«, für die Wahrung der Staatssicherheit sorgen. Auf das Ersuchen des Justizministeriums, »über die Anordnung des Führers ge-

[139] Höß, a. a. O., S. 69 f.

nauer unterrichtet zu werden«, hatte Heydrich geantwortet, »der Justizminister möge sich wegen der Erschießungen unmittelbar an den Führer wenden«.

Aufgrund dieser Vorgänge fertigte Gürtner am 28. September 1939 eine Aufzeichnung an, in der er unter Hinweis auf die drei Fälle und die erhaltenen Mitteilungen darlegte, daß demnach im Gebiet des Reiches »eine konkurrierende Zuständigkeit zwischen dem Volksgerichtshof, den Kriegsgerichten und Sondergerichten einerseits und der Polizei andererseits« bestehe. Es erhebe sich die Frage, »nach welchen Gesichtspunkten diese Konkurrenz im einzelnen Falle entschieden werden« solle. Gegen eine selbsttätige polizeiliche Strafverfolgung von Handlungen, die gegen die Kriegsgesetze verstoßen, spreche der Umstand, daß die Kriegsgesetze ohnehin schon ein Verfahren vorsähen, »das praktisch dem der Standgerichte völlig gleichkommt«. Die Sondergerichte seien nur nicht als Standgerichte »bezeichnet« worden. Gürtner schloß die Aufzeichnungen mit dem Satz:

> »Eine allgemeine Klärung der Frage, ob Verbrechen im nichtbesetzten Gebiet (Reichsgebiet) nach den Kriegsgesetzen oder von der Polizei ohne Verfahren und Urteil zu ahnden sind, halte ich für dringend geboten.«[140]

Gürtner übersandte seine Aufzeichnung dem Chef der Reichskanzlei Heinrich Lammers, und bat um Vortrag bei Hitler. Lammers sprach am 13. Oktober mit Hitler, suchte am darauffolgenden Tage den Reichsjustizminister »im Auftrage des Führers« persönlich auf und teilte diesem das Ergebnis der Rücksprache mit, das Gürtner in folgender handschriftlicher Notiz vom 14. Oktober 1939 festgehalten hat:

> »Eine allgemeine Anweisung [betr. Erschießungen durch die Sicherheitspolizei] habe er [Hitler] nicht gegeben. Die drei [von ihm – Gürtner – aufgeführten] Erschießungen habe er angeordnet. Er könne auch im Einzelfall darauf nicht verzichten, weil die Gerichte (Militär u. Civil) den besonderen Verhältnissen des Krieges sich nicht gewachsen zeigten. – So habe er [neuerdings] die Erschießung der Teltower Bankräuber befohlen. Himmler werde sich noch heute deshalb an mich wenden.«[141]

Das war eine klare Willenskundgebung des Führers. Gürtner nahm sie und die darin ausgesprochene Brüskierung der Justiz

---

[140] Nürnbg. Dok. NG-190.
[141] Ebenda.

hin, ohne zurückzutreten. Im Reichsjustizministerium registrierte man eine Weile lang zwar weiterhin die bekanntgewordenen Fälle verfahrensloser Erschießungen durch die Sicherheitspolizei beziehungsweise die SS in den Konzentrationslagern[142]. Gegen das offensichtlich von Hitler gedeckte Vorgehen, obwohl es auch nach damals bestehendem Recht Mord darstellte, wurden aber keine Ermittlungen eingeleitet. Infolge der am 27. Oktober 1939 ins Leben gerufenen besonderen SS- und Polizeigerichtsbarkeit war den ordentlichen Strafverfolgungsbehörden schließlich auch die Zuständigkeit hierfür genommen.

Die wesentlichste Auswirkung der verschärften polizeilichen Maßnahmen zur sogenannten »Staatssicherung« während des Krieges bestand zunächst darin, daß in den Wochen nach Kriegsbeginn ein erheblicher Teil der als politisch verdächtig angesehenen ehemaligen Kommunisten und Sozialdemokraten, die zum Teil schon in den Jahren vor 1939 in einem KL gesessen hatten, abermals in Schutzhaft genommen wurden. Hinzu kamen einige andere Gruppen, so zum Beispiel rund 1000 bis 2000 deutsche Staatsangehörige polnischen Volkstums, die als verdächtige Funktionäre der polnischen Minderheit galten, daneben auch polnische Staatsangehörige, die zum Teil schon seit Jahren im Reich ansässig waren (sogenannte Altpolen). Des weiteren wies ein Erlaß des Gestapa vom 9. September 1939 die Stapo(leit)stellen an, in Zukunft gegen alle diejenigen polnischen Staatsangehörigen im Reichsgebiet, »die sich in irgendeiner Form ungebührlich verhalten, aus sicherheitspolizeilichen Gründen rücksichtslos einzuschreiten und sie in Schutzhaft zu nehmen. Ihre Unterbringung erfolgt im Lager Dachau in einer gesonderten Abteilung«[143].

In den gleichen Tagen wurde seitens der Kriminalpolizei auch die Anordnung polizeilicher Vorbeugungshaft (die ebenfalls in den Konzentrationslagern zu vollstrecken war) gegen diejenigen Juden angeordnet, die bei der Aktion von 1938 verhaftet gewesen, dann zwecks Auswanderung entlassen worden waren, aber bisher nicht ernstlich versucht hatten auszuwandern[144], ferner gegen den Personenkreis sogenannter Psychopathen, »die aufgrund geistiger Störungen verdächtig erscheinen, in die

[142] Eine solche Liste mit 18 Fällen aus der Zeit vom 6. September bis 20. Januar 1940 ebenda.
[143] BA: R 58/1027.
[144] Runderlaß des RKrPA vom 7. September 1939; in: Erlaßsammlung ›Vorbeugende Verbrechensbekämpfung‹, a. a. O., Bl. 147.

Bevölkerung Unruhe zu tragen«[145]. Im Oktober 1939 ordnete Himmler ferner an, daß künftig alle bei Polizeirazzien wegen Arbeitsbummelei aufgegriffenen Personen, »sofern sie vorbestraft sind, einem Konzentrationslager zugeführt werden«[146]. In die gleiche Zeit fallen auch die ersten Anordnungen Himmlers über die Vorbereitung des Abtransportes der Zigeunerfamilien aus dem Reichsgebiet nach dem Generalgouvernement[147], mit dem dann im Mai 1940 begonnen wurde[148].

Bei alledem waren nur zum Teil Erwägungen der sogenannten Staatssicherheit maßgeblich. Ähnlich wie bei Hitlers sogenanntem Euthanasie-Befehl, war eine Reihe der neuen Zwangsmaßnahmen offenbar von dem Gedanken geleitet, hinter dem Schirm des durch den Krieg eingetretenen Ausnahmezustandes bestimmte gewaltsame Eingriffe zur »Reinigung des Volkskörpers« zu vollziehen, die nach nationalsozialistischer Weltanschauung grundsätzlich geboten schienen, die man aber in den Friedenszeiten mit Rücksicht auf die Öffentlichkeit des In- und Auslandes nicht hatte verwirklichen können.

Der Krieg wurde gleichsam benutzt, um eine neue Etappe nationalsozialistischer Revolution und totalitärer Umgestaltung der Gesellschaft in die Wege zu leiten, um die vorangegangene Ausmerzung politischer Gegner zu ergänzen durch sogenannte volkspolitisch-biologische Reinigungsaktionen. Bezeichnend war auch, daß unmittelbar nach Kriegsbeginn das polizeiliche Vorgehen gegen die Kirchen und ihre Vertreter außerordentlich verschärft wurde. Heydrich und vor allem auch der Stabsleiter des Stellvertreters des Führers, Reichsleiter Martin Bormann (ab 1941: Chef der Parteikanzlei), sahen jetzt die Gelegenheit gekommen, den Kirchenkampf in radikalerer Form wiederaufzunehmen. In einer für Hitler bestimmten Denkschrift »über die gegenwärtige politische Haltung der Kirchen und Sekten«, die Heydrich am 20. Oktober 1939 dem Chef der Reichskanzlei übersandte[149], führte er aus, daß insbesondere der katholische Klerus der »geschworene Feind des Staates« sei, und er empfahl: rücksichtsloses Zugreifen der Gestapo in allen Fällen, wo Sabotageabsicht, Aufwiegelung des Volkes u. ä. ersichtlich seien, ohne Rücksicht auf Stellung und kirchlichen

[145] Runderlaß des RKrPA vom 12. September 1939, ebenda, S. 147.
[146] Runderlaß des RSHA/AmtV [RKrPA] vom 18. Oktober 1939; ebenda, S. 157.
[147] Runderlaß des RSHA vom 17. Oktober 1939; ebenda, S. 156.
[148] Anordnung Himmlers zur »Zigeuner-Umsiedlung« vom 27. April 1940; ebenda, S. 180.
[149] Nürnbg. Dok. NG-4968.

Rang des Betreffenden. In den Jahren 1940/41 erreichte die Zahl der Verhaftungen von katholischen und protestantischen Geistlichen und Bischöfen in Deutschland einen neuen Höhepunkt.

Der zahlenmäßig bedeutendste Teil unter den in den ersten Kriegsjahren neu eingewiesenen Schutzhäftlingen entstammte jedoch den Angehörigen der besetzten Länder, vor allem der Polen, in geringem Maße auch der Tschechen, Norweger, Franzosen, Belgier, Holländer und Serben, die als wirkliche oder potentielle Gegner der deutschen Besatzungsmacht festgenommen und in die KL überführt wurden, sofern sie nicht in besonderen Polizeilagern und Polizeigefängnissen untergebracht wurden.

Nach Beginn des Krieges gegen die Sowjetunion nahmen die präventivpolizeilichen Verhaftungen in den besetzten Ländern noch weit größeren Umfang an. In einem Runderlaß an die Stapo(leit)stellen beziehungsweise die Kommandeure und Befehlshaber der Sicherheitspolizei (so ihr Titel in den besetzten Gebieten) gab der Chef der Sicherheitspolizei und des SD am 27. August 1941 bekannt:

> »Der Reichsführer-SS und Chef der Deutschen Polizei hat nunmehr angesichts der Häufung staatsfeindlicher Betätigungen und Äußerungen nach Beginn des Feldzuges gegen die Sowjetunion die grundsätzliche Entscheidung getroffen, daß sämtliche hetzerische Pfaffen, deutschfeindliche Tschechen und Polen sowie Kommunisten und ähnliches Gesindel grundsätzlich auf längere Zeit einem Konzentrationslager zugeführt werden sollen.«[150]

Auch im Reichsgebiet vermehrte sich die Festnahmetätigkeit der Gestapo erheblich. Ihren Umfang veranschaulicht eine nach den Tagesrapporten der Staatspolizei(leit)stellen vorgenommene Zusammenstellung aller im Monat Oktober 1941 gemeldeten Festnahmen[151]. Aus ihr ergibt sich, daß die Gestapo in diesem Monat insgesamt 15 160 Personen im gesamten damaligen Reichsgebiet festnahm (davon entfielen 4384 auf das Protektorat und die eingegliederten Ostgebiete). Das war das Zehnfache der durchschnittlichen Schutzhaftquoten in den Jahren 1935/36 (s. oben S. 41). Über die Verhaftungsgründe gibt folgende Tabelle Auskunft:

---

[150] Enthalten in: Allg. Erlaßsammlung (RSHA), a. a. O., 2 F VIIIa, S. 15.
[151] BA: R 58/198.

Zahl der staatspolizeilichen Verhaftungen im Oktober 1941

	Altreich und Ostmark	Protektorat und Ostgebiete	Insgesamt
Kommunismus und Marxismus	544	530	1074
Opposition	1518	2278	3796
Kath. Kirchenbewegung	80	336	416
Ev. Kirchenbewegung	12	./.	12
Juden	162	314	476
Wirtschaft	200	34	234
Arbeitsniederlegungen	7729	827	8556
Verbotener Umgang mit Polen oder Kriegsgefangenen	531	65	596
Gesamtzahl:	10776	4384	15160

In dieser Zeit erging auch, nachdem es im Sommer und Herbst 1941 zu einigen Attentaten auf Angehörige der deutschen Wehrmacht im besetzten Frankreich gekommen war, die auf kommunistische Partisanen zurückgeführt wurden, der berüchtigte Nacht-und-Nebel-Erlaß. Um nicht durch eine Vielzahl kriegsgerichtlicher Verfahren in den besetzten Gebieten (namentlich in Frankreich, Belgien und den Niederlanden) Märtyrer zu schaffen, erteilte Hitler Ende September 1941 den Befehl, die der Widerstandstätigkeit Verdächtigen festzunehmen, die Mehrzahl von ihnen aber nicht im Lande selbst anzuklagen und abzuurteilen, sondern sie »bei Nacht und Nebel« über die Grenze nach Deutschland zu schaffen, hier völlig abzuschließen und keine Nachricht über ihren Verbleib herauskommen zu lassen, um auf diese Weise die Bevölkerung der besetzten Gebiete einzuschüchtern[152]. Am 7. Dezember 1941 wurde Hitlers Nacht-und-Nebel-Befehl in Form eines von Keitel unterzeichneten OKW-Erlasses verabschiedet[153]. Durchführungsverordnungen vom 12. Dezember 1941 und 16. April 1942 regelten die näheren Einzelheiten und Geheimhaltungsbestimmungen[154]. Der Erlaß sah nur in bestimmten Fällen, wo es um militärische Belange ging, Aburteilung durch Kriegsgerichte im Reich und Überstellung der Betreffenden in Wehrmachts-Haftanstalten (als Wehrmachtsgefangene) vor, alle anderen festgenommenen Personen sollten von den Sondergerichten oder vom Volks-

---

[152] Nürnberger OKW-Prozeß, dt. Protokoll, S. 7842, Lehmann-Dok. 467.
[153] Nürnbg. Dok. PS-1733.
[154] Nürnbg. Dok. PS-669 und PS-836.

gerichtshof abgeurteilt werden. Durch einen weiteren OKW-Erlaß vom 22. Juni 1942 wurde verfügt, daß diejenigen Festgenommenen, gegen die wegen mangelnden Tatverdachts die kriegsgerichtlichen Ermittlungen eingestellt werden mußten oder die freigesprochen wurden, der Gestapo zu überstellen seien[155]. Eine analoge Bestimmung erging am 28. Oktober 1942 über die Nacht-und-Nebel-Häftlinge, die aus den Untersuchungsgefängnissen der Sondergerichte beziehungsweise des Volksgerichtshofs zur Entlassung kamen[156]. Es entstand daraus ab 1942 in den Konzentrationslagern die besondere Kategorie der Nacht-und-Nebel-Häftlinge (N.N.-Häftlinge), von denen der größte Teil in den Lagern Groß-Rosen und Natzweiler untergebracht wurde. Im Jahre 1944 wurden schließlich auch alle übrigen in Wehrmachts- oder Justizgefängnissen einsitzenden N.N.-Häftlinge, die nicht zum Tode verurteilt waren, den KL übergeben. Die Gesamtzahl der nach Deutschland verbrachten N.N.-Häftlinge lag etwa bei 7000, davon allein rund 5000 aus dem Bereich des Militärbefehlshabers Frankreich[157].

Seit dem Herbst 1941 wurden den meisten Konzentrationslagern auch besondere Abteilungen für sowjetische Kriegsgefangene eingegliedert. Es handelte sich dabei um Lager, die durch eine eigene Drahtumzäunung von den KL getrennt waren und einem eigenen Schutzhaftlagerführer unterstanden. Die von der Wehrmacht den KL zu Zwecken des Arbeitseinsatzes überlassenen sowjetischen Kriegsgefangenen galten nicht eigentlich als Konzentrationslagerhäftlinge. In einem Runderlaß des Inspekteurs der KL an die Lagerkommandanten vom 23. Oktober 1941 ist ausdrücklich von den im Entstehen begriffenen »SS-Kriegsgefangenen-Arbeitslagern« die Rede[158]. Bei Todesfällen der sowjetischen Kriegsgefangenen mußten die Lagerführer die Wehrmachtsauskunftsstelle (WAST) im OKW benachrichtigen[159]. Ein großer Teil der sowjetischen Kriegsgefangenen, die schon

[155] Angeführt in Nürnbg. Dok. NOKW-2579.

[156] Nürnbg. Dok. NG-226.

[157] Am 24. September 1943 ordnete das RSHA an, »daß alle N.N.-Häftlinge germanischer Abstammung in das Konzentrationslager Natzweiler zu überstellen« seien. Der Befehl wurde am 20. Mai 1944 vom Amtsgruppenchef D des WVHA wiederholt und darauf hingewiesen, »daß auf Anfragen über den Verbleib von N.N.-Häftlingen keinesfalls geantwortet werden darf ... Derartige Anfragen sind grundsätzlich und ohne Abgabenachricht hier vorzulegen ...«. BA: NS 19/1829.

[158] BA: NS 19/1829.

[159] Ein Runderlaß des RFSS vom 19. Oktober 1941 schrieb dabei eine bezeichnende Einschränkung vor. Es hieß dort: Bei unnatürlichen Todesursachen, »Erschießungen auf der Flucht, Selbstmord pp.« von sowjetischen Kriegsgefangenen sei ein kurzer Bericht des SS-Gerichtsoffiziers im Lager an die Inspektion KL zu richten. »Der WAST ist derselbe vorläufig nicht zu übersenden. Die zuständigen SS- und Polizeigerichte sind ... ebenfalls zu verständigen«; BA: Slg. Schumacher/329.

1941 oder im Winter 1942 den Konzentrationslagern überstellt
wurden, befanden sich in äußerst schlechter körperlicher Verfassung. Das ist vor allem für Auschwitz durch Höß und andere
Quellen eindringlich bezeugt[160]. Über das im KL Flossenbürg
errichtete Lager für sowjetische Kriegsgefangene berichtete der
Lagerarzt am 15. Februar 1942, daß der Gesundheitszustand
der 1666 Gefangenen nach wie vor schlecht sei. Als Krankheits-
fälle nannte er vor allem: »Erkältungskrankheiten, infektiöse
Wunden, allgemeine Körper- und Herzschwächen.«[161]

3. Neue Lager, Begriff der KL, neue Bestimmungen über Verhängung und Vollzug der Schutzhaft

In den zweieinhalb Jahren zwischen Kriegsbeginn und der
Übernahme der KL durch das WVHA (März 1942) stieg die
Zahl der Konzentrationslagerhäftlinge von ungefähr 25 000 auf
knapp 100 000 an. Einzelne Lager, so zum Beispiel Buchenwald
und Sachsenhausen, waren schon im Winter 1939/40 überbelegt, und es kam zu einem ersten starken Anstieg der Sterblichkeit. In Buchenwald, wo im November 1939 die Häftlingszahl
auf fast 13 000 angewachsen war, starben in den folgenden
5 Monaten 2119 Häftlinge, das heißt fast 20 Prozent.
Im Winter 1939/40 beauftragte Himmler den Inspekteur KL
und die Höheren SS- und Polizeiführer, die Möglichkeit der Errichtung neuer Lager zu prüfen und über etwa schon bestehende
Lager oder provisorische Polizeihaftanstalten und ihre Ausbau-
fähigkeit zu berichten. Aufgrund der eingegangenen Meldungen sind im Frühjahr und Sommer 1940 eine Reihe neuer KL
angelegt worden: im Juni 1940 das Lager Auschwitz (das spätere Stammlager Auschwitz), bestehend aus alten Kasernen-
gebäuden, die noch aus der k. u. k. Zeit stammten, als Auschwitz
zu österreichisch Galizien gehört hatte. Die Gründung des Lagers und die Wahl des Ortes Auschwitz in dem vorgeschobenen,
an den Regierungsbezirk Kattowitz angegliederten Teil der
neuen Ostgebiete (etwa 30 km östlich von Kattowitz) am
Schnittpunkt Ostoberschlesiens, des Generalgouvernements
und des Warthegaues, geschah offensichtlich zunächst vor allem,
wenn nicht ausschließlich, im Hinblick auf die große Zahl polnischer Häftlinge, die in diesen Gebieten von der Sicherheitspolizei

[160] Jerzy Brandhuber, Die sowjetischen Kriegsgefangenen im Konzentrationslager Auschwitz, in:
Hefte von Auschwitz, hrsg. vom Staatlichen Museum in Auschwitz, H. 4, 1961, S. 5 ff.
[161] BA: NS 4 Fl/vorl. 11.

festgenommen worden waren und dort die Polizeigefängnisse überfüllten, aber nicht an die Justiz überstellt werden sollten.

In einem an Himmler adressierten Bericht des Inspekteurs der KL vom 21. Februar 1940 heißt es:

»Auschwitz, eine ehemalige polnische Artilleriekaserne (Stein- und Holzgebäude) ist nach Abstellung einiger sanitärer und baulicher Mängel als Quarantänelager geeignet.«[162] Aus der Meldung geht hervor, daß man nach der ersten Inspektion die Eignung der Baulichkeit und des Ortes für ein großes KL zunächst nicht so ohne weiteres als gegeben ansah. Der in dem Bericht enthaltene Vorschlag, Auschwitz als Quarantänelager zu benutzen, deckt sich mit den Angaben von Höß, der erklärte, er habe bei seiner Ernennung zum Kommandanten von Auschwitz (4. Mai 1940) den Auftrag erhalten, »in kürzester Frist aus dem bestehenden, zwar gebäudemäßig gut erhaltenen, aber vollständig verwahrlosten und von Ungeziefer wimmelnden Komplex ein Durchgangslager für 10000 Häftlinge« zu schaffen[163]. Tatsächlich hat Auschwitz in der ersten Zeit seines Bestehens, als noch fast ausschließlich polnische Häftlinge eingewiesen wurden, zum Teil die Funktion eines solchen Durchgangslagers gehabt. Ein großer Teil der polnischen Häftlinge, die 1940/41 in die Lager im Altreichsgebiet (Sachsenhausen, Groß-Rosen, Dachau, Flossenbürg u. a.) eingewiesen wurden, kamen über Auschwitz. Höß hat auch berichtet, daß er kaum das erst instand zu setzende Lager übernommen hatte, als schon die ersten Transporte eintrafen.

Einer der Gründe dafür, daß Himmler Ende 1940 und dann vor allem bei seinem ersten Besuch in Auschwitz im März 1941 die Erweiterung des Gesamtlagerbereiches (sogenanntes »Interessengebiet KL Auschwitz«) zu einem Riesenkomplex von insgesamt 40 qkm und zu einer Aufnahmefähigkeit für über 100000 Häftlinge, die Anlage besonderer landwirtschaftlicher Versuchsstationen und Produktionsstätten der SS usw. befahl, lag darin, daß der Reichsführer-SS hier in den eingegliederten Ostgebieten, zu denen Auschwitz gehörte, besonders unabhängig zu schalten und walten vermochte. Im Gegensatz zum Altreich konnte er in Auschwitz in seiner Eigenschaft als Reichskommissar für die Festigung deutschen Volkstums über das ihm unterstehende Bodenamt Kattowitz die Beschlagnahme von Grund und Boden zugunsten des Lagers mehr oder weniger

---

[162] BA: Slg. Schumacher/329; auch Nürnbg. Dok. NO-034.
[163] Rudolf Höß, a. a. O., S. 88.

frei verfügen, zumal es dabei »nur« um polnische Dörfer und Einwohner ging, die man aussiedeln mußte, um das Lager auszudehnen. Bestimmend für den Ausbau von Auschwitz war aber nicht zuletzt der Standort der nahe gelegenen ostoberschlesischen Industrie, in der ein großer Teil der Häftlinge eingesetzt wurde, zumal später das Bestreben hinzutrat, möglichst viele Werke nach dem weniger durch Luftangriffe gefährdeten Osten zu verlegen. Schließlich trug zu dieser Entwicklung wohl auch die Person des ersten Kommandanten Rudolf Höß bei, der sich als ein überaus beflissenes und energisches Ausführungsorgan der weitgesteckten Pläne des Reichsführers-SS erwies. Den entscheidenden Faktor bei der Ausweitung des Lagers und die enorme Massierung von Häftlingen mit ihren katastrophalen Begleiterscheinungen bildete aber vor allem der Entschluß, Auschwitz zur Hauptstätte der Juden-Vernichtung zu machen. Erst dadurch kam es zu der permanenten Ausdehnung des Lagers, die weit über die Dimensionen sämtlicher anderer KL hinausging.

Aufgrund der von Himmler bei seiner Besichtigung in Auschwitz am 1. März 1941 gegebenen Anweisungen wurde im Oktober 1941 bei dem Ort Birkenau (poln. Brzezinka), zirka 3 km vom Stammlager entfernt, mit der Errichtung des Lagers Birkenau begonnen, welches zum umfangreichsten aller je errichteten nationalsozialistischen Konzentrationslager werden sollte. Die ursprünglich von Himmler ins Auge gefaßte Kapazität von 100000 Häftlingen wurde in den Plänen, die im Herbst 1941 dem Bau zugrunde gelegt wurden und von der Amtsgruppe C (Bauwesen) des Wirtschaftsverwaltungshauptamtes (WVHA) der SS entworfen worden waren, schließlich noch verdoppelt. Danach sollte das Lager Birkenau im Endzustand rund 600 Baracken für insgesamt 200000 Häftlinge umfassen. Dieser Plan ist jedoch nur zum Teil verwirklicht worden. Fertiggestellt wurden bis Kriegsende der Abschnitt B I [das spätere Frauenkonzentrationslager Auschwitz = FKL Auschwitz], das für 20000 Häftlinge berechnet war, ferner der Abschnitt B II (das spätere Männerlager) für 60000 Häftlinge und der kleinere Teil des ebenfalls für 60000 Häftlinge berechneten Abschnitts B III. Der Abschnitt B IV blieb lediglich auf dem Papier. Auch unvollendet stellte der Lagerkomplex Birkenau (aufgeteilt in Frauenlager, Männerlager, Familienlager, Zigeunerlager usw.) mit seinen über 250 primitiven Stein- und Holzbaracken (sogenannten Pferdestallbaracken), die je für 300 bis 400 Häftlinge vorgesehen, aber oft mit der doppelten Zahl belegt waren, eine riesige KL-Stadt dar, die eine Fläche von 175 ha einnahm. Doppelte, elektrisch geladene Drahthindernisse in einer Gesamtlänge von 16 km und sogenannte Ringgräben von 13 km Gesamtlänge trennten die einzelnen Abteilungen und Unterabteilungen des Lagers Birkenau voneinander. Während das im Jahre 1941 ebenfalls erweiterte Stammlager Auschwitz durchschnittlich eine Belegstärke von 18 000 Häftlingen hatte, waren im Lager Birkenau zur Zeit der Höchstbelegstärke (1943) rund 100 000 Häftlinge untergebracht. In der unmittelbaren Nähe von Birkenau wurden dann auch die Vergasungsanstalten und Krematorien errichtet.

Schon vor der Errichtung des Auschwitzer Nebenlagers Birkenau begann seit dem Frühjahr 1941 die Abstellung von Auschwitzer Häftlingen für den Bau eines Buna-Werkes der IG-Farben AG, das 7 km vom Auschwitzer Stammlager entfernt war. Bei der Wahl der Umgebung von Auschwitz für diese Fabrik spielte der Gesichtspunkt, billige Bauarbeiter aus dem KL zu erhalten, für die Leitung der IG-Farben AG eine maßgebliche Rolle[164]. Um den Arbeitseinsatz der Häftlinge zu vereinfachen, errichtete die IG-Farben AG im Jahre 1942 für die Häftlingsarbeiter in unmittelbarer Nähe des Buna-Werkes das Arbeitslager Monowitz, welches das größte der insgesamt 39 Außenkommandos des KL Auschwitz darstellte, die hauptsächlich im oberschlesischen Industrierevier, aber auch weiter entfernt (z. B. in Brünn) errichtet wurden. Zur selben Zeit wie Auschwitz wurde im Juni 1940 das KL Neuengamme bei Hamburg errichtet, wo schon seit 1938 ein Außenkommando des Lagers Sachsenhausen mit Gewinnung von Ziegelsteinen für das SS-Unternehmen der DEST beschäftigt war. Für die Umwandlung des Lagers Neuengamme zum selbständigen KL war damals anscheinend vor allem der Umstand maßgeblich, daß man nach den Feldzügen in Norwegen und gegen Holland, Belgien und Frankreich im Westen des Reiches eine neue große Sammelstätte zur Unterbringung von politischen Häftlingen aus diesen Ländern brauchte. In Neuengamme bildeten dann auch in Zukunft französische, belgische, holländische und norwegische Häftlinge einen besonders hohen Anteil der Gefangenen.

Im August 1940 entstand schließlich ein weiteres Lager im Osten, das KL Groß-Rosen in Niederschlesien. Die bereits erwähnte Arbeitsmöglichkeit im Granitsteinbruch und das Be-

---

[164] Vgl. hierzu das Urteil des amerikanischen Militärgerichts VI im IG-Farben-Prozeß vom 29. Juli 1948.

dürfnis der Unterbringung weiterer polnischer Häftlinge, vor allem aus dem Gebiet des benachbarten Warthegaues, bildeten bei seiner Anlage wohl das wichtigste Motiv.

Für den nördlichen Bezirk der eingegliederten Ostgebiete hatte das schon im September 1939 eingerichtete Lager Stutthof bei Danzig eine ähnliche Funktion. In den Baracken von Stutthof befanden sich bereits im Winter 1939/40 rund 4500 Häftlinge. Der Inspekteur der KL, der Chef des Hauptamtes Haushalt und Bauten (Pohl) und der Chef der Sicherheitspolizei befürworteten schon im Januar/Februar 1940 die Übernahme dieses dem Höheren SS- und Polizeiführer in Danzig unterstehenden Lagers als staatliches Konzentrationslager[165]. Tatsächlich kam es aber erst im Februar 1942 zur Unterstellung des Lagers unter den Inspekteur der KL. Inzwischen war, als weitere Neugründung des Jahres 1940, auch im Westen bei Natzweiler im Elsaß ein neues KL gegründet worden.

Das Beispiel Stutthof zeigt indessen, daß unter den Begriff der Konzentrationslager im engeren Sinne längst nicht mehr alle Lager fielen, die im Reich und vor allem in den neu eingegliederten und in den besetzten Gebieten seit Kriegsbeginn errichtet wurden und unter der Aufsicht der SS und Polizei standen. So führten die Aussiedlungen der Polen im Osten, später auch die der Slowenen in der Untersteiermark oder der Elsaß-Lothringer im Westen zur Anlage einer Reihe teils kurzfristiger, teils die ganze Kriegszeit über bestehender Umsiedler- und Durchgangslager, so z. B. die Polenlager Soldau (Südostpreußen), Lodz, Potulice (b. Bromberg) oder die Slowenenlager in der Steiermark. 1941 ließ Himmler überdies als besondere Kategorie sogenannte *Arbeitserziehungslager* einrichten, in die die Stapo- und Kripostellen als Arbeitserziehungshäftlinge vor allem französische, tschechische, belgische u. a. im Reich eingesetzte ausländische zivile Arbeitskräfte wegen Arbeitsverweigerung und aus ähnlichen Gründen einlieferte[166].

[165] Bericht des Insp. der KL über Stutthof vom 30. Januar 1940 und Bericht des Insp. der KL über verschiedene Lager vom 21. Februar 1940; BA: Slg. Schumacher/329.
[166] Nach Himmlers grundlegendem Erlaß über die Errichtung von Arbeitserziehungslagern vom 28. Mai 1941 waren ausschließlich die Inspekteure beziehungsweise Befehlshaber der Sicherheitspolizei und des SD für die Errichtung von Arbeitserziehungslagern zuständig. Die Lager sollten als staatliche Anstalten (auf Reichskosten) errichtet werden und den »Charakter eines Polizeigewahrsams« haben, von Beamten oder Angestellten der Gestapo geleitet und ihre Bewachung durch angeworbenes Personal versehen werden. Als Dauer der Haft war ein Höchstmaß von 56 Tagen vorgesehen, in denen »strenge Arbeit« bis zu 12 Stunden täglich geleistet werden sollte. BA: R 58/1027. Vgl. ferner den Runderlaß des RFSSuChdDtPol im RMdI vom 15. Dezember 1942 betr. »Bekämpfung des Arbeitsvertragsbruchs ausländischer Arbeitskräfte« in: Allg. Erlaßsammlung (RSHA), a. a. O., 2 A III f., S. 93 ff.

Ferner entstanden in einer Reihe von besetzten Gebieten auf Initiative der örtlichen SS- und Polizeiführer beziehungsweise der Kommandeure der Sicherheitspolizei Lager, die der Einweisung widerstandsverdächtiger Personen oder als Arbeitslager dienten und sich von Konzentrationslagern oft kaum ihrer Funktion nach, sondern in erster Linie nur dadurch unterschieden, daß sie nicht staatliche, auf dem Reichsetat verbuchte und dem Inspekteur der KL unterstehende Einrichtungen darstellten.

Schon Anfang Mai 1940 wies der Chef der Sicherheitspolizei und des SD in einem Runderlaß an die Inspekteure der Sicherheitspolizei darauf hin:

»Das Bestehen der verschiedenen Lager wie Kriegsgefangenen-, Internierungs-, Durchgangs- und Arbeitslager usw. hat zuweilen in der Öffentlichkeit den Eindruck erweckt, als handele es sich um Konzentrationslager. Diese Bezeichnung dürfen nach ausdrücklicher Weisung des Reichsführers-SS nur die dem Inspekteur der Konzentrationslager unterstehenden Lager wie Dachau, Sachsenhausen, Buchenwald, Flossenbürg, Mauthausen und das Frauen-Konzentrationslager Ravensbrück führen.

Um die Verantwortlichkeit und Zuständigkeit für die bestehenden und evtl. noch einzurichtenden Lager klarzustellen, bitte ich dafür zu sorgen, daß kein anderes Lager außer den vorgenannten und die vom Inspekteur der Konzentrationslager z. Zt. im Aufbau begriffenen Lager die Bezeichnung ›Konzentrationslager‹ führen. Auch die Bezeichnung ›Anhaltelager‹ ist nicht zulässig.«[167]

Bis einschließlich 1942 waren als staatliche Konzentrationslager im Sinne dieser Weisung nur Lager anerkannt, die im damaligen Reichsgebiet lagen. Himmler legte bei der Frage, ob bestimmte Gefangenen- und Arbeitslager, wie zum Beispiel Stutthof, als KL anerkannt werden sollten, außerdem anscheinend besonderen Wert darauf, ob in der Umgebung des Lagers sich kriegswichtige Arbeitseinsatzmöglichkeiten und nicht zuletzt auch Arbeitsstätten befanden, die als SS-eigene Unternehmen in Betrieb genommen werden konnten. Hierin lag zum Beispiel der Grund dafür, daß das relativ kleine in der Nachbarschaft der Wewelsburg bestehende Arbeitslager Niederhagen (bei Paderborn) im November 1941 zum selbständigen KL erhoben

[167] Allg. Erlaßsammlung (RSHA), a. a. O., 2 F VIIIa, S. 10; vgl. auch das gleichzeitige Schreiben des Chefs des SD an den RFSS vom 3. Mai 1940; BA: Slg. Schumacher/329.

wurde (1943 wieder aufgelöst). Denn die SS-eigenen Bauvorhaben an der Wewelsburg (der projektierte Umbau zu einer SS-Kultstätte und SS-Schule) stellten ein besonderes Lieblingsprojekt Himmlers dar, und er sah hier die Voraussetzungen für einen langfristigen Arbeitseinsatz von Häftlingen als gegeben an.

Dies zeigte sich auch 1943, als es darum ging, das Lager Salaspils bei Riga als KL anzuerkennen. Himmler schrieb damals (11. Mai 1943):

>»In Salaspils im Ostland befindet sich von uns ein Arbeitserziehungslager. Dieses Lager ist praktisch ein Konzentrationslager, untersteht aber dem Kommando der Sicherheitspolizei. In diesem Lager wird der Strafvollzug für die lettischen, estnischen und litauischen Schutzmannschaften und Freiwilligen, die im Rahmen der SS und Polizei dienen, durchgeführt. Die Beschäftigung im Lager ist Torfstechen, Bergbau, Steinbruch, Zementfabrikation usw. Ich wünsche unter keinen Umständen, daß hier ein KL irgendeines Oberabschnittes entsteht. Ich genehmige dieses Konzentrationslager Salaspils nur unter zwei Bedingungen:

> 1. Wenn es ein KL wird, das dem Chef des Hauptamtes Verwaltung und Wirtschaft untersteht,
> 2. wenn dieses Lager einen echten und wirklich wichtigen Rüstungsbetrieb enthält. Die Beschäftigung im Zementwerk, Torfstich usw. ist zwar sehr schön, sie wird aber nur angefangen, um die dort vorhandenen Häftlinge zu beschäftigen. Das können wir uns während des Krieges nicht leisten.«[168]

Der Faktor des Arbeitseinsatzes der Häftlinge für SS-eigene Zwecke und SS-Wirtschaftsunternehmen gab dann 1943/44 auch den Ausschlag dafür, die außerhalb des Reichsgebiets liegenden Juden-Arbeitslager Lublin und Plaszow (bei Krakau) der Inspektion der KL zu unterstellen. Die genannten Lager setzten sich aus Juden zusammen, die als unabkömmliche Arbeitskräfte von der Vernichtung ausgenommen waren und ab Ende 1942 als Arbeitshäftlinge den jeweiligen SS- und Polizeiführern überstellt worden waren. Um die in den Rest-Ghettos noch vorhandenen Produktionsmittel und die im Dienste lokaler SS- und Polizeiführer stehende Produktivität der Judenlager in Lublin und Plaszow dem Gesamtkonzern der SS-Betriebe (Deutsche Wirtschaftsbetriebe) und deren zentraler Lei-

[168] BA: Slg. Schumacher/329.

tung durch das WVHA einzugliedern, wurden diese beiden Lager im Generalgouvernement 1943/44 zu KL ernannt, obwohl es sich bei den Insassen weder um Schutzhäftlinge noch um polizeiliche Vorbeugungshäftlinge handelte. Dasselbe gilt für diejenigen Juden, die ab 1942 im Zuge der RSHA-Transporte nach Auschwitz gelangten und dort bei der Selektion nicht zur Vernichtung bestimmt, sondern als arbeitseinsatzfähig in das Lager überstellt wurden. Alle diese aus ehemaligen Ghettos und Judenarbeitslagern im Osten stammenden oder im Zusammenhang mit RSHA-Transporten [im Rahmen des Programmes der »Endlösung«] nach Auschwitz gekommenen und von dort zum Teil in andere KL überstellten Juden stellten eine besondere Gefangenenkategorie dar. Von dem Endlösungs-Programm vorläufig als »Arbeitsjuden« ausgenommen und zu diesem Zweck in die KL verbracht, waren sie weder Schutzhäftlinge noch polizeiliche Vorbeugungshäftlinge und wurden in den Lagern besonders registriert.

Als einziges Lager westlich der Reichsgrenze wurde im Januar 1943 das bisherige Polizeihaftlager s'Hertogenbosch in Holland der Inspektion der KL unterstellt.

Aus dem Vorstehenden wird deutlich, daß sich schon äußerlich der Gesamtbereich der Konzentrationslager und die in ihnen vereinten verschiedenen Häftlingsgruppen während der Kriegsjahre zunehmend ausweiteten und auch der begriffliche Unterschied zwischen Konzentrationslagern, Ghettos, Polizeihaftlagern, Arbeitslagern verschwamm. Dazu kam eine Vielfalt verschiedener Funktionen und zum Teil fast gegensätzlicher Zwecke, die in die Lager hineinverlegt oder mit ihnen in Zusammenhang gebracht wurden.

In den meisten Konzentrationslagern ließ Himmler – vor allem in der zweiten Kriegshälfte – medizinische, nahrungsmittelchemische u. a. Versuche mit Häftlingen durch SS-Ärzte durchführen. Die Aufopferung Tausender von Häftlingen, die bei den Reihenversuchen umkamen oder dauernde körperliche Schäden davontrugen, schien dem Reichsführer-SS ein billiger Preis für den Fortschritt der Medizin und Biologie. In denselben Lagern wurden von speziellen SS-Ärzte-Kommissionen unter dem geheimen Kennzeichen 14 f 13 zwischen Ende 1941 und 1943 Selektionen von Geisteskranken, Invaliden und anderen unerwünschten Häftlingen (Juden) durchgeführt, die entweder in den Lagern durch Injektionen getötet oder zur Vernichtung in bestimmte Anstalten gebracht wurden, die schon vorher zur

Tötung von unheilbar Geisteskranken aus den Heilanstalten gedient hatten (Bernburg a. d. Saale, Hartheim bei Linz u. a.)[169]. Auch bei dieser Aktion, die in den Lagern erst begann, als die außerhalb der Lager durchgeführten sogenannten Euthanasie-Maßnahmen wegen zahlreicher öffentlicher Proteste, namentlich von kirchlicher Seite, gestoppt werden mußten, dienten die Konzentrationslager als abgeschirmter Ort für Gewaltakte volksbiologischer »Reinigung«, die man der Öffentlichkeit nicht zumuten konnte. Ähnliches gilt für die Massenerschießungen von sowjetischen Kommissaren und Kommunisten, die 1941/42 durch Spezialkommandos der Sicherheitspolizei (mit Genehmigung des für die Kriegsgefangenen zuständigen OKW) aus den Kriegsgefangenenlagern ausgesucht und zur Exekution in die nächstgelegenen KL überstellt wurden. In fast allen damals bestehenden Konzentrationslagern (Dachau, Buchenwald, Sachsenhausen, Auschwitz u. a. m.) sind 1941/42 Tausende von sowjetischen Kriegsgefangenen, die als Kommunisten galten, umgebracht worden. Die KL dienten hier von vornherein nur als Erschießungsort. Die Hinzurichtenden wurden nicht als Häftlinge registriert, und ihr Tod ist in den Lagerkarteien nicht verbucht worden.

Während diese Vernichtungsaktionen stattfanden, kam es gleichzeitig zu einer immer enger werdenden Verknüpfung der Konzentrationslager mit dem wachsenden Konzern SS-eigener-Wirtschaftsunternehmungen und anderen kriegswichtigen Industrien, in denen man wohl oder übel die Häftlinge als positives Arbeitspotential behandeln mußte. Aber auch beim Arbeitseinsatz der Häftlinge zeigte sich die äußerste Gegensätzlichkeit von Wirkungen, Absichten und Begleiterscheinungen.

Der Umstand, daß die Konzentrationslagerhäftlinge seit 1941/42 in zunehmendem Maße zu wichtigen Arbeiten der Kriegswirtschaftsproduktion herangezogen wurden, trug im ganzen dazu bei, die auf Terror, Niederhaltung und Diskriminierung abgestellten früheren Regeln des inneren Lagerbetriebes aufzulockern. Die oft stundenlang ausgedehnten quälenden Appelle, Exerzierübungen, sinnlosen Schikanen und Strafarbeiten wurden eingeschränkt oder kamen ganz in Wegfall. Am 2. Dezember 1942 ließ Himmler durch einen Runderlaß an die Lagerkommandanten anordnen, die Prügelstrafe »in Zukunft nur als

[169] Vgl. dazu im einzelnen das Protokoll des Nürnbg. Ärzteprozesses (Fall I), dt. Prot. S. 1885; ferner die Nürnbg. Dok. NO-860, NO-907, NO-1007, NO-2366, NO-2799, PS-1151.

letztes Mittel« anzuwenden, wenn alle anderen Strafen (Arrest, Essensentzug, Strafarbeit) ergebnislos gewesen seien oder wenn besondere Abschreckung (bei Flucht o. ä.) beabsichtigt sei:

> »Der RFSS hat darauf hingewiesen, daß die Prügelstrafe kein Instrument für ... Kommandeure, Aufsichtshabende und Aufseherinnen ist, die zu faul und unfähig sind, zu erziehen ... Die bisher hier zur Genehmigung vorgelegten Strafverfügungen haben eindeutig gezeigt, daß der Sinn und Zweck der härtesten Lagerstrafen [Prügelstrafe] in den meisten Fällen nicht erkannt worden ist.«[170]

Da der Beauftragte für den Arbeitseinsatz der Häftlinge ebenso wie die Firmen, die Häftlinge beschäftigten, an der Erhaltung der Arbeitskraft der Häftlinge interessiert waren, wurden seit 1942/43 auch Arbeitsprämien und die Ausgabe von Prämienscheinen eingeführt, die den Häftlingen bei guter Arbeitsleistung den Bezug von Rauchwaren und zusätzlichen Lebensmitteln ermöglichten. Am 15. Mai 1943 erließ der Chef des WVHA SS-Obergruppenführer Pohl in einer Dienstvorschrift eine besondere »Prämien-Ordnung« für Häftlinge. Darin heißt es:

> »Häftlinge, die sich durch Fleiß, Umsicht, gute Führung und besondere Arbeitsleistung auszeichnen, erhalten künftig Vergünstigungen. Diese bestehen in Gewährung: 1. Hafterleichterung, 2. Verpflegungszulagen, 3. Geldprämien, 4. Tabakwarenbezug, 5. Bordellbesuch.«[171]

Wie aus der Prämien-Ordnung ersichtlich ist, wurden auch Lagerbordelle eingerichtet, wozu Prostituierte aus Frauenlagern Verwendung fanden, die vorher wegen ihres Dirnengewerbes in Haft genommen worden waren. Aus Gründen möglichst produktiver Gestaltung des Arbeitseinsatzes entwickelten die SS-Betriebe für die bei ihnen beschäftigten Häftlinge sogar ein Programm zur Schulung und Ausbildung von Häftlingsfacharbeitern (insbesondere Bauarbeitern), von dem sich Himmler auch für die Nachkriegszeit große Bedeutung versprach. Der Gesichtspunkt einer Heranbildung von Arbeitskräften für die SS-Unternehmen überwog hier so sehr den ursprünglichen Zweck der Haft, daß sogar die Freilassung ausgebildeter Häftlingsfacharbeiter vorgesehen war, wenn sich diese verpflichteten, weiterhin als Beschäftigte in den SS-Betrieben ihre Arbeit zu verrich-

[170] Runderlaß des Chefs der Amtsgruppe D vom 2. Dezember 1942; BA: NS 19/1829.
[171] Nürnbg. Dok. NO-400. Ergänzende Vorschriften zu dieser Prämienordnung ergingen durch den Chef des WVHA am 14. Februar 1944. Durch sie wurde als »weitere Vergünstigung« der Besuch von Kinovorstellungen durch Häftlinge innerhalb des Lagers, zusätzliche Geldprämien für betriebliche Verbesserungsvorschläge durch Häftlinge u. a. in Aussicht gestellt; BA: NS 3/391.

ten[172]. Unter den vielfältigen Formen des Arbeitseinsatzes in den Lagern gab es außerdem Kommandos, die relativ leichte Arbeit zu leisten hatten, so zum Beispiel im Dachauer Gewürzkräutergarten oder in den Pflanzenzuchtanstalten von Auschwitz[173].

Nichtsdestoweniger lief im ganzen gesehen der Masseneinsatz von Zwangsarbeitern aus den KL je länger desto mehr auf einen rücksichtslosen Verschleiß der Häftlinge hinaus, da die deprimierenden psychischen und physischen Bedingungen, unter denen der Einsatz in der Regel stattfand, jeder wirklichen Hebung der Arbeitsleistung und Produktivität entgegenstanden.

In bestimmten Fällen verband sich mit dem Arbeitseinsatz auch das Ziel der mehr oder weniger vorsätzlichen Vernichtung. Das galt etwa von der Steinbrucharbeit in den Lagern von Mauthausen-Gusen.

Um eine Differenzierung der Haft- und Arbeitsbedingungen durchzuführen, hatte Himmler Anfang 1941 eine Einteilung der bestehenden KL in verschiedene Lagerstufen angeordnet. Lagerstufe Ia war bestimmt für besonders schonungsbedürftige, ältere und kaum arbeitsfähige Häftlinge, auf die man Rücksicht nehmen wollte (insbesondere prominente politische Schutzhäftlinge, Geistliche u. ä.). Sie sollen sämtlich im Heilkräutergarten in Dachau Verwendung finden. – »Für alle wenig belasteten und unbedingt besserungsfähigen Schutzhäftlinge, außerdem für Sonderfälle und Einzelhaft« (Stufe I) waren die Lager Dachau, Sachsenhausen und das Stammlager Auschwitz vorgesehen; für »schwerer belastete, jedoch noch erziehungs- und besserungsfähige Schutzhäftlinge« (Stufe II) die Lager Buchenwald, Flossenbürg, Neuengamme und das damals im Aufbau befindliche Baracken-Lager Auschwitz II (Birkenau). Alle »schwer belasteten, insbesondere gleichzeitig auch kriminell vorbestraften und asozialen, d. h. kaum noch erziehbaren Schutzhäftlinge« (Stufe III) sollten in das Lager Mauthausen überstellt werden[174].

[172] Einzelheiten hierüber bei Enno Georg, Die wirtschaftlichen Unternehmungen der SS. Stuttgart 1963, S. 110; vgl. ferner das Schreiben des Beauftragten für den Arbeitseinsatz beim Inspekteur der KL an das KL Natzweiler vom 21. Januar 1942, dem auch die grundlegende Verfügung vom 7. September 1940 über die Ausbildung von Häftlingsfachkräften, insbesondere Steinmetzen, unter der Parole ›Ein Weg zur Freiheit‹ beigefügt ist; BA: NS 3/vorsl. 18.
[173] Wie aus einem Schreiben des RSHA vom 30. Dezember 1941 an den Inspekteur der KL ersichtlich ist, galten schon damals bestimmte Erleichterungen in besonderen Einzelfällen. Es heißt dort: »Zu diesen Erleichterungen zählen vor allem die Übertragung einer leichteren Arbeit, insbesondere Bürodienst, Rauch-, Lese- und erweiterte Besuchs-Erlaubnis, Wegfall des Haarschnittes usw., so daß die Schutzhaft als eine Ehrenhaft gestaltet wird.«
[174] Runderlaß des Chefs der Sicherheitspolizei und des SD vom 2. Januar 1941; in: Allg. Erlaßsammlung (RSHA), 2 F VIIIa, S. 13.

Der Erlaß bestimmte, daß bei den Schutzhaftverhängungen in Zukunft die jeweilige Lagerstufe zu vermerken sei und der Betreffende in ein entsprechendes Lager eingewiesen werden sollte. Tatsächlich ist danach aber keineswegs immer verfahren worden. Die zunehmende Massierung der Konzentrationslager und des Häftlingseinsatzes ließ für solche individuelle Einweisungen nur noch wenig Raum[175].

Die Entwicklung in der zweiten Kriegshälfte

1. Die Kommandobehörde des WVHA und der Arbeitseinsatz der Häftlinge

Die Tendenz, die Konzentrationslager zu einem SS-eigenen Arsenal von Zwangsarbeitern umzugestalten, kam schon vor dem Winter 1941/42 zum Ausdruck, und sie überkreuzte sich in paradoxer Weise mit gleichzeitigen, ebenfalls erst seit Kriegsbeginn forcierten Bestrebungen zur Ausmerzung und Beseitigung bestimmter unerwünschter Gruppen. Das gilt vor allem für das Schicksal der Juden. Spätestens im Sommer 1941 waren die grundsätzlichen Entscheidungen Hitlers und Himmlers zur »Endlösung« der Judenfrage gefallen, und seitdem wurde der Abtransport des deutschen und unter deutscher Oberhoheit stehenden europäischen Judentums nach dem Osten und die physische Beseitigung der deportierten Juden in bestimmten dafür ausersehenen Lagern und Vernichtungsstellen (vor allem in Auschwitz, Chelmno, Treblinka, Belzec, Majdanek und Sobibor) systematisch in Angriff genommen. Da Himmler zur gleichen Zeit aber das Ziel verfolgte, den Arbeitseinsatz von Konzentrationslagerhäftlingen für die Kriegsindustrie zu intensivieren, wurde ein Teil der deportierten Juden dem Zwangsarbeitsprogramm der KL eingegliedert und, wenigstens vorläufig, von der Vernichtung ausgenommen. In einem Fernschreiben vom 26. Januar 1942 teilte Himmler dem Inspekteur der KL mit:

> »Nachdem russische Kriegsgefangene in der nächsten Zeit nicht zu erwarten sind, werde ich von den Juden und Jüdinnen, die aus Deutschland ausgewandert werden [sic!], eine große Anzahl in die Lager schicken. Richten Sie sich darauf

---

[175] Vg . dazu auch Runderlaß des Chefs der Sicherheitspolizei und des SD vom 30. Juli 1942; ebenda, 2 F VIIIb, S. 5.

ein, in den nächsten 4 Wochen 100000 männliche Juden und bis zu 50000 Jüdinnen in die KL aufzunehmen. Große wirtschaftliche Aufträge werden in den nächsten Wochen an die Konzentrationslager herantreten. SS-Gruppenführer Pohl wird Sie im einzelnen unterrichten.«[176]

Das Neben- und Gegeneinander der beiden Zwecke und der damit verbundenen jeweiligen Zuständigkeiten: einerseits die Judenvernichtung (unter der Transport-Zuständigkeit des RSHA), andererseits der Arbeitseinsatz der Häftlinge (unter der Zuständigkeit der Inspektion KL beziehungsweise des WVHA), charakterisierte in den Jahren 1942–1944 vor allem das Geschehen im Lager Auschwitz. Alle anderen Judenvernichtungslager im Osten (einzige Ausnahme: das Lager Lublin-Majdanek) waren eigens und ausschließlich als Endstationen zur fabrikmäßigen Liquidierung eingerichtet. In Treblinka, Belzec, Sobibor, Chelmno wurden die mit Bahn- und Lastwagentransporten eintreffenden Juden regelmäßig kurz nach der Ankunft so gut wie ausnahmslos vernichtet. Es handelte sich hier mithin gar nicht um Lager im eigentlichen Sinne, da eine langfristige Unterbringung der Gefangenen von vornherein nicht beabsichtigt war. Dagegen stellte Auschwitz mit seinen drei großen Lagerkomplexen (Stammlager, Birkenau, Monowitz) einerseits das größte aller KL dar und wurde als solches ein Riesenarsenal von Häftlingsarbeitern für die Rüstungsindustrie, andererseits entwickelte es sich mit den außerhalb des Lagerzaunes von Birkenau errichteten großen Vergasungsbunkern und Krematorien zur größten Judenvernichtungsanlage.

Das bedeutete: Nur in Auschwitz, wo die beiden Zwecke (Vernichtung und Arbeitseinsatz der Juden) an einem Ort konkurrierten, entstand jenes Ausleseverfahren der sogenannten Selektion, dem jeder ankommende Judentransport unterworfen wurde: aus der Masse der deportierten jüdischen Männer, Frauen und Kinder sonderten SS-Ärzte und SS-Führer auf der sogenannten »Rampe« von Birkenau – wohl je nach Bedarf und dem Gesundheitszustand der Transporte – eine größere oder kleinere Zahl von Arbeitsfähigen (bevorzugt Jugendliche, Männer mittleren Alters und arbeitsfähige Frauen ohne Kinder) aus, die von der Vernichtung ausgenommen, als Häftlinge registriert und in das angrenzende Lager überwiesen wurden, wo sie eine Chance des Überlebens hatten, solange sie arbeitsfähig blieben. Selektion bedeutete: Überführung in einen anderen Zuständig-

[176] BA: Slg. Schumacher/329.

keitsbereich und Funktionszusammenhang, wo nicht mehr die Vernichtung, sondern – wenigstens der Theorie nach – die Nutzung und, bis zu einem gewissen Grade, auch die Erhaltung der Arbeitskraft der Häftlinge maßgeblich war.

Schon im Jahre 1938 hatte sich insofern eine veränderte Funktion der KL ergeben, als diese nicht mehr nur der Ausschaltung und Zwangserziehung von sogenannten Staats- und Volksfeinden dienten. Zu dem politisch-polizeilichen Motiv der Gegnerbekämpfung war das wirtschaftsunternehmerische Interesse der SS getreten, das sich mit den Lagern verband. Aber erst seit dem Winter 1941/42 wurde der Arbeitseinsatz-Gesichtspunkt zum dominierenden Faktor, der die weitere zahlenmäßige und innere Entwicklung der KL bestimmte. Die KL hörten zwar nicht auf, Stätten der politischen Verfolgung zu sein, sie wurden aber in weit höherem Maße eine (besonders diskriminierende und drakonische) Form der Zwangsarbeit. Himmlers Entschluß, die Konzentrationslager und immer größere Kontingente von neu eingewiesenen Häftlingen für die Kriegsindustrie des Reiches nutzbar zu machen, stand in engstem Zusammenhang mit den verstärkten Anstrengungen zur Mobilisierung neuer Arbeitskräfte und namentlich der Zwangsverpflichtung ausländischer Zivilarbeiter, die zu Beginn des Jahres 1942 einsetzten, um die Einberufungen zur Wehrmacht wettzumachen und dem verstärkten Rüstungsbedarf zu entsprechen.

Der Funktionswechsel der KL drückte sich sichtbar darin aus, daß die Dienststelle des Inspekteurs der KL auf Anordnung Himmlers am 16. März 1942 aus dem SS-Führungshauptamt ausschied[177] und dem SS-Wirtschaftsverwaltungshauptamt (WVHA) unter SS-Obergruppenführer Oswald Pohl eingegliedert wurde, das kurz vorher durch Zusammenlegung der beiden Hauptämter »Haushalt und Bauten« und »Verwaltung und Wirtschaft« gebildet worden war und nunmehr die zentrale Kommandobehörde der SS in allen Wirtschafts- und Verwaltungsangelegenheiten bildete.

Wenige Tage nach dieser Umorganisation der Konzentrationslager-Leitung ernannte Hitler auf dem »zivilen Sektor« den thüringischen Gauleiter Sauckel zum Generalbevollmächtigten für den Arbeitseinsatz (21. März 1942), der Vollmachten vor allem zur stärkeren Heranziehung von ausländischen Zivilarbeitern für die Kriegswirtschaft des Reiches erhielt. Beide organisato-

[177] Vgl. Verfügung des Chefs des SS-Führungshauptamtes vom 16. März 1942; BA: Slg. Schumacher/329.

rischen Neuerungen (wie auch die gleichzeitige Bildung eines zentralen Rüstungsministeriums unter Albert Speer) standen in engem Zusammenhang. Himmler war offenbar überzeugt davon, mit seinen Machtmitteln einen eigenen sehr bedeutenden Beitrag zur Zwangsmobilisierung der Arbeitskräfte leisten zu können. Das Instrument der KL schien ihm offenbar für große Gruppen der unterworfenen Bevölkerung, namentlich im Osten, zur Arbeitskräftemobilisierung geeigneter als die »umständlicheren« Aushebungen von Fremdarbeitern durch die Arbeitsämter. Tatsächlich lief die polizeiliche Praxis in den letzten Kriegsjahren darauf hinaus, immer größere Gruppen von Fremdarbeitern (insbesondere Polen und »Ostarbeiter«) in die KL einzuweisen. In der von völkisch-weltanschaulichen Gesichtspunkten bestimmten Skala zwischen relativer Freiheit und absolutem Zwang in der Behandlung und Stellung der rekrutierten sogenannten Fremdarbeiter rangierten die KL am äußersten Ende. Sie stellten jene Form der Zwangsarbeit dar, die für die als minderwertig, unerwünscht oder politisch gefährlich geltenden Bevölkerungsgruppen angemessen schien.

Innerhalb des WVHA bildete die Inspektion der KL (SS-Gruppenführer Glücks) als Amtsgruppe D einen der fünf großen Sektoren (neben der Amtsgruppe A: Truppenverwaltung, der Amtsgruppe B: Truppenwirtschaft, der Amtsgruppe C: Bauwesen und der Amtsgruppe W: SS-Wirtschaftsbetriebe). Der Sitz der Inspektion KL blieb weiterhin Oranienburg. Ihre Dienststellenbezeichnung lautete aber nunmehr:

Wirtschafts-Verwaltungshauptamt
Amtsgruppenchef D
– Konzentrationslager –

Die neue Amtsgruppe D des WVHA hatte vier Ämter, die mit ihren Referaten folgende Zuständigkeitsbereiche umfaßten (Stand vom März 1942):

Amtsgruppe D: Konzentrationslager
(Chef: Brif. Glücks)
Amt D I: Zentralamt
(Ostubaf. Liebehenschel)
D I/1: Häftlingsangelegenheiten
D I/2: Nachrichtenwesen, Lagerschutz und Wachhunde
D I/3: Kraftfahrwesen
D I/4: Waffen und Geräte
D I/5: Schulung der Truppe
Amt D II: Arbeitseinsatz der Häftlinge

(Staf. Maurer)

D II/1: Häftlingseinsatz

D II/2: Häftlingsausbildung

D II/3: Statistik und Verrechnung

Amt D III: Sanitätswesen und Lagerhygiene

(Staf. Dr. Lolling)

D III/1: Ärztliche und zahnärztliche Versorgung der SS

D III/2: Ärztliche und zahnärztliche Versorgung der Häftlinge

D III/3: Hygienische und sanitäre Maßnahmen in den KL

Amt D IV: KL-Verwaltung

(Stubaf. Burger)

D IV/1: Haushalt, Kassen und Besoldungswesen

D IV/2: Verpflegung

D IV/3: Bekleidung

D IV/4: Unterkunft

D IV/5: Rechts-, Steuer- und Vertragsangelegenheiten.

Den Zuständigkeitsbereichen der Ämter I–IV der Amtsgruppe D (Zentralamt, Arbeitseinsatz, Sanitätswesen, KL-Verwaltung) entsprachen selbständige Zuständigkeitsbereiche innerhalb der einzelnen Lager: Kommandantur, Arbeitseinsatzführer, Standort- beziehungsweise Lagerarzt, Verwaltungsführer. Mit Ausnahme des Amtschefs D I, der in Vertretung des Amtsgruppenchefs die grundsätzlichen Fragen der Häftlingsbehandlung und Konzentrationslager (auch im Benehmen mit dem RSHA) zu bearbeiten hatte und den Lagerkommandanten nicht von sich aus (sondern nur über den Amtsgruppenchef) Befehle erteilen konnte, hatten die anderen Amtschefs auf ihrem Sachgebiet unmittelbare Weisungsbefugnis. Das bedeutete (von den Lagern her gesehen), daß der Arbeitseinsatzführer des Lagers in ständigem direkten Kontakt mit dem Amt D II stand und von ihm Weisungen erhielt, daß der Lagerarzt seine Befehle vom Leitenden Arzt der KL (= Chef des Amtes D III) und der Verwaltungsführer eines KL seine Weisungen vom Amtschef D IV bezog. Die Lagerkommandanten sollten dabei allerdings in allen wichtigen Fragen auf dem laufenden gehalten werden.

Die Verantwortung für Versorgung und bauliche Ausstattung der KL lag außerhalb der Amtsgruppe D. Für alle Bauangelegenheiten war, wie bereits erwähnt, die Amtsgruppe C (unter SS-Ogruf. Dr. Kammler) zuständig, für die Versorgung der Wachmannschaften und Häftlinge mit Bekleidung das Amt B II, während die Belieferung der Lager mit Nahrungsmitteln für die

Häftlinge Sache der örtlichen zivilen Ernährungsämter war, wobei das Amt D IV nur koordinierend mitwirkte.

Von den drei Fachämtern (Amt II–IV) der Amtsgruppe D kam dem Amt II (Arbeitseinsatz) unter SS-Standartenführer Maurer bei weitem die größte Bedeutung zu. Höß, der nach seinem Ausscheiden in Auschwitz (November 1943) Chef des Amtes D I wurde, bezeichnete in seinen Erinnerungen SS-Standartenführer Maurer als den »eigentlichen Inspekteur« der KL.

Dem Wirtschaftsverwaltungshauptamt blieb insbesondere die Genehmigung vorbehalten, Häftlinge an kriegswirtschaftlich wichtige Betriebe zu vergeben, dafür besondere Bedingungen auszuhandeln oder die Genehmigung zu versagen. Der ehemalige Kommandant des Lagers Buchenwald, SS-Oberführer Pister, hat über das Verfahren der Vergabe von Häftlingen an die Rüstungsindustrie die folgenden Angaben gemacht:

»Firmen der Rüstungsindustrie beantragten die Häftlinge beim Inspekteur des Rüstungswesens in Berlin, welcher die Anforderung der Amtsgruppe D des Wirtschaftsverwaltungshauptamts (Oranienburg) weiterleitete. Letztere gab mir den Auftrag, den Firmen die Bedingungen für Gestellung von Häftlingen bekannt zu geben.

Als Bedingungen wurden, unter Zugrundelegung, daß der Häftling für die Firma als Arbeitskraft anzusehen ist, folgendes verlangt:

Gute, gesunde Unterbringung der Häftlinge, Betten mit Einlagen, wollene Decken, gute Wasch- und Badegelegenheiten, Gestellung von Küchenanlagen, getrennt für Häftlinge und Wachmannschaften. Wenn irgend möglich, von Zivilarbeitern getrennte Arbeitsstätten. Von den Firmen wurde vielfach betont, daß die Unterbringungsbedingungen höher seien als bei den ausländischen Arbeitern.

Von unserer Seite wurde zugesagt: Kostenlose Gestellung des Kommandoführers, Wachmannschaften, Verwaltungsunterführer, Koch und Schreiber, Schneider, Schuhmacher, Sanitätspersonal getrennt für SS und Häftlinge.

Berechnung der Häftlinge: Facharbeiter pro Tag, bei 11stündiger Arbeit gleichviel ob bei Tag oder Nacht: RM 6,00
                    Hilfsarbeiter: RM 4,00

SS-Personal wurde nicht berechnet, dagegen mußte freie Unterkunft gestellt werden ...

Die Kosten für die Verpflegung wurden durch die freie Unterkunft des KL Bu[chenwald] bezahlt.

Die Unterkunft der Häftlinge mußte, um großen Anmarsch zu verhindern, in der Nähe des Arbeitsplatzes sein, da die meisten Häftlinge mit Holzschuhen bekleidet waren. In jedem Außenkommando wurden Kammern eingerichtet, in welchen Ersatzbekleidungsstücke gelagert waren. Das Lager mußte mit Stacheldraht umgeben sein. Wachtürme mußten erstellt werden. Die Unterbringung der SS-Wachmannschaften mußte immer außerhalb der Umzäunung sein.

Erst wenn alle diese Bedingungen erfüllt waren, wurde dies der Amtsgruppe D, Oranienburg, gemeldet, welche dann die Abstellung der Häftlinge und Wachmannschaften anordnete ...

Bei Außenlagern mit Fraueneinsatz, z. B. Munitions- und Patronenfabriken, mußte das Werk, welches die weiblichen Häftlinge erhielt, aus ihrer Belegschaft weibliche Angestellte oder Arbeiterinnen zur Ausbildung als Aufseherinnen abstellen. Diese wurden im Frauenkonzentrationslager Ravensbrück im Aufseherdienst durch mehrwöchentlichen Lehrgang ausgebildet, vom Staat übernommen, bezahlt und bekleidet. Eingesetzt wurden diese Aufseherinnen in den Frauenlagern als Blockführerinnen, da kein SS-Angehöriger Frauenlager betreten durfte. Außerdem hatten sie die Häftlinge auf der Arbeitsstelle zu bewachen, während die SS-Wachmannschaften die Sicherung des Werkes und der Unterkunftsräume von außen zu übernehmen hatte.«[178]

Über das Verfahren der Abstellung von Häftlingen an Rüstungsfirmen sowie über die Praxis des Häftlingsarbeitseinsatzes, wie sie sich während des Krieges in Auschwitz entwickelte, hat sich auch der Kommandant von Auschwitz, Rudolf Höß, in seinen hinterlassenen Aufzeichnungen geäußert. Er hat dabei insbesondere die Vernachlässigung der Bewachungsdienstvorschriften durch die Posten sowie den starken tatsächlichen Einfluß der Häftlings-Kapos auf die Arbeitskommandos aus seiner Perspektive geschildert:

»Der gesamte Arbeitseinsatz der Häftlinge an einem K.L. unterstand dem Arbeits-Einsatz-Führer. Dieser war wiederum dem Amt D II des WVHA verantwortlich für den richtigen Einsatz aller Häftlinge nach berufsmäßigem Können und Leistungsfähigkeit. Alle Häftlinge eines Lagers waren in einer sogen. Berufskartei vom Arbeits-Einsatzführer erfaßt. Der Stand der einzelnen Berufe war zahlenmäßig monatlich

[178] Nürnbg. Dok. NO-254, S. 7 ff.

D II zu melden. Häftlinge wichtiger, aber nur vereinzelt vorkommender Berufe mußten namentlich genannt werden, wie Diamantenschleifer, Schleifer optischer Geräte, Feinmechaniker, Uhrmacher, Werkzeugmacher u. ä. Diese Häftlinge standen unter ›Denkmalsschutz‹. Ihr Einsatz wurde ausschließlich durch D II verfügt. – Jedes Arbeitsvorhaben – also jeglicher Häftlings-Arbeits-Einsatz – bedurfte der schriftlichen Genehmigung durch D II. Außenstehende Unternehmen wie Rüstungs-Firmen, Bergbau o. a. kriegswichtige Betriebe, die an das K.L. herantraten, um Häftlinge als Arbeitskräfte zu erhalten, mußten über das zuständige Rüstungskommando an D II verwiesen werden. D II stellte durch das Rüstungs-Ministerium die Dringlichkeit des vorliegenden Arbeitsvorhabens fest. Der Lagerkommandant und der Arbeitseinsatzführer hatten inzwischen an Ort und Stelle die Art des Arbeitseinsatzes der Häftlinge, die Unterbringung und Verpflegung und die Bewachungsnotwendigkeiten zu überprüfen und an D II zu berichten. Bei größeren Vorhaben überprüfte dies der Amtschef D II persönlich. Nach Vortrag von D II entschied der Hauptamtschef Pohl nach der Dringlichkeit, nach Maßgabe der zur Verfügung stehenden Häftlinge und nach dem Überprüfungsergebnis bei dem antragstellenden Betrieb durch den Lagerkommandanten und Arbeitseinsatzführer bzw. durch D II über die Genehmigung oder Ablehnung. – Es ist aber zu wiederholten Malen vorgekommen, daß der RFSS den Einsatz von Häftlingen aus kriegswichtigen oder siegentscheidenden Gründen befahl, obwohl Lagerkommandant, Arbeitseinsatzführer und D II abgelehnt hatten, weil entweder die Unterbringung oder die Verpflegungsmöglichkeit nicht annähernd dem Geforderten entsprach . . .

Dem Arbeitseinsatzführer standen zur Durchführung seiner Aufgaben einige Unterführer zur Verfügung. Der größte Teil der Arbeit wurde aber durch Häftlinge erstellt, und die Unterführer hatten genug zu tun, um diese einigermaßen zu überwachen. Der Arbeitsdienstführer z.B. hatte täglich die bestehenden Arbeitskommandos zu ergänzen oder umzustellen. Da es ihm unmöglich war, unter den Tausenden von Häftlingen die für das betr. Kommando gerade Geeigneten zu kennen, mußte er sich auf Häftlinge des Arbeitskommandos verlassen, die die Geeigneten vorschlugen oder meist selbständig die Kommandos ergänzten bzw. umstellten. Ebenso wurde bei der Neuerrichtung von Arbeitskommandos verfahren. Daß es dabei zu den übelsten Schiebungen und Verschiebungen kam, war nur zu natürlich. Fluchtbegünstigungen bei Zuteilung zu abgelegenen Außenkommandos kamen unzählige Male vor. Auch war es den Häftlingen bei entsprechender Freundschaft bei dem Arbeitsdienst leicht möglich, den Beruf zu wechseln und so zu einem gerade passenden oder bevorzugten Arbeitskommando zu kommen. Ebenso spielten sich die Capos durch den Arbeitsdienst die ihnen genehmen Häftlinge zu oder schoben ihnen schwierig gewordene Häftlinge zur unauffälligen Durchführung der über sie verhängten ›Strafe‹ passenden Arbeitskommandos zu . . .

Ursprünglich sollte jedes Arbeitskommando durch einen SS-Mann – Kommandoführer – beaufsichtigt werden, der ständig bis zur Beendigung des Arbeitsvorhabens dabei bleiben sollte. Aber schon lange vor dem Krieg zwang die Vergrößerung der Lager, die Steigerung der Arbeitsvorhaben dazu, daß allmählich fast alle Arbeitskommandos völlig den Capos und den Vorarbeitern überlassen werden mußten. War bei Arbeitskommandos mit eigener Bewachung die Überwachung der Capos und der Häftlinge durch den Postenführer bzw. die Posten je nach Größe und Übersichtlichkeit der Arbeit einigermaßen möglich, so waren die Arbeitskommandos innerhalb der Postenketten völlig dem Capo und seinen Vorarbeitern überlassen. Zur Kontrolle dieser Kommandos standen nur wenige und zumeist für diese Aufgabe völlig ungeeignete SS-Männer zur Verfügung. Auf das von den Firmen oder Bauleitungen gestellte Aufsichtspersonal war kaum Verlaß. Diese Kräfte überließen ihre Arbeit auch gerne den immer bereitwilligen Capos und Vorarbeitern. Dadurch gerieten sie auch bald in ein völliges Abhängigkeitsverhältnis zu den gerisseneren, ihnen meist auch geistig überlegenen Capos. Es kam dann zum gegenseitigen Abdecken aller Vernachlässigungen und Verfehlungen auf Kosten der ihnen überlassenen Häftlinge und zum Nachteil des Lagers bzw. des Werkes oder der Firma. – Die Capos und Vorarbeiter wurden laufend durch die Schutzhaftlagerführer belehrt, daß sie keinen Häftling mißhandeln dürften. Alle Verfehlungen sollten sie beim Einrücken zur Meldung bringen. Dies taten aber nur die wenigsten Capos, sie bestraften selbst, nach ihrem Dafürhalten und Gutdünken . . . Es ist mir auch erinnerlich, daß einige SS-Männer der Truppe wegen Häftlings-Mißhandlung vom SS-Gericht schwer bestraft worden waren. Die die Arbeitskommandos beaufsichtigenden oder bewachenden SS-Männer hatten wohl die Häftlinge zur Arbeit anzuhalten, aber keinesfalls das Recht, sie wegen irgendwelcher Verfehlungen zu bestrafen. Hatte sich ein Häftling vergangen, durch offensichtliche Faulenzerei, Nachlässigkeit oder gar Böswilligkeit in der Arbeit o. ä., so war dies beim Einrücken beim Schutzhaftlagerführer oder Arbeitsdienstführer zu melden. – Ebenso war das gesamte Aufsichtspersonal bei den Rüstungswerken, Firmen, Unternehmen usw. mündlich durch den Arbeitseinsatzführer und schriftlich durch Vordruck über den Umgang mit Häftlingen belehrt und besonders darauf hingewiesen, daß niemand das Recht habe, einen Häftling zu bestrafen oder gar zu mißhandeln.«[179]

Schon ehe die Inspektion der KL dem WVHA unterstellt war, drängte sich der Arbeitseinsatz-Gesichtspunkt in den grundlegenden Befehlen, welche die Lager betrafen, in den Vordergrund. Neben den bereits angeführten Gründen wirkte dabei wohl das Bestreben Himmlers mit, der SS ein eigenes starkes Wirtschaftspotential auch für die Zeit nach dem Kriege zu schaffen und auf dem Wege über die Häftlingsmobilisierung für die Rüstungsindustrie indirekten Einfluß auf die Kriegswirtschaft zu erlangen. In einem Runderlaß Himmlers vom 5. Dezember 1941, der an den Chef des RSHA, den Inspekteur der KL, alle Lagerkommandanten und an den SS-Verwaltungschef Pohl gerichtet war, heißt es:

»Die Vorhaben der Schutzstaffel, insbesondere nach dem Kriege, erfordern, daß schon jetzt weitgehende vorbereitende Maßnahmen getroffen werden. Hierzu gehört in erster Linie die Bereitstellung der erforderlichen Bauarbeiterkräfte. Die Schutzstaffel ist in der selten günstigen Lage, diese Arbeitskräfte aus den Häftlingen der Konzentrationslager heranzubilden und heranzuziehen . . .

Jeder Lagerkommandant muß deshalb auf folgendes besonders achten:

1. Durch vernünftige, notfalls zusätzliche Verpflegung und Bekleidung die Arbeits- und Leistungsfähigkeit der zur Ausbildung ausgewählten Häftlinge zu steigern.

2. Das Interesse der Häftlinge für den wirtschaftlichen Einsatz zu heben, also nur solche Erziehungsmaßnahmen zu

[179] Handschriftliche Aufzeichnung von Rudolf Höß über den Arbeitseinsatz der Häftlinge (Krakau 1946); Fotokopie im Inst. f. Zeitgesch.

treffen, welche die planmäßige Schulung erfordert. Willige Häftlinge müssen deshalb dem Gros der Gleichgültigen gegenüber herausgehoben werden, damit sie als Beispiel wirken.

3. Ein Wechsel von in der Ausbildung befindlichen Häftlingen muß nach Möglichkeit vermieden werden.

4. . . . Die Lagerkommandanten tragen deshalb mit die Verantwortung für das Gelingen des jetzt vielleicht für manche noch unmöglich Erscheinenden: Denn vor Jahren haben maßgebliche Fachleute der SS prophezeit, aus Häftlingen könne man keine Facharbeiter machen. Diese Herren haben sich inzwischen vom Gegenteil überzeugen müssen. Es muß also gelingen, auch das obengesetzte Endziel zu erreichen.«[180]

In der zweiten Kriegshälfte wurde für die Masse der Häftlingsarbeiter die Arbeitszeit beträchtlich heraufgesetzt. Sie betrug schon in den ersten Kriegsjahren durchschnittlich neun bis zehn Stunden. 1943 wurde als Regel der Elf-Stunden-Arbeitstag durchgesetzt. In einem Runderlaß an die Lagerkommandanten schrieb Pohl am 22. November 1943[181]:

»Ich weise darauf hin, daß die für die Häftlinge befohlene Arbeitszeit von täglich 11 Stunden auch während der Wintermonate eingehalten werden muß. Ausnahmen hiervon bilden die Außenkommandos (z. B. der Bauarbeiten), welche in Anbetracht der Kürze der Tage und der damit früher eintretenden Dunkelheit rechtzeitig in das Lager zurückkehren müssen. Dagegen müssen diejenigen Häftlinge, die in Fabrikräumen oder Arbeitshallen eingesetzt sind, von Montag bis Sonnabend einschließlich zu 11-stündiger Arbeitszeit herangezogen werden. Bei außerordentlicher Dringlichkeit sind die Häftlinge außerdem auch am Sonntag, jedoch nur vormittags, einzusetzen. Die heute in bedeutendem Umfange mit Häftlingen zur Durchführung kommenden kriegswichtigen und siegentscheidenden Arbeiten lassen es keinesfalls zu, daß die tägliche *reine* Arbeitszeit unter 11 Stunden liegt.«

Zur gleichen Zeit schärfte der Inspekteur der KL den Kommandanten und Unterführern in den Lagern ein, daß sie die Häftlinge stärker als bisher zur Arbeit anzuhalten hätten. Am 8. Dezember schrieb SS-Gruppenführer Glücks[182]:

[180] Nürnbg. Dok. NO-385.
[181] Nürnbg. Dok. NO-1290.
[182] Nürnbg. Dok. NO-1544.

»Es ist mir aufgefallen, daß vor allem von den kleinen Häftlingskommandos wenig oder gar nicht gearbeitet wird. Der Unterführer und die Posten stehen an der Arbeitsstelle umher und bekümmern sich kaum um die Häftlinge. Ein Unterführer, hierüber zur Rede gestellt, behauptete, daß es verboten sei, die Häftlinge zur Arbeit anzutreiben. Das ist natürlich Unsinn. Jeder Unterführer und Wachmann hat umherstehende Häftlinge zur Arbeit anzuhalten. Daß es dabei verboten ist, den Häftling zu schlagen, zu stoßen oder nur zu berühren, ist selbstverständlich. Das Antreiben hat nur mit Worten zu geschehen. Ob der Wachmann das in deutscher oder fremder Sprache tut, ist gleichgültig. Der Häftling weiß schon, was er soll. Ich bitte in jeder Woche am Montag die Kommandoführer über diese selbstverständliche Pflicht der Wachmänner zu belehren.«

Die Erhöhung der Arbeitszeit für die Häftlinge, ihr Einsatz bei meist körperlich sehr schweren Bauarbeiten, den ein großer Teil der Häftlinge nicht gewohnt war, führte zu einer fortgesetzten Auszehrung der Kräfte der Gefangenen. Hinzu kamen als erschwerende Umstände die psychischen und physischen Bedingungen der Haft, die auch durch Prämien und gewisse Erleichterungen kaum wettzumachen waren, die Marschwege zwischen Lager und Arbeitsstätte, das Warten und Anstehen bei der Essensausgabe, unzureichende Verpflegung, Bekleidung und Ruhezeit. Entkräftung und Häftlingssterblichkeit nahmen deshalb seit 1942 in den Lagern überhand, und die Arbeitsleistung der Häftlinge blieb hinter den hochgeschraubten Erwartungen Himmlers und Pohls erheblich zurück.

Eine Folge der durchschnittlich sehr niedrigen Arbeitsleistung der Häftlinge war, daß diejenigen Betriebe, die mit Häftlingen arbeiteten, bei gleicher Produktionsleistung wesentlich mehr Arbeitskräfte (Häftlinge) einsetzen mußten als vergleichbare Betriebe mit freien Arbeitern[183]. Da 1942/43 die von den Firmen zu zahlenden täglichen Häftlingsentgelte auf fünf oder sechs RM für Facharbeiter und drei oder vier RM für Hilfsarbeiter hinaufgesetzt wurden, außerdem Prämien zu zahlen waren, bedeutete der Häftlingseinsatz kaum noch einen finanziellen Vorteil[184].

[183] Vgl. dazu Schreiben Dr. Hohbergs an Pohl vom 6. August 1942; Nürnbg. Dok. NO-1914.
[184] Übersicht über die Häftlingssätze in den Nürnbg. Dok. NO-516, NO-576 und NO-653. – Gelegentlich wiesen Industriefirmen die ihnen von den Konzentrationslagern in Rechnung gestellten Häftlingsentgelte als ungerechtfertigt zurück. So erklärte z. B. das Werk Balingen (Württemberg) der Deutschen Bergwerks- und Hüttenbaugesellschaft in einem Schreiben an das KL Natzweiler

In den amerikanischen Militärgerichtsprozessen, die sich 1947/48 in Nürnberg auch mit der Frage der schuldhaften Beteiligung bedeutender Industriekonzerne an der Versklavung und Ausnutzung der Konzentrationslagerhäftlinge befaßten, kam die Mehrheit der Richter zu der Überzeugung, daß diese Firmen an sich »keine Vorliebe für die Verwendung von Konzentrationslagerhäftlingen« gehabt[185] und sich meist in einer gewissen Zwangslage befunden hätten, da sie schwerlich die ihnen durch Vermittlung der Arbeitsämter und Rüstungskommandos als Ersatz für deutsche Arbeiter zugewiesenen Häftlinge hätten ablehnen können, zumal sie ohne diese nicht in der Lage gewesen seien, das ihnen auferlegte Produktions-Soll zu erfüllen. Die amerikanischen Richter sahen aber ein schuldhaftes Verhalten dann als gegeben an, wenn ihnen der Nachweis geliefert schien, daß Werksdirektoren oder Vorstandsmitglieder von sich aus mit der SS Fühlung nahmen, um Häftlinge als Arbeitskräfte überstellt zu bekommen; so z. B. im Falle einzelner Direktoren der IG-Farben AG. Wesentlich nach diesem Kriterium erkannten sie im Einzelfall für schuldig oder unschuldig. So problematisch dieser Maßstab sein mag, die Beteiligung einer großen Anzahl von Industrie-Unternehmen an dem System der Häftlingszwangsarbeit wie überhaupt der Zwangsarbeit von ausländischen Arbeitern, zu der es in den letzten Kriegsjahren kam, bleibt ein besonders deprimierendes Kapitel in der Geschichte weltberühmter deutscher Industriefirmen.

2. »Vereinfachung« des Schutzhaftverfahrens und Sonderbestimmungen für einzelne Häftlingsgruppen

Die bei Kriegsbeginn erteilten Weisungen zum verschärften Vorgehen gegen alle politisch verdächtigen Personen oder sogenannte Asoziale und die spätere Masseneinlieferung von »Fremdvölkischen« in die KL hatten zur Folge, daß auch die Bestimmungen über das Schutzhaftverfahren verschiedentlich abgeändert und pauschaliert wurden.

Schon am 24. Oktober 1939 teilte der Chef der Sicherheitspolizei und des SD in einem Runderlaß mit:

vom 12. Oktober 1944: Die Firma könne »grundsätzlich nur bezahlen, was wirklich für unsere Aufgaben eingesetzt ist; äußerstenfalls noch diejenigen, die für den Lageraufbau in Frage kommen. Häftlinge . . ., die krank gemeldet sind, können Sie uns keinesfalls in Rechnung stellen«; Mikrofilm Inst. f. Zeitgesch. MA 414, Bl. 2755 869.
[185] Vgl. z. B. das Urteil des Amerikanischen Militärgerichts im Nürnberger IG-Farben-Prozeß (Fall VI).

»Entlassungen von Häftlingen aus der Schutzhaft finden während des Krieges im allgemeinen nicht statt. Insbesondere muß vor der Entlassung von Funktionären und sonstiger besonders aktiv in Erscheinung getretener Häftlinge, von kriminell erheblich vorbestraften Staatsfeinden und betont asozialen Elementen abgesehen werden. Sofern im Einzelfall aus besonderem Anlaß eine Entlassung unbedingt erforderlich erscheint, ist über die dafür ausschlaggebenden Tatsachen eingehend zu berichten.«[186]

Der gleiche Erlaß schrieb ein vereinfachtes Verfahren der künftigen Schutzhaftüberprüfung vor. Danach sollte in allen Fällen, wo kein besonderer Anlaß zur Stellung eines Entlassungsantrages gegeben schien, bei den vierteljährlichen Haftprüfungsterminen durch die einweisenden Stapostellen und das Geheime Staatspolizeiamt (RSHA, Amt IV) die Schutzhaft automatisch um jeweils drei Monate verlängert werden. Die bisher zu den Haftprüfungsterminen von den Lagern eingesandten Führungsberichte sowie die zu diesen Terminen regelmäßig gestellten Entlassungs- beziehungsweise Verlängerungsanträge entfielen in Zukunft. Nur auf besondere Weisungen des Gestapa brauchten die KL noch Häftlingsführungsberichte einzureichen. Der wesentliche Unterschied der neuen Regelung bestand darin: Bisher mußte in jedem Fall die Absicht der Verlängerung der Haft begründet werden, jetzt wurde sie automatisch verlängert und nur in besonderen Ausnahmefällen fand eine Haftüberprüfung und eventuelle Entlassung statt.

Auch die Praxis der Schutzhaftverhängung ist schon bald nach Kriegsbeginn »vereinfacht« worden. Ein Runderlaß des Chefs der Sicherheitspolizei und des SD vom 16. Mai 1940[187] benachrichtigte die Dienststellen der Sicherheitspolizei, daß in eiligen Fällen Schutzhaft-Anträge auch per Fernschreiber an das Schutzhaft-Referat des Gestapa (Ref. IV C 2) gerichtet werden könnten, wobei die Anordnung der Schutzhaft durch das Gestapa ebenfalls durch Fernschreiber erfolgen würde und die schriftlichen Unterlagen nachgereicht werden sollten. Diese Fernschreibpraxis bedeutete, daß sich die Ausstellung von Schutzhaftbefehlen durch das RSHA zu einem Schnell- und Routineverfahren entwickelte. Eine sachliche Prüfung der Berechtigung von Schutzhaftanträgen war unter diesen Umständen kaum noch möglich. Praktisch fiel die Entscheidung noch mehr als bisher

[186] Allgemeine Erlaßsammlung (RSHA), a. a. O., 2 F VIIIa, S. 8.
[187] Ebenda, S. 11.

in die Hände der örtlichen Stapostellen. Die Kommandeure der Sicherheitspolizei im Generalgouvernement erhielten durch den Erlaß überdies die Vollmacht, Schutzhaftbefehle in eigener Zuständigkeit aufzuheben. Dadurch fielen für das RSHA (beziehungsweise die Gestapo) Schutzhaft-Prüfungstermine bei polnischen Häftlingen aus diesem Gebiet überhaupt weg. Eine weitere sehr bedeutsame Sonderregelung für polnische Schutzhäftlinge erging durch den späteren Runderlaß des Chefs der Sicherheitspolizei und des SD vom 4. Mai 1943[188]. Dieser übertrug den Stapo(leit)stellen sowie den Kommandeuren und Befehlshabern der Sicherheitspolizei »die Anordnung der Schutzhaft und Einweisung in die Konzentrationslager für sämtliche polnische Häftlinge . . . in eigener Zuständigkeit«. Ausgenommen waren lediglich Angehörige des polnischen Hochadels, politische und geistige Führer, ehemalige höhere Offiziere und der höhere Klerus (»vom Bischof an aufwärts«).

»Um irgendwelchen Mißbräuchen durch Häftlinge . . . vorzubeugen«, ordnete das RSHA am 22. August 1941 an, daß künftig allen KL-Häftlingen ausländischer Staatsangehörigkeit sowie deutschen Juden und deutschen Staatsangehörigen polnischen und tschechischen Volkstums die Schutzhaftbefehle nicht auf Dauer zu überlassen, sondern ihnen lediglich kurz »zuzuhändigen, jedoch am gleichen Tage wieder abzunehmen und zu den Akten zu verfügen« seien[189].

Völlig außerhalb des normalen Schutzhaftverfahrens lief die Einweisung sowjetischer Zivilarbeiter (sogenannter Ostarbeiter) in die KL, die seit 1941/42 einen zahlenmäßig außerordentlich starken Umfang annahm. Wie aus Erlassen über die Meldung von Todesfällen bei diesen Häftlingen ersichtlich ist, erfolgte die Einweisung hier durch besondere Verabredungen zwischen den Stapostellen und den Arbeitsämtern. Aufgrund einer Verfügung des RSHA vom 18. Juni 1942 gab der Inspekteur der KL am 1. August 1942 den Lagerkommandanten bekannt, daß »die überstellten sowjetrussischen Zivilarbeiter . . . von den Sachreferaten des RSHA lediglich zahlenmäßig erfaßt« würden. »Aus Gründen der Papier- und Arbeitsersparnis« sei deshalb künftig »weder das Eintreffen eines derartigen Häftlings oder dessen Verlegung in ein anderes Lager im einzelnen anzuzeigen«. Die sonst vorgeschriebene Anfertigung von Lagerkarteien für das RSHA könne wegfallen, auch Meldungen an

[188] Ebenda, S. 20.
[189] Runderlaß des Chefs der Sicherheitspolizei und des SD vom 22. August 1941; BA: NS 19/1829.

die Inspektion KL (Amtsgr. D des WVHA) seien unnötig. Da die sowjetischen Zivilarbeiter nur von den Stapo(leit)stellen eingewiesen würden, habe »der gesamte Schriftverkehr über diese Häftlinge ausschließlich mit den einweisenden Staatspolizei(leit)-stellen zu erfolgen«. Auch bei Todesmeldungen seien nur diese zu benachrichtigen, dagegen seien Mitteilungen an das RSHA und die Inspektion KL über Todesfälle »bei den sowjetrussischen Zivilarbeitern nicht erforderlich«[190]. Auch eine erkennungs-dienstliche Behandlung durch die politischen Abteilungen in den KL kam in Wegfall, »da die Einweisung der sowjetischen Zivil-arbeiter nicht im üblichen Schutzhaftrahmen erfolgte«[191].

Anfangs handelte es sich bei der Einweisung dieser sogenannten »Ostarbeiter« in die KL nur um eine befristete Maßnahme der Zwangserziehung in Fällen von Arbeitsunwilligkeit o.ä. Am 26. Februar 1943 teilte der Chef der Amtsgruppe D den Lager-kommandanten jedoch mit:

> »Das RSHA hat auf hiesigen Antrag angeordnet, daß sowjet-russische Zivilarbeiter (Ostarbeiter) von ganz besonderen Ausnahmefällen abgesehen – aus den Konzentrationslagern nicht mehr zu entlassen sind.
>
> Auf die bisherige Regelung, Ostarbeiter nach einer bestimm-ten Zeit aus den Konzentrationslagern zu entlassen und an ihre alten Arbeitsplätze zurückzubringen, die ursprünglich wegen der erzieherischen Wirkung dieser Maßnahme ge-schaffen war, wird mit Rücksicht auf die Sicherung der in den Konzentrationslagern laufenden Rüstungsprogramme ver-zichtet. Die Stapo(leit)stellen sind vom RSHA entsprechend angewiesen worden.«[192]

Im Frühjahr 1944 ging man im Verlauf des Rückzuges der deut-schen Truppen aus dem Osten schließlich sogar dazu über, zahl-reiche russische Zivilarbeiter zwangsweise zu evakuieren und sie als Arbeitskräfte pauschal den KL zu überweisen. Auch die Registrierung wurde bei diesen Masseneinweisungen noch wei-ter vereinfacht. Der Chef der Sicherheitspolizei und des SD ord-nete am 26. April 1944 an, daß:

> »1. Ostvolksangehörige, die mit Sammeltransport aus dem Osten ins KL überstellt werden, in formaler Hinsicht nicht nach den für das Reichsgebiet erlassenen Richtlinien zu behandeln sind,

[190] BA: NS 19/1829.
[191] Runderlaß des Amtsgruppenchefs D vom 20. Juli 1942; BA: NS 4 Na/vorl. 1.
[192] Mikrofilm Inst. f. Zeitgesch. MA 414, Bl. 2756230.

2. insbesondere alle sonst üblichen Veränderungsanzeigen über den einzelnen Häftling ab sofort in Fortfall kommen und
3. eine Registrierung dieser Häftlinge *nur* im KL selbst erfolgt. Meldungen über Verlegung, Todesfälle oder sonstige Veränderungen dieser Häftlinge kommen dadurch in Wegfall.«

Der Inspekteur der Konzentrationslager wies am 9. Mai 1944 unter Bezug auf diesen Erlaß die Kommandanten der Lager an, entsprechend zu verfahren. Lediglich bei denjenigen Ostarbeitern, die von den Staatspolizei(leit)stellen im Reich eingeliefert würden, seien »die bisher üblichen Veränderungsanzeigen zu erstellen«.[193]

3. Zahlenmäßige Entwicklung des Häftlingsstandes und der Sterblichkeit bis Kriegsende

Das Reichssicherheitshauptamt blieb zwar weiterhin für die Schutzhaftverhängungen sowie für die seit Kriegsbeginn auf ein Mindestmaß herabgesetzten Entlassungen zuständig. Es übte auch über die Stapoleitstellen und die politischen Abteilungen in den Lagern weiterhin starken Einfluß auf die KL aus. Da sich aber neben dem Gesichtspunkt der Gegnerbekämpfung der Zweck des Häftlingsarbeitseinsatzes in der zweiten Kriegshälfte zum dominierenden Faktor entwickelte, wirkte das WVHA als neue Kommandobehörde der KL indirekt auch auf verstärkte Einweisungen in die KL hin. Schon bald nach der Übernahme der KL schrieb der Chef des WVHA am 30. April 1942 an Himmler:

»Die Mobilisierung aller Häftlingsarbeitskräfte zunächst für Kriegsaufgaben (Rüstungssteigerung) und später für Friedensbauarbeiten schiebt sich immer mehr in den Vordergrund. Aus dieser Erkenntnis ergeben sich notwendige Maßnahmen, welche eine allmähliche Überführung der Konzentrationslager aus ihrer früheren einseitigen politischen Form in eine der wirtschaftlichen Aufgaben entsprechende Organisation erfordern.«

Himmler selbst ließ unfreiwillig erkennen, daß ein solches Zwangssystem, das primär wirtschaftlichen Zielen diente, eine völlige Verschiebung der Grundlagen der KL bedeutete. Er antwortete Pohl am 29. Mai 1942, daß er mit allen Neuerungen ein-

[193] BA: NS 19/1829.

verstanden sei, aber glaube, daß die KL doch auch weiterhin eine Erziehungsfunktion haben und die Möglichkeit der Entlassung bieten müßten. »Es könnte sonst der Gedanke aufkommen, daß wir Menschen verhaften, oder wenn sie verhaftet sind, drinnen behalten, um Arbeiter zu haben.«[194] Pohl hatte in seinem Schreiben vor allem auch darauf angespielt, daß eine große Zahl der Kommandanten und der in den Lagern eingesetzten Schutzhaftlager-, Rapport- und Blockführer noch immer die Häftlinge als zu terrorisierende Staatsfeinde behandelten, an einem rationellen Arbeitseinsatz zu wenig interessiert seien und ihm eher entgegenwirkten. Es ging ihm dabei vor allem auch um eine Herabdrückung der Häftlingssterblichkeit, die infolge unzureichender Unterbringung, mangelnder Lagerhygiene usw. im Jahre 1942 einen Höhepunkt erreichte.

Aus einer späteren Statistik des Amtes D III (Sanitätswesen) geht hervor, daß allein im zweiten Halbjahr 1942 bei einer durchschnittlichen Gesamthäftlingszahl von rund 95 000 nicht weniger als 57 503 Häftlinge starben, d. h. rund 60 Prozent in sechs Monaten[195].

Als Pohl im Dezember 1942 (über Himmler) das RSHA drängte, stärkere Häftlingseinweisungen anzuordnen, um die Arbeitskontingente zu erhöhen, teilte der Chef der Sicherheitspolizei am 31. Dezember 1942 mit, es seien inzwischen Maßnahmen getroffen, um die Häftlingszahl in den KL zu erhöhen:

»1. Die von der Justiz abzugebenden asozialen Häftlinge werden umgehend in die KL überführt[196]. Bisher sind etwa 12 000 solcher Häftlinge vom Reichsminister der Justiz namhaft gemacht worden, die zum Teil bereits in KL überführt sind bzw. deren Überführung im Gang ist.

2. Die nachgeordneten Stellen sind – wie bereits bekannt – angewiesen, etwa 35 000 Häftlinge nach erfolgter Festnahme in vereinfachtem Verfahren sofort in die KL zu überstellen.

3. Es ist Vorsorge getroffen, daß alle polnischen Häftlinge, die in den Gefängnissen des Generalgouvernements einsitzen und deren Verwahrung für längere Zeit notwendig ist, ebenfalls umgehend in die KL überführt werden.

[194] Nürnbg. Dok. NO-717.
[195] Nürnbg. Dok. NO-1010.
[196] Im Einvernehmen zwischen dem RFSS und dem Reichsjustizministerium war im Herbst 1942 vereinbart worden, daß »sicherungsverwahrte Zuchthausgefangene mit anschließender Sicherungsverwahrung und langjährig Vorbestrafte« aus den Justizanstalten an die KL zu überstellen seien; vgl. Runderlaß des Chefs der Sicherheitspolizei und des SD vom 12. Juli 1943; Allg. Erlaßsammlung (RSHA), a. a. O., 2 F VIIIa, S. 23.

Sobald diese Aktionen beendet sind, werde ich weitere Mitteilungen geben. Ich möchte aber in diesem Zusammenhang noch darauf hinweisen, daß infolge der zahlreichen Todesfälle in den KL trotz der in letzter Zeit in verstärktem Maße verfügten Einweisungen eine Erhöhung des Häftlingsgesamtbestandes nicht zu erreichen war und daß bei anhaltender bzw. sogar ansteigender Sterblichkeit eine Besserung selbst bei erhöhten Einweisungen voraussichtlich nicht zu erreichen ist.«[197]

Der Inspekteur der KL, SS-Gruppenführer Glücks, wies seinerseits am 20. Januar 1943 die Kommandanten an, »mit allen Mitteln zu versuchen, die Sterblichkeitsziffer im Lager herunterzudrücken«:

> »Ich mache den Lagerkommandanten und den Leiter der Verwaltung des Konzentrationslagers für die Erschöpfung jeder Möglichkeit zur Erhaltung der Arbeitskraft der Häftlinge persönlich verantwortlich.«[198]

In den 8 Monaten von Januar bis August 1943 starben in den Konzentrationslagern abermals über 60000 Häftlinge[199]. Die relative Sterblichkeit hatte aber sichtlich abgenommen.

Besonders hoch war die Sterblichkeitsquote aber noch immer zum Beispiel in der Gruppe der Sicherungsverwahrten, die im Winter 1942/43 aus den Haftanstalten der Justiz den KL überstellt worden waren. Im Entwurf eines Schreibens des Chefs des WVHA an den Reichsjustizminister vom April 1943 heißt es, daß von insgesamt 12658 Sicherungsverwahrten, die in die KL übernommen worden seien, bis zum 1. April 1943 nicht weniger als 5935 gestorben seien[200]. Die weit überwiegende Zahl dieser Sterbefälle entfiel auf das Lager Mauthausen-Gusen, in das auch der größte Teil der Sicherungsverwahrten eingewiesen worden war[201]. Zur Verschleierung der Todesfälle wies der Reichsführer-SS am 26. Mai 1943 den Inspekteur der KL an, künftig in den lagereigenen Standesämtern der Konzentrationslager keine fortlaufende Numerierung der Todesfälle und Sterbeurkunden mehr vorzunehmen und statt dessen durch ein Chiffre-System zu verbergen, wie hoch die jeweilige Gesamtzahl der in einem Jahr eingetretenen Todesfälle in den Lagern sei:

> »Zukünftige Sterbefälle werden unter laufenden römischen

[197] Nürnbg. Dok. NO-1523.
[198] Ebenda.
[199] Nürnbg. Dok. NO-1010.
[200] BA: Slg. Schumacher/329.
[201] Schreiben des Chefs des WVHA an den RFSS vom 18. März 1943; ebenda.

Ziffern und laufenden arabischen Unterziffern erfaßt und zwar derart, daß der erste Sterbefall die Ziffer I/1, der zweite I/2 usw. bis Ziffer I/185 erhält. Ist die arabische Unterziffer 185 verbraucht, so werden die weiteren Sterbefälle unter der Ziffer II erfaßt und zwar erhalten sie die Ziffer II/1 bis 185. Nach Erreichung der Ziffer II/185 werden die weiteren Sterbefälle des laufenden Jahres III/1 bis 185, IV/1 bis 185 usw. erfaßt. Zum Jahresbeginn wird jeweils wieder mit Ziffer I/1 begonnen.«[202]

Die Häufung der Sterblichkeit in den KL seit Kriegsbeginn führte auch zu verschiedenen Änderungen der Bestimmungen über die Meldung von Todesfällen und über die Benachrichtigung der Angehörigen. Schon mindestens seit 1941/42 wurden die Todesfälle in den KL nicht mehr von den ortszuständigen Standesämtern, sondern von lagereigenen Standesämtern erfaßt. Seit dieser Zeit existierten auch in allen Lagern eigene Krematorien zur Einäscherung der verstorbenen Häftlinge.

Unter Bezug darauf, daß die bisherige telegraphische Benachrichtigung der Angehörigen von verstorbenen Häftlingen zu Härten und Beunruhigungen geführt habe, die im Interesse der Volksgemeinschaft und »des Ansehens der Sicherheitspolizei« vermieden werden müßten, ordnete der Reichsführer-SS am 21. Mai 1942 an, daß die Lager künftig nicht direkt die Angehörigen, sondern nur die für den verstorbenen Häftling zuständige einweisende Stapo-Stelle zu benachrichtigen hätten, die dann ihrerseits eine zweckentsprechende Mitteilung an die Angehörigen ergehen lassen sollte. Da seit Kriegsanfang eine Überführung der Leichen an die Angehörigen generell untersagt war[203], sei den Angehörigen mitzuteilen, daß der Verstorbene eingeäschert wird. »Den Wünschen der Angehörigen, den Verstorbenen noch einmal zu sehen, ist mit Ausnahme von Polen und sämtlichen Juden zu entsprechen«, wenn dagegen keine ärztlichen Bedenken bestünden. Gleichzeitig verfügte Himmler jedoch eine bezeichnende Sonderregelung für die Häftlingsstufe III (Mauthausen):

»Soweit es sich um Häftlinge der Stufe III des KL Mauthausen handelt, hat die Benachrichtigung ... derart zu erfolgen, daß den Angehörigen von dem Ableben des Häftlings

[202] BA: NS 19/1829.
[203] Runderlaß des RKrPA vom 3. Oktober 1939; Erlaßsammlg. ›Vorbeugende Verbrechensbekämpfung‹, a. a. O., Bl. 155.

und der *bereits erfolgten* Einäscherung der Leiche Mitteilung gemacht wird.«[204]

Bezüglich der sowjetischen Zivilarbeiter gab der Reichsführer-SS am 8. Mai 1943 die Sonderanweisung, daß die Benachrichtigung bei Todesfällen ausschließlich über die Arbeitsämter zu erfolgen habe, denen die einweisende Stelle (Gestapo) Todesdatum, -ursache usw. mitzuteilen habe. Dabei war ausdrücklich befohlen:

>»Angaben darüber, daß der Betreffende in einem Konzentrationslager verstorben ist, haben unter allen Umständen zu unterbleiben.«[205]

Auch das Meldeverfahren gegenüber den Dienststellen des RSHA beziehungsweise des Inspekteurs der KL wurde bei Todesfällen bestimmter Gruppen von Häftlingen in den KL verschiedentlich »vereinfacht«. Ein Runderlaß des Inspekteurs der KL vom 21. November 1942 an die Lagerkommandanten schrieb als neue Richtlinie vor:

>»1.] Todesfälle von Juden und Jüdinnen sind nur noch in einer Sammelliste (einfache Ausfertigung) zu erfassen, die folgende Angaben zu enthalten hat:
>
>Lfd. Nr.,
>Name, Vorname, bei Frauen auch der Geburtsname,
>Geburtstag und -ort,
>Staatsangehörigkeit,
>Letzter Wohnort,
>Todestag,
>Todesursache,
>Einweisungsstelle.
>
>Soweit für Juden oder Jüdinnen Schutz- bzw. Vorbeugungshaft durch das Amt IV C 2 oder Amt V des Reichssicherheitshauptamtes angeordnet ist, sind in diesen Listen die Namen der Betreffenden mit Rotstift zu unterzeichnen und dabei die Haftnummer des Amtes IV bzw. V anzugeben. Die Listen sind nach dem Todestag geordnet zu erstellen und nach Monatsschluß bis zum 3. des folgenden Monats hier vorzulegen.
>
>Schnellbriefe und Abschlußberichte über Todesfälle jüdischer Häftlinge fallen somit weg.
>
>2.] Todesmeldungen über alle anderen Häftlinge sind lediglich mit dem bisher verwandten Formblatt (Schnell-

[204] Allg. Erlaßsammlg. (RSHA) 2 F VIII f, S. 1 (Hervorhebg. im Zitat v. Vf.).
[205] Vgl. Anm. 191.

brief) dem Reichssicherheitshauptamt – Amt IV C 2 bzw. Amt V – und dem SS-Wirtschafts-Verwaltungshauptamt – Amtsgruppe D – in einfacher Form einzureichen. Diese Formblätter sind mit der regelmäßigen Post laufend an das Reichssicherheitshauptamt bzw. an die hiesige Dienststelle abzusenden.

In den Fällen zu Ziffer 1 und 2 ist es gleich, ob es sich um natürliche oder unnatürliche Todesfälle handelt.

Die unmittelbare fernschriftliche Benachrichtigung der Einweisungsstellen zwecks Verständigung der Angehörigen, soweit vorgeschrieben, bleibt hierdurch unberührt.«[206]

In der gleichen Zeit, in der Himmler, Pohl und Glücks den Lagerkommandanten Anweisungen erteilten, die Sterblichkeit in den Lagern herabzudrücken, erhielten die SS-Ärzte in den KL die mehr oder weniger deutliche Weisung, diejenigen Kranken oder völlig entkräfteten Häftlinge, mit deren Arbeitseinsatz nicht mehr zu rechnen sei, auf möglichst unauffällige Weise durch Phenol-Spritzen oder mit anderen Mitteln zu töten. Hygiene und Tötung wurden als auswechselbare Mittel gebraucht, um die Lager »einsatzfähig« zu machen und von allem Ballast zu befreien.

In seinen hinterlassenen Krakauer Aufzeichnungen schrieb Höß über die Tätigkeit der SS-Ärzte in Auschwitz: diese hätten »laufend in Auschwitz und Birkenau sowie in den Arbeitslagern die arbeitsunfähig gewordenen Juden, die voraussichtlich innerhalb von 4 Wochen nicht wieder arbeitsfähig werden konnten«, auszumustern und »der Vernichtung zuzuführen« gehabt.

»Auch seuchenverdächtige Juden waren zu vernichten, Bettlägerige sollten durch Injektionen getötet, die anderen in den Krematorien bzw. im Bunker durch Gas vernichtet werden. In den Injektionen wurde m. W. Phenol, Evipan und Blausäure verwendet.«

Höß schreibt weiter, daß außer den Juden auch andere kranke Häftlinge, die sich im Krankenbau befanden »ebenfalls durch Injektionen unauffällig getötet« wurden. Der betreffende Arzt habe in diesen Fällen auf der Todesbescheinigung »eine rasch zum Tode führende Krankheit« angegeben.

Es scheint sich hierbei um eine mehr oder weniger stillschweigend geduldete und gutgeheißene Übung gehandelt zu haben, die im Gegensatz zur Vernichtung der Juden nicht durch Füh-

[206] BA: NS 19/1829.

rerbefehl förmlich gedeckt war und insofern auch in der bürokratischen Handhabung eine Tarnung nötig machte. Bezeichnend hierfür ist eine Aktennotiz des SS-Untersturmführers
Heinrich Kinna vom 16. Dezember 1942, der im Kreis Zamosc
(Distrikt Lublin) mit der Abwicklung von Polentransporten
nach Auschwitz zu tun hatte und in diesem Zusammenhang
vermerkte, der Auschwitzer Schutzhaftlagerführer Aumeier
habe nach der Übernahme eines Transportes erklärt:

> »daß nur arbeitsfähige Polen angeliefert werden sollen, um
> somit möglichst jede unnütze Belastung des Lagers sowie des
> Zubringerverkehrs zu vermeiden. Beschränkte, Idioten,
> Krüppel und kranke Menschen müssen in kürzester Zeit
> durch Liquidation zur Entlastung des Lagers aus demselben
> entfernt werden. Diese Maßnahme findet aber insofern eine
> Erschwerung, da nach Anweisung des RSHA, entgegen
> der bei den Juden angewendeten Maßnahme, Polen eines
> natürlichen Todes sterben müssen.«[207]

Gedankenloser Zynismus bei der bürokratischen Verschleierung
der Liquidierungen hat hier auch sprachlich Ausdruck gefunden.

Wie aus den Ermittlungen des SS-Richters Hauptsturmführer
Dr. Morgen hervorgeht[208], ist 1943/44 die Tötung kranker und
nicht mehr arbeitsfähiger Häftlinge auch in anderen Lagern, so
in Buchenwald, von den Lagerärzten durchgeführt worden.
Morgen bestätigt ausdrücklich, daß diese Tötungen nicht als
strafbare Handlungen im Sinne der SS-Gerichtsbarkeit angesehen wurden.

Die Vernichtung arbeitsunfähig gewordener Häftlinge hat aber
wohl nur in Auschwitz sehr große Dimensionen angenommen.
Das lag offensichtlich vor allem daran, daß die Übung der Liquidierung und ihr technischer Apparat hier besonders wohlfeil
waren und deshalb in erheblichem Umfang auch auf nichtjüdische Häftlinge angewandt wurden, die sich in Krankenrevie-
ren aufhielten oder nicht mehr arbeitsfähig waren. Höß berichtet im übrigen, daß das Verfahren der Tötung durch ärztliche Injektion in Auschwitz als eine Form der »verschleierten
Exekution« auch auf solche polnische Häftlinge angewandt
worden sei, »deren Exekution vom RSHA beziehungsweise
vom BdS des Generalgouvernements angeordnet war«, aber

[207] Faksimile des Originals abgedruckt in dem von der Warschauer Hauptkommission zur Untersuchung der NS-Verbrechen in Polen hrsg. Biuletyn, Bd. XIII (Warschau 1960), S. 19 F.
[208] Nürnbg. Dok. NO-2366.

»aus politischen beziehungsweise sicherheitspolizeilichen Gründen nicht bekannt werden« sollte, so daß »als Todesursache eine im Lager übliche angegeben« wurde[209].

Seit dem Jahre 1943 nahm die zahlenmäßige Entwicklung der KL aufgrund immer neuer Verhaftungsaktionen und Überstellungen von Polen, zwangsevakuierten russischen Zivilarbeitern[210], Juden und anderer Gruppen die Form einer steil ansteigenden Kurve an.

Im August 1943 wiesen die KL bereits eine Gesamtbelegstärke von 224000 Personen (gegenüber 88000 im Dezember 1942) auf. Etwa ein Drittel dieser Gesamtzahl (74000) entfiel davon auf die drei Lagereinheiten von Auschwitz (Stammlager, Birkenau, Monowitz), das mit Abstand das größte aller KL darstellte (als nächste folgten damals: Sachsenhausen mit 26000 und Dachau und Buchenwald mit je 17000 Häftlingen). In Auschwitz war auch die Sterblichkeit am höchsten, sie belief sich hier im August 1943 noch immer auf 2370 Todesfälle[211].

Am 5. April 1944 meldete der Leiter des Wirtschaftsverwaltungshauptamtes Himmler stolz die Existenz von insgesamt 20 Konzentrationslagern mit zusätzlich 165 angeschlossenen Arbeitslagern[212].

In den Wochen danach wurden weitere zusätzliche Arbeitseinsätze von Häftlingen, namentlich für die großen Bauvorhaben zur Verlagerung bestimmter Zweige der Rüstungsfertigung unter die Erde, in Gang gesetzt. Für diese außerordentlich schwere und unter besonders primitiven Lebens- und Aufenthaltsbedingungen zu leistende Arbeit schien Hitler und Himmler das Zwangsinstrument der KL anscheinend besonders passend. Im Mai 1944 erteilte Hitler die Anweisung, dabei auch eine große Zahl der Juden zu verwenden, die man vor allem von der damals anlaufenden Deportation des ungarischen Judentums erwartete. Gleichzeitig wurde die Abstellung einer größeren Zahl nicht mehr felddiensttauglicher Heeresangehöriger zur Verstärkung der Bewachungsmannschaften vereinbart. Himmler teilte den Chefs des RSHA und des WVHA am 11. Mai 1944 mit:

---

[209] Hierzu und zum Vorstehenden die handschriftliche Aufzeichnung von Rudolf Höß über ›Die nichtärztliche Tätigkeit der SS-Ärzte im KL Auschwitz‹ (Krakau, Januar 1947); Fotokopie im Inst. f. Zeitgesch.

[210] In Buchenwald befanden sich laut Schutzhaftlager-Rapport von Anfang Dezember 1943 12626 russische Zivilarbeiter von insges. 35671 Häftlingen (ferner 11407 polit. Schutzhäftlinge und 7262 Polen als nächstgrößte Gruppe); Nürnbg. Dok. NO-1583.

[211] Nürnbg. Dok. NO-1010.

[212] Nürnbg. Dok. NO-020.

»Der Führer hat befohlen, daß zur Bewachung der 200 000 Juden, die der Reichsführer-SS in die Konzentrationslager des Reiches überführt, um sie bei den großen Bauten der OT und sonstigen kriegswichtigen Aufgaben einzusetzen, 10 000 Mann mit Offizieren und Unteroffizieren zur Waffen-SS überstellt werden. Die Übernahme erfolgt aus dem Ersatzheer . . .«[213]

Anscheinend sind diese Zahlen nicht »erfüllt« worden. Es darf aber angenommen werden, daß von den deportierten Juden, die zur Vernichtung bestimmt waren, im Sommer 1944 rund 100 000 in die KL »abgezweigt« und als Arbeitshäftlinge eingesetzt worden sind.

Eine Stärkemeldung des WVHA vom 15. August 1944 beziffert die damalige Gesamtzahl der KL-Häftlinge mit 524 286 Personen, davon 379 167 Männer und 145 119 Frauen[214]. Aber das war noch immer nicht der höchste Stand. Gerade in den letzten Kriegsmonaten wurden vor allem beim Rückzug der Truppen aus dem Osten nochmals Zehntausende von Juden und anderen Zwangsarbeitskräften aus den besetzten Ländern in die KL im Reiche überstellt und in die Häftlingsarbeitskommandos gepreßt. Allein in das 1944 zum selbständigen KL erklärte Lager Dora (Mittelbau) mit seinen Kommandos für die unterirdische Flugzeugproduktion in Thüringen und im Harz wurden in den letzten Kriegsmonaten 60 000 neue Häftlingsarbeiter verschickt. Laut Aufstellung vom 15. Januar 1945 gab es damals im Reichsgebiet 714 211 Konzentrationslager-Häftlinge (511 537 Männer und 202 674 Frauen). Zur gleichen Zeit betrug die Stärke der SS-Wachmannschaften rund 40 000 Mann[215].

Da Himmler den verhängnisvollen Befehl gab, die Lager bei Feindannäherung zu räumen und die Häftlinge in noch bestehende rückwärtige KL zu überführen, ergab sich im Frühjahr 1945, als sowjetische Truppen vom Osten und englisch-amerikanische Truppen vom Westen her in das Reich eindrangen, ein chaotisches Finale für die Konzentrationslager-Häftlinge. Wohl mindestens ein Drittel der über 700 000 im Januar 1945 registrierten Häftlinge kam auf den strapaziösen Evakuierungsmärschen, in den wochenlang umherirrenden Transportzügen und (vor allem) in den völlig überfüllten Auffang-

[213] BA: Slg. Schumacher/347; auch Nürnbg. Dok. NO-5689.
[214] Nürnbg. Dok. NO-399.
[215] BA: Slg. Schumacher/329.

lagern in den Monaten und Wochen unmittelbar vor Kriegsende ums Leben. Nach den vorliegenden Teilzahlen ist die Gesamtzahl der Häftlinge, die während des Krieges in den Konzentrationslagern an Entkräftung und Krankheiten starben,
mindestens auf eine halbe Million zu schätzen.

Hans-Adolf Jacobsen:
Kommissarbefehl und Massenexekutionen
sowjetischer Kriegsgefangener

Schriftliches Sachverständigen-Gutachten für den Auschwitz-
Prozeß, vor dem Schwurgericht in Frankfurt a. M. am 14. August
1964 mündlich vorgetragen.

Der politische Rahmen:
Nationalsozialistische Kriegsziele im Zweiten Weltkrieg

Am 5. April 1940 legte Reichsminister Dr. Goebbels vor geladenen Vertretern der deutschen Presse einen bemerkenswerten Rechenschaftsbericht über die »bisher geleistete Arbeit« der Nationalsozialisten ab. Dabei wies er vor allem auch auf die Konsequenzen hin, die »im Hinblick auf die wahrscheinlich . . . eintretende Änderung unserer politischen, diplomatischen und militärischen Maßnahmen« zu ziehen seien. Goebbels ließ keinen Zweifel daran, daß der begonnene Krieg, »Zug um Zug« nur eine Wiederholung eines Vorganges sei, den Deutschland schon einmal erlebt habe. Wörtlich erklärte er dann:

»Wir führen heute in Europa die gleiche Revolution durch, die wir in kleinerem Maßstab in Deutschland durchgeführt haben. Sie hat sich nur in den Dimensionen geändert. Die Grundsätze, Erfahrungen und Methoden von damals sind auch heute geltend. Sie haben auch zwischen Völkern Gültigkeit . . . Wenn uns einer fragte, wie wir uns denn die Lösung dieser oder jener Frage dächten, so haben wir geantwortet, das wüßten wir noch nicht. Wir hatten schon unsere Pläne, aber wir unterbreiteten sie nicht der öffentlichen Kritik. Wenn heute einer fragt, wie denkt ihr euch das neue Europa, so müssen wir sagen, wir wissen es nicht. Gewiß haben wir eine Vorstellung. Aber wenn wir sie in Worte kleiden, bringt uns das sofort Feinde und vermehrt die Widerstände. Haben wir erst die Macht, so wird man schon sehen, und auch wir werden schon sehen, was wir daraus machen können . . . Heute sagen wir ›Lebensraum‹. Jeder kann sich vorstellen, was er will. Was wir wollen, werden wir schon zur rechten Zeit wissen . . . Bis jetzt ist es uns gelungen, den Gegner über die eigentlichen Ziele Deutschlands (d. h. des Nationalsozialismus) im unklaren zu lassen, genauso wie unsere innenpolitischen Gegner bis 1932 gar nicht gemerkt haben, wohin wir steuerten, daß der Schwur auf die Legalität nur ein Kunstgriff war . . .«[1]

Mit diesen Worten umriß Goebbels die Taktik, mit der die nationalsozialistische Führung seit der Machtübernahme an die Verwirklichung ihres innen- und außenpolitischen Programms

[1] Reichsminister Dr. Goebbels am 5. April 1940 vor geladenen Vertretern der deutschen Presse. Jetzt erstmals veröffentlicht in: H.-A. Jacobsen, Der Zweite Weltkrieg, Fischer-Bücherei Nr. 645/646, Frankfurt 1965, S. 180 f.

gegangen war. Seit dem Kriegsausbruch (1. September 1939) zeichneten sich indessen die nationalsozialistischen Ziele Schritt für Schritt deutlicher ab: nach dem Aufbau »Großdeutschlands« ging es zunächst um die Liquidierung Polens, begleitet von den ersten völkischen Ausrottungsmaßnahmen[2]; sodann setzte der Kampf um die Vormachtstellung des Reiches in Mitteleuropa ein, der mit den militärischen Erfolgen von April bis Juni 1940 (Norwegen- und Westfeldzug) siegreich beendet zu sein schien. Aber als Hitler sich außerstande sah, England zur Anerkennung seiner politischen und militärischen Eroberungen zu zwingen und eine Kontinentalkoalition gegen Großbritannien im Sinne seiner Zielsetzung aufzubauen, faßte er den Entschluß, die »Konsolidierung« Europas, das heißt die von ihm und seinen engsten politischen Mitarbeitern geplante Neuordnung des Kontinents im Geiste der nationalsozialistischen Ideologie mittels Gewalt zu »vollenden«. Mit dem im Spätherbst anlaufenden Aufmarsch »Barbarossa« (Feldzug gegen die Sowjetunion) vollzog sich der qualitative Umschlag des Krieges zur unverhohlenen Radikalisierung und Ideologisierung. Von diesem Zeitpunkt ab konzentrierte Hitler die politischen, wirtschaftlichen und militärischen Anstrengungen Deutschlands auf dieses eine große Ziel, das zu erreichen ihm – wie das Zerschlagen des gordischen Knotens – die Lösung der noch schwebenden und der wichtigsten zukünftigen Probleme seiner Zeit verheißen mochte: die indirekte Bekämpfung Englands, die Vernichtung des Bolschewismus – damit zugleich die Ausschaltung des ideologischen Gegners und erpresserischen Konkurrenten –, die Gewinnung von »Lebensraum« im Osten mit den notwendigen Rohstoffvorkommen und die Beendigung des Krieges (allgemein rechnete die deutsche Wehrmachtführung mit einem Feldzug von drei bis fünf Monaten), bevor die USA in den Konflikt in Europa eingreifen konnten. Nach allen bis heute vorliegenden Zeugnissen ist aber festzuhalten: der seit Juli 1940 geplante und im Juni 1941 ausgelöste deutsche Angriff gegen die Sowjetunion war kein Präventivkrieg; Hitlers Entschluß zur Offensive entsprang nicht der tiefen Sorge vor einem drohenden, bevorstehenden sowjetischen Angriff, sondern war letzten Endes Ausdruck seiner Aggressionspolitik, wie sie seit 1938 immer deutlicher zum Ausdruck gekommen war[3].

[2] Vgl. M. Broszat, Nationalsozialistische Polenpolitik 1939–1945. Stuttgart 1961; H. Krausnick, Hitler und die Morde in Polen, in: Vierteljahrshefte für Zeitgeschichte, Jg. 11 (1963), S. 196 ff.
[3] Vgl. H.-A. Jacobsen, 1939–1945, Der Zweite Weltkrieg in Chronik und Dokumenten. Darmstadt 1961 (5. Aufl.), S. 669 ff., 679 ff.

Bereits im Juli 1940 hatte Hitler in seinen Besprechungen mit den Spitzen des Heeres seine weitgesteckten Kriegsziele im Osten angedeutet: Ein gewisser Raumgewinn allein genüge nicht, so hatte er ausgeführt, der russische Staat müsse »schwer zerschlagen« und mehrere Teilreiche (wie Ukraine, Baltischer Staatenbund und Weißrußland) gebildet werden[4]. Unter dem Hinweis, daß die »Entscheidung über die europäische Hegemonie« im Kampfe »gegen Rußland falle« (5. Dezember 1940) und daß dazu der günstigste Zeitpunkt ausgenützt werden müsse, ließ Hitler Ende 1940 alle Vorbereitungen zu einem Kampf mit einem Gegner treffen, dessen »Menschen« er für »minderwertig« hielt und dessen Schicksal nach den Ausführungen Himmlers über die Behandlung von Fremdvölkischen im Osten (1940) das eines »führerlosen Arbeitsvolkes« sein sollte[5].

Diese Absichten gab Hitler wahrscheinlich zum erstenmal im März 1941 der Partei und den Spitzen der Wehrmacht (vor allem OKW und OKH) bekannt. Er erklärte bei verschiedenen Gelegenheiten, daß der kommende Feldzug im Osten »mehr als nur ein Kampf der Waffen« sei. Es handele sich um eine Auseinandersetzung zweier Weltanschauungen. Um diesen »Krieg zu beenden«, genüge es nicht, die feindliche Wehrmacht zu schlagen, sondern das »ganze Gebiet« müsse in »Staaten aufgelöst werden mit eigenen Regierungen«, mit denen Deutschland Frieden schließen könne. Dies erfordere viel »politisches Geschick und allgemein wohlüberlegte Grundsätze«. Jede »Revolution großen Ausmaßes« schaffe eben Tatsachen, »die man nicht mehr wegwischen« könne. Die sozialistische Idee sei aus dem heutigen Rußland nicht mehr wegzudenken. Sie könne allein die innerpolitische Grundlage für die Bildung der neuen Staaten und Regierungen sein. »Die jüdisch-bolschewistische Intelligenz als bisheriger ›Unterdrücker‹ des Volkes« müsse »beseitigt« und die »Führermaschinerie des russischen Reiches« zerschlagen werden. Die ehemalige, bürgerlich-aristokratische Intelligenz scheide als Führungsgruppe ebenfalls aus; sie werde vom russischen Volk abgelehnt und sei letzten Endes deutschfeindlich. Im übrigen müsse »unter allen Umständen vermieden« werden, an Stelle des »bolschewistischen« nunmehr ein »nationales Rußland« treten zu lassen, da dieses, wie die Ge-

---

[4] Vgl. Generaloberst Halder, Kriegstagebuch, Bd. II, bearb. v. H.-A. Jacobsen. Stuttgart 1963, S. 32 f., 49 f.
[5] Vgl. Vierteljahrshefte für Zeitgeschichte, Jg. 5 (1957), S. 194 ff.

schichte beweise, immer wieder deutschfeindlich eingestellt sein werde. Es sei daher Aufgabe des Reiches, so schnell wie möglich »mit einem Minimum an militärischen Kräften sozialistische Staatsgebilde aufzubauen«, die »von Deutschland abhängig« seien.

Im »großrussischen Bereich« müsse dazu »brutalste Gewalt« angewandt werden. Da »weltanschauliche Bande« das russische Volk noch nicht fest genug zusammenhalten, werde der bisherige »Zusammenhalt mit dem Beseitigen der Funktionäre« zerreißen. Diese »Aufgaben« seien so schwierig, daß »man sie nicht dem Heer zumuten« könne. Hitler wünschte daher nicht »das übliche Verfahren« mit der Ernennung von Militärbefehlshabern in den besetzten Gebieten, sondern er forderte, so schnell wie möglich politische Verwaltungen einzurichten, um »gleichzeitig« mit dem Kampf der Waffen den »Kampf der Weltanschauungen« durchfechten zu können[6].

In einer fast zweieinhalbstündigen Ansprache vor den Generalen aller Wehrmachtteile faßte Hitler am 30. März 1941 seine zukünftige ideologische Konzeption gegenüber Rußland noch einmal scharf zusammen. Ausgehend von einem »vernichtenden Urteil über [den] Bolschewismus«, den er als asoziales Verbrechertum kennzeichnete, bedeutete er, daß der Kommunismus eine ungeheure Gefahr für die Zukunft darstelle. »Wir müssen von dem Standpunkt des soldatischen Kameradentums abrücken«, denn der Kommunist sei »vorher kein Kamerad und nachher kein Kamerad«. Es handele sich um einen Vernichtungskampf. Würde Deutschland diesen Krieg nicht so auffassen, dann würde der Feind zwar geschlagen, aber in 30 Jahren werde der kommunistische Feind Deutschland erneut gegenüberstehen. »Wir führen nicht Krieg, um den Feind zu konservieren«, erklärte Hitler. Dieser Kampf werde sich wesentlich von dem Kampf im Westen unterscheiden; im Osten sei »Härte mild für die Zukunft«[7]. Ähnlich äußerte er sich noch einmal wenige Tage vor Beginn des Unternehmens »Barbarossa« am 14. Juni 1941[8].

Aber im Grunde wollten Hitler und seine engsten politischen Berater im Osten keineswegs »stalinfreie Republiken« unter deutschem Mandat schaffen; auch dachten sie gar nicht daran,

[6] Vgl. Kriegstagebuch des Oberkommandos der Wehrmacht, Bd. I, zusammengest. und erl. von H.-A. Jacobsen. Frankfurt 1964, S. 340 ff., 346, 349.

[7] Halder, Bd. II, a. a. O. (s. Anm. 4), S. 337.

[8] Aussage Keitels vor dem IMT am 4. April 1946.

die besetzten Gebiete bis zum Ural wieder abzutreten. Vielmehr wollten sie diese als »Lebensraum« rücksichtslos »beherrschen, verwalten und ausbeuten«[9]. Das haben Theorie und Praxis der nationalsozialistischen Besatzungs- und Bevölkerungspolitik in Rußland seit Juli 1941 langsam, aber sicher verdeutlicht. Jede Rücksichtnahme auf die Gefühle und Lebensweise der Russen lehnten die Himmlers als sentimentale Gefühlsduselei ab. Der Reichsführer-SS faßte dies in dem Satz zusammen: ». . . Wie es Russen, Tschechen . . . geht, ist mir total gleichgültig, ob sie im Wohlstand leben oder vor Hunger verrecken, interessiert mich nur soweit, als wir sie als Sklaven für unsere Kultur brauchen, anders interessiert mich das nicht.« Nach dem sogenannten »Generalplan Ost« sollten später fast 75 Prozent der slawischen Bevölkerung nach Sibirien ausgesiedelt werden; dem zurückbleibenden Rest der »Fremdvölker« aber war ein Helotenschicksal im Stile extremer imperialistischer Kolonialpolitik bestimmt. Gleichzeitig sollte in den Ostgebieten eine großzügige »Siedlungspolitik« eingeleitet, deutsche Volksgruppen und als Folge einer planmäßigen Rassenpolitik »Norweger, Schweden, Dänen, Niederländer« angesiedelt werden. Darin sahen Hitler und seinesgleichen das letzte, große, erstrebenswerte Ziel ihrer Politik: Europa unter der Führung der deutschen Herrenrasse (mit dem Namen »Großgermanisches Reich«) rassisch völlig neu zu gestalten. Hierzu mußte als erstes das Judentum »endgültig« ausgerottet und die »jüdisch-bolschewistische Verschwörung« vernichtet werden[10].

Das und nichts anderes hatte Goebbels mit seinen Andeutungen vom 5. April 1940 gemeint. Daß diese Gedanken und Pläne nicht neu waren, oder erst im Zuge der militärischen Erfolge aufgekommen sind, läßt sich leicht nachweisen. Bereits in den zwanziger Jahren war Hitler davon überzeugt, daß der »Zusammenschluß der europäischen Völker« aus der zwingenden Einsicht »in eine drohende Not« heraus eine »phantastische, geschichtlich unmögliche Kinderei sei«. In seinem zweiten Buch aus dem Jahre 1928 polemisierte er mit Nachdruck gegen die »paneuropäische Bewegung«, der er mangelnde Realität vorwarf. Besonders wandte er sich gegen den fundamentalen

---

[9] Vgl. Aktenvermerk vom 16. Juli 1941, Nürnb. Dok. L-221.
[10] Vgl. allgemein: L. Gruchmann, Nationalsozialistische Großraumordnung. Stuttgart 1962; H. Picker, Hitlers Tischgespräche im Führerhauptquartier 1941–1942. Neu hrsg. v. P. E. Schramm in Zusammenarbeit mit A. Hillgruber und M. Vogt. Stuttgart 1963; R. Hilberg, The Destruction of the European Jews. Chicago 1961; A. Dallin, Deutsche Herrschaft in Rußland 1941–1945. Düsseldorf 1958.

Grundirrtum, »Menschenwerte« (in Form der rassischen Aufzüchtung) könnten durch »Menschenzahl« ersetzt werden. Im Gegensatz zu den Europaplänen seiner Zeit, in deren Mittelpunkt die Gedanken der Souveränität der Staaten, der Gleichheit ihrer Rechte und des freiwilligen föderativen Zusammenschlusses standen, war Hitler von der Idee beherrscht, daß »dauerhafte Volkszusammenschlüsse nur stattfinden« könnten, wenn »rassische an sich gleichwertige und verwandte Völker in Frage kommen und wenn zweitens ihr Zusammenschluß in der Gestalt des langsamen Prozesses eines Hegemoniekampfes stattfindet«. An anderer Stelle behauptete Hitler, daß der »Erfolg des Lebenskampfes der kraftvollsten Nation in Europa, und was dann übrig bleibt, so wenig ein Paneuropa sein werde«, wie die Einigung der »ladinischen Staaten einst etwa ein Pan-Ladinien war. Die Macht, die damals diesen Einigungsprozeß in jahrhundertelangen Kämpfen durchgeführt hat, hat dem ganzen Gebilde für immer auch den Namen gegeben.« »Und die Macht«, so fuhr Hitler fort, »die heute auf so natürlichem Wege ein Paneuropa schüfe, würde ihm damit zugleich auch die Bezeichnung Paneuropa rauben.«[11] Hitler meinte, daß Europa nach diesem Einigungsprozeß in der Lage sein würde, als Weltmacht aufzutreten und damit »Nordamerika die Stirne« zu bieten. Daß derartige Ideen keineswegs leere Phrasen oder weitschweifige Spekulationen waren, sondern Teile festumrissener Planungen, hat der Verlauf des Zweiten Weltkrieges zur Genüge bewiesen.

Unter Europa verstand Hitler allerdings weniger »einen geographischen« als einen »blutsmäßig bedingten Begriff«. Großdeutschland und damit die Revision des Vertrages von Versailles (1933–1938) waren für ihn im Grunde Durchgangsstationen beziehungsweise Voraussetzungen für die große »Europakonzeption«. Am 8. Mai 1943 erklärte Hitler den Reichs- und Gauleitern unmißverständlich, das »Kleinstaatengerümpel«, das in Europa existiere, müsse so schnell wie möglich liquidiert werden. Das Ziel des Kampfes sei ein einheitliches Europa, das nur durch die Deutschen eine »klare Organisation« erfahren könne. Eine »andere Führungsmacht« gebe es nicht[12].

[11] Hitlers Zweites Buch, Ein Dokument aus dem Jahre 1928. Stuttgart 1961, S. 129 f.
[12] Goebbels' Tagebücher, hrsg. v. L. P. Lochner. Zürich 1948, S. 325.

1. Entstehungsgeschichte des sogenannten »Kommissarbefehls« vom 6. Juni 1941

Nur vor dem hier skizzierten politischen Hintergrund können Entstehungsgeschichte des sogenannten »Kommissarbefehls« vom 6. Juni 1941 und die verschiedenen Anordnungen zur Exekution russischer Kriegsgefangener seit 1941 historisch zutreffend beurteilt werden. Jede isolierte Betrachtungsweise, etwa allein unter dem Gesichtspunkt der militärischen Kampfhandlungen im Osten, verkennt den unlösbaren und zugleich wechselseitigen Zusammenhang zwischen den politischen Intentionen der nationalsozialistischen Führung und den daraus resultierenden Weisungen, Befehle und Anordnungen auf politischem, wirtschaftlichem und militärischem Gebiet, im besonderen dem Vernichtungsprogramm gegen bestimmte Personengruppen der russischen Bevölkerung.

Am 3. März 1941 hatte General Jodl, der Chef des Wehrmachtführungsstabes des OKW, an die Abteilung Landesverteidigung einen Entwurf zu den »Richtlinien auf Sondergebieten zur Weisung Nr. 21« (»Barbarossa«) mit der Bemerkung zurückgesandt, daß Hitler folgende Anordnungen für die endgültige Fassung dieser Weisung gegeben habe: Das Heer brauche ein Operationsgebiet; man müsse dieses aber der Tiefe nach so weit wie möglich beschränken. Dahinter sei keine militärische Verwaltung einzurichten. An ihrer Stelle hätten vielmehr für bestimmte »volkstumsmäßig abzugrenzende Großräume« Reichskommissariate mit der Aufgabe zu treten, die neuen geplanten Staatsgebilde politisch schnell aufzubauen. An ihrer Seite sollten Wehrmachtsbefehlshaber eingesetzt werden, die nur in rein militärischen Fragen, die mit der Fortführung der Operationen zusammenhingen, dem Oberbefehlshaber des Heeres, im übrigen aber dem Oberkommando der Wehrmacht (OKW) unterstehen würden ... Die Masse der Polizeikräfte werde zu den Reichskommissaren treten. Die Grenzsperre könne sich nur auf das Operationsgebiet erstrecken. Ob es notwendig sei, auch dort schon Organe des Reichsführers-SS neben der Geheimen Feldpolizei einzusetzen, müsse mit Himmler geprüft werden. Die »Notwendigkeit, alle Bolschewistenhäuptlinge und Kommissare sofort unschädlich zu machen, spreche dafür«. Militärgerichte müßten bei allen diesen Fragen ausgeschaltet werden; sie hätten sich nur mit den »Gerichtssachen innerhalb der Truppe zu befassen«[13]. Damit haben wir quellenmäßig den ersten Beleg für die Absicht der nationalsozialistischen Führung, in der kommenden Auseinandersetzung mit der UdSSR alle sowjetischen Kommissare zu liquidieren.

Am 5. März 1941 unterrichtete der Generalquartiermeister des Heeres, General Eduard Wagner, den Chef des Generalstabes des Heeres, Generaloberst Halder, über den Inhalt der vorgesehenen OKW-Weisung. Wagner wies auch auf den »Sonderauftrag des Reichsführers-SS« Himmler hin[14].

Am 13. März 1941 unterzeichnete der Chef OKW, Generalfeldmarschall Keitel, einen nach den oben gegebenen Richtlinien abgeänderten Entwurf der Abt. L des WFSt. Dieser entsprach im wesentlichen den Änderungswünschen Hitlers (Dokument 1); allerdings mit zwei bemerkenswerten Ausnahmen. Die Frage, ob Organe des Reichsführers-SS neben der Geheimen Feldpolizei im Operationsgebiet eingesetzt werden sollten, war im Sinne Himmlers entschieden worden (s. oben). Unter I, 2 b hieß es: »Im Operationsgebiet des Heeres erhält der Reichsführer-SS zur Vorbereitung der politischen Verwaltung Sonderaufgaben im Auftrage des Führers, die sich aus dem endgültig auszutragenden Kampf zweier entgegengesetzter politischer Systeme ergeben. Im Rahmen dieser Aufgaben handelt der Reichsführer-SS selbständig und in eigener Verantwortung ... Der Reichsführer sorgt dafür, daß bei Durchführung seiner Aufgaben die Operationen nicht gestört werden.« Außerdem fand sich in dieser Weisung noch kein direkter Hinweis über die Behandlung der sowjetischen Kommissare. Jedoch äußerte sich Hitler am 17. März 1941 gegenüber Generaloberst Halder, General Wagner und Oberst Heusinger (Chef d. Operations-Abt.) erneut in dem oben angedeuteten Sinne, daß die von »Stalin eingesetzte Intelligenz« in dem kommenden Feldzug im Osten vernichtet werden müsse[15].

Mit der Formulierung in der genannten OKW-Weisung: »Näheres regelt das OKH mit dem Reichsführer-SS unmittelbar« war offensichtlich gemeint, daß die beiden Dienststellen (OKH und Chef der Sicherheitspolizei) die notwendigen Vereinbarungen treffen sollten, damit die Organe des Reichsfüh-

[13] KTB-OKW, a. a. O. (s. Anm. 6), S. 340 f.
[14] Halder, a. a. O. (s. Anm. 4), S. 303.
[15] Ebenda, S. 320.

rers-SS im Operationsgebiet zugelassen, die Grenzen ihrer Bewegungsfreiheit und die Versorgungsprobleme geregelt werden konnten. Über diese Frage verhandelte der Generalquartiermeister, General Wagner, der sich mit allem Nachdruck für die »absolute Befehlshoheit« des Oberbefehlshabers des Heeres im Operationsgebiet einsetzte, mit dem Chef der Sicherheitspolizei, SS-Obergruppenführer Reinhard Heydrich, am 25. März 1941[16]. Das Ergebnis dieser Besprechung wurde in einem Entwurf des Oberkommandos des Heeres (Generalstab des Heeres, Generalquartiermeister) am 26. März 1941 schriftlich fixiert (Dokument 2). Zweifellos hatte der Generalquartiermeister dabei der Sicherheitspolizei und dem SD weitgehende Zugeständnisse für das rückwärtige Armee- und Heeresgebiet gemacht. Vielleicht war er überzeugt, daß die politische Führung durch nichts von der beabsichtigten »Liquidation« bestimmter bolschewistischer Führungsgruppen abzuhalten sei, wie dies die Erfahrungen in Polen gelehrt hatten[17]; deshalb gab er den SS-Einsatzgruppen »freie Hand«, um das OKH mit derartigen Terrormaßnahmen nicht selbst zu belasten. Möglicherweise glaubte er auch, die Tätigkeit der Sonderkommandos ließe sich zumindest im Operationsgebiet unter Kontrolle halten.

Auf jeden Fall wurde der Einsatz der Sonderorgane im Operationsgebiet so vereinbart, daß die Sicherheitspolizei und der SD vor Beginn von Operationen festgelegte Objekte und besonders wichtige Einzelpersonen sicherstellen, im rückwärtigen Heeresgebiet staats- und reichsfeindliche Bestrebungen, soweit sie nicht innerhalb der feindlichen Wehrmacht auftreten, erforschen und bekämpfen konnten. Die Sonderkommandos, die in eigener Verantwortung handeln und ihre »fachlichen Weisungen« vom Chef der SP und SD erhalten sollten, waren berechtigt, »im Rahmen ihres Auftrages« gegenüber der Zivilbevölkerung »Exekutivmaßnahmen« durchzuführen.

Vier Tage später hielt Hitler, wie schon ausgeführt, seine Ansprache vor der Generalität (30. März 1941)[18]. Dabei betonte er vor allem, daß die bolschewistischen Kommissare und die kommunistische Intelligenz als Träger der bolschewistischen Idee vernichtet werden müßten. Der Kampf sei »gegen das Gift der

[16] Ebenda, S. 328.
[17] So nach einer Ausarbeitung v. H. Uhlig, Zur Geschichte des »Kommissarbefehls« (ungedr.), eine erweiterte und verbesserte Fassung von: Der verbrecherische Befehl. In: Aus Politik und Zeitgeschichte, Beilage zur Wochenzeitung ›Das Parlament‹ vom 17. Juli 1957; Briefwechsel Halder-Uhlig vom 6. September 1963.
[18] Halder, a. a. O. (s. Anm. 4), S. 335 ff.

[kommunistischen] Zersetzung« zu führen; das aber sei keine Frage der Kriegsgerichte. Die Führer der Truppen müßten eben wissen, worum es gehe; sie hätten sich mit den Mitteln zu verteidigen, mit denen sie angegriffen würden. Kommissare und GPU-Leute seien »Verbrecher« und als solche zu behandeln. Deshalb brauche die Truppe noch lange nicht »aus der Hand« ihrer Führer zu geraten; der Vorgesetzte sollte seine Anordnungen im Einklang mit dem Empfinden der Truppe treffen. Vor allem müßten die Führer »das Opfer« auf sich nehmen, »ihre Bedenken zu überwinden«.

Wie es scheint, hat Hitler diese Ideologisierung der Kriegführung vor allem mit dem Hinweis begründet, daß die Sowjetunion nicht der Genfer Konvention (von 1929)[19] beigetreten sei; sie werde daher die deutschen Kriegsgefangenen sicherlich nicht nach deren Bestimmungen behandeln. Das Verhalten der Rotarmisten und Kommissare in Polen, im finnischen Winterkrieg, im Baltikum und in Rumänien lasse darauf schließen[20].

Über die Reaktion der deutschen Generalität auf diese Ansprache Hitlers liegt wohl eine Reihe von Zeugnissen vor, auch geht aus dem Tagebuch des Chefs d. Generalstabes des Heeres hervor, daß Halder, der sich selbst von Anfang an von den Verhandlungen mit Himmler und Heydrich distanziert hatte, einen Befehl des Oberbefehlshabers des Heeres veranlassen wollte, in dem zur Wahrung der soldatischen Disziplin ermahnt wurde[21] (vgl. Dokument 10); aber insgesamt sind die beabsichtigten oder eingeleiteten Protestschritte der Oberbefehlshaber der Heeresgruppen, anderer Truppenführer oder Generalstabsoffiziere bisher noch nicht hinreichend geklärt worden. Auch ist nicht mit Sicherheit festzustellen, ob zum Beispiel die Einsprüche des Generalfeldmarschalls v. Bock sich nicht doch in erster Linie gegen den zur gleichen Zeit herausgegebenen Erlaß zur Einschränkung der Kriegsgerichtsbarkeit für den »Fall Barbarossa« (vgl. Dokument 8) gerichtet haben, wie dies H. Uhlig mit einer gewissen Berechtigung behauptet hat[22]. Daß

[19] Damit war die Genfer Konvention vom 27. Juli 1929 betr. Kriegsgefangenenbehandlung gemeint, der die UdSSR im Gegensatz zu der am gleichen Tage geschlossenen Konvention über Verwundetenbehandlung nicht beigetreten ist.
[20] Vgl. H. Greiner, Die Oberste Wehrmachtführung 1939–1943. Wiesbaden 1951, S. 371. Vgl. aber auch: J. Erickson, The Soviet High Command, A military-political History 1918–1941. London 1962, S. 510 ff.
[21] Halder, a. a. O. (s. Anm. 4), S. 337 und Anm. 12.
[22] Uhlig, a. a. O. (s. Anm. 17).

die Truppenführer auf die vorgesehene Einschränkung der Kriegsgerichtsbarkeit im Operationsgebiet schärfer reagiert haben dürften, kann als sicher gelten. Generaloberst a. D. Halder schrieb hierzu: »Die Verantwortung für die Disziplin der Truppe empfindet der hohe Truppenführer als das Primäre. Wenn diese Disziplin gefährdet wird oder wankt, dann ist es mit militärischer Führung im Sinne strategischer Führungskunst vorbei. Die Verantwortung für die Verletzung der völkerrechtlichen Vereinbarungen und Gepflogenheiten wirkt nicht so unmittelbar drückend, zumal die hier mitspielenden Rechtsbegriffe teilweise recht dehnbar sind und in der Praxis in jedem Krieg dauernd strapaziert werden.« Die Auffassung, »daß der empörte und erbitterte Widerstand der obersten Befehlshaber sich in erster Linie gegen die von Hitler dargelegten Gedanken über die Handhabung der Militärgerichtsbarkeit gerichtet hat in klarer Erkenntnis der daraus für die Disziplin der Armee entstehenden ernsten Gefahren«, erscheint mir durchaus richtig und schlagkräftig[23]. Nach wie vor ist die Frage offen, wer dem Oberkommando des Heeres den definitiven Auftrag erteilt hat, entsprechend den von Hitler am 30. März 1941 geäußerten Absichten, Richtlinien betreffend »Behandlung politischer Hoheitsträger für die einheitliche Durchführung« auszuarbeiten und wann das geschehen ist. Generaloberst Halder vermutet, daß Keitel aus dem unergründlichen und immer übergeschäftigen Betrieb heraus den Anstoß dazu gegeben hat. »Wenn man Dutzende von Malen miterlebt hat, wie eine ganz beiläufige Äußerung Hitlers den übereifrigen Feldmarschall ans Telefon rief, wo er Gott und die Welt in Bewegung setzte, der kann sich vorstellen, daß irgendein zufälliges Wort des Diktators bei Keitel ein schlechtes Gewissen in Bewegung setzte, daß hier dem Willen des Führers noch vor Beginn der Feindseligkeiten Nachdruck versetzt werden müsse. Dann hat er oder einer seiner Exponenten beim OKH angerufen und nach dem Stand der Dinge gefragt. Ist eine solche Anfrage wirklich beim OKH gelandet, so wurde sie dort natürlich als Sporenstich gewertet und löste Bewegung aus.«[24]

Wie dem auch sei, auf jeden Fall übersandte der General z. b. V. beim Oberbefehlshaber des Heeres, Eugen Müller, am 6. Mai 1941 zwei Entwürfe an das OKW, einen betr. Behandlung feindlicher Landeseinwohner und Einschränkung der militärischen

[23] Ebenda.
[24] Ebenda; Briefwechsel Halder-Uhlig.

Gerichtsbarkeit im Krieg mit der UdSSR (Dokument 5) und den anderen betr. Richtlinien zur einheitlichen Durchführung des bereits erteilten Auftrages (vom 31. März 1941) zur Behandlung politischer Hoheitsträger (Dokument 6). Im letzteren war zum erstenmal entsprechend der politischen Konzeption Hitlers (s. 30. März 1941) die Tötung der politischen Hoheitsträger, der leitenden Persönlichkeiten des Sowjetkommunismus und der Truppenkommissare schriftlich fixiert worden.

General Müller unterschied zwischen den Handlungen im Armeegebiet und im rückwärtigen Heeresgebiet. Im Armeegebiet sollten die politischen Hoheitsträger und Truppenkommissare, die nicht als Gefangene anerkannt würden, nachdem ihre Dienststellung festgestellt worden war, sofort erschossen werden, diejenigen, die erst in den Sammelstellen für Gefangene herausgefunden wurden, »spätestens in den Durchgangslagern«. Ausdrücklich wurde untersagt, ergriffene politische Hoheitsträger und Kommissare nach rückwärts abzuschieben. Über die einzelnen Vorfälle sollte die Truppenführung Meldungen an ihre vorgesetzte Kommandobehörde machen. Im rückwärtigen Heeresgebiet sollten Hoheitsträger und Kommissare, soweit sie nicht Angehörige der Roten Armee waren, an die Einsatzkommandos der Sicherheitspolizei übergeben werden.

Als der Inhalt dieses ersten Entwurfes zum sogenannten »Kommissarbefehl« zu einigen Kommandostellen des Heeres durchsickerte, stieß er dort verschiedentlich sofort auf Ablehnung. So führte zum Beispiel der Heeresadjutant Hitlers, Major Engel, am 10. Mai 1941 in Posen mit einigen Offizieren der Heeresgruppe B darüber ein sehr ernstes Gespräch. Wie Engel in seinem Tagebuch aufzeichnete, sahen General v. Salmuth (Chef Genst.) und Oberstleutnant i.G. v. Tresckow (Ia) den Befehl »als ein Unglück an«; beide »befürchteten schwere Rückwirkungen auf die Truppe« und erklärten vertraulich, daß sie Mittel und Wege suchten, »um durch mündliche Beeinflussung vor allem der Divisionskommandeure, diesen Befehl zu umgehen«. Tresckow machte die typische Bemerkung: »Wenn Völkerrecht gebrochen wird, sollen es zuerst die Russen tun und nicht wir.«[25] Über die Völkerrechtswidrigkeit des Befehls bestand also von Anfang an kein Zweifel bei den deutschen Kommandobehörden; dafür spricht auch die ungewöhnliche Beschränkung des schriftlichen Verteilers des »Kommissarbefehls« (vgl. Dokument 12).

[25] Aufzeichnung von Generalleutnant a. D. Engel (Abschrift) im Besitz des Autors (ungedr.).

Soweit bis heute festzustellen ist, nahmen zu diesem ersten Entwurf des OKH Reichsleiter Rosenberg und die Abt. Landesverteidigung im WFSt d. OKW Stellung (Dokument 7). Rosenberg schien eingewandt zu haben, daß die zukünftigen deutschen Reichskommissare viele der gefangengenommenen Funktionäre für die Verwaltung der besetzten Ostgebiete benötigten. Er empfahl daher, nur »hohe und höchste« Funktionäre zu »erledigen«. Die Abt. Landesverteidigung, die von Anfang an Bedenken geäußert hatte, ob »ein schriftlicher Erlaß dieser Art« überhaupt erforderlich sei (vgl. Dokument 5, Blatt 1, Randbemerkung), versuchte, die Vorschläge Rosenbergs zu modifizieren, indem sie anregte, nur diejenigen politischen Funktionäre, die sich gegen die Truppe wenden würden, was von dem radikalen Teil zu erwarten sei, entsprechend den entworfenen Richtlinien zu behandeln; Funktionäre, »die sich aber keiner feindlichen Haltung schuldig machten«, zunächst unbehelligt zu lassen; man werde es der Truppe kaum zumuten können, »die verschiedenen Dienstgrade der einzelnen Sektoren aussondern zu können«.

Gegen den Vorschlag des OKH, die Kommissare in der Truppe zu beseitigen, äußerte sie indessen keine Bedenken. Dabei mochte die mündliche Zusicherung des Generalquartiermeisters, General Wagner, an die Abt. L eine Rolle mitgespielt haben, daß »wenn ein schriftlicher Befehl Hitlers das Heer und nicht den SD mit der Durchführung der Gefangenenbehandlung im Hitlerschen Sinne beauftrage, werde OKH ohne Schwierigkeiten Mittel und Wege finden, um die Durchführung der verbrecherischen Anordnungen in der Praxis zu vereiteln«[26]. General Jodl, der Chef des WFSt im OKW, schlug vor, die »ganze Aktion am besten als Vergeltung« aufzuziehen, da man wohl mit der »Vergeltung gegen deutsche Flieger rechnen müsse« (vgl. Dokument 7).

Am 13. Mai 1941 erließ Adolf Hitler den »Erlaß über die Ausübung der Kriegsgerichtsbarkeit im Gebiet ›Barbarossa‹ und über besondere Maßnahmen der Truppen« (Dokument 8). Auch dieser stand im unmittelbaren Zusammenhang mit den politischen Intentionen der nationalsozialistischen Führung, zudem im mittelbaren zu dem wenige Wochen später erlassenen »Kommissarbefehl«. Er war gleichsam ein weiterer Ausdruck für die Radikalisierung der deutschen Kriegführung. Danach sollten Straftaten der feindlichen Zivilbevölkerung der »Zuständigkeit

[26] Nach einer Mitteilung von Halder (s. Anm. 17).

der Kriegsgerichte und der Standgerichte bis auf weiteres entzogen«, Freischärler durch die Truppe im Kampf oder auf der Flucht »schonungslos« erledigt und alle anderen Angriffe feindlicher Zivilpersonen gegen die Wehrmacht »auf der Stelle mit den äußersten Mitteln bis zur Vernichtung des Angreifers niedergekämpft« werden. Gegen »Ortschaften, aus denen die Wehrmacht hinterlistig oder heimtückisch angegriffen wurde«, sollten »kollektive Maßnahmen« durchgeführt werden, »wenn die Umstände eine rasche Feststellung einzelner Täter nicht« gestatteten.

Im Absatz II wurde bestimmt, daß »für Handlungen, die Angehörige der Wehrmacht und des Gefolges gegen feindliche Zivilpersonen begehen, kein Verfolgungszwang bestehe«, auch dann nicht, wenn die »Tat zugleich ein militärisches Verbrechen oder Vergehen« sei. Kriegsgerichtliche Verfahren seien nur dann anzuordnen, »wenn es die Aufrechterhaltung der Manneszucht oder die Sicherung der Truppe« unbedingt erfordere.

Insgesamt hatte das OKW den Anfang Mai 1941 vom OKH ausgearbeiteten Entwurf zur Einschränkung der Gerichtsbarkeit noch etwas verschärft. General Müller hatte nämlich unter Absatz II die Formulierung vorgeschlagen (vgl. Dokument 5): »Es bleibt unter allen Umständen Aufgabe aller Vorgesetzten, willkürliche Ausschreitungen einzelner [Wehrmachts-] Heeresangehöriger zu verhindern und einer Verwilderung der Truppe vorzubeugen.« Der einzelne Soldat dürfe nicht dahin kommen, daß er gegenüber Landeseinwohnern tut und läßt was ihm dünkt, sondern er ist in jedem Falle »an die Befehle seiner Vorgesetzten« gebunden. Diesen Passus hatte das OKW jedoch nicht übernommen. Daher hielt es der Oberbefehlshaber des Heeres, Generalfeldmarschall von Brauchitsch, – auch auf Drängen mehrerer Oberbefehlshaber und höchster Truppenführer – für geboten, einen Zusatzbefehl (den sogenannten »Disziplinar-Erlaß«) vom 24. Mai 1941 (Dokument Nr. 10) zu erlassen, in dem er mit allem Nachdruck an die Manneszucht appellierte und auf die eigentlichen Aufgaben der kämpfenden Truppe hinwies. Vor allem fügte er als Zusatz zu dem Absatz II der Führerweisung jene Richtlinie hinzu, die General Müller Anfang Mai vorgeschlagen, die aber das OKW nicht berücksichtigt hatte (siehe oben). Brauchitsch schloß mit dem Hinweis: »Ich lege besonderen Wert darauf, daß hierüber bis in die letzte Einheit Klarheit besteht. Rechtzeitiges Eingreifen jedes Offiziers, insbesondere jedes Kompanie-Chefs usw. muß mithelfen, die Manneszucht, die Grundlage unserer Erfolge, zu erhalten.«[27]

Schließlich erließ das OKW am 6. Juni 1941 die ›Richtlinien für die Behandlung politischer Kommissare‹ (den sogenannten »Kommissarbefehl«), die nur bis zu den Oberbefehlshabern der Armeen beziehungsweise Luftflottenchefs schriftlich weitergeleitet werden durften, den übrigen Kommandeuren aber mündlich mitgeteilt werden sollten (Dokument 12). Darin hieß es unter anderem: »Im Kampf gegen den Bolschewismus ist mit einem Verhalten des Feindes nach den Grundsätzen der Menschlichkeit oder des Völkerrechts nicht zu rechnen. Insbesondere ist von den politischen Kommissaren aller Art als den eigentlichen Trägern des Widerstandes eine haßerfüllte, grausame und unmenschliche Behandlung unserer Gefangenen zu erwarten ... Die Urheber barbarischer asiatischer Kampfmethoden sind die politischen Kommissare. Gegen diese muß daher sofort und ohne weiteres mit aller Schärfe vorgegangen werden. Sie sind daher, wenn im Kampf oder Widerstand ergriffen, grundsätzlich sofort mit der Waffe zu erledigen.«

Während die Truppenkommissare, die nicht als Kriegsgefangene im Sinne des Völkerrechts Schutz beanspruchen könnten, »noch auf dem Gefechtsfeld« ohne Ausnahme sofort ausgesondert und »erledigt« werden sollten, unterschied das OKW bei allen anderen politischen Kommissaren und Funktionären zwischen solchen, die sich gegen die Truppe wenden würden – diese sollten beseitigt werden – und denen, die sich keiner feindlichen Handlung schuldig gemacht hätten. Letztere sollten zunächst unbehelligt bleiben. Über die Liquidierungsmaßnahmen hatten die Verbände auf einem kurzen Meldezettel zu berichten.

Im rückwärtigen Heeresgebiet waren Kommissare im Falle zweifelhaften Verhaltens den Einsatzgruppen der Sicherheitspolizei zu übergeben.

Generalfeldmarschall v. Brauchitsch erläuterte den OKW-Erlaß am 8. Juni 1941 hinsichtlich der politischen Kommissare noch dahingehend (Dokument 13), daß ein Vorgehen gegen diese

---

[27] GFM v. Bock notierte dazu in seinem Tagebuch (Fotokopie im Bundesarchiv Koblenz) am 4. Juni 1941: »... Eine Verfügung des OKW ... ist so gehalten, daß sie praktisch jedem Soldaten das Recht gibt, auf jeden Russen, den er für einen Freischärler hält, von vorne oder von hinten zu schießen ... Brauchitsch hat eine Ergänzung zu dieser Verfügung gegeben, die sie wohl abschwächen soll, was aber nur unvollkommen gelingt ... Greiffenberg [Chef Genst.] gebe ich den Auftrag ... festzustellen, ob die angekündigten Bestimmungen wesentliche Änderungen bringen. Ist dies nicht der Fall, so soll G. dem ObdH melden, daß nach meiner Auffassung die Verfügung in dieser Form untragbar und mit der Manneszucht nicht vereinbar ist.« Vgl. auch 7. Juni 1941.

»zur Voraussetzung habe, daß der Betreffende eine besondere erkennbare Handlung oder Haltung gegen die deutsche Wehrmacht gezeigt habe«.

Schärfer interpretierte allerdings General Müller, der General z. b. V. beim Oberbefehlshaber des Heeres, die Richtlinien des OKW am 11. Juni 1941 in Warschau. Vor einer Reihe von Generalstabsoffizieren erklärte er (Dokument 14): in dem kommenden Einsatz müsse »Rechtsempfinden unter Umständen hinter Kriegsnotwendigkeit« treten. Daher sei es erforderlich, »zum alten Kriegsbrauch« zurückzukehren. Einer von beiden Feinden müsse »auf der Strecke bleiben«; die »Träger der feindlichen Einstellung« dürften nicht konserviert, sondern müßten erledigt werden. Was die Bestrafung von »Freischärlern« anbetreffe, so erfordere die Härte des Krieges auch harte Strafen, wie »kollektive Gewaltmaßnahmen durch Niederbrennen, Erschießen einer Gruppe von Leuten usw.«. Die Truppe dürfe sich aber nicht von ihren eigentlichen Aufgaben ablenken lassen oder »im Blutrausch« handeln. Alles müsse zur Sicherung der Truppe und für eine rasche Befriedung des Landes geschehen.

Zur »Rechtfertigung« dieses völkerrechtswidrigen Exekutionsbefehls hat die nationalsozialistische Führung vor allem zwei Argumente angeführt: 1. Der Truppenkommissar beziehungsweise Politruk sei kein richtiger Soldat im Kombattantensinne der Haager Landkriegsordnung (1907). 2. Die von diesen Kommissaren diktierte Kampfweise der Roten Armee würde alle Regeln humaner Kriegführung außer acht lassen. Dazu ist zu bemerken, daß »präventive« Repressalien gegen vermutete völkerrechtswidrige Handlungen des Feindes nicht statthaft sind. Dies haben auch die Kritiker des »Kommissarbefehls« richtig erkannt (vgl. Seite 148), ohne jedoch mit ihren Bedenken bei den maßgebenden Stellen durchzudringen.

Im übrigen war der Truppenkommissar der Roten Armee ein vollwertiges Glied der kämpfenden Truppe; er war bewaffneter Uniformträger und an besonderen Abzeichen erkennbar. Allerdings wurden die Abzeichen während des Ostfeldzuges vorübergehend abgeschafft, nachdem die Führung der sowjetischen Streitkräfte Kenntnis von dem Tötungsbefehl erhalten hatte[28].

---

[28] Vgl. R. Garthoff, Die Sowjetarmee – Wesen und Lehre. Köln 1955, S. 66 ff., 256 f., 280 (Aufgaben), 322; auch Erickson, a. a. O. (s. Anm. 20), S. 42 f., 376, 460, 471, 603.

Mag es auch äußerst schwierig sein, einen der historischen Situation gerecht werdenden Überblick über die de-facto-Handhabung des »Kommissarbefehls« in der Truppe zu gewinnen, so deuten immerhin gewisse Zeugnisse darauf hin, daß bestimmte kämpfende Truppenteile den Befehl weisungsgemäß ausgeführt haben, einige ihn zu umgehen suchten und andere ihn wiederum gar nicht befolgt haben, wie die nachträglichen Aussonderungen von Kommissaren in den Gefangenenlagern bewiesen haben[29].

Am 18. Juni 1941 unterrichtete der Chef des Generalstabes der Heeresgruppe Süd, General von Sodenstern, die Kommandierenden Generale der Heeresgruppe mündlich über den »Kommissarbefehl«. Der Chef des Generalstabes der Heeresgruppe Nord wies am 2. Juli 1941 den Chef des Generalstabes der Panzergruppe 4 darauf hin, daß der »Kommissarbefehl« vernichtet werden müsse, »damit er nicht in Feindeshand« falle und propagandistisch ausgenutzt werden könne (Dokument 16). Und am 10. Juli 1941 meldete die Panzergruppe 4 an die Heeresgruppe Nord, daß sie bis zum 8. Juli einschließlich 101 Kommissare »erledigt« hätte (Dokument 15)[30]. Am 16. August 1941 erkundigte sich der General z.b.V., General Müller, aufgrund der Anfrage einer Heeresgruppe beim OKW, »ob politische Gehilfen bei Kompanien (Politruk) als politische Kommissare im Sinne der Richtlinien anzusehen und entsprechend zu behandeln seien«; das OKW bejahte dies in seinem Antwortschreiben vom 18. August 1941 (vgl. auch Dokument 18).

Seit Mitte August 1941 mehrten sich jedoch gewisse »Bedenken gegen die Zweckmäßigkeit des Kommissarbefehls«. Bis zu diesem Zeitpunkt hatte sich gezeigt, wie verbissen und hartnäckig der Gegner im Osten zu kämpfen verstand. Auch war das Oberkommando des Heeres zu der Erkenntnis gekommen, daß Deutschland die Stärke und Schlagkraft der Roten Armee völlig unterschätzt hatte[31]; die Einsicht nahm zu, daß dieser Feldzug nicht in wenigen Monaten beendet werden konnte. Die Panzer-

---

[29] Vgl. Dok. 36–39. Gen. d. Pz. Tr. Schmidt verbot z. B. seinen Truppenkdr. die Ausführung des K.Befehls. Mitteilung Schmidt an Uhlig vom 15. März 1957. Vgl. auch Dok. 21. Vgl. auch Halder, a. a. O. (s. Anm. 4), Bd. III. Stuttgart 1964, S. 139 (1. August 1941): »Behandlung gefangener Kommissare (werden zum größten Teil erst in den Gefangenenlagern festgestellt).«

[30] Weitere Zeugnisse über die Durchführung des K.Befehls: vgl. IMT, VII, S. 434; Urteil des Amerikan. Militärgerichtshofes in Fall XII, S. 196, 198, 251; S. 177 ff., 248, 258, S. 158.

[31] Jacobsen, a. a. O. (s. Anm. 3), S. 684 ff.

gruppe 3 (Ic), die bis Anfang August 170 »politische Kommissare« (innerhalb der Truppe) »gesondert abgeschoben« hatte, meldete in ihrem Tätigkeitsbericht vom 14. August 1941, daß die »Sonderbehandlung« der politischen Kommissare durch die Truppe zu einem »baldigen Bekanntwerden auf der russischen Seite« und zur »Verschärfung des [feindlichen] Widerstandswillens« geführt hätte (Dokument 19).

Nach einem Bericht des Armeeoberkommandos 2 vom 9. September 1941 (Dokument 20) hatte ein Politruk, der in Zivil gefangengenommen worden war, ausgesagt: Nach seiner »Ansicht würden die politischen Leiter, Kommissare und Offiziere der Roten Armee nicht solchen Widerstand leisten, wenn sie die Gewißheit hätten, bei Gefangennahme oder Überlaufen nicht erschossen zu werden«.

Das Armeeoberkommando 2 folgerte daher, daß die »Auswirkung der scharfen Befehle über die Behandlung der Kommissare und Politruks als Mitursache des zähen feindlichen Widerstandes« anzusehen seien. Noch einen Schritt weiter ging der Kommandierende General des XXXIX. Armeekorps, General der Panzertruppen Schmidt. In einer Denkschrift vom 17. September 1941 forderte er, »als Sofortmaßnahme« den »Schießerlaß für politische Kommissare« aufzuheben (Dokument 21), denn nur, wenn der »einzelne Kommissar« wisse, daß er als Überläufer sein Leben retten könne, werde die bisher festgestellte »innere Geschlossenheit des politischen Führerkorps aufhören«. Schmidt wies aber darauf hin, daß es »auf weite Sicht« noch viel wichtiger sei, »dem russischen Volk eine positive Zukunft zu zeigen«. Wie General v. Thoma dem Chef des Generalstabs des Heeres am 21. September 1941 berichtete, hatte zum Beispiel die 17. Panzerdivision die gefangenen Kommissare nicht erschossen[32].

Als das OKH aber am 23. September 1941 auf Drängen der Fronttruppen das OKW um Lockerung des Kommissarbefehls bat, lehnte Hitler »jede Änderung der bisher erlassenen Befehle zur Behandlung der politischen Kommissare ab« (Dokument 22).

Erst die Erfahrungen des Winterfeldzuges 1941/42, verbunden mit den schweren Erschütterungen der deutschen militärischen Führung und die Tatsache, daß der geplante »Blitzfeldzug« gegen die Sowjetunion gescheitert war, führten zu einer schrittweisen Änderung der oben angedeuteten Einstellung. Nach

[32] Halder, a. a. O. (s. Anm. 29), Bd. III, S. 243.

einer Aufzeichnung im Kriegstagebuch des OKW (Oberst Scherff) hatte Hitler am 6. Mai 1942 befohlen, den sowjetischen Kommissaren und Politruks »zunächst versuchsweise« die »Erhaltung ihres Lebens« zuzusichern, »um die Neigung zum Überlaufen und zur Kapitulation eingeschlossener sowjetischer Truppen zu steigern«.

Daß im ganzen gesehen diese Art der revolutionären, traditionswidrigen Kriegführung (vgl. Dokument 41) keineswegs Beifall im Heer gefunden hat, ist mehrfach überliefert[33]. Im übrigen hat Hitler dies auch mit Erbitterung einsehen müssen. Als er am 18. Oktober 1942 den sogenannten »Kommandobefehl« (Liquidierung der Angehörigen alliierter Kommando-Unternehmen) erließ, mag er erneut gespürt haben, auf welch innere Ablehnung ein solcher bei der Truppe stoßen würde. Gegenüber seinem Adjutanten äußerte er: er wisse ja, daß man im Heer die gegebenen Befehle, wie zum Beispiel den »Kommissarbefehl« (Juni 1941), gar nicht oder nur zögernd befolgt habe. Schuld daran trage das Oberkommando des Heeres, das aus »dem Soldatenberuf möglichst einen Pastorenstand« machen wolle. Wenn er seine »SS nicht hätte, was wäre dann noch alles unterblieben«[34].

Massenexekutionen sowjetischer Kriegsgefangener

1. Weisungen und Befehle

Zweifellos ist ein Teil der russischen Verlustbilanz im zweiten Weltkrieg als *Opfer allgemeiner Kriegsumstände* (Hunger, Seuchen, Entkräftung usw.) zu betrachten (vgl. Dokument 42), aber ein großer Teil ist auf die systematische nationalsozialistische Rassen- und Vernichtungspolitik zurückzuführen, wie sie oben (Seite 139 ff.) angedeutet worden ist. *Grundlage* für die Behandlung sowjetrussischer Kriegsgefangener waren neben dem schon genannten »Kommissarbefehl« und in Verbindung damit die Weisung zur Einschränkung der Kriegsgerichtsbarkeit (vgl. Dokumente 8 und 12), verschiedene *Richtlinien* des OKW und Einsatzbefehle des Chefs der Sicherheitspolizei und des SD, die

---

[33] Vgl. Anm. 25, 29. Vgl. Dok. 28. Vgl. auch die Eintragung U. v. Hassells in sein Tagebuch vom 13. Juli 1941: Vom anderen Deutschland. Zürich 1946, S. 212; Aussage Lahousens vom 17. April 1947, Dok. NO-2894 u. a.
[34] Aufzeichnungen Engel, a. a. O. (s. Anm. 25). Abschrift im Besitz des Verf.

stets im Einvernehmen beider Dienststellen ausgearbeitet worden sind. Wenige Tage vor Beginn des Ostfeldzuges gab das OKW eine Weisung heraus, in der es die folgende Behandlung der Kriegsgefangenen anordnete: »Der Bolschewismus ist der Todfeind des nationalsozialistischen Deutschland. Gegenüber den Kriegsgefangenen der Roten Armee ist daher äußerste Zurückhaltung und schärfste Wachsamkeit geboten. Mit heimtückischem Verhalten insbesondere der Kriegsgefangenen asiatischer Herkunft ist zu rechnen.« OKW fordere daher ein »rücksichtsloses und energisches Durchgreifen bei den geringsten Anzeichen von Widersetzlichkeit, insbesondere gegenüber bolschewistischen Hetzern«. Jeder aktive und passive Widerstand müsse »restlos beseitigt« werden (Dokument 23). Im übrigen entzog dieser Befehl den sowjetischen Kriegsgefangenen generell und kollektiv einen Teil jener Rechte, die aufgrund der Haager Landkriegsordnung von 1907 und des Genfer Abkommens über die Behandlung von Kriegsgefangenen vom 27. Juli 1929 in den europäischen Kriegen Geltung erhalten hatten[35]. Noch schärfer gefaßt waren die »Anordnungen für die Behandlung sowjetischer Kriegsgefangener«, die das OKW am *8. September 1941* erließ (Dokument 31). Ausgehend von der These, daß der augenblickliche Kampf im Osten ein Weltanschauungskrieg sei, stellte das OKW fest: »Der Bolschewismus ist der Todfeind des nationalsozialistischen Deutschland. Zum erstenmal steht dem deutschen Soldaten ein nicht nur soldatisch, sondern auch politisch im Sinne des völkerzerstörenden Bolschewismus geschulter Gegner gegenüber. Der Kampf gegen den Nationalsozialismus ist ihm in Fleisch und Blut übergegangen. Er führt ihn mit jedem ihm zu Gebote stehenden Mittel: Sabotage, Zersetzungspropaganda, Brandstiftung, Mord. Dadurch hat der bolschewistische Soldat jeden Anspruch auf Behandlung als ehrenhafter Soldat und nach dem Genfer Abkommen verloren . . .« Außer dem schon genannten rücksichtslosen energischen Durchgreifen bei den geringsten Zeichen von Widersetzlichkeit befahl das OKW in striktem Gegensatz zu den Bestimmungen der Haager Landkriegsordnung: »Auf flüchtige Kriegsgefangene ist sofort ohne vorherigen Haltruf zu schießen . . . Waffengebrauch gegenüber sowjetischen Kriegsgefan-

---

[35] Stellungnahme Uhlig vom 15. April 1963 an den Oberstaatsanwalt beim Landgericht Frankfurt. Dazu zählten u. a.: Überwachung, caritative Betreuung und Rechtshilfe durch die Schutzmacht des kriegführenden Staates (Schweden) und durch internat. Hilfsgesellschaften (Rotes Kreuz), Strafvollzug, Melde- und Auskunftssystem, Kriegsgefangenenpost, Regeln für die Verpflegung.

genen gilt in der Regel als rechtmäßig« (vgl. Einschränkung der Kriegsgerichtsbarkeit: Dokument 8). Aufgrund einer Vereinbarung mit dem Chef des Allgemeinen Wehrmachtsamts im OKW (AWA), General Reinecke, erließ Heydrich in seinem *Einsatzbefehl Nr. 8* vom 17. Juli 1941 allgemeine Richtlinien für die in die Stammlager und Durchgangslager abzustellenden Kommandos des Chefs der Sicherheitspolizei und des SD und für die Aussonderung von Zivilpersonen und verdächtigen Kriegsgefangenen des Ostfeldzuges in den Kriegsgefangenenlagern im besetzten Gebiet, im Operationsgebiet im Generalgouvernement und in den Lagern des Reiches (Dokument 24).

Als »Absicht« stellte Heydrich heraus: Die Wehrmacht müsse sich »umgehend von allen denjenigen Elementen unter den Kriegsgefangenen befreien«, die als »bolschewistische Triebkräfte« anzusehen seien. Die »besondere Lage des Ostfeldzuges« verlange »besondere Maßnahmen, die frei von bürokratischen und verwaltungsmäßigen Einflüssen verantwortungsfreudig durchgeführt werden müßten. Politisch handele es sich darum, »das deutsche Volk vor [den] bolschewistischen Hetzern zu schützen und das besetzte Gebiet alsbald fest in die Hand zu nehmen«.

Um das »gesteckte« Ziel zu erreichen, befahl Heydrich ein ganz bestimmtes Aussonderungsverfahren. Als erstes sollten die russischen Kriegsgefangenen nach bestimmten Kategorien voneinander getrennt werden (so zum Beispiel nach Zivilpersonen, Soldaten, politisch untragbaren Elementen, besonders vertrauenswürdigen Personen, Volkstumsgruppen). Die Aussonderung »politisch untragbarer Elemente« unter den Soldaten und Zivilpersonen sollten die Einsatzkommandos der SP und des SD vornehmen, die auch im einzelnen über das Los der »Verdächtigen« nach den Weisungen vom Chef SiPo und des SD zu entscheiden hatten. Diese Sonderkommandos, in Stärke von einem »SS-Führer und vier bis sechs Mann«, hatten in erster Linie ausfindig zu machen: 1. Alle bedeutenden Funktionäre des Staates und der Partei, insbesondere Berufsrevolutionäre. 2. Funktionäre des Komintern. 3. Alle maßgebenden Parteifunktionäre der KPdSU und ihrer Nebenorganisationen in den Zentralkomitees, den Gau- und Gebietskomitees. 4. Alle Volkskommissare und ihre Stellvertreter. 5. Alle ehemaligen politischen Kommissare der Roten Armee. 6. Die leitenden Persönlichkeiten der Zentral- und Mittelinstanzen bei den staatlichen Behörden. 7. Die führenden Persönlichkeiten des Wirtschaftslebens. 8. Die sowjetischen Intelligenzler und Juden, »soweit es sich um Berufsrevolutionäre oder Politiker, Schriftsteller, Redakteure, Komintern-Angestellte usw. handelt« und 9. Alle Personen, die als Aufwiegler oder fanatische Kommunisten festgestellt werden.

Da den Sonderkommandos keine Hilfsmittel für die Durchführung ihrer Aufgaben zur Verfügung gestellt werden konnten, sollten sie mit Hilfe der Lager-Kommandanten, bestimmter V-Personen unter den Kriegsgefangenen und durch Verhöre der Lagerinsassen »alle auszuscheidenden Elemente Zug um Zug« ermitteln. Durch kurze »Vernehmung der Festgestellten und eventuelle Befragung anderer Kriegsgefangener« hatten sich die Kommandos »in jedem Fall endgültig Klarheit über die zu treffenden Maßnahmen zu verschaffen«. (Zur Prozedur der Aussonderung, Liquidierung usw. vgl. Dokumente 33, 34, 36, 37, 38, 39 und 40.)

Die Angabe eines V-Mannes (so nach dem Einsatzbefehl Nr. 14 vom 29. Oktober 1941[36] wahrscheinlich aufgrund gemachter Erfahrungen) genügte später jedoch nicht mehr ohne weiteres, einen Lagerinsassen als verdächtig zu bezeichnen.

Vor »Durchführung der Exekutionen« – entsprechend der gegebenen Richtlinien – hatten sich die Führer der Einsatzkommandos wegen des Vollzuges jeweils mit den Leitern der in Frage kommenden Staatspolizeistellen beziehungsweise mit den Kommandeuren des für ihr Lager zuständigen Gebietes in Verbindung zu setzen. Jedoch sollten die Exekutionen weder im Lager selbst noch in unmittelbarer Nähe erfolgen; auch sollten sie nicht öffentlich, sondern unauffällig durchgeführt werden.

Entsprechend dem Einsatzbefehl Nr. 14 vom 29. Oktober 1941 (Dokument 32) konnten die Chefs der Einsatzgruppen in »eigener Verantwortlichkeit« über die Exekutionsvorgänge entscheiden und den Sonderkommandos die notwendigen Weisungen erteilen.

Im Geiste derartiger Weisungen sind auch vereinzelt Befehle höherer Truppenbefehlshaber abgefaßt worden. So befahl zum Beispiel der Oberbefehlshaber der 6. Armee, Generalfeldmarschall v. Reichenau, am 10. Oktober 1941, daß der deutsche Soldat »als Träger einer unerbittlichen völkischen Idee« vor allem zwei Aufgaben zu erfüllen habe: »die völlige Vernichtung der bolschewistischen Irrlehren, des Sowjetstaates und seiner Wehrmacht; und die erbarmungslose Ausrottung artfremder Heim-

[36] Nürnbg. Dok. NO-3422 (Fotokopien im Institut für Zeitgeschichte München).

tücke und Grausamkeit und damit die Sicherung des Lebens der deutschen Wehrmacht in Rußland.«[37]

Allerdings hat es auch nicht an Eingaben und Stimmen gefehlt, in denen gegen derartige Anordnungen zur Behandlung sowjetischer Kriegsgefangener energisch Stellung genommen wurde[38]. Am schärfsten kritisierte solche der Chef des Amtes Ausland/ Abwehr im OKW, Admiral Canaris. Sowohl vom »grundsätzlichen Standpunkt« (die Behandlung russischer Kriegsgefangener widerspreche den kriegsrechtlichen Normen) aus als auch »wegen der sicherlich eintretenden nachteiligen Folgen in politischer und militärischer Hinsicht« äußerte Canaris am 15. September 1941 »schwere Bedenken« gegen den Erlaß vom 8. September 1941 (Dokumente 28, 29). Jedoch vermerkte der Chef des Oberkommandos der Wehrmacht auf der Eingabe handschriftlich: »Die Bedenken entsprechen den soldatischen Auffassungen vom ritterlichen Krieg. Hier handelt es sich um die Vernichtung einer Weltanschauung. Deshalb billige ich die Maßnahmen und decke sie.« Nach einem OKH-Befehl (Generalquartiermeister) vom 7. Oktober 1941 wurde in Abänderung der früheren Weisungen in den Durchgangslagern der Einsatz von Sonderkommandos der Sicherheitspolizei und des SD zur Aussonderung untragbarer Elemente »in eigener Verantwortlichkeit« wie folgt geregelt[39]:

»a) Die für diese Aufgabe vorgesehenen Sonderkommandos werden den Beauftragten des Chefs der SP und des SD bei den Befehlshabern des rückwärtigen Heeresgebiets auf der Grundlage der mit Bezugsverfügung a) übersandten Vereinbarung vom 28. 4. 41 unterstellt [Dokument 3].

b) Der Einsatz der Sonderkommandos ist im Einvernehmen mit den Befehlshabern des rückwärtigen Heeresgebiets (Kriegsgefangenenbezirks-Kommandanten) so zu regeln, daß die Aussonderung möglichst unauffällig vorgenommen und die Liquidierungen ohne Verzug und soweit abseits von den Dulag und von Ortschaften durchgeführt werden, daß sie den sonstigen Kriegsgefangenen und der Bevölkerung nicht bekannt werden.

c) Die Oberbefehlshaber der Heeresgruppen und die Befehlshaber des rückwärtigen Heeresgebiets können ent-

---

[37] Vgl. Jacobsen, a. a. O. (s. Anm. 3), S. 578 f.; vgl. auch L. Poliakov und J. Wulf, Das Dritte Reich und seine Diener. Berlin 1956, 2. Aufl., S. 451 ff. (Befehl des AOK 11 vom 20. 11. 1941).
[38] Vgl. Dallin, a. a. O. (s. Anm. 10), S. 42 ff., 558 ff.
[39] Nürnbg. Dok. NO-3422, OKH, Genst. d. H., Gen. Qu., Abt. Kriegsverw. (hier: Entwurf).

sprechend der Vereinbarung vom 28. 4. den Einsatz der Sonderkommandos in Teilen des rückwärtigen Heeresgebiets mit Rücksicht auf die Operationen ausschließen.

d) In solchen Dulags des rückwärtigen Heeresgebiets, in denen eine Aussonderung durch die Sonderkommandos noch nicht erfolgen konnte, ist unter Verantwortung der Kommandanten nach den bisherigen Bestimmungen zu verfahren. Mit Eintreffen der Sonderkommandos ist die Aussonderung untragbarer Elemente ausschließlich deren Aufgabe. Gemeinsam durchgeführte Aussonderungen usw. haben zu unterbleiben.

3. Eine schriftliche – auch auszugsweise – Weitergabe dieses Befehls hat zu unterbleiben. Die Bekanntgabe an die Kgf. Bez. Kommandanten und Kommandanten der Dulag hat mündlich zu erfolgen.«

Zweifellos lieferten alle diese Befehle die Handhabe für zahllose Willkürmaßnahmen, die eben nicht nur auf spontane Übergriffe einzelner untergeordneter Stellen oder auf persönliche Brutalität zurückzuführen waren (vgl. Arbeitseinsatz von Kriegsgefangenen durch Armeebefehl zum Minenräumen hinter der Front, Mißhandlungen, völlig unzulängliche Verpflegung und sanitäre Betreuung). Er schuf jene Verhältnisse, in denen die von den Einsatzgruppen betriebene »Aussonderung« ganzer großer Gruppen von Kriegsgefangenen zur Exekution mit einer gewissen Heimlichkeit betrieben werden konnte[40].

Das OKW hat diese einseitigen Diskriminierungen völkerrechtlich damit zu begründen versucht, daß die Sowjetunion das Genfer Abkommen über die Behandlung von Kriegsgefangenen vom 27. Juli 1929 – im Gegensatz zur Konvention über die Behandlung von Verwundeten – nicht ratifiziert habe und daß sie außerdem nicht auf das finnische Anerbieten eingegangen sei, während des finnisch-russischen Winterkrieges 1939/40 die Konvention auf der Grundlage der Gegenseitigkeit als praktisch verbindlich zu betrachten. Es ist auch später (zum Beispiel von der Verteidigung im sogenannten OKW-Prozeß, Fall XII des IMT) geltend gemacht worden, daß die Sowjetunion nie eine Erklärung abgegeben habe, wonach sie kraft Sukzession oder durch einen formellen eigenen Schritt zu den Paktstaaten der Haager Landkriegsordnung von 1907 gehöre. Die Haager Landkriegsordnung (HLKO) enthält nämlich schon eine ganze Reihe von Bestimmungen zum Schutz der Kriegsgefangenen, die

[40] Uhlig, a. a. O. (s. Anm. 35), auch für das Folgende.

durch den Befehl des OKW Abt. Kriegsgefangene vom 16. Juli 1941 zu ungunsten der sowjetischen Kriegsgefangenen außer Kraft gesetzt worden sind (Text unter anderem in ›Die Genfer Rotkreuz-Abkommen vom 12. August 1949‹ mit einer Einführung von D. A. Schlögl, Mainz 1955, Seite 280 ff.).

Tatsächlich hat die Sowjetunion in einer offiziellen Note vom 17. Juli 1941 ihre Schutzmacht Schweden beauftragt, der deutschen Reichsregierung bekanntzugeben, daß die Sowjetregierung die sogenannte IV. Haager Konvention vom 18. Oktober 1907 als verbindlich für ihre Kriegführung betrachte, selbstverständlich auf der Grundlage der Gegenseitigkeit. (Der Rat der Volkskommissare der UdSSR hat am 1. Juli 1941 einen »Erlaß über Kriegsgefangene« beschlossen, der sich streng an die Bestimmungen des IV. Haager Abkommens vom 18. Oktober 1907 hält. Dieser Erlaß ist – wie seine Verwendung als Anlage zur Vortragsnotiz des Amtes Ausland/Abwehr [Canaris] vom 15. September 1941 beweist [Dokument 14] – der Reichsregierung beziehungsweise dem OKW bekannt geworden. Wieweit er praktisch befolgt wurde, ist eine zweite Frage, die überdies eng verkoppelt ist mit dem Repressalienproblem.) Das sowjetische Außenministerium hat in einem Telegramm vom 8. August 1941 das Genfer Internationale Comité vom Roten Kreuz von diesem Schritt verständigt. (Wortlaut in Anmerkung 31 zu ›Der verbrecherische Befehl‹ in Beilage Nr. 57 vom 15. Juli 1957 zu ›Das Parlament‹). Die deutsche Reichsregierung hat jedoch dieses Anerbieten ignoriert und in weiteren Befehlen beziehungsweise Erlassen für Wehrmacht, Polizei und Einsatzgruppen die Fiktion aufrechterhalten, die Sowjetunion stehe durch eigene Intransigenz außerhalb des kodifizierten Kriegsrechts. Im Gegensatz zum Deutschen Reich haben Finnland, Italien, die Slowakische Republik und Rumänien der Sowjetregierung im Juli/August 1941 via Internationales Comité vom Roten Kreuz offiziell angeboten, das Abkommen betreffs Kriegsgefangenenbehandlung vom 27. Juli 1929 gegenüber sowjetischen Kriegsgefangenen zu beachten.

2. Durchführung

Aus den zahllosen »Ereignismeldungen UdSSR Nr. ...«, die der Chef der Sicherheitspolizei und des SD, Gestapo-Abteilung (Kommunismus) mit Beginn des Ostfeldzuges in über 50–60 Ausfertigungen anfertigen und verteilen ließ, ist ein umfassendes Bild von der Tätigkeit der deutschen Vernichtungskommandos in Rußland zu gewinnen. So meldete die Einsatzgruppe A am 15. Oktober 1941, sie habe bisher 125 000 Juden und 5 000 andere »liquidiert«, die Einsatzgruppe B berichtete von 45 000 Opfern bis zum 14. November 1941, die Einsatzgruppe C von 75 000 Juden und 5 000 »anderen« (meist Kommissare, Funktionäre usw.), während das Einsatzkommando D am 12. Dezember 1941 von 55 000 sprach, die es beseitigt hatte[41].

Berichte über die Erschießung von über 300 jüdischen und kommunistischen Kriegsgefangenen in einem Stalag des Wehrbereichs XX (Danzig)[42] oder über die planmäßige »Überholung der Gefangenenlager« (das heißt Säuberung) (Ereignismeldung Nr. 47 vom 9. August 1941) sind ebenso beispielhaft für die seit dem 22. Juni 1941 angelaufene Exekution aus rassischen und politischen Motiven wie die Ereignismeldung Nr. 132 vom 11. Dezember 1941, in der es unter »Vollzugstätigkeit« u. a. hieß:

»In Borispol wurden auf Anforderung des Kommandanten der dortigen Kriegsgefangenenlager durch einen Zug des Sonderkommandos 4 am 14.10.41 752 und am 16.10.41 357 jüdische Kriegsgefangene, darunter einige Kommissare und 78 vom Lagerarzt übergebene jüdische Verwundete erschossen. Gleichzeitig exekutierte derselbe Zug 24 Partisanen und Kommunisten, die vom Ortskommandanten in Borispol festgenommen worden waren ... Ein anderer Zug des Sonderkommandos 4a wurde in Lubny tätig und exekutierte störungslos 1865 Juden, Kommunisten und Partisanen, darunter 53 Kriegsgefangene und einige jüdische Flintenweiber.«

»Die durch die teilweise sehr schlechten Witterungs- und Wegeverhältnisse beeinflußte Arbeit des Sonderkommandos 4b beschränkte sich im wesentlichen auf den Stadtbereich Poltawa. In der Woche vom 4. 10. 1941 bis 10. 10. 1941 wurden insgesamt 186 Personen exekutiert, davon 21 politische Funktionäre, 4 Saboteure und Plünderer und 161 Juden.«

»Die Zahl der durch das Einsatzkommando 5 Exekutierten betrug am 20.10.41 insgesamt 15 110. In der Zeit vom 13.10. 41 bis 19.10.41 sind davon 20 politische Funktionäre, 21 Sa-

[41] Hilberg, a. a. O. (s. Anm. 10), S. 192, Anm. 20–23.
[42] Vgl. allgemein: G. Reitlinger, Ein Haus auf Sand gebaut. Hamburg 1962, S. 114 ff. (Die Kriegsgefangenen).

boteure und Plünderer und 1047 Juden erschossen worden...
Das Einsatzkommando 5 exekutierte in der Zeit vom 28.9.
1941 bis 4.10.1941 in Kriwoj-Rog 8 politische Funktionäre
und 2 Saboteure und in der Zeit vom 28.9.1941 bis 4.10.1941
in Dnjepropetrowsk 85 politische Funktionäre, 14 Saboteure
und Plünderer und 179 Juden...«

Am 5. Dezember 1941 berichtete der Chef der Abteilung Gestapo im Reichssicherheitshauptamt, SS-Gruppenführer Müller, bei einer Besprechung zwischen Vertretern des OKW, des Ostministeriums und des RSHA, daß »bisher nur rund 22000 russische Kriegsgefangene ausgesondert und von diesen etwa 16000 liquidiert worden seien«[43].

Wie die Truppenverbände über die Gefangenenlage im einzelnen an ihre vorgesetzten Dienststellen berichteten, geht aus drei monatlichen Meldungen des AOK 11 von Anfang 1942 hervor[44].

Danach waren am:	a] gestorben erschossen	b] geflohen	c] an SD übergeben	entlassen	Gesamt- abgänge
7.1.1942:	135	181	140	26	507
6.2.1942:	1116	155	111	2293	3680
6.3.1942:	1115	36	66	298	1522

Neben den jüdischen Gefangenen, den sogenannten Intellektuellen, den Kommissaren und den als kommunistisch überzeugten Verdächtigen (Ereignismeldungen vom 20. August und 16. September 1941) fielen in den ersten Monaten des Krieges auch mohammedanische Gefangene den verschiedenen Exekutionskommandos zum Opfer, weil sie beschnitten waren. Zehntausende von Gefangenen nichtjüdischer Herkunft fanden den Tod, da einzelnen Vernehmungskommandos bereits »bestimmte Gesichtszüge« genügten, um ihr Urteil zu fällen[45]. Allerdings ist die hohe Quote der Todesopfer 1941/42 auch vor allem darauf zurückzuführen, daß die bei den Kesselschlachten 1941 in deutsche Kriegsgefangenschaft geratenen russischen Soldaten nicht hinreichend untergebracht und versorgt werden konnten. Außerdem hatte es Hitler aus politischen Gründen untersagt, die Kriegsgefangenen in das Reich abzutransportieren. Die vom OKW befohlene Unterbringung in den Reichskommissariaten erwies sich bald als völlig unzureichend, so

[43] Nürnbg. Dok. NOKW-147.
[44] Nürnbg. Dok. NOKW-1284.
[45] Vgl. Dallin, a. a. O. (s. Anm. 10), S. 431.

daß Hitler Ende Oktober 1941 seinen Befehl wieder rückgängig machte[46].

Eine große Anzahl von Kriegsgefangenen wurde außerdem auf den endlosen Transporten erschossen, darunter die sogenannten Nachzügler, die aus Erschöpfung nicht weiter konnten, oder diejenigen, die sich wegstehlen wollten und dabei entdeckt wurden. Hinzu kamen die vielen Invaliden, die die Märsche nicht überstehen konnten. Nach einem Inspektionsbericht von Oberst Lahousen (OKW, Amt Ausland/Abwehr) vom 23. Oktober 1941 (Dok. NOKW-3147) hatte das Armeeoberkommando 6 befohlen, »alle schlappmachenden Kgf. zu erschießen«. Bedauerlicherweise werde »dies an der Straße, selbst in Ortschaften vorgenommen, so daß die einheimische Bevölkerung Augenzeuge dieser Vorgänge« geworden sei. Die meisten der in die Konzentrationslager »entlassenen« Kriegsgefangenen wurden entweder von Sonderkommandos liquidiert oder auch durch Phenolinjektionen (zum Beispiel in Sachsenhausen) beziehungsweise durch Genickschußapparate getötet. Sehr wahrscheinlich hat der Lagerkommandant von Auschwitz, Rudolf Höß, im September 1941 die ersten Versuche mit dem Zyangas Zyklon B an 600 invaliden russischen Kriegsgefangenen unternommen[47].

Der Tod von Hunderttausenden von russischen Kriegsgefangenen 1941/42 veranlaßte sogar den Reichsminister für die besetzten Ostgebiete, Rosenberg, einen Brief an den Chef OKW zu richten. Er forderte die Behandlung der Kriegsgefangenen nach den Gesetzen der Menschlichkeit. ». . . Man könne wohl ohne Übertreibung sagen, daß die Fehler in der Kriegsgefangenenbehandlung zu einem großen Teil die Ursachen für die sich vertiefende Widerstandskraft der Roten Armee seien und damit auch für den Tod Tausender deutscher Soldaten.«[48]

Erst die im Frühjahr 1942 einsetzende umfassende Aushebung von russischen Zwangsarbeitern für die deutsche Wehr- und Rüstungswirtschaft führte zu einer langsamen Verbesserung der Lebensbedingungen der Kriegsgefangenen und einem Nachlassen der Massenexekutionen (vgl. auch Dokument 35). Aller-

[46] Ebenda, S. 424; Halder, a. a. O. (s. Anm. 4), Bd. III, S. 289, Anm. 2 (14. 11. 1941). Der Chef Genst. d. H. notierte über einen Aufenthalt in Molodetschno: »Fleckfieber-Russenlager (20 000) zum Aussterben verurteilt. Mehrere deutsche Ärzte tödlich erkrankt. In anderen Lagern in der Umgebung zwar kein Fleckfieber, aber täglich Abgang von zahlreichen Gefangenen durch Hungertod. Grauenhafte Eindrücke, gegen die aber eine Abhilfe im Augenblick nicht möglich erscheint.«
[47] Reitlinger, a. a. O. (s. Anm. 42), S. 146 f.
[48] Dallin, a. a. O. (s. Anm. 10), S. 430.

dings war dies nicht der politischen Einsicht zuzuschreiben, »sondern der plötzlichen Erkenntnis, daß dem [deutschen] Arbeitsmarkt dringende Kräfte zugeführt werden« müßten. Es entstand nun das »groteske Bild, daß nach dem gewaltigen Hungersterben der Kriegsgefangenen Hals über Kopf Millionen von Arbeitskräften . . . angeworben werden mußten«[49].

In einem Nachweis über den Verbleib sowjetischer Kriegsgefangener, den die Organisations-Abteilung des Amtes für Kriegsgefangenenwesen des AWA (OKW) am 1. Mai 1944 herausgegeben hat, ist die Gesamtzahl der in deutsche Gefangenschaft geratenen Rotarmisten mit 5 165 381 angegeben worden (Dokument 42). Die Statistik registrierte fast 2 Millionen »Abgänge« als »Todesfälle«, 280 000 Soldaten und Offiziere, die in den Durchgangslagern umgekommen oder verschwunden waren, außerdem 1 030 157 Gefangene, die entweder auf der Flucht erschossen oder an die Sicherheitsdienste übergeben, damit also liquidiert beziehungsweise in Konzentrationslager verbracht worden waren. Die Gesamtbilanz von über 3,3 Millionen Todesopfern dürfte eher zu niedrig als zu hoch veranschlagt worden sein, zumal bis 1945 vermutlich 5,7 Millionen russische Soldaten in deutsche Kriegsgefangenschaft geraten sind, von denen über 1 Million in den Lagern überlebten; hinzu kommen die sogenannten Hilfswilligen und Osttruppen (Armenier, Kaukasier, Mohammedaner, Wlassowtruppen usw.) »in einer vermutlichen Stärke zwischen 800 000 und 1 Million« Mann[50].

Ich habe dem nichts mehr hinzuzufügen.

[49] Ebenda, S. 436 (Feststellung von O. Bräutigam).
[50] Eine genaue Statistik der Ostfreiwilligen lag dem Verf. nicht vor. Vgl. aber Dallin, a. a. O. (s. Anm. 10), S. 509 ff.

Dokumenten-Anhang

Dokument Nr. 1

Oberkommando der Wehrmacht   F. H. Qu., den 13. März 1941
WFSt/Abt. L (IV/Qu)
44125/41 g. K. Chefs.
Geheime Kommandosache   5 Ausfertigungen
Chefsache!   4. Ausfertigung
Nur durch Offiziere!
Bezug: WFSt/Abt. L (I) Nr. 33 408/40
g. K. Chefs. v. 18. 12. 40
Richtlinien auf Sondergebieten zur Weisung Nr. 21
(Fall Barbarossa)

I. Operationsgebiet und vollziehende Gewalt

1. In Ostpreußen und im Generalgouvernement werden spätestens
   4 Wochen vor Operationsbeginn durch OKW die innerhalb der
   Wehrmacht für ein Operationsgebiet gültigen Befehlsbefugnisse
   und Bestimmungen für die Versorgung in Kraft gesetzt werden.
   Vorschlag legt OKH zeitgerecht nach Einvernehmen mit Ob.
   d. L. vor.
   Eine Erklärung Ostpreußens und der Generalgouvernements zum
   Operationsgebiet des Heeres ist nicht beabsichtigt. Dagegen ist
   der Ob. d. H. auf Grund der nichtveröffentlichten Führererlasse
   vom 19. und 21. 10. 1939 berechtigt, diejenigen Maßnahmen anzuordnen, die zur Durchführung seines militärischen Auftrages
   und zur Sicherung der Truppe notwendig sind. Diese Ermächtigung kann er auf die Oberbefehlshaber der Heeresgruppen und
   Armeen weiter übertragen. Derartige Anordnungen gehen allen
   anderen Obliegenheiten und den Weisungen ziviler Stellen
   vor.
2. Das im Zuge der Operationen zu besetzende russische Gebiet
   soll, sobald der Ablauf der Kampfhandlungen es erlaubt, nach
   besonderen Richtlinien in Staaten mit eigenen Regierungen aufgelöst werden. Hieraus folgert:
   a) Das mit dem Vorgehen des Heeres über die Grenzen des Rei-
      ches und der Nachbarstaaten gebildete Operationsgebiet des
      Heeres ist der Tiefe nach soweit als möglich zu beschränken.
      Der Ob. d. H. hat die Befugnis, in diesem Gebiet die voll-
      ziehende Gewalt auszuüben mit der Ermächtigung, sie auf die
      Oberbefehlshaber der Heeresgruppen und Armeen zu über-
      tragen.

b) Im Operationsgebiet des Heeres erhält der Reichsführer SS zur Vorbereitung der politischen Verwaltung Sonderaufgaben im Auftrage des Führers, die sich aus dem endgültig auszutragenden Kampf zweier entgegengesetzter politischer Systeme ergeben. Im Rahmen dieser Aufgaben handelt der Reichsführer SS selbständig und in eigener Verantwortung. Im übrigen wird die dem Ob. d. H. und den von ihm beauftragten Dienststellen übertragene vollziehende Gewalt hierdurch nicht berührt. Der Reichsführer SS sorgt dafür, daß bei Durchführung seiner Aufgaben die Operationen nicht gestört werden. Näheres regelt das OKH mit dem Reichsführer SS unmittelbar.

c) Sobald das Operationsgebiet eine ausreichende Tiefe erreicht hat, wird es rückwärts begrenzt. Das neubesetzte Gebiet rückwärts des Operationsgebietes erhält eine eigene politische Verwaltung. Es wird entsprechend den volkstumsmäßigen Grundlagen und in Anlehnung an die Grenzen der Heeresgruppen zunächst in Nord (Baltikum), Mitte (Weißrußland) und Süd (Ukraine) unterteilt. In diesen Gebieten geht die politische Verwaltung auf Reichskommissare über, die ihre Richtlinien vom Führer empfangen.

3. Zur Durchführung aller militärischen Aufgaben in den politischen Verwaltungsgebieten rückwärts des Operationsgebietes werden Wehrmachtsbefehlshaber eingesetzt, die dem Chef des Oberkommandos der Wehrmacht unterstehen.

Der Wehrmachtsbefehlshaber ist der oberste Vertreter der Wehrmacht in dem betreffenden Gebiet und übt die militärischen Hoheitsrechte aus. Er hat die Aufgaben eines Territorialbefehlshabers und die Befugnisse eines Armee-Oberbefehlshabers bzw. kommandierenden Generals.

In dieser Eigenschaft obliegen ihm vor allem folgende Aufgaben:

a) Enge Zusammenarbeit mit dem Reichskommissar, um ihn in seiner politischen Aufgabe zu unterstützen.

b) Ausnutzung des Landes und Sicherung seiner wirtschaftlichen Werte für die Zwecke der deutschen Wirtschaft (s. Ziff. 4).

c) Ausnutzung des Landes für die Versorgung der Truppe nach den Anforderungen des OKH.

d) Militärische Sicherung des gesamten Gebietes, vor allem der Flughäfen, Nachschubstraßen und Nachschubeinrichtungen gegen Aufruhr, Sabotage und feindliche Fallschirmtruppen.

e) Straßenverkehrsregelung.

f) Regelung der Unterkunft für Wehrmacht, Polizei und Organisationen, für Kriegsgefangene, sofern sie in den Verwaltungsgebieten bleiben.

Gegenüber den zivilen Dienststellen hat der Wehrmachtsbefehlshaber das Recht, die Maßnahmen anzuordnen, die zur Durchführung der militärischen Aufgaben erforderlich sind.

Seine Anordnungen auf diesem Gebiet gehen allen anderen, auch denen der Reichskommissare, vor.

Dienstanweisung, Aufstellungsbefehl und Anweisungen über die Zuteilung der erforderlichen Kräfte folgen gesondert.

Der Zeitpunkt der Befehlsübernahme durch die Wehrmachtsbefehlshaber wird befohlen werden, sobald die militärische Lage einen Wechsel in den Befehlsverhältnissen ohne Störung der Operationen zuläßt. Bis dahin bleiben die vom OKH eingesetzten Dienststellen nach denselben Grundsätzen, wie sie für die Wehrmachtsbefehlshaber festgelegt sind, in Tätigkeit.

4. Mit der einheitlichen Leitung der Wirtschaftsverwaltung im Operationsgebiet und in den politischen Verwaltungsgebieten hat der Führer den Reichsmarschall beauftragt, der diese Aufgaben dem Chef des WiRü Amtes übertragen hat. Besondere Richtlinien hierzu ergehen vom OKW/WiRü Amt.

5. Die Masse der Polizeikräfte wird den Reichskommissaren unterstellt. Forderungen auf Unterstellung von Polizeikräften im Operationsgebiet werden vom OKH frühzeitig an OKW/WFStab/Abt. Landesverteidigung erbeten.

6. Das Verhalten der Truppe gegenüber der Bevölkerung und die Aufgaben der Wehrmachtsgerichte werden gesondert geregelt und befohlen werden.

II. Personen-, Waren- und Nachrichtenverkehr

7. Für die vor Beginn der Operationen erforderlichen Maßnahmen zur Beschränkung des Personen-, Waren- und Nachrichtenverkehrs nach Rußland ergehen durch OKW/WFSt besondere Richtlinien.

8. Mit Beginn der Operationen ist die deutsch-sowjetische Grenze später die rückwärtige Grenze des Operationsgebietes durch den Ob. d. H. für jeden nichtmilitärischen Personen-, Waren- und Nachrichtenverkehr mit Ausnahme der vom Reichsführer SS nach Weisung des Führers einzusetzenden Polizeiorgane, zu sperren. Unterkunft und Versorgung dieser Organe regelt OKH-Gen. Qu., der hierzu beim Reichsführer SS die Abstellung von Verbindungsoffizieren anfordern kann.

Die Grenzsperre erstreckt sich auch auf leitende Persönlichkeiten und Beauftragte der Obersten Reichsbehörden und Dienststellen der Partei. OKW/WFSt wird die Obersten Reichsbehörden und Parteidienststellen dementsprechend benachrichtigen. Über Ausnahmen von dieser Grenzsperre entscheiden der Ob. d. H. und die von ihm beauftragten Dienststellen.

Von den für die Polizeiorgane des Reichsführers SS nötigen Sonderregelungen abgesehen, sind Anträge auf Einreisegenehmigungen ausschließlich an den Ob. d. H. zu leiten.

III. Richtlinien für Rumänien, Slowakei, Ungarn und Finnland

9. Die erforderlichen Vereinbarungen mit diesen Staaten werden entsprechend den Anträgen der Oberkommandos vom OKW in Verbindung mit dem Auswärtigen Amt getroffen. Soweit darüber hinaus im weiteren Verlauf der Operationen besondere Rechte sich als notwendig erweisen sollten, sind sie beim OKW zu beantragen.

10. Polizeiliche Maßnahmen zum unmittelbaren Schutz der Truppe sind, unabhängig von der Übertragung besonderer Rechte, zulässig. Weitere Anordnungen hierüber ergehen später.

11. Besondere Anordnungen für den Bereich dieser Staaten über:
Beschaffung von Verpflegung und Futtermitteln, Unterkunft und Gerät,
Ankauf und Warenversand,
Geldversorgung und Zahlungsregelung,
Besoldung,
Schadenersatzansprüche,
Post- und Telegrafenwesen,
Verkehrswesen,
Gerichtsbarkeit,
folgen später.
Wünsche der Wehrmachtteile und Dienststellen des OKW auf diesen Gebieten an die Regierungen dieser Länder sind dem OKW/WFSt/Abt. Landesverteidigung bis zum 27. März 1941 anzumelden.

IV. Richtlinien für Schweden

12. Da Schweden lediglich Durchmarschgebiet werden kann, sind für den Befehlshaber der deutschen Truppen keine besonderen Befugnisse vorgesehen. Er ist jedoch berechtigt und verpflichtet, den unmittelbaren Schutz der Eisenbahntransporte gegen Sabotageakte und Angriffe sicher zu stellen.

Der Chef des Oberkommandos der Wehrmacht
Keitel

Verteiler:

Ob. d. H.	1. Ausfertigung	R. d. L. u. Ob. d. L.	3. Ausfertigung
Ob. d. M.	2. Ausfertigung	W. F. St.	4. Ausfertigung
		Abt. L.	5. Ausfertigung

Dokument Nr. 2

Oberkommando des Heeres   26. März 1941
Gen. St. d. H./Gen. Qu.
Geheim

Die Durchführung besonderer sicherheitspolizeilicher Aufgaben außerhalb der Truppe macht den Einsatz von Sonderkommandos der Sicherheitspolizei (SD) im Operationsgebiet erforderlich. Mit Zustimmung des Chefs der Sicherheitspolizei und des SD wird der Einsatz der Sicherheitspolizei und des SD im Operationsgebiet wie folgt geregelt:

1. Aufgaben
   a) Im rückwärtigen Armeegebiet:
      Sicherstellung vor Beginn von Operationen festgelegter Objekte (Material, Archive, Karteien von reichs- oder staatsfeindlichen Organisationen, Verbänden, Gruppen usw.) sowie besonders wichtiger Einzelpersonen (führende Emigranten, Saboteure, Terroristen usw.).
      Der Oberbefehlshaber der Armee kann den Einsatz der Sonderkommandos in Teilen des Armeegebiets ausschließen, in denen durch den Einsatz Störungen der Operationen eintreten können.
   b) Im rückwärtigen Heeresgebiet:
      Erforschung und Bekämpfung der staats- und reichsfeindlichen Bestrebungen, soweit sie nicht der feindlichen Wehrmacht eingegliedert sind, sowie allgemeine Unterrichtung der Befehlshaber der rückwärtigen Heeresgebiete über die politische Lage. Für die Zusammenarbeit mit den Abwehroffizieren bzw. Abwehrstellen gelten sinngemäß die mit der Abwehrabteilung des Reichskriegsministeriums am 1. Januar 1937 gemeinsam aufgestellten »Grundsätze für die Zusammenarbeit zwischen der Geheimen Staatspolizei und den Abwehrstellen der Wehrmacht«.

2. Zusammenarbeit zwischen den Sonderkommandos und den militärischen Kommandobehörden im rückwärtigen Armeegebiet (zu 1a). Die Sonderkommandos der Sicherheitspolizei (SD) führen ihre Aufgaben in eigener Verantwortlichkeit durch. Sie sind den Armeen hinsichtlich Marsch, Versorgung und Unterbringung unterstellt. Disziplinare und gerichtliche Unterstellung unter den Chef der SP und des SD werden hierdurch nicht berührt. Sie erhalten ihre fachlichen Weisungen vom Chef der SP und des SD und sind bezüglich ihrer Tätigkeit gegebenenfalls einschränkenden Anordnungen der Armee (s. Ziffer 1a) unterworfen.
Für die zentrale Steuerung dieser Kommandos wird im Bereich jeder Armee ein Beauftragter des Chefs der SP und des SD eingesetzt. Dieser ist verpflichtet, die ihm vom Chef der SP und des SD zugegangenen Weisungen dem Oberbefehlshaber der Armee rechtzeitig zur Kenntnis zu bringen. Der militärische Befehlshaber ist berechtigt, an den Beauftragten Weisungen zu geben, die zur

Vermeidung von Störungen der Operationen erforderlich sind; sie gehen allen übrigen Weisungen vor. Die Beauftragten sind auf ständige enge Zusammenarbeit mit dem Ic angewiesen; Abstellung eines Verbindungsbeamten des Beauftragten zum Ic kann von den Kommandobehörden gefordert werden. Der Ic hat die Aufgaben der Sonderkommandos mit der militärischen Abwehr, der Tätigkeit der Geh. Feldpol. und den Notwendigkeiten der Operationen in Einklang zu bringen. Die Sonderkommandos sind berechtigt, im Rahmen ihres Auftrages in eigener Verantwortung gegenüber der Zivilbevölkerung Exekutivmaßnahmen zu treffen. Sie sind hierbei zu engster Zusammenarbeit mit der Abwehr verpflichtet. Maßnahmen, die sich auf die Operationen auswirken können, bedürfen der Genehmigung des Obfh. der Armee.

3. Zusammenarbeit zwischen den Einsatzgruppen bzw.-kommandos der Sicherheitspolizei (SD) und dem Befehlshaber im rückwärtigen Heeresgebiet (zu 1 b). [Wortlaut wie unter 2, lediglich unter Anführung der dort geltenden anderen Dienststellenbezeichnungen.]

4. Abgrenzung der Befugnisse zwischen Sonderkommandos, Einsatzkommandos und Einsatzgruppen und der Geh. Feldpol.
Die abwehrpolitischen Aufgaben innerhalb der Truppe und der unmittelbare Schutz der Truppe bleiben alleinige Aufgabe der Geh. Feldpol. Alle Angelegenheiten dieser Art sind von den Sonderkommandos bzw. Einsatzgruppen und -kommandos sofort an die Geh. Feldpol. abzugeben, wie umgekehrt diese alle Vorgänge aus dem Aufgabenbereich der Sonderkommandos ungesäumt an die Sonderkommandos bzw. Einsatzgruppen und -kommandos abzugeben hat. Im übrigen gilt auch hierfür das Abkommen vom 1. Januar 1937 (s. Ziffer 1).

i. A.
Unterschrift

Hinweis: Weitere Dokumente aus den Akten des ehemaligen Oberkommandos der Wehrmacht (heute: Bundesarchiv/Militärarchiv, Freiburg i. Br.) zur Entstehungsgeschichte des »Kommissarbefehls« und des »Gerichtsbarkeitserlasses Barbarossa« wurden inzwischen ausgewertet in dem Artikel von Helmut Krausnick, »Kommissarbefehl« und »Gerichtsbarkeitserlaß Barbarossa«, in: Vierteljahrshefte zur Zeitgeschichte, Jg. 25 (1977).

Dokument Nr. 3

Oberkommando des Heeres   H. Qu. OKH, den 28. 4. 1941
Gen. St. d. H./Gen. Qu.
Az. Abt. Kriegsverwaltung
Nr. II/2101/41 geh.
Geheim!
Betr.: Regelung des Einsatzes der Sicherheitspolizei und des SD im Verbande des Heeres

Die Durchführung besonderer sicherheitspolizeilicher Aufgaben außerhalb der Truppe macht den Einsatz von Sonderkommandos der Sicherheitspolizei (SD) im Operationsgebiet erforderlich. Mit Zustimmung des Chefs der Sicherheitspolizei und des SD wird der Einsatz der Sicherheitspolizei und des SD im Operationsgebiet wie folgt geregelt:

1. Aufgaben:
   a) im rückwärtigen Armeegebiet:
      Sicherstellung vor Beginn von Operationen festgelegter Objekte (Material, Archive, Karteien von reichs- und staatsfeindlichen Organisationen, Verbänden, Gruppen usw.), sowie besonders wichtiger Einzelpersonen (führende Emigranten, Saboteure, Terroristen usw.). Der Oberbefehlshaber der Armee kann den Einsatz der Sonderkommandos in Teilen des Operationsgebietes ausschließen, in denen durch den Einsatz Störungen der Organisationen eintreten können.
   b) Im rückwärtigen Heeresgebiet:
      Erforschung und Bekämpfung der staats- und reichsfeindlichen Bestrebungen, soweit sie nicht der feindlichen Wehrmacht eingegliedert sind, sowie allgemeine Unterrichtung der Befehlshaber der rückwärtigen Heeresgebiete über die politische Lage. Für die Zusammenarbeit mit den Abwehroffizieren bzw. Abwehrstellen gelten sinngemäß die mit der Abwehrabteilung des Reichsministeriums am 1. Januar 1937 gemeinsam aufgestellten »Grundsätze für die Zusammenarbeit zwischen der Geheimen Staatspolizei und den Abwehrstellen der Wehrmacht«.
2. Zusammenarbeit zwischen den Sonderkommandos und den militärischen Kommandobehörden im rückwärtigen Armeegebiet (zu 1a).
   Die Sonderkommandos der Sicherheitspolizei und des SD führen ihre Aufgaben in eigener Verantwortlichkeit durch. Sie sind den Armeen hinsichtlich Marsch, Versorgung und Unterbringung unterstellt. Disziplinäre und gerichtliche Unterstellung unter den Chef der Sicherheitspolizei und des SD werden hierdurch nicht berührt.
   Sie erhalten ihre fachlichen Weisungen vom Chef der Sicherheitspolizei und des SD und sind hinsichtlich ihrer Tätigkeit gegebenenfalls einschränkenden Anordnungen der Armee (s. Ziffer 1a) unterworfen.
   Für die zentrale Steuerung dieser Kommandos wird im Bereich jeder Armee ein Beauftragter des Chefs der Sicherheitspolizei und des SD eingesetzt.
   Dieser ist verpflichtet, die ihm vom Chef der Sicherheitspolizei und des SD zugegangenen Weisungen dem Oberbefehlshaber der Armee rechtzeitig zur Kenntnis zu bringen. Der militärische Befehlshaber ist berechtigt, an den Beauftragten Weisungen zu geben, die zur Vermeidung von Störungen der Operationen erforderlich

sind; sie gehen allen übrigen Weisungen vor. Die Beauftragten sind auf ständige enge Zusammenarbeit mit dem Ic angewiesen. Abstellung eines Verbindungsbeamten des Beauftragten zum Ic kann von den Kommandobehörden gefordert werden.

Der Ic hat die Aufgaben der Sonderkommandos mit der militärischen Abwehr, der Tätigkeit der Geh. Feldpolizei und den Notwendigkeiten der Operation in Einklang zu bringen.

Die Sonderkommandos sind berechtigt, im Rahmen ihres Auftrages in eigener Verantwortung gegenüber der Zivilbevölkerung Exekutivmaßnahmen zu treffen.

Sie sind hierbei zu engster Zusammenarbeit mit der Abwehr verpflichtet. Maßnahmen, die sich auf die Operationen auswirken können, bedürfen der Genehmigung des Oberbefehlshabers der Armee.

3. Zusammenarbeit zwischen den Einsatzgruppen bzw. -kommandos der Sicherheitspolizei und des SD und dem Befehlshaber im rückwärtigen Heeresgebiet (zu 1 b).

[Gleicher Wortlaut wie unter Ziffer 2. Bezeichnung der Dienststellen entsprechend geändert.]

4. Abgrenzung der Befugnisse zwischen Sonderkommandos, Einsatzkommandos und Einsatzgruppen und der Geheimen Feldpolizei.

Die abwehrpolizeilichen Aufgaben innerhalb der Truppe und der unmittelbare Schutz der Truppe bleiben alleinige Aufgabe der Geheimen Feldpolizei. Alle Angelegenheiten dieser Art sind von den Sonderkommandos bzw. Einsatzgruppen und -kommandos sofort an die Geheime Feldpolizei abzugeben, wie umgekehrt diese alle Vorgänge aus dem Aufgabenbereich der Sonderkommandos ungesäumt an die Sonderkommandos bzw. Einsatzgruppen und -kommandos abzugeben hat.

Im übrigen gilt auch hierfür das Abkommen vom 1. Januar 1937 (s. Ziffer I).

v. Brauchitsch

[Dok. NOKW 2080]

Dokument Nr. 4

Abschrift
(OKW/WFST)
Abt. Landesverteidigung   1. 5. 1941
Chefs. Nur durch Offz.   [Handschr.:] eine Ausfertigung
Geh. Kdos.
Besprechung bei Reichsleiter Rosenberg
... II. Auszug aus Vereinbarung zwischen OKH/Gen. Qu. und Reichsführer SS.

Im Operationsgebiet des Heeres erhält der Reichsführer SS zur Vorbereitung der politischen Verwaltung Sonderaufgaben vom Führer.

Das OKH hat vorgesehen, daß Einsatzkommandos der Sicherheitspolizei im rückwärtigen Armeegebiet vorher festgelegte Objekte und Einzelpersonen sicherstellen können, wobei der Oberbefehlshaber der Armee den Einsatz in Teilen des Armeegebietes ausschließen kann. Im rückwärtigen Heeresgebiet obliegt der Sicherheitspolizei die Erforschung und Bekämpfung der staats- und reichsfeindlichen Bestrebungen, soweit sie nicht von der feindlichen Wehrmacht ausgehen.

Die Sonderkommandos führen ihre Aufgaben in eigener Verantwortlichkeit durch und sind den Armeen hinsichtlich Versorgung usw. unterstellt.

. . .

[Dok. 866 PS]

Dokument Nr. 5

Oberkommando des Heeres   Hauptquartier, den 6. Mai 1941
Gen. z. b. V. beim Ob. d. H.
Nr. 75/41 g. Kdos. Chefs.:
An den
Herrn Chef des Oberkommandos der Wehrmacht
z. Hd. von Herrn General Warlimont
oder Vertreter im Amt

Betr.: Behandlung feindlicher Ausländer
        2 Anlagen

In der Anlage werden mit der Bitte um Kenntnisnahme und baldige Mitprüfung übersandt:
1.) Entwurf eines Erlasses des Oberbefehlshabers des Heeres[1]
2.) Entwurf zu Richtlinien zur einheitlichen Durchführung des bereits erteilten Auftrages vom 31. 3. 41[2]
Es ist beabsichtigt, den Erlaß des Oberbefehlshabers des Heeres bis zu den Gerichtsherren zu verteilen.
Die »Richtlinien« sollen unabhängig davon lediglich an die Oberbefehlshaber der Heeresgruppen und Armeen zur mündlichen Unterrichtung der unterstellten Befehlshaber und Kommandeure gegeben werden.

                                                I. A. gez. Müller

---

[1] betr. Einschränkungen der militärischen Gerichtsbarkeit im Krieg mit der UdSSR.
[2] »Kommissar«-Befehl.

Handschriftl. Notiz v. Gen. Warlimont:

»zu 1) WR[3] bereitet nach Fühlungnahme mit OKH und OKL neuen Entwurf vor. Dieser ist zur Mitpr. heranzuziehen. WR ist über gebotene Beschleunigung unterrichtet.
zu 2) Bleibt auch zu prüfen, ob schriftl. Erlaß dieser Art erforderlich ist. WV.[4] z. Vortrag bei Chef OKW gemeinsam mit 1).
Eigene Anordnungen?   gez. W.

[Dok. NOKW 209]

Dokument Nr. 5a

»Behandlung feindlicher Landeseinwohner«
[Anlage 1 zum Anschreiben des OKH, Gen. z. b. V., vom 6. Mai 1941]

Entwurf
Der Oberbefehlshaber des Heeres   Az. Gen. b. V. b. Ob. d. H.
                                         Nr. 75/41 gKdos. Chefs. 5. 41
Geheime Kommandosache
Chefsache!   15 Ausfertigungen
Nur durch Offizier!   Ausfertigung
An
die Oberbefehlshaber der Heeresgruppen A, B und C,
die Oberbefehlshaber der 2., 4., 6., 9., 11., 16., 17. und 18. Armee
und der Armee Norwegen

Betr.: Behandlung feindlicher Landeseinwohner und Straftaten
       Wehrmachtsangehöriger gegen feindliche Landeseinwohner
       im Operationsgebiet des Unternehmens »Barbarossa«.

Die weite Ausdehnung der östlichen Operationsräume, die Art der hierdurch bedingten Kampfführung, die Eigenart des östlichen Gegners erfordern eine besonders umfangreiche und wirksame Sicherung der kämpfenden Truppe gegenüber der feindlichen Wehrmacht und der Zivilbevölkerung, sowie schnellste Befriedung der gewonnenen Gebiete. Selbstverständlich bleiben Bewegung und Kampf mit der feindlichen Wehrmacht die Hauptaufgabe der Truppe; sie verlangt vollste Sammlung und höchsten Einsatz aller Kräfte. Die Truppe darf sich von dieser Hauptaufgabe nicht abziehen lassen.
Andererseits wird sie aber vielfach als erste und einzige rechtzeitig in der Lage sein, im Sinne ihrer Sicherung wie der Befriedung des Landes wirksame Maßnahmen zu ergreifen und durchzuführen.

---

[3] Wehrmacht-Rechtsabteilung im OKW.
[4] Wiedervorlage.

Hierbei ist festzustellen, daß außer den sonst bekämpften Widersachern der Truppe diesmal als besonders gefährliches und jede Ordnung zersetzendes Element aus der Zivilbevölkerung der *Träger* der *jüdisch-bolschewistischen Weltanschauung* entgegentritt. Es ist kein Zweifel, daß er seine *Waffe der Zersetzung* heimtückisch und aus dem Hinterhalt, wo er nur kann, gegen die im Kampf stehende und das Land befriedende deutsche Wehrmacht gebraucht.

Die Truppe hat daher das Recht und die Pflicht, sich auch gegen diese zersetzenden Kräfte umfassend und wirksam zu sichern.

Auf Grund der mir vom Führer und Obersten Befehlshaber der Wehrmacht erteilten Weisungen bestimme ich deshalb für die Durchführung des Unternehmens »Barbarossa«:

I. *Behandlung feindlicher Landeseinwohner*

Angriffe jeder Art von Landeseinwohnern gegen die Wehrmacht sind mit der *Waffe* sofort und unnachsichtlich mit den äußersten Mitteln *nieder*zuschlagen.

Landeseinwohner, die als *Freischärler*[1] an den Feindseligkeiten teilnehmen, oder teilnehmen wollen, die durch ihr Auftreten eine *unmittelbare Bedrohung* der Truppe bedeuten oder die sonst *durch irgendeine Tat* sich gegen die deutsche Wehrmacht *auflehnen* (z. B. Gewalttaten gegen Wehrmachtsangehörige oder Wehrmachtseigentum, Sabotage, Widerstand) sind im *Kampf* oder *auf der Flucht zu erschießen.*

Wo derartige verbrecherische Elemente auf diese Weise nicht erledigt werden, sind sie sogleich einem Offizier vorzuführen, der zu entscheiden hat, ob sie zu erschießen sind.

Gegen Ortschaften, aus denen hinterlistige und heimtückische Angriffe irgendwelcher Art erfolgt sind, sind unverzüglich auf Anordnung wenigstens eines Btls.- usw. -Kommandeurs *kollektive Gewaltmaßnahmen* durchzuführen, falls die Umstände eine rasche Feststellung einzelner Täter nicht erwarten lassen.

Es ist ein Gebot der Selbsterhaltung und Pflicht aller Kommandeure, gegen feige Überfälle einer verblendeten Bevölkerung mit eiserner Strenge ohne jede Verzögerung vorzugehen.

Über die Behandlung politischer Hoheitsträger usw. erfolgt gesonderte Regelung.

II. *Lockerung* des *Verfolgungszwanges* bei *Straftaten Heeresangehöriger* gegen *feindliche Landeseinwohner.*

1. Strafbare Handlungen, die Heeresangehörige aus Erbitterung über Greueltaten oder die *Zersetzungsarbeit* der Träger des *jüdisch-bolschewistischen Systems* begangen haben, sind nicht zu verfolgen, soweit nicht im Einzelfalle die Aufrechterhaltung der Mannszucht ein Einschreiten erfordert.

Es bleibt unter allen Umständen Aufgabe aller Vorgesetzten,

---

1 Vgl. auch die Ausführungen von General z. b. V. Müller über den Begriff des Freischärlers [Konferenz der Armeerichter und I c-Offiziere in Warschau am 11. Juni 1941].

willkürliche Ausschreitungen einzelner Wehrmachtsangehöriger zu verhindern und einer Verwilderung der Truppe vorzubeugen. Der einzelne Soldat darf nicht dahin kommen, daß er gegenüber Landeseinwohnern tut und läßt, was ihm gut dünkt, sondern er ist in jedem Falle *gebunden* an die *Befehle* seiner *Vorgesetzten.*

In den Fällen, in denen der Beweggrund der Erbitterung erst in der Hauptverhandlung vor einem Feldkriegsgericht hervortritt, sind die Befehlshaber und Kommandeure, denen ich das Bestätigungsrecht übertragen habe, dafür verantwortlich, daß nur solche Urteile bestätigt werden, die den vorstehend aufgeführten *militärischen* und *politischen Gesichtspunkten* in vollem Umfang gerecht werden.

2. Im übrigen bleibt es bei der Ahndung strafbarer Handlungen von Heeresangehörigen wie bisher.

III. Bei dieser Gelegenheit weise ich erneut auf die Notwendigkeit hin, daß die Strafe der Tat auf dem Fuß folgen muß. Oft kann es gerade im Verlauf von Operationen wichtiger und wirksamer sein, *überhaupt* und *sofort* zu *strafen*, als verspätet und dann besonders hart.

Die durch § 16a KStVO und meinen Erlaß vom 12. 11. 39 (HVBl 1939, Teil C, S. 416) geschaffene Möglichkeit, *Disziplinarstrafen* in allen Fällen zu verhängen, wo sie nach *Straftat* und *Persönlichkeit* des *Schuldigen vertretbar* sind, ist von allen Disziplinarvorgesetzten weitgehend auszunützen. Die Regimentsusw. -Kommandeure haben die ihnen unterstellten Offiziere nochmals über die Möglichkeit und Bedeutung der ihnen zugestandenen erweiterten Disziplinarstrafgewalt zu unterrichten.

IV. Mit der Enttarnung verliert dieser Erlaß den besonderen Geheimschutz.

Anmerkung:

Der Entwurf ist die Grundlage für den »Barbarossa-Gerichtsbarkeitserlaß« vom 14. Mai 1941.

Dokument Nr. 6

Abschrift

Der Oberbefehlshaber des Heeres	Anlage 1 z. Schr. OKW/WFST/
Gen. z. b. V. Ob. d. H. (Gr. R. Wes.)	Abt. L (IV/Qu) v. 12. 5. 1941
	gKdos./Chefs.
	»Vortragsnotiz«
An Chef OKW	Geheime Kommandosache Chef-Sache!
Abt. La z. Hd. Gen. Warlimont	Nur durch Offizier!

Richtlinien betr. Behandlung politischer Hoheitsträger usw. für die einheitliche Durchführung des bereits am 31. 3. 1941 erteilten Auftrages.

I. Im Armeegebiet

Politische Hoheitsträger und Leiter (Kommissare) bedeuten bei der augenblicklichen Kampflage eine erhöhte Gefahr für die Sicherheit der Truppe und die Befriedung des eroberten Landes, denn sie haben durch ihre bisherige Wühl- und Zersetzungsarbeit klar und deutlich bewiesen, daß sie jede europäische Kultur, Zivilisation, Verfassung und Ordnung ablehnen. Sie sind daher zu beseitigen.

Soweit sie von der Truppe ergriffen oder ihr sonst zugeführt werden, sind sie einem Offizier, der Disziplinarstrafgewalt hat, vorzuführen. Dieser hat unter Hinzuziehung von zwei weiteren Soldaten (im Offiziers- oder Unteroffiziersrang) festzustellen, daß der Ergriffene oder Zugeführte politischer Hoheitsträger oder Leiter (Kommissar) ist. Ist die politische Eigenschaft ausreichend begründet, hat der Offizier die Erschießung sogleich anzuordnen und durchführen zu lassen.

Zu den politischen Funktionen gehören die politischen Leiter (Kommissare) in der Truppe. Ihrem alsbaldigen Herausfinden aus den Gefangenen und ihrer Absonderung kommt besondere Bedeutung zu, da sie in erster Linie die Propaganda in der Heimat als Gefangene fortzusetzen vermögen. Sie sind nach Möglichkeit in Gefangenensammelstellen, spätestens in den Dulags zu erledigen. Kenntlich sind sie dadurch, daß sie auf den Ärmeln einen roten Stern mit goldenem eingewebten Hammer und Sichel tragen. (Einzelheiten in »Die Kriegswehrmacht der UdSSR« OKH Gen. StdH OQu IV Abt. Fremde Heere Ost [II] Nr. 100/41 g vom 15. 1. 1941 unter Anlage 9 d.) *Sie werden nicht als Soldaten anerkannt.* Die für Kriegsgefangene geltenden Bestimmungen finden auf sie keine Anwendung.

Ferner gehören dazu die Kommissare bei der Verwaltung und der Partei sowie sonstige politische Persönlichkeiten von Bedeutung, mit denen die Truppe zusammentrifft.

Fachliche Leiter wirtschaftlicher und technischer Betriebe sind nur zu ergreifen, falls sie sich *im Einzelfall* gegen die deutsche Wehrmacht auflehnen.

Ein Abschieben ergriffener politischer Hoheitsträger und Kommissare nach rückwärts wird untersagt.

Eine kurze Meldung (Meldezettel) über den Vorfall ist zu richten

a) von den einer Division unterstellten Truppen an die Division (Ic),

b) von den Truppen, die einem Korps-, Armeeober- oder Heeresgruppenkommando oder einer Panzergruppe unmittelbar unterstellt sind, an das Korps- usw. Kommando (Ic).

Alle oben genannten Maßnahmen dürfen die Durchführung der Operationen nicht aufhalten. Planmäßige Such- und Säuberungsaktionen durch die Truppe haben daher zu unterbleiben.

II. Im rückwärtigen Heeresgebiet.

Hoheitsträger und Kommissare, die *im rückwärtigen Heeresgebiet* wegen ihrer bisherigen politischen Tätigkeit ergriffen werden, sind, mit Ausnahme der politischen Leiter in der Truppe, an die Einsatzgruppen bzw. Einsatzkommandos der Sicherheitspolizei (SD) abzugeben.

III. Beschränkung der Kriegs- und Standgerichte.

In den unter Ziffer I und II angeführten Fällen wird die Zuständigkeit der Kriegsgerichte und Standgerichte der Regiments- usw. Kommandeure (13 a KSTVO) aufgehoben.[1]

Chef WR
An Chef L.
Betr.: Ferngespräch zwischen General Warlimont und dem Unterzeichneten von heute . . .
Vorschlag für Fassung Nr. III
»Die Kreisgerichte und die Standgerichte der Regiments- usw. Kommandeure dürfen mit der Durchführung der Maßnahmen nach I und II nicht betraut werden.«

gez. Dr. Lehmann

[Dok. PS 1471]

Dokument Nr. 7

OKW/WFST/Abt. L (IV/Qu) F. H. Qu., den 12. 5. 41
Geheime Kommandosache
Chefsache! N. d. O.!
[handschriftl. Eintrag v. Jodl:
»muß dem Führer noch einmal
vorgetragen werden« gez. J. 13./5.]

Betr.: Behandlung gefangener politischer und militärischer Funktionäre.

Vortragsnotiz

I. OKH hat einen Entwurf für die »Richtlinien betreffend Behandlung politischer Hoheitsträger usw. für die einheitliche Durchführung des bereits am 31. 3. 41 erteilten Auftrages« vorgelegt, der als Anlage 1 beiliegt.

Dieser Entwurf sieht vor:

1. Politische Hoheitsträger und Leiter (Kommissare) sind zu beseitigen.
2. Soweit sie von der Truppe ergriffen werden, Entscheidung durch

[1] Im Originalschreiben an OKW Abschn. III handschriftlich gestrichen, beigefügt anschließende Notiz.

einen Offizier mit Disziplinarstrafgewalt, ob der Betreffende zu beseitigen ist. Hierzu genügt die Feststellung, daß der Betreffende politischer Hoheitsträger ist.

3. Politische Leiter in der Truppe werden nicht als Gefangene anerkannt und sind spätestens in den Dulags zu erledigen. Kein Abschieben nach rückwärts.

4. Fachliche Leiter von wirtschaftlichen und technischen Betrieben sind nur zu ergreifen, wenn sie sich gegen die deutsche Wehrmacht auflehnen.

5. Die Durchführung der Operationen darf durch diese Maßnahmen nicht gestört werden. Planmäßige Such- und Säuberungsaktionen unterbleiben.

6. Im rückwärtigen Heeresgebiet sind Hoheitsträger und Kommissare mit Ausnahme der politischen Leiter in der Truppe den Einsatzkommandos der Sicherheitspolizei abzugeben.

II. Demgegenüber sieht die Denkschrift 3 des Reichsleiters Rosenberg vor, daß nur hohe und höchste Funktionäre zu erledigen seien, da die staatlichen, kommunalen und wirtschaftlichen Funktionäre für die Verwaltung des besetzten Gebietes unentbehrlich sind.

III. Es ist deshalb eine Entscheidung des Führers erforderlich, welche Grundsätze maßgebend sein sollen.

Vorschlag L für den Fall II:

1. Funktionäre, die sich gegen die Truppe wenden, was von dem radikalen Teil zu erwarten ist, fallen unter den ›Erlaß über die Ausübung der Kriegsgerichtsbarkeit im Gebiet ‚Barbarossa‘‹. Sie sind als Freischärler zu erledigen. Eine gleiche Behandlung sehen die ›Richtlinien für das Verhalten der Truppe in Rußland‹ (Anlage 2) vor.

2. Funktionäre, die sich keiner feindlichen Handlung schuldig machen, werden zunächst unbehelligt bleiben. Man wird es der Truppe kaum zumuten können, die verschiedenen Dienstgrade der einzelnen Sektoren aussondern zu können.

   Erst bei der weiteren Durchdringung des Landes wird es möglich sein, zu entscheiden, ob die verbliebenen Funktionäre an Ort und Stelle belassen werden können oder an die Sonderkommandos zu übergeben sind, sofern nicht diese selbst die Überprüfung vorzunehmen in der Lage sind.

3. Funktionäre in der Truppe werden entsprechend dem Vorschlag OKH zu behandeln sein. Diese werden nicht als Gefangene anerkannt und sind spätestens in den Durchgangslagern zu erledigen und keinesfalls nach rückwärts abzuschieben.   gez. Warlimont

[Handschriftliche Notiz von Jodl:]

»mit der Vergeltung gegen deutsche Flieger müssen wir rechnen, man zieht daher die ganze Aktion am besten als Vergeltung auf«.

Verteiler: Chef WFSt./Chef L./L IV/Tgb./nachrichtl.: WR

[Dok. PS 1471]

Dokument Nr. 8

Oberkommando der Wehrmacht   F.H.Qu., den 14.5.1941
WFSt/Abt. L (IVQu.)
Nr. 44718/41 g. Kdos. Chefs.   Geheime Kommandosache
Chefsache!   23 Ausfertigungen
Nur durch Offizier!   7. Ausfertigung

Betr.: Ausübung der Kriegsgerichtsbarkeit im Gebiet
    »Barbarossa« und besondere Maßnahmen der Truppe.

Anliegend wird ein Führererlaß über die Ausübung der Kriegsgerichtsbarkeit im Gebiet »Barbarossa« und über besondere Maßnahmen der Truppe übersandt.
Eine Weitergabe hat möglichst nicht vor dem 1. 6. 41 zu erfolgen.

                                 Der Chef des Oberkommandos
                                 der Wehrmacht
                                 i.A.
                                 von Tippelskirch

Verteiler:
Ob. d. H. (Op.Abt.)   1. Ausfertigung
Ob. d. H. (Gen.Qu.)   2.–3. Ausfertigung
OKH (Chef H Rüst u. BdE)   4. Ausfertigung
Ob. d. L. (Lw. Führungsstab)   5. Ausfertigung
Ob. d. L. (Gen.Qu.)   6. Ausfertigung
Ob. d. M. (Skl)   7. Ausfertigung
OKW/WFSt   8. Ausfertigung
Abt. L–Chef   9. Ausfertigung
Abt. L I H   10. Ausfertigung
     I L   11. Ausfertigung
     I K   12. Ausfertigung
     IV/Qu   13. Ausfertigung
     II   14. Ausfertigung
     Ktb.   15. Ausfertigung
WR   16. Ausfertigung
W PR   17. Ausfertigung
Ausl./Abw.   18. Ausfertigung
Abw. III   19. Ausfertigung
Reserve   20.–23. Ausfertigung

[Dok. 050–C]

Der Führer   Führerhauptquartier, den 13. Mai 1941
und oberste Befehlshaber
der Wehrmacht

Erlaß
über die Ausübung der Kriegsgerichtsbarkeit im Gebiet »Barbarossa«
und über besondere Maßnahmen der Truppe.

Die Wehrmachtsgerichtsbarkeit dient in erster Linie der *Erhaltung der Manneszucht*.

Die weite Ausdehnung der Operationsräume im Osten, die Form der dadurch gebotenen Kampfesführung und die Besonderheit des Gegners stellen die Wehrmachtsgerichte vor Aufgaben, die sie während des Verlauf der Kampfhandlungen und bis zur ersten Befriedung des eroberten Gebiets bei ihrem geringen Personalbestand nur zu lösen vermögen, wenn sich die Gerichtsbarkeit zunächst auf ihre Hauptaufgabe beschränkt.

Das ist nur möglich, wenn *die Truppe selbst* sich gegen jede Bedrohung durch die feindliche Zivilbevölkerung schonungslos zur Wehr setzt.

Demgemäß wird für den Raum »Barbarossa« (Operationsgebiet, rückwärtiges Heeresgebiet und Gebiet der politischen Verwaltung) folgendes bestimmt:

I.
Behandlung von Straftaten feindlicher Zivilpersonen.

1. *Straftaten feindlicher Zivilpersonen* sind der Zuständigkeit der Kriegsgerichte und der Standgerichte bis auf weiteres entzogen.
2. *Freischärler* sind durch die Truppe im Kampf oder auf der Flucht schonungslos zu erledigen.
3. Auch alle *anderen Angriffe feindlicher Zivilpersonen* gegen die Wehrmacht, ihre Angehörigen und das Gefolge sind von der Truppe auf der Stelle mit den äußersten Mitteln bis zur Vernichtung des Angreifers niederzumachen.
4. Wo Maßnahmen dieser Art versäumt wurden oder zunächst nicht möglich waren, werden *tatverdächtige Elemente sogleich einem Offizier vorgeführt. Dieser entscheidet, ob sie zu erschießen sind.*

   Gegen *Ortschaften*, aus denen die Wehrmacht hinterhältig oder heimtückisch angegriffen wurde, werden unverzüglich auf Anordnung eines Offiziers in der Dienststellung mindestens eines Bataillons- usw. Kommandeurs *kollektive Gewaltmaßnahmen* durchgeführt, wenn die Umstände eine rasche Feststellung einzelner Täter nicht gestattet.
5. Es wird *ausdrücklich verboten*, verdächtige Täter zu verwahren, um sie bei Wiedereinführung der Gerichtsbarkeit über Landeseinwohner an die Gerichte abzugeben.
6. Die Oberbefehlshaber der Heeresgruppen können im Einvernehmen mit den zuständigen Befehlshabern der Luftwaffe und der Kriegsmarine die Wehrmachtsgerichtsbarkeit über Zivilpersonen

dort wieder einführen, wo das Gebiet ausreichend befriedet ist. Für das Gebiet der politischen Verwaltung ergeht diese Anordnung durch den Chef des Oberkommandos der Wehrmacht.

II.

Behandlung der *Straftaten* von *Angehörigen* der *Wehrmacht*
und des *Gefolges* gegen *Landeseinwohner.*

1. Für *Handlungen,* die *Angehörige* der *Wehrmacht* und des *Gefolges* gegen *feindliche Zivilpersonen* begehen, besteht *kein Verfolgungszwang,* auch dann nicht, wenn die Tat zugleich ein militärisches Verbrechen oder Vergehen ist.

2. Bei der *Beurteilung* solcher *Taten* ist in jeder Verfahrenslage zu berücksichtigen, daß der Zusammenbruch im Jahre 1918, die spätere Leidenszeit des deutschen Volkes und der Kampf gegen den Nationalsozialismus mit den zahllosen Blutopfern der Bewegung entscheidend auf bolschewistischen Einfluß zurückzuführen war und daß kein Deutscher dies vergessen hat.

3. Der Gerichtsherr prüft daher, ob in solchen Fällen eine disziplinare Ahndung angezeigt oder ob ein gerichtliches Einschreiten notwendig ist. Der Gerichtsherr ordnet die Verfolgung von Taten gegen Landeseinwohner im kriegsgerichtlichen Verfahren nur dann an, wenn es die Aufrechterhaltung der Manneszucht oder die Sicherung der Truppe erfordert.

Das gilt z.B. für schwere Taten, die auf geschlechtlicher Hemmungslosigkeit beruhen, einer verbrecherischen Veranlagung entspringen oder ein Anzeichen dafür sind, daß die Truppe zu verwildern droht. Nicht milder sind in der Regel zu beurteilen Straftaten, durch die sinnlos Unterkünfte sowie Vorräte oder anderes Beutegut zum Nachteil der eigenen Truppe vernichtet werden. Die Anordnung des Ermittlungsverfahrens bedarf in jedem einzelnen Fall der Unterschrift des Gerichtsherrn.

4. Bei der Beurteilung der *Glaubwürdigkeit* von *Aussagen feindlicher Zivilpersonen* ist *äußerste Vorsicht* geboten.

III.

Verantwortung der *Truppenbefehlshaber.*

Die Truppenbefehlshaber sind im Rahmen ihrer Zuständigkeit *persönlich* dafür verantwortlich,

1. daß sämtliche Offiziere der ihnen unterstellten Einheiten über die Grundsätze zu I rechtzeitig in der eindringlichen Form belehrt werden,

2. daß ihre Rechtsberater von diesen Weisungen und von den *mündlichen Mitteilungen,* in *denen* den Oberbefehlshabern die *politischen Absichten* der *Führung erläutert* worden sind, rechtzeitig Kenntnis erhalten,

3. daß nur solche Urteile bestätigt werden, die den politischen Absichten der Führung entsprechen.

IV.
Geheimschutz
Mit der Enttarnung genießt dieser Erlaß nur noch Geheimschutz als
»Geheime Kommandosache«.

>   Im Auftrage
>   Der Chef des Oberkommandos der Wehrmacht
>   gez. Keitel

Dokument Nr. 9

[Handschriftlicher Vermerk:]
>   Original beim KTB in Berlin abgegeben

Der Reichsführer SS   Berlin, den 21. Mai 1941
Tgb. Nr. 114/41 g. Kdos.   40 Nebenabdrücke
                                       38. Nebenabdruck
                                       11 Ausfertigungen
                                       Pr. Nr. 10

Betr.: Sonderauftrag des Führers.

 Im Einvernehmen mit dem Oberbefehlshaber des Heeres habe ich zur
Durchführung der mir vom Führer gegebenen Sonderbefehle für
das Gebiet der politischen Verwaltung Höhere SS- und Polizeiführer
vorgesehen.
Für die Dauer des Einsatzes der Höh. SS- und Polizeiführer im rückwärtigen Heeresgebiet lege ich mit Zustimmung des Oberbefehlshabers des Heeres folgendes fest:
1. *Der Höhere SS- und Polizeiführer* mit Befehlsstab wird dem Befehlshaber des jeweiligen rückwärtigen Heeresgebiets hinsichtlich
Marsch, Versorgung und Unterbringung unterstellt. Dem Höheren SS-
und Polizeiführer sind zur Durchführung der ihm von mir unmittelbar gegebenen Aufgaben *SS- und Polizeitruppen* und *Einsatzkräfte* der *Sicherheitspolizei unterstellt.* Der Höhere SS- und Polizeiführer unterrichtet den Befehlshaber des rückwärtigen Heeresgebiets jeweils über die ihm von mir gegebenen Aufgaben.
Der Befehlshaber des rückwärtigen Heeresgebietes ist berechtigt,
dem Höheren SS- und Polizeiführer Weisungen zu geben, die
zur Vermeidung von Störungen der Operationen und Aufgaben des
Heeres erforderlich sind. Sie gehen allen übrigen Weisungen vor.
2. *Die eingesetzten SS- und Polizeikräfte* sind dem Befehlshaber des rückwärtigen Heeresgebietes hinsichtlich Marsch, Versorgung und
Unterbringung unterstellt. Alle gerichtlichen und disziplinarischen
Angelegenheiten werden in eigener Zuständigkeit erledigt. Soweit
zur Befehls- und Nachrichtenübermittlung das eigene Funk- und

Nachrichtengerät der SS- und Polizeitruppen nicht ausreicht, stellt der Befehlshaber des rückwärtigen Heeresgebietes, soweit dienstlich möglich, die entsprechenden Nachrichtenmittel des Heeres zur Verfügung.

3. Die *Aufgaben* der *unter den Höheren SS- und Polizeiführern eingesetzten SS- und Polizeikräfte* im rückwärtigen Heeresgebiet sind

a) Bezüglich der *Sicherheitspolizei* (SD):
Die Aufgaben der Einsatzgruppen und Einsatzkommandos der Sicherheitspolizei (SD) sind durch das Schreiben des OKH vom 26. 3. 41 bereits festgelegt.

b) Bezüglich der *Ordnungspolizei:*
Die eingesetzten Truppen der Ordnungspolizei, mit Ausnahme der den Kommandeuren der Sicherheitsdivisionen taktisch unterstellten 9 motorisierten Polizei-Batle., erfüllen ihre Aufgaben nach meinen grundlegenden Weisungen.
'Soweit die Erfüllung dieser Aufgaben es zuläßt, kann der Befehlshaber des rückwärtigen Heeresgebietes die Truppen der Ordnungspolizei im Einvernehmen mit dem Höheren SS- und Polizeiführer zu militärischen Aufgaben einsetzen.

4. *Die Truppen der Waffen-SS* haben im allgemeinen ähnliche Aufgaben wie die Truppen der Ordnungspolizei und Sonderaufgaben, die sie jeweils von mir erhalten.

5. Der Befehlshaber des rückwärtigen Heeresgebietes verfügt über alle SS- und Polizeitruppen bei einem dringenden Kampfeinsatz in eigener Befehlszuständigkeit.

F. d. R.	Der Reichsführer SS
gez. Unterschrift	gez. H. Himmler
SS-Hauptsturmführer	F. d. R. d. A.
	gez. Unterschrift
[Dok. NOKW– 2079]	Hptm.

Dokument Nr. 10

Der Oberbefehlshaber des Heeres
Gen. z. b. V. b. Ob. d. H.   Hauptquartier OKH, den 24. Mai 1941
(Gr. R.–Wes.)   340 Ausfertigungen
Nr. 80/41 g Kdos Chefs.   133. Ausfertigung
                               Nach besonderem Verteiler

Betr.: Behandlung feindlicher Zivilpersonen und Straftaten
       Wehrmachtsangehöriger gegen feindliche Zivilpersonen.
Nachstehender Führererlaß wird bekanntgegeben. Er ist schriftlich bis zu den Kommandeuren mit eigener Gerichtsbarkeit zu verteilen, darüber hinaus sind seine Grundsätze mündlich bekanntzugeben.

Zusätze zu I:

Ich erwarte, daß alle Abwehrmaßnahmen der Truppe zielbewußt zur eigenen Sicherung und zur schnellen Befriedung gewonnenen Gebiets durchgeführt werden. Der vielgestaltigen volkstumsmäßigen Zusammensetzung der Bevölkerung, ihrer Gesamteinstellung und dem Maße ihrer Verhetzung wird Rechnung zu tragen sein. Bewegung und Kampf mit der feindlichen Wehrmacht sind eigentliche Aufgabe der Truppe. Sie verlangt vollste Sammlung und höchsten Einsatz aller Kräfte. Diese Aufgabe darf an keiner Stelle in Frage gestellt sein. Besondere Such- und Säuberungsaktionen scheiden daher im allgemeinen für die kämpfende Truppe aus. Die Richtlinien des Führers befassen sich mit schweren Fällen der Auflehnung, in denen schärfstes Durchgreifen geboten ist. Straftaten geringerer Art sind je nach den Kampfverhältnissen nach näherer Anordnung eines Offiziers (möglichst eines Ortskommandanten) durch Befehlsmaßnahmen zu sühnen (z. B. vorübergehendes Festsetzen bei knapper Verpflegung, Anbinden, Heranziehen zu Arbeiten).

Die Oberbefehlshaber der Heeresgruppe bitte ich vor Wiedereinführung der Wehrmachtsgerichtsbarkeit in befriedeten Gebieten meine Zustimmung einzuholen. Die Oberbefehlshaber der Armeen werden rechtzeitig Vorschläge in dieser Richtung zu machen haben.

Über die Behandlung politischer Hoheitsträger ergeht besondere Regelung.

Zusätze zu II:

Unter allen Umständen bleibt es Aufgabe aller Vorgesetzten, willkürliche Ausschreitungen einzelner Heeresangehöriger zu verhindern und einer Verwilderung der Truppe rechtzeitig vorzubeugen. Der einzelne Soldat darf nicht dahin kommen, daß er gegenüber Landeseinwohnern tut und läßt, was ihm gut dünkt, sondern er ist in jedem Falle gebunden an die Befehle seiner Offiziere. Ich lege besonderen Wert darauf, daß hierüber bis in die letzte Einheit Klarheit besteht. Rechtzeitiges Eingreifen jedes Offiziers, insbesondere jedes Kompanie-Chefs usw., muß mithelfen, die Manneszucht, die Grundlage unserer Erfolge, zu erhalten.

Vorgänge nach I und II, die von Bedeutung sind, sind von der Truppe als besondere Vorkommnisse an OKH zu melden.

gez. von Brauchitsch

[Dok. NOKW – 3357]

Dokument Nr. 11

Armeeoberkommando 17   A.H.Qu., den 4.6.41
Ia/Ic/AO 298/41 g. Kdos. Chefs.
5 Anlagen   10 Ausfertigungen
     10. Ausfertigung KTB
herabgesetzt auf   Lt. St. Armeeoberkommando 17
»geheim« lt. F.S.   Eing.: 26.Nov.1941
H.Gr. Süd v. 29.6.41   Briefbuch Nr. 4071/41 geh.
Geheim   Anlagen: 5

Betr.: Richtlinien für das Verhalten der Truppe in Rußland.

Eine Verteilung der Richtlinien hat zunächst nur bis zu den Divisionskommandos zu erfolgen. Einweisung der Sachbearbeiter bei den Div. Kdos., der Regts. Kdre. und der selbständigen Batls. und Abt. Kdeure ist freigegeben.
Eine Weiterverteilung hat ab 15. 6. in versiegelten Umschlägen bis zu den Bataillonen pp. zu erfolgen.
Öffnung der Umschläge und Bekanntgabe der Richtlinien an die Truppe mit Eingang des Angriffsbefehls.

Für das Armeeoberkommando
Der Chef des Generalstabes:
I.V.

[Dok. NOKW– 1692]

Richtlinien für das Verhalten der Truppe in Rußland.
I.
1. *Der Bolschewismus ist der Todfeind des nationalsozialistischen deutschen Volkes. Dieser zersetzenden Weltanschauung und ihren Trägern gilt Deutschlands Kampf.*
2. Dieser Kampf verlangt rücksichtsloses und energisches Durchgreifen gegen *bolschewistische Hetzer, Freischärler, Saboteure, Juden* und restlose Beseitigung jeden aktiven oder passiven Widerstandes.
II.
3. Gegenüber allen Angehörigen der *Roten Armee* – auch den Gefangenen – ist äußerste Zurückhaltung und schärfste Achtsamkeit geboten, da mit heimtückischer Kampfweise zu rechnen ist. Besonders die *asiatischen Soldaten* der Roten Armee sind undurchsichtig, unberechenbar, hinterhältig und gefühllos.
4. Bei der Gefangennahme von Truppeneinheiten sind die *Führer sofort* von den Mannschaften *abzusondern.*
III.
5. Der deutsche Soldat sieht sich in der Union der Sozialistischen Sowjetrepubliken (U.d.SS.R.) *nicht* einer *einheitlichen Bevölkerung* gegenüber. Die U.d.SS.R. ist ein Staatsgebilde, das eine *Vielzahl*

von slawischen, kaukasischen und asiatischen Völkern in sich vereinigt und das zusammengehalten wird durch die *Gewalt der bolschewistischen Machthaber*. Das *Judentum* ist in der U.d.SS.R. stark vertreten.

6. Ein großer Teil der russischen Bevölkerung, besonders die durch das bolschewistische System *verarmte Landbevölkerung*, steht dem Bolschewismus innerlich ablehnend gegenüber. Im nichtbolschewistischen russischen Menschen ist das *Nationalbewußtsein mit tiefen religiösen Gefühlen* verbunden. Freude und Dankbarkeit über die Befreiung vom Bolschewismus werden ihren Ausdruck häufig in kirchlicher Form finden. *Dankgottesdienste und Prozessionen sind nicht zu verhindern oder zu stören.*

7. In *Gesprächen mit der Bevölkerung* und im Verhalten gegenüber Frauen ist größte Vorsicht geboten. Viele Russen *verstehen* deutsch, ohne es selber zu sprechen.

   Der *feindliche Nachrichtendienst* wird gerade im besetzten Gebiet besonders am Werke sein, um Nachrichten über militärisch wichtige Einrichtungen und Maßnahmen zu erhalten. Jede Leichtfertigkeit, Wichtigtuerei und Vertrauensseligkeit kann deshalb schwerste Folgen haben.

IV.

8. *Wirtschaftsgüter aller Art und militärische Beute*, insbesondere Lebens- und Futtermittel, Betriebsstoff und Bekleidungsgegenstände sind zu schonen und sicherzustellen. Jede Vergeudung und Verschwendung schädigt die Truppe. *Plünderungen* werden nach den Militärstrafgesetzen mit den schwersten Strafen geahndet.

9. *Vorsicht beim Genuß von erbeuteten Lebensmitteln!* Wasser darf nur im gekochten Zustand genossen werden (Typhus, Cholera). Jede Berührung mit der Bevölkerung birgt gesundheitliche Gefahren. Schutz der eigenen Gesundheit ist soldatische Pflicht.

10. *Für Reichskreditkassenscheine und -münzen*, sowie für *deutsche* Scheidemünzen im Wert von 1 und 2 Pfennig sowie 1, 2, 5 und 10 Reichspfennig oder Rentenpfennig *besteht Annahmezwang. Anderes deutsches Geld darf nicht verausgabt werden.*

[NOKW–1692]

Dokument Nr. 12

Oberkommando der Wehrmacht	F. H. Qu., den 6. 6. 1941
WFST/Abt. L. (IV/Qu)	[Stempel:] Chef-Sache!
Nr. 44822/41 g. K. Chefs.	Nur durch Offizier!

Im Nachgang zum Führererlaß vom 14. 5. über die Ausübung der Kriegsgerichtsbarkeit im Gebiet »Barbarossa« (OKW/WFSt/Abt. L

IV/Qu Nr. 44718/41 g. Kdos. Chefs.) werden anliegend ›Richtlinien für die Behandlung politischer Kommissare‹ übersandt.

Es wird gebeten, die Verteilung nur bis zu den Oberbefehlshabern der Armeen bzw. Luftflottenchefs vorzunehmen und die weitere Bekanntgabe an die Befehlshaber und Kommandeure mündlich erfolgen zu lassen.

Der Chef des Oberkommandos
der Wehrmacht
I. A.

[Dok. NOKW 1076]   gez. Warlimont

Anlage zu OKW/WFSt/Abt. L IV/Qu Nr. 44822 g. k. Chefs.

Richtlinien für die Behandlung politischer Kommissare.

Im Kampf gegen den Bolschewismus ist mit einem Verhalten des Feindes nach den Grundsätzen der Menschlichkeit oder des Völkerrechts *nicht* zu rechnen. Insbesondere ist von den *politischen Kommissaren aller Art* als den eigentlichen Trägern des Widerstandes eine haßerfüllte, grausame und unmenschliche Behandlung unserer Gefangenen zu erwarten.

Die Truppe muß sich bewußt sein:

1. In diesem Kampf ist Schonung und völkerrechtliche Rücksichtnahme diesen Elementen gegenüber falsch. Sie sind eine Gefahr für die eigene Sicherheit und die schnelle Befriedung der eroberten Gebiete.

2. Die Urheber barbarisch asiatischer Kampfmethoden sind die politischen Kommissare. Gegen diese muß daher *sofort* und ohne weiteres mit aller Schärfe vorgegangen werden.

Sie sind daher, wenn im *Kampf* oder *Widerstand* ergriffen, grundsätzlich sofort mit der Waffe zu erledigen.

Im übrigen gelten folgende Bestimmungen:

I. Operationsgebiet

1. Politische Kommissare, die sich *gegen unsere Truppe wenden*, sind entsprechend dem ›Erlaß über die Ausübung der Gerichtsbarkeit im Gebiet Barbarossa‹ zu behandeln. Dies gilt für Kommissare jeder Art und Stellung, auch wenn sie nur des Widerstandes, der Sabotage oder der Anstiftung hierzu verdächtig sind.

Auf die ›Richtlinien über das Verhalten der Truppe in Rußland‹ wird verwiesen.

2. Politische Kommissare als *Organe der feindlichen Truppe* sind kenntlich an besonderen Abzeichen – roter Stern mit golden eingewebtem Hammer und Sichel auf den Ärmeln – (Einzelheiten siehe ›Die Kriegswehrmacht der UdSSR‹. OKH/Gen. StdH. O Qu IV Abt. Fremde Heere Ost [II] Nr. 100/41 g. vom 15. 1. 1941 unter Anlage 9 d.). Sie sind aus den Kriegsgefangenen *sofort*, d. h. noch auf dem Gefechtsfelde, abzusondern. Dies ist notwendig, um ihnen

jede Einflußmöglichkeit auf die gefangenen Soldaten abzunehmen. Diese Kommissare werden nicht als Soldaten anerkannt; der für die Kriegsgefangenen völkerrechtlich geltende Schutz findet auf sie keine Anwendung. Sie sind nach durchgeführter Absonderung zu erledigen.

3. *Politische Kommissare*, die sich *keiner feindlichen Handlungen schuldig machen* oder *einer solchen verdächtig sind*, werden zunächst unbehelligt bleiben. Erst bei der weiteren Durchdringung des Landes wird es möglich sein, zu entscheiden, ob verbliebene Funktionäre an Ort und Stelle belassen werden können oder an die Sonderkommandos abzugeben sind. Es ist anzustreben, daß diese selbst die Überprüfung vornehmen.

Bei der Beurteilung der Frage, ob »schuldig oder nicht schuldig«, hat grundsätzlich der persönliche Eindruck von der Gesinnung und Haltung des Kommissars höher zu gelten, als der vielleicht nicht zu beweisende Tatbestand.

4. In den Fällen 1. und 2. ist eine kurze Meldung (Meldezettel) über den Vorfall zu richten:

a) von den einer Division unterstellten Truppen an die Division (I c),

b) von den Truppen, die einem Korps-, Armeeober- oder Heeresgruppenkommando oder einer Panzertruppe unmittelbar unterstellt sind, an das Korps- usw. Kommando (I c).

5. Alle oben genannten Maßnahmen dürfen die Durchführung der Operationen nicht aufhalten. Planmäßige Such- und Säuberungsaktionen durch die Kampftruppe haben daher zu unterbleiben.

II. Im rückwärtigen Heeresgebiet
Kommissare, die im rückwärtigen Heeresgebiet wegen zweifelhaften Verhaltens ergriffen werden, sind an die Einsatzgruppe bzw. Einsatzkommandos der Sicherheitspolizei (SD) abzugeben.

III. Beschränkung der Kriegs- und Standgerichte
Die Kriegsgerichte und die Standgerichte der Regiments- usw. Kommandeure dürfen mit der Durchführung der Maßnahmen nach I und II nicht betraut werden.

OKH-Verteiler:

Abschnittsstab Schlesien	1. Ausfertigung
Heeresgruppe B	2. Ausfertigung
Abschnittsstab Ostpreußen	3. Ausfertigung
AOK 18	4. Ausfertigung
Unterabschnitt Ostpreußen I	5. Ausfertigung
Festungsstab Blaurock	6. Ausfertigung
AOK 4	7. Ausfertigung
Abschnittsstab Staufen	8. Ausfertigung
Arbeitsstab Gotzmann	9. Ausfertigung
AOK 11	10. Ausfertigung

AOK 2	11. Ausfertigung
Oberbaugruppe Süd	12. Ausfertigung
Festungsstab 49	13. Ausfertigung
Festungsstab Wagener	14. Ausfertigung
Panzergruppe 4	15. Ausfertigung
AOK Norwegen	16. Ausfertigung
OKH/Adj. Ob. d. H.	17. Ausfertigung
OKH/Adj. GenSt. d. H.	18. Ausfertigung
OKH/Abt. Fremde Heere Ost	19. Ausfertigung
OKH/Dp. Abt. (ohne OKW.-Erlaß)	20. Ausfertigung
OKH/Gen. Qu. (ohne OKW.-Erlaß)	21. Ausfertigung
Vorrat	22.–30. Ausfertigung

Dokument Nr. 13

Der Oberbefehlshaber des Heeres

Hauptquartier OKH, den 8. 6. 1941

Gen. z. b. V. b. Ob. d. H. (Gr. R. Wes.)   (2047/138)
Nr. 91/41 g. Kdos. Chefs.   [Init. K. 9/6]
[Stempel:] Chefsache   (– – Stempel!)
Nur durch Offizier!   30 Ausfertigungen.
Nach anliegendem Verteiler   19. Ausfertigung.
Betr. Behandlung politischer Kommissare.   [Stempel:]
                                          Gen. St. d. H.
                                          Abt. Fremde Heere Ost
                                          9. Juni 1941
                                          Nr. 69/41 g. Kdos. Anl.
                                          [2 unles. Init.]

Nachstehender Erlaß des OKW vom 6. 6. 41 – WFSt. Abt. L (IV/Qu)
Nr. 44822/41 g. Kdos. Chefs. – wird bekanntgegeben.

Zu I Ziffer 1:
Das Vorgehen gegen einen politischen Kommissar muß zur Voraus-
setzung haben, daß der Betreffende durch eine *besondere erkennbare
Handlung oder Haltung* sich gegen die deutsche Wehrmacht stellt oder
stellen will.
Zu I. Ziffer 2:
Die Erledigung der politischen Kommissare bei der Truppe hat nach
ihrer Absonderung *außerhalb der eigentlichen Kampfzone* unauffällig auf
Befehl eines Offiziers zu erfolgen.

[Stempel:]   gez. von Brauchitsch
Oberkommando des Heeres   Für die Richtigkeit:
Gruppe Rechtswesen   gez. Bechler [handschr.]
                                        Hauptmann

[Dok. NOKW 1076]

Dokument Nr. 14

Pz. Gru. 3 – Abt. Ic
Tätigkeitsbericht Jan.–Juli 1941
Bl. 29:

Rechtsfragen

A. Behandlung von Freischärlern usw.
Am 11. 6. wurden der Ic und der Heeresrichter der Gruppe nach Warschau zu einer Besprechung des Generals z. b. V. beim Ob. d. H. kommandiert. General z. b. V. Generalleutnant Müller, führte nach Ver-
lesen des Führererlasses aus, daß im kommenden Einsatz Rechtsempfinden u. U. hinter Kriegsnotwendigkeit zu treten hat. Erforderlich ist daher:
Rückkehr zum alten Kriegsbrauch, unser bisheriges Kriegsrecht ist
erst nach dem Weltkrieg festgelegt. Einer von beiden Feinden muß
auf der Strecke bleiben. Träger der feindlichen Einstellung nicht konservieren, sondern erledigen. Unter den Begriff »Freischärler« fällt
auch der, der als Zivilist die deutsche Wehrmacht behindert oder zur
Behinderung auffordert (z. B. Hetzer, Flugblattverteiler, nicht befolgen deutscher Anordnungen, Brandstifter, zerstören von Wegwei-
sern, Verräter usw.). Das Recht des freiwilligen Waffengreifens der
Bevölkerung wird nicht anerkannt. Auch wehrsportliche Vereinigung
(Komsomol, Ossoaviachim) hat dieses Recht nicht.
Bestrafung: Grundsatz: sofort, jedenfalls kein Aufschieben der Verfahren. Bei Einzelfällen kann in leichten Fällen u. U. auch die Prügelstrafe genügen. Die Härte des Krieges erfordert harte Strafen . . . In
Zweifelsfällen über die Täterschaft wird häufig Verdacht genügen
müssen. Klare Beweise lassen sich oft nicht erbringen.
Kollektive Gewaltmaßnahmen durch Niederbrennen, Erschießen
einer Gruppe von Leuten usw. Truppe soll sich aber nicht ablenken
lassen oder im Blutrausch handeln. Kein unnötiges Scharfmachen,
also nur so weit, als zur Sicherung der Truppe und raschen Befriedung des Landes notwendig.

[Dok. NOKW 2672]

Dokument Nr. 15

*Meldungen über Kommissar-Erschießungen durch die kämpfende Truppe und
Anweisung zu regelmäßiger Meldung durch unterstellte Einheiten*

Funk-*Spruch* Nr. 559
Absendende Stelle: Abgegangen 10. 7., 10.30
Panzergruppe 4   An Heeresgruppe Nord

Zu Ob. d. H. Gen. z. b. V. Ob. d. H. (Gruppe Rechtswesen)
Nr. 91/41 g. Kdos. vom 8. 6. 41 werden bis zum 8. 7. einschl. ge-
meldet 101 erledigt.   Panzergruppe 4 I c
F. d. R.
gez. Bothe
Leutnant

Fernschreiben: von Panzergruppe 4
Abgangstag: 22.7.
Abgangszeit: 08.31   An XXXXI. A. K.

Betr.: Politische Kommissare
Meldung über Verlauf der Aktion vom 22. 6. 41 bis 19. 7. einschl. mit
Zahlenangaben sofort erbeten. Nächste Meldung zum 3. 8. mit
Stand vom 2. 8.
F. d. R.   Panzergruppe 4 I c
gez. Bothe
Leutnant

[Dok. NOKW 1674]

Dokument Nr. 16

Der Chef des Generalstabes
der Heeresgruppe Nord   H. Qu. 2. 7. 1941
An den Herrn Chef des Generalstabes
Panzergruppe 4

1. Ich halte es für notwendig, den Erlaß des OKH betr. Behandlung
   politischer Kommissare zu vernichten, damit er nicht in Feindeshand fällt und propagandistisch ausgenutzt werden kann.
2. Ich bitte darauf hinzuweisen, daß nicht dort, wo Gefangene bereits
   zu Arbeitsabteilungen (für Flugplätze usw.) zusammengestellt
   sind, die Truppe nachträglich durch Erschießen eingreift.
Verteiler: gez. Brennecke
Chef d. Gen. St. AOK 16
Chef d. Gen. St. AOK 18
Pz. Gru. 4
Bef. rückw. H.G. 101

[Dok. NOKW 3136]

Dokument Nr. 17

AOK 18 Ic
Nr. 2034/41   Qu. 2   H. Qu., 14. 7. 1941

Generalleutnant Müller, Gen. z. b. V. ObdH., machte am 10. 7.
anläßlich einer Besprechung mit Major i. G. Jessel im Auftrage des
Herrn Oberbefehlshabers des Heeres auf die Beachtung folgender
Punkte aufmerksam:
  Bei dem raschen Fortschreiten der Op. ist anzunehmen, daß eine
  Reihe von polit. Kommissaren der Roten Armee nach Entfernung
  ihrer Abzeichen unerkannt in die Gefangenenlager geraten sind.
  . . . Die Ic's werden gebeten, auf die Notwendigkeit einer ständigen
  Überprüfung der Anwesenheit von politischen Kommissaren
  immer wieder hinzuweisen.

                                        gez. Unterschrift
                                        Maj. i. G.

Dokument Nr. 18

Pz. Gr. 3
Feindnachr. Blatt Nr. 10   Juli 1941
3. Politische Kommissare haben Dienstgradabzeichen häufig abge-
   legt und befinden sich in Mannschaftsuniform unter der Truppe.
   Meist erkenntlich an nicht verblichenen Stellen am Kragen und am
   Ärmel . . . .

Feindnachr. Blatt Nr. 18   8. 8. 1941
Betreffend politische Kommissare. Gemäß den neuen sowjetischen
Bestimmungen haben alle Regimenter und Divisionen sowie höhere
Stäbe Kriegskommissare (früher politische Kommissare), Kompa-
nien, Batterien und Schwadronen politische Leiter (Politruk), die
ebenfalls unter den Begriff der Kriegskommissare fallen. Einzelnach-
fragen seitens der Truppe machen den Hinweis erforderlich, daß sich
in der Behandlung dieser Leute nichts geändert hat.
Im Gegensatz hierzu sind Angehörige der bereits öfter angetroffenen
GPU jetzt SiPo genannt, und solche Grenztruppen . . . in gleicher
Form zu behandeln wie die Soldaten der Roten Armee.

[Dok. NOKW 2239]

Dokument Nr. 19

Pz. Gr. 3: Bedenken gegen die Zweckmäßigkeit des »Kommissar«-Befehls
(*14. August 1941*)

Tätigkeitsbericht
d. Pz. Gru. 3/Ic
Jan.–Juli 1941

»Die Sonderbehandlung der politischen Kommissare durch die Gruppe führte zu einem baldigen Bekanntwerden auf der russischen Seite und Verschärfung des Widerstandswillens. Die Sonderbehandlung hätte zur Vermeidung des Bekanntwerdens erst in weit rückwärts gelegenen Lagern durchgeführt werden dürfen. Auch die meisten gefangenen Rotarmisten und Offiziere glaubten an eine solche Sonderbehandlung, die ihnen in Dienstbefehlen und auch von entflohenen Kommissaren berichtet wurde . . .«

»Bei rückschauender Betrachtung am 14. 8. ist festzustellen, daß entgegen den Erwartungen Freischärlerei nur in geringem Umfange vorgekommen ist und infolgedessen die strengen Strafen nur vereinzelt zur Anwendung zu kommen brauchten. Dagegen hat sich erwiesen, daß die politischen Kommissare Willensträger der bolschewistischen Idee waren. Die geistige Beeinflussung der von ihnen erfaßten Truppe war erheblich. Der zähe Widerstand der bolschewistischen Truppe ist wohl in erster Linie auf seine Hetze zurückzuführen, die zahllose Soldaten glaubhaft machte, daß ihnen Durchhalten im Kampf oder martervolle Tötung nach Gefangennahme durch die Deutschen nur zur Wahl bliebe. In den ersten Kampfwochen wurden politische Kommissare und Offiziere nur in geringem Umfang gefangengenommen. Bis Anfang August wurden im ganzen Gruppenbereich etwa 170 politische Kommissare (innerhalb der Truppe) gefangen und als gesondert abgeschoben den AOK's gemeldet.«

[Dok. NOKW 1904]

Dokument Nr. 20

AOK 2   HQu., 9. 9. 1941
Ic/A. O. Nr. 218/41 geh. Kommandos.
Betr.: Politische Kommissare

An Heeresgruppe Mitte
Nach zahlreichen Feststellungen ist der zähe Widerstand der sowjetischen Truppen zu einem Teil dem scharfen Terror der politischen Kommissare und Politruks zuzuschreiben. Diese selbst verteidigen sich nach den gemachten Erfahrungen meist bis zum letzten, töten sich häufig sogar selbst, um nicht in Gefangenschaft zu geraten, und versuchen mit allen Mitteln, auch die Offiziere und Soldaten zu

diesem gleichen Verhalten zu bringen. Diese Haltung der Kommissare ist nach den getroffenen Feststellungen vor allem darauf zurückzuführen, daß sie überzeugt sind, als Gefangene erschossen zu werden. So hat ein Politruk, der in Zivil aufgegriffen worden ist, angegeben: »Nach meiner Ansicht würden die politischen Leiter, Kommissare und Offiziere der Roten Armee nicht solchen Widerstand leisten, wenn sie die Gewißheit hätten, bei Gefangennahme oder Überlaufen nicht erschossen zu werden.« Diese Auswirkung der scharfen Befehle über Behandlung der Kommissare und Politruks als Mitursache des zähen feindlichen Widerstandes ist also nicht zu verkennen. Daß offizielle sowjetische Anordnungen über Vergeltungsmaßnahmen (z. B. Erschießen kriegsgefangener deutscher Offiziere oder Angehöriger der NSDAP) vorliegen, hat sich bisher nicht einwandfrei feststellen lassen. Es ist jedoch mit der Möglichkeit der praktischen Durchführung solcher Gegenmaßnahmen zu rechnen. Im übrigen tragen nach dem Befehl Stalins vom 1. 8. 1941 die politischen Kommissare Offiziers-Uniformen ohne besondere Abzeichen. Es ist daher damit zu rechnen, daß die Truppe unter den Gefangenen nicht mehr besonders nach Kommissaren forschen wird, falls diese nicht auf Grund von Denunziationen sofort ausgesondert werden können. Infolgedessen werden politische Kommissare jetzt häufiger mit in Gefangenenlager abgeschoben werden.

Für das Armee-Oberkommando
Der Chef des Generalstabes
[gez.:] v. Witzleben

Dokument Nr. 21

Gen. Kdo. XXXIX. A. K
Der Kommandierende General
An AOK 16
Es wird gebeten, diese Denkschrift an den Führer und Obersten Befehlshaber der Wehrmacht weiterzuleiten.
Gen. Kdo. XXXIX, A. K.   Der Kommandierende General
17. 9. 1941

Denkschrift über die Möglichkeiten einer Erschütterung des bolschewistischen Widerstandes von innen her

Der bisherige Verlauf des Ostfeldzuges hat gezeigt, daß der bolschewistische Widerstand an Härte und Verbissenheit die meisten Erwartungen bei weitem übersteigt. Insbesondere verfügt die Rote Armee über ein Unterführerkorps, das die Mannschaften immer wieder in Angriff und Verteidigung fest zusammenhält . . .
Die alte Führung ist emigriert oder ausgerottet, die junge Intelligenz

aus der Arbeiterklasse denkt kommunistisch. Jeder Versuch eines Umsturzes wurde schließlich mit härtester Gewalt im Keime erstickt. Es konnte daher niemals angenommen werden, daß ein Krieg zu einer Revolution in der Sowjetunion führen werde. Der bolschewistische Staat zeitigt im Kampf die gleiche Widerstandskraft, die vergleichsweise die KPD im Kampf um die Macht im Reich aufwies ... Im Feldzug macht sich besonders unangenehm bemerkbar, daß ... die politischen Kommissare schon deshalb weiterkämpfen, weil sie wissen, daß sie bei uns bestimmt erschossen werden. Dieses Bewußtsein kann die Kriegsführung auch in Zukunft nur verschärfen. Für die gesamte russische Bevölkerung fehlt für eine klare Entscheidung jedes Bild der künftigen Entwicklung.

Als Sofortmaßnahme muß der Schießerlaß für politische Kommissare fallen. Solange die Kommissare sich gemeinsam gegen den sicheren Tod wehren müssen, werden sie wie Pech und Schwefel zusammenhalten. Ja, sie werden durch unsere Drohungen auch bei sicherlich vorhandenen inneren Zwistigkeiten geradezu durch uns zusammengeschweißt. Wenn aber der einzelne Kommissar weiß, daß er als Überläufer sein Leben retten kann, wird die innere Geschlossenheit des politischen Führerkorps aufhören.

Auf weite Sicht ist aber noch viel wichtiger, dem russischen Volk eine positive Zukunft zu zeigen ...

[gez.] S [Schmidt]

[Dok. NOKW 2413]

Dokument Nr. 22

Oberkommando des Heeres   H.Q., den 23. 9. 1941
General z.b.V. beim Ob.d.H.
Az. 501 Gen.z.b.V.b.Ob.d.H.   4 Ausfertigungen
Nr. 516/41 g Kdos.   1. Ausfertigung

An OKW/L
zu Händen des Herrn Generalmajor Warlimont

Betr. Politische Kommissare
Bezug: OKW/WFSt/Abt. L (IV/Qu)
Nr. 44 822/41 g. Kdos. Chefs.
vom 6. 6. 1941

Es wird gebeten, die Notwendigkeit der Durchführung des »Kommissar«-Erlasses in der bisherigen Form im Hinblick auf die Entwicklung der Lage zu überprüfen. Von Befehlshabern, Kommandeuren und aus der Truppe wird gemeldet, daß sich eine Lockerung des Kampfwillens auf russischer Seite dadurch erreichen lasse, wenn den Kommissaren, die ohne Zweifel die Hauptträger des erbitterten und verbissenen Widerstandes seien, der Weg zur Aufgabe des Kampfes, zur Übergabe oder zum Überlaufen erleichtert würde.

Zur Zeit ist es so, daß der Kommissar auf jeden Fall sein sicheres Ende vor Augen sieht; darum kämpft eine große Zahl bis zuletzt und zwingt auch die Rotarmisten mit den brutalsten Mitteln zum erbitterten Widerstand.

Gerade in der augenblicklichen Kampflage, wo bei den hohen Ausfällen, mit der Abnahme des Zuflusses von personellen und materiellen Kräften, bei der Vermischung der Verbände, der Unsicherheit der Führung Lockerungserscheinungen auf russischer Seite da und dort sich zu zeigen beginnen, könnte eine Lähmung des allgemeinen Kampfwillens durch Brechung des Widerstandes der Kommissare nicht unerhebliche Erfolge zeitigen und unter Umständen viel Blut sparen.

Die Erreichung des Zieles müßte in geeigneter Form mit propagandistischen Mitteln verschiedenster Art angestrebt werden.

Auch der Oberbefehlshaber des Heeres glaubt, daß die vorstehenden Auffassungen, die ihm persönlich bei allen Heerestruppen vorgetragen worden sind, vom militärischen Standpunkt durchaus beachtlich sind und eine Überprüfung der bisherigen Behandlungsweise der Kommissare zweckmäßig erscheinen lassen.

i. A.

gez. Müller

[Handschrift. Randbemerkung v. Jodl:] Der Führer hat jede Änderung der bisher erlassenen Befehle für die Behandlung der polit. Kommissare abgelehnt. J. 26. 9.

[Dok. NOKW 200]

Dokument Nr. 23

Abschrift
Oberkommando der Wehrmacht   Berlin, den 16. 6. 1941
Abt. Kriegsgefangene   10 Ausfertigungen
Nr. 25/41 g.Kdos.Chefs.   3. Ausfertigung

Betr.: Kriegsgefangenenwesen im Fall Barbarossa

1. Organisation.
Die Verantwortlichkeit für das Kriegsgefangenenwesen im Fall Barbarossa erstreckt sich: für OKH auf das Operationsgebiet und das Gebiet der deutschen Heeresmission Rumänien (Schema der Gliederung s. Anlage 1), für OKW/AWA auf das Heimatgebiet einschl. Generalgouvernement.

OKW/AWA hat eingerichtet:

a) Im Generalgouvernement und in Wehrkreis I eine Kriegsgefangenen-Heimatorganisation zur Übernahme und Betreuung der aus dem Operationsgebiet abgeschobenen Kriegsgefangenen.

b) Im übrigen Reichsgebiet Lager zur Aufnahme der Kriegsgefangenen aus dem Unternehmen Barbarossa, getrennt von allen übrigen Kriegsgefangenen . . .

Die beiden Kommandeur der Kgf haben aus den ihnen unterstellten Lagern unmittelbar an der Grenze des deutschen Interessengebietes »Kgf-Übernahmestellen« eingerichtet, welche die Kgf vom Feldheer zu übernehmen und in die Lager der Kgf-Heimatorganisation weiterzuleiten haben. Lage der Übernahmestellen und der Lager s. Anlage 3.

a) Vom Feldheer zur Heimatorganisation . . .

Ein Abschub der Kriegsgefangenen in die Lager des Reiches findet nur auf besonderen Befehl des OKW statt.

III. Behandlung der Kriegsgefangenen.

Der Bolschewismus ist der Todfeind des Nationalsozialistischen Deutschland. Gegenüber den Kriegsgefangenen der Roten Armee ist daher äußerste Zurückhaltung und schärfste Wachsamkeit geboten. Mit heimtückischem Verhalten insbesondere der Kriegsgefangenen asiatischer Herkunft ist zu rechnen. Daher rücksichtsloses und energisches Durchgreifen bei den geringsten Anzeichen von Widersetzlichkeit, insbesondere gegenüber bolschewistischen Hetzern. Restlose Beseitigung jedes aktiven und passiven Widerstandes! . . .

Die Gegenseite hat das Abkommen über die Behandlung von Kriegsgefangenen vom 27. 7. 1929 nicht anerkannt. Trotzdem bildet dieses die Grundlage für die Behandlung.

Folgende Ausnahmen werden befohlen: . . .

2. Keine Bezahlung für die geleisteten Arbeiten. Keine Soldzahlung an Offiziere und Sanitätspersonal.

3. Keine Abnahme persönlicher Geldbeträge und Wertsachen. Wo bei Vorhandensein größerer Geldbeträge Verdacht strafbarer Handlungen oder sonstigen unrechtmäßigen Erwerbes (Verteilung von Kriegskassen usw.) vorliegt, Abnahme dieser Geldbeträge ohne Quittung und Sicherstellung als Beutegeld.

4. Meldungen der Kriegsgefangenen an die Wehrmacht-Auskunftstelle sind nicht erforderlich.

5. Die Karteikarten I und II nach ADV 38/5 sind nicht zu benutzen. Über die Führung von besonderen Karteikarten als Ersatz für Listenführung ergeht Sonderbefehl . . .

7. Über die Verpflegung der Kriegsgefangenen ergeht Sonderbefehl . . .

8. Die Vorschriften über »Beziehungen der Kriegsgefangenen zur Außenwelt« (Schutzmacht, Hilfsgesellschaften usw.) finden keine Anwendung.

9. Vertrauensleute gemäß ADV 38/5 Artikel 340 sind von den Kriegsgefangenen nicht zu bestimmen.
10. Strafverfahren gegen Kriegsgefangene unterliegen nicht den im Abkommen vorgesehenen Beschränkungen. (Beteiligung der Schutzmacht, Aussetzung der Strafvollstreckung bei Todesurteilen usw.) . . .

> Der Chef des Oberkommandos der Wehrmacht
> i. A. gez. Unterschrift

[Dok. Ps 888]

Dokument Nr. 24

Abschrift
Der Chef der Sicherheitspolizei   Berlin, den 17. Juli 1941
und des SD
21 B/41 gRs. IV A Ic

Geheime Reichssache!
Einsatzbefehl Nr. 8
Betr. Richtlinien für die in die Stalags und Dulags abzustellenden Kommandos des Chefs der Sicherheitspolizei und des SD.
Anl.: 2 geheftete Anl. 1 und 2
         1 lose Anl.

In der Anlage übersende ich Richtlinien über die Säuberung der Gefangenenlager, in denen Sowjetrussen untergebracht sind.
Diese Richtlinien sind im Einvernehmen mit dem OKW – Abt. Kriegsgefangene (s. Anl. 1) ausgearbeitet worden. Die Kommandeure der Kriegsgefangenen- und Durchgangslager (Stalags und Dulags) sind seitens des OKW verständigt worden.
Ich ersuche, sofort ein Kommando in Stärke von einem SS-Führer und 4–6 Mann für die im dortigen Bereich befindlichen Kriegsgefangenenlager abzustellen . . .
Zur Erleichterung der Durchführung der Säuberung ist je ein Verbindungsführer zu dem Oberbefehlshaber der Kriegsgefangenenlager im Wehrkreis I, Ostpreußen – Generalmajor von Hindenburg – in Königsberg/Pr. und zum Oberbefehlshaber der Kriegsgefangenenlager im Generalgouvernement – Generalleutnant Herrgott – in Kielce zu entsenden.
Als Verbindungsführer sind ab sofort abzuordnen: . . .
b) Kriminalkommissar Raschwitz, beim Kdr. der Sicherheitspolizei und des SD in Krakau, zu Generalleutnant Herrgott in Kielce.
Aufgabe dieser Verbindungsführer ist es, von Zeit zu Zeit, insbesondere zu Beginn des Einsatzes die Tätigkeit der Kommandos nach diesen Richtlinien einheitlich auszurichten und für einen reibungslosen Verkehr mit den Dienststellen der Wehrmacht zu sorgen.

Für die Durchführung der den Kommandos in den Gefangenenlagern gestellten Aufgaben füge ich – als Anlage 2 – Richtlinien für die in die Stalags abzustellenden Kommandos des Chefs der Sicherheitspolizei und des SD bei, von denen gleichfalls das OKW und damit auch die Befehlshaber und Lagerkommandanten Kenntnis erhalten haben.

Vor Durchführung der Exekutionen haben sich die Führer der Einsatzkommandos wegen des Vollzuges jeweils mit den Leitern der in Frage kommenden Staatspolizeistellen bzw. mit den Kommandeuren des für ihr Lager zuständigen Gebietes in Verbindung zu setzen. Die Exekutionen dürfen nicht im Lager selbst noch in unmittelbarer Nähe erfolgen; sie sind nicht öffentlich und müssen möglichst unauffällig durchgeführt werden . . .

gez. Heydrich

Geheime Reichssache! *Anlage 1*

Richtlinien für die Aussonderung von Zivilpersonen und verdächtigen Kriegsgefangenen des Ostfeldzuges in den Kriegsgefangenenlagern im besetzten Gebiet, im Operationsgebiet, im Generalgouvernement und in den Lagern im Reichsgebiet.

1. Absicht.

Die Wehrmacht muß sich umgehend von allen denjenigen Elementen unter den Kr.Gef. befreien, die als bolschewistische Triebkräfte anzusehen sind. Die besondere Lage des Ostfeldzuges verlangt daher *besondere Maßnahmen*, die frei von bürokratischen und verwaltungsmäßigen Einflüssen verantwortungsfreudig durchgeführt werden müssen.

Während den bisherigen Vorschriften und Befehlen des Kriegsgefangenenwesens ausschließlich *militärische* Überlegungen zu Grunde lagen, muß nunmehr der *politische Zweck* erreicht werden, das Deutsche Volk vor bolschewistischen Hetzern zu schützen und das besetzte Gebiet alsbald fest in die Hand zu nehmen.

2. Weg zur Erreichung des gesteckten Zieles

A. Die Insassen der Russen-Lager sind daher zunächst nach folgenden Gesichtspunkten innerhalb der Lager voneinander zu trennen:

1. Zivilpersonen;
2. Soldaten (auch solche, die zweifellos Zivilkleider angelegt haben);
3. politisch untragbare Elemente aus 1. und 2.
4. Personen aus 1. und 2., die besonders vertrauenswürdig erscheinen und daher für den Einsatz zum Wiederaufbau der besetzten Gebiete verwendungsfähig sind;
5. Volkstumsgruppen innerhalb der Zivilpersonen und Soldaten.

B. Während die grobe Trennung nach A 1. bis 5. durch die Lagerorgane selbst vorgenommen wird, stellt zur Aussonderung der Personen zu A 3. und 4. der Reichsführer-SS

»Einsatzkommandos der Sicherheitspolizei und des Sicherheitsdienstes« zur Verfügung.

Sie sind dem Chef der Sipo und des SD unmittelbar unterstellt, für ihren Sonderauftrag besonders geschult und treffen ihre Maßnahmen und Ermittlungen im Rahmen der Lagerordnung nach Richtlinien, die sie vom Chef der Sicherheitspolizei und des Sicherheitsdienstes erhalten haben.

Den Kommandanten, besonders deren Abwehr-Offizieren, wird engste Zusammenarbeit mit den Einsatzkommandos zur Pflicht gemacht.

III. Weitere Behandlung der ausgesonderten Gruppen.

    A. *Zivilpersonen* . . .

    B. *Militärpersonen.*

        Wegen evtl. Verwendung im Reichsgebiet sind Asiaten von den europäisch aussehenden Soldaten zu trennen. Offiziere werden vielfach als »Verdächtige« auszusondern sein. Andererseits sind Offiziere zur Verhinderung der Einflußnahme auf die Mannschaften frühzeitig von diesen zu trennen.

        Über den Abschub der Militärpersonen ergeht Sonderbefehl . . .

    C. Über die als »Verdächtige« [s. II. A., 3.] ausgesonderten entscheidet das Einsatzkommando der Sipo und des SD.
        . . .

        Dem Ersuchen des Einsatzkommandos auf Herausgabe weiterer Personen ist stattzugeben.

    D. *Vertrauenswürdige Personen* sind zunächst zur Aussonderung der Verdächtigen (II. A. 3) und zu sonstigen Aufgaben der Lagerverwaltung heranzuziehen . . .

    E. *Volkstumsgruppen* . . .

        Über die Verwendung der einzelnen Volkstumsgruppen ergeht Sonderbefehl.   BT.

Geheime Reichssache!   *Anlage II*
Amt IV   Berlin, den 17. Juli 1941

Richtlinien für die in die Stalags abzustellenden Kommandos des Chefs der Sicherheitspolizei und des SD

Die Abstellung der Kommandos erfolgt nach der Vereinbarung zwischen dem Chef der Sicherheitspolizei und des SD und dem OKW vom 16. 7. 41 [s. Anlagen 1].

Die Kommandos arbeiten aufgrund besonderer Ermächtigung und gemäß der ihnen erteilten allgemeinen Richtlinien im Rahmen der Lagerordnung selbständig. Es ist selbstverständlich, daß die Kommandos mit dem Lagerkommandanten und dem ihm zugeteilten Abwehroffizier engste Fühlung halten.

Aufgabe der Kommandos ist die politische Überprüfung aller Lager-insassen und die Aussonderung und weitere Behandlung

a) der in politischer, krimineller oder in sonstiger Hinsicht untragbaren Elemente unter diesen,

b) jener Personen, die für den Wiederaufbau der besetzten Gebiete verwendet werden können.

Für die Durchführung ihrer Aufgabe können den Kommandos Hilfsmittel nicht zur Verfügung gestellt werden. Das ›Deutsche Fahndungsbuch‹, die ›Aufenthaltsermittlungsliste‹ und das ›Sonderfahndungsbuch der UdSSR‹ werden sich in den wenigsten Fällen als verwertbar erweisen; das ›Sonderfahndungsbuch der UdSSR‹ ist deshalb nicht ausreichend, weil nur ein geringer Teil der als gefährlich zu bezeichnenden Sowjetrussen darin aufgeführt ist.

Die Kommandos müssen sich daher nach ihrem Fachwissen und Können auf eigene Feststellungen und selbsterarbeitete Kenntnisse stützen . . . Für ihre Arbeit haben die Kommandos, soweit als möglich, sich zunächst und auch in der Folge die Erfahrungen des Lagerkommandanten zunutze zu machen, die diese aus der Beobachtung der Gefangenen und aus Vernehmungen von Lagerinsassen inzwischen gesammelt haben.

Weiter haben die Kommandos am Anfang bemüht zu sein, unter den Gefangenen auch die zuverlässig erscheinenden Elemente, und zwar gleichgültig, ob es sich dabei um Kommunisten handelt oder nicht, herauszusuchen, um sie für ihre nachrichtendienstlichen Zwecke innerhalb des Lagers und, wenn vertretbar, später auch in den besetzten Gebieten dienstbar zu machen.

Es muß gelingen, durch Einsatz solcher V-Personen und unter Ausnutzung aller sonst vorhandenen Möglichkeiten, zunächst unter den Gefangenen alle auszuscheidenden Elemente Zug um Zug zu ermitteln . . .

Vor allem gilt es ausfindig zu machen:

alle bedeutenden Funktionäre des Staates und der Partei, insbesondere Berufsrevolutionäre,

die Funktionäre der Komintern,

alle maßgebenden Parteifunktionäre der KPdSU, und ihren Nebenorganisationen in den Zentralkomitees, den Gau- und Gebietskomitees,

alle Volkskommissare und ihre Stellvertreter,

alle ehemaligen Polit-Kommissare in der Roten Armee,

die leitenden Persönlichkeiten der Zentral- und Mittelinstanzen bei den staatlichen Behörden,

die führenden Persönlichkeiten des Wirtschaftslebens,

die sowjetrussischen Intelligenzler,

alle Juden,

alle Personen, die als Aufwiegler oder fanatische Kommunisten festgestellt werden.

. . .

Jede Woche gibt der Leiter des EK. mittels FS. oder Schnellbriefes an das Reichssicherheitshauptamt einen Kurzbericht.
Dieser hat zu enthalten:
1. *Kurze* Schilderung der Tätigkeit in der vergangenen Woche,
2. Zahl der endgültig als verdächtig anzusehenden Personen (Zahlenangabe genügt),
3. Namentliche Benennung der als Funktionäre der Komintern, maßgebende Funktionäre der Partei, Volkskommissare, Pol-Kommissare, leitende Persönlichkeiten festgestellten Personen mit kurzer Beschreibung ihrer Stellung,
4. Zahl der als unverdächtig zu bezeichnenden Personen
a) Kriegsgefangene, b) Zivilpersonen.
Auf Grund dieser Tätigkeitsberichte werden sodann vom Reichssicherheitshauptamt die zu treffenden weiteren Maßnahmen umgehendst mitgeteilt. Für die auf Grund dieser Weisung sodann sukzessiv zu treffenden Maßnahmen haben die Kommandos bei der Lagerleitung die Herausgabe der betreffenden Gefangenen zu beantragen.
Die Lagerkommandanturen sind vom OKW angewiesen, derartigen Anträgen stattzugeben (s. Anlage 1).
Exekutionen dürfen nicht im Lager oder in unmittelbarer Umgebung des Lagers durchgeführt werden. Befinden sich die Lager im Generalgouvernement in unmittelbarer Nähe der Grenze, so sind die Gefangenen zur Sonderbehandlung möglichst auf ehemals sowjetrussisches Gebiet zu verbringen.
Sollten aus Gründen der Lagerdisziplin Exekutionen erforderlich sein, so hat sich dieserhalb der Leiter des EK. an den Lagerkommandanten zu wenden.
Über die durchgeführten Sonderbehandlungen haben die Kommandos Listen zu führen; sie müssen enthalten:
Lfd. Nummer, Familien- und Vorname, Geburtszeit und -ort, militärischer Dienstgrad, Beruf, letzter Wohnort, Grund der Sonderbehandlung, Tag und Ort der Sonderbehandlung (Zettelsammlung).
Hinsichtlich der durchzuführenden Exekutionen, des möglichen Abtransportes von zuverlässigen Zivilpersonen und des Abschubes etwaiger V-Personen für die Einsatzgruppe in die besetzten Gebiete hat sich der Leiter des EK. in Verbindung zu setzen mit dem Leiter der örtlich nächstgelegenen Leitstelle bzw. mit dem Kommandeur der Sicherheitspolizei und des SD. und über diesen mit dem Chef der betreffenden Einsatzgruppe in den besetzten Gebieten. Derartige Mitteilungen sind grundsätzlich nachrichtlich an das Reichssicherheitshauptamt, IV A L, durchzugeben . . .

[Dok. NO–3414]

Dokument Nr. 25

Amt IV
Ergänzung der Richtlinien für die in die Stalags
abzustellenden Kommandos der Sicherheitspolizei und des SD

. . . 4) Die als endgültig verdächtig ausgemittelten Sowjetrussen sind
ohne Verzug – wie in den Richtlinien vom 17. 7. 1941 angeordnet –
anher zu melden.
Nach dem Eingang der Exekutionsbestätigung ist weiter *ohne Verzug*
mit der Durchführung der angeordneten Maßnahmen zu beginnen.
Eine längere Verwahrung in dem betreffenden Lager ist aus naheliegenden Gründen zu vermeiden.
Schließlich weise ich erneut darauf hin, daß die Exekutionen auf keinen Fall weder im Lager noch in dessen unmittelbarer Nähe durchgeführt werden dürfen. Es versteht sich von selbst, daß die Exekutionen
nicht öffentlich sind. Zuschauer dürfen grundsätzlich nicht zugelassen
werden.
5) Ich mache den Leitern und den Angehörigen der Einsatzkommandos schließlich erneut zur besonderen Pflicht hervorragendes Auftreten in und außer Dienst, bestes Einvernehmen mit den Lagerkommandanten, sorgfältige Überprüfungsarbeit.

[Dok. 078–PS]   gez. Heydrich
                                                  Beglaubigt:
                                                  [gez.] Wolfert
                                                  Kanzleiangestellte

B. Nr. 21 B/41 g Rs. IV A 1c
betr. Richtlinien für die in die Stalags
und Dulags abzustellenden Kommandos des Chefs
der Sipo und des SD an die Kdre. d. Sipo u. d. SD
Stapoleitstellen, Einsatzgruppen A–D u. Sipo-Befehlsh. herausge-
gangen!

[außerdem als Anlage zu Dok. NO–3416:]
»Der Chef der Sipo und des SD«
Berlin, 12. 9. 41

Dokument Nr. 26

Abschrift
Der Chef der Sicherheitspolizei   Berlin, den 21. Juli 1941
und des SD
B Nr. 21 B/41 g Rs. – IV A 1c   50 Ausfertigungen
Geheime Reichssache!   48. Ausfertigung.
Einsatzbefehl Nr. 9

Betr.: Richtlinien für die in die Mannschaftsstammlager abzustellenden Kommandos des Chefs der Sicherheitspolizei und des SD.
Anlg.: 1 Verzeichnis der Lager.
Einsatzbefehl Nr. 8 (... Ausfertigung)
mit Anlage 1, 2 und 3.

Nach Mitteilung des OKW sind bereits sieben Kriegsgefangenenlager im Reichsgebiet (s. anliegendes Verzeichnis) mit sowjetrussischen Kriegsgefangenen belegt worden, bzw. wird dies in Kürze geschehen.

Ich ersuche, sofort ein Kommando von SS-Führern (Kriminalkommissar) und 3 bis 4 Beamten für das im dortigen Bereich befindliche Kriegsgefangenenlager zur Überprüfung der Gefangenen abzustellen. Es ist selbstverständlich, daß die für diese Aufgabe ausgewählten Beamten mit der Materie bestens vertraut sein müssen.

Die Durchführung der Überprüfung hat nach den zum Einsatzbefehl Nr. 8 gegebenen Richtlinien (s. Anlage 2) zu erfolgen.

Zur Durchführung der Exekutionen haben sich die Führer der Kommandos wegen Vollzuges mit den Leitern ihrer Dienststellen in Verbindung zu setzen. Die Exekutionen sind nicht öffentlich und müssen unauffällig im nächstgelegenen Konzentrationslager durchgeführt werden.

Ich ersuche, die in der Anlage 2 zum Einsatzbefehl Nr. 6 beigefügten Richtlinien genauestens zu beachten.

gez. Müller

Verteiler:
An die Staatspolizeileitstelle Dresden
  Staatspolizeileitstelle Münster
  Staatspolizeileitstelle Breslau
  Staatspolizeileitstelle Hamburg
  Staatspolizeileitstelle Hannover
  Staatspolizeileitstelle Posen
  Staatspolizeistelle Schneidemühl
...

In Vertretung:
beglaubigt: Wolfert
(Kanzleiangestellte)
[Stempel:] Geheime
Staatspolizei

Abschrift
Geheime Reichssache!

Verzeichnis
der Kriegsgefangenenlager im Bereich des Wehrkreises I und des Generalgouvernement.

Wehrkreis I
1. Oflag 63 in Pröculs
2. Oflag 53 in Heydekrug
3. Oflag 60 in Schirwindt
4. Oflag 52 in Schützenort
     (Ebenrode)
5. Oflag 56 in Prostken
6. Oflag 68 in Suwalki
7. Stalag 331 in Fischborn-Turosel
8. Oflag 57 in Ostrolenka

Generalgouvernement

1. Stalag 324 in Ostrow-   4. Stalag 319 in Chelm
    Mazowiecka   5. Stalag 325 in Zamosz
2. Stalag 316 in Sielce   6. Stalag 327 in Jaroslaw
3. Stalag 307 in Biala-Podlaska

Die Oflags – Offizierslager – finden z. Z. als Mannschaftsstammlager (Stalag) Verwendung.

Die Durchgangslager befinden sich nach Mitteilung des OKW im Operationsgebiet und werden den örtlichen Erfordernissen entsprechend von Zeit zu Zeit näher an die Front herangelegt. Ihr derzeitiger Standort ist gegebenenfalls beim Generalquartiermeister – Abt. Kriegsgefangenenwesen – Anruf: Anna 757 (Militärleitung) – Hauptmann Sohn, zu erfragen.

Dokument Nr. 27

Oberkommando der Wehrmacht   F. H. Qu., den 12. 9. 1941
WFSt/Abt. L (IV/Qu)
Nr. 02041/41 geh.
Geheim!

Betr.: Juden in den neu besetzten Ostgebieten

Einzelne Vorkommnisse geben Veranlassung, auf die für das Verhalten der Truppe in der UdSSR erlassenen Richtlinien hinzuweisen (OKW/WFSt/Abt. L [IVQu] Nr. 44560/41 g. Kdos. Chefs. vom 9. 5. 41).

Der Kampf gegen den Bolschewismus verlangt ein rücksichtsloses und energisches Durchgreifen vor allem gegen die Juden, die Hauptträger des Bolschewismus.

Es hat daher jegliche Zusammenarbeit der Wehrmacht mit der jüdischen Bevölkerung, die offen oder versteckt in ihrer Einstellung deutschfeindlich ist, und die Verwendung von einzelnen Juden zu irgendwelchen bevorzugten Hilfsdiensten für die Wehrmacht zu unterbleiben.

Ausweise, die den Juden ihre Verwendung für Zwecke der Wehrmacht bestätigen, sind durch militärische Dienststellen keinesfalls auszustellen.

Hiervon ausgenommen ist lediglich die Verwendung von Juden in besonders zusammengefaßten Arbeitskolonnen, die nur unter deutscher Aufsicht einzusetzen sind.

Es wird gebeten, diese Anordnung der Truppe bekanntzugeben.

         Der Chef des Oberkommandos der Wehrmacht
         Keitel

[Dok. 878–Ps]

Dokument Nr. 28

Amt Ausland/Abw.   Chef. Ausl. Berlin, den 15.9.1941
Nr. 9731   *[Handschriftl. Eintrag:]*
F XVI, E 1.   *Die Bedenken entsprechen den sol-*
Dem   *datischen Auffassungen vom ritter-*
Herrn Chef OKW   *lichen Krieg! Hier handelt es sich*
vorzulegen.   *um die Vernichtung einer Weltan-*
                           schauung. Deshalb billige ich die
                           Maßnahmen und decke sie.
             23. 9.   *gez. K [Keitel]*

Vortragsnotiz

Betr.: Anordnung für die Behandlung sowjetischer Kriegsgefangener
Bezug: 2 f 24. 11 AWA/Kriegsgef. (I) Nr. 3058/41 geh. vom 8. 9.
     1941
     [s. Anlage zu Dok. 31, S. 218 ff.]

I.

1. Die Rechtslage ist folgende:
   Das Genfer Kriegsgefangenenabkommen gilt zwischen Deutschland und der UdSSR nicht, daher gelten lediglich die Grundsätze
   des allgemeinen Völkerrechts über die Behandlung von Kriegsgefangenen. Diese haben sich seit dem 18. Jahrhundert dahin ge-
   festigt, daß die Kriegsgefangenschaft weder Rache noch Strafe ist,
   sondern lediglich Sicherheitshaft, deren einziger Zweck es ist, die
   Kriegsgefangenen an der weiteren Teilnahme am Kampf zu verhindern. Dieser Grundsatz hat sich im Zusammenhang mit der bei
   allen Heeren geltenden Anschauung entwickelt, daß es der militärischen Auffassung widerspreche, Wehrlose zu töten oder zu
   verletzen; er entspricht zugleich dem Interesse eines jeden Kriegführenden, seine eigenen Soldaten im Falle der Gefangennahme
   vor Mißhandlungen geschützt zu wissen.
2. Die als Anl. 1 beigefügten Anordnungen für die Behandlung sowjetischer Kriegsgefangener gehen, wie sich aus den Eingangs-
   sätzen ergibt, von einer grundsätzlichen anderen Auffassung aus.
   Nach dieser wird der Kriegsdienst für die Sowjets grundsätzlich
   nicht als soldatische Pflichterfüllung betrachtet, sondern – wegen
   der von den Sowjetrussen begangenen Mordtaten – in seiner Gesamtheit als Verbrechen charakterisiert. Damit wird die Geltung
   kriegsrechtlicher Normen im Kampf gegen den Bolschewismus
   verneint, und außerdem vieles beiseite gestellt, was nach der bisherigen Erfahrung nicht nur als militärisch zweckmäßig, sondern
   auch als zur Aufrechterhaltung der Manneszucht und Schlagkraft
   der eigenen Truppe als unbedingt erforderlich angesehen wurde.
3. Die Anordnungen sind sehr allgemein gehalten. Hält man sich
   aber die sie beherrschende Grundauffassung vor Augen, so müssen
   die ausdrücklich gebilligten Maßnahmen zu willkürlichen Miß-

handlungen und Tötungen führen, auch wenn Willkür formal verboten ist.

a) Das ergibt sich einmal aus den Vorschriften über den Waffengebrauch bei Widersetzlichkeit. Es wird den mit den Sprachen der Kriegsgefangenen durchweg nicht vertrauten Bewachungsmannschaften und ihren Vorgesetzten häufig nicht erkennbar sein, ob Nichtbefolgung von Befehlen auf Mißverständnis oder Widersetzlichkeit zurückgeht.Der Grundsatz: »Waffengebrauch gegenüber sowjetischen Kriegsgefangenen gilt in der Regel als rechtmäßig« überhebt die Wachmannschaft jeder Pflicht zur Überlegung.

b) Die Behandlung der Kriegsgefangenen ist weitgehend der Aufsicht der Wehrmacht entzogen. Nach außen wird jedoch die Verantwortung der Wehrmacht aufrechterhalten bleiben.

aa) Die Aussonderung der Zivilpersonen und politisch unerwünschten Kriegsgefangenen sowie die Entscheidung über ihr Schicksal erfolgt durch die Einsatzkommandos der Sicherheitspolizei[1] und des SD nach Richtlinien, die den Wehrmachtsstellen unbekannt sind, und deren Einhaltung[2] sie nicht nachprüfen können.

bb) Die Einrichtung einer mit Stöcken, Peitschen und ähnlichen Werkzeugen ausgerüsteten Lagerpolizei widerspricht der militärischen Auffassung, auch wenn sie von Lagerinsassen ausgeübt wird; überdies geben damit die Wehrmachtsstellen ein Strafmittel in fremde Hände, ohne dessen Verwendung wirklich nachprüfen zu können.

c) Durch die Schlußbemerkung der Anordnung wird den Kommandanten der Kriegsgefangenenlager nahegelegt, eher noch schärfer durchzugreifen, als die Anordnungen es vorsehen, um sicher zu sein, nicht selbst zur Verantwortung gezogen zu werden.

4. Nach allgemeinen Erfahrungssätzen fordert ungerechte Behandlung den Geist der Widersetzlichkeit heraus, so daß die Bewachung dieser Kriegsgefangenen wahrscheinlich immer schwierig bleiben wird. Schon die Anordnungen sehen für den Arbeitseinsatz für je 10 Gefangene 1 Wachmann vor, so daß schon bei der jetzigen Zahl von wohl fast 1,5 Millionen einsatzfähiger Gefangenen mindestens 150 000 Mann zur Bewachung benötigt werden.

5. In Anlage 2 wird Übersetzung des russischen Erlasses über Kriegsgefangene beigefügt, der den Grundsätzen des allgemeinen Völkerrechts und weitgehend auch denen des Genfer Kriegsgefangenenabkommens entspricht. Dieser Erlaß wird zweifellos von der russischen Truppe an der Front nicht beachtet, jedoch sind beide – der russische Erlaß und die deutschen Anordnungen – vornehmlich

Randbemerkung von Feldmarschall Keitel
[1] »sehr zweckmäßig!« und
[2] »Keineswegs!«

für das Heimatgebiet bestimmt. Wenngleich kaum anzunehmen ist, daß der russische Erlaß im russischen Gebiet der Sowjetunion beachtet wird, so besteht doch die Gefahr, daß die deutschen Anordnungen von der feindlichen Propaganda erfaßt und dem sowjetrussischen Erlaß gegenübergestellt werden.

6. Der für die deutsche Kriegswirtschaft lebenswichtige Wiederaufbau in den besetzten Gebieten wird erschwert. Es wird den Kriegsgefangenen, die für die Verwaltung dieser Gebiete wegen ihrer antibolschewistischen Einstellung, irgendeiner besonderen Ausbildung oder aus sonstigen Gründen verwendet werden könnten, politisch unmöglich gemacht, sich nach einer Freilassung für uns einzusetzen, selbst wenn sie es nach ihren Erfahrungen in den Kriegsgefangenenlagern noch tun wollten. Statt Spannungen innerhalb der Bevölkerung der besetzten Gebiete zur Erleichterung der deutschen Verwaltung auszunutzen, wird die Mobilisierung aller inneren Gegenkräfte Rußlands zu einer einheitlichen Feindschaft erleichtert.

7. Bei den Besonderheiten des russischen Kriegsschauplatzes muß durch den feindlichen Nachrichtendienst und durch die dort sehr schnell wirkende Flüsterpropaganda der Widerstandswille der feindlichen Truppen außerordentlich gestärkt werden.

8. Mögliche Informationsquellen werden verschüttet. Kriegsgefangene, die als innerpolitische Gegner des bolschewistischen Regimes für Abwehrzwecke einsatzfähig sein könnten, insbesondere Angehörige von Minderheiten, müssen jede etwa vorhandene Bereitschaft, sich anwerben zu lassen, verlieren. Das gilt besonders für die Völkerschaften des kriegswirtschaftlich entscheidenden Gebietes des Kaukasus.

9. Es entfällt die Möglichkeit, sich gegen schlechte Behandlung deutscher Wehrmachtsangehöriger in sowjetischer Kriegsgefangenschaft zu wenden[3].

II. Amt Ausl/Abw. ist vor Erlaß dieser Anordnung oder ihrer Vorgangsverfügung nicht beteiligt worden. Gegen sie bestehen nach Ansicht Amt Ausl/Abw. sowohl vom grundsätzlichen Standpunkt aus als auch wegen der sicherlich eintretenden nachteiligen Folgen in politischer und militärischer Hinsicht schwere Bedenken.

[gez.] Canaris

2 Anlagen
[Dok. EC–338]

---

[3] Randbemerkung Keitels: »wäre auch nutzlos«.

Dokument Nr. 29

Abschrift
»Bestätigt«   *Übersetzung*
Beschluß des Rates der Volkskommissare der UdSSR vom 1. 7. 41
Nr. 1798–80406

Erlaß über Kriegsgefangene.

I. Allgemeines.

1. Als Kriegsgefangene gelten:
   a) Personen, die der Wehrmacht von Staaten angehören, welche sich im Kriegszustande mit der UdSSR befinden, und die bei Kriegshandlungen eingebracht wurden, sowie Bürger solcher Staaten, die im Gebiet der UdSSR interniert sind.
   b) Personen, die bewaffneten Trupps angehören, welche nicht zur feindlichen Wehrmacht gehören, wenn sie offen Waffen tragen.
   c) Zivilpersonen, welche auf entsprechenden Befehl die Armee des Feindes begleiten, wie Berichterstatter, Lieferanten und andere Personen, die bei Kriegshandlungen eingebracht werden.

2. Es ist verboten:
   a) Die Kriegsgefangenen zu beleidigen und sie brutal zu behandeln.
   b) Den Kriegsgefangenen gegenüber Nötigungen und Drohungen anzuwenden, um von ihnen Nachrichten über die Lage ihres Landes in militärischer und anderer Hinsicht zu erlangen.
   c) Den Kriegsgefangenen Uniformteile, Wäsche, Schuhwerk und andere Gegenstände des persönlichen Gebrauchs sowie persönliche Dokumente, Orden und Ehrenzeichen abzunehmen. Privatsachen und Geld können den Kriegsgefangenen zur Aufbewahrung gegen offizielle Quittung von dafür bevollmächtigten Personen abgenommen werden.

3. Die Ausführungsbestimmungen zu diesem Erlaß sind in russischer und einer den Kriegsgefangenen verständlichen Sprache, ebenso wie auch alle Regeln und Befehle, die sie betreffen, so anzuschlagen, daß sie von allen Kriegsgefangenen gelesen werden können.

II. Rückführung der Kriegsgefangenen

4. Die Kriegsgefangenen sind schnellstens in Kriegsgefangenenlager zu überführen.

5. Die Kgf. sind bei der Gefangennahme im Auftrage der Führung des Truppenteiles zu registrieren. Dabei ist jeder Kriegsgef. verpflichtet, seinen tatsächlichen Familien-, Vor- und Vatersnamen, sein Alter, den Ort der Gefangennahme und seine Matrikelnummer anzugeben. Diese Angaben werden gleichzeitig mit dem Kgf. weitergeleitet.

6. Verwundete und kranke Kgf., die ärztliche Hilfe oder Kranken-
   hausbehandlung brauchen, müssen durch die Führer der Truppenteile sofort dem nächsten Lazarett zugeführt werden. Nach ihrer
   Wiederherstellung werden diese Kriegsgefangenen von der La-
   zarettleitung an Kgf.-Lager übergeben.
7. Der Unterhalt für die Kriegsgefangenen (Ernährung, ärztl. und
   sanitäre Betreuung, Bedienung) erfolgt
   a) bis zur Einlieferung in die Empfangsstellen der Kgf.-Lager:
      durch Verfügung der Armeeführung
   b) im weiteren:
      durch Verfügung der Organe des Innenkommissariats der
      UdSSR.

III. Betreuung der Kgf. und ihre Rechtsstellung.

8. Die Empfangsstellen der Kgf.-Lager werden auf Anordnung der
   Armeeführung im rückw. Gebiet der Armee eingerichtet, während die Kgf.-Lager außerhalb des Gebietes der Kriegshandlungen durch Anordnung des Innenkommissariats im Benehmen
   mit dem Verteidigungskommissariat errichtet werden.
9. Wohnraum, Wäsche, Kleidung, Schuhwerk, Lebensmittel und
   andere Bedarfsartikel, sowie Geldmittel werden den Kriegsgefangenen nach den Richtlinien zur Verfügung gestellt, welche von
   der Verwaltung für Kgf. und Internierte beim Innenkommissariat
   (V. Kgf. & I. b. I.) ausgearbeitet sind. Listen der Versorgungs-
   gegenstände mit Angabe der zustehenden Mengen sind an sicht-
   barer Stelle in allen Baracken, Lazaretten usw., wo sich Kgf. aufhalten, auszuhändigen.
   Der Empfang von Lebensmitteln und anderer Hilfe von dritter
   Seite soll nicht zur Verringerung der Rationen führen, welche
   den Kgf. auf Kosten des Staates verabfolgt werden.
10. Kriegsgefangene Offiziere und Personen, die ihnen gleichgestellt
    sind, werden getrennt von anderen Kgf. untergebracht und mit
    Wohnraum, Kleidung, Schuhwerk, Lebensmitteln und anderen
    Bedarfsartikeln, sowie Geldmitteln, nach den geltenden Normen
    versehen.
11. Es ist den Kgf. gestattet, ihre Uniform, ihre Dienstgradabzeichen,
    Orden und Ehrenzeichen, zu tragen. Das Tragen und die Auf-
    bewahrung von Waffen ist verboten.
12. In gesundheitlicher Hinsicht werden die Kgf. auf derselben
    Grundlage betreut wie die Angehörigen der Roten Armee.
    Für die med. gesundheitliche Betreuung der Kgf. können außer
    dem etatmäßigen Lagerpersonal auch Personen vom Sanitätsper-
    sonal der feindlichen Wehrmacht aus den Reihen der Kgf. zu-
    gelassen werden.
13. Den Kgf. wird das Recht eingeräumt
    a) bei erster Gelegenheit nach der Heimat Nachricht über die Ge-
       fangennahme zu geben,

b) auf eigene Kosten Lebensmittel, Kleidung, Wäsche, Schuhwerk und andere persönliche Bedarfsartikel anzuschaffen,

c) frei von Zoll, Lizenzen und Abgaben aus der Heimat und aus neutralen Ländern Sendungen mit Lebensmitteln, Kleidung und anderen Bedarfsartikeln zu erhalten.

d) aus der Heimat und aus neutralen Ländern Geldsendungen zu erhalten.

14. Zur Aufrechterhaltung der inneren Ordnung und der Verständigung mit den Kgf. werden von der Lagerverwaltung aus den Reihen der Kgf. Bevollmächtigte oder Stuben-, Gruppen-, Barackenälteste (usw. je nach den Unterbringungsverhältnissen) ernannt, welche auch den Verkehr der Kgf. mit der Verwaltung in allen Fragen vermitteln.

15. Die Post (Briefe und Karten, Geldüberweisungen, Wertbriefe), die die Kgf. empfangen und abschicken, wird kostenlos befördert und nach den Anordnungen der V. Kgf. & I. b. I.

16. Geld in fremder Währung, das den Kgf. gesandt wird, ist in Sowjetwährung nach dem geltenden Kurs einzutauschen.
Die Kgf. dürfen bei sich Geld haben bis zu Beträgen, die von der V. Kgf. & I. b. I. festgelegt sind. Überschießende Beträge sind der Lagerverwaltung zur Aufbewahrung bei den Staatlichen Sparkassen zu übergeben. Die Auszahlung von Geld über den Normalbetrag erfolgt mit Genehmigung der Lagerverwaltung.

17. Kgf. dürfen Testamente aufstellen. Der Todeseintritt und die Lage d. Grabstelle müssen ordnungsgemäß offiziell bescheinigt werden.

18. Geld und Dokumente gestorbener Kgf. werden zwecks Übersendung an die Erben an die Zentrale Auskunftsstelle beim Exekutivausschuß des Verbandes vom Roten Kreuz und vom Roten Halbmond geschickt. [V. R. Kr. & R. H.] Lebensmittelsendungen, die für gestorbene Kgf. eintreffen, werden durch Vermittlung der Bevollmächtigten oder Ältesten unter die Kgf. verteilt.

19. Die Kgf. sind verpflichtet, der Lagerverwaltung zu gehorchen und sich allen Regelungen dieses Erlasses und den Anordnungen über die innere Ordnung, welche von der V. Kgf. & I. b. I. herausgegeben werden, zu fügen.

IV. Arbeitsordnung für Kriegsgefangene.

20. Kgf. Unteroffiziere und Mannschaften können im Lager und außerhalb desselben in der Industrie und der Landwirtschaft der UdSSR, zu Arbeiten herangezogen werden, auf Grund besonderer Regelungen, die von der V. Kgf. & I. b. I. ausgearbeitet sind. Offiziere und ihnen gleichgestellte Kgf. können nur mit ihrer Einwilligung zur Arbeit herangezogen werden.

21. Auf Kgf., die zur Arbeit herangezogen werden, finden die Anordnungen über Arbeitsschutz und Arbeitszeit Anwendung, welche für Bürger der UdSSR in der entsprechenden Gegend und den gleichen Wirtschaftszweig gelten.

22. Kgf., die in verschiedenen Zweigen der Volkswirtschaft beschäftigt werden, erhalten Lohn und nach Maßgabe besonderer Anordnungen der V. Kgf. & I. b. I.

Vom Lohn der Kgf. werden Beträge abgezogen für die Erstattung der Aufwendung für ihren Unterhalt (Bezahlung des Wohnraumes, kommunale Dienste (d. i. Licht, Heizung, Wasser etc.), Ernährung, sofern Gemeinschaftsküchen eingerichtet sind).

23. Die Gestellung von Wohnraum und kommunalen Diensten erfolgt auf Rechnung der Betriebe und Organisationen, bei denen die Kgf. beschäftigt sind.

24. Vom Zeitpunkt ihres Arbeitsantritts werden die Kgf. von allen Arten staatlicher Versorgung abgesetzt.

25. Die Ausnutzung der Arbeitskraft der Kgf. ist verboten
    a) im Gebiet der Kampfhandlungen,
    b) für persönliche Bedürfnisse der Verwaltungen, sowie für persönliche Bedürfnisse anderer Kgf. (Burschendienste).

V. *Strafrechtliche und disziplinarische Verantwortung v. Kgf.*

26. Verbrechen von Kgf. werden von den Kriegstribunalen nach den Gesetzen der UdSSR und deren Gliedstaaten behandelt.

Die Nichtausführung von Befehlen der ihnen vorgesetzten Personen, Widerstand gegen solche Personen und Beleidigung derselben bei der Ausführung ihrer Befehle werden den entsprechenden Verbrechen in der Roten Armee gleichgestellt.

27. Für Vergehen, die nicht unter das allgemeine Strafrecht fallen, werden die Kgf. disziplinar bestraft.

Die Arten solcher Strafen, ihre Verhängung, die Beschwerdeordnung sowie die Abbüßung werden von der V. Kgf. & I. b. I. festgelegt, in Anlehnung an die Disziplinarordnung der Roten Armee.

28. Kgf., gegen die eine Untersuchung schwebt, die gerichtlich zu irgend einer Strafe verurteilt sind, oder die disziplinar bestraft wurden, dürfen für dasselbe Vergehen nicht noch anderweitig belangt werden oder Einschränkungen erleiden, die über diejenigen hinausgehen, welche durch Abbüßung der Strafe oder durch die Untersuchung bedingt sind.

29. Über jede Verurteilung wird der Exekutivausschuß der Ges. V. R. Kr. & R. H. innerhalb 20 Tagen vom Tage des Urteils verständigt. Eine Abschrift des Urteils ist beizufügen.

Ein Todesurteil gegen einen Kgf. muß sofort dem Exekutivausschuß der Ges. V. R. Kr. & R. H. mitgeteilt werden und darf nicht vor einem Monat nach dieser Mitteilung zur Ausführung gelangen.

VI. *Über Auskünfte und Hilfe an Kriegsgefangene.*

30. Der Austausch der Kgf.-Listen und Verkehr in Kgf.-Angelegenheiten mit ausländischen und internationalen Organisationen und

Auskunftsstellen wird vom Exekutivausschuß der Ges. V. R. Kr. & R. H. durchgeführt.

Zu diesem Zweck wird bei dem Exekutivausschuß eine besondere Auskunftsstelle für Kgf. eingerichtet, die nach Richtlinien zu arbeiten hat, welche vom Exekutivausschuß mit Einverständnis des Innenkommissariats bestätigt werden.

31. Vertreter ausländischer und internationaler Rotkreuz-Organisationen werden mit besonderer Genehmigung des Außenkommissariats zwecks Hilfeleistung an Kgf. in das Gebiet der UdSSR zugelassen.

[Dok. EC–338]

Dokument Nr. 30

Der Chef
des Oberkommandos der Wehrmacht   Weisungen
WFSt/Abt. L (IVQu)   FHQu., 16. September 1941
Nr. 002060/41 g. Kdos.   40 Ausfertigungen
Geheime Kommandosache   25. Ausfertigung

Betr.: Kommunistische Aufstandsbewegung in den besetzten Gebieten.

1. Seit Beginn des Feldzuges gegen Sowjetrußland sind in den von Deutschland besetzten Gebieten allenthalben kommunistische Aufstandsbewegungen ausgebrochen. Die Formen des Vorgehens steigern sich von propagandistischen Maßnahmen und Anschlägen gegen einzelne Wehrmachtsangehörige bis zu offenem Aufruhr und verbreitetem Bandenkrieg.

Es ist festzustellen, daß es sich hierbei um eine von Moskau *einheitlich geleitete Massenbewegung* handelt, der auch die geringfügig erscheinenden Einzelvorfälle in bisher sonst ruhigen Gebieten zur Last zu legen sind.

Angesichts der vielfachen politischen und wirtschaftlichen Spannungen in den besetzten Gebieten muß außerdem damit gerechnet werden, daß *nationalistische* und *andere* Kreise diese Gelegenheit ausnutzen, um durch Anschluß an den kommunistischen Aufruhr Schwierigkeiten für die deutsche Besatzungsmacht hervorzurufen.

Auf diese Weise entsteht in zunehmendem Maße eine »Gefahr für die deutsche Kriegführung«, die sich zunächst in einer allgemeinen Unsicherheit für die Besatzungstruppen zeigt und auch bereits zum

Abzug von Kräften nach den hauptsächlichen Unruheherden geführt hat.

2. die *bisherigen Maßnahmen*, um dieser allgemeinen kommunistischen Aufstandsbewegung zu begegnen, haben sich als *unzureichend* erwiesen.

Der Führer hat nunmehr angeordnet, daß überall mit den schärfsten Mitteln einzugreifen ist, um die Bewegung in kürzester Zeit niederzuschlagen. Nur auf diese Weise, die in der Geschichte der Machterweiterung großer Völker immer mit Erfolg angewandt worden ist, kann die Ruhe wieder hergestellt werden.

3. Hierbei ist nach folgenden Richtlinien zu verfahren:

a) Bei jedem Vorfall der Auflehnung gegen die deutsche Besatzungsmacht, gleichgültig wie die Umstände im einzelnen liegen mögen, muß auf kommunistische Ursprünge geschlossen werden.

b) Um die Umtriebe im Keime zu ersticken, sind beim ersten Anlaß unverzüglich die schärfsten Mittel anzuwenden, um die Autorität der Besatzungsmacht durchzusetzen und einem weiteren Umsichgreifen vorzubeugen. Dabei ist zu bedenken, daß ein Menschenleben in den betroffenen Ländern vielfach nichts gilt und eine abschreckende Wirkung nur durch ungewöhnliche Härte erreicht werden kann. Als Sühne für ein deutsches Soldatenleben muß in diesen Fällen im allgemeinen die Todesstrafe für 50–100 Kommunisten als angemessen gelten. Die Art der Vollstreckung muß die abschreckende Wirkung noch erhöhen.

Das umgekehrte Verfahren, zunächst mit verhältnismäßig milden Strafen vorzugehen und zur Abschreckung sich mit Androhung verschärfter Maßnahmen zu begnügen, entspricht diesen Grundsätzen nicht und ist daher nicht anzuwenden.

c) Die politischen Beziehungen zwischen Deutschland und dem betroffenen Lande sind für das Verhalten der militärischen Besatzungsbehörde nicht maßgebend.

Es ist vielmehr zu bedenken und auch propagandistisch herauszustellen, daß scharfes Zugreifen auch die einheimische Bevölkerung von den kommunistischen Verbrechern befreit und ihr damit selbst zugute kommt.

Eine geschickte Propaganda dieser Art wird infolgedessen auch nicht dazu führen, daß sich aus den scharfen Maßnahmen gegen die Kommunisten unerwünschte Rückwirkungen in den gutgesinnten Teilen der Bevölkerung ergeben.

d) Landeseigene Kräfte werden im allgemeinen zur Durchsetzung solcher Gewaltmaßnahmen versagen. Ihre Verstärkung bringt erhöhte Gefahren für die eigene Truppe mit sich und muß daher unterbleiben.

Dagegen kann von Prämien und Belohnungen für die Bevölkerung in reichem Maße Gebrauch gemacht werden, um ihre Mithilfe in geeigneter Form zu sichern.

e) Soweit ausnahmsweise *kriegsgerichtliche Verfahren* in Verbindung mit kommunistischem Aufruhr oder mit sonstigen Verstößen gegen die deutsche Besatzungsmacht anhängig gemacht werden sollten, sind die schärfsten Strafen geboten.

Ein wirkliches Mittel der Abschreckung kann hierbei nur die Todesstrafe sein. Insbesondere müssen Spionagehandlungen, Sabotageakte und Versuche, in eine fremde Wehrmacht einzutreten, grundsätzlich mit dem Tode bestraft werden. Auch bei Fällen des unerlaubten Waffenbesitzes ist im allgemeinen die Todesstrafe zu verhängen.

4. Die Befehlshaber in den *besetzten Gebieten* sorgen dafür, daß diese Grundsätze allen militärischen Dienststellen, die mit der Behandlung kommunistischer Aufruhrmaßnahmen befaßt werden, unverzüglich bekanntgegeben werden.

[folgt Verteiler] Keitel

Dokument Nr. 31

Der Chef der Sipo und des SD *Abschrift*
B. Nr. 539 B/41 g-IV A I c Berlin, den 26. Sept. 1941

Betr. Richtlinien für die in Stalags und Dulags abzustellenden Kommandos des Chefs der Sipo und des SD.
Vorg. Erlasse vom 17. 7., 21. 7. und 12. 9. 1941
    B. Nr. 21 B/41 g Rs – Einsatzbefehl Nr. 8 und 9.
Anlg. . . . geheftete Anlagen

Im Nachgang zu meinen vorbezeichneten Erlassen übersende ich in der Anlage die vom Oberkommando der Wehrmacht hierzu erlassenen Anordnungen für die Behandlung sowjetrussischer Kriegsgefangener vom 8. 9. 1941 – Az. 2 f. 24. 11. AWA Kriegsgef. (1) Nr. 3058/41 geh. – zur gefl. Kenntnisnahme und Beachtung . . .
Sollten bei Durchführung der Säuberung der mit sowjetrussischen Kriegsgefangenen belegten Lager sowie der Arbeitskommandos Schwierigkeiten irgendwelcher Art auftauchen, empfehle ich, die zuständigen Wehrmachtsstellen auf die gemeinsam mit dem OKW ausgearbeiteten Richtlinien, sowie auf den Befehl des OKW vom 8. 9. 1941 hinzuweisen, der lt. Verteiler allen Wehrkreiskommandos zugegangen ist.

In Vertretung:
gez. Müller

[Dok. NO–3417]

Oberkommando der Wehrmacht Berlin-Schöneberg, den 8. 9. 1941
Az. 2. f 24.11. AWA/Kriegsgef. (I) Badenschestr. 51
Nr. 3058/41 geh.   Geheim!

Betr. Anordnungen für die Behandlung sowjetischer Kriegs-
        gefangener.
Bezug: 1. OKW/Kriegsgef. 26/41 g.K. vom 16. 6. 1941
              (nur an Kommandeur d. Kgf. im Wehrkreis I und Gen.
              Gouv.)
          2. OKW/Kriegsgef. 21 14/41 geh. vom 26. 6. 1941
          3. OKW/Kriegsgef. 2401/41 geh. vom 17. 7. 1941
          4. OKW/Kriegsgef. I 5 Nr. 5015/41 vom 2. 8. 1941
2 Anlagen
In der Anlage wird eine Zusammenfassung bzw. Ergänzung der bisher mit verschiedenen Befehlen gegebenen Richtlinien über die Behandlung von sowjet. Kriegsgefangenen übersandt. Die von OKW/
Gen.Qu. für das Operationsgebiet schon gegebenen Richtlinien sind
berücksichtigt. Durch diesen Befehl sind die im Bezug aufgeführten
Befehle, soweit in der Anlage nicht ausdrücklich auf sie Bezug genommen ist, aufgehoben.

Verteiler: . . .   Der Chef des Oberkommandos
Nachrichtlich: der Wehrmacht
Reichsarbeitsministerium . . .   im Auftrage:
Reichsführer-SS und Chef der   gez. Reinecke.
Deutschen Polizei . . .

Anlage zu Tagebuch Nr. 3058/41 g vom 8. 9. 41
Geheim!
Anordnungen für die Behandlung sowjetischer Kriegsgefangener in
allen Kriegsgefangenenlagern.

I. Behandlung der Sowjetischen Kriegsgefangenen im allgemeinen.
Der Bolschewismus ist der Todfeind des nationalsozialistischen
Deutschland. Zum ersten Male steht dem deutschen Soldaten ein nicht
nur soldatisch, sondern auch politisch im Sinne des Völker zerstören-
den Bolschewismus geschulter Gegner gegenüber. Der Kampf gegen
den Nationalsozialismus ist ihm in Fleisch und Blut übergegangen.
Er führt ihn mit jedem ihm zu Gebote stehenden Mittel: Sabotage,
Zersetzungspropaganda, Brandstiftung, Mord. Dadurch hat der bol-
schewistische Soldat jeden Anspruch auf Behandlung als ehrenhafter
Soldat und nach dem Genfer Abkommen verloren.
Es entspricht daher dem Ansehen und der Würde der deutschen
Wehrmacht, daß jeder deutsche Soldat den sowjetischen Kriegsgefangenen gegenüber schärfsten Abstand hält. Behandlung muß
kühl, doch korrekt sein.

Rücksichtsloses und energisches Durchgreifen bei den geringsten Anzeichen von Widersetzlichkeit, insbesondere gegenüber bolschewistischen Hetzern ist daher zu befehlen. Widersetzlichkeit, aktiver oder passiver Widerstand muß sofort mit der Waffe (Bajonett, Kolben und Schußwaffe) restlos beseitigt werden. Die Bestimmungen über den Waffengebrauch der Wehrmacht können nur beschränkt gelten, da sie die Voraussetzung beim Einschreiten unter allgemein friedlichen Verhältnissen geben. Bei den sowjet. Kr.Gef. ist es schon aus disziplinaren Gründen nötig, den Waffengebrauch sehr scharf zu handhaben. Wer zur Durchsetzung eines gegebenen Befehls nicht oder nicht energisch genug von der Waffe Gebrauch macht, macht sich strafbar.

Auf flüchtige Kr.Gef. ist *sofort ohne vorherigen Haltruf* zu schießen . . . *Waffengebrauch gegenüber sowjet. Kr.Gef. gilt in der Regel als rechtmäßig* . . .

III. Aussonderung von Zivilpersonen und politisch unerwünschten Kriegsgefangenen des Ostfeldzuges.

1. *Absicht:* Die Wehrmacht muß sich umgehend von allen denjenigen Elementen unter den Kr.Gef. befreien, die als bolschewistische Triebkräfte anzusehen sind. Die besondere Lage des Ostfeldzuges verlangt daher besondere Maßnahmen, die frei von bürokratischen und verwaltungsmäßigen Einflüssen verantwortungsfreudig durchgeführt werden müssen.

2. *Weg zur Erreichung des gesteckten Zieles:*
A. Außer der in den Kr.Gef.Lagern erfolgten Gliederung nach Nationalitäten, s. Ziff. II, sind die Kr.Gef. (auch Volkstumsangehörige) sowie die in den Lagern vorhandenen Zivilpersonen wie folgt auszusondern:
   a) politisch Unerwünschte,
   b) politisch Ungefährliche,
   c) politisch besonders Vertrauenswürdige . . .
B. Während die Trennung nach Nationalitäten, Führerpersonal usw. durch die Lagerorgane selbst vorgenommen wird, stellt zur Aussonderung der Kr.Gef. hinsichtlich ihrer politischen Einstellung der Reichsführer SS Einsatzkommandos der Sicherheitspolizei und des Sicherheitsdienstes zur Verfügung. Sie sind dem Chef der Sicherheitspolizei und dem SD unmittelbar unterstellt, für ihren Sonderauftrag besonders geschult und treffen ihre Maßnahmen und Ermittlungen im Rahmen der Lagerordnung nach Richtlinien, die sie von diesen erhalten haben.
Den Kommandanten, besonders deren Abwehroffizieren, wird engste Zusammenarbeit mit den Einsatzkommandos zur Pflicht gemacht.

3. *Weitere Behandlung der nach Ziff. 2 ausgesonderten Gruppen.*
A. *Militärpersonen.*
Über die »als politisch unerwünschte Elemente« ausgesonderten entscheidet das Einsatzkommando der Sicherheitspolizei und des SD. Sollten einzelne als verdächtig angesehen sich später als unverdäch-

tig herausstellen, so sind sie zu den übrigen Kr.Gef. im Lager zurückzuführen. Dem Ersuchen des Einsatzkommandos auf Herausgabe
von weiteren Personen ist stattzugeben. Offiziere werden vielfach als
»politisch Unerwünschte« der Aussonderung unterliegen . . .

V. Schlußbemerkungen.
Die Kommandeure der Kriegsgef. sind persönlich dafür verantwortlich zu machen, daß die vorstehenden Anordnungen von den unterstellten Einheiten mit aller Schärfe eingehalten werden . . .

Dokument Nr. 32

Der Chef der Sipo und des SD   Berlin, den 29. 10. 1941
B.Nr. 21 B/41 g Rs – IV A 1c
Geheime Reichssache!
Schnellbrief!
Einsatzbefehl Nr. 14

Betr.: Richtlinien für die in den Stalags und Dulags abzustellenden
       Kommandos des Chefs der Sipo und des SD.
Vorg.: Erlasse vom 17. 7., 12. 9. 1941 . . .
Anlage.: Anlage 1 und 2

In der Anlage übersende ich die Richtlinien für die Säuberung der mit
sowjetischen Kriegs- und Zivilgefangenen belegten Kriegsgefange-
nen-Durchgangslager im rückwärtigen Heeresgebiet zur gefl. Kenntnisnahme und Beachtung (s. Anlage 1).
Diese Richtlinien sind im Einvernehmen mit dem OKH ausgearbeitet
worden. Das OKW hat die Befehlshaber des rückwärtigen Heeresgebiets sowie die Bezirkskommandanten der Kriegsgefangenen und
die Kommandanten der Dulags verständigt (s. Anlage 2).
Die Einsatzgruppen stellen sofort, je nach Größe der in ihrem Ein-
satzbereich befindlichen Lager Sonderkommandos in ausreichender
Stärke unter Leitung eines SS-Führers ab. Die Kommandos haben
ihre Tätigkeit in den Lagern sofort aufzunehmen . . .

                                        gez. Heydrich
Anlage 1
Richtlinien für die Aussonderung verdächtiger sowjetrussischer Kriegs- und
Zivilgefangener . . .
Die Chefs der Einsatzgruppen entscheiden über die Exekutionsvor-
schläge in eigener Verantwortlichkeit und erteilen den Sonderkommandos entsprechende Weisungen. Für die auf Grund dieser Weisungen sodann zu treffenden Maßnahmen haben die Sonderkommandos die Herausgabe der Gefangenen bei der Lagerleitung zu beantra-

gen. Die Lagerkommanduren sind vom OKH angewiesen, derartigen Anträgen stattzugeben . . .

[Dok. NO–3422]

Dokument Nr. 33

Abschrift
Konzentrationslager Groß-Rosen   Groß-Rosen, den 23. Okt. 41
Kommandantur
Geheim!
An den SS-Brigadeführer Müller
Berlin, Prinz-Albrecht-Straße
Betr.: Exekutionen von russischen Kriegsgefangenen.
Bezug: Mündliche Rücksprache mit SS-Brigadeführer Müller,
      Gestapo Berlin.
Anlagen 1

Die Kommandantur des Konzentrationslagers Groß-Rosen überreicht in der Anlage eine Liste von denjenigen russischen Kriegsgefangenen, welche am 22. Oktober 1941 in der Zeit von 17.00 bis 18.00 exekutiert und im Anschluß eingeäschert wurden.
Der Inspekteur der Konzentrationslager Oranienburg wurde von hier aus gesondert verständigt.

[Dok. PS–1165]   Der Lagerkommandant
                 des Konz.Lagers Groß-Rosen
                 gez. Unterschrift
                 SS-Obersturmbannführer

Liste über die am 22. 10. 1941 aus dem »S«-Lager zum Abtransport zu meldenden Gefangenen:

Lfd. Nr.	Stalag-Nr.			
1	45860	Nikolai	Troitzki	1. 2. 21
2	45861	Konstantin	Marfenkow	6. 5. 22
3	45862	Wassili	Mainko	23. 3. 30
4	45863	Wladimir	Warnaschin	24. 7. 19
. . .				
20	45879	Alexi	Merkulow	11. 4. 15

Neuhammer, den 22. 10. 1941   für die Richtigkeit
                              gez. Unterschrift

Dokument Nr. 34

Abschrift
Der Chef der Sipo und des SD   Berlin, den 9. November 1941
B. Nr. 2009 B/41 g – IV A Ic
Schnellbrief!

Betr.: Transport der zur Exekution bestimmten sowjetrussischen
        Kriegsgefangenen in die Konzentrationslager.
Vorg.: Ohne
Anlag.: ....Anlagen

Die Kommandanten der Konzentrationslager führen Klage darüber,
daß etwa 5 bis 10 Prozent der zur Exekution bestimmten Sowjetrussen tot oder halbtot in den Lagern ankommen. Es erweckt daher
den Eindruck, als würden sich die Stalags auf diese Weise solcher
Gefangener entledigen.
Insbesondere ist festgestellt worden, daß bei Fußmärschen, z. B. vom
Bahnhof zum Lager, eine nicht unerhebliche Zahl von Kriegsgefan-
genen wegen Erschöpfung unterwegs tot oder halbtot zusammen-
bricht und von den nachfolgenden Wagen aufgelesen werden muß.
Es ist nicht zu verhindern, daß die deutsche Bevölkerung von diesen
Vorgängen Notiz nimmt.
Wenn auch derartige Transporte bis zum Konzentrationslager in der
Regel von der Wehrmacht durchgeführt werden, so wird die Bevölkerung doch diesen Sachverhalt auf das Konto der SS buchen.
Um derartige Vorgänge in Zukunft nach Möglichkeit auszuschließen,
ordne ich daher mit sofortiger Wirkung an, daß als endgültig verdächtig ausgesonderte Sowjetrussen, die bereits offensichtlich dem
Tode verfallen sind (z. B. bei Hungertyphus) und daher den Anstrengungen, insbesondere eines wenn auch kurzen Fußmarsches, nicht
mehr gewachsen sind, in Zukunft grundsätzlich vom Transport
in die Konzentrationslager zur Exekution auszuschließen sind. Ich
bitte, die Führer der Einsatzkommandos unverzüglich entsprechend
anzuweisen.

Verteiler: An alle Stapo-Leitstellen ...   I. V. gez. Müller
Nachr.: ...   Beglaubigt:
                                              Wolfert, Kanzleiangestellte

[Dok. PS-1165]

Dokument Nr. 35

OKW/AWA/Kriegsgef. Allg. [A]   Abschrift o. D.
Az 2 f 24 73 Nr. 92/42 gKdos.   (Juni 1942)

Betr.: Verhalten gegenüber Kommissaren und Politruks.

Um jede Verzögerung im Abtransport der neu anfallenden Kriegsgefangenen ins Reich zu verhindern, wird künftig die Aussonderung
der Kommissare und Politruks durch Einsatzkommandos der Sicherheitspolizei nur noch im Generalgouvernement vorgenommen ...
Verweisung auf Verfügung vom 24. 3. 42/Ziff. 9 bestimmt Aussonderung politisch Unerwünschter durch Einsatzkommandos der Sicherheitspolizei und des SD ...
Die von den SD-Kommissionen Ausgesuchten werden künftig in
hierfür besonders vorbereitete Lager der Sicherheitspolizei ins Generalgouvernement oder ins Reich überführt und bleiben dort in Verwahrung. Sonderbehandlung wie bisher findet nicht mehr statt, es
sei denn, daß es sich um Leute handelt, denen eine strafbare Handlung wie Mord, Menschenfresserei und dergleichen nachgewiesen
ist ...

                                               gez. i. A. Reinecke
[Dok. NOKW 40]

Dokument Nr. 36

Abschrift
Eidesstattliche Erklärung von SS-Sturmbannführer Kurt Lindow
Ich, Kurt Lindow, mache unter Eid und nach vorheriger Einschwö-
rung folgende Erklärung:
1. Ich war Kriminaldirektor im Amt IV des RSHA und Leiter des
   Referates IV A 1 von Mitte 1942 bis Mitte 1944. Ich habe den
   Rang eines SS-Sturmbannführers.
2. Referat IV A 1 war von 1941 bis Mitte 1943 ein Sachgebiet angegliedert, das der Regierungsoberinspektor, späterer Regierungsamtmann und SS-Hauptsturmführer Franz Königshaus leitete. In
   diesem wurden Kriegsgefangenenangelegenheiten bearbeitet. Mir
   ist aus diesem Sachgebiet bekannt geworden, daß Erlasse und Befehle des Reichsführers Himmler aus den Jahren 1941 und 1942
   bestanden, nach welchen gefangengenommene sowjetrussische politische Kommissare und jüdische Soldaten exekutiert werden sollen. Nach meiner Kenntnis liefen Vorschläge zu Exekutionen solcher Kriegsgefangenen aus den einzelnen Kriegsgefangenenlagern
   ein. Königshaus mußte dann die Exekutionsbefehle vorbereiten
   und legte diese dem Amtschef IV, Müller, zur Unterschrift vor.
   Diese Entwürfe waren so abgefaßt, daß ein Schreiben an die be-

antragende Dienststelle, ein zweites Schreiben an die jeweils bestimmten Konzentrationslager zur Anweisung der Exekution zu versenden waren. Die betreffenden Kriegsgefangenen wurden vorerst formell entlassen, dann in ein Konzentrationslager zur Exekution überführt . . .

4. In den Kriegsgefangenenlagern der Ostfront bestanden kleinere Einsatzkommandos, die von Angehörigen der Geheimen Staatspolizei (Unterbeamten) geleitet wurden. Diese Kommandos waren den Lagerkommandanten zugeteilt und hatten die Aufgabe, die Kriegsgefangenen, die für eine Exekution gemäß den ergangenen Befehlen in Frage kamen, auszusondern und dem Geheimen Staatspolizeiamt zu melden . . .

gez. Kurt Lindow
SS-Sturmbannführer

Oberursel, den 30. September 1948

[Dok. PS-2542]

Dokument Nr. 37

Eidesstattliche Erklärung
Abschrift

Ich, Kurt Lindow, schwöre, sage aus und erkläre: . . .

5. Innerhalb des Referates IV A I (im RSHA) wurden unter anderem Angelegenheiten der Sonderkommandos der Sipo und des SD behandelt, die in den russischen Kriegsgefangenenlagern eingesetzt waren, weiter die Sonderbehandlung von russischen Kommissaren und anderen politisch unzuverlässigen Russen. Der Sachbearbeiter war SS-Hauptsturmführer und Regierungsamtmann Franz Königshaus . . .

6. Königshaus war der Mann, der seitens des RSHA stets die Besprechungen mit der Dienststelle »Chef des Kriegsgefangenenwesens« im OKW führte . . .

10. Die Einsatzkommandos waren dem Kommandanten der Kriegsgefangenenlager zugeteilt und führten zusammen mit dem Abwehroffizier des OKW, die in jedem Lager waren, die Vernehmungen der russischen Kriegsgefangenen durch. Die so ausgesonderten Kriegsgefangenen wurden dem Lagerkommandanten gemeldet. Sie wurden aus dem Kriegsgefangenenverhältnis entlassen. Gleichzeitig meldete der Leiter des Einsatzkommandos die Ausgesonderten an das Amt IV A I c des RSHA, das bestimmte, in welche Konzentrationslager die Ausgesonderten zur Sonderbehandlung zu überstellen seien. Das Wort Sonderbehandlung war die Umschreibung für Exekution.

11. Für die Transporte der Ausgesonderten von den Kriegsgefangenenlagern bis zu den Konzentrationslagern war die Wehrmacht

verantwortlich. Die Transporte wurden begleitet von Wachmannschaften der Kriegsgefangenenlager . . .
13. Ich weiß von dem Befehl, daß jüdische Kriegsgefangene russischer
Nationalität ebenfalls den Einsatzkommandos übergeben werden
sollten . . . Dies wurde ebenfalls in der Abteilung IV A 1 c bearbeitet . . .

Nürnberg, 29. Juli 1947   gez. Kurt Lindow

[Dok. NO-5481]

Dokument Nr. 38

Abschrift
Betr.: Aussonderung von zu exekutierenden sowjetischen Kriegsgefangenen in Gefangenenlagern im Reichsgebiet.

Aussage von Generalleutnant Schemmel, Kommandeur der Kriegsgefangenen im Wehrkreis XIII von 1941–42.

Gen.Lt. Schemmel berichtet von drei Konferenzen in Berlin, einberufen durch OKW/AWA, Gen. Reinecke. Bei diesen Konferenzen
wurden seitens AWA betont, daß die Sowjets außerhalb der Genfer
Konvention stünden.
»Es wurde die Einrichtung bekanntgegeben, daß durch besondere
Einsatzkommandos der Gestapo diese verdächtigen Personen (politisch verdächtige Kgf., Politruks und ähnliche) herauszufinden und
auszusondern sind, daß diese Einsatzkommandos dementsprechend
jedes Lager und jedes Arbeitskommando besuchen dürfen und auf
Grund ihres Urteils diese politisch verdächtigen Personen heraus-
nehmen dürften . . .«
Anklagevertreter Dobbs: »Hat General Reinecke gesagt, daß diese
Einsatzkommandos in die Kriegsgefangenenlager gehen sollten, um
unzuverlässige Kriegsgefangene zu überprüfen?«
Antwort: »Ja, das war schon in der allgemeinen Verordnung festgelegt, schriftlich . . .«
Frage Dobbs: »Herr General Schemmel, wissen Sie, ob Einsatzkom-
mandos der Sipo oder des SD in die Kriegsgefangenenlager im Wehr-
kreis XIII kamen und zwar in der Zeit, als Sie Kommandeur der
Kriegsgefangenenlager innerhalb des Wehrkreises XIII waren?«
Antwort: »Dieses Verfahren der Einsatzkommandos hat nach der
Eröffnung der Kriegsgefangenenlager für Russen ohne weiteres be-
gonnen . . .
Als bald nach dem Einsatz der Einsatzkommandos die Zahl der Aus-
zusondernden mir etwas bedenklich hoch stieg, habe ich mich an das
Reichssicherheitshauptamt Nürnberg gewendet und mit dem Polizei-

präsidenten Martin ins Benehmen gesetzt und folgende Änderung des Verfahrens beantragt: 1. Die Aussonderungskommandos dürfen kein Lager und kein Arbeitskommando betreten, ohne sich gleichzeitig bei dem Lagerkommandanten, dem Führer des Arbeitskommandos zu melden.

2. Die Aussonderung darf nur nach Rücksprache mit dem Lagerkommandanten, dem Kommandoführer bzw. dem Versorgungsoffizier und meist auch dem Arbeitgeber erfolgen.

Und 3., die Zahl der Auszusondernden ist möglichst herabzusetzen. Außerdem bat ich, daß die Führer der Aussonderungskommandos zu mir selbst kamen und von mir persönlich über dieses Verfahren belehrt wurden. Auf diese meine Anträge ist das Reichssicherheitshauptamt eingegangen, und das Verfahren wurde von dort ab in dieser Weise durchgeführt . . .«

Frage Dobbs: »Herr General, können Sie uns bitte sagen, welche Verfahrensweise die Einsatzkommandos anwandten, um festzustellen, welche Kgf. von einer Gruppe ausgesondert werden sollten?«

Antwort: »Über diese Verfahren der selbständigen Aussonderungskommandos hatte ich nichts zu sagen und bekam auch keinen Einblick . . . Ich schätze, daß im ganzen in meine Hand doch etwa an die 40 000 (russische Kgf.) insgesamt gekommen sind.«

Frage Dobbs: »Und aus dieser Zahl . . . sind 2000 ausgesondert worden?«

Antwort: »Jawohl, schätzungsweise.«

Vernehmung am 10. 2. 1948.

[Dok. PR 405 ff. (IMT-Fall XII)]
[Kopie im Institut f. Zeitgeschichte]

Dokument Nr. 39

Abschrift

Betr.: Aussonderung von zu exekutierenden sowjetischen Kriegsgefangenen in Gefangenenlagern im Reichsgebiet und ihre Überstellung an Einsatzgruppen bzw. Konzentrationslager.

Aussage des SS-Obersturmführers Paul Ohler, Inspektor der Gestapo in Nürnberg und ab Anfang November 1941 Führer des SS-Einsatzkommandos im Oflag Hammelburg:

Anklagevertreter Dobbs: »Herr Ohler, wollen Sie uns bitte beschreiben, wie das Verfahren vor sich ging?«

Antwort: »Die Leute [des Einsatzkommandos] sind, soweit ich informiert bin, mit dem Lagerkommandanten in Verbindung getreten, haben sich dort gemeldet, bekanntgegeben, welche Aufträge sie haben, und haben dann im Benehmen mit dem Lagerkommandanten oder mit Offizieren der Wehrmacht im Oflag eben Vertrauensleute festgestellt, die sie zur Erfüllung ihrer Aufgabe heranziehen konnten.«

Frage Dobbs: »Wer waren diese Vertrauensleute?«

Antwort: »Ja, das waren Leute aus dem Oflag selbst, von den Kriegsgefangenen.«

Frage Dobbs: »Und welche Arbeit haben diese Vertrauensleute verrichtet?«

Antwort: »Die Vertrauensleute haben dann den Beamten bekanntgegeben, wer unter den Kriegsgefangenen Kommissare bzw. Politruks usw. sind ... Die Kriegsgefangenen, die dann namhaft gemacht worden sind, die wurden vernommen. Es wurden auch Zeugen vernommen. Wenn der Betreffende geleugnet hat oder bestritten hat, Kommissar gewesen zu sein, dann mußten mindestens zwei Zeugen da sein, die es bestätigten. War dies nicht der Fall, ... dann blieb der betreffende Kriegsgefangene weiterhin unbehelligt.«

Frage Dobbs: »Hatten Sie irgendeine besondere Technik, um einen politischen Kommissar herauszufinden oder einen Politruk?«

Antwort: »Nein, das ist alles nur möglich gewesen durch Vertrauensleute bzw. die Kriegsgefangenen sind dann von selber hergegangen und haben solche Leute von sich aus gemeldet.«

Frage Dobbs: »Können Sie mir sagen, ob Ihnen jemand vom Lagerpersonal in irgendeiner Form bei der Überprüfung von Kriegsgefangenen geholfen hat?«

Antwort: »Lagerpersonal war nicht beteiligt ...«

Frage Dobbs: »Welches Verfahren war notwendig, um einen ausgesuchten Kriegsgefangenen aus dem Zuständigkeitsbereich des Kriegsgefangenenlagers freizubekommen?«

Antwort: »Ja, die ausgesonderten Gefangenen, die wurden dann abgesondert, d. h. sie wurden in einem gesonderten Raum untergebracht, wurden von der Wehrmacht weiter verpflegt, genau wie die anderen Kriegsgefangenen auch. Wenn so viele Leute ausgesucht waren, daß man einen Transport ablassen konnte, dann wurden die Leute dem Chef der Sicherheitspolizei und des SD gemeldet. Von dort kam dann die Verfügung, daß die Leute in das KZ Dachau zu überstellen sind. Die Leute wurden dann schriftlich, d. h. mit dem Verzeichnis beim Lagerkommandanten angefordert, d. h. es wurde gebeten, die Leute aus der Kriegsgefangenschaft zu entlassen und dann der Gestapo zu übergeben ...«

Frage Dobbs: »Wer begleitete die Kriegsgefangenen vom Lager Hammelburg nach dem Bahnhof Hammelburg?«

Antwort: »Das war Sache der Wehrmacht ... Am Bahnhof Hammelburg wurden die Leute von uns übernommen, dann in Eisenbahnwagen verladen. Hier wurden immer zwei Mann mit einer feinen Fesselkette zusammengekettet, um Fluchten zu verhindern. Dann die Wagen, die wurden dann verschlossen und ... nach Dachau abtransportiert ...«

Frage Dobbs: »Können Sie mir sagen, wieviel Kriegsgefangene in jedem dieser Wagen hineingesteckt wurden?«

Antwort: »Nun ja, 60, 80 Mann . . . Bei der Ankunft in Dachau wurden die Leute einem Kommandoführer der SS übergeben . . . zum Schießstand geführt und dort auf Anlaß oder Befehl des Chefs der Sicherheitspolizei erschossen.«

Frage Dobbs: »Waren Sie jemals bei solchen Erschießungen zugegen?«

Antwort: »Ja, ich mußte einige Male zugegen sein.«

Frage Dobbs: »Können Sie beschreiben, wie diese Erschießungen vor sich gingen?«

Antwort: »Ja, die Leute mußten sich ausziehen und wurden dann, immer fünf Mann, auf den Schießstand geführt und dann von einem SS-Kommando erschossen . . . Ich schätze, daß vom Oflag etwa 500 Mann nach Dachau gekommen sind.«

[Vernehmung am 13. 2. 1948]

[Dok. PR 582 ff. IMT-Fall XII]
[Kopie im Institut f. Zeitgeschichte]

Dokument Nr. 40

Abschrift

An das	München, 8. 10. 1959
Landgericht Hannover	Br. Dsz.
Entschädigungskammer	
Hannover	
Volgerweg 65	

Betr.: Entschädigungssache Guttmann ./. Land Niedersachsen
Bezug: Beweisbeschluß vom 31. 5. 1959; Az.: 34 0. 133/59

Auf die durch Beweisbeschluß vom 31. 5. 1959 an uns gerichtete Anfrage teilen wir mit:
Auf Grund des hier verfügbaren Materials läßt sich die Frage der Behandlung von polnischen Kriegsgefangenen jüdischer Abstammung nicht genügend aufklären. Wir müssen uns daher auf die folgenden Angaben beschränken: Aus einer Reihe von Zeugnissen geht hervor, daß jüdische Kriegsgefangene verschiedenster Nationalität, während der Jahre 1939–1945 in den Kriegsgefangenenlagern der Wehrmacht, teilweise diskriminierenden Bestimmungen (Tragen des Judensterns, gesonderte Unterbringung und gesonderten Arbeitseinsatz) unterworfen wurden, teilweise auch von der Wehrmacht an die Sicherheitspolizei abgegeben, in Konzentrationslager eingewiesen bzw. exekutiert worden sind. Letzteres Verfahren (Abgabe an

die Sipo) scheint systematisch, wenngleich nicht ausnahmslos, nur bei sowjetischen Kriegsgefangenen jüdischer Herkunft stattgefunden zu haben. Im Zusammenhang mit der auf Befehl Hitlers durchgeführten Aussonderung und Exekution sowjetischer kriegsgefangener Kommissare durch besondere Einsatzkommandos der Sicherheitspolizei und des SD bestand laut Aussage von SS-Sturmbannführer Lindow vom Reichssicherheitshauptamt auch ein Befehl, »wonach jüdische Kriegsgefangene russischer Nationalität ebenfalls den Einsatzkommandos übergeben werden sollten«. Diese Angelegenheit sei wie die der Aussonderung sowjetischer Kommissare von der Abt. IV A 1c des Reichssicherheitshauptamtes bearbeitet worden (Nürnberg. Dok. NO–5481). Die Mehrzahl dieser ausgesonderten jüdischen sowjetrussischen Kriegsgefangenen ist offensichtlich der sogenannten »Sonderbehandlung« (= Exekution) unterworfen worden, und zwar auch noch nach dem Sommer 1942, als im Reichsgebiet die Exekution sowjetischer Politkommissare eingestellt wurde.

Ein Beleg hierfür ist der Runderlaß des Chefs der Sicherheitspolizei und des SD vom 2. 6. 1942 über die Behandlung sowjetrussischer Kriegsgefangener, in welchem es heißt:

»Bezüglich der künftigen Überprüfung der sowjetrussischen Kriegsgefangenen verweise ich besonders auf Ziffer 10 des OKW-Erlasses vom 24. 3. in der Fassung vom 5. 5. 1942 und den Erlaß vom Juni 1942 Aktz. 2f 2473 AWA/Kriegsgef. Allg. (A) Nr. 92/42 g.Kdos., wonach die Aussonderung sämtlicher Kriegsgefangener künftig nur noch im Generalgouvernement stattfindet. Der letztgenannte Erlaß sieht eine Abstandnahme von der Sonderbehandlung nur für die Politkommissare und Politruks vor. Im übrigen verbleibt es bei den bisherigen Verfahren (Juden, Verbrecher usw.).«

(Allg. Erlaßsammlung des RSHA, 2 A III e, S. 42)

Vor der Überstellung an die Sonderkommandos der Sicherheitspolizei und des SD wurde den Juden unter den sowjetischen Kriegsgefangenen anscheinend auch in den Wehrmachtskriegsgefangenenlagern vielfach bereits eine diskriminierende Sonderbehandlung zuteil. Aufschlußreich hierfür ist die folgende Eidesstattliche Erklärung, die Henrik Schaechter am 21. 10. 1947 in Nürnberg abgab (Nürnbg. Dok. NO–5510):

»1. Ich wurde am 1. August 1908 in Lemberg geboren und besuchte auch dort die Schule. Von 1928 bis 1933 war ich selbständiger Kaufmann in Lemberg und Warschau. Nach dem deutschen Einmarsch im September 1939 ging ich nach Lemberg zurück. In Lemberg arbeitete ich für die Russen als Beamter auf dem Postamt. Im Mai 1941 wurde ich zum russischen Militärdienst eingezogen. Ich diente als gewöhnlicher Soldat.

2. Im September 1941 wurde ich im Kessel Charkow gefangengenommen. Ich wurde in das Kriegsgefangenenlager Dulag 160 nach

Chorol gebracht. In Chorol angekommen, wurde von dem Chef des Dulag 160, Oberstleutnant Dr. Lepple, der Befehl erteilt, die Gefangenen in Russen, Ukrainer, Juden und mongolische Völker auszusondern. Obwohl ich Jude bin, stellte ich mich zum russischen Kommando, da ich in Warschau schon Gelegenheit hatte, zu sehen, wie die Deutschen mit Juden umgingen. Die jüdischen Gefangenen wurden mit einem Judenstern gekennzeichnet. Im Lager war keine Latrine. Es war die Aufgabe der jüdischen Gefangenen, den Kot von der Straße mit den Händen aufzunehmen und in Fässer zu werfen, welche dann außerhalb des Lagers entleert wurden. Unter Lepples Kommando gab es täglich Greueltaten gegenüber den jüdischen Gefangenen. Ich war anwesend, als der deutsche Lagerarzt, Dr. Truechte, Dr. Lepple Vorhaltungen machte, weil die Gefangenen buchstäblich zu Krüppeln geschlagen wurden. Anfang März 1942 kamen Sonderkommandos ins Lager und in Lazarette. Alle Juden wurden aus dem Lager hinausgebracht und erschossen. Schwerverwundete, welche nicht gehen konnten, wurden auf Wagen fortgebracht. Die Gefangenen wurden zuerst entkleidet und nur mit Hosen bekleidet zur Exekution gebracht.«

Aussonderungen und systematische Exekutionen jüdischer Kriegsgefangener durch besondere Einsatzkommandos der Sicherheitspolizei und des SD, wie sie in diesem Bericht bezeugt sind, scheinen auf sowjetrussische Kriegsgefangene beschränkt gewesen zu sein . . .

Während einerseits, mit Ausnahme von Juden sowjetrussischer Staatsangehörigkeit, eine Übergabe jüdischer Kriegsgefangener an die SS und Polizei seitens der Wehrmacht offenbar vermieden werden konnte, so hat andererseits bei den der Wehrmacht unterstehenden Kriegsgefangenen vielfach eine gesonderte und oft diskriminierende Behandlung jüdischer Kriegsgefangener stattgefunden . . . So wurden z. B. laut Schreiben des Chefs des Kriegsgefangenenwesens beim OKW an die Wehrkreiskommandos vom 27. 2. 1942 (Nürnbg. Dok. NO-4859) bei der in diesem Schreiben angeordneten Entlassung verwundeter oder kranker französischer kriegsgefangener Offiziere, jüdische Offiziere ausdrücklich ausgenommen.

i. A.

(Dr. M. Broszat)

Institut f. Zeitgeschichte München

Dokument Nr. 41

Auszug aus zeitgenössischer Darstellung des geltenden Kriegsrechts
[A. Waltzog, s. u.]

1. Zehn Gebote für die Kriegführung des deutschen Soldaten
»In der Wehrmacht des Dritten Reiches sind die Soldaten durch Unterricht, Dienstanweisung und Befehle eingehend mit den für sie in

Betracht kommenden völkerrechtlichen Bestimmungen vertraut gemacht worden. Jeder deutsche Soldat hat als Merkblatt folgende ›10 Gebote für die Kriegführung des deutschen Soldaten‹ in seinen Händen.

1. Der deutsche Soldat kämpft ritterlich für den Sieg seines Volkes. Grausamkeiten und nutzlose Zerstörungen sind seiner unwürdig.

2. Der Kämpfer muß uniformiert oder mit einem besonders eingeführten weithin sichtbaren Abzeichen versehen sein. Kämpfen in Zivilkleidung ohne ein solches Abzeichen ist verboten.

3. Es darf kein Gegner getötet werden, der sich ergibt, auch nicht der Freischärler und der Spion. Diese erhalten ihre gerechte Strafe durch die Gerichte.

4. Kriegsgefangene dürfen nicht mißhandelt oder beleidigt werden. Waffen, Pläne und Aufzeichnungen sind abzunehmen, von ihrer Habe darf sonst nichts weggenommen werden.

5. Dum-Dum-Geschosse sind verboten. Geschosse dürfen auch nicht in solche umgewandelt werden.

6. Das Rote Kreuz ' ist unverletzlich. Verwundete Gegner sind menschlich zu behandeln. Sanitätspersonal und Feldgeistliche dürfen in ihrer ärztlichen bzw. seelsorgerischen Tätigkeit nicht gehindert werden.

7. Die Zivilbevölkerung ist unverletzlich. Der Soldat darf nicht plündern oder mutwillig zerstören. Geschichtliche Denkmäler und Gebäude, die dem Gottesdienst, der Kunst, Wissenschaft oder Wohltätigkeit dienen, sind besonders zu achten. Natural- und Dienstleistungen von der Bevölkerung dürfen nur auf Befehl von Vorgesetzten gegen Entschädigung beansprucht werden.

8. Neutrales Gebiet darf weder durch Betreten oder Überfliegen noch durch Beschießen in die Kriegshandlungen einbezogen werden.

9. Gerät ein deutscher Soldat in Gefangenschaft, so muß er auf Befragen seinen Namen und Dienstgrad angeben. Unter keinen Umständen darf er über Zugehörigkeit zu seinem Truppenteil und über militärische, politische und wirtschaftliche Verhältnisse auf der deutschen Seite aussagen. Weder durch Versprechungen noch durch Drohungen darf er sich dazu verleiten lassen.

10. Zuwiderhandlungen gegen die vorstehenden Befehle in Dienstsachen sind strafbar. Verstöße des Feindes gegen die unter 1 bis 8 angeführten Grundsätze sind zu melden. Vergeltungsmaßregeln sind nur auf Befehl der höheren Truppenführung zulässig.

Offiziere und Wehrmachtsbeamte sind durch umfangreichere Merkblätter unterwiesen worden. Ferner sind die völkerrechtlichen Abkommen zum Gebrauch für die Truppe in besonderen Dienstvorschriften zusammengestellt worden.«[1]

[1] HDv. Nr. 231, MDv. Nr. 435, LDv. Nr. 64. A. Waltzog, Recht der Landkriegsführung, Die wichtigsten Abkommen des Landkriegsrechts. Verlag Franz Vahlen, Berlin 1942, S. 7f.

Dokument Nr. 42 [Auszug]

Kriegsgef. Org. (Id)
*Nachweisung des Verbleibs der sowjet[ischen] Kr[iegs]Gef[angenen]
nach dem Stand vom 1. 5. 1944*

1.) Gesamtanfall seit Kriegsbeginn
im OKH-Bereich[1]:   5 163 381[2]

Abgänge im OKH-Bereich:
Todesfälle   845 128
Entlassungen   533 523
sonst[ige] Abgänge   490 441
(z. B. Fluchten,
Abgaben an SD[3]
an L[uft]w[affe])
Abgaben an OKW   3 117 449   4 986 541

Also verbleiben
im OKH-Bereich   176 840   davon in Arbeit
                                                  eingesetzt 151 270

2.) *im OKW-Bereich*[4] *eingetroffen:*   2 836 639

(die Differenz zu der
obigen Zahl des OKH
v[on] 3 117 449 Kgf.
beruht auf Abgängen
beim Transport, Zähl-
fehlern u. dergl.)[5]

Abgänge im OKW-Bereich:
Todesfälle   1 136 236
Entlassungen   282 707
Fluchten   66 694
sonst[ige] Abgänge   473 022   1 958 659
(z. B. Abgaben an SD,
L[uft]w[affe], SS)
Also verbleiben im
OKW-Bereich   877 980   davon in Arbeit
[Dok. NOKW–2125]   eingesetzt 724 309

[1] OKH-Bereich: Das vom deutschen Ostheer besetzte sowjetische Gebiet, soweit nicht unter deutsche Zivilverwaltung gestellt.
[2] Sehr wahrscheinlich ist diese Gesamtzahl unvollständig und umfaßt nur »registrierte« Kriegsgefangene. Vermutlich sind über 5,7 Millionen Sowjetsoldaten in deutsche Kriegsgefangenschaft geraten.
[3] »Abgabe an SD« war in aller Regel gleichbedeutend mit »Exekution«.
[4] OKW-Bereich: Reichsgebiet, Generalgouvernement (Polen) und das sowjetische Gebiet, das unter deutscher Zivilverwaltung stand.
[5] Der Klammerinhalt verschleiert, daß »Abgänge auf dem Transport« durch Erschießungen von Tausenden marschunfähig gewordener Kriegsgefangener eingetreten sind.

Helmut Krausnick:
Judenverfolgung

Schriftliches Sachverständigen-Gutachten für den Auschwitz-Prozeß, vor dem Schwurgericht Frankfurt a. M. am 17. Februar 1964 auszugsweise mündlich vorgetragen.

Vorbemerkung

Judenverfolgungen hat es im Verlauf der Geschichte des öfteren
gegeben – niemals aber eine staatlich veranlaßte von solch dia-
bolischer Konsequenz der Planung, kalter Systematik der Durchführung, so schauerlichem Ausmaß und Ergebnis wie *die* Verfolgung, welche das nationalsozialistische Regime in seinem
Herrschaftsbereich mit allen Mitteln administrativer und ma-
schineller Technik unternahm.

Bei ihrer Darstellung wird sich freilich gerade der deutsche Historiker vor Augen halten müssen, daß es nicht von ungefähr
zu jenem Geschehen gekommen ist, und daß auch Hitler kein
»Betriebsunfall« der deutschen Geschichte war. Aus diesem
Grunde wie in Anbetracht der Tatsache, daß der Antisemitismus
zum Kernbestand der nationalsozialistischen »Ideologie« gehörte, erscheint es erforderlich, in der gebotenen Kürze auch die
»geistigen« Voraussetzungen der nationalsozialistischen Judenverfolgung zu umreißen – mitsamt den Versuchungen, welchen
nicht nur die Urheber dieser Verfolgung und ihre Werkzeuge,
sondern auch Teile der modernen »gebildeten« Gesellschaft,
zumal in Deutschland, seit langem ausgesetzt waren und er-
legen sind. Nur so kann auch der wahre Charakter der Verfolgung erkannt und verstanden werden.

Der moderne Antisemitismus

Bekanntlich ist hier zunächst der verhängnisvolle Wandel zu
beachten, der sich in der Einstellung zu den Juden während der
zweiten Hälfte des 19. Jahrhunderts unter Mitwirkung einer
höchst fragwürdigen »*Rassenkunde*« angebahnt hat. Gewiß wird
kein Sachkenner den Einfluß ihrer »Theorien« für entscheidend
halten. Denn die tiefste Wurzel des Judenhasses lag zu allen
Zeiten in der latenten Neigung zahlreicher Menschen zur Perversion ihrer Beziehungen zu nicht völlig »konformen« Mitmenschen überhaupt. Auch den »Antisemiten« vor und nach
der Jahrhundertwende bestimmte zunächst einmal eine vage,
vulgäre Judenfeindschaft. So wenig diese sich sittlich rechtfertigen ließ, so wenig bedurfte sie letzten Endes einer theoretischen Begründung, ging vielmehr einer solchen stets voraus.
So weisen denn auch die Argumente für Diffamierung und Diskriminierung der Juden – mochten sie religiös, sozial, wirt-

schaftlich oder in etwa schon ideologisch gefärbt sein, wie dies in der deutschen Romantik beziehungsweise im Zeichen des beginnenden Nationalismus spürbar wird – über die Zeitläufe hinweg viele und verwirrende Übereinstimmungen auf und lebten auch im modernen »Antisemitismus« fort. Was diesem allenfalls sachlich Nahrung gab, beruhte auf einem durch den geschichtlichen Ablauf bedingten, noch nicht *völlig* gelösten »soziologischen Minoritätenproblem« – wie es (für 1918) Ernst Troeltsch konstatiert[1] und Eva Reichmann in ihrer bewundernswert objektiven Untersuchung[2] analysiert, zugleich aber auf seinen – sehr geringen – Restbestand reduziert hat: in der Tat konnte nach 1900 von einer ernsthaften »Gruppenspannung« nicht mehr die Rede sein.

Dennoch bleibt der erwähnte Wandel, der sich in Verbindung mit der Hypertrophie des Nationalen und dem Triumphzug der Naturwissenschaften nach der Jahrhundertmitte im Verhältnis zu den Juden vollzog, von erheblicher Bedeutung[3]. Die *Rasse* sei *der bestimmende Faktor der Geschichte* – so behauptete ja das trotz gewisser Vorläufer in dieser Hinsicht epochemachende, dilettantische Werk (Versuch über die Ungleichheit der Menschenrassen, Paris 1853–55) des Franzosen Graf *Gobineau*, der bezeichnenderweise der Geschichtswissenschaft »den Eintritt in die Familie der Naturwissenschaften erwirken« wollte. Seine Unterscheidung von »höheren« und »niederen« Rassen machte aus Verschiedenartigkeit Verschiedenwertigkeit. Die weiße Rasse, so wollte er nachweisen, sei die einzige wahrhaft schöpferische; ihr wertvollster Zweig aber seien die »Arier«, von diesen wiederum die Germanen oder »Nordischen«. Ihnen stellte Gobineau und stellten noch mehr sein Landsmann Ernest Renan und beider Nachfolger die angeblich weitgehend unschöpferischen Semiten gegenüber. Und so fern es Gobineau selbst noch lag, an seine aristokratisch-romantischen Theorien inhumane Forderungen zu knüpfen: eine willkürliche Rangordnung der Rassen war aufgestellt, die von den Epigonen des französischen

[1] Spectator (d. i. Ernst Troeltsch), Vorherrschaft des Judentums?. In: Kunstwart, 33. Jahrg. (1920), S. 14.

[2] Die Flucht in den Haß, Frankfurt/M. 1956.

[3] Zum folgenden vgl. (auch für die Belege) insbesondere: Alexander Bein, Der moderne Antisemitismus und seine Bedeutung für die Judenfrage. In: Vierteljahrshefte für Zeitgeschichte 6 (1958), S. 340 ff.; Paul W. Massing, Vorgeschichte des politischen Antisemitismus. In: Frankfurter Beiträge zur Soziologie, Bd. 8, Frankfurt/Main 1959; Hans-Günter Zmarzlik, Der Antisemitismus im Zweiten Reich. In: Geschichte in Wissenschaft und Unterricht 14 (1963), S. 273 ff.; Hermann Graml, Die Wurzeln des Antisemitismus. In: Hochland 50 (1958), S. 371 ff.; Friedrich Glum, Der Nationalsozialismus. München 1962; Karl Saller, Die Rassenlehre des Nationalsozialismus in Wissenschaft und Propaganda. Darmstadt 1961.

Grafen vergröbert und »antisemitisch« ausgedeutet werden sollte. Der Rassenfaktor, vermeintlich wie ein Naturgesetz wirkend, wurde verabsolutiert, die »Judenfrage« eine »Rassenfrage«.

Das Neue an dieser Entwicklung war nicht die absprechende Beurteilung der Juden als einer »minderwertigen« Menschengruppe, sondern die Festlegung solcher Wertung für alle Zeiten. Von seinen »rassisch« bedingten Eigenschaften konnte sich ein Jude nach der neuen Lehre auch durch die christliche Taufe nicht mehr lösen. Der Verfluchung der Judenheit als Ganzes hatte sich nach christlich-dogmatischer Auffassung jedenfalls der einzelne Jude durch Übertritt zum Christentum bisher entziehen können. Und wenn auch die Aufklärung das christliche Dogma in seiner Geltung schwächte (andererseits den Heilsanspruch des Christen ablehnte), so beließ sie doch kraft ihres Glaubens an die Vervollkommnung des Menschen durch Bildung, Wissen und Erziehung dem Ghetto-Juden jener Zeit die Chance, sich auf eine höhere soziale Stufe zu erheben.

»Die Rassenlehre des Antisemitismus« – so hat ein neuerer Forscher [Alexander Bein] deren »Konsequenzen« treffend gekennzeichnet – »brach entschieden mit diesem Glauben [des Zeitalters der Aufklärung]. Wenn die Rasse der entscheidende, der einzig maßgebende und bestimmende Faktor im Leben der Völker und der Menschen ist, wird dem optimistischen Glauben an eine Veredelung des Menschen aus seinem individuellen Wollen heraus jede Basis entzogen. Gut und schlecht, hochwertig und minderwertig, kulturschöpferisch und kulturvernichtend – das alles liegt in der Rasse. Die Rasse – das ist das eherne Gesetz, an dem nicht zu rütteln ist, unveränderlicher als jeder Ratschluß Gottes, der ja von der göttlichen Gnade geändert werden kann. Hier, in dieser falsch oder halb verstandenen und leichtfertig vergotteten naturwissenschaftlichen Lehre gab es keine Wandlung und keine Gnade; Heil und Fluch bleiben unabänderlich in die Natur eingegraben.«

So stark sei überdies das »jüdische Element«, behaupteten schließlich die radikalen Antisemiten, daß es selbst bei stärkster Vermischung immer wieder »durchschlage«. Kurz, ein Jude war als Angehöriger seiner Rasse »von Natur« minderwertig und unverbesserlich; er mußte also als »Schädling« betrachtet und letzten Endes als ein solcher »ausgemerzt« werden.

Die neuen rasseantisemitischen Lehren fanden auch in Frankreich und anderswo teilweise bereitwillige Aufnahme, wurden aber namentlich in Deutschland theoretisch ausgestaltet. Vielen Judengegnern, die sich bislang auf religiöse, wirtschaftliche oder was immer für Gründe berufen hatten, leistete die »Rassenkunde« den Dienst der sogenannten »sekundären Rationalisierung«: sie fanden darin nicht nur eine Verbrämung, sondern auch die so zeitgemäße »wissenschaftliche Legitimierung« ihrer Haßgefühle, zugleich deren Bestätigung über das religiöse »Motiv« hinaus, das der zunehmenden Säkularisierung entsprechend an Überzeugungskraft verlor. An sich war die rechtliche Gleichstellung der Juden in Deutschland weit fortgeschritten, und in Verbindung damit, wie im Rahmen des allgemeinen wirtschaftlichen Aufstiegs, auch ihre kulturelle Assimilation. Aber noch immer konnten ungetaufte Juden nur in Ausnahmefällen Reserveoffiziere werden. Und wieviel bedeutete »der Reserveoffizier« im Deutschland vor 1914 für die gesellschaftliche Stellung! Unter der Oberfläche muß zudem in breiten bürgerlichen Schichten die Abneigung gegen die Juden als eine immerhin noch erkennbare Minderheitsgruppe der Gesellschaft fortgewirkt haben, deren »Besonderheit« – ähnlich wie jene der Jesuiten und Freimaurer – der unausgefüllten Phantasie einer so »rationalen« Zeit Nahrung geben mochte. Zwei von außen kommende Faktoren, der eine mehr zufälliger und vorübergehender Natur, der andere von strukturellem Charakter und fortdauernder Geltung, haben nun nach 1870 eine Aktivierung der latenten Judenfeindschaft in Deutschland wesentlich gefördert. Der erste war die nachhaltige *Wirtschaftskrise von 1873*, der Zusammenbruch der ungesunden Hochkonjunktur im Gefolge des deutsch-französischen Krieges. Dieses Ereignis, das in Frankreich und Österreich Parallelerscheinungen mit den gleichen Konsequenzen aufwies, belebte namentlich den »antikapitalistischen« Affekt, für den sich ein von der wirtschaftlichen Entwicklung mehr oder weniger bedrohtes Kleinbürger- und Bauerntum in seinem Verhältnis zu den Juden jeweils ja als besonders anfällig erwies. Und wenn auch die selbst von Wissenschaftlern wie Sombart vertretene These von der angeblich entscheidenden Bedeutung der Juden für den modernen Kapitalismus nur ein bezeichnendes Vorurteil der kommenden Jahrzehnte darstellt (wie jüngst Hans Günter Zmarzlik erneut betont hat), so wurde es doch den antisemitischen Wortführern nicht schwer, die *historisch* bedingte Rolle, welche Juden in bestimmten modernen Wirtschaftszweigen spielten, unter den in Krisenzeiten stets für einfache »Erklärungen« empfänglichen breiten Volksschichten zu einer entsprechenden Agitation auszunutzen. Der zweite Faktor aber, der in unserem Zusammenhang bedeutsam ist, war der »zeitgemäße«, von der Reichsgründung mächtig geförderte Drang, die errungene nationale Einheit Deutschlands durch die Schaffung einer *einheitlichen deutschen Nation* zu vollenden; bekannt ist, wie sich diese Tendenz auch im Verhältnis zu den völkischen Minderheiten, namentlich den Polen, in Gestalt einer schließlich militanten Nationalitätenpolitik geltend gemacht hat. Sie war nicht *notwendig* mit »rassischen« Wertungen von extremer Ausprägung und »Folgerichtigkeit« verknüpft, konnte deshalb aber um so mehr auch auf gemäßigte und gebildete Kreise unseres Volkes, einschließlich des liberalen Großbürgertums, Einfluß gewinnen. Daß Minderheiten – oder Gruppen, die in diese Kategorie zu fallen schienen – sich assimilieren müßten, galt »modernem« nationalen Denken als eine ebenso selbstverständliche wie unverzichtbare Mindestforderung. Von der Ungeduld aber, mit der ein einmal gewecktes nationales Vorurteil den Prozeß solcher Assimilation verfolgte, bis zur dem Zweifel an der Bereitschaft, ja Fähigkeit der »Betroffenen« zu Assimilation war der Weg nicht allzu weit: an den entsprechenden Auslassungen eines Treitschke – keines »Rasseantisemiten« und doch schon Urhebers jenes ebenso unsinnigen wie verhängnisvollen Slogans »Die Juden sind unser Unglück« – ist dies deutlich zu erkennen. »Antikapitalistisches« und »nationales« Motiv tendierten aber nicht nur gleichermaßen zum Kollektivurteil. Beide besaßen überdies mit dem »rasseantisemitischen« Argument Möglichkeiten einer Verbindung, deren Ergebnis eine große Variationsbreite und Akzentverschiedenheit aufwies. Seine mehr oder weniger radikale Ausprägung war weitgehend eine Frage des Temperaments, das heißt der Selbstbeherrschung beziehungsweise der Reaktionsfähigkeit des Gewissens; denn schon der Nationalismus steigerte sich in seiner Spätform bis zur Verleugnung von Gleichheitsidee und Toleranz. Allgemeinere antihumane Denkrichtungen der zweiten Jahrhunderthälfte aber, die noch zu betrachten sein werden, begünstigten eine Vereinigung und gegenseitige Förderung der verschiedenartigen antisemitischen Motive und ließen sie bei geeignetem äußeren Anstoß auch den entsprechenden publizistischen Niederschlag finden.

Tatsache ist jedenfalls, daß im Gefolge der großen Wirtschaftskrise von 1873 im deutschen Sprachgebiet eine Reihe von *Schriften* erschienen, welche die Juden als Schädlinge bezeichneten, die zumindest unter Ausnahmerecht gestellt werden müßten. Sie waren offenbar noch unbeeinflußt von den Ideen Gobineaus (die erst später in Deutschland Verbreitung fanden), was jedoch für das allgemeine geistige Klima nur um so beachtlicher wäre. Schon 1873 rief Wilhelm *Marr* in einer zwölf Auflagen erzielenden Broschüre zum Kampf des »Germanentums« gegen die »drohende Weltherrschaft« des »Judentums« auf und erklärte bezeichnenderweise, das jüdische Volk sei »rassisch fixiert«; es könne weder sich ändern, noch geändert werden; friedlich und gleichberechtigt neben ihm zu leben, sei unmöglich wegen seiner überlegenen Eigenschaften; die Alternative heiße daher: Wir oder sie! Mit dem Anspruch einer philosophischen, biologischen und geschichtlichen Begründung des Antisemitismus verwarf sodann (1881) der Berliner Philosoph und Nationalökonom Eugen *Dühring* jeden Gedanken an Toleranz, auch und gerade gegenüber getauften Juden. Zwar behielt er »Lösungen« wie Vertreibung oder Deportation einer – »energischeren Zukunft« vor, erwog aber relativ ernsthaft bereits eine »völkerrechtliche Internierung« der Juden, die er auf jeden Fall »ausgegliedert«, das heißt unter Ausnahmerecht gestellt wissen wollte – wohlgemerkt als ersten und vorläufigen Schritt. Denn die Judenhaftigkeit ließ sich nach Dührings Meinung nicht anders als mit den Juden selbst beseitigen. »Folgerichtig« lehnte er auch das Christentum als »Ausläufer« des Judentums ab und erklärte Christen für außerstande, »sich mit Nachdrücklichkeit gegen das Judentum zu wenden«. Der Orientalist Adolf *Wahrmund* endlich sprach 1887 mit Genugtuung von »jenen in Österreich-Ungarn, Deutschland und Frankreich bereits in so großer Zahl hervorgetretenen Schriften«, welche die »Herrschaft« der Juden bekämpften, die nach seiner verstiegenen Behauptung als »Nomaden« von dem »räuberischen Einbruch in fremde Wirtschaften lebten« und als »ein auf nationaler Ausschließlichkeit fußender Religionsverband ein antichristliches Prinzip verkörpern«. Mit seinem eigenen Buch (›Das Gesetz des Nomadentums und die heutige Herrschaft der Juden‹, 1887) wollte Wahrmund auf das angebliche »Walten tieferliegender Entwicklungsgesetze« hinweisen und damit jener neuen Geschichtsbetrachtung die Wege bahnen, welche allein als ideelle Grundlage für die Neugestaltung Mitteleuropas dienen und dem von den Juden vertretenen »Asiatismus« und

»Nomadentum« begegnen könne. »Wirtschaftliche« und »nationale« Argumente vereinigten sich somit mehr oder weniger in der antisemitischen Polemik der siebziger und achtziger Jahre. Die in Deutschland nach der Reichsgründung gesteigerte Beschäftigung mit der deutschen Vorgeschichte und der damit verbundene Germanenkult konnten den neuen Rassenlehren nur förderlich sein. Daß es bereits zu dieser Zeit neben literarischen Produkten von beachtlicher Verbreitung auch zu politischen Manifestationen und Organisationen antisemitischen Charakters kam, ist bekannt. »Erweckt die Bestie im Menschen nicht«, warnte 1880 der linksliberale Abgeordnete Eugen *Richter,* »denn sie wird vor nichts halt machen!«

Neben den angeführten Vertretern eines extremen Antisemitismus traten als Gegner der Juden in Wort und Schrift Männer in Erscheinung, die trotz einer mitunter zügellosen Sprache *vergleichsweise* noch zu den »Gemäßigten« gerechnet werden können, doch vielleicht gerade deshalb die antisemitischen Tendenzen auch in gutbürgerlichen Kreisen »salonfähig« gemacht haben. Dies gilt, wie schon angedeutet, nicht zuletzt für Heinrich von *Treitschke,* den seine liberale Herkunft vor brutalen Forderungen bewahrte. Er sollte jedoch, zumal als publizistischer Herold des neuen Reiches, mit seinen judenfeindlichen Äußerungen um so größere Beachtung finden und auch über seine radikaleren Epigonen, wie namentlich Heinrich *Claß,* den Vorsitzenden des Alldeutschen Verbandes, noch auf eine nachfolgende Generation geistig fortwirken. Auch ein Mann wie der berühmte Orientalist und Kulturkritiker Paul de *Lagarde* (1827 bis 1891) war kein Rasseantisemit im eigentlichen Sinne oder bedingungsloser Gegner der Assimilation. Er forderte, die angeblich so bedrohliche geistige und wirtschaftliche Macht der Juden zu brechen. Denn er erklärte die Juden ohne weiteres zu Exponenten alles dessen, was ihn und viele andere an der unabwendbaren industriellen und pluralistischen Entwicklung seiner Zeit abstieß – der Materialisierung und Kommerzialisierung des Lebens und Denkens, der geistigen Verflachung, des »Verfalls der Moral«, der »undeutschen« westlichen Staatsideen eines liberalen Bürgertums, auf welches Bismarck das »Kunstprodukt« seines Werkes stütze –, kurz, er sprach von »Trägern der Verwesung«, die die Juden (als Fremdkörper in jedem Staat) unweigerlich seien: »Wir aber können schlechterdings keine Nation in der Nation dulden.« Im Zeichen eines allgemeinen Kulturpessimismus verband sich so bei Lagarde das antikapitalistische »Motiv« der Judenfeindschaft mit dem nationalen zur Verleugnung von Toleranz und Humanität. Zwar räumte er zwischendurch ein: »Wir werden das Judentum ganz gewiß nicht durch irgendwelche Verfolgung . . . überwinden.« Gleichzeitig aber würdigte sich dieser Gelehrte zu einer Diktion herab, welche Vorstellungen von den Juden fördern mußte, die einer Durchführung oder Duldung unmenschlicher Maßnahmen gegen sie geistig Vorschub leisten oder »Rechtfertigungen« liefern konnten. Wollte er doch diejenigen »hassen und . . . verachten, die – aus Humanität! – diesen Juden das Wort reden, oder die zu feige sind, dies wuchernde Ungeziefer zu zertreten. Mit Trichinen und Bazillen wird nicht verhandelt, Trichinen und Bazillen werden auch nicht erzogen, sie werden so rasch und so gründlich wie möglich vernichtet«. Man darf hier nicht vergessen, daß der Einfluß des Kulturkritikers Lagarde im Rahmen jener verbreiteten »Revolte« gegen den Rationalismus der modernen technischen Zivilisation nach dem Ersten Weltkriege, namentlich über die deutsche Jugendbewegung, eine Erneuerung und Vertiefung erfuhr und daß Lagardes »Mahnungen« begreiflicherweise von den Nationalsozialisten nach 1933 und im Zweiten Weltkrieg propagandistisch »ausgewertet« wurden.

Die eigentlichen Rassetheorien sollten in Deutschland nach 1890 nicht zuletzt durch den *Bayreuther Kreis* der Jünger Richard Wagners, in dem der Germanenkult eine so große Rolle spielte, insbesondere auch durch die *Bayreuther Blätter*, gefördert werden. Hier waren die Ideen Gobineaus bestimmend, dessen Buch jetzt von einem Mitglied jenes Kreises (L. Schemann) ins Deutsche übersetzt wurde. Auch die ursprünglich vorwiegend emotional sich äußernde judenfeindliche Einstellung *Richard Wagners* selbst, dessen Gedankenwelt nach Hitlers eigenem Zeugnis eine so große Wirkung auf diesen ausübte, ist wohl noch von Gobineau und zweifellos von *Houston Stewart Chamberlain* in rasseantisemitischem Sinne beeinflußt worden. Chamberlain, geborener Engländer und Wahldeutscher und bekanntlich Wagners Schwiegersohn, stand jedenfalls im geistigen Gefolge Gobineaus, und gerade er half durch sein dilettantisches, aber außerordentlich erfolgreiches Hauptwerk über ›*Die Grundlagen des 19. Jahrhunderts*‹ (1899) die rasseantisemitischen Auffassungen im deutschen Bildungsbürgertum verbreiten. Er darf ferner zu den wichtigsten Lehrmeistern eines Hitler gerechnet werden, dessen Anfänge er noch erlebte und bewundernd verfolgte.

Alle großen Kulturleistungen schrieb Chamberlain dem Germanentum zu, während ihm alles Nichtgermanische an der modernen Kultur einen auszuscheidenden »Krankheitsstoff« bedeutete und die Semiten, die Juden, jeder schöpferischen Leistung unfähig erschienen. Zugleich unterstrich er die drohende Gefahr jüdischer »Herrschaft«, zumal die Juden ihren eigenen Hauptstamm »fleckenlos« rein erhielten, andererseits aber die »Infizierung der Indoeuropäer mit jüdischem Blut« betrieben, so daß diese schließlich nur noch »eine Herde pseudohebräischer«, physisch, geistig und moralisch degenerierter »Mestizen« bilden würden. Nie, so betonte er, habe »Humanitätsduselei« die Juden »auch nur für einen Augenblick die Heiligkeit der physischen Gesetze vergessen lassen«. Daß Chamberlain dabei die geschichtliche Verbindung des Germanischen mit dem Christlichen feierte und radikal-antisemitische Ausfälle und Forderungen vermied, zugleich der »Rasse« auch eine »seelische Bedeutung« beilegte, konnte seine Wirkung auf »gemäßigte« Kreise nur erhöhen.

Der Sozialdarwinismus

Inzwischen hatte sich im Wirkungsbereich des geistigen Klimas der Zeit eine weitere Denkrichtung geltend gemacht, die als die zweite geistige Hauptvoraussetzung der nationalsozialistischen Ausmerzungspolitik bezeichnet werden darf: es handelt sich um den sogenannten *Sozialdarwinismus*, der nach 1890 in verschiedenen Formen und Abstufungen auf breite Kreise Einfluß gewann, insbesondere auch auf Hitlers Denken einwirken sollte[4]. Förderte doch der Siegeszug der Naturwissenschaften im 19. Jahrhundert die Vorstellung, aller historische Ablauf beruhe letzten Endes auf der eigengesetzlichen Auswirkung elementarer Kräfte der Natur. Wenige Jahre nach der Publikation Gobineaus (den noch sein großer Landsmann Tocqueville vor den inhumanen »Konsequenzen« seiner Theorien gewarnt hat) glaubte der englische Naturforscher *Darwin* in seiner Abhandlung über den Ursprung der Arten (1859) das Gesetz der Ausbildung aller Lebewesen niedergelegt zu haben. Diese Aus-

---

[4] Vgl. zum folgenden (auch für die Belege) u. a.: Hedwig Conrad-Martius, Utopien der Menschenzüchtung. München 1955; Hans-Günter Zmarzlik, Der Sozialdarwinismus in Deutschland als geschichtliches Problem. In: Vierteljahreshefte für Zeitgeschichte 11 (1963), S. 246 ff.; dazu auch Romano Guardini, Verantwortung, Gedanken zur jüdischen Frage (eine Universitätsrede). In: Hochland 44 (1951/52), S. 481 ff.

bildung, so lehrte er, sei im Rahmen einer langen, stufenweisen Entwicklung durch einen ständigen *Kampf ums Dasein* erfolgt, in welchem das jeweils stärkere und lebenstüchtigere Element die Oberhand behielt: eine *natürliche Auslese* habe mithin eine stetige Verbesserung und Fortbildung der Arten bewirkt. Die revolutionierende Bedeutung dieser auf exakte Einzeluntersuchungen gestützten Theorie lag darin, daß statt der früheren Annahme einer übernatürlichen schöpferischen Kraft hinter den Erscheinungen hier eine kausal-mechanische Erklärung aller Lebensvorgänge im Sinne einer naturhaft-eigengesetzlichen Entwicklung geboten wurde. Darwins Lehre lief auf eine Leugnung ursprünglich wesenhafter Grenzen zwischen Mensch und Tier hinaus; sie fand auch bald entsprechende Interpreten, ohne daß diese jedoch, geschweige Darwin selbst, die im Laufe der Entwicklungen entstandenen Qualitätsunterschiede zwischen Mensch und Tier verkennen oder die geltenden sittlichen Normen christlicher Herkunft für das soziale Verhalten der Menschen außer Kraft gesetzt wissen wollten. Auch erklärte Darwin das unter den jeweils gegebenen Lebensbedingungen biologisch tauglichere Element noch nicht zu einem schlechterdings »höherwertigen«. Anders die sogenannten *Sozialdarwinisten*, die im Sinne einer zeitgemäßen »Naturalisierung« des politischen Denkens der Vorstellung folgten, daß auch die menschliche Gesellschaft mehr oder weniger ein biologischer Organismus sei, und damit zu einer *Verabsolutierung des biologischen Faktors* in allen Lebensbereichen gelangten. Der »Sozialdarwinismus« – die Anwendung darwinistischer Lehren auf soziale und politische Verhältnisse – war bekanntlich nicht nur ein deutsches Phänomen, ja nicht einmal in erster Linie ein solches. Blieben seine ausländischen Vertreter jedoch wesentlich im Rahmen praktischer Sozialpolitik, so machten seine deutschen Interpreten – angeregt durch ein Preisausschreiben der Firma Krupp (i. J. 1900) mit entsprechender Fragestellung – Darwins Lehre nicht nur zur Grundlage politischer Reformvorschläge, sondern erhoben ihre Theorien in zunehmendem Maße in den Rang einer Weltanschauung. Verhängnisvoll war namentlich, daß zumal die jüngere Richtung der deutschen Sozialdarwinisten die These von der »natürlichen Auslese« als der Bedingung jeder menschlichen Höherentwicklung in den Mittelpunkt rückte. Denn ihre Überbewertung verführte sie zu dem Schluß, daß die moderne Zivilisation mit ihren (zweischneidig wirkenden) Errungenschaften und zumal ihrem Humanitätsprinzip die Funktion der natürlichen Auslese als eines »gesunden« und »zweckmäßigen« Regulators der sozialen Entwicklung mehr oder weniger aufhebe. »Logisch« ergab sich daraus, daß die Organisation der Gemeinschaft dem letzten Endes »segensreichen« Walten der Natur den Weg wieder freimachen, ihr geradezu »nachhelfen« müsse. Statt daß der moderne Staat das schwache Element schütze, dem kranken aufhelfe, also das »lebensuntüchtige« Element stütze, solle er vielmehr das gesunde, starke, biologisch wertvolle Element zu fördern suchen. Wohl lehnte ein gemäßigter Sozialdarwinist wie Schallmayer die Anwendung der »in der Natur wirksamen Lebensauslese« noch entschieden ab (nicht ohne den positiven Effekt ihrer »Grausamkeit« hervorzuheben); doch redete er bereits einer »Fruchtbarkeitsauslese« zwecks Höherzüchtung der Gattung durch rassenhygienische Kontrolle der zu schließenden Ehen, durch Heiratsverbote, Zwangsasylierung und Sterilisierung aller körperlich und geistig Minderwertigen das Wort. Kritisch vermerkte er sogar, daß das sittliche Gefühl der Menschheit »zugunsten des Individuums verbildet« sei und »bis jetzt jedes Opfer zugunsten der Rasse als eine unbillige Zumutung ablehne«. Und doch müsse das »soziale Nützlichkeitsprinzip« für die Gesetzgebung weitaus maßgeblicher sein als »die unhaltbare Gerechtigkeitsidee«. Wurde mithin für die innere Staatspolitik die »Erhaltung der Art« zum leitenden Prinzip erhoben[5], so ergaben sich im Hinblick auf die Außenpolitik entsprechende Postulate. Da es »im Lichte der selektiven Entwicklungslehre« (!) auf einem »Kraftbedürfnis« der einzelnen Staaten beruhe, »sich womöglich auf Kosten anderer Staaten auszudehnen«, forderte Schallmayer, alle Maßnahmen der inneren und äußeren Politik müßten dem Ziel dienen, die Lebensfähigkeit der Nation auf die Dauer zu sichern: das sei »der Wertmaßstab«. Was dies bedeutete, zeigt seine weitere Forderung, alle kulturellen Errungenschaften, alle gesellschaftlichen Einrichtungen des Gemeinwesens, ja »die geltenden Anschauungen über Gut und Böse« unter den Gesichtspunkt der Ausrüstung für den Daseinskampf zu stellen. Daß solche Forderungen und Vorstellungen in der eigenen Nation und dem ihr »gebührenden« Vorrang ihren höchsten Bezugspunkt fanden, lag im Zeitalter des Nationalismus nur zu nahe. Und wenn auch manche Sozialdarwinisten ihre »rassenhygieni-

---

[5] Hitler bemerkte am 1. Dezember 1941 (H. Picker, Hitlers Tischgespräche, hersg. von P. E. Schramm. Stuttgart 1963, S. 153): »Wenn ich an ein göttliches Gebot glauben will, so kann es nur das sein: die Art zu erhalten!«

schen« Postulate mit den Ansprüchen der Humanität vereinigen wollten, so vertraten radikalere Geister – wie etwa Tille – bereits das »Recht« der stärkeren Rasse, »die niedere zu vernichten«: was sich nicht behaupten könne, müsse sich gefallen lassen, zugrunde zu gehen. So feierte er die scheinbare Grausamkeit der Auslese, mit der die Natur der Erhaltung der Gattung diene, als »sozial-aristokratisches« Prinzip, erklärte angeborene Menschenrechte als mit der Entwicklungslehre unvereinbar, glorifizierte die Selbstsucht und verhöhnte jene Moral, die wir uns »aus allerhand Schwachheiten zusammengebraut« hätten und die auch den Untüchtigen überleben lasse.

Ganz ähnlichen – vulgär-darwinistischen – Anschauungen hat Hitler – für den unter der »Sucht der Selbsterhaltung die sogenannte Humanität« dahinschmolz »wie Schnee in der Märzensonne« – in Wort und Schrift immer wieder Ausdruck gegeben; selten so deutlich wie in seiner (unveröffentlichten) Rede vom 22. Juni 1944 vor Offiziersanwärtern, bei der freilich dem vorgerückten Stadium des Krieges entsprechend das fatal zweckhafte Moment solcher »Theorien« aufdringlich hervortritt:

»Die Natur lehrt uns bei jedem Blick in ihr Walten, daß. . . das Prinzip der Auslese sie beherrscht, daß der Stärkere Sieger bleibt und der Schwächere unterliegt. Sie lehrt uns, daß das, was den Menschen dabei oft als Grausamkeit erscheint, weil er selbst betroffen ist oder weil er durch seine Erziehung sich von den Gesetzen der Natur abgewandt hat, im Grunde doch notwendig ist, um eine Höherentwicklung der Lebewesen herbeizuführen . . . [Die Natur] kennt vor allem nicht den Begriff der Humanität, der besagt, daß der Schwächere unter allen Umständen zu fördern und zu erhalten sei, selbst auf Kosten der Existenz des Stärkeren . . . Die Natur kennt in der Schwäche keinen Milderungsgrund, . . . im Gegenteil, die Schwäche ist der Grund zur Verurteilung . . .

Der Krieg ist also das unabänderliche Gesetz des ganzen Lebens, die Voraussetzung für die natürliche Auslese des Stärkeren und zugleich der Vorgang der Beseitigung des Schwächeren. Das, was dem Menschen dabei als grausam erscheint, ist vom Standpunkt der Natur aus selbstverständlich weise. Ein Volk, das sich nicht zu behaupten vermag, muß gehen und ein anderes an seine Stelle treten. Ein Wesen auf dieser Erde wie der Mensch kann sich nicht dem Gesetz entziehen, das für alle anderen Wesen auch gültig ist . . . Seit es Wesen auf dieser Erde gibt, ist der Kampf das Unvermeidliche.«

Bedeutsamer – und noch bedenklicher – als diese Theorie vom ewigen Lebenskampf, mit der man den wahren »Realitäten« der Politik gerecht zu werden meinte, war jedoch eine andere (hiermit verknüpfte) Konsequenz der neuen Lehre. Wer »im Zeichen der Wissenschaft« die soziale Nützlichkeit beziehungsweise die biologische Tüchtigkeit des Einzelnen für die Gesamtheit zum Wertmaßstab machte, wer die Züchtung des Menschen oder die »Hebung der Rasse« unter Ausschaltung des »Untüchtigen« durch entsprechende »Eingriffe« auch nur theoretisch vertrat, der betrachtete den Menschen als bloßes Gattungswesen, der nahm ihm die personale Eigenberechtigung und Würde und degradierte das Individuum zum Material und *verfügbaren Objekt* eines Kollektivs. Mit der grundsätzlichen Bereitschaft aber, die Theorien einer wertfreien Naturwissenschaft und als deren möglichen Vollstrecker den Staat zum Herrn über den Einzelnen, dessen eigensten Daseinsbereich (ja persönliches Daseinsrecht) zu machen, um die sozialbiologische Entwicklung des Ganzen im »Interesse« dieses Ganzen zu »steuern«, wurde einer Zerstörung des Bildes vom Menschen, wie es Antike, Christentum und Aufklärung gestaltet hatten, Vorschub geleistet. Unter nationalistischen Impulsen, Ansprüchen und Zielsetzungen drohte solch totalitäres Denken humanitäre Vorbehalte zugunsten des Mitmenschen – und Mitvolkes – vollends zu entkräften, geistig-sittlichen Widerstand gegen unmenschliche Praktiken einer politisch und technisch omnipotenten »Gemeinschaft« zu lähmen und deren Funktionäre zu willigen Werkzeugen zu erniedrigen. Denn die Norm des Menschlichen überhaupt war – sowohl gegenüber dem betroffenen Mitmenschen wie gegenüber dem Funktionär eines totalitären Systems – ausgelöscht.

Daß insbesondere die Führer der nationalsozialistischen Bewegung, zumal der SS, von Vorstellungen und Planungen einer Züchtung des Menschen, seiner »Auslese« nach biologischen Maßstäben weitgehend bestimmt wurden, beweisen zahlreiche ihrer programmatischen Erklärungen. So bezeichnete Himmler als das »Gesamtziel«, das ihm »unverrückbar« vorschwebe, seit er Reichsführer-SS sei: »einen Orden guten Blutes zu schaffen, der Deutschland dienen« und »alles nordische Blut in der Welt an uns heranziehen, unseren Gegnern wegnehmen« könne. »Wenn nämlich dieses führende Blut in Deutschland, mit dem wir stehen und fallen, mit dem guten Blut sich nicht vermehrt, werden wir die Erde nicht beherrschen können.« Der Osten müsse ein »Pflanzgarten germanischen Blutes« sein. Wohl am deutlichsten aber kennzeichnet seine Anschauungen über Ziel und Methoden der Züchtung einer Elite und damit sein Bild vom Menschen überhaupt Himmlers folgende Äußerung:

> »Wir gingen so, wie der Saatzüchter, der eine alte gute Sorte, die vermischt und abgebaut ist, wieder rein züchten soll, zuerst über das Feld zur Staudenauslese geht, zunächst daran, rein äußerlich die Menschen abzusieben, die wir glaubten für den Aufbau der SS nicht brauchen zu können.«[6]

Nach 1933 ist der Nationalsozialismus als der »biologische Wille des deutschen Volkes« oder als »politisch angewandte Biologie« gerühmt worden (Escherisch, Lehmann). Man kann denn auch Denken und Handeln der nationalsozialistischen Führung unter unserem Aspekt kaum treffender charakterisieren, als es ein Fachgenosse (Hans Buchheim[7]) getan hat: »Das eigene Volk und, im Zweiten Weltkrieg, die Völker Europas wurden von den Nationalsozialisten wie unrationell angelegte und von Unkraut durchwucherte Pflanzungen angesehen, in denen einmal Ordnung geschaffen werden mußte, indem man die Asozialen isolierte, die ›Fermente der Dekomposition‹ unschädlich machte, wertvolle Elemente vermehrte und minderwertige verkümmern ließ, Kranke unfruchtbar machte und Unruhe stiftende Volksstämme entweder verpflanzte oder ›ausmerzte‹; am Ende sollte dann eine neue, biologisch sinnvoll geordnete europäische Gesellschaft stehen . . . Euthanasie, Sterilisierung, Umsiedlung und Germanisierung und nicht zuletzt die Ausrottung ganzer Kategorien als wertlos oder gefährlich betrachteter Menschen dienten diesem Programm.«

Die sozialdarwinistischen Lehren – selbst auch Symptom und »Konsequenz« *allgemeinerer* Denkweisen – mußten im Zeitalter des Imperialismus in mannigfacher Abwandlung oder Abschwächung weit über den Kreis ihrer »Theoretiker« hinaus wirken. Wurde doch der »Imperialismus« neben dem Bewußtsein des technischen Fortschritts der Zeit von einem Gefühl rassisch-kulturellen Vorrangs getragen – das freilich mit einer sorgenvollen Beurteilung der Zukunft eigentümlich vermischt war. Ohnehin bestanden zwischen den sozialdarwinistischen Theorien und den modernen Rasselehren starke Möglichkeiten

---

[6] Ansprache vom 7. September 1940 an das Offizierkorps der Leibstandarte Adolf Hitler (Nürnbg. Dok. PS-1918). Rede vom 3. August 1944 vor den Gauleitern in Posen. In: Vierteljahrshefte für Zeitgeschichte 1 (1953).
[7] Das Dritte Reich, Grundlagen und politische Entwicklung. München 1958, S. 41 f.

einer Verbindung und gegenseitigen Durchdringung. Wohl besaß der Sozialdarwinismus als solcher nicht notwendig oder gar von Hause aus eine spezifisch antisemitische Tendenz. Einige Vertreter seiner älteren Spielart haben eine antisemitische oder auch nur nationalistische Interpretation ihrer Theorien ausdrücklich abgelehnt; was sie forderten, sollte, wenn nicht der Gattung überhaupt, so doch der (weißen) Rasse in ihrer Gesamtheit zugute kommen, und gewiß dachten selbst die extremen Sozialdarwinisten nicht an eine Ausrottungspolitik im Stile Hitlers. Auch widerstritt Darwins Lehre von der ständigen Wandlung und Höherentwicklung der Arten *an sich* jener Doktrin der modernen Rassenkunde, wonach die Rasse eine unveränderliche Urtatsache darstellte. Praktisch aber waren schon durch die vom Sozialdarwinismus vertretene *Wertung* des Einzelmenschen nach biologischen Maßstäben, die womöglich ein Kollektiv diktierte, seine Verleugnung des humanitären Gleichheitsprinzips zugunsten der »Hebung der Rasse« durch »Ausjätung« des »Minderwertigen« so wesentliche Affinitäten gegeben, daß man Sozialdarwinismus und Rassenkunde schließlich mit Recht als »siamesische Zwillinge« bezeichnet hat (H. Graml)[8]. Denn abgesehen von der zusätzlichen »Legitimierung«, welche die noch ganz unausgereifte Anthropologie bereits durch den Darwinismus erhielt, konnte und sollte sich jene Vereinigung biologischer und spezifisch rassischer Ideologie im Zeichen des Nationalen vollenden: Es kommt zu einer Verabsolutierung der Rassenlehre und ihrer »wissenschaftlichen« Aussagen – im Sinne mythischer Überhöhung der »eigenen«, der nordischen Rasse oder, wie Rosenberg verkünden wird, der »rassengebundenen Volksseele« zum »letzten Maßstab unserer Werte«. Es mußte, wie Friedrich Meinecke sagt, »die neue Ethik des Nationalegoismus ... hinzutreten, um jener Verschiebung der [rationalen] Seelenkräfte [zugunsten der irrationalen] die richtige Weihe zu geben«. Mit beispielhafter Deutlichkeit aber spiegelt sich die gegenseitige Durchdringung sozialdarwinistischen und spezifisch rassischen Denkens in einer Abhandlung ›Zur Erneuerung der Ethik‹ wider, die der Rassenhygieniker Lenz unter Berufung auf seinen Lehrer, den Sozialdarwinisten Ploetz, bereits 1917 verfaßte und im Herbst 1933 nachdrucken ließ[9] und die nach seinem eige-

[8] In seiner historisch-politischen Studie ›Hitlers Weg‹. Stuttgart/Berlin/Leipzig 1932, S. 38, sagt Theodor Heuss: »Dies ist der Exzeß naturalistischen Denkens, weil es die ganz nüchternen Fragen der Eugenik, der gesunden Volkserhaltungssorge, mit fremden Maßstäben des Wertens durchsetzt.«
[9] Friedrich Lenz, Die Rasse als Wertprinzip, Zur Erneuerung der Ethik. München, o. J.

nen Urteil »alle Grundzüge der nationalsozialistischen Weltanschauung« enthielt. Lenz proklamierte darin »die Rasse als Wertprinzip«, wobei er einräumte, daß das Prinzip des Wertes nicht wissenschaftlich »bewiesen« werden könne: »Nur besinnen kann man sich auf das, was man letzten Endes bejahen kann.« So sei es ihm darauf angekommen, »die individualistische Dogmatik aufzuheben, um für den Rasseglauben Platz zu bekommen«:

> »Schematische Gleichheit der Moral für alle Menschen ist nur eine naive Forderung der individualistischen Lehre ... Weit entfernt, daß die Menschheit uns den Krieg widerlegt, widerlegt uns der Krieg die Menschheit ... Der soziale Gedanke muß weiter fruchtbar sein, aber mehr im organisch-sozialen als im individual-sozialen Sinne. Das Ziel des Sozialismus dürfen nicht die Individuen sein, sondern die Rasse. Der Staat ist nicht dafür da, daß die Individuen ihre Rechte an ihm auslassen, sondern daß er dem Leben der Rasse diene. Diesem Ziele haben sich alle Rechte ein- und unterzuordnen.«

Lenz war sogar überzeugt, daß die Pflichtenlehre Kants »in vielen Stücken reicher und vollendeter ausgefallen« sein würde, »wenn zu seiner Zeit bereits das Prinzip der Auslese entdeckt gewesen wäre«. Denn da Darwin zufolge die Zweckmäßigkeit der Lebewesen durch natürliche Auslese im Daseinskampf entstanden sei, so könne diese organische Zweckmäßigkeit allein »auf die Erhaltung der Rasse gerichtet sein«. Eine Gemeinschaft aber, die sich dem Prinzip der Auslese verschließe, verfalle »notwendig selber der Ausmerzung«. (Wie der Staat sich zu »einer fremden Rasse zu stellen hat« – bemerkte Lenz im Vorwort zur Neuausgabe von 1933 –, sei »eine Frage der politischen Zweckmäßigkeit, über welche die politische Leitung zu entscheiden« habe.) Und so lautet denn sein Fazit:

> »So kommt uns alles aus dem Ideal der Rasse: Kultur, Entwicklung, Persönlichkeit, Glück, Erlösung ... Dort finden wir die Einheit unseres Wesens, die Einheit des Lebens, die deutsche Einheit im höchsten Sinne ... Versagen wir aber, so ist unsere Rasse endgültig verloren. Das deutsche Volk ist der letzte Hort der nordischen Rasse.«

Man braucht nur noch den *Lehrplan des SS-Hauptamtes von 1943/44* für die weltanschauliche Erziehung in der SS und Polizei heranzuziehen, um die Nutzbarmachung der biologisch-rassischen Theorien durch den Nationalsozialismus sowohl für seine Gesamtpolitik als auch für die ihm vorschwebende Züchtung einer eigenen Elite vollends zu veranschaulichen. Bemerkenswert ist, daß die Verfasser es für nötig gehalten haben, naheliegenden theoretischen und politischen Einwendungen (Japan!) Rechnung zu tragen, indem sie ausführen,

>daß es nicht dem lebensgesetzlichen Denken entspricht, innerhalb der rassenkundlichen und rassengeschichtlichen Betrachtungen den Wertbegriff herauszustellen. Jede Lebensäußerung und Leistung einer Rasse, als erb- und umweltbestimmter Gemeinschaft, wird von uns deshalb geachtet, weil wir in ihr eine naturgewollte Äußerung des Lebens sehen«.

Praktisch werden solche Vorbehalte aber wieder entwertet, wenn unmittelbar anschließend in Sperrdruck geschrieben steht:

»Wenn wir das Bekenntnis zur nordischen Rasse für Europa besonders herausstellen, so geschieht das nicht aus einer biologischen Wertung heraus, sondern aus der realen politischen Erkenntnis, daß diese Rasse sowohl historisch als auch in der Gegenwart die Fähigkeiten besitzt, das Ganze zu einen und damit Europa zu einer machtvollen Lebensgemeinschaft zusammenzuschließen«.

Zwar heißt es dann nochmals,

»daß wir niemals so vermessen sind, wie es immer von Unwissenden und Gegnern behauptet wird, daß wir alle Kultur, auch die früherer Zeiten, nur der nordischen Rasse zuschreiben. Völker mit einer anderen rassischen Zusammensetzung haben ebenfalls Kulturen geschaffen«.

Der Akzent jedoch liegt unüberhörbar auf Sätzen wie den folgenden:

»Die nordische Rasse muß in Europa als diejenige bezeichnet werden, die das geistige Gesicht des Kontinents geprägt hat ... Der nordische Rassenbestandteil bestimmt durch seine Zahl und seine zentrale Stellung sowie durch seine Leistung den Kern der übrigen Menschheit und die Verbindung zu den übrigen.«

Allen angeführten Einschränkungen zum Trotz wird denn auch von »den *hochwertigen* Rassen« – Rassen als »letzte biologisch gegebene Einheiten« definiert – gesprochen, die trotz ihrer geringeren Fruchtbarkeit sich im Kampf ums Dasein auf Grund ihres Leistungsvermögens durchgesetzt hätten, das auf ihre ursprünglich besonders harten Auslesebedingungen zurückzuführen sei. »Das Grundgesetz des ewigen Kampfes, dem alles Schwache und Minderwertige unterliegen muß«, finde »dadurch seine hohe Wertung«! Einem Großteil der Menschen, besonders den hochwertigen Rassen, sei es – wesentlich infolge der Verstädterung, die auch »den speziellen Eigenschaften der Juden« (als »Parasiten«!) Entfaltungschancen geboten habe – heute nicht mehr möglich, nur in einer natürlichen Umwelt zu leben. Die Erkenntnis dieser biologischen Gegebenheiten, nämlich der verschlechterten Auslesebedingungen, aber habe »den nationalsozialistischen Staat bewogen, den Maßnahmen, die einer *unterschiedlichen Fortpflanzung* dienen, seine besondere Aufmerksamkeit zuzuwenden«. Und nun werden scheinbar plausible Argumentationen vorgetragen, die in Fortführung sozialdarwinistischer Theorien das soziale, ja letztlich das nationale Nützlichkeitsprinzip zum Wertmaßstab des Menschen erheben und ein entsprechendes *Verfügungsrecht* des Staates über den Menschen unmißverständlich vertreten:

> »Es ist ein unhaltbarer Zustand, wenn in einem Staate das Verhältnis zwischen den Schaffenden und [den] Kranken ungesunde Formen annimmt. Für Schwachsinnige, Sittlichkeitsverbrecher, Gemeinschaftsunfähige (Asoziale) muß das Volk an Kräften und Mitteln viel aufwenden. Durch die Ausschaltung dieser Träger faulen Erbgutes können gewaltige Summen erspart und anderen Zwecken nutzbar gemacht werden. Die Maßnahmen jeder verantwortungsbewußten Staatsführung müssen daher der planmäßigen Pflege und Mehrung des guten Blutes dienen. Jedes Naturvolk merzt in richtiger Erkenntnis das Minderwertige aus. Bei den sogenannten ›Kulturvölkern‹ hat eine falsche Nächstenliebe, vor allem von kirchlichen Kreisen in die breite Masse getragen, eine Gegenauslese geradezu gefördert . . .«

Nach alledem wird die Bedeutung zweier Kernsätze dieses »Lehrplans« für die praktische Nutzanwendung der anerkannten Theorien – denen selbst ein so »untheoretischer« Mensch wie der Reichsmarschall Göring mit dem Worte Tribut zollen muß, die *Blutsünde* sei die Erbsünde unseres Volkes! – vollends offenkundig:

> »Wesentlich für die Erhaltung bzw. Förderung einer bestimmt gerichteten rassischen Ausformung ist neben der grundsätzlichen Erhaltung der Erbsubstanz die Gestaltung einer dieser ›Rasse‹ günstigen Umwelt. Das kann aber nur erreicht werden, *wenn eine bewußte Ausrichtung der Volksgemeinschaft* auf diese Gesetze *(Zuchtziel)* hin erfolgt und die Träger dieser Gemeinschaft danach leben.«

Die naheliegende Verknüpfung sozialdarwinistischen Denkens mit dem seit den siebziger Jahren ohnehin akzentuierten Judenhaß konnte diesem nur Nahrung geben und mußte gedanklich den gefährlichsten Konsequenzen Vorschub leisten. Bis 1914 ist die liberale und humanistische Tradition des deutschen Bürgertums dennoch stark genug geblieben, um den *organisierten* Antisemitismus über zahlenmäßig unbedeutende Gruppen nicht hinauskommen zu lassen. Ja, er ging in den Jahren vor dem Ersten Weltkrieg eher zurück. Bezeichnenderweise sollte sich dies jedoch ab 1916 mit der steigenden Verschlechterung der militärischen und wirtschaftlichen Lage spürbar ändern. Und vollends entfaltete sich der Antisemitismus nach dem Zusammenbruch von 1918. Der schwere Irrtum weiter Kreise unseres Volkes, es habe sozusagen bis fünf Minuten vor zwölf alles noch ganz gut gestanden, bestärkte sie in der Meinung, es sei bei der plötzlichen, schockartigen Wendung des Krieges »nicht mit rechten Dingen« zugegangen. Und so sehr es historischer Betrachtung widerstrebt, eine so einfache Erklärung als zutreffend zu befinden: die Erfahrung lehrt, daß in Zeiten großer Krisen immer wieder eine Vielzahl von Menschen zu einem monokausalen Denken neigt, nämlich all ihr Mißgeschick und all ihr Unbehagen auf *eine* Ursache zurückzuführen, auf *einen* Sündenbock zu konzentrieren. Der verlorene Krieg mit dem Sturz der Monarchie, der wirtschaftliche Niedergang, die außen- und innenpolitischen Belastungen der »importierten« Demokratie, das Unvermögen breiter Kreise, die jüngste Entwicklung zu begreifen und als unvermeidlich hinzunehmen – all diese Verwirrung und Not wurde der Nährboden für Emotionen und Affekte jeder Art. Neben den »Novemberverbrechern« wurde »*der* Jude« zum beliebtesten Sündenbock – ließen sich doch alle Widrigkeiten hier auf *einen* Nenner bringen –, antisemitische Organisationen und Publikationen fanden erstaunlichen Anklang. Mit aus dem Halbdunkel antisemitischer Vorkriegsgruppen ging ja auch Hitlers NSDAP hervor.

Hitler selbst, dessen Persönlichkeit für das Schicksal der Juden im deutschen Herrschaftsbereich von so überragender und verhängnisvoller Bedeutung geworden ist, hat den Antisemitismus weder erfunden noch den antisemitischen Theorien seinerseits etwas Wesentliches hinzugefügt. Er ist niemals so weitgehend Doktrinär gewesen wie Rosenberg, Darré oder Himmler und andere; er hat sich über deren Germanenkult gelegentlich sarkastisch geäußert, ja sogar die wissenschaftliche Fragwürdigkeit des Rassebegriffs als solchen beziehungsweise der damaligen Rassenkunde mitunter zugegeben[10]. *Hitlers* »Antisemitismus« hatte eine ausgesprochen emotionale Färbung. Gleichwohl hat Hitler begierig jene pseudowissenschaftlichen »Lehren« des modernen Antisemitismus eingesogen, die vor und nach der Jahrhundertwende, zumal auch in Österreich, auftraten und seinem Haßkomplex eine erwünschte Bestätigung und Legitimierung bieten mochten. Es bedurfte dabei kaum der mehr als abstrusen Gedanken des entsprungenen Zisterziensermönchs Adolf Lanz, alias Jörg Lanz von Liebenfels – der in seinem bezeichnenderweise ›Theozoologie‹ genannten Hauptwerk den »Arioheroikern« die mit den ausgefallensten Invektiven belegten Juden gegenüberstellte, der die planmäßige Zucht der kulturerhaltenden Arier forderte, hingegen Sterilisation, Deportation und Ausrottung der Juden und Minderrassigen: es bedurfte kaum gerade dieses Mannes oder seiner Schriften – so sicher sie Hitler zeitweilig angesprochen haben werden –, um ihm, wie man gemeint hat[11], »seine Ideen zu *geben*«. Hier wäre, wie gesagt, eher an Richard Wagner und insbesondere an Houston Stewart Chamberlains dilettantische Geistesprodukte zu denken. In welch hohem Maße jedenfalls Hitler sich die Rasselehren zu eigen gemacht *hat*, beweist schlagend seine heute ironisch anmutende Feststellung (von 1928), wegen der *rassischen Minderwertigkeit der Russen* werde es »keinem Menschen einfallen«, von ihrer hohen Zahl eine russische Hegemonie zu befürchten! »Der Zahl des russischen Volkes liegt kein solcher innerer Wert bei, daß diese Zahl zu einer Gefahr für die Freiheit der Welt werden könnte.«[12]

Mit seinem leidenschaftlichen Haß gegen die Juden verband sich bei Hitler jedoch ein klarer und durch österreichische Erfahrungen (Lueger und Schönerer) geschärfter Blick für die agitatorische Verwendbarkeit und Zugkraft antisemitischer Argumentation und Propaganda. Ganz offen hat er in seiner ersten großen Rede, welche ausschließlich der sogenannten »Juden-

[10] Vgl. besonders seine Äußerungen vom 13. Februar 1945 im Bunker der Reichskanzlei: Le testament politique de Hitler, Notes recueillies par Martin Bormann, hrsg. v. F. Genoud. Paris 1959, S. 84f. – Ferner H. Rauschning, Gespräche mit Hitler. Zürich–Wien–New York 1940, S. 218 f. – Vgl. auch Th. Heuss, a. a. O., S. 34 u. 40.
[11] Wilfried Daim, Der Mann, der Hitler die Ideen gab. Von den religiösen Verirrungen eines Sektierers zum Rassenwahn des Diktators. München 1958.
[12] Hitlers Zweites Buch, hrsg. von Gerhard L. Weinberg. Stuttgart 1961, S. 128.

frage« gewidmet war, am 13. August 1920 erklärt: »Wir sind überzeugt, daß dieser *wissenschaftliche Antisemitismus*, der klar erkennt die fürchterliche Gefahr dieser Rasse für dieses Volk, *nur Führer sein kann*, daß aber die breite Masse stets auch gefühlsmäßig empfinden wird, den Juden in erster Linie kennenlernt als *den* im täglichen Leben, der immer und überall absticht – unsere Sorge muß es sein, das Instinktmäßige gegen das Judentum in unserem Volke zu *wecken* und *aufzupeitschen* und *aufzuwiegeln*, solange bis es zum Entschluß kommt, der Bewegung sich anzuschließen, die bereit ist, die Konsequenzen daraus zu ziehen.«[13] Schon im Jahre zuvor aber, in einem Brief vom 16. September 1919, hat Hitler sozusagen den »geistigen Anspruch« seines Antisemitismus wie in etwa auch dessen Zielsetzung folgendermaßen formuliert: »Der Antisemitismus als politische Bewegung darf nicht und kann nicht bestimmt werden durch Momente des Gefühls, sondern durch die Erkenntnis von Tatsachen. Tatsachen aber sind: Zunächst ist das Judentum unbedingt Rasse und nicht Religionsgemeinschaft.« Und weiter: »Der Antisemitismus der Vernunft ... muß führen zur planmäßigen gesetzlichen Bekämpfung und Beseitigung der Vorrechte des Juden, die er zum Unterschied der anderen zwischen uns lebenden Fremden besitzt (Fremdengesetzgebung). Sein letztes Ziel aber muß unverrückbar die Entfernung der Juden überhaupt sein.«[14] Im Parteiprogramm der NSDAP vom 24. Februar 1920 fand das erstgenannte (das »offizielle«) Ziel Hitlers vor allem in den Punkten 4 und 5 seinen Niederschlag.

»Punkt 4:
Staatsbürger kann nur sein, wer Volksgenosse ist, Volksgenosse kann nur sein, wer deutschen Blutes ist, ohne Rücksicht auf Konfession. Kein Jude kann daher Volksgenosse sein.

Punkt 5:
Wer nicht Staatsbürger ist, soll nur als Gast in Deutschland leben können und muß unter Fremdengesetzgebung stehen.« In seinem Buch ›Mein Kampf‹ bekam es Hitler dann fertig, den Satz zu schreiben:
»Hätte man zu Kriegsbeginn und während des Krieges einmal

---

[13] Warum wir gegen die Juden sind. Text der Rede (bisher ungedruckt) im Bestand »Hauptarchiv der NSDAP«, Bundesarchiv Koblenz. (Hervorhebungen vom Verf. des Gutachtens.) Vgl. die Dokumentation von Reginald H. Phelps, Hitler als Parteiredner im Jahre 1920. Vierteljahrshefte für Zeitgeschichte 11 (1963), S. 308 f.
[14] S. die Dokumentation von Ernst Deuerlein: Hitlers Eintritt in die Politik und die Reichswehr. In: Vierteljahrshefte für Zeitgeschichte 7 (1959), S. 203 f.

zwölf- oder fünfzehntausend dieser hebräischen Volksverder-
ber so unter *Giftgas* gehalten, wie Hunderttausende unserer
allerbesten deutschen Arbeiter aus allen Schichten und Berufen es im Felde erdulden mußten, dann wäre das Millionen-
opfer der Front nicht vergeblich gewesen.«[15]
Wenn im Affekt zu Papier gebracht, so wanderte dieser Satz
doch unter den Augen seines Verfassers bei der Druckle-
gung durch die Korrekturbögen des Buches, blieb stehen und
wanderte – un- verändert – von Auflage zu Auflage –, ohne
jemals, so scheint es, irgendwo den gebührenden Anstoß zu
erregen!
Für die sogenannte nationalsozialistische »Weltanschauung«
war die nordische Rasse – verkörpert durch den »Führer« – das
Prinzip des Guten, der Jude aber die »Gegenrasse« – das mit fast
übernatürlichen Kräften ausgestattete Prinzip des Bösen, gleichsam der Teufel. Und wenn auch der Antisemitismus manchmal aus taktischen Rücksichten eine Zeitlang weniger kraß
betont wurde, so blieb er doch stets zentraler Bestandteil der nationalsozialistischen Ideologie, welche den Juden das Mensch-
sein aberkannte[16]. Noch ahnten die wenigsten, welche blutig-
ernste Gefährlichkeit solche Gedanken und Parolen erlangen
konnten, wenn eine politische Gruppe sie sich zu eigen machte,
welche zunächst die Nation zum sittlichen Höchstwert erklärte,
sodann aber auch sich selbst und ihre Führer als *Verkörperung*
der Nation verabsolutierte und damit den Anspruch erhob,
souverän die Maßstäbe ihres politischen Handelns zu setzen,
das heißt ebenso das Gewissen ihrer Gefolgschaft sich verfügbar zu machen wie über das Schicksal von Mitmenschen schran-
kenlos zu verfügen[17].
Der Antisemitismus sollte indes auch eine wichtige Funktion
für Hitlers Außen- und Europapolitik erfüllen. Gewiß geriet
das Rasseprinzip durch seine Verabsolutierung theoretisch in
Widerstreit mit dem nationalen Prinzip, dem Prinzip der Gliederung der Menschheit in Nationen mit entsprechendem Eigen-

---

[15] Mein Kampf, 534.–137. Auflage. München 1940, S. 772, Hervorhebung vom Verfasser.
[16] Als ein Beispiel für viele vgl. die Worte des Obersten Parteirichters der NSDAP, Walter Buch:
»Der Nationalsozialismus hat erkannt: Der Jude ist kein Mensch. Er ist eine Fäulniserscheinung.«
(Des nationalsozialistischen Menschen Ehre und Ehrenschutz. Deutsche Justiz, 100. Jahrg.,
1938, S. 1660.)
[17] »Nur durch Fanatiker, die gewillt sind, ihr Ich ganz aufzugeben für ihre Idee, könne eine Weltanschauung getragen und auf die Dauer gehalten werden«–so faßt Rudolf Höß die »immer wieder«,
auch unter Hinweis auf die Haltung der »Bibelforscher«, von Himmler und Eicke erteilten Mahnungen zusammen: »Genau so fanatisch ... müsse der SS-Mann an die Idee des Nationalsozialismus, an
Adolf Hitler glauben.« Kommandant in Auschwitz, Autobiographische Aufzeichnungen von Rudolf Höß, eingeleitet und kommentiert von Martin Broszat. Stuttgart 1958, S. 75.

leben und -interesse. Offenbar wollte Hitler jedoch mit der Proklamierung des übernationalen Rasseprinzips, zumal des Antisemitismus, eine Propagandaparole ersten Ranges unter die europäischen Völker werfen, einen Köder zur Gewinnung von Fünften Kolonnen auslegen, kurz, mit dem theoretisch *übernationalen* Rasseprinzip praktisch einen europäischen »Zersetzungsprozeß« im Dienste und als Vehikel supernationalistischer deutscher Machtziele einleiten. »Wie von einem Magnet«, so äußerte er später, »müßten die Besten . . . aus den germanischen Völkern von uns herausgezogen werden.«[18] Vorerst einmal aber war mit dem Juden der sichtbare *innere* Feind Nr. 1 gefunden, dessen mythisch übersteigerte Gefährlichkeit es Hitler erleichtern sollte, zunächst die erwünschte Konzentrierung der Propagandamittel zu erreichen, sodann die bezweckte totalitäre Machtbildung im Scheinzeichen »volkischer« Abwehr, Sicherheit und Gesundung zu vollziehen und zu rechtfertigen. Es war »der Feind«, den die totalitäre politische Praxis offenbar nicht entbehren kann. Dem entsprach die von Gegnern wie Mitläufern der Partei nie ernst genug genommene Hetze, welche schon vor der »Machtergreifung« – neben zahlreichen Einzelausschreitungen – gelegentlich bereits in Aktionen der Verfolgung überging.

Die ersten Jahre der Verfolgung

Am 30. Januar 1933 wurde Adolf Hitler vom Reichspräsidenten von Hindenburg zum deutschen Reichskanzler ernannt. Dadurch erhielten die antisemitischen Tendenzen der nationalsozialistischen Partei alsbald den Charakter einer *offiziellen Regierungspolitik.* Und in den Dienst dieser Tendenzen konnte der neue Reichskanzler nunmehr die Macht- und Propagandamittel sowohl seiner starken *Partei* als auch des von ihr überraschend schnell völlig beherrschten *Staates* stellen. Deutlich trat dies bereits bei der ersten großen »Judenaktion« des neuen Regimes in Erscheinung, dem *Boykott vom 1. April 1933.*
Begründet wurde diese Boykottaktion gegen die Juden Deutschlands von seiten der NSDAP mit der »Greuelhetze«, welche die Juden des Auslandes gegen das neue Reich angeblich seit Wochen betrieben hätten. In Wirklichkeit war die vielfach äußerst kritische Haltung weiter Kreise des Auslandes (und kei-

[18] Hitlers Tischgespräche, a. a. O., S. 475. Vgl. im übrigen unten, S. 280, 286.

neswegs nur der jüdischen) ein Echo auf das, was in Deutschland den sogenannten »Feinden des neuen Staates«, und damit auch den Juden, *schon vor dem 1. April 1933* geschah. Wohl hielten sich die nationalsozialistischen Parteiorganisationen bis zur Reichstagswahl vom 5. März 1933 im allgemeinen noch zurück. Nach der Wahl änderte sich dies aber – so sehr man aus außenpolitischen Gründen Wert darauf legte, die zahlreichen gegen die Juden gerichteten Gewalttaten entweder nicht in die Presse gelangen zu lassen oder ihre Duldung beziehungsweise Förderung von Parteiseite zu verschleiern beziehungsweise abzuleugnen. Beispielsweise befahl bereits am 11. März 1933 in *Braunschweig* der dortige SS-Führer Alpers, Rechtsanwalt von Beruf und später braunschweigischer Justizminister, einer Anzahl von SS-Männern, sich in »Räuberzivil« gekleidet in zwei jüdische Kaufhäuser zu begeben und auf einen Pfiff von ihm größtmöglichen Schaden anzurichten. Vorsorglich hatte der nationalsozialistische Innenminister die örtlich zuständigen Polizeistreifen zurückgezogen. Nach erfolgreicher Durchführung der Aktion mißbilligte dann Alpers am Nachmittag in voller SS-Uniform die Ausschreitungen in öffentlicher Rede und legte sie – kommunistischen Ruhestörern zur Last[19]. Ganz ähnlich ging man in Göttingen noch vor dem 1. April zu Werke, indem zunächst die Schaufenster fast aller jüdischen Geschäfte zertrümmert wurden, worauf dann uniformierte SA, SS und Polizei erschien, aber »nicht mehr verhindern konnte«, daß auch eine Synagoge gestürmt wurde – wie es im Göttinger Tageblatt hieß. In *Breslau* besetzte schon am 13. März SA sogar die Eingänge des Amts- und Landgerichts und ließ keinen jüdischen Richter oder Anwalt hinein. Die Polizei versagte, und der Polizeipräsident richtete das der Rechtslage hohnsprechende Ersuchen an die Justizverwaltung, dem Wunsche der nationalen Bevölkerung entsprechend »für ein Eindämmen der Einflüsse jüdischer Rechtspflegeorgane Sorge zu tragen«! Tatsächlich kapitulierte die Justizverwaltung und beschränkte am 16. März 1933 »zur Beruhigung der Bevölkerung«, wie es hieß, die Zahl der an den Breslauer Gerichten auftretenden jüdischen Rechtsanwälte auf 17 (die mit besonderen polizeilichen Ausweisen versehen wurden)[20]. In *Leipzig* hatte der polnische Konsul bereits seit dem

---

[19] Urteil gegen den früheren Braunschweigischen Ministerpräsidenten Dietrich Klagges vom 5. April 1950, Aktenzeichen 1 Ks 17/49, S. 27 ff.

[20] Vgl. George Weiss (Hrsg.), Einige Dokumente zur Rechtsstellung der Juden und zur Entziehung ihres Vermögens 1933–1945. Schriftenreihe zum Berliner Rückerstattungsrecht VII, o. D., o. J., S. 11 ff.

15. März 1933 fast täglich eingreifen müssen, weil auch Juden polnischer Staatsangehörigkeit mißhandelt worden waren[21]. Ebenfalls in dieser Zeit war in *Dresden* eine Synagoge überfallen, waren in *Chemnitz* und anderswo jüdische Geschäfte beschädigt worden. Schon Mitte März 1933 war ferner eine gänzlich ungesetzliche »Säuberung« der Behörden, Gerichte, Hochschulen und sonstiger öffentlicher Einrichtungen von jüdischem Personal, jedenfalls in Mitteldeutschland, in vollem Gange. Verhaftete Juden aber mußten vielerorts vor ihrer Freilassung bezeichnenderweise eine Erklärung unterschreiben, daß ihnen kein körperlicher Schaden zugefügt worden sei.

Gewiß war nach alledem die öffentliche Kritik des Auslandes sehr lebhaft, und sicher war sie für die nationalsozialistische Staatsführung ebenso peinlich wie erregend. Dementis blieben erfolglos. So wurde denn von der »Parteileitung der NSDAP« für den 1. April jener Boykott gegen »jüdische Geschäfte, jüdische Waren, jüdische Ärzte und jüdische Rechtsanwälte« angeordnet und – sachlich völlig zu Unrecht – als »Antwort« auf die angebliche Greuelhetze der ausländischen Juden hingestellt[22]. Möglicherweise ist diese Begründung schon damals auch deshalb gewählt worden, *damit* man scheinbar »Vergeltung« üben konnte, das heißt um zusätzliche Vorwände für antijüdische Maßnahmen zu gewinnen, die ohnehin angestrebt waren. Wie dem auch sei, unter der Leitung eines der wildesten Judenfeinde der Partei, des Gauleiters von Franken und Herausgebers des Schandblattes ›Der Stürmer‹, Julius Streicher – eines Mannes, der endlich 1939 wegen schlimmster Korruptionsvergehen und anderer Belastungen in den Hintergrund treten mußte[23] –, wurden »Aktionskomitees« gebildet. Sie sollten *den Boykott* »*popularisieren*«, wie es hieß, und in Zehntausenden von Massenversammlungen – zu denen es offenbar nicht gekommen ist – die Forderung proklamieren, eine »relative Zahl für die Beschäftigung der Juden in allen Berufen entsprechend ihrer Beteiligung an der deutschen Volkszahl« festzulegen. Und zwar sollte sich diese Forderung »zunächst auf drei Gebiete« konzentrieren: a) »auf den Besuch an den deutschen Mittel- und

---

[21] Zum folgenden vor allem der Bericht des amerikanischen Konsuls in Leipzig vom April 1933, Nürnbg. Dok. PS-2709.

[22] Vgl. den Wortlaut der Anordnung vom 28. März 1933 bei W. Scheffler, Judenverfolgung im Dritten Reich 1933–1945. Frankfurt/Main–Wien–Zürich o. J., S. 109 ff.

[23] Vgl. den umfangreichen Bericht der von Göring eingesetzten Prüfungskommission über die im Gau Franken 1938/39 »vorgenommenen Arisierungen und im Zusammenhang hiermit festgestellten Mißstände«, IMT, Bd. XXVIII, S. 55–234!

Hochschulen, b) für den Beruf der Ärzte, c) für den Beruf der Rechtsanwälte«. Punkt 5 der Anordnungen der Parteileitung für den Boykott sprach Drohungen gegen Zeitungen aus, welche die Aktion nicht unterstützen würden; Pressenotizen erschienen, wonach Personen, die noch jüdische Geschäfte beträten, fotografiert werden würden, alles zum Zwecke einer wirksamen »Popularisierung« des Boykotts. Bezeichnenderweise erklärte ein Funkspruch Hanns Kerrls, des nationalsozialistischen Reichskommissars für die Preußische Justiz – also einer Regierungsbehörde –, noch am 31. März es im Hinblick auf zu erwartende »Selbsthilfeaktionen« des »Volkes« als »Pflicht aller Behörden, . . . allen amtierenden jüdischen Richtern nahezulegen, sofort ihr Urlaubsgesuch einzureichen«, andernfalls ihnen »das Betreten des Gerichtsgebäudes zu untersagen«; jüdische Staatsanwälte sollten umgehend beurlaubt, jüdische Rechtsanwälte nur noch in einer Zahl zugelassen werden, die »dem Verhältnis der jüdischen Bevölkerung« entspreche. Ja, am 1. April untersagte Kerrl – ebenfalls ohne jede Rechtsgrundlage – allen jüdischen Notaren die Amtstätigkeit und erließ am 4. April ein Vertretungsverbot für alle jüdischen Rechtsanwälte in Preußen[24]. Im Hinblick auf all diese Ereignisse und Maßnahmen, sowie auf die ebenfalls am 4. April 1933 noch hinzukommenden verschärften Paßbestimmungen, griff es den Tatsachen nicht weit vor, wenn der amerikanische Konsul in Leipzig schon am 8. April 1933 feststellte, daß die Nationalsozialisten den deutschen Juden praktisch mindestens zwei elementare Bürgerrechte bereits genommen hätten: das Recht auf freie Berufswahl und das Recht auf Freizügigkeit.

Wenn Hitler selbst jemals geglaubt und es (schon jetzt) für außenpolitisch tragbar gehalten haben sollte, durch Aktionen nach Art des Boykotts vom 1. April die »Lösung« der »Judenfrage« in seinem Sinne *wirksam* zu fördern, so mußten ihn Ablauf und Ergebnis des Boykotts eines besseren belehren. Bezeichnenderweise bemerkte auch der erwähnte amerikanische Konsul in Leipzig in seinem Bericht: »Um der Gerechtigkeit gegenüber dem deutschen Volke willen muß gesagt werden, daß der Boykott bei der Arbeiterschaft und dem gebildeten Teil des Mittelstandes unpopulär war.« Vermutlich hatten die radikalen Antisemiten der NSDAP die Judenfeindschaft des deutschen Volkes in seiner Gesamtheit überschätzt, und sie dürften von der Passivität breiter Kreise anläßlich des Boykotts enttäuscht

[24] Sievert Lorenzen, Die Juden und die Justiz. 1. Aufl., Berlin. 1943, S. 175 ff.

gewesen sein. Die Führung der Partei wiederum konnte sich auch den offenkundigen Nachteilen derartiger Praktiken für Außenpolitik und Außenhandel in der Situation von 1933 kaum verschließen. Immerhin aber hatten ihre Aktion und die im Zusammenhang damit erfolgten rechtswidrigen Maßnahmen einen Zustand geschaffen, der nach einer sogenannten »gesetzlichen Regelung« geradezu schrie, und hatten so für die angestrebten staatlichen Maßnahmen stimmungsmäßige Voraussetzungen geschaffen. So wenig solche gesetz*förmigen* Regelungen jetzt und in der Zukunft »Recht« im wahren Sinne des Wortes darstellten, so hoben sie sich von den ursprünglichen Forderungen der Parteipresse doch durch einen geringeren Grad von Radikalität vielfach noch ab. Und dies brachte nicht nur wieder psychologische und propagandistische Vorteile ein. Vielmehr bildete die *Pseudolegalität* des ganzen Vorgehens ebensosehr einen Wesenszug totalitärer Herrschaft, wie sie den unvermeidlichen Rücksichten auf die außenpolitische Lage und die Einstellung der Volksmehrheit in dieser Phase eines noch nicht konsolidierten nationalsozialistischen Regimes entsprach. Denn in weiten Kreisen auch des deutschen Bürgertums bestand wohl eine gefühlsmäßige Abneigung gegen gewalttätige Aktionen und gegen die Hemmungslosigkeit der antijüdischen Hetze der NSDAP, namentlich in ihrer Auswirkung auf den »einzelnen« Juden. Was jedoch die sogenannte »*Zurückdrängung des jüdischen Einflusses im deutschen Leben*« betraf, wie sie die Staatsführung offiziell proklamierte, so wurden entsprechende Maßnahmen, die in ein fadenscheiniges Gewand formaler Gesetzlichkeit gekleidet waren, nicht nur wegen der fragwürdigen »nationalen Energie« des neuen Regimes »in Kauf genommen«. Sie wurden vielmehr von antisemitisch beeinflußten Kreisen selbst des »gebildeten« Bürgertums auch für notwendig, für vertretbar oder für tragbar gehalten; die Mehrzahl verkannte auch, daß sogenannte »Ausnahmegesetze« das Prinzip der Gleichheit vor dem Gesetz untergruben. Betrachtet man die Folgezeit im ganzen, so *verzichtete* die nationalsozialistische Parteiführung zwar niemals auf lärmende Demonstrationen und provozierte Zwischenfälle, geschweige denn auf Hetzpropaganda. Der Schwerpunkt der amtlichen Juden*politik* bis 1938 lag jedoch einerseits in der sogenannten »*gesetzlichen Ausschaltung*« der Juden; andererseits – entsprechend der wachsenden Machtentfaltung der SS – in einer schrittweisen, aber systematischen, relativ lautlosen, doch um so wirksameren *polizeilich-administrativen Praxis* der Unterdrückung und Terrorisierung[25]. Die Gesamtatmosphäre wurde indes von einer unausgesetzten, amtlich geduldeten *moralischen Diffamierung und Diskriminierung* der Juden von seiten der Partei wesentlich mitbestimmt.

Den eigentlichen Beginn dieser ersten Hauptphase der nationalsozialistischen Judenverfolgung bezeichnet das (seit mehr als einer Woche vorbereitete!) Gesetz vom 7. April 1933 mit dem wohlklingenden Namen: »zur Wiederherstellung des Berufsbeamtentums« (Reichsgesetzblatt 1933, I, S. 175 ff.). Danach wurden »Beamte, die nicht arischer Abstammung« waren, das heißt (nach der Ersten Durchführungsverordnung vom 11. April 1933) *einen* jüdischen Großelternteil hatten – also auch Vierteljuden –, in den Ruhestand versetzt. Wesentlich infolge des Einspruchs des Reichspräsidenten von Hindenburg gegen eine unterschiedslose Geltung des neuen Gesetzes[26] wurden »nichtarische« Beamte, die bereits seit 1. August 1914 Beamte gewesen waren oder die im Weltkrieg an der Front für Deutschland oder dessen Verbündete gekämpft hatten oder deren Väter und Söhne im Weltkrieg gefallen waren, von der Anwendung des Gesetzes ausgenommen; eine Bestimmung, die jedoch nur knapp zweieinhalb Jahre in Kraft blieb. Durch die erwähnte Regelung wurden über 2000 »nichtarische« Wissenschaftler und Hochschullehrer unter Verletzung ihrer wohlerworbenen Rechte aus ihren Ämtern vertrieben, darunter weltberühmte Gelehrte.

Ähnliche »Gesetze«, Verordnungen beziehungsweise Durchführungsverordnungen zum Beamtengesetz[27] – anfänglich mit den gleichen Ausnahmebestimmungen versehen – schlossen Juden aus freien Berufen (insbesondere dem des Rechtsanwalts und Patentanwalts) sowie Ehrenämtern (Schöffen usw.) aus. Vielfach verlangten die »gleichgeschalteten« Organisationen des deutschen öffentlichen Lebens oder ihre nach dem Führerprinzip mit Befehlsgewalt ausgestatteten Leiter »von sich aus« die Entfernung jüdischer Mitglieder aus den eigenen Reihen. So hieß es etwa im ›Groß-Berliner Ärzteblatt‹ vom 20. Mai 1933:

[25] Vgl. dazu die Dokumentation von H. Mommsen, Der nationalsozialistische Polizeistaat und die Judenverfolgung vor 1938. In: Vierteljahrshefte für Zeitgeschichte 10 (1962), S. 68 ff.
[26] Der Text des Briefwechsels Hindenburg–Hitler bei Joh. Hohlfeld, Dokumente der deutschen Politik und Geschichte, Bd. 3, Berlin 1953, S. 110.
[27] Zum folgenden vgl. Bruno Blau, Das Ausnahmerecht für die Juden in Deutschland 1933–1945. 2. Aufl., Düsseldorf 1954.

»Wir deutschen Ärzte fordern Ausschluß aller Juden von der ärztlichen Behandlung deutscher Volksgenossen.«
Bereits am 22. April 1933 wurde die Tätigkeit »nichtarischer« Ärzte bei den Krankenkassen für beendet und Neuzulassungen für unzulässig erklärt; am 2. Juni folgte die gleiche Regelung für Zahnärzte und Zahntechniker. Nach einem ›Gesetz gegen die Überfüllung von deutschen Schulen und Hochschulen‹ vom 25. April 1933 (Reichsgesetzblatt 1933, I, S. 225) durfte die Zahl der »nichtarischen« Reichsdeutschen unter der Gesamtheit der Besucher jeder Schule und Fakultät den Anteil der »nichtarischen« Bevölkerung an der reichsdeutschen Bevölkerung nicht mehr übersteigen. Durch Rundverfügung des Preußischen Justizministers vom 28. April 1933 wurde die Ernennung von Juden zu Gerichtsassessoren verboten. Kraft der Zweiten Durchführungsverordnung zum Beamtengesetz vom 4. Mai 1933 konnten die Dienstverträge mit »nichtarischen« Arbeitern und Angestellten der Behörden gekündigt werden. Nach der Dritten Durchführungsverordnung wurden auch Honorarprofessoren, Privatdozenten und Notare in die Geltung des Beamtengesetzes einbezogen, wurde ferner der Begriff des Frontkämpfers streng begrenzt. Nach einem Gesetz vom 6. Mai 1933 wurden auch »nichtarische« Steuerberater nicht mehr zugelassen, nach einer Anordnung des Reichsfinanzministers vom 5. Juli 1933 Ehestandsdarlehen nicht mehr gewährt, wenn auch nur einer der Ehegatten »nichtarisch« war. Durch ein Gesetz vom 14. Juli 1933 konnten Einbürgerungen, die zwischen dem 9. November 1918 und dem 30. Januar 1933 vorgenommen worden waren, widerrufen werden, falls die Einbürgerung nunmehr nicht als »erwünscht« beurteilt wurde. Dies zielte im Sinne einer alten Forderung der Partei vor allem auf Ostjuden ab (Durchführungsverordnung vom 26. Juli 1933), ohne jede Rücksicht darauf, ob diese sich etwas hatten zuschulden kommen lassen oder nicht. Nach einem Gesetz vom 28. September 1933 konnte die Zulassung von »Nichtariern« als Patentanwälte auch dann versagt werden, wenn sie Frontkämpfer gewesen waren. Nach dem Reichserbhofgesetz vom 29. September 1933 konnte Bauer nur sein, wer unter seinen Vorfahren bis zum Jahr 1800 zurück kein »jüdisches Blut« hatte. Durch eine Verordnung vom 17. Mai 1934 wurden die bei der Zulassung »nichtarischer« Ärzte und Ärzte mit »nichtarischen« Ehegatten zu den Krankenkassen zunächst geltenden »Begünstigungen« eingeschränkt. Die Ausbildungsordnung für Juristen vom 22. Juli 1934 machte

die arische Abstammung zur Voraussetzung für die Zulassung zu den juristischen Prüfungen; das gleiche bestimmte die Prüfungsordnung für Apotheker vom 8. Dezember 1934. Durch das Wehrgesetz vom 21. Mai 1935 endlich wurde die arische Abstammung »grundsätzlich« als Voraussetzung für die Einberufung zum Heeresdienst aufgestellt; jedoch sollten Ausnahmen zulässig sein. Keinesfalls kamen »Nichtarier« als Vorgesetzte in Frage. Laut Verordnung vom 25. Juli 1935 durften sodann »Nichtarier« in keinem Falle mehr aktiven Wehrdienst leisten.

Wie aus dem gesamten öffentlichen Leben wurden die Juden, wenn auch noch mit den erwähnten Ausnahmen, aus dem kulturellen Leben Deutschlands ausgeschlossen. Die Handhabe dafür bot ein Gesetz über die Errichtung der Reichskulturkammer vom 22. September 1933 insofern, als die Juden zu den aufgrund dieses Gesetzes gebildeten Fachkammern für Schrifttum, Musik, Bildende Kunst, Theater und Filmwesen nicht zugelassen wurden. Statt dessen wurden sie auf eigene kulturelle und künstlerische Vereinigungen angewiesen – die überdies durch Anordnung des Präsidenten der Reichskulturkammer vom 6. August 1935 zu einem »Reichsverband jüdischer Kulturbünde« zusammengeschlossen und einem Sonderbeauftragten des Reichspropagandaministeriums als Überwachungsorgan unterstellt wurden. Inzwischen hatte das Schriftleitergesetz vom 4. Oktober 1933 bestimmt, daß kein Jude und kein mit einer Jüdin verheirateter Arier mehr Schriftleiter sein durfte, wenn auch Ausnahmen nach dem Vorbild des Beamtengesetzes noch möglich blieben (Durchführungs-VO vom 19. Dezember 1933).

Es verstand sich nach alledem von selbst, daß die Juden auch aus dem »deutschen Sport« auf Grund des Arier-Paragraphen ausgeschaltet wurden. Aber selbst die formell zugelassenen Sportorganisationen des Reichsbundes Jüdischer Frontsoldaten und des Deutschen Makkabi-Kreises wurden infolge der eigenmächtigen Verweigerung oder Beschränkung des Zutritts zu Sportplätzen und Schwimmbädern seitens der Kommunen in ihrer Tätigkeit vielfach behindert[28].

Die Praxis der von der SS geleiteten Polizei in diesen Jahren ließ erkennen, daß auf eine möglichst rasche und vollständige *Auswanderung* der deutschen Juden abgezielt war. Dies kam unter anderem darin zum Ausdruck, daß man die der Auswanderung geneigten jüdischen Verbände gegenüber den »deutschbewußten« insgeheim und mittelbar bevorzugte, ihnen Sonder-

---

[28] Näheres bei H. Mommsen, a. a. O., auch zum folgenden.

genehmigungen erteilte oder erlassene Verbote lockerte. Gewisse Erleichterungen für die jüdische Auswanderung brachte das sogenannte Haavara-Abkommen vom September 1933 zwischen zionistischen Kreisen und dem Reichswirtschaftsministerium[29]. Danach zahlten deutschjüdische Auswanderer bei der »Palästina-Treuhandgesellschaft zur Beratung deutscher Juden GmbH« ihr Barvermögen ein. Aus dem dadurch gebildeten Fonds wurden deutsche Exporte nach Palästina jeweils etwa zur Hälfte bezahlt, während die andere Hälfte Palästina in Devisen bezahlen mußte. In Palästina zahlte dann die Haavara aus dem von ihr durchgeführten Verkauf der deutschen Exporte den einwandernden deutschen Juden ihre in Deutschland an die »Paltreu« geleisteten Einzahlungen zurück, wobei als interne Regelung galt, daß wohlhabende Auswanderer auf einen Teil ihres Vermögens zugunsten mittelloser deutscher Juden zu verzichten hatten, um diesen die Existenz in Palästina zu ermöglichen. Dennoch kam es bis November 1938 zur Auswanderung von nur etwa 170000 Juden, da außer der deutschen Devisengesetzgebung auch die einseitige Berufsschichtung der Juden und die Überlastung der jüdischen Hilfsorganisationen mit außerdeutschen Auswanderern diese Lösung erschwerten. Abgesehen davon, daß deutschjüdische Auswanderer neben der Preisgabe ihres Geschäfts im allgemeinen den Verlust des weitaus größten Teiles ihres Barvermögens erlitten und in jedem Falle einer höchst prekären Existenz im Ausland entgegensahen, konnten sie sich noch kaum vorstellen, daß sie in Deutschland, an dem sie als ihrer Heimat hingen, auf die Dauer als Ausgestoßene gelten, ja schließlich in ihrem nackten Leben bedroht sein würden. So kehrten in den Jahren 1933 bis 1935 viele Ausgewanderte sogar wieder nach Deutschland zurück. Dagegen wählten bereits in diesen Jahren zahlreiche Juden, welche sich über die Lage keiner Täuschung hingaben und doch nicht auswandern konnten oder wollten, den Freitod.

Tatsächlich war die sogenannte gesetzliche Ausschaltung und polizeiliche Terrorisierung der Juden zunehmend, wenn auch mit zeitweiligen Schwankungen, von einer menschlichen Ächtung begleitet, die in den verschiedensten Maßnahmen, weit über die gesetzlichen Grundlagen hinaus, Ausdruck fand und ohne Zweifel die schwerste Belastung für die Betroffenen dar-

[29] Zum folgenden vgl. H. Graml, Die Auswanderung der Juden aus Deutschland zwischen 1933 und 1939. In: Gutachten des Instituts für Zeitgeschichte, München 1958, S. 79 ff.

stelle. Eine sich immer erneuernde Hetze namentlich der nachgeordneten Parteistellen sowie der Presse unter Vorantritt des ›Stürmer‹, dessen berüchtigte Aushangkästen fast in keinem Orte fehlten, suchte die Juden zu Aussätzigen unter ihren Mitmenschen zu stempeln. Schon die Zahl der Tafeln mit beleidigenden oder gar drohenden Aufschriften war Legion. Kurorte wetteiferten auf Betreiben der lokalen Parteifunktionäre darum, sich als »judenrein« bezeichnen zu können; neben dem vielerorts üblichen »Juden unerwünscht« sah man hier sogar Tafeln mit Aufschriften wie: »Hunden und Juden ist das Baden verboten!« Die Entfernung von Tafeln anzuordnen, welche Aufschriften trugen wie »Juden betreten den Ort auf eigene Lebensgefahr« oder »Juden hinaus, sonst . . .« usw., hielt selbst die Bayerische Politische Polizei (d. h. Geh. Staatspolizei) für angezeigt, weil diese Aufschriften, wie sie feststellen mußte, »einen strafrechtlichen Tatbestand erfüllen oder streifen«[30]. Bereits 1935 gingen Stadtverwaltungen so weit, ohne gesetzliche Grundlage Juden den Zutritt zu öffentlichen Anlagen, Bädern und Sportplätzen, vorübergehend sogar die Benutzung öffentlicher Verkehrsmittel zu verbieten. Ähnlich ungesetzliche und zum Teil auf die Dauer noch undurchführbare Verwaltungsmaßnahmen richteten sich in der Provinz bereits gegen die Betätigung von Juden in bestimmten Handelszweigen, etwa durch Verbot einer Benützung der Gemeindeeinrichtungen beziehungsweise des Zutritts zu Märkten. Anregungen im Sinne einer verschärfenden Auslegung vorhandener Bestimmungen wurden sogar vom Hauptamt für Kommunalpolitik in der Reichsleitung der NSDAP erteilt.

Neben alledem betrieb die Partei unausgesetzt und systematisch die Auflösung der mitmenschlichen Beziehungen der deutschen Bevölkerung zu den Juden. Um dieser angestrebten Ächtung allgemeine Geltung zu verschaffen, verfehlten die Funktionäre nicht, alle, die noch in jüdischen Geschäften kauften, mit Juden Handel trieben oder menschliche Beziehungen zu einzelnen Juden unterhielten, mittelbar und unmittelbar durch Drohungen unter Druck zu setzen. Das Vorgehen einer süddeutschen Stadtverwaltung, welche den Abbruch jedes menschlichen Verkehrs mit Juden ihren Beamten, Angestellten und Arbeitern gegenüber als »moralische und völkische Pflicht« erklärte und sich die Kenntnisnahme dieser Weisung von ihnen durch Unter-

[30] Vgl. Mommsen, a. a. O., S. 87.

schrift bestätigen ließ[31], stellte gewiß keine Einzelerscheinung dar. Naturgemäß konnte sich in Kleinstädten und auf dem Lande der organisierte menschliche Boykott der Juden besonders erfolgreich auswirken. Trotzdem *bedurfte* es offenbar – nach der großen Zahl der Appelle, Warnungen und Drohungen gegenüber Parteigenossen wie Nichtmitgliedern zu urteilen – noch solcher Maßnahmen »von oben«, um den gewünschten Erfolg zu erzielen oder doch für die Dauer zu sichern, wenngleich die Unterdrückung der Juden – wie dies beabsichtigt war – bereits zu einer gewohnten Erscheinung des deutschen Alltags wurde.

Die Nürnberger Gesetze und ihre Konsequenzen

Nach entsprechender propagandistischer Vorbereitung in den vorangehenden Monaten ließ Hitler nun am 15. September 1935 – für die breitere deutsche Öffentlichkeit recht unvermittelt – auf dem Nürnberger Parteitag vom Reichstag die sogenannten Nürnberger Gesetze annehmen, nämlich das ›Reichsbürgergesetz‹ und das ›*Gesetz zum Schutze des deutschen Blutes und der deutschen Ehre*‹ (abgekürzt: ›*Blutschutzgesetz*‹)[32]. Das Reichsbürgergesetz führte neben der *Staatsangehörigkeit* (die allen bisherigen Staatsangehörigen verblieb) die sogenannte »*Reichsbürgerschaft*« ein. Diese sollte durch Verleihung des »Reichsbürgerbriefs« erworben werden (wozu es übrigens niemals gekommen ist, wenn auch vorsorglich alle nichtjüdischen Deutschen auf Grund der Ersten Verordnung zum Reichsbürgergesetz vom 14. November 1935[33] »vorläufig als Reichsbürger« galten und solche »vorläufigen Reichsbürger« bis zum Ende des Dritten Reiches blieben). Allein der Reichsbürger sollte die »vollen politischen Rechte nach Maßgabe des Gesetzes« genießen. Reichsbürger aber durfte »nur der Staatsangehörige deutschen oder artverwandten Blutes« werden. § 4, Absatz 1 der ›*Ersten Verordnung zum Reichsbürgergesetz*‹ *vom 14. November 1935* bestimmte hierzu ergänzend:

> »Ein Jude kann nicht Reichsbürger sein. Ihm steht ein Stimmrecht in politischen Angelegenheiten nicht zu; er kann ein öffentliches Amt nicht bekleiden.«

[31] Der Bürgermeister der Kreishauptstadt Lörrach, »An alle Beamten, Angestellten und Arbeiter der Stadt Lörrach!«, 7. Juni 1935, an das Städtische Fürsorgeamt. Fotokopie im Institut für Zeitgeschichte.

[32] Reichsgesetzblatt 1935, I, S. 1146 ff.; Scheffler, a. a. O., S. 120 f.

[33] Reichsgesetzblatt 1935, I, S. 1333 ff.; Blau, a. a. O., S. 31 ff.

Absatz 2 des § 4 der genannten Verordnung beseitigte nunmehr die im Gesetz zur Wiederherstellung des Berufsbeamtentums von 1933 gemachten Ausnahmen für jüdische Kriegsteilnehmer und für jüdische Beamte seit dem 1. August 1914. Von diesen versetzte sie jüdische Frontkämpfer mit Ablauf des 31. Dezember 1935 in den Ruhestand und beließ ihnen damit (einstweilen!) das Ruhegehalt, das alle übrigen, ebenso wie die 1933 entlassenen jüdischen Beamten, jetzt auch noch verloren.

Das erwähnte ›Blutschutzgesetz‹ verbot im Interesse des »Fortbestandes des deutschen Volkes«, wie es hieß, die Eheschließung sowie den außerehelichen Verkehr »zwischen Juden und Staatsangehörigen deutschen oder artverwandten Blutes«. Es fehlte bekanntlich auch nicht die beleidigende Sonderbestimmung, daß Juden keine »weiblichen Staatsangehörigen deutschen oder artverwandten Blutes unter 45 Jahren ... in ihrem Haushalt ... beschäftigen« durften.

Bei oberflächlicher Betrachtung der Gesamtlage der deutschen Juden vor Erlaß der Nürnberger Gesetze mögen diese wie die formale Sanktionierung eines bereits bestehenden Zustandes erscheinen. Überdies schränkten ihre Ausführungsbestimmungen (nach heftigen internen Kämpfen) den betroffenen Personenkreis insofern ein, als sie im Gegensatz zu dem Gesetz zur Wiederherstellung des Berufsbeamtentums von 1933 nicht ohne weiteres auch für Viertel- und Halbjuden (»Mischlinge«) galten. Damit wurden freilich Dreivierteljuden und Volljuden um so wirksamer von den Gesetzen getroffen. Tatsächlich machten diese die Juden und »Geltungsjuden« endgültig zu Personen (gelinde gesagt) minderen Rechts und erhoben damit zu Norm und Regel, was sich bisher vielen Deutschen immer noch als eine Art Provisorium dargestellt haben mochte, das ihnen Verstöße gegen die von der Partei betriebene Ächtung jedes einzelnen Juden erleichterte. Aus historischer Rückschau kann kein Zweifel daran bestehen, daß die gesellschaftliche Isolierung und moralische Brandmarkung der Juden, wie sie hier eine *Gesetzgebung* – nach rein biologischen Kriterien – unternahm oder doch besiegelte, den späteren radikalen Verfolgungsmaßnahmen der Parteiführung psychologisch Vorschub geleistet hat, für welche diese Gesetze nur eine Etappe ihrer Judenpolitik bedeuteten. Gleichwohl neigten manche Zeitgenossen einschließlich der ministeriellen Sachbearbeiter zu der Meinung, mit den Nürnberger Gesetzen habe diese Politik gleichsam einen krönenden Abschluß gefunden beziehungsweise es sei damit eine wenn auch unbefriedigende »gesetzliche« Regelung eines durch Hetze und Übergriffe »chaotisch gewordenen Zustandes« erreicht[34]. Hatte doch bereits das Programm der NSDAP den Juden die Fähigkeit abgesprochen, deutsche Volksgenossen zu sein, und gefordert, die Juden unter »Fremdengesetzgebung« zu stellen. Längst war denn auch eine entsprechende Regelung erwogen, war jedoch wieder vertagt worden, um schließlich auf Hitlers Wunsch überstürzt ausgearbeitet und dem Reichstag präsentiert zu werden – so daß die Gesetze in etwa als Erfüllung des Parteiprogramms aufgefaßt werden konnten. Ohne gerade dies irgendwie anzuerkennen, gab doch auch Hitler selbst aus naheliegenden taktischen Gründen seinen Maßnahmen geflissentlich eine euphemistische Verbrämung. Bombastisch erklärte er vor dem Reichstag, die Reichsregierung sei bei ihrem Vorgehen »beherrscht von dem Gedanken, durch eine einmalige säkulare Lösung vielleicht doch ... ein erträgliches Verhältnis zum jüdischen Volk herstellen zu können«. Freilich – so fügte er vielsagend bereits hinzu – müßte »im Falle des abermaligen Scheiterns« das Problem »dann durch Gesetz zur endgültigen Lösung der Nationalsozialistischen Partei übertragen werden[35]«! Wie Hitler in Wahrheit sich die weitere Entwicklung vorstellte, lassen Äußerungen ahnen, die er im engsten Kreise nach dem Parteitag tat und die in bezug auf die Juden lauteten: »Heraus aus allen Berufen, Ghetto, eingesperrt in ein Territorium, wo sie sich ergehen können, wie es ihrer Art entspricht, während das deutsche Volk zusieht, wie man wilde Tiere sich ansieht.«[36] Innerste Einstellung und infernalische Konsequenz seiner Judenpolitik aber demonstrieren vielleicht kaum jemals wieder mit solch schauerlicher Eindeutigkeit Wortlaut und Ton kürzlich veröffentlichter Ausführungen Hitlers vor den Kreisleitern der Partei vom 29. April 1937[37]. Auf einen Artikel einer Provinzzeitung Bezug nehmend, in dem der Redakteur die Kennzeichnung der jüdischen Geschäfte »gefordert« hatte, bemerkte Hitler: »Von wem fordert er das? Wer kann das anordnen? Ich ganz allein. Also, der Herr Redakteur fordert im Namen sei-

[34] Vgl. die Aufzeichnungen des damaligen Ministerialrats im Reichsministerium des Innern, Dr. Bernhard Lösener, Dokumentation von Walter Strauß, ›Das Reichsministerium des Innern und die Judengesetzgebung‹. In: Vierteljahrshefte für Zeitgeschichte 9 (1961), S. 264 ff.
[35] Reichstagsrede vom 15. September 1935, s. M. Domarus, Hitler, Reden und Proklamationen 1932–1945. Bd. I (1932–1938), S. 537.
[36] Handschriftliche Aufzeichnungen des ehemaligen Vorgesetzten und späteren Adjutanten Hitlers, Generalkonsul a. D. Fritz Wiedemann, Fotokopie im Institut für Zeitgeschichte, München.
[37] H. von Kotze und H. Krausnick, ›Es spricht der Führer‹, 7 exemplarische Hitler-Reden. Gütersloh 1966.

ner Leser von mir, daß ich das tue. Zunächst: Längst bevor dieser Redakteur von der Judenfrage eine Ahnung hatte, habe ich mich doch schon sehr gründlich damit beschäftigt; zweitens, dieses Problem der Kennzeichnung wird seit zwei, drei Jahren fortgesetzt erwogen und wird eines Tages so oder so natürlich auch durchgeführt. Denn: das Endziel unserer ganzen Politik ist uns ja allen ganz klar. Es handelt sich bei mir nur immer darum, keinen Schritt zu machen, den ich vielleicht wieder zurück machen muß, und keinen Schritt zu machen, der uns schadet. Wissen Sie, ich gehe immer an die äußerste Grenze des Wagnisses, aber auch nicht darüber hinaus. Da muß man nun die Nase haben, ungefähr zu riechen: ›Was kann ich noch machen, was kann ich nicht machen?‹ Auch im Kampf gegen einen Gegner. Ich will ja nicht gleich einen Gegner mit Gewalt zum Kampf fordern, ich sage nicht: ›Kampf!‹, weil ich kämpfen will, sondern ich sage [und nun immer lauter schreiend]: ›Ich will dich vernichten! Und jetzt, Klugheit, hilf mir, Dich so in die Ecke hineinzumanövrieren, daß Du zu keinem Stoß mehr kommst, und dann kriegst Du den Stoß ins Herz hinein.‹«

Es entsprach solcher Einstellung wie zugleich jener hemmungslosen »Konsequenz« moralischer Diskriminierung der Juden, die längst auch gegenüber jüdischen Kindern in deutschen Schulen propagiert wurde, wenn im Herbst 1935 auch ein Erlaß erging, bei der Errichtung neuer Denkmäler für die Gefallenen des Ersten Weltkrieges die Namen jüdischer Gefallener nicht mehr aufzuführen. »Großzügig« fügte man hinzu, auf bereits vorhandenen Denkmälern brauchten ihre Namen nicht entfernt zu werden. Dies genügte manchen Funktionären, um ihrerseits ein übriges zu tun und die Namen der jüdischen Gefallenen »herauszukratzen«, wie kein Geringerer als *Theodor Heuss* für seine Heimatstadt mit den Worten bezeugt hat:

> »Das war mein schlimmstes Erkennen und Erschrecken, daß die Ehrfurcht vor dem Tode, dem einfachen Kriegstode, untergegangen war, während man schon an neue Kriege dachte.«[38]

Im allgemeinen trat man jedoch nach den Nürnberger Gesetzen aus gewichtigen Gründen eine Zeitlang in der Judenfrage kürzer[39]. In einem Teil der ausländischen Presse war nämlich eine Verlegung der bevorstehenden Olympiade gefordert worden, und interessierte Auslandskreise hatten sogar dem natio-

[38] Vgl. seine Ansprache zur Einweihung des Mahnmals in Bergen-Belsen vom 30. November 1952.
[39] Zum folgenden vgl. insbesondere H. Mommsen, a. a. O., S. 74 f., 85 ff.

nalsozialistischen Reichssportführer bereits Verhandlungen vorgeschlagen, die offenbar auf die Wahl einer anderen Hauptstadt hinauslaufen sollten. Da nach Hitlers Wunsch »die Olympiade 1936 jedoch unter allen Umständen in Berlin stattfinden« sollte, ordnete die Geheime Staatspolizei an, der Betätigung der dem Reichsausschuß jüdischer Sportverbände angeschlossenen Sportkreise »bis zur Durchführung der Olympiade nach Möglichkeit Hindernisse nicht in den Weg zu legen«. Tatsächlich hatte man bereits am 7. Juni 1935 dem Internationalen Olympischen Komitee zugesichert, auf sportlichem Gebiet die Trennung zwischen Ariern und Nichtariern nicht durchzuführen. Auch antijüdische Aufschriften und ›Stürmer‹-Aushangkästen verschwanden weitgehend. Gleichwohl folgte dem Reichsbürgergesetz eine weitere Welle »gesetzlicher« Ausschaltungsmaßnahmen, wenn auch zunächst mehr im Sinne einer Vervollständigung der bisherigen Maßnahmen. Nach der in ihren Auswirkungen bereits berücksichtigten Ersten Verordnung vom 14. November 1935 mußten auf Grund der ›Zweiten Verordnung zum Reichsbürgergesetz‹ vom 21. Dezember 1935 auch jüdische leitende Ärzte an öffentlichen Krankenanstalten und freien gemeinnützigen Krankenanstalten sowie jüdische Vertrauensärzte mit dem 31. März 1936 ausscheiden. Die Verordnung enthielt ferner Ausführungsbestimmungen über das Ausscheiden der jüdischen Beamten und darüber, wer als Beamter zu gelten hatte. (Jüdischen Beamten, die Frontkämpfer gewesen waren, aber nach den allgemeinen versorgungsrechtlichen Bestimmungen ein Ruhegehalt noch nicht erdient oder keinen Anspruch auf Ruhegehalt hatten, konnte »bei Würdigkeit und Bedürftigkeit ein jederzeit widerruflicher Unterhaltszuschuß gewährt werden«[40].)

Vorher und nachher[41] ergingen weitere Einschränkungen oder Ausschlüsse der Betätigungsmöglichkeit von jüdischen Ärzten, Tierärzten, Trägern öffentlicher Ämter wie Schiedsmann, Stempelverteiler, Fleischbeschauer; von Steuerhelfern; ferner der Ausschluß von der Pachtung von Apotheken und von der Aufnahme in die Landespolizei sowie vom aktiven Wehrdienst.

Weitere Ausschlußvorschriften betrafen, insbesondere nach der Olympiade: Wirtschaftsprüfer, Bücherrevisoren, das Gaststättengewerbe, den Unterricht von Juden an Deutsche und den Besuch deutscher Schulen durch Juden (Einschränkungsmög-

[40] Reichsgesetzblatt 1935, I, S. 1524 f.
[41] Zum folgenden: Blau, a. a. O.

lichkeiten vorgesehen!), Jagdscheine, die Erlangung der Doktorwürde, die Kindesannahme, die Bestellung als Sachverständiger durch Industrie- und Handelskammern, die Gewährung von Kinderbeihilfen, die Bestallung von Apothekern (8. Oktober 1937), das Erbrecht und Schenkungen, Auslandspässe, Änderung von Familiennamen, Zahnärzte und Dentisten, Vermessungsingenieure, Versteigerer, Steuerermäßigungen, Beihilfen, Herstellung und Erwerb von Waffen, Grundsteuerbefreiung, Mietbeihilfen, das Devisengesetz, Zeugenschaft bei Eheschließungen, Steuerbefreiung, jüdische Schulen, Universitäts-Gasthörer, Börsenbesuch, Schöffendienst, Einquartierung, »jüdische« Straßennamen, die Zulassung zur Patentanwaltschaft, Krankenpflege, Vormund- und Pflegschaft.

Trotz dieser anscheinend umfassenden Aufzählung muß aus Raumgründen noch manches unerwähnt bleiben; immerhin dürfte die ständige Tendenz zur Perfektionierung der »Ausnahmebestimmungen« schon vor den Pogromen vom Herbst 1938 anschaulich werden. Ebenfalls noch vor diesen Ereignissen – doch bereits im Rahmen einer neuen Verschärfung der Verfolgung – wurde auf Grund der ›Dritten Verordnung zum Reichsbürgergesetz‹ vom 14. Juni 1938[42] der Begriff der »jüdischen Gewerbebetriebe« geschaffen, die Registrierung dieser Gewerbebetriebe angeordnet, wurden ferner Reichswirtschaftsminister und Stellvertreter des Führers ermächtigt, eine besondere Kennzeichnung der jüdischen Gewerbebetriebe einzuführen: sichtlich ein Vorspiel kommender Dinge.

Die ›Vierte Verordnung zum Reichsbürgergesetz‹ vom 25. Juli 1938[43] verbot nunmehr (mit Erlöschen ihrer Approbation am 30. September 1938) jüdischen Ärzten die Berufsausübung. Sie durften nach »widerruflicher« Genehmigung durch den Reichsminister des Innern – unter der Bezeichnung »Krankenbehandler« statt Arzt – nur noch Juden behandeln. Die ›Fünfte Verordnung zum Reichsbürgergesetz‹ vom 27. September 1938[44] brachte (mit Wirkung vom 30. November 1938) auch (unter gewissen »vorläufigen« Ausnahmen für das Land Österreich) das Berufsverbot für jüdische Rechtsanwälte, die hinfort »nach Bedürfnis« und »widerruflich« als bloße »Konsulenten« lediglich für Juden zugelassen wurden. Diese »Konsulenten« mußten bis zu 70 Prozent ihrer Einkünfte an einen »Ausgleichsfonds« abführen, damit

[42] Reichsgesetzblatt 1938, I, S. 627 f.
[43] Reichsgesetzblatt 1938, I, S. 969 f.
[44] Reichsgesetzblatt 1938, I, S. 1403 ff.

ausgeschiedenen jüdischen Rechtsanwälten, die Frontkämpfer waren, im Falle ihrer »Bedürftigkeit und Würdigkeit jederzeit widerrufliche Unterhaltszuschüsse gewährt werden« könnten! Die ›*Sechste Verordnung zum Reichsbürgergesetz*‹ *vom 31. Oktober 1938*[45] enthielt das Berufsverbot für jüdische *Patentanwälte* mit Wirkung vom 30. November 1938, bezeichnenderweise ohne daß Vertreter für Juden in Patentsachen bestimmt wurden. Inzwischen war eine *Bekanntmachung vom 23. Juli 1938 im Reichsgesetzblatt*[46] erschienen, wonach Juden bis zum 31. Dezember 1938 bei der Polizei die Ausstellung einer *Kennkarte* beantragen mußten, mit der sie sich auf Erfordern jederzeit ausweisen und die sie bei allen Anträgen an amtliche oder parteiamtliche Dienststellen unaufgefordert zu verwenden beziehungsweise vorzulegen hatten! Im Zusammenhang hiermit mußten laut *Verordnung vom 5. Oktober 1938* Juden innerhalb von 14 Tagen *ihre Reisepässe abliefern*; mit Geltung für das Ausland ausgestellte Pässe wurden erst wieder gültig, wenn sie mit dem *Aufdruck* »J« versehen waren, also den Inhaber als Juden kennzeichneten[47]. Schon vorher wurden durch *Verordnung vom 17. August 1938* männliche Juden gezwungen, ab 1. Januar 1939 ihrem nichtjüdischen Vornamen den Vornamen *Israel*, weibliche den Namen *Sara* beizufügen und im Rechts- und Geschäftsverkehr auch diese Vornamen stets zu führen[48].
Bereits am 12. Juni 1937 war auch ein geheimer Erlaß des Chefs der Sicherheitspolizei, Heydrich, ergangen, bei »jüdischen Rasseschändern ... nach Verbüßung der Strafe in jedem Fall zu prüfen, ob Schutzhaft«, also die Verbringung in Konzentrationslager, anzuordnen sei. Jüdische Frauen, mit denen Deutsche »Rassenschande« begangen hatten, waren »sofort nach Abschluß des Gerichtsverfahrens in Schutzhaft zu nehmen«[49].

Der Pogrom vom 9./10. November 1938
und die Vernichtung der wirtschaftlichen Existenz
der deutschen Juden

Man kann in manchen Darstellungen lesen, die Stellung der Juden in der deutschen Wirtschaft sei bis in das Jahr 1938 noch so

---

[45] Reichsgesetzblatt 1938, I, S. 1545 f.
[46] 1938, I, S. 922.
[47] Reichsgesetzblatt 1938, I, S. 1342.
[48] Reichsgesetzblatt 1938, I, S. 1044.
[49] Nürnbg. Dok. NG-327; vgl. Blau, a. a. O., S. 30.

gut wie unangetastet geblieben. Davon kann jedoch, insbesondere auch nach neueren Untersuchungen, nicht die Rede sein. Schon die allgemeine Diskriminierung und Boykotthetze mußte sich mittelbar stark auf die wirtschaftliche Betätigung der Juden auswirken. Dazu kamen (außer den erwähnten Berufs-) einige gewerbliche Beschränkungen, illegale Anordnungen und Maßnahmen in bestimmten Handelszweigen, sowie Kennzeichnungen zunächst der »deutschen Geschäfte« usw., die ebenfalls mittelbar oder unmittelbar eine wirtschaftliche Schädigung der Juden nach sich zogen. Der größte Teil der Juden stand nicht mehr im Erwerbsleben, sondern war arbeitslos geworden und lebte mehr oder weniger prekär von der Substanz[50]; die jüdischen Hilfsorganisationen waren überlastet. Aber auch zahlreiche jüdische Geschäftsinhaber namentlich in der Provinz hatten unter mittelbarem oder unmittelbarem Druck ihre Geschäfte – meist natürlich zu ungünstigsten Bedingungen – bereits verkauft. Das alles, obwohl der Arier-Paragraph in der Wirtschaft offiziell nicht galt, was aber juristisch höchst fragwürdige Entlassungen von Juden aus wirtschaftlichen Berufen oder Auflösungen geschäftlicher Verträge keineswegs verhinderte. Noch hatte man praktische Bedenken gegen Ausnahmegesetze zur Beschränkung der wirtschaftlichen Betätigung der Juden, doch die bestehende Rechtsunsicherheit genügte, um die wirtschaftliche Position der Juden weiter zu erschweren.

Gegen Ende 1937 nahm die Tendenz zur »*Arisierung*« der Wirtschaft offensichtlich zu, zumal sich Göring von ihr Mittel zur Finanzierung der Aufrüstung erhoffte. Auftrieb erhielten solche Bestrebungen durch die völlig widerrechtliche Enteignungspolitik, zu der es in Österreich nach dem »Anschluß« kam. Hier wurden die jüdischen Geschäftsinhaber verdrängt und an ihrer Stelle – häufig unter übelsten korruptionären Begleiterscheinungen – fachlich unqualifizierte Kommissare von der Partei eingesetzt[51], so daß der Reichskommissar Bürckel Mühe hatte, wenigstens die großen Betriebe einer »geregelten« Arisierung ohne Korruptionserscheinungen vorzubehalten. – Um Scheinübertragungen von jüdischen Betrieben an »Arier« zu verhindern, bedrohte eine ›*Verordnung gegen die Unterstützung der Tarnung jüdischer Gewerbebetriebe*‹ vom 22. April 1938 deutsche

---

[50] Hierzu und zum folgenden sei auch auf die Arbeit von Helmut Genschel, Die Verdrängung der Juden aus der Wirtschaft im Dritten Reich. Göttingen 1966, verwiesen.
[51] Vgl. Anm. 55.

Staatsangehörige, die dabei mitwirkten, mit Zuchthaus- und Geldstrafe[52]. Besonders deutlich zeichnete sich das beabsichtigte Vorgehen gegen die Stellung der Juden in der Wirtschaft in der ›*Verordnung zur Anmeldung des Vermögens von Juden*‹ vom 26. April 1938 ab, zumal sie Göring autorisierte, den »Einsatz« des anmeldepflichtigen Vermögens im Interesse der deutschen Wirtschaft »sicherzustellen«! Gleichzeitig wurden genehmigungspflichtig jede Veräußerung oder Verpachtung eines gewerblichen, land- oder forstwirtschaftlichen Betriebs, bei der ein Jude beteiligt war, sowie jede Neueröffnung eines jüdischen Gewerbebetriebes[53]. Registrierung und Kennzeichnung der sogenannten »jüdischen Gewerbebetriebe« kamen, wie schon erwähnt, mit der Dritten Verordnung zum Reichsbürgergesetz vom 14. Juni 1938 hinzu. Das ›*Gesetz zur Änderung der Gewerbeordnung für das Deutsche Reich*‹ vom 6. Juli 1938 schließlich untersagte Juden im »Altreich« den Betrieb bestimmter Gewerbe, wie Grundstückshandel, Hausverwaltung, Vermittlung von Immobilienverträgen und Darlehen usw., überhaupt[54]. Vollends im Oktober 1938 (nach der Münchener Konferenz!) wurde Göring spürbar aktiv: »Die Judenfrage«, so forderte er am 14. Oktober in einer Besprechung über den Vierjahresplan im Reichsluftfahrtministerium, »müsse jetzt mit allen Mitteln angefaßt werden, denn sie müßten aus der Wirtschaft raus.«[55] Das war jetzt vor allem der glühende Wunsch der radikaleren Antisemiten der Partei. Mit »legalen« Mitteln im Rahmen der bisherigen Ausnahmegesetzgebung ließ sich ein entscheidender Schlag gegen die wirtschaftliche Position der Juden aber schwer führen. Doch war in den Augen der Radikalen die Ausschaltung der Juden aus dem deutschen Leben eben solange nicht vollendet, als Juden sich noch in der Wirtschaft betätigten! Eine entsprechende Aktion lag nach »München« in der Luft, man suchte wohl nur noch einen äußeren Anlaß.

Da bot das Attentat des 17jährigen Juden Grünspan auf den Legationssekretär vom Rath in Paris am 7. November die er-

[52] Reichsgesetzblatt 1938, I, S. 404.
[53] Reichsgesetzblatt 1938, I, S. 414.
[54] Reichsgesetzblatt 1938, I, S. 823 f.
[55] IMT, Bd. XXVII, S. 163. Von Interesse ist, daß Göring hinzufügte, »unter allen Umständen zu unterbinden« sei aber »die wilde Kommissarwirtschaft, die sich in Österreich ausgebildet« habe; die Erledigung der Judenfrage dürfe nicht als ein »Versorgungssystem untüchtiger Parteigenossen angesehen werden«. Der österreichische Minister Fischböck bemerkte dazu, es habe in Österreich zunächst 25000 Kommissare gegeben; heute gebe es »immer noch 3500, die fast alle unbrauchbar wären«. Doch vertrete in Österreich die Partei den Standpunkt, daß die Arisierung Sache der Partei sei und daß sie zu verbinden sei mit der Wiedergutmachung an alten Parteigenossen.

wünschte Handhabe[56]. »Es ist klar«, so schrieb der Völkische Beobachter bereits am Tage darauf, »daß das deutsche Volk aus dieser neuen Tat seine Folgerungen ziehen wird.« Am Abend des 9. November 1938 gab der Reichspropagandaminister Dr. Goebbels das Stichwort. Durch eine Hetzrede vor den Partei- und SA-Führern, die zur alljährlichen Feier des 9. November 1923 im Münchener Alten Rathaus versammelt waren, löste er den Judenpogrom aus, der unter der heute euphemistisch erscheinenden, von ihren Berliner Erfindern jedoch bitter ironisch-kritisch gemeinten Bezeichnung »Reichskristallnacht« seitdem den deutschen Namen belastet. Wie raffiniert Goebbels die Aktion veranlaßte, ohne sie direkt zu befehlen, zeigt der erhalten gebliebene Bericht des Obersten Parteigerichts an Göring[57], in dem es heißt: »Die mündlich gegebenen Anweisungen des Reichspropagandaleiters sind wohl von sämtlichen anwesenden Parteiführern so verstanden worden, daß die Partei nach außen nicht als Urheber der Demonstrationen in Erscheinung treten, sie in Wirklichkeit aber organisieren und durchführen sollte.« Und Hitler selbst war Mitwisser, ja verantwortlicher Urheber der vorgeblich »spontanen Reaktion des deutschen Volkes«, obwohl er sich im Hintergrund zu halten verstand. Hitlers intellektuelle Urheberschaft ist nicht nur vom damaligen Reichspressechef und anderen Eingeweihten bezeugt worden, sondern hat auch in seinem Eintreten für den sogar von Partei und SS angegriffenen Goebbels Ausdruck gefunden[58]. Sie ergibt sich deutlich genug schon aus der weiteren Feststellung im Bericht des Obersten Parteigerichts: »Der Führer habe auf seinen [Goebbels'] Vortrag entschieden, daß derartige Demonstrationen von der Partei weder vorzubereiten noch zu organisieren seien. Soweit sie spontan entstünden, sei ihnen aber auch nicht entgegenzutreten.« Daraufhin wurden fast in ganz Deutschland die Synagogen in Brand gesteckt, über 7000 jüdische Geschäfte zerstört, dennoch den Juden die Zahlung einer Buße von zunächst 1 Milliarde, schließlich insgesamt 1 ¼ Milliarden Mark auferlegt, dazu die Wiedergutmachung der angerichteten Schäden bei staatlicher Beschlagnahme der ihnen von den Versicherungsgesellschaften (von Rechts wegen)

[56] Zum folgenden vgl. H. Graml, Der 9. November 1938. 6. Aufl. Bonn 1958, sowie L. Kochan, Pogrom, 10. November 1938. London 1957.
[57] Nürnbg. Dok. PS-3063; IMT, Bd. XXXII, S. 20 ff.
[58] Otto Dietrich, Zwölf Jahre mit Hitler. München 1955, S. 55 f.; dazu das Zeugnis von Fritz Wiedemann, Zeugenschrifttum. Institut für Zeitgeschichte, München. Ferner C. J. Burckhardt, Meine Danziger Mission 1937–1939. München 1960, S. 226, 228 ff.

auszuzahlenden Entschädigung[59]. In einem Schnellbrief an Göring vom 11. November meldete Heydrich den Tod von 36 Juden[60] – das Oberste Parteigericht zählte später jedoch 91 »Tötungen«, wie es dies formulierte. Die Täter gingen straffrei aus, sofern sie nicht »Rassenschande« verübt oder gegen die »Disziplin« verstoßen hatten, und das Parteigericht motivierte diese milde Behandlung u. a. mit einer Äußerung von Goebbels, aus welcher der Schluß gezogen werden müsse, daß der einzelne Täter nur »den zwar unklar zum Ausdruck gebrachten, aber richtig erkannten Willen der *Führung* in die Tat umgesetzt« habe! Die SS, deren damalige Fernschreiben[61] die Behauptung der Spontaneität des Pogroms Lügen strafen, war in die von Goebbels betriebene *Zerstörungsaktion* der Partei und SA erst nachträglich als mehr oder weniger passives Überwachungsorgan eingeschaltet worden; sie kritisierte Goebbels und dessen Machenschaften insgeheim[62], wohl weil solch lärmendes Vorgehen ihrer bewährten Praxis lautlos-bürokratischen Terrors widersprach. Um so entschiedener widmete sie sich der ihr allein vorbehaltenen *Verhaftungsaktion*, welche die Verbringung von gegen 30000 »insbesondere wohlhabenden« Juden in Konzentrationslager zum Ziel und Ergebnis hatte. Damit sollte die Auswanderung dieser (relativ bald wieder freigelassenen) Juden beschleunigt werden[63]. – »Ich habe«, so schrieb der britische Geschäftsträger in Berlin unter dem 16. November 1938, »nicht einen einzigen Deutschen, gleich welcher Bevölkerungsschicht, angetroffen, der nicht in unterschiedlichem Maße zum mindesten mißbilligt, was geschehen ist. Aber ich fürchte, daß selbst die eindeutige Verurteilung von seiten erklärter Nationalsozialisten oder höherer Offiziere der Wehrmacht keinerlei Einfluß auf die Horde von Wahnsinnigen haben wird, die gegenwärtig Nazi-Deutschland beherrscht.«[64]

In einer Konferenz aller beteiligten Ministerien und Dienststellen im Luftfahrtministerium am 12. November 1938[65], die den nun von Hitler befohlenen Ausschluß der Juden aus der Wirtschaft durchführen sollte, erklärte Göring als Vorsitzender, er sei mündlich und schriftlich von Hitler beauftragt worden, in

[59] Reichsgesetzblatt 1938, I, S. 1579, 1581; 1939, I, S. 2059, VO vom 19. Oktober 1939.
[60] Nürnbg. Dok. PS-3058, IMT, Bd. XXXII, S. 1 f.
[61] Vgl. IMT, Bd. XXV, S. 377 f.; XXX, S. 516 ff.
[62] Vgl. z. B. Burckhardt, a. a. O.
[63] Vgl. Graml, a. a. O.; Kochan, a. a. O., S. 54 ff., 76 ff.
[64] Documents on British Foreign Policy 1919–1937. Third. Series, Vol. III London 1950, S. 277.
[65] Vgl. die stenografische Niederschrift in: IMT, Bd. XXVIII, S. 499 ff.; dazu Görings Nürnberger Aussage: Bd. IX, S. 314.

der Judenfrage »jetzt die entscheidenden Schritte zentral zusammenzufassen«. Bei dieser Besprechung wurden die schon erwähnten Regelungen getroffen, die Arisierung zunächst des Einzelhandels, sodann der Fabriken und Beteiligungen festgelegt. Göring äußerte sich ziemlich gereizt über die Aktion, verurteilte in aller Form aber nur die sinnlose Zerstörung materieller Werte. Er sprach sogar (wie schon am 14. Oktober) von Ghettoisierung der Juden, während Heydrich Sperrgebiete vorzog und eine Kennzeichnung der Juden anregte, vor allem aber ein großes Auswanderungsprogramm entwarf. Goebbels seinerseits forderte nunmehr den generellen Ausschluß der Juden von Theater- und Kinobesuch sowie von Kurorten, Strandbädern usw. Die anwesenden »bürgerlichen« Minister und Staatssekretäre übten weitgehende Zurückhaltung.

Ein Hagel diskriminierender Verordnungen ging nun über die Juden nieder. Sie enthielten neben der *Schließung* und der in Aussicht genommenen zwangsweisen *Veräußerung aller jüdischen Betriebe* (ganz oder teilweise gegen Schuldverschreibungen des Reiches!) und der in jüdischem Besitz befindlichen Grundstücke sowie dem Verbot des Grundstückserwerbs[66], den Ausschluß (aller Juden) von deutschen Schulen und Universitäten, die *Festsetzung von Sperrgebieten* (»Judenbann«), das Verbot des Besuches von Theatern, Konzerten, Museen, Sportplätzen, Bädern usw., sowie die *Einziehung von Führerscheinen* und Zulassungspapieren für Kraftwagen[67]. Die ›*Siebente Verordnung zum Reichsbürgergesetz*‹ *vom 5. Dezember 1938* beschränkte sodann das Ruhegehalt der ausgeschiedenen jüdischen Beamten[68], die ›*Achte Verordnung zum Reichsbürgergesetz*‹ *vom 17. Januar 1939* brachte das *Berufsverbot für jüdische Zahnärzte*, die zu »Zahnbehandlern« nur für Juden degradiert wurden, zugleich das Berufsverbot für *Tierärzte und Apotheker*[69]. Eine Verordnung vom 21. Februar 1939 schließlich befahl die *Ablieferung aller Gegenstände in Gold, Silber usw.* (außer Eheringen), sowie Edelsteinen und Perlen an öffentliche Ankaufsstellen innerhalb zweier Wochen[70], eine weitere Verordnung vom 30. April 1939 »lockerte« den Mieterschutz[71]. Vielfach legte man die jüdischen Mieter in sogenannte

---

[66] Verordnung über den Einsatz des jüdischen Vermögens vom 3. Dezember 1938, Reichsgesetzblatt 1938, I, S. 1709 ff.
[67] Vgl. Blau a. a. O., S. 53 ff.
[68] Reichsgesetzblatt 1938, I, S. 1751.
[69] Reichsgesetzblatt 1939, I, S. 47.
[70] Reichsgesetzblatt 1939, I, S. 282.
[71] Reichsgesetzblatt 1939, I, S. 864 ff.

»Judenhäuser« zusammen; arbeitsfähige Juden wurden in steigendem Maße zu Zwangsarbeiten herangezogen[72]. Nach Kriegsbeginn folgten Ausgehverbote[73] und Ablieferung der *Rundfunkgeräte* (natürlich ohne Entschädigung)[74], 1940 u. a. auch die Versagung von Kleiderkarten und die Kündigung der Fernsprechanschlüsse[75]. Immer offenkundiger liefen die Verordnungen gegen die Juden auf pure Schikane hinaus. Zu welchen Drohungen endlich die Parteipresse sich seit der Kristallnacht verstieg, zeigt wohl nichts deutlicher als ein Artikel des Schwarzen Korps vom 24. November 1938. Höhnisch legte er dar, wie nun die isolierten jüdischen »Parasiten« verarmen und »allesamt in die Kriminalität absinken« würden, um in perfider Weise zu konkludieren:

> »Im Stadium einer solchen Entwicklung ständen wir daher vor der harten Notwendigkeit [!], die jüdische Unterwelt genau so auszurotten, wie wir in unserem Ordnungsstaat Verbrecher eben auszurotten pflegen: *mit Feuer und Schwert*! Das Ergebnis wäre das tatsächliche und endgültige Ende des Judentums in Deutschland, seine restlose Vernichtung.«

Auf dem Wege zur sogenannten »Endlösung«

Der letzte Sinn der kommenden Judenpolitik bis zur »Endlösung« hatte sich inzwischen aber auch bereits in einigen Äußerungen Görings und Hitlers selbst abgezeichnet. Schon in der erwähnten Besprechung vom 12. November 1938 im Luftfahrtministerium hatte Göring erklärt:

> »Wenn das Deutsche Reich in irgendeiner absehbaren Zeit in außenpolitischen Konflikt kommt, so ist es selbstverständlich, daß auch wir in Deutschland in allererster Linie daran denken werden, eine große Abrechnung an den Juden zu vollziehen.«[76]

Hitlers Anschauungen und Planungen aber fanden am 24. November in einem bezeichnenden Gespräch mit dem südafrika-

[72] Vgl. Scheffler, a. a. O., S. 46.
[73] Anordnung der örtlichen Polizeistellen vom 1. September 1939 (im Sommer nach 21 Uhr, im Winter nach 20 Uhr!). Blau, a. a. O., S. 79.
[74] Blau, a. a. O., S. 79 f. Anordnung der örtlichen Polizeidienststellen vom 23. September, Erlasse des Reichssicherheitshauptamtes vom 29. September und 19. Oktober 1939.
[75] Blau, a. a. O., S. 81 (Februar 1940, Erlaß des Reichswirtschaftsministers), S. 84 (zum 30. September 1940; Erlaß des Reichspostministers vom 29. Juli 1940).
[76] IMT, Bd. XVIII, S. 538 f.

nischen Verteidigungs- und Wirtschaftsminister Pirow Ausdruck[77]. Dringend hatte Pirow dabei dem deutschen Diktator nahegelegt, im Interesse der Verständigung mit England und zur Stützung des Kabinetts Chamberlain-Halifax die Hand zu einer erträglichen Lösung der Judenfrage zu bieten. Hitler indes entgegnete mit verstiegenen Behauptungen über die jüdische Einwanderung aus dem Osten und über das Ausmaß des jüdischen Vermögens in Deutschland (»noch heute 4,6mal soviel . . . pro Kopf wie ihre Gastgeber«!) und fügte – nach amtlicher Aufzeichnung – hinzu:

> »Aber das Problem würde in der nächsten Zeit gelöst werden. Dieses sei sein unerschütterlicher Wille. . . . Die Juden würden eines Tages aus Europa verschwinden. Viele Länder schauten bereits mit Empörung auf das Treiben der Juden innerhalb ihrer Grenzen.«

Als Pirow dann »offiziell«, wie er sagte, vorschlug,

1. Deutschland möge für eine internationale Anleihe, mit der die Auswanderung und Neusiedlung der Juden finanziert werden würde, den Zinsendienst in Form von Handelsaustausch übernehmen – so daß es keinen Pfennig in Devisen zu zahlen brauche,
2. Deutschland möge als Siedlungsgebiet für die Juden eine seiner früheren Kolonien zur Verfügung stellen,

da erwiderte Hitler, selbst wenn er dazu bereit wäre, so könnte er es doch dem deutschen Volke nicht zumuten, »Gebiete, in denen so viel deutsches Heldenblut geflossen sei, in denen ein Lettow-Vorbeck gekämpft« habe, den »ärgsten Feinden der Deutschen zur Verfügung« zu stellen. Die Juden hätten ja auch gar nicht die Absicht, in Ostafrika zu arbeiten, sondern wollten dort »als Gäste Handel treiben«.

Ja, auf erneutes Drängen Pirows gebrauchte Hitler die Ausrede: »Das Weltjudentum wolle gar nicht, daß die Juden aus Europa verschwinden, sondern betrachte die Juden in Europa als Vorposten für die Bolschewisierung der Welt.« Im Anschluß hieran tat Hitler eine Äußerung, die für seine Tendenzen recht aufschlußreich ist und früher erwähnte Zeugnisse bestätigt: Er »exportiere nur eine Idee. Diese sei nicht die des Nationalsozialismus . . . Aber er exportiere den Antisemitismus«. Daß Hitler dieses Ziel – mochte er seine Realisierung auch längst gewünscht haben – jetzt so klar herausstellte, hing natürlich

---

[77] Akten zur Deutschen Auswärtigen Politik 1918–1945, Serie D (1937–1945). Bd. IV (Die Nachwirkungen von München). Baden-Baden 1951, S. 291 ff.

mit der durch die Ereignisse von 1938 gewonnenen außenpolitischen Bewegungsfreiheit zusammen.

Seiner innersten Einstellung und seinen letzten Absichten gab
aber Hitler noch deutlicher am 21. Januar 1939 Ausdruck. Un-
umwunden erklärte er sogar dem tschechoslowakischen Außen-
minister Chvalkovsky gegenüber nach der amtlichen deutschen
Aufzeichnung:

> »Die Juden würden bei uns *vernichtet*. Den 9. November 1918
> hätten die Juden nicht umsonst gemacht, dieser Tag würde
> gerächt werden.«[78]

Den gleichen Gedanken kleidete Hitler bekanntlich am Tage
der sechsten Wiederkehr seiner Machtübernahme, am 30. Januar 1939, in seiner Reichstagsrede in die Form einer scheinbaren
Prophezeiung, indem er sagte:

> »Und eines möchte ich an diesem vielleicht nicht nur für uns
> Deutsche denkwürdigen Tage nun aussprechen: Ich bin in
> meinem Leben sehr oft Prophet gewesen und wurde meistens
> ausgelacht. In der Zeit meines Kampfes um die Macht war es
> in erster Linie das jüdische Volk, das nur mit Gelächter meine
> Prophezeiungen hinnahm, ich würde einmal in Deutschland
> die Führung des Staates und damit des ganzen Volkes über-
> nehmen und dann unter vielen anderen auch das jüdische
> Problem zur Lösung bringen. Ich glaube, daß dieses damalige
> schallende Gelächter dem Judentum in Deutschland unterdes
> wohl schon in der Kehle erstickt ist. Ich will heute wieder ein
> Prophet sein: Wenn es dem internationalen Finanzjudentum
> innerhalb und außerhalb Europas gelingen sollte, die Völker
> noch einmal in einen Weltkrieg zu stürzen, dann wird das
> Ergebnis nicht die Bolschewisierung der Erde und damit der
> Sieg des Judentums sein, sondern die Vernichtung der jüdi-
> schen Rasse in Europa!«[79]

So wenig Hitler die Auswanderung der Juden wirklich gewünscht zu haben scheint, weil ihm bereits eine radikale Lösung
vorschwebte: vorerst war ihre Auswanderung – die man freilich
in dieser Phase als *Austreibung* bezeichnen muß – der einzige praktische Weg. Jedenfalls kam Göring jetzt auf Vorschläge zurück,
die Heydrich in jener Sitzung vom 12. November 1938 auf
Grund einer entsprechenden Betätigung des damaligen SS-
Obersturmführers *Eichmann* in Österreich gemacht hatte[80].

---

[78] A. a. O., S. 170.
[79] Domarus, Hitler, Reden und Proklamationen 1932–1945. Bd. II, Würzburg 1963, S. 1058.
[80] Vgl. IMT, Bd. XXVIII, S. 532 f.

Dieser, zunächst Referent für Judenfragen im SD-Hauptamt, in der Folge beim SD-Führer des SS-Oberabschnitts Donau und dann (August 1938) Organisator der »Zentralstelle für jüdische Auswanderung« in Wien, hatte dort (sei es auf »Anregung« Heydrichs, sei es auf Grund eigener »Erfindung«[81]) die Austreibung der Juden – unter Einschaltung der jüdischen Kultusgemeinde – mit einer Methode gefördert, die eine Verbindung von Abschiebung mit Erpressung darstellte. Die (großenteils in Konzentrationslagern befindlichen) wohlhabenden Juden, die auswandern wollten, mußten einen Teil ihres Vermögens für die ärmeren Juden opfern, um (außer den eigenen) auch deren Einwanderungsgebühren (beziehungsweise »Vorzeigegeld«) in ausländischer Währung zu finanzieren. Der Rest fiel dem Reiche zu. Durch die Mithilfe jüdischer Organisationen gelang es, auch die nötigen Devisen selbst – und zwar »ohne jede Gegenleistung deutscherseits, sei es auch nur durch ›zusätzlichen Export‹«, wie Heydrich im Februar 1939 bezeichnend erklärte[82] – zu beschaffen. In diesem Sinne richtete Göring als Beauftragter für den Vierjahresplan (beziehungsweise in Anwendung der ihm nach der Kristallnacht von Hitler erteilten Vollmachten) am 24. Januar 1939 eine Weisung an den Reichsinnenminister *Frick*, folgenden Wortlauts[83]:

»Der Beauftragte   Berlin, den 24. Januar 1939
für den Vierjahresplan
Generalfeldmarschall Göring

An den
Herrn Reichsminister des Innern
in *Berlin*.

Die Auswanderung der Juden aus Deutschland ist mit allen Mitteln zu fördern.
Im Reichsministerium des Innern wird aus Vertretern der beteiligten Dienststellen eine Reichszentrale für die jüdische Auswanderung gebildet. Die Reichszentrale hat die Aufgabe, für das gesamte Reichsgebiet einheitlich
1. alle Maßnahmen zur *Vorbereitung* einer verstärkten Aus-

---

[81] Vgl. dazu Hannah Arendt, Eichmann in Jerusalem, A Report on the Banality of Evil. New York 1963, S. 38 ff.
[82] Akten zur Deutschen Auswärtigen Politik 1918–1945, Serie D (1937–1945), Bd. V, Baden-Baden 1953, S. 787.

wanderung der Juden zu treffen, u. a. eine zur einheitlichen
Vorbereitung von Auswanderungsgesuchen geeignete jüdische Organisation ins Leben zu rufen, alle Schritte zu tun,
um die Bereitstellung und zweckentsprechende Verwertung
in- und ausländischer Geldmittel zu erwirken, und in Zusammenarbeit mit der Reichsstelle für das Auswanderungs-
wesen geeignete Zielländer für die Auswanderung festzustellen;

2. die Auswanderung zu *lenken*, u. a. für eine bevorzugte Auswanderung der ärmeren Juden zu sorgen;

3. die Durchführung der Auswanderung im *Einzelfall* zu be-
schleunigen, indem sie durch zentrale Bearbeitung der Aus-
wanderungsanträge die für den einzelnen Auswanderer erforderlichen staatlichen Ausweise und Bescheinigungen
schnell und reibungslos beschafft und den Vollzug der Auswanderung überwacht.

Die Leitung der Reichszentrale übernimmt der Chef der Sicherheitspolizei. Er bestimmt den Geschäftsführer und regelt die
Geschäftsführung der Reichszentrale.

Über die Arbeit der Reichszentrale ist mir laufend zu berichten.
Vor grundsätzlichen Maßnahmen ist meine Entscheidung einzuholen.

Außer den Vertretern der sonst beteiligten Dienststellen gehören dem Ausschuß der Gesandte Eisenlohr als [der] Beauftragte
für amtliche zwischenstaatliche Verhandlungen und der Ministerialdirektor Wohlt[h]at als der Beauftragte für die Verhandlungen über den Rublee-Plan an.

gez. Göring«[84]

---

[83] Nürnbg. Dok. NG-2586 (Abschrift).
[84] Im Anschluß an die erwähnte Besprechung im Luftfahrtministerium vom 19. November 1938
hatte der österreichische Minister für Wirtschaft, Arbeit und Finanzen, Dr. Fischböck, mit Einverständnis des Reichswirtschaftsministers, des Reichsfinanzministers und des Staatssekretärs Stuckart
vom Reichsministerium des Innern zur »Lösung« der Judenfrage angeregt, von einem Angebot des
Direktors des von der (einschlägigen) internationalen Konferenz von Evian (Sommer 1938) eingesetzten Zwischenstaatlichen Komitees für Politische Flüchtlinge in London, des Amerikaners
Rublee, Gebrauch zu machen. (Vgl. auch zum folgenden: Akten zur Deutschen Auswärtigen Politik, 1918–1945. Serie D, Bd. V, Baden-Baden 1953, S. 753 ff.) Der »Rublee-Plan« lief darauf hinaus, die Auswanderung deutscher Juden mit einer Förderung des deutschen Exports zu verbinden
und so den Juden eine Übertragung ihrer Schuldbuchforderungen (vgl. oben, S. 278) ins Ausland
zu ermöglichen. Ribbentrop, der eine Zusammenarbeit mit anderen Staaten in der deutschen (!)
Judenfrage grundsätzlich ablehnte und auch einem Besuch Rublees in Berlin entschieden wider-
sprochen hatte, erklärte sich schließlich, ebenso wie Göring, mit privaten Verhandlungen mit
Rublee außerhalb von Berlin und London einverstanden. Ohne Wissen Ribbentrops, aber mit
Zustimmung Hitlers, führte sodann Reichsbankpräsident Dr. Schacht im Dezember 1938 in London Besprechungen, in deren Verfolg der »Plan Fischböck-Schacht« (a. a. O., S. 767, Note 1) beziehungsweise »der Schachtplan als Verhandlungsgrundlage angenommen« wurde (S. 774). Ribbentrop, der sich nunmehr ebenfalls mit den Bemühungen Schachts einverstanden erklärte, benannte

Die in Görings Schreiben erwähnte »jüdische Organisation« wurde kraft der ›*Zehnten Verordnung zum Reichsbürgergesetz*‹ vom *4. Juli 1939*[85] durch zwangsweisen Zusammenschluß aller staatsangehörigen und staatenlosen Juden, die ihren »gewöhnlichen Aufenthalt« im Reichsgebiet hatten, zur »Reichsvereinigung der Juden in Deutschland« geschaffen, mit dem erklärten Zweck, die Auswanderung zu fördern. Zugleich machte man die »Reichsvereinigung« zum Träger des jüdischen Schulwesens und der jüdischen Wohlfahrtspflege. Leiter der »Reichszentrale für die jüdische Auswanderung« wurde – trotz ihrer formalen Zugehörigkeit zum Reichsministerium des Innern, dem rein formell ja aber auch der »Reichsführer-SS und Chef der Deutschen Polizei«, Himmler, unterstand – als Chef der Sicherheitspolizei SS-Gruppenführer *Heydrich*. Zum Geschäftsführer bestimmte dieser den Leiter der Abteilung II des Geheimen Staatspolizeiamtes, SS-Standartenführer Oberregierungsrat Heinrich Müller (den bekannten »Gestapo-Müller«); Eichmann selbst, der nach Hitlers Einmarsch in Prag im März 1939 auch dort eine Zentralstelle für jüdische Auswanderung aufbaute, erhielt den Geschäftsführerposten im Oktober 1939, damit freilich erst zu einem Zeitpunkt, in dem eine »Auswanderung« großen Stils praktisch unmöglich geworden war. Es lag aber in der Konsequenz seiner Laufbahn, daß Eichmann nach Bildung des Reichssicherheitshauptamtes (RSHA) im September 1939 und nach Versetzung (Dezember 1939) zum Amt IV (Geheime Staatspolizei) des RSHA zunächst (Januar 1940) das Referat IV D 4 (Auswanderung und Räumung), später das Referat IV B 4 (Judenangelegenheiten, Räumungsangelegenheiten) übernahm. – Bei der »1. Arbeitsbesprechung des Ausschusses der Reichszentrale für die jüdische Auswanderung«

den Gesandten Eisenlohr als Vertreter des Auswärtigen Amtes in dem für die Durchführung deutscherseits zu bildenden »Konsortium« (verbot aber jede »Paraphierung von Vereinbarungen mit Mr. Rublee« und »jede Zusage für die künftige Behandlung der Juden im Inlande gegenüber Herrn Rublee«). Es kam Mitte Januar 1939 zu einem »Gedankenaustausch« Schacht-Rublee in Berlin, welcher die Auswanderung von etwa 150000 (mit Frauen und Kindern etwa 400000) Juden, »die ihrem Alter und Gesundheitszustand nach im Ausland noch Erwerbsmöglichkeiten (15–45 Jahre) haben« würden, in 3, höchstens aber 5 Jahren zum Ziele hatte. 25 Prozent des jüdischen Vermögens sollten »in bare Kasse« verwandelt und im Wege »zusätzlichen Exports« transferiert werden, 75 Prozent Deutschland zufallen, soweit sie nicht zum Unterhalt der Juden bis zur Auswanderung oder »bis zum Aussterben« benötigt würden. Nach der Entlassung Schachts (20. Januar 1939) betraute Göring mit den weiteren Verhandlungen den Ministerialdirektor Wohlthat (vom Amt des Beauftragten für den Vierjahresplan), der, ebenso wie Göring selbst, in der Folge Besprechungen mit Rublee und dessen Vertreter über einen Plan hatte, der dem »Schachtplan« entsprach, aber »nicht so weit ging« (S. 780, Fußn. 2). Weitere Verhandlungen, die deutscherseits zurückhaltend geführt wurden, unterbrach der Krieg.

[85] Reichsgesetzblatt 1939, I, S. 1097 ff.

am 11. Februar 1939 im Geheimen Staatspolizeiamt[86] gab Heydrich allgemeine Richtlinien. Die Durchführung des Rublee-Planes, so bemerkte er, »scheine noch ... keineswegs gesichert, so daß man ... auch weiterhin ohne Rücksicht auf diesen Plan die Auswanderung mit allen sonst zur Verfügung stehenden Mitteln fördern« müsse. Bei der Durchführung »sollten im allgemeinen die Staatspolizeistellen die Führung übernehmen«. Heydrich dachte damals an die Errichtung von Zentralstellen »nach dem Muster von Wien« nicht nur in Berlin, sondern auch in Breslau, Frankfurt am Main und Hamburg, »als den Hauptplätzen, an denen die Juden konzentriert lebten«. Aufgabe der Reichszentrale war es nach seinen Worten, »das gesamte bisherige Verfahren, das in vielen Punkten gegeneinanderliefe, einheitlich auszurichten und für den Juden möglichst einfach zu gestalten«! Praktisch bestand diese »Vereinfachung« nach dem »Vorbild« von Wien in der Beschleunigung aller erforderlichen Formalitäten durch deren weitgehend an einer Stelle zusammengefaßte Erledigung, mit dem Endergebnis, daß der einzelne Jude, abgesehen von dem zur Aufnahme in das Einwanderungsland unumgänglichen »Vorzeigegeld«, mittellos Deutschland bis zu einem bestimmten Termin verlassen mußte. Dennoch hatte diese Methode wegen der unerträglichen Lage der Juden im Dritten Reich in zahlreichen Fällen »Erfolg«.

Die durch den Pogrom vom 9. November 1938 charakterisierte neue Wendung in der Judenverfolgung – die wieder nur eine Übergangsphase zum Schlimmeren einleitete – fand auch in einem grundlegenden Runderlaß des Auswärtigen Amtes beziehungsweise seines jungen »Sonderreferats Deutschland« vom 25. Januar 1939 an alle deutschen diplomatischen Missionen und Konsulate[87] Ausdruck. Bezeichnenderweise ließ diese umfangreiche Niederschrift von bestürzend brutaler Diktion und niedrigem Niveau den inneren Zusammenhang der neuen Judenpolitik mit den außenpolitischen Erfolgen des Dritten Reiches im »Schicksalsjahr 1938« deutlich durchblicken. Sie verschwieg die zahlreichen Proteste ausländischer Regierungen gegen eine Diskriminierung ihrer jüdischen Staatsangehörigen in Deutschland seit der Kristallnacht[88] und stellte unter Hinweis auf amtliche antisemitische Tendenzen in Italien, Ungarn, Polen und (vorübergehend) in Rumänien befriedigt fest: »Überall be-

[86] Vgl. Anm. 82 (S. 786 ff.).
[87] A. a. O., S. 780–785.
[88] Vgl. die »Aufzeichnung des Leiters des Sonderreferats Deutschland«, a. a. O., S. 769–773!

ginnt jetzt der deutsche außenpolitische Erfolg von München wie ein Erdbeben in seinen Ausläufern auch in entfernten Staaten die seit Jahrhunderten befestigte Position des Judentums zu erschüttern.« Das Schwergewicht legte die Denkschrift auf eine beschleunigte »Auswanderung aller im Reichsgebiet lebenden Juden«, die sie als »das letzte Ziel der deutschen Judenpolitik« bezeichnete. Was aber seine praktische Verwirklichung anging, so war es notorisch, daß die ausländischen Regierungen selbst sich gegen den Zustrom *mittelloser* Juden wehrten. Dennoch stellte der Verfasser es so dar, als ob »das internationale Judentum« eine »Massenabwanderung seiner Rassegenossen« aus Deutschland »ohne das Äquivalent eines Judenstaates« gar nicht wünsche, und fügte wie zur »Begründung« hinzu: Bei den bisherigen internationalen Bemühungen ziele die jüdische Taktik »jedenfalls weniger auf die Massenabwanderung von Juden als auf den Transfer jüdischen Vermögens ab«. (Während das allenfalls erreichbare Ausmaß solchen Transfers doch nur bezweckte, alle *unter den gegebenen Bedingungen* sich bietenden Einwanderungsmöglichkeiten nach verschiedenen Ländern zu fördern!) Daß aber »der Transfer auch nur eines Bruchteils jüdischen Vermögens devisentechnisch unmöglich wäre«, war für den Verfasser der Denkschrift »selbstverständlich« (zumal er es als »deutsches Volksvermögen« reklamierte!). Deutschland müsse daher seinerseits die geeigneten Mittel und Wege finden – aber, wie Alfred Rosenberg gefordert habe, nicht mit dem Ziele eines jüdischen *Staates*, sondern eines jüdischen *Reservats*[89]. Durch das Haavara-Abkommen[90] – gegen welches das Referat Deutschland des A. A. und die Auslandsorganisation der NSDAP seit Jahren Sturm liefen[91] und welches nunmehr endgültig abgetan war – habe man »nicht unwesentlich zum Aufbau eines Judenstaates in Palästina« beigetragen. Statt jedoch dem Weltjudentum einen »völkerrechtlichen Machtzuwachs« zu verschaffen, liege die Aufrechterhaltung der »Zersplitterung des Judentums« im deutschen Interesse. Und ganz im Sinne von Hitlers Wunsch, den Antisemitismus zu »exportieren«, hoffte der Verfasser der Denkschrift, durch die möglichst massenweise Austreibung der Juden antisemitischen Tendenzen in allen Aufnahmeländern Auftrieb zu geben und das »Verständnis« für die deutsche Juden-

---

[89] »Das ist das Programm der außenpolitischen Haltung Deutschlands in der Judenfrage.« (a. a.O., S. 784.)
[90] Vgl. oben, S. 265.
[91] Vgl. a. a. O., S. 630 ff.

politik zu fördern. » Je ärmer und damit belastender für das Einwanderungsland der einwandernde Jude ist, desto stärker wird das Gastland reagieren und desto erwünschter ist die Wirkung im deutschen propagandistischen Interesse.«

Am 1. September 1939 nun entfesselte Hitler durch seinen Angriff auf Polen selber den Krieg, den er in seiner erwähnten »Prophezeiung« vom 30. Januar im voraus den Juden zur Last gelegt hatte. Damit entfielen natürlich auch weitgehend die Voraussetzungen für eine Auswanderung beziehungsweise Austreibung der deutschen Juden, wenngleich der Weg über Schweden, Sowjetrußland und Japan in den ersten Monaten noch offen blieb. Vor allem aber gab der Krieg den im Nationalsozialismus wirksamen Tendenzen einzigartige Möglichkeiten der Entfaltung. In dem Maße seiner politischen Ausweitung enthob dieser Krieg die Machthaber der Notwendigkeit taktischer Rücksichten auf die Umwelt. In dem Maße ihrer militärischen Erfolge eröffnete er ihnen zugleich ein Feld ungeahnten Umfangs für hemmungsloses Planen und Handeln. Innerhalb dieses Feldes hing es, wie die Dinge sich entwickelt hatten, fast nur noch von der Haltung des deutschen Heeres ab, ob die nationalsozialistischen Machthaber völlige Aktionsfreiheit erlangen würden. Im Rahmen seiner »weltanschaulich« bestimmten Kriegführung stellte Hitler nun seiner SS und damit den »*Einsatzgruppen der Sicherheitspolizei und des SD*« (wie sie schließlich genannt wurden[92]) »politisch-polizeiliche Sonderaufgaben« (wie es nach dem amtlichen Sprachgebrauch hieß). Bereits nach dem »Anschluß« Österreichs, der Eingliederung des Sudetenlandes und nach der Beseitigung der Rest-Tschechoslowakei in Erscheinung getreten, wurden diese Einsatzgruppen im Polenfeldzug jetzt zum vierten Male verwendet[93]. Sie waren motorisierte Einheiten eigener Art, deren Führungspersonal aus Angehörigen des SD, der Geheimen Staatspolizei und der Kriminalpolizei bestand (die letzten beiden bildeten bekanntlich die Sicherheitspolizei). Als ihre Aufgabe wurde, summarisch genug, die »Bekämpfung aller reichs- und deutschfeindlichen Elemente rückwärts der fechtenden Truppe« bezeichnet; sie hätten – so präzisierte dies ein Erlaß des Chefs der Sicherheitspolizei und des SD später vielsagend – »mithin im wesentlichen die Aufgaben der Staatspolizeistellen im Reich«[94].

[92] Im Polenfeldzug lautete ihr Name: ›Einsatzgruppen der Sicherheitspolizei‹.
[93] Vgl. (auch zum folgenden) die Dokumentation von H. Krausnick, ›Hitler und die Morde in Polen‹. In: Vierteljahrshefte für Zeitgeschichte 11 (1963), S. 196 ff.
[94] Erlaß SV 1 Nr. 102/39 – 151 – g. Sdb. P. vom 13. September 1939. Bundesarchiv, Koblenz.

Im Polenfeldzug waren die Einsatzgruppen zwar in höherem Grade als später, so auch gerichtlich[95], dem Heer unterstellt. Schon damals aber erhielten sie ihre sogenannten »fachlichen« Weisungen vom Reichsführer-SS oder vom Chef der Sicherheitspolizei und des SD. Die Möglichkeit ihrer Kontrolle durch das Heer war praktisch somit von vornherein begrenzt. Immerhin verfügte die Armee zu jener Zeit gegenüber den Einsatzgruppen noch über eine relativ starke Position, von der sie auch des öfteren Gebrauch machte, solange sie im Operationsgebiet die Befugnis der vollziehenden Gewalt besaß.

Im Polenfeldzug hatten die Einsatzgruppen noch keinen generellen Befehl zur Erschießung der Juden. In Anbetracht der Millionen polnischer Juden wären sie dafür auch schon zahlenmäßig zu schwach gewesen. Denn die ursprünglich fünf, dann sechs Einsatzgruppen gliederten sich im ganzen in fünfzehn Einsatzkommandos zu je nur 100 bis 150 Mann, wozu anfangs noch ein Sonderkommando, später ein selbständiges 16. Einsatzkommando kam. Überdies richtete sich in Polen die von Hitler sehr bald befohlene planmäßige *Ausmerzungspolitik* zunächst aus naheliegenden Gründen mehr gegen die Führungsschichten der polnischen Zivilbevölkerung als gegen die Juden. Natürlich wurden die Einsatzgruppen gegen die jüdischen Organisationen in Polen verhaftend, auflösend und beschlagnahmend tätig. Auch ist es von seiten der bewaffneten Formationen der SS zu erheblichen Ausschreitungen (im Sinne dieses Begriffs) gegen Juden – wozu Gewalttaten, Erniedrigungen übelster Art sowie das Niederbrennen von Synagogen gehörten – schon während des kurzen Feldzuges gekommen, übrigens auch von seiten mancher Angehörigen des Heeres, dessen Führung jedoch vielfach noch scharf dagegen einschritt. Hitlers geheimer Amnestie-Erlaß vom 4. Oktober 1939 machte der praktischen Auswirkung solchen Einschreitens freilich ein Ende[96]. Summarische Erschießungen von Juden – »Massenerschießungen«, wie militärische Stellen bezeugten – unternahm zuerst eine nachträglich gebildete »*Einsatzgruppe z.b.V.*« in Galizien unter dem SS-Obergruppenführer von Woyrsch, die daraufhin aber auf ausdrückliches Verlangen des Heeres zurückgezogen wurde. Zu einer Ausschreitung großen Stils kam es sodann in der letzten Sep-

[95] Dokumente Pol 28 (Fernschr. des Generalquartiermeisters/III vom 7. September 1939) und MAR 1523 (Manstein-Prozeß). Mikrofilm im Institut für Zeitgeschichte, München.
[96] Wortlaut in: Rundschr. des Hauptamts SS-Gericht vom 2. Dezember 1939, Mikrofilm T 175, Roll 40, p. 2550391–395, im Institut für Zeitgeschichte, München.

temberdekade von seiten einer SS-Totenkopf-Standarte in Wloclawek (wo übrigens am 24. Oktober 1939 auch die erste Kennzeichnung von Juden im 20. Jahrhundert erfolgte[97]). In Wloclawek waren aus nichtigen Gründen 800 Juden festgenommen und eine Anzahl von ihnen »auf der Flucht« erschossen worden. Der Standartenführer hatte seinen ursprünglichen Plan einer Verhaftung sämtlicher männlicher Juden mit der bezeichnenden Bemerkung begründet, »im übrigen würden sie ja doch totgeschossen«, worauf der örtliche militärische Führer, der eine »Einschränkung« der Verhaftungsaktion durchsetzte, die Meinung vertrat, »sämtliche Juden zu erschießen, wäre wohl kaum im Sinne des Führers«![98] Über den San-Fluß, der einen Teil der Demarkationslinie bildete, wurde zunächst auch auf Weisung des Heeres eine Vielzahl von Juden nach Osten abgeschoben, anderen, die aus dem sowjetrussisch-besetzten Gebiet in die deutsche Besatzungszone zurückkehren wollten, der Weg unter Waffeneinsatz verlegt, was für die Betroffenen fürchterliche Konsequenzen hatte[99]. In den Gebieten endlich, die dem Reiche eingegliedert wurden, kam es nach Mitte Oktober örtlich ebenfalls zu planmäßigen Erschießungen von Juden durch die SS, beispielsweise in Bromberg[100].

Inzwischen hatte Heydrich in der Judenfrage bereits große Politik zu treiben begonnen. Hitler – so konnte er in einer Besprechung mit seinen Amtschefs und den Führern der Einsatzgruppen vom 21. September 1939 mitteilen – habe die Deportation der Juden aus den ehemals deutschen Gebieten nach Restpolen genehmigt, und diese Deportation solle sich innerhalb eines Jahres vollziehen. Heydrich gab hierzu folgende »zusammenfassende Anordnung«:

> »1.) Juden so schnell wie möglich in die Städte,
>
>   2.) Juden aus dem Reich nach Polen,
>
>   3.) die restlichen 30000 Zigeuner auch nach Polen,
>
>   4.) systematische Ausschickung der Juden aus den deutschen (d. h. ehemals polnischen) Gebieten mit Güterzügen.«[101]

[97] Edw. Kossoy, Handbuch zum Entschädigungsverfahren. München 1958, S. 120 f.
[98] Dokument WB 2754 (Manstein-Prozeß), Mikrofilm im Institut für Zeitgeschichte, München.
[99] Nürnbg. Dok. NOKW 129; Dokumente MAR 1514, 1518, 1525, 1539, 1541, 1543 (Manstein-Prozeß). Die Abschiebungsversuche wurden bis in den Winter fortgesetzt und stießen auf den Widerstand der Sowjetunion: Akten zur Deutschen Auswärtigen Politik, Serie D, Bd. VIII. Baden-Baden 1961, S. 384, 439 f.
[100] Vgl. die Lageberichte des SD-Einsatzkommandos Bromberg, Abschriften im Institut für Zeitgeschichte, München.
[101] »Vermerk« vom 27. September 1939 über »Amtschef- und Einsatzgruppenleiterbesprechung« vom 21. September 1939. Fotokopie im Institut für Zeitgeschichte, München.

Noch am gleichen Tage (21. September 1939) bestätigte Heydrich in einem Schnellbrief an die Chefs der Einsatzgruppen seinen Befehl zur schleunigen Konzentrierung der Juden (insbesondere auch des späteren »Generalgouvernements«) vom Lande in möglichst wenige größere *Städte* mit guter Eisenbahnverbindung, in denen es »wahrscheinlich« dann zur Bildung von Ghettos kommen würde. In jeder jüdischen Gemeinde sollte alsbald »ein jüdischer *Ältestenrat*« gebildet werden, der für die exakte Durchführung aller ergehenden Weisungen – unter Androhung der »schärfsten Maßnahmen im Falle der Sabotage – vollverantwortlich zu machen« sei. Auffälligerweise bezeichnete Heydrich die Konzentrierung der Juden in größeren Städten »als erste Vorausnahme« (sic) für das »*streng geheim*« zu haltende »*Endziel*, welches längere Fristen beansprucht«[102]. Es ist nicht unmöglich, aber auch nicht erweisbar, daß der Ausdruck »Endziel« bereits die berüchtigte »*Endlösung*«, das heißt die physische Ausrottung der Juden bedeuten sollte, statt nur die Bildung eines großen »*Judenreservats*«; war doch selbst von einem solchen Ziele in Heydrichs Brief mit keinem Wort die Rede. Allerdings legte der Umstand, daß Heydrich in einem stark jüdisch besiedelten Gebiet in *Westgalizien* (zwischen Wisloka und San) *keine* Konzentrierung der Juden befahl, die Vermutung nahe, daß hier die Errichtung eines »Judenstaates unter deutscher Verwaltung bei Krakau« geplant war, wie es in einer Notiz über eine Unterredung des Oberbefehlshabers des Heeres, Generaloberst v. Brauchitsch, mit Heydrich ausdrücklich heißt[103]. Brauchitsch hatte durch Vortrag bei Hitler erreicht, daß Bevölkerungsverschiebungen vorerst überhaupt unterbleiben und auch nicht von »zivilen Stellen«, sondern »von militärischer Seite gesteuert« werden sollten. Dennoch befahl Heydrich in einem Schnellbrief vom 21. September den Einsatzgruppenführern, die Konzentrierung – wenn auch unter Rücksichtnahme auf die besonderen Interessen des Heeres und der deutschen Wirtschaft – im »Zusammenwirken mit den deutschen Zivilverwaltungs- und örtlich zuständigen Militärbehörden« *mit Beschleunigung* durchzuführen, und gab dem Oberbefehlshaber hiervon nachträglich abschriftlich Kenntnis. Auf den Einspruch Brauchitschs wurde Heydrichs Befehl an die Einsatzgruppen am 1. Oktober

[102] Nürnbg. Dok. EC 307 (auch PS-3363). – Zum folgenden vgl. auch L. Poliakov, Bréviaire de la Haine. Paris 1951; G. Reitlinger, Die Endlösung. Berlin 1956; R. Hilberg, The Destruction of European Jewry. Chicago/London 1961.
[103] »Mündliche Orientierung am 22. 9. [1939] durch Major Radke«: Akten der Abteilung z. b. V. des Generalstabes des Heeres. Mikrofilm im Institut für Zeitgeschichte, München.

durch einen neuen von Himmler selbst ersetzt, wonach Heydrichs Erlaß vorerst »nur vorbereitende Maßnahmen auslösen« und »erst zu einem späteren Zeitpunkt« durchgeführt werden dürfe[104]. Am 7. Oktober indes wurde Himmler zum »Reichskommissar für die Festigung deutschen Volkstums« ernannt mit dem Auftrag zur »Ausschaltung des schädigenden Einflusses von solchen volksfremden Bevölkerungsteilen, die eine Gefahr für das Reich und die deutsche Volksgemeinschaft bedeuten«[105]. Und mit Wirkung vom 26. Oktober 1939 ließ sich das Oberkommando des Heeres aus der Verwaltung Polens von Hitler mehr oder weniger herausdrängen. Nun hatten die nationalsozialistischen Exekutivorgane weitgehend freie Hand. Bereits Ende Oktober nahm Himmler die auf vier Monate befristete Deportation der 550000 Juden aus den neuen deutschen Gebieten (neben 450000 Polen) in Aussicht. Im Dezember kam es dann zur ersten großen, vom Reichssicherheitshauptamt geleiteten und von der Sicherheitspolizei durchgeführten Massendeportation – von über 87000 Polen und Juden – aus dem Reichsgau Posen in 80 Güterzügen. Bevor im gleichen Monat SS-Hauptsturmführer Eichmann (Referat IV D 4) zum Sonderreferenten für die Evakuierung von Polen und Juden berufen wurde, fungierte dabei als örtliches Leitorgan das »Amt für die Umsiedlung der Polen und Juden« (die spätere »Umwandererzentralstelle«) unter dem Führer des SD-Abschnitts Posen, SS-Obersturmbannführer Rapp, nach dessen Bericht übrigens Wehrmacht- und Reichsbahnpersonal eine ablehnende Einstellung gegenüber seinen Maßnahmen offen zum Ausdruck brachten. Die schon infolge der winterlichen Jahreszeit unter fürchterlichen Umständen verlaufenden »Aussiedlungen« aus den eingegliederten Gebieten wurden im Januar 1940 auf Grund von Einsprüchen seitens der Zivilverwaltung des Generalgouvernements sowie des Wehrwirtschafts- und Rüstungsamts im Oberkommando der Wehrmacht zeitweilig unterbrochen. Hingegen kam es (außer den erwähnten »illegalen« Abschiebungen über die Demarkationslinie) zur Deportation von ca. 6000 Juden aus Wien, Mährisch-Ostrau, Teschen und Stettin (13. Februar 1940), die im letzteren Falle besonders brutal durchgeführt wurde und daher

---

[104] Geh. Fernschreiben des OKH (Generalquartiermeister) an die Armeen vom 1. Oktober 1939, Dokument WB 2752. – Ohnehin erwiesen sich die Verhältnisse bald als stärker als manche anfänglichen Planungen.

[105] Vgl. hierzu und zum folgenden, auch für die Belege: M. Broszat, Nationalsozialistische Polenpolitik 1939–1945. Schriftenreihe der Vierteljahrshefte für Zeitgeschichte, Nr. 2, Stuttgart 1961, S. 20, 65, 85 ff.

erhebliches Aufsehen erregte, auch in der ausländischen Presse. Daraufhin scheint Göring Deportationen von Juden aus dem »Altreich« zunächst untersagt zu haben. Mehr und mehr wehrte sich in der Folge, vor allem aus wirtschaftlichen Gründen, auch der Generalgouverneur Frank gegen Evakuierungen ins Generalgouvernement. Dort jedoch traf er selbst Maßnahmen zur Abschiebung von Juden, insbesondere aus Krakau, das er, abgesehen von einem verbleibenden größeren Ghetto, bis Ende 1940 »judenfrei« machen wollte. Das Ziel der genannten Deportationen war vor allem der Bezirk Lublin, wo man nun (nach Verlegung der Demarkationslinie an den Bug) die Bildung des »Judenreservats« plante[106]. Doch spätestens im April 1940 wurde dieses Projekt, soweit es von höchster Stelle je ernsthaft ins Auge gefaßt war, laut Mitteilung des Höheren SS- und Polizeiführers Krüger aufgegeben[107]. Schon am 12. März hatte Hitler selbst zu Colin Ross bemerkt, »auch die Bildung eines Judenstaates um Lublin herum würde nie eine Lösung bedeuten« – mit der wohlklingenden Begründung, daß »auch dort die Juden zu eng aufeinander wohnten, um einen einigermaßen befriedigenden Lebensstandard erreichen zu können«![108]

Unmittelbar nach dem Siege über Frankreich entwickelte denn auch das Judenreferat (III) der nunmehrigen »Abteilung Deutschland« des Auswärtigen Amtes, das heißt der Legationsrat Rademacher, einen anderen Plan[109], der – allerdings in unvergleichbar begrenzterem Ausmaß – bereits einmal von polnischer Seite erwogen worden war[110]. Schon am 3. Juni 1940 bezeichnete Rademacher im Hinblick auf eine »grundsätzliche Festlegung der deutschen Kriegsziele« als »Möglichkeiten: a) alle Juden aus Europa [abzuschieben], b) Trennung zwischen Ost- und Westjuden; Ostjuden, die den zeugungskräftigen und talmudsicheren Nachwuchs für die jüdische Intelligenz bilden, bleiben als Faustpfand in deutscher Hand (Lublin?), um die Amerikajuden lahmzulegen. Westjuden aus Europa (Madagaskar?), c) Jüdisches Nationalheim in Palästina (Gefahr eines 2. Roms!).«[111] Anscheinend ist auch das Reichssicherheitshauptamt sehr bald mit »Vorarbeiten« zum *Madagaskar-Projekt* beschäftigt gewesen. Jedenfalls bat Heydrich am 24. Juni 1940

[106] Vgl. IMT, Bd. XXXVI, S. 306 (Äußerung Himmlers am 12. Februar 1940).
[107] Ebenda, Bd. XXVI, S. 633.
[108] Akten zur Deutschen Ausw. Politik, Bd. VIII, S. 716.
[109] Zum folgenden: Nürnbg. Dok. NG-2586.
[110] Vgl. Reitlinger, a. a. O., S. 86.
[111] Nürnbg. Dok. NG-5764.

Ribbentrop, ihn »bei bevorstehenden Besprechungen, die sich mit der Endlösung der Judenfrage befassen, falls solche« vom Auswärtigen Amt »vorgesehen sein sollten, zu beteiligen«; und er erklärte: »*Das Gesamtproblem* – es handelt sich bereits um rund 3¼ Millionen Juden in den *heute* deutscher Hoheitsgewalt unterstehenden Gebieten – kann durch Auswanderung nicht mehr gelöst werden; eine *territoriale* Endlösung wird daher notwendig.«[112] Und Himmler selbst hatte noch während des Frankreich-Feldzuges, im Mai 1940, in einer Niederschrift »über die Behandlung der Fremdvölkischen im Osten« bemerkt: »Den Begriff Juden hoffe ich, durch die Möglichkeit einer großen Auswanderung sämtlicher Juden nach Afrika oder sonst in eine Kolonie völlig auslöschen zu sehen.«[113] Wer nun auch immer der Urheber war: nach dem von Rademacher näher umrissenen Plan sollte Frankreich im Friedensvertrag die Insel *Madagaskar* abtreten und die dort ansässigen Franzosen aussiedeln und entschädigen; der deutscherseits militärisch nicht benötigte Teil der Insel sollte dann ein »Großghetto« mit vier Millionen Juden werden, geleitet von einem Himmler unterstellten Polizeigouverneur, das heißt von der Sicherheitspolizei, die ja auch allein die »notwendige Erfahrung« auf diesem Gebiet besitze. Auf diese Weise, so meinte Rademacher, könnte man einmal die vier Millionen Juden deutscherseits »als Faustpfand für ein zukünftiges Wohlverhalten ihrer Rassegenossen in Amerika« benutzen, zum anderen »propagandistisch die Großmut verwerten«, die Deutschland – durch Gewährung weitgehender Selbstverwaltung – an den Juden übe! Eine intereuropäische Bank sollte mit dem gesamten, von der SS zu erfassenden jüdischen Vermögen Umsiedlung und Aussiedlung finanzieren, die gewiß noch nötigen »Restzahlungen« von den Juden einziehen, der einzelne Jude »nur ein etwas größeres Handgepäck« mitnehmen. Vom Reichssicherheitshauptamt wurde dieses phantastische Projekt »begeistert aufgenommen«, wie es rückschauend in den Akten heißt, und von der Dienststelle Eichmanns »bis ins einzelne« ausgearbeitet. »Zur Vermeidung dauernder Berührung anderer Völker mit Juden« sei, so betonte Eichmann, »eine Überseelösung insularen Charakters jeder anderen Lösung vorzuziehen«. Und indem man allen nach Madagaskar deportierten Juden vom Zeitpunkt der Deportation ab die Staatsangehörigkeit ihrer

[112] Eichmann-Prozeß, Beweisdokument Nr. 464; Fotokopie der Abschrift im Institut für Zeitgeschichte, München. (Die letzte Hervorhebung vom Verfasser.)
[113] Vgl. die Dokumentation in: Vierteljahrshefte für Zeitgeschichte 5 (1957), S. 197.

bisherigen Gastländer entzöge – so meinte wiederum Rademacher –, vermeide man auch, daß die Juden sich »etwa in Palästina ihren eigenen Vatikanstaat gründen und damit den symbolischen Wert« Jerusalems »für ihre Ziele einspannen« könnten. Das ausgearbeitete Projekt wurde von Himmler gebilligt und im August 1940 durch Heydrich Ribbentrop »unmittelbar« zugeleitet. Ja, im gleichen Monat soll auch Hitler als seine Absicht bezeichnet haben, »sämtliche Juden aus Europa zu evakuieren«, und Frank verkündete schon im Juli befriedigt, daß nunmehr statt weiterer Transporte ins Generalgouvernement alle Juden »in absehbarer Zeit« nach Madagaskar befördert würden[114]! Dennoch war natürlich – da keine Aussicht auf Frieden bestand – der ganze Plan totgeboren, wenn auch Hitler noch zwei Jahre später[115], als bereits die Ausrottung im Gange war, *so tat*, als wolle er nach Kriegsende die Juden nach Madagaskar schaffen.

Zunächst kam es noch zu einzelnen Deportationen aus dem Reich. So wurden am 22. und 23. Oktober 1940 – allem Anschein nach auf Veranlassung Hitlers selbst[116] – gemäß Befehl der Gauleiter Bürckel und Robert Wagner über 6500 Juden aus den Gauen Baden und Saarpfalz »ohne vorherige Kenntnisgabe an die französischen Behörden« in neun »Transportzügen« in den unbesetzten Teil Frankreichs abgeschoben. Mit Ausnahme lediglich der jüdischen Partner von Mischehen gehörten selbst Frontkämpfer und Insassen von Altersheimen, darunter »ein 97jähriger Mann aus Karlsruhe«, zu den Betroffenen, denen eine »örtlich zwischen einer Viertelstunde und zwei Stunden« schwankende Frist »zur Vorbereitung« gewährt worden war; natürlich unter Zurücklassung ihres gesamten Vermögens, das »durch die zuständigen Regierungspräsidenten« erfaßt wurde. Auf »Befehl des Reichsführers-SS« hatten die Staatspolizeileitstellen in Karlsruhe, Neustadt a. d. Hardt und Saarbrücken die Aktion »im geheimen vorzubereiten und durchzuführen«. »Der Vorgang der Aktion selbst wurde von der Bevölkerung kaum wahrgenommen«, hieß es denn auch befriedigt in einem von

---

[114] Vgl. auch die von P. O. Schmidt (Statist auf diplomatischer Bühne. Bonn 1949, S. 485) berichtete Äußerung Hitlers über Madagaskar zu Mussolini am 17. Juni 1940. IMT, Bd. XXIX, S. 378, 405 (12. u. 25. Juli 1940).

[115] Am 24. Juli 1942; H. Picker, Hitlers Tischgespräche im Führerhauptquartier 1941/42, hrsg. v. P. E. Schramm. Stuttgart 1963, S. 471.

[116] »Der Führer ordnete die Abschiebung ... an«, beginnt das vom Referat IV D 4 (Eichmann) entworfene Schreiben Heydrichs an das Auswärtige Amt vom 29. Oktober 1940. Ähnlich in zwei Aufzeichnungen des Ausw. Amtes vom 31. Oktober und 25. November 1940 (Rademacher und Luther). Hierzu und zum folgenden: Nürnbg. Dok. NG-4933 und 4934.

Heydrich gezeichneten Schreiben Eichmanns, dem die Organisation des Transports oblag. Die wiederholten Vorstellungen der französischen Regierung, welche die Rückübernahme der Abgeschobenen unter Erstattung der entstandenen Kosten verlangte, ließ Ribbentrop »dilatorisch behandeln«. Sie blieben erfolglos, wenn sie auch dazu beigetragen haben mögen, daß weitere anscheinend geplante Deportationen deutscher Juden (zum Beispiel aus Hessen) in das unbesetzte Frankreich (mit dem gedachten Endziel Madagaskar?) nicht mehr erfolgten. Die Überlebenden der »Bürckel-Aktion« aber, welche die Vichy-Regierung in die Lager Les Milles bei Aix-en-Provence, sowie Gurs und Rivesaltes vor den Pyrenäen geschickt hatte, traten nach der völligen Besetzung Frankreichs im Herbst 1942 ebenfalls den Weg nach Auschwitz an. – Als weitere Deportation folgte im Februar/März 1941 die von über 5000 Wiener Juden in das Generalgouvernement.

Hier hatte sich die von Heydrich ursprünglich befohlene Konzentrierung und Ghettoisierung in der geplanten Form und namentlich kurzfristigen Terminierung nicht durchführen lassen. Wohl wurde eine Reihe von »gesetzgeberischen« und verwaltungstechnischen Voraussetzungen dafür relativ bald geschaffen. So erfolgten am 26. Oktober beziehungsweise 12. Dezember 1939 für alle Juden im Alter von 14 bis 60 Jahren die grundsätzliche Einführung des *Arbeitszwangs* (wenn auch nur ein Teil Arbeitsgelegenheit fand), am 23. November 1939 (nach örtlichen Vorläufern) der generelle Befehl zur *Kennzeichnung* (auch der Geschäfte) »mit dem Zionsstern«, am 28. November 1939 die Verordnung über die Einsetzung von »*Judenräten*« in jeder Gemeinde; ferner am 11. Dezember 1939 die praktische Aufhebung der Freizügigkeit und am 26. Januar 1940 das Verbot der Benutzung der Eisenbahn[117]. Erst am 13. September 1940 hingegen erging (freilich ebenfalls nach örtlichen Vorläufern) Franks Rahmenverordnung über »*Aufenthaltsbeschränkungen*« – im Sinne der Bildung von Ghettos. Für deren Errichtung und Oberleitung waren (vorerst) zivile Stellen zuständig, nämlich der Stadthauptmann, der Kreishauptmann, der Chef des Distrikts oder der Leiter der Abteilung Innere Verwaltung im Amt des Generalgouverneurs, je nach der Rechtsstellung des Ortes beziehungsweise dem Geltungsbereich der beabsichtigten An-

---

[117] Verordnungsblatt des Generalgouverneurs für die besetzten polnischen Gebiete, 1939, S. 6, 246 ff., 61 f., 72 f., 231; 1940, I, S. 45. (Das Verbot der Bahnbenutzung war praktisch unhaltbar.) – Zum folgenden: ebd., S. 288.

ordnung. Unter ihnen fungierten als eigentliche Leitung die
»Ghettoverwaltung« (in Warschau »der Kommissar für den jüdischen Wohnbezirk«) und schließlich der »Judenrat« mit seinem Vorsitzenden. Statt einer schnellen und mehr oder weniger
gleichzeitigen Zusammenziehung der Juden vom Lande in größeren Städten kam es dann nach und nach – im Fall Warschau
offenbar auch durch die »Reservat-Pläne« von Lublin und Madagaskar verzögert – zur Bildung einiger *Großghettos*. Das erste und
am längsten (bis zum Sommer 1944) bestehende im bisherigen
polnischen Gesamtgebiet war merkwürdigerweise das Ghetto in
dem zum Reiche geschlagenen *Lodz-Litzmannstadt*, das Ende
April 1940 »geschlossen« wurde. Weitere Großghettos entstanden im Generalgouvernement im Oktober/November 1940 vor
allem in *Warschau* (mit allein schließlich über 400000 Juden),
im März 1941 in *Krakau*, im April in *Lublin* und *Radom* und im
Dezember dann auch in *Lemberg*, dessen Ghetto jedoch erst wesentlich später geschlossen wurde, soweit von Schließung überhaupt die Rede sein konnte. Interne Umsiedlungen im Generalgouvernement ließen die Zahl der Insassen der Großghettos
hier und dort abnehmen, meist jedoch trotz des ungeheuren
Sterblichkeitsgrades[118] zunächst noch anschwellen. Schon vor
Warschau, namentlich aber ihm folgend, wurden (mitunter einfach durch »Schließung« überwiegend jüdischer Ortschaften)
viele kleinere Ghettos gebildet, von denen ein Großteil – neben
zahlreichen Juden-Arbeitslagern – vorerst bestehen blieb. Dem
seit etwa 1938 gesteigerten Bestreben entsprechend, »den Strafvollzug« in den Konzentrationslagern »wirtschaftlicher« (produktiver) zu gestalten[119], begann namentlich der in der Judenfrage mit besonderen Vollmachten ausgestattete SS- und Polizeiführer des Distrikts Lublin, *Globocnik*, mittels SS-eigener Juden-
Arbeitslager sich unternehmerisch zu betätigen[120]. Andererseits
zeigte sich bereits im Mai 1940, daß die Sicherheitspolizei des
Generalgouvernements – der die »ungeregelte« Verwendung
von Juden in privaten deutschen Betrieben ein Dorn im Auge
war – danach strebte, die Judenräte und damit den Arbeitseinsatz unter ihre alleinige Herrschaft zu bringen[121].

[118] In Warschau (470000 Insassen) starben 1941: 44630, in den ersten neun Monaten d. J. 1942:
37462 Menschen; in Lodz (ursprünglich 160000 Insassen) vom 1. Mai 1940 bis 30. Juni 1942:
29561 Menschen; im ganzen in Ghettos und Arbeitslagern vermutlich ein Fünftel der polnischen
Juden, d. h. über 500000 Menschen. Hilberg, a. a. O., S. 173 f.
[119] Vgl. Nürnbg. Dok. NO-542 und 1016.
[120] Vgl. Broszat, a. a. O., S. 66, und Enno Georg, Die wirtschaftlichen Unternehmungen der SS.
Schriftenreihe der Vierteljahrshefte für Zeitgeschichte 7, Stuttgart 1963, S. 90 ff.
[121] Vgl. IMT, Bd. XXIX, S. 451 ff.

Die »Endlösung«

1. Der Entschluß und seine Durchführung im besetzten sowjetrussischen Gebiet

Der Zeitpunkt, in dem Hitler die physische Ausrottung der Juden beschloß, läßt sich nach den vorhandenen Zeugnissen nicht genau angeben. Nach dem mit Vorsicht aufzunehmenden Bericht Felix Kerstens, des finnischen Masseurs von Himmler, über (nachträgliche) Erzählungen seines Patienten hätte Hitler, von Goebbels und Bormann beeinflußt, unmittelbar nach dem Frankreich-Feldzug im Sommer 1940 Himmler die etappenweise Vernichtung der Juden befohlen[122]. Bedenkt man jedoch, daß höchstwahrscheinlich Hitler selbst noch im Oktober 1940 die Abschiebung der badischen und saarpfälzischen Juden ins unbesetzte Frankreich verfügte, so erscheint der genannte Zeitpunkt für einen festen Entschluß als zu früh angesetzt. Soviel aber ist sicher: je mehr Hitlers Plan ausreifte, mit Sowjetrußland den letzten möglichen Gegner auf dem europäischen Kontinent niederzuwerfen, desto stärker beschäftigte ihn auch der Gedanke – der ihm längst als »Maximallösung« vorschweben mochte –, die Juden in seinem Herrschaftsbereich auszurotten. Spätestens im März 1941, als er mit der Absicht herauskam, die politischen Kommissare der Roten Armee erschießen zu lassen[123], dürfte er daher auch den geheimen Befehl zur Ausrottung der Juden erteilt haben, einen Befehl, der – entgegen verschiedenen Aussagen – wohl niemals schriftlich niedergelegt worden ist. Praktisch sollte es sich zunächst darum handeln, durch die dem Heer wiederum »dichtauf« folgenden *Einsatzgruppen* der Sicherheitspolizei und des SD – vier an der Zahl (A, B, C, D) und, wie immer, in Einsatzkommandos und Sonderkommandos untergliedert – die im besetzten Gebiet vorgefundenen Juden dortselbst zu erschießen. Wie gesagt, bestand das *Führungspersonal* der Einsatzgruppen aus Angehörigen des SD und der Sicherheitspolizei (d.h. Gestapo und Kriminalpolizei). Die Gesamtstärke der einzelnen Einsatzgruppe schwankte zwischen 500 und 1000 Mann; außer dem Führungs- und dem technischen Personal (Kraftfahrern, Dolmetschern, Funkern usw.) waren

---

[122] Vgl. die holländische Ausgabe der Memoiren Kerstens, Klerk en Beul. Amsterdam 1948, S. 197 ff. – Ähnlich (ohne den Zeitpunkt) ders., Totenkopf und Treue. Hamburg 1952, S. 201, und The Kersten Memoirs 1940–1945. London 1956, S. 161 ff.

[123] Vgl. H. Uhlig, Der verbrecherische Befehl. Beilage B XXVII/57 zur Wochenzeitung ›Das Parlament‹ vom 17. Juli 1957, S. 431 f. und oben, S. 143 ff.

ihr als Waffenträger unter anderem zugeteilt Angehörige der Ordnungspolizei und der Waffen-SS. Die Einsatzgruppe A beispielsweise zählte im Herbst 1941 bei 990 Mann Gesamtstärke 133 Mann von der Ordnungspolizei und 340 Mann von der Waffen-SS[124]. Unterstützen ließen sich die Einsatzgruppen durch örtlich aufgestellte einheimische Milizkräfte. Formaler Ausgangspunkt der Betätigung der Einsatzgruppen waren die auf Hitlers Befehl von dem Chef des Oberkommandos der Wehrmacht, Generalfeldmarschall Keitel, erlassenen ›*Richtlinien auf Sondergebieten zur Weisung Nr. 21* (Fall Barbarossa)‹ vom 13. März 1941, wo es in der von Hitler selbst redigierten[125] Ziffer 2 b heißt:

> »Im Operationsgebiet des Heeres erhält der *Reichsführer-SS* zur Vorbereitung der *politischen Verwaltung Sonderaufgaben im Auftrage des Führers*[126], die sich aus dem endgültig auszutragenden Kampf zweier entgegengesetzter politischer Systeme ergeben. Im Rahmen dieser Aufgaben handelt der Reichsführer-SS selbständig und in eigener Verantwortung. Im übrigen [!] wird die dem Ob[erbefehlshaber] d[es] H[eeres] und den von ihm beauftragten Dienststellen übertragene vollziehende Gewalt nicht berührt. Der Reichsführer-SS sorgt dafür, daß bei Durchführung seiner Aufgaben die Operationen nicht gestört werden. Näheres regelt das OKH [Oberkommando des Heeres] mit dem Reichsführer-SS unmittelbar.«

In anschließenden Verhandlungen des Generalquartiermeisters Wagner mit dem Chef der Sicherheitspolizei und des SD, Heydrich (als Vertreter Himmlers), kam es am 26. März zu einem Befehlsentwurf des Oberkommandos des Heeres über die Betätigung der Einsatzgruppen im Operationsgebiet, der unverändert unter dem *28. April 1941* von Generalfeldmarschall von Brauchitsch, dem Oberbefehlshaber des Heeres, als Befehl herausgegeben wurde[127]. Es kann also nach dem 26. März nicht mehr viel darüber verhandelt worden sein, die Angabe des SS-Führers Schellenberg vom Amt VI des Reichssicherheitshaupt-

---

[124] Vgl. die (ungedruckte) Anlage 1 a, ›Gesamtstärke der Einsatzgruppe A‹ (graphische Darstellung) zum Gesamtbericht des SS-Brigadeführers Dr. Stahlecker vom 15. Oktober 1941. Nürnbg. Dok. L-180: IMT, Bd. XXXVII, S. 670–717.

[125] W. Warlimont, Im Hauptquartier der deutschen Wehrmacht 1939–1945. Frankfurt/Main 1962, S. 167, insbes. S. 169 und 172.

[126] Nürnbg. Dok. PS-447; IMT, Bd. XXVI, S. 54. Die letzten vier Worte vom Verfasser hervorgehoben. Vgl. auch das Gutachten von H. Buchheim über die SS als Herrschaftsinstrument, Bd. 1 der vorliegenden Publikation, S. 72 ff.

[127] Nürnbg. Dok. NOKW 256 und 2080.

amts, eines damals Beteiligten, die Verhandlungen hätten erst im Mai stattgefunden[128], ist ohne jeden Zweifel irrig.

Nach dem Wortlaut des Befehls sollten die Einsatzgruppen im Operationsgebiet ihre »besonderen« sicherheitspolizeilichen Aufgaben »in eigener Verantwortlichkeit« durchführen und waren auch »berechtigt, im Rahmen ihres Auftrages in eigener Verantwortung gegenüber der Zivilbevölkerung Exekutivmaßnahmen zu treffen«. Das Operationsgebiet war eingeteilt in: 1. das Gefechtsgebiet, (dahinter:) 2. das rückwärtige Armeegebiet, (dahinter:) 3. das rückwärtige Heeresgebiet. Im *rückwärtigen Armeegebiet* waren die Einsatzgruppen »hinsichtlich *Marsch, Versorgung und Unterbringung*« den Armeen unterstellt, dagegen disziplinär, gerichtlich und auch *fachlich* (d. h. bezüglich des eigentlichen Inhalts ihrer Aufgaben) dem Chef der Sicherheitspolizei und des SD, also Heydrich. Das gleiche galt für das dahinterliegende *rückwärtige Heeresgebiet*, nur daß *hier* deutlicher (als für das rückwärtige Armeegebiet) ausgesprochen wurde, daß die Einsatzgruppen dem Beauftragten des Chefs der Sicherheitspolizei beim Befehlshaber des rückwärtigen Heeresgebiets, d. h. dem Einsatzgruppenführer, unterstehen sollten. Ein Vorbehalt war von militärischer Seite in die Abmachung insofern eingebaut worden, als festgelegt wurde, daß im (weiter vorn liegenden) rückwärtigen *Armeegebiet* der jeweilige Armeeoberbefehlshaber berechtigt war, den Einsatzgruppen »Weisungen zu geben, die zur Vermeidung von Störungen der [militärischen] Operationen erforderlich« sein würden. Der Befehlshaber des rückwärtigen *Heeresgebiets* durfte allerdings nur »bei Gefahr im Verzuge« . . . einschränkende »Weisungen« erteilen. Es waren Handhaben, von denen seitens der militärischen Führer in der kommenden Zeit mindestens sehr wenig Gebrauch gemacht worden ist.

Daß zu den Aufgaben der Einsatzgruppen die Erschießung aller Juden gehören würde, davon war in diesem auf einer Abrede mit Heydrich beruhenden Befehl Brauchitschs nirgends die Rede. (Die Erörterung der Frage, ob und wie weit die militärischen Stellen dies etwa trotzdem wissen oder ahnen konnten, gehört nicht in den Zusammenhang dieses Gutachtens.) Den Führern der Einsatzgruppen selbst jedoch ist bei der Zusammenstellung ihrer Formationen im Mai 1941 Aussagen Beteiligter zufolge *der geheime Befehl zur Erschießung aller Juden mündlich*

[128] IMT, Bd. XXXII, S. 472.

erteilt worden[129]. Nach dem Zeugnis des Einsatzgruppenführers Ohlendorf galt der »Liquidierungsbefehl«, wie er sich ausdrückte, der »Tötung aller erfaßten rassisch und politisch unerwünschten Elemente, die als die Sicherheit gefährdend bezeichnet« worden seien[130]; und nach den im Nürnberger Einsatzgruppenprozeß getroffenen Feststellungen bezog sich dieser Befehl schließlich auf vier Hauptgruppen: *kommunistische Funktionäre*, sogenannte »*Asiatisch-Minderwertige*«, *Zigeuner* und *Juden.*

In einer erst neuerdings zugänglich gewordenen *schriftlichen* Mitteilung an die vier Höheren SS- und Polizeiführer Jeckeln, von dem Bach-Zelewski, Prützmann und Korsemann vom 2. Juli 1941, in welcher Heydrich diesen »in gedrängter Form« die von ihm »den Einsatzgruppen und -kommandos« bereits unmittelbar gegebenen »grundsätzlichen Weisungen« zur Kenntnis gab, heißt es zwar unter:

> »*4. Exekutionen*
>
> Zu exekutieren sind alle
>
> Funktionäre der Komintern (wie überhaupt die kommunistischen Berufspolitiker schlechthin),
>
> die höheren, mittleren und radikalen unteren Funktionäre der Partei, der Zentralkomitees, der Gau- und Gebietskomitees,
>
> Volkskommissare,
>
> *Juden in Partei- und Staatsstellungen*,
>
> sonstigen radikalen Elemente (Saboteure, Propagandeure, Heckenschützen, Attentäter, Hetzer usw.),
>
> soweit sie nicht [sic] im Einzelfall nicht oder nicht mehr benötigt werden, um Auskünfte in politischer oder wirtschaftlicher Hinsicht zu geben, die für die weiteren sicherheitspolizeilichen Maßnahmen oder für den wirtschaftlichen Wiederaufbau der besetzten Gebiete besonders wichtig sind.
>
> . . .
>
> Den Selbstreinigungsversuchen antikommunistischer oder antijüdischer Kreise in den neu zu besetzenden Gebieten sind keine Hindernisse zu bereiten. Sie sind im Gegenteil, allerdings *spurenlos*, zu *fördern*, ohne daß sich diese örtlichen ›Selbstschutz‹-Kreise später auf Anordnungen oder gegebene politische Zusicherungen berufen können.

[129] IMT, Bd. IV, S. 350 und XXXI, S. 39 (Ohlendorf, 5. November 1945 und 3. Januar 1946); dazu Nürnbg. Dok. NO-4145 (Dr. Walter Blume, 29. Juni 1947).
[130] Nürnbg. Dok. NO-2890 (24. April 1947).

Besonders sorgfältig ist bei Erschießungen von Ärzten und sonstigen in der Heilkunde tätigen Personen vorzugehen . . .«[131]

Daß trotz dieser *schriftlichen* Mitteilung an die genannten vier Höheren SS- und Polizeiführer, in welcher von der Exekution lediglich aller Juden »in Partei- und Staatsstellungen« die Rede ist, den Einsatzgruppen eine *mündliche* Weisung zur Erschießung *aller* Juden überhaupt erteilt wurde, unterliegt keinem Zweifel. Nicht nur hatte (abgesehen von den erwähnten Zeugnissen) nach den Angaben eines Sonderkommandoführers Heydrich selbst schon im Juni 1941 vor den Einsatzgruppen- und Einsatzkommandoführern (». . . in kleinem Kreise«) erklärt, »daß das Ostjudentum das Reservoir des Bolschewismus sei und deshalb, nach Ansicht des Führers, vernichtet werden« müsse[132]. Bereits im Entwurf der ›Richtlinien für die [mit Zustimmung des OKW] in die Stalags [Kriegsgefangenen-Stammlager] abzustellenden Kommandos des Chefs der Sipo und des SD‹ vom *28. Juni 1941* – der am 17. Juli in diesem Punkte unverändert als Einsatzbefehl Nr. 8 des Chefs der Sicherheitspolizei und des SD herausging – waren unter die aus den sowjetischen Kriegsgefangenen zur Erschießung auszusondernden »Elemente« neben den kommunistischen Funktionären »alle Juden« gerechnet worden[133]. Ferner heißt es in dem Gesamtbericht der Einsatzgruppe A vom 15. Oktober 1941, daß die Sicherheitspolizei »*befehlsgemäß*« entschlossen gewesen sei, »die Judenfrage mit allen Mitteln und aller Entschiedenheit zu lösen«; und an einer anderen Stelle noch deutlicher: daß »die sicherheitspolizeiliche Säuberungsarbeit *gemäß den grundsätzlichen Befehlen* eine möglichst *umfassende Beseitigung der Juden* zum Ziel« hatte[134]. (Wobei man Heydrichs Weisungen entsprechend »schon in den ersten Stunden nach dem Einmarsch« – wenn dies auch »überraschenderweise zunächst nicht einfach« war, wie berichtet wird – »ein-

[131] Chef der Sicherheitspolizei und des SD, B Nr. IV – 1180/41 geh. Rs; Berlin, den 2. Juli 1941, Geheime Reichssache! – Fotokopie der Abschrift im Bundesarchiv, Koblenz (»spurenlos« im Original hervorgehoben).

[132] Aussage Dr. Walter Blumes, vgl. Anm. 129.

[133] Nürnbg. Dok. PS-078, Fotokopie der Abschrift im Institut für Zeitgeschichte, München (Hervorhebungen vom Verf.). Dazu PS-502: IMT, Bd. XXVI, S. 111 ff.

[134] IMT, Bd. XXXVII, S. 672, 687 (Hervorhebungen vom Verf.). Vgl. auch den Bericht der Einsatzgruppe A von Anfang 1942: »Die systematische Säuberungsarbeit im Ostland umfaßte gemäß den grundsätzlichen Befehlen die möglichst restlose Beseitigung des Judentums . . . Die endgültige und grundlegende Beseitigung des nach dem Einmarsch der Deutschen im *weißruthenischen Raum* verbliebenen Juden stößt auf gewisse Schwierigkeiten.« (Ein Teil als Facharbeiter noch unentbehrlich; starker Frost erschwerte »Massenexekutionen«; Juden über das Land »weit verstreut. Trotzdem wurden bisher 41 000 Juden erschossen«.) Ebenda, Bd. XXX, S. 76, 79. Hervorhebungen vom Verfasser.

heimische antisemitische Kräfte zu Pogromen gegen die Juden veranlaßte«, »ohne daß nach außen . . . eine deutsche Anregung erkennbar wurde«.[135]) Überdies sprechen die Tatsachen selbst unmißverständlich. So ließ nach einem ebenfalls erst neuerdings verfügbaren Dokument das in Litauen eingesetzte Einsatzkommando 3 der Einsatzgruppe A am 4. Juli 1941 – d. h. bereits zwei Tage nach Aufnahme seiner Tätigkeit und zwei Tage nach jenem (den Personenkreis bezeichnenden) schriftlichen Erlaß Heydrichs an die Höheren SS- und Polizeiführer – durch litauische Partisanen in Kowno (»Fort VII«) 416 Juden und 47 Jüdinnen erschießen[136]. Seit dem 15. August 1941 erschoß das Einsatzkommando (laut seiner »Gesamtaufstellung«) fast täglich auch jüdische Kinder; so am 29. August 1941 in Utena und Moletai neben 582 Juden und 1731 Jüdinnen allein »1469 Judenkinder«. Unter »Exekutionen bis zum 1. Februar 1942« (die tatsächlich jedoch bis 25. November 1941 »durchgeführt« worden waren) verzeichnete es 1064 Kommunisten, nur 56 Partisanen, 653 Geisteskranke, 44 Polen, 28 russische Kriegsgefangene, 5 Zigeuner, 1 Armenier – aber 136421 Juden! Diese Zahl findet sich in einem Gesamtbericht der Einsatzgruppe A wieder, der bereits 229052 exekutierte Juden verzeichnet[137]. Einsatzgruppe B meldete bis 14. November 1941 Erschießungen von 45467, Gruppe C bis Anfang Dezember 1941 von 95000, Gruppe D bis 8. April 1942 von 92000 Juden, Himmler selbst an Hitler am 29. Dezember 1942 aus den Monaten August bis November in der Ukraine, Südrußland und dem Bezirk Bialystok die Erschießung von weiteren 363211 Juden, so daß man (zumal hier namentlich Weißrußland ab 1942 fehlt) im ganzen mit über einer Million allein durch die Einsatzgruppen und ihre Hilfskräfte (Polizei und einheimische »Milizen«) ermordeter Juden zu rechnen haben wird[138]. Kann

---

[135] Ebenda, Bd. XXXVII, S. 672, 682.

[136] Der Führer des Einsatzkommandos 3, Standartenführer Jäger, bemerkt wörtlich: »Auf meine Anordnung und meinen Befehl durch die lit. Partisanen durchgeführten [sic] Exekutionen: . . .« Daß es sich hierbei schon nicht mehr um einen der angestifteten Pogrome handelte, läßt Jägers Vermerk am Schluß seiner »Gesamtaufstellung« erkennen: »Vor Übernahme der sicherheitspolizeilichen Aufgaben durch das EK. 3, 4000 Juden durch Pogrome [sic] und Exekutionen – ausschließlich von Partisanen liquidiert.« – Fernschreiben Nr. 412 des Einsatzkommandos 3 »an die Gruppe A in Riga« (Text handschriftlich) vom 9. Februar 1942 (Antwort auf deren abschriftlich beiliegendes Fernschreiben vom 6. Februar 1942, das Zahlenangaben angefordert hatte); ferner beiliegend: »Gesamtaufstellung der im Bereich des EK. 3 bis zum 1. Dez. 1941 durchgeführten Exekutionen«, Geheime Reichssache; Fotokopien im Bundesarchiv, Koblenz.

[137] Undatierter Bericht der Einsatzgruppe A, vermutlich von Februar 1942 (vgl. Anm. 134). IMT, Bd. XXX, S. 72.

[138] Vgl. die Zusammenstellung der (auch im Institut für Zeitgeschichte vorhandenen) Belege bei Hilberg, a. a. O., S. 256, Fußnote 85.

es erstaunen, wenn ein Angehöriger einer deutschen wehrwirtschaftlichen Dienststelle in der Ukraine von der Gesamtaktion der Einsatzgruppen schrieb, sie sei »in der Massenhaftigkeit der Hinrichtungen so gigantisch wie bisher keine in der Sowjetunion vorgenommene gleichartige Maßnahme«? Und das, obwohl, wie der Berichterstattet schrieb, die jüdische Bevölkerung »von vornherein ängstlich-willig« gewesen sei, daß die Juden natürlich die deutsche Verwaltung und Armee haßten, es aber nicht beweisbar sei, daß sie »auch nur in größerem Umfang an Sabotageakten u. a. beteiligt waren«; wie man auch nicht behaupten könne, daß sie »irgendeine Gefahr für die deutsche Wehrmacht« darstellten[139]. In den erhalten gebliebenen einzelnen »Ereignismeldungen« der Einsatzgruppen finden sich jeweils Angaben über den »Stand der Liquidierungen«, wie es bezeichnend heißt. Von Bericht zu Bericht steigt deren Ziffer, erhöht sich auf Zehntausende, Hunderttausende – bis über eine Fülle von Einzelsummen hinweg eine zunächst unglaubhaft erscheinende Gesamtzahl dem rechnenden Verstand in gleichem Maße als unabweisbar sich aufdrängt, wie sie sich menschlichem Empfinden als nicht mehr faßbar entzieht.

Wie sehr die summarischen Exekutionen der Einsatzgruppen den Vorstellungen Hitlers entsprachen, kommt mit seltener Klarheit in dessen »ungezwungenen« Bemerkungen bei einer grundlegenden Besprechung über die künftige Besatzungspolitik vom 16. Juli 1941 mit Rosenberg, Lammers, Keitel, Göring und Bormann zum Ausdruck. Hitler gebot dabei sorgfältige *Tarnung* seiner Absicht, die eroberten russischen Gebiete nie wieder herauszugeben, und fuhr fort: »Alle notwendigen Maßnahmen – Erschießen, Aussiedeln usw. – tun wir trotzdem und können wir trotzdem tun ... Der Riesenraum«, so hieß es zum Thema »Sicherung der Verwaltung«, »müsse natürlich so schnell wie möglich befriedet werden; dies geschehe am besten dadurch, daß man jeden, der nur schief schaue, totschieße.« Im übrigen: der Partisanenkrieg, den die Russen jetzt befohlen hätten, habe »auch wieder seinen Vorteil: er gibt uns die Möglichkeit, auszurotten, was sich gegen uns stellt«.[140]

Als ein Ergebnis der erwähnten grundlegenden Besprechung erging am 17. Juli 1941 – neben einem Erlaß Hitlers, der den künftigen Übergang der Verwaltung der besetzten Teile So-

---

[139] Bericht vom 2. Dezember 1941 an General Thomas (Chef des Wehrwirtschafts- und Rüstungsamtes im OKW). IMT, Bd. XXXII, S. 72 ff.
[140] IMT, Bd. XXXVIII, S. 87 f., 92.

wjetrußlands von den militärischen auf zivile Dienststellen zum Gegenstand hatte – ein »Erlaß des Führers über die polizeiliche Sicherung der neu besetzten Ostgebiete«[141]. Unter der Etikette »Sicherung« erhielt Himmler dadurch, wie zuvor bereits gegenüber dem Heer, nun auch gegenüber der künftigen Zivilverwaltung (praktisch sogar einschließlich des Reichsministers für die besetzten Ostgebiete, Alfred Rosenberg, selbst!) eine Sonderstellung und damit Bewegungsfreiheit für seine Exekutivorgane. Der Erlaß lautet:

»I.
Die polizeiliche Sicherung der neu besetzten Ostgebiete ist Sache des Reichsführers-SS und Chefs der Deutschen Polizei.
II.
Nach Einführung der Zivilverwaltung in diesen Gebieten ist der Reichsführer-SS berechtigt, den Reichskommissaren im Rahmen seiner unter I bezeichneten Aufgabe Weisungen zu erteilen. Sofern diese Weisungen allgemeiner Art oder von politisch grundlegender Bedeutung sind, sind sie über den Reichsminister für die besetzten Ostgebiete zu leiten. Es sei denn, daß es sich um die Abwendung einer unmittelbar drohenden Gefahr handelt.
III.
Zur Durchführung der polizeilichen Sicherung tritt zu jedem Reichskommissar ein Höherer SS- und Polizeiführer, der dem Reichskommissar unmittelbar und persönlich unterstellt ist.
Den Generalkommissaren, den Haupt- und Gebietskommissaren werden Führer der SS und der Polizei zugeteilt, die ihnen unmittelbar und persönlich unterstehen.«

In welcher Form und welchem Umfang Himmler seine »Sicherungsaufgabe« auszulegen und zur Beteiligung anderer Dienststellen geltend zu machen pflegte, mag vorwegnehmend sein Schreiben vom 20. Januar 1943 an den Staatssekretär des Reichsverkehrsministeriums, Dr. Ganzenmüller, aufzeigen, in dem es heißt:

»Eine Voraussetzung für die Befriedung des Generalgouvernements, von Bialystok und von den russischen Gebieten ist der *Abtransport* der ganzen *Bandenhelfer* und Banden*verdächtigen*. Dazu gehört auch in erster Linie der Abtransport der *Juden*. Ebenso gehört der Abtransport der Juden *aus dem Westen* dazu, da wir sonst in diesen Gebieten ebenfalls mit einer Erhöhung der Anschläge zu rechnen haben.

[141] Nürnbg. Dok. PS-1997 (auch NG-1688). Vgl. IMT, Bd. XXIX, S. 234 ff.

Hier brauche ich Ihre Hilfe und Ihre Unterstützung. Ich muß, wenn ich die Dinge rasch erledigen will, mehr Transportzüge bekommen. Ich weiß sehr wohl, wie angespannt die Lage für die Bahn ist und welche Forderungen an Sie immer gestellt werden. Trotzdem muß ich an Sie die Bitte richten: Helfen Sie mir und verschaffen Sie mir mehr Züge.«[142]

Daß in Wirklichkeit keineswegs Erwägungen der Sicherheit im besetzten Gebiet für Hitlers Befehl zur Ausrottung der Juden bestimmend waren, sondern rassisch-ideologische Motive, dürfte allein schon der Fall der Krimtschaken lehren. Während die Karaimen, welche nur der jüdischen Religion angehörten, verschont blieben, wurden nach dem Zeugnis Ohlendorfs auf Grund seiner Rückfrage in Berlin die Krimtschaken, welche den jüdischen Glauben nicht oder nicht mehr ausübten, als »rassisch einwandfreie Juden« in die Vernichtung einbezogen![143] Wenn aber über Leben oder Tod eines Volkssplitters die Beantwortung einer rassischen Doktorfrage entschied, so konnten Erwägungen der *Sicherheit* wohl keine maßgebende Rolle spielen – wie denn auch die Frage, ob denn dieser Stamm irgendwelche Anzeichen von Gefährlichkeit für die deutsche Besatzung gezeigt hatte, gar nicht zur Erörterung kam.

Im folgenden sollen neben Grundsatz und Geist der Vernichtungspolitik nur ihre wichtigsten Etappen charakterisiert werden. Das Stadium des *Übergangs* sozusagen zur »Endlösung« kennzeichnet ein Erlaß des Reichssicherheitshauptamts (IV B 4 b) an alle Staatspolizeileitstellen und den Beauftragten des Chefs der Sicherheitspolizei und des SD für Belgien und Frankreich vom 20. Mai 1941. Danach war »gemäß einer Mitteilung des Reichsmarschalls« Göring die Judenauswanderung aus dem Reichsgebiet einschließlich Protektorat Böhmen und Mähren »auch während des Krieges verstärkt im Rahmen der gegebenen Möglichkeiten ... durchzuführen«. In Anbetracht der Tatsache jedoch, daß durch eine Auswanderung von Juden aus Frankreich und Belgien die ohnehin ungenügenden Ausreisemöglichkeiten für Juden aus dem Reichsgebiet noch mehr geschmälert würden, »*und im Hinblick auf die zweifellos kommende Endlösung der Judenfrage*« sei »die Auswanderung von Juden aus Frankreich und Belgien zu verhindern«. Im übrigen, so hieß es schließlich, sollte auch eine Auswanderung von Ju-

[142] Nürnbg. Dok. NO-2405 (Fotokopie im Institut für Zeitgeschichte, München). – Hervorhebungen vom Verfasser.
[143] Militärgericht Nürnberg, Fall IX (Einsatzgruppenprozeß), dtsch. Protokoll, S. 625f., 634 ff. – NO-4787, NOKW 1631.

den aus dem Reichsgebiet in das unbesetzte Frankreich »in besonders gelagerten Fällen, zum Beispiel Übersiedlung mittelloser Juden« gestattet, »eine Einwanderung von Juden in die von uns besetzten Gebiete« dagegen »im Hinblick auf die zweifellos kommende Endlösung der Judenfrage« verhindert werden[144]. Deutschen Juden blieben nach jener »Mitteilung Görings« – praktisch sehr schwache – Möglichkeiten zur Auswanderung vorläufig noch offen. Berücksichtigt man aber den doppelten Hinweis auf die »kommende Endlösung« sowie die Tatsache, daß etwa zur gleichen Zeit die Einsatzgruppen in ihren Aufstellungslagern den Befehl zur summarischen Erschießung der Juden im Osten erhielten und daß sie ihn alsbald nach Einmarsch in die Sowjetunion durchzuführen begannen, so kommt man wiederum zu dem Ergebnis, daß die »Endlösung« im Sinne der biologischen Vernichtung der Juden bereits im Frühjahr 1941 für Hitler beschlossene Sache war. Es bedeutet daher keinen im eigentlichen Sinne »historischen« Vorgang, sondern einen nur mehr formalen Akt – nämlich eine Art »Legalisierung« zwecks Ausstellung einer Vollmacht zur Heranziehung anderer, namentlich staatlicher Dienststellen –, wenn Göring (wiederum als Beauftragter für den Vierjahresplan) am 31. Juli 1941 an Heydrich in taktischer Anknüpfung an seinen erwähnten Erlaß vom 24. Januar 1939 das folgende, gleichwohl hochwichtige Schreiben richtete:

»Berlin, den 31. 7. 1941
Der Reichsmarschall des Großdeutschen Reiches
Beauftragter für den Vierjahresplan
Vorsitzender des Ministerrats für die Reichsverteidigung

An den Chef der Sicherheitspolizei
und des SD SS-Gruppenführer *Heydrich*
Berlin

In Ergänzung der Ihnen bereits mit Erlaß vom 24. 1. 39 übertragenen Aufgabe, die Judenfrage in Form der Auswanderung oder Evakuierung einer den Zeitverhältnissen entsprechend möglichst günstigen Lösung zuzuführen, beauftrage ich Sie hiermit, alle erforderlichen Vorbereitungen in organisatorischer, sachlicher und materieller Hinsicht zu treffen für eine Gesamtlösung der Judenfrage im deutschen Einflußgebiet in Europa.

---

[144] Nürnbg. Dok. NG-3104. Hervorhebungen vom Verfasser.

Sofern hierbei die Zuständigkeiten anderer Zentralinstanzen berührt werden, sind diese zu beteiligen.

Ich beauftrage Sie weiter, mir in Bälde einen Gesamtentwurf über die organisatorischen, sachlichen und materiellen Vorausmaßnahmen zur Durchführung der angestrebten Endlösung der Judenfrage vorzulegen.

gez. *Göring*«[145]

Wenn man einmal die Juden ausrotten wollte, dann war es freilich folgerichtig, wenn man nunmehr allen »halben« Maßnahmen absagte und eine Auswanderung hinfort verbot. So orientierte der Gestapochef Müller die Dienststellen der Sicherheitspolizei und des SD durch Runderlaß vom 23. Oktober 1941, Himmler habe angeordnet, »daß die *Auswanderung* von Juden mit sofortiger Wirkung zu verhindern ist«. Damit (in Anbetracht der eigenen, bei der Judenvernichtung angewandten Tarnsprache!) nur ja kein Irrtum entstand, fügte Müller in Klammern hinzu: »Die Evakuierungsmaßnahmen bleiben hiervon unberührt.« An der nunmehrigen Regelung, die auch den »in Frage kommenden innerdeutschen Behörden« mitgeteilt werden sollte, änderte es praktisch nichts, wenn es am Schluß des Erlasses hieß: »Lediglich in *ganz besonders gelagerten Einzelfällen,* zum Beispiel bei Vorliegen eines positiven Reichsinteresses, kann nach vorheriger Herbeiführung der Entscheidung des Reichssicherheitshauptamtes der Auswanderung einzelner Juden stattgegeben werden.«[146]

Bezeichnend für die Radikalität, mit der Himmler seinen Auftrag erfüllen wollte, ist auch die Tatsache, daß er jede Begrenzung des betroffenen Personenkreises durch eine nähere Festlegung des Begriffs »Jude« zu verhindern suchte. Obwohl die vorausgehenden Besprechungen im Ostministerium auf eine Ausweitung der Nürnberger Bestimmungen hinausliefen (indem als Juden [mindestens] Personen gelten sollten, die irgendwann der jüdischen Religionsgemeinschaft angehört oder auch nur einen diesem Kriterium entsprechenden jüdischen Elternteil hatten), gab Himmler seinem Verbindungsmann zum Ostministerium, SS-Gruppenführer Gottlob Berger, am 28. Juli 1942 die kategorische Weisung:

»Ich lasse dringend bitten, daß keine Verordnung über den

[145] Nürnbg. Dok. NG-2586/PS-710 (Fotokopie im Institut für Zeitgeschichte, München).
[146] Beweisdokument Nr. 1209, Eichmannprozeß (Fotokopie im Institut für Zeitgeschichte, München). Hervorhebungen im Original.

Begriff ›Jude‹ herauskommt. Mit all diesen törichten Festlegungen binden wir uns ja selbst nur die Hände. Die besetzten Ostgebiete werden judenfrei. Die Durchführung dieses sehr schweren Befehls hat der Führer auf meine Schultern gelegt. Die Verantwortung kann mir ohnedies niemand abnehmen. Also verbiete [sic] ich mir alles Mitreden[147].«

Für die etappenweise Durchführung der »Endlösung« hatte Hitler offenbar bereits seine Wünsche angemeldet. So heißt es in einem Schreiben Himmlers an den Gauleiter und Reichsstatthalter im Gau Wartheland, Greiser, vom 18. September 1941:

> »Der Führer wünscht, daß möglichst bald das *Altreich* und das *Protektorat vom Westen nach dem Osten von Juden geleert* und befreit werden. Ich bin daher bestrebt, möglichst noch in diesem Jahr die Juden des Altreichs und des Protektorats zunächst einmal *als erste Stufe* in die vor zwei Jahren neu zum Reich gekommenen Ostgebiete zu transportieren, um sie im nächsten Frühjahr noch weiter nach dem Osten abzuschieben.«[148]

In den besetzten, ehemals sowjetischen Gebieten ging in den folgenden Monaten die *erste Phase der Massenerschießungen* zu Ende, wobei der Zeitpunkt je nach dem Termin der militärischen Besetzung regional schwankte[149]. Für die Mordaktion, namentlich gegen Frauen und Kinder, stellte das Reichssicherheitshauptamt den Einsatzgruppen schließlich auch *Gaswagen* zur Verfügung, die in Polen und Serbien gleichfalls Instrumente der »Endlösung« wurden. Nach den vorliegenden Zeugnissen sollen jedoch im russischen Osten die Exekutionskommandos die Gaswagen »abgelehnt« haben, weil die mit ihrer Verwendung verknüpften grauenhaften Begleiterscheinungen *für sie selbst* eine zu große »seelische Belastung« darstellten. Trotz der hohen Zahl der Opfer waren nach jener ersten Phase der Massenerschießung noch keineswegs alle Juden beseitigt. So kam es wiederum, wie in Polen, zur Kennzeichnung der Überlebenden mit dem gelben Stern (auf Brust und Rücken), zur Bildung von »Judenräten« und mit deren erzwungener Hilfe zur Registrierung, später unter Umständen zur »Konzentrierung« der Juden in größeren Orten. Es folgte, soweit nicht

---

[147] Nürnbg. Dok. NO-626; vgl. NG-5035 und NG-4848 (Fotokopien im Institut für Zeitgeschichte, München).

[148] Himmler-files, folder 94 (Mikrofilm im Institut für Zeitgeschichte, München). Hervorhebungen vom Verfasser.

[149] Vgl. (auch zum folgenden) insbesondere Hilberg, a. a. O., S. 219 ff. mit den dort verzeichneten Belegen.

ebenfalls schon von den Einsatzgruppen besorgt, die Errichtung von Ghettos, die auch hier vorerst zivilen Behörden unterstanden. Nach den *geheimen* »Richtlinien« des Reichskommissars für das Ostland, Lohse (der übrigens, ebenso wie im zunächst weiträumigen Operationsgebiet militärische Verwaltungsstellen, noch die Nürnberger Bestimmungen des Begriffs »Jude« anwandte), war den Insassen der Ghettos »nur soviel an Nahrungsmitteln zu überlassen, wie die übrige Bevölkerung entbehren kann, jedoch nicht mehr, als zur notdürftigen Ernährung ... ausreicht«. Überdies sollten, wie es in Lohses amtlicher, aber unmißverständlicher Sprache hieß, »weitere Maßnahmen, insbesondere der Sicherheitspolizei«, durch seine »*vorläufigen* Richtlinien nicht berührt« werden. Diese hätten vielmehr »nur die Aufgabe, dort und so lange Mindestmaßnahmen der General- oder Gebietskommissare sicherzustellen, wo und solange weitere Maßnahmen im Sinne der engültigen Lösung der Judenfrage nicht möglich sind«[150]. Natürlich fehlte es auch nicht an Bestimmungen über Anmeldung und Ablieferung des jüdischen Vermögens (das sich freilich in einem kommunistisch regierten Lande mehr oder weniger auf persönliche Habseligkeiten beschränkte), sowie über die Heranziehung zur Zwangsarbeit in »Arbeitskommandos« *außerhalb* der Ghettos, *in den* Ghettos, in Arbeitslagern, Rüstungsbetrieben oder »auch einzeln« in der »eigenen« Werkstatt – wobei, wie Lohses Richtlinien klarstellten, »die Vergütung ... nicht der Arbeitsleistung zu entsprechen« hatte! Im übrigen mußten selbst die Einsatzgruppen bisweilen (mit allem Vorbehalt!) zugeben, daß »es sich nicht vermeiden ließ, aus Gründen des erheblichen Facharbeitermangels jüdische Handwerker ... zur Vornahme dringender Instandsetzungsarbeiten ... vorerst noch am Leben zu lassen«[151]. Der unabweisbare Bedarf an qualifizierten Arbeitskräften, als welche sich die Juden erwiesen, ihre umfangreiche Verwendung auf wichtigen Posten, nicht zuletzt in Wehrmachtbetrieben, drohte sich zu einem Hindernis der fest beschlossenen »Endlösung« zu entwickeln, ließ Himmler hier wohl gar passiven Widerstand wittern. Und das, obwohl einige Feldmarschälle in eingehenden schriftlichen Appellen an die Truppe erklärten, der deutsche Soldat müsse »für die Notwendigkeit der harten, aber gerechten Sühne am jüdischen Untermenschentum

[150] IMT, Bd. XXVII, S. 19 ff. Hervorhebung im Original.
[151] Bericht der Einsatzgruppe C vom 19. November 1941, Nürnbg. Dok. NO-2832 (Fotokopie im Institut für Zeitgeschichte, München); vgl. auch NO-3146.

volles Verständnis haben«[152]. Immerhin ließ das Faktum eines solchen »Appells« auf geäußerte Kritik schließen. Und es war zwar ein seltener Fall, aber keine Einzelerscheinung, wenn ein zur Front entsandter Stabsoffizier der Heeresgruppe Mitte in einem *dienstlichen* Bericht im Dezember 1941 darauf hinwies, »daß die vorhandenen Tatsachen in vollem Umfange bekanntgeworden« seien, »daß die Erschießungen der Juden, der Gefangenen und der Kommissare fast allgemein im Offizierskorps abgelehnt« und »als eine Verletzung der Ehre der deutschen Armee« betrachtet würden[153].

Auch Himmler war in Anbetracht der Kriegserfordernisse gewillt, die verfügbaren jüdischen Arbeitskräfte nach Maßgabe der nur in Etappen durchführbaren »Endlösung« auszubeuten – wie dies im Generalgouvernement namentlich von dem Lubliner SS- und Polizeiführer Globocnik mit Hilfe »eigener« Juden-Arbeitslager in Gestalt industrieller SS-Unternehmungen betrieben wurde. Doch durfte dies den vorgesehenen schnellstmöglichen Ablauf der »Endlösung« und deren »kompromißlose« Durchführung keineswegs stören. Vergebens hofften die im Besitz der begehrten »Arbeitsbescheinigungen« befindlichen Juden, sich als »Spezialisten« unentbehrlich zu machen[154]. Schon im Dezember 1941 war ja einer Anfrage des Reichskommissars Lohse, ob »alle Juden im Ostland ohne Rücksicht auf Alter und Geschlecht und wirtschaftliche Interessen (zum Beispiel der Wehrmacht an Facharbeitern in Rüstungsbetrieben) liquidiert werden« sollten, selbst von seiten des Ostministeriums die Antwort zuteil geworden: »Wirtschaftliche Belange sollen bei der Regelung des Problems grundsätzlich unberücksichtigt bleiben.«[155] Unterdessen wurden (trotz entschiedener Gegenvorstellungen des Abwehrchefs Admiral Canaris) in sämtlichen Kriegsgefangenenlagern im deutschen Machtbereich, in denen sich sowjetische Gefangene befanden, die »untragbaren« Elemente, insbesondere Juden, im Einvernehmen mit der dem General Reinecke unterstehenden »Abteilung Kriegsgefangene« des OKW durch Einsatzkommandos zur Exekution »ausgesondert«[156]. – Im übrigen erleichterte die in den besetzten

[152] IMT, Bd. XXXV, S. 85 (Hervorhebung im Original); dazu Nürnbg. Dok. NOKW 309 und PS-4064 (Fotokopien im Institut für Zeitgeschichte, München).
[153] Dokument WB 1642, Manstein-Prozeß (Fotokopie im Institut für Zeitgeschichte, München).
[154] Nürnbg. Dok. NO-5655 (Fotokopie im Institut für Zeitgeschichte, München); Hilberg, a. a. O., S. 247 f.
[155] IMT, Bd. XXXII S. 435 ff.
[156] IMT, Bd. XXXVI, S. 317 ff.; Nürnbg. Dok. NO-3146 (Fotokopie im Institut für Zeitgeschichte, München).

russischen Gebieten erfolgte Konzentrierung der Juden in Ghettos natürlich jene »weiteren Maßnahmen«, von denen Lohse gesprochen hatte, nämlich die *zweite Serie von Massenschießungen*. Sie wurde neben den teilweise als Dienststellen der »Befehlshaber« beziehungsweise »Kommandeure der Sicherheitspolizei und des SD« stationär gewordenen Einsatzgruppen und Einsatzkommandos vor allem von Einheiten der Ordnungspolizei und einheimischen Milizen besorgt. Juden waren von den beteiligten Heereseinheiten im Prinzip »dem SD zu übergeben«[157]. Und daß diese Massenerschießungen von Juden weitgehend als »Bandenbekämpfung« firmierten – obgleich Juden nur zu einem Bruchteil in Wald- und Sumpfgebiete geflüchtet und keineswegs alle Partisanen geworden waren (vielmehr eo ipso als »Bandenhelfer und Bandenverdächtige« galten) –, kam angesichts der zunehmenden Bedrohung des Hinterlandes der Truppe ihrer Durchführung psychologisch zugute. In der Hauptsache richteten sich die »Aktionen« allerdings gegen die Ghettos, die eines nach dem anderen dezimiert oder »ausgeräumt« wurden: Himmlers erwähnte Zählung von 363 211 in vier Monaten erschossenen Juden sagt hier genug[158]. Das Unbeschreibliche, das sich dabei in aller Regel ereignete, veranlaßte den Reichskommissar Lohse einmal zu der bezeichnenden Frage: »*Was ist dagegen Katyn?*«[159] Am 27. Oktober 1942 befahl Himmler die Vernichtung des letzten großen ukrainischen Ghettos in Pinsk – mit der Einschränkung, »1000 männliche Arbeitskräfte« dem Heer »für die Fabrikation der Holzhütten zu überstellen«, jedoch »nur in einem geschlossenen und sehr bewachten Lager«, andernfalls »auch diese 1000 zu vernichten«[160]. Und am 21. Juni 1943 erteilte er – im Einklang mit seinem Verfahren im Generalgouvernement, dem unser Bericht hier zeitlich vorgreift – für das Reichskommissariat Ostland folgenden generellen und abschließenden Befehl[161]:

---

[157] So z. B. im ›Merkblatt über Truppeneinsatz gegen Partisanen‹, welches das »Armeeoberkommando 11, Stab für Partisanenbekämpfung/Ic/Ia« am 15. Dezember 1941 herausgab. Nürnbg. Dok. NOKW-502 (Fotokopie im Institut für Zeitgeschichte, München).

[158] Seine Meldung Nr. 51 »an den Führer« vom 29. Dezember 1942 (Dok. NO-511) über »Bandenbekämpfungserfolge« von August bis November 1942 in »Rußland-Süd, Ukraine, Bialystok« gliederte Himmler unter »2.) Bandenhelfer und Bandenverdächtige« bezeichnenderweise folgendermaßen auf: »a) festgenommen: . . . , b) exekutiert: . . . , c) Juden exekutiert: . . .«

[159] Anläßlich der von dem Generalkommissar für Weißruthenien, Gauleiter Kube, gewünschten Weitergabe zweier »Geheimberichte« an den Reichsostminister Rosenberg, 18. Juni 1943. IMT, Bd. XXXVIII, S. 371 ff.

[160] Befehl an den Höheren SS- und Polizeiführer Ukraine. Nürnbg. Dok. NO-2027 (Fotokopie im Institut für Zeitgeschichte, München).

[161] Nürnbg. Dok. NO-2403 (Fotokopie im Institut für Zeitgeschichte, München).

»1.) An den Höheren SS- und Polizeiführer Ostland

2.) An den Chef des SS-Wirtschafts-Verwaltungshauptamtes

1. Ich ordne an, daß alle im Gebiet Ostland noch in Ghettos vorhandenen Juden in Konzentrationslager zusammenzufassen sind.

2. Ich verbiete ab 1. 8. 1943 jedes Herausbringen von Juden aus den Konzentrationslagern zu Arbeiten.

3. In der Nähe von Riga ist ein Konzentrationslager zu errichten, in das die ganzen Bekleidungs- und Ausrüstungsfertigungen, die die Wehrmacht heute außerhalb hat, zu verlegen sind. Alle privaten Firmen sind auszuschalten. Die Betriebe werden reine Konzentrationslager-Betriebe. Der Chef des SS-Wirtschafts-Verwaltungshauptamtes wolle dafür sorgen, daß durch die Umorganisation keinerlei Rückgänge in den für die Wehrmacht notwendigen Fertigungen eintritt [sic].

4. Ein möglichst großer Teil der männlichen Juden ist in das Konzentrationslager im Ölschiefer-Gebiet zum Ölschiefer-Abbau zu verbringen.

5. Die nicht benötigten Angehörigen der jüdischen Ghettos sind nach dem Osten zu evakuieren.

6. Termin für die Umorganisation der Konzentrationslager ist der 1. 8. 1943.«

Nach der (nicht Himmlers Termin gemäß möglichen) Durchführung dieses Befehls – wobei in Minsk, wie schon des öfteren, viele Betroffene in den dort befindlichen Gaswagen getötet wurden –, verblieben im »Ostland« in konzentrationslagerähnlichen Arbeitslagern noch einige Zehntausende von Juden, von denen ein Teil beim Herannahen der Roten Armee noch in deutsche Konzentrationslager verschleppt wurde und bis auf Reste hier in den letzten Kriegsmonaten zugrunde ging. – Seit Juni 1942 versuchte Himmler bekanntlich, durch das »Sonderkommando 1005« unter dem SS-Standartenführer Blobel durch Exhumierung und Verbrennung der Leichen alle Spuren der Massenerschießungen beseitigen zu lassen. Vergebens!

Unterdessen war, durch *Polizeiverordnung vom 1. September 1941* mit Wirkung vom 19. September, auch im *Reichsgebiet* und im Protektorat Böhmen-Mähren die Kennzeichnung der Juden durch den *Judenstern* (einen »handtellergroßen, schwarz ausgezogenen Sechsstern aus gelbem Stoff mit der schwarzen Aufschrift ›Jude‹«) eingeführt worden. Im Falle von Verstößen gegen die Verordnung wurden außer Geld- und Haftstrafe »weitgehende polizeiliche Sicherungsmaßnahmen« angedroht[162]. Und wie die Befehle des Chefs der Ordnungspolizei zur Mitwirkung ihrer Verbände vom 14. und 24. Oktober 1941 zeigen, begannen nunmehr die großen Deportationen der Juden aus dem »Großdeutschen Reich« in Transportzügen der Reichsbahn mit je etwa 1000 Personen, und zwar vor allem aus Berlin, Hamburg, Hannover, Dortmund, Münster, Düsseldorf, Köln, Frankfurt/Main, Kassel, Stuttgart, Nürnberg, München und Breslau, ferner aus Wien, Prag, Theresienstadt, Brünn und Luxemburg. Das Ziel der ersten, zwischen dem 16. Oktober und 13. November durchgeführten Transporte war Lodz, die Ziele der zweiten vom 14. November bis in den Januar 1942 hinein waren Warschau, Kowno, Minsk und Riga. In Kowno und Riga wurden die Insassen mehrerer Züge zusammen mit den bisherigen Bewohnern der dortigen Ghettos sogleich oder wenig später von den Einsatzgruppen erschossen. – Ähnlich wie die »Judenräte« in den besetzten Gebieten wurde die 1939 geschaffene »Reichsvereinigung der Juden in Deutschland« gezwungen, die Deportationen organisieren zu helfen und »Ordner« zu stellen.

2. Völlige Entrechtung und Deportation der deutschen Juden

Im Zusammenhang mit der Politik der »Endlösung« wurde den deportierten beziehungsweise zur Deportation bestimmten Juden durch die ›Elfte Verordnung zum Reichsbürgergesetz‹ vom 25. November 1941[163] nunmehr die deutsche Staatsangehörigkeit entzogen. Den Anstoß zu einer Neuregelung in dieser Hinsicht hatte ursprünglich die von Himmler als Reichskommissar für die Festigung deutschen Volkstums veranlaßte Einrichtung einer »vier Abteilungen« umfassenden »Deutschen Volksliste« für die dem Reich eingegliederten polnischen Gebiete gegeben. Danach sollten Bewohner dieser Gebiete in vierfacher Abstufung die deutsche Staatsangehörigkeit erwerben können. Hieraus ergab sich jedoch die als »unmöglich« betrachtete Tatsache, daß die »artfremden« Juden des Altreichs (als deutsche Staatsangehörige, die sie ja noch waren) eine bessere Rechtsstellung hatten als die

---

[161] Reichsgesetzblatt 1941, I, S. 547.
[163] Reichsgesetzblatt 1941, I, S. 722 ff.

immerhin *artverwandten* und doch in *keine* der vier Abteilungen der »Deutschen Volksliste« aufgenommenen »*nicht*eindeutschungsfähigen« Polen! Denn diese durften ja nicht deutsche Staatsangehörige werden, sondern lediglich »*Schutzangehörige* des Deutschen Reiches« ohne Inländerrechte sein[164]. Da Hitler aber »ganz entschieden dagegen« war, »daß die Juden in einem Gesetz oder einer Verordnung als *Schutz*angehörige bezeichnet« würden[165], kam es nach langwierigen Auseinandersetzungen unter den obersten Reichsbehörden – von denen das Reichsinnenministerium die Juden generell und sofort zu »Staatenlosen« machen wollte, um so ihre spätere Abschiebung künstlich zu legalisieren – schließlich zu der Regelung nach § 2 der erwähnten Verordnung. Danach verlor ein Jude, der »seinen gewöhnlichen Aufenthalt im Ausland« hatte, die deutsche Staatsangehörigkeit mit dem Inkrafttreten der Verordnung, ein Jude, der »seinen gewöhnlichen Aufenthalt später im Ausland« nahm (!), »mit der Verlegung des gewöhnlichen Aufenthalts ins Ausland«. Entgegen dieser Formulierung spielte der Wille des betreffenden Juden dabei ja wahrhaftig keine Rolle! Es klingt in Anbetracht der im Gange befindlichen Deportationen vollends wie übler Hohn, wenn es in § 1, Satz 2 hieß: »Der gewöhnliche Aufenthalt im Ausland ist dann gegeben, wenn sich ein Jude im Ausland unter Umständen aufhält, die erkennen lassen, daß er dort nicht nur vorübergehend verweilt.« Und da es »nicht angebracht« erschien, »das Generalgouvernement in einer Verordnung als Ausland zu behandeln«, stellte ein vertraulicher Erlaß des Reichsinnenministeriums an die obersten Reichsbehörden vom 3. Dezember 1941 klar, daß die ergangenen Bestimmungen auch diejenigen Juden treffen sollten, »die ihren gewöhnlichen Aufenthalt in den von den deutschen Truppen besetzten oder in deutsche Verwaltung genommenen Gebieten haben oder in Zukunft nehmen, insbesondere auch im Generalgouvernement und in den Reichskommissariaten Ostland und Ukraine«[166]. Das Vermögen jedes Juden aber, der durch die Verordnung mit der »Verlegung« seines Wohnsitzes ins Ausland die deutsche Staatsangehörigkeit verlor, verfiel damit laut § 3 dem Reich. Zur Sicherung der Wirksamkeit dieser Bestimmung wur-

[164] Vgl. die ›Verordnung über die Deutsche Volksliste und die deutsche Staatsangehörigkeit in den eingegliederten Ostgebieten‹ vom 4. März 1941. Reichsgesetzblatt 1941, I, S. 118 ff. – »Keine Inländerrechte«. Nürnbg. Dok. NG-299 (Fotokopie im Institut für Zeitgeschichte, München).

[165] Nürnbg. Dok. NG-2610 (Fotokopie im Institut für Zeitgeschichte, München): Vermerk Lammers' vom 20. Dezember 1940.

[166] Nürnbg. Dok. NG-2499 (Fotokopie im Institut für Zeitgeschichte, München).

de bestimmt, daß Personen, deren Vermögen nach § 3 dem Reich verfallen war, von einem deutschen Staatsangehörigen nichts erben konnten, und wurden Schenkungen von seiten deutscher Staatsangehöriger an solche Personen mit Gefängnis- und Geldstrafe bedroht. Eine besondere Regelung war noch insofern erforderlich, als eines der Deportationsziele, näm- lich Lodz/Litzmannstadt, infolge seiner Eingliederung in das Reich »Inland« darstellte; um einen Ausweg zu finden, stützte man sich hier auf die »einschlägigen Bestimmungen über die Einziehung volks- und staatsfeindlichen Vermögens zugunsten des Deutschen Reiches«[167]. Das gesamte verfallene Vermögen aber sollte, wie es in § 3, Absatz 2, wirklich hieß, »zur Förderung aller mit der Lösung der Judenfrage in Zusammenhang stehen- den Zwecke dienen«: eine Formulierung, die vom Innenmini- sterium im April allen Ernstes mit »außenpolitischen Gründen« motiviert worden war[168] (als ob man eine einwandfreie, ja wohl gar internationale Regelung der Judenfrage im Auge hatte!), die aber nunmehr, im Zeichen der »Endlösung«, einen maka- bren Sinn erhielt. Das Innenministerium verfehlte im übrigen nicht, darauf hinzuweisen, daß die Bestimmung über den Ver- mögensverfall »auch eine wesentliche Entlastung der mit Juden- fragen befaßten Behörden ... mit sich bringen wird (Ausbür- gerung im Einzelfall und Vermögenseinziehung)«. Bezeichnend für die Elfte Verordnung aber war namentlich, daß sie den Ein- tritt sogenannter »Rechtsfolgen« wie Staatsangehörigkeit und Vermögensverlust an einen Akt reiner Willkür – nämlich die Deportation – knüpfte; ja, in § 8 hieß es sogar ohne Umschweife: »Die Feststellung, ob die Voraussetzungen für den Vermögens- verfall vorliegen, trifft der Chef der Sicherheitspolizei und des SD.« Offiziell trug dieser die Kosten der Deportation, doch bei Unterzeichnung des jedem Opfer vorgelegten Bescheides über Staatsangehörigkeitsverlust und Vermögensverfall schaltete sich die Sicherheitspolizei noch rechtzeitig mit der Erhebung einer »Abwanderungsabgabe« ein – als Beitrag der Juden zu den Deportationskosten[169]. Bei den Beratungen über die Ver- ordnung hatte endlich das Reichsjustizministerium nicht über- sehen, daß Juden als »Staatenlose« (wie sie dies nach dem ur- sprünglichen Plan des Reichsinnenministeriums werden sollten)

[167] Wiederum auf Grund eines »vertraulichen« Erlasses des RMdI vom 2. Juni 1942. Nürnbg. Dok. NG-2620 (Fotokopie im Institut für Zeitgeschichte, München).
[168] Ebenfalls Nürnbg. Dok. NG-299 (8. und 22. April 1941). Auch zum folgenden.
[169] IMT, Bd. XXXIII, S. 536 und Scheffler, a. a. O., S. 67.

bei Verurteilung zum Beispiel wegen Landesverrat mildere Strafen erhalten könnten als Deutsche, da Ausländer und Staatenlose ja nicht in einem besonderen »Treueverhältnis zum Reich« standen. Und es hatte bereits eine Durchführungsverordnung entworfen, wonach »für Juden« in allen derartigen Fällen »die strengeren Vorschriften für deutsche Staatsangehörige« gelten, bei Straftaten »gegen das deutsche Volkstum« Zuchthaus- und Todesstrafe in Frage kommen sollten – mildere Strafen (!) allerdings dann, »wenn die Tat eines Juden sich nur gegen das Judentum richtet« ... Doch Hitler hatte sowohl diese wie auch andere, vom Reichsinnenministerium zugunsten der »privilegierten Mischehen« gemachte Vorschläge als »ungemein kompliziert« abgelehnt, »vor allem« aber deshalb (wie Lammers, der Chef der Reichskanzlei, vertraulich an Martin Bormann schrieb), »weil er der Meinung ist, daß es nach dem Krieg in Deutschland ohnedies keine Juden mehr geben werde und daß es deshalb nicht erforderlich sei, jetzt eine Regelung zu treffen, die schwer zu handhaben sei, Arbeitskräfte binde und eine grundsätzliche Lösung doch nicht bringe«[170].

Solange es aber in Deutschland noch Juden gab, suchte und fand das Regime Möglichkeiten, ihre Diskriminierung und Schikanierung zu verschärfen. Juden durften ohne schriftliche Erlaubnis der Ortspolizeibehörde, die grundsätzlich nur für Berufsfahrten zu über 7 km (»ohne den Rückweg«) entfernten Arbeitsplätzen und für den Besuch von über 5 km (»ohne den Rückweg«) entfernten Schulen erteilt wurde, ab 1. Mai 1942 keine öffentlichen Verkehrsmittel mehr benutzen (Sitzplätze nur sehr bedingt, Schlaf- und Speisewagen gar nicht). Juden durften keinen Gebrauch von öffentlichen Fernsprechern und Fahrkartenautomaten machen, keine Wälder und Grünanlagen betreten, keine Gaststätten aufsuchen, sich nicht auf Bahnhöfen aufhalten, keine »arischen« Friseure in Anspruch nehmen. Juden (bei Mischehen auch deren Ehegatten) durften keine Zeitungen oder Zeitschriften beziehen, weder ihre Bücher frei verkaufen noch in Buchhandlungen Bücher kaufen; sie durften auch keine Haustiere irgendwelcher Art halten (Mai 1942). Juden bekamen (ab Juni 1942) keine Raucherkarten, keine Eierkarten, ab 19. Oktober 1942 auch nicht mehr Fleisch, Fleischwaren, Weizenerzeugnisse, Vollmilch oder (wenn über 6 Jahre alt) Magermilch. Sie erhielten ab Juni 1941 in Berlin ihre mit

[170] Nürnbg. Dok. NG-1123; 8. Mai beziehungsweise 7. Juni 1941 (Fotokopie im Institut für Zeitgeschichte, München).

einem »J« gestempelten Lebensmittelkarten von der übrigen Bevölkerung getrennt ausgehändigt, der Einkauf von Lebensmitteln von und für Juden war dort schon im Juli 1940 auf die Stunden von 4–5 Uhr nachmittags beschränkt worden. Juden erhielten ferner keine Erstattung für Luftschutzkosten und keine Entschädigung für Kriegsschäden (mitbetroffene Dritte dagegen hatten einen Anspruch an das Reich, für *dessen* Aufwendungen wiederum »ein jederzeit geltend zu machender Erstattungsanspruch des Reichs gegen den geschädigten Juden«[171] bestand!). Andererseits mußten Juden kraft Anordnung der Aufsichtsbehörde vom 10. Januar 1942 ihre Pelz- und Wollsachen abgeben (wenn sie nur einen Mantel besaßen, gegebenenfalls den Pelzkragen abtrennen), laut Anordnung vom 9. Juni »alle entbehrlichen Kleidungsstücke«, vom 19. Juni 1942 auch alle ihre elektrischen und optischen Geräte, Fahrräder, Schreibmaschinen, Schallplatten usw. entschädigungslos abliefern. Mit Wirkung vom 15. April 1942 mußten auch die *Wohnungen* von Juden mit dem Stern *gekennzeichnet* werden. Nach einem (nicht veröffentlichten) Erlaß des Reichsinnenministers bereits vom 18. Dezember 1941 erhielten schwerkriegsbeschädigte Juden keinen entsprechenden Ausweis mehr. Durch einen ebenfalls nicht veröffentlichten Erlaß des »Reichsministers des Innern (Reichssicherheitshauptamt)« vom 20. Juni 1942 an die Reichsvereinigung der Juden wurden – »im Hinblick auf die Entwicklung der Aussiedlung der Juden in der letzten Zeit« (wie es in der Mitteilung des Reichserziehungsministers an die Regierungspräsidenten hieß) – ab 1. Juli 1942 sämtliche jüdische Schulen geschlossen und »jegliche Beschulung jüdischer Kinder« untersagt[172].

Was die *arbeitsrechtliche Lage* der deutschen Juden, formal gesehen, in dieser Phase anging, so konstatierte § 1 der »Verordnung über die Beschäftigung von Juden« vom 3. Oktober 1941 trocken: »Juden, die in Arbeit eingesetzt sind, stehen in einem Beschäftigungsverhältnis eigener Art.«[173] In welch besonderem Sinne dies der Wirklichkeit entsprach, zeigt die nach längeren Erwägungen erlassene Durchführungsverordnung vom 31. Oktober 1941[174]. Nach der deklamatorischen Feststellung, daß »der Jude . . . als Artfremder nicht Mitglied einer deutschen Be-

---

[171] Dieser Wortlaut in § 5 der Verordnung des Reichsinnenministers über die Behandlung von Kriegsschäden von Juden vom 20. Juli 1941, Reichsgesetzblatt, I, S. 437 f.
[172] Zum vorstehenden: Blau, a. a. O., S. 84, 88–113; vgl. auch Scheffler, a. a. O., S. 61.
[173] Reichsgesetzblatt, I, S. 675.
[174] Reichsgesetzblatt, I, S. 681 f.

triebsgemeinschaft sein« könne, bestimmte sie, daß jüdische Beschäftigte einen Anspruch auf Vergütung »nur für die tatsächlich geleistete Arbeit« hätten. Es entfielen aber nicht nur besondere Zuwendungen, sondern auch Beihilfen, Familien- und Kinderzulagen, Zuschläge für Arbeit an Feiertagen, ja Lohnfortzahlung in Krankheitsfällen. Bestand überhaupt ein Urlaubsanspruch, »so beschränkte er sich auf die Gewährung von unbezahlter Freizeit« – ein Verzicht auf den Anspruch war »zulässig«. Im übrigen war eine Kündigung (durch den »Beschäftigungsgeber«) »jederzeit zum Schluß des folgenden Werktags« möglich. Die Arbeitslosenhilfe beschränkte sich, wie es hieß, »auf das zum Lebensunterhalt unerläßlich Notwendige«, und hinsichtlich der Arbeitszeit von Jugendlichen galten die Vorschriften für Erwachsene. Damit standen einer Ausbeutung der jüdischen Arbeitskräfte – welche jede ihnen zugewiesene Beschäftigung anzunehmen hatten – kaum mehr Hindernisse im Wege. Wichtig im Hinblick auf die Etappen der »Endlösung« aber war die Bestimmung, daß Juden (im Prinzip) »nur gruppenweise« eingesetzt werden durften. Denn dies bedeutete für die vielen jetzt in der Kriegswirtschaft arbeitenden Juden praktisch noch einen – kurzfristigen – Schutz vor der Deportation. Rüstungsbetriebe und das Wehrwirtschaftsamt des OKW bemühten sich schon vor Erlaß der erwähnten Durchführungsverordnung – und offenbar nicht immer nur aus kriegswirtschaftlichen Gründen –, ihre jüdischen Arbeiter behalten zu können[175]. Und sie erreichten von Heydrich die Zusage, »im geschlossenen Arbeitseinsatz befindliche Juden, für die eine Zustimmung zur Evakuierung seitens des zuständigen Rüstungskommandos und Arbeitsamtes aus wirtschaftlichen Gründen nicht gegeben wird, zunächst nicht zu evakuieren« (auch ihre Familienangehörigen nicht). Ja, als die Sicherheitspolizei offenbar einzeln in der Rüstungsindustrie arbeitende Juden aufgegriffen hatte, verfügte Göring im März 1942 überhaupt, daß »Juden, die in einem kriegswichtigen Betrieb beschäftigt sind, bis auf weiteres grundsätzlich nicht mehr evakuiert werden«[176]. Indes, im Herbst befahl *Hitler*, auch die in Rüstungsbetrieben tätigen Juden zu deportieren[177].

Es bleibt noch zu erwähnen, wie sich die Politik der »End-

---

[175] Vgl. Hilberg, a. a. O., S. 284 f. – Ferner die Aussage Speers: IMT, Bd. XVI, S. 568 (21. Juni 1946).

[176] Vgl. IMT, Bd. XXXVII, S. 489 ff.

[177] Vgl. die Aussage Speers: ebenda, Bd. XVI, S. 568.

lösung« selbst auf den formal noch bestehenden *Rechtsschutz* der Juden in Deutschland auswirkte. Bereits nach einer am 12. Juni 1940 erlassenen ›Verordnung zur Durchführung der Fünften Verordnung zum Reichsbürgergesetz‹ (die das Berufsverbot für jüdische Rechtsanwälte gebracht hatte) konnten die jüdischen »Konsulenten« als Verteidiger in Strafsachen von den Gerichten zurückgewiesen werden, »wenn dies aus besonderen Gründen, insbesondere mit Rücksicht auf den Gegenstand des Verfahrens, geboten« erschien. Es geschah namentlich in politischen und »Rassenschande«-Prozessen[178]. Am 20. November 1941 bestimmte eine Verfügung des Reichsjustizministers, daß alle jüdischen Strafgefangenen sechs Wochen vor ihrer Entlassung der Geheimen Staatspolizei zu melden seien, damit diese Gelegenheit hatte, sie abzuholen[179]. In der ›Verordnung über die Strafrechtspflege gegen Polen und Juden in den eingegliederten Ostgebieten‹ vom 4. Dezember 1941 kam es hier zwar noch nicht zu der von Himmler angestrebten vollen Auslieferung der Strafjustiz an die Polizei (wenn auch zu einer begrenzten Wiederherstellung der Polizeistandgerichtsbarkeit). Doch kennzeichnet die Tendenz zu absoluter Diskriminierung und Willkür – neben den drakonischen Strafandrohungen (Todesstrafe oder »Straflager« schon für »deutschfeindliche Äußerungen«, Todesstrafe auch für Jugendliche), der Reduzierung der Rechtsgarantien und Verfahrensnormen – vor allem der Wortlaut des Artikels II: »Polen und Juden werden auch bestraft, wenn sie ... eine Tat begehen, die gemäß dem Grundgedanken eines deutschen Strafgesetzes nach den in den eingegliederten Ostgebieten bestehenden Staatsnotwendigkeiten Strafe verdient.« In die erwähnte (regional begrenzte) Verordnung fanden nun auch jene vom Justizministerium im Zusammenhang mit der Elften Verordnung zum Reichsbürgergesetz angestrebten Bestimmungen Eingang, daß Juden (und Polen, d. h. »Schutzangehörige«) deutsche Richter nicht als befangen ablehnen durften und daß sie im Strafverfahren als Zeugen nicht mehr beeidigt würden (wohl aber im Falle unwahrer uneidlicher Aussage den Vorschriften über Meineid und Falscheid sinngemäß unterworfen blieben)[180]. Nach Lage der Dinge war die neue Verordnung freilich hinsichtlich der Juden bereits fast gegenstandslos. Und was Himmler mit ihr für Polen und Juden der Form nach noch

[178] Reichsgesetzblatt 1940, I, S. 872; vgl. Blau, a. a. O., S. 83.
[179] ›Deutsche Justiz‹, 1941, S. 1091.
[180] Reichsgesetzblatt 1941, I, S. 759 ff.; vgl. M. Broszat, a. a. O., S. 137 ff.

nicht erreicht hatte, das setzte er schließlich für *Juden* (im ganzen Reich) auch formell durch.

Zunächst vereinbarte am 18. September 1942 der neue national-sozialistische Reichsjustizminister Thierack mit Himmler, aus den Strafanstalten die »asozialen Elemente« dem Reichsführer-SS auszuliefern »zur Vernichtung durch Arbeit«; und zwar Polen mit »über 3 Jahren Strafe, Tschechen oder Deutsche [mit] über 8 Jahren Strafe«, hingegen »restlos« (also unabhängig von der Höhe der Strafe): »Sicherungsverwahrte, *Juden*, Zigeuner, Russen und Ukrainer.« Darüber hinaus aber verabredete Thierack mit Himmler (vorbehaltlich der Zustimmung Hitlers), »daß in Rücksicht auf die von der Staatsführung für die Bereinigung der Ostfragen beabsichtigten Ziele *in Zukunft* [straffällige] Juden, Polen, Zigeuner, Russen und Ukrainer nicht mehr von den ordentlichen Gerichten . . . abgeurteilt werden sollen, sondern durch den Reichsführer-SS erledigt werden«[181]. Thierack ging bei diesem Plan, wie er mit nicht mehr zu überbietender Deutlichkeit an Bormann schrieb, von dem Gedanken aus, daß bisher – trotz der »sehr harten Urteile [gegen die genannten fünf Kategorien] – die Justiz nur in kleinem Umfange dazu beitragen kann, Angehörige dieses Volkstums[182] auszurotten . . . Dagegen glaube ich, daß durch die Auslieferung solcher Personen an die Polizei, die sodann frei von gesetzlichen Straftatbeständen ihre Maßnahmen treffen kann, wesentlich bessere Ergebnisse erzielt werden.«[183]

Zur Auslieferung der in fünf beziehungsweise sieben Gruppen gegliederten »Asozialen« an Himmler ist es zweifellos gekommen, für die »Sicherungsverwahrten« nachweislich[184]. Thieracks Plan allerdings, straffällige *Polen* in Zukunft einfach der Polizei zu »überstellen«, scheiterte – wenigstens formell – trotz Hitlers

---

[181] IMT, Bd. XXVI, S. 200 ff. (Dokument PS-654). – Hervorhebungen vom Verfasser.

[182] Gemeint sind: Juden, Polen, Zigeuner, Russen und Ukrainer.

[183] Der hier zitierte Brief Thieracks vom 13. Oktober 1942 an Martin Bormann – »mit der Bitte«, ihn »wissen zu lassen, ob der Führer diese Auffassung billigt«, worauf er, Thierack, dann »mit formellen Vorschlägen über Reichsminister Dr. Lammers hervortreten würde« – immer »unter dem Gedanken der Befreiung des deutschen Volkskörpers von Polen, Russen, Juden und Zigeunern und unter dem Gedanken der Freimachung der zum Reich gekommenen Ostgebiete als Siedlungsland für das deutsche Volkstum«, wie er eingangs schreibt –: Nürnbg. Dok. NG-558 (Mikrofilm im Institut für Zeitgeschichte, München). Vgl. auch Blau, a. a. O., S. 116.

[184] Im April 1943 teilte Pohl, der Chef des SS-Wirtschafts-Verwaltungshauptamtes, Thierack mit, daß von 12658 »in die Konzentrationslager übernommenen Sicherungsverwahrten« inzwischen [d. h. in rund 6 Monaten] 5935 verstorben seien. Diese »erschreckend hohe Sterblichkeitsziffer« erkläre sich daraus, daß sich die Zuchthäuser der »mit allen überhaupt nur denkbaren Krankheiten behafteten Insassen buchstäblich entledigt« hätten. Aus kriegswirtschaftlichem Interesse bitte er um Einweisung nur gesunder Sicherungsverwahrter. Nürnbg. Dok. NO-1285 (Fotokopie im Institut für Zeitgeschichte, München).

Billigung überraschenderweise an der Opposition der Oberpräsidenten und Reichsstatthalter der eingegliederten Gebiete[185]. Zwar hielt Himmler sich praktisch wenig an die ihm unerwünschte Entscheidung; doch blieb es für die *Polen* der Form nach bei der (oben charakterisierten) Strafrechtsverordnung vom 4. Dezember 1941. Was aber die Juden anging, so bestimmte schließlich die ›*Dreizehnte Verordnung zum Reichsbürgergesetz*‹ *vom 1. Juli 1943*, im Sinne der von Himmler bezeichnenderweise hartnäckig weiterbetriebenen Bemühungen um eine »Legalisierung« seiner Praktiken, in § 1: »*Strafbare Handlungen von Juden werden durch die Polizei geahndet.*« Die Polenstrafrechtsverordnung galt (als noch zu günstig) »nicht mehr für Juden«. Laut § 2 verfiel nach dem Tode eines Juden sein Vermögen dem Reich[186]. Damit hatten die deutschen Juden jeglichen Rechtsschutz verloren – und diese Perfektion einer Entrechtung vollzog sich in Form eines »Gesetzes«! Freilich sanktionierte die neue Verordnung, abgesehen von ihrer Auswirkung auch auf die jüdischen Partner in Mischehen, nur noch einen praktisch bestehenden Zustand. Ebenfalls anscheinend zur Komplettierung oder Beschleunigung des Verfahrens hatte das Reichssicherheitshauptamt bereits am 11. März 1943 angeordnet, daß Juden nach Verbüßung einer Strafe (ohne Rücksicht auf deren Höhe) auf Lebenszeit dem Konzentrationslager Auschwitz beziehungsweise Lublin zuzuführen seien; und am 21. April 1943 war der Reichsjustizminister Thierack mit der gleichen Verfügung gefolgt[187].

3. Die Wannseekonferenz

Während im Zeichen der »Endlösung« die Einsatzgruppen seit Beginn des Rußlandfeldzuges die Juden im Operationsgebiet erschossen, waren, wie wir sahen, im Herbst 1941 die ersten großen Deportationen aus Reich und Protektorat erfolgt. Ehe der (technisch noch nicht fertiggestellte) Vernichtungs-Apparat in Tätigkeit treten konnte, kam es für die Organisatoren der Ausrottung nun darauf an, die geplanten Gesamtmaßnahmen

---

[185] Vgl. (auch zum folgenden) M. Broszat, a. a. O., S. 153 ff. – Billigung Hitlers: IMT, Bd. XXXVIII, S. 99. – Daraufhin war bereits ein entsprechender Erlaß des RSHA ergangen: ebenda.
[186] Reichsgesetzblatt 1943, I, S. 372. Nichtjüdischen Erbberechtigten wurde ein Ausgleich seitens des Reiches in Aussicht gestellt.
[187] Polen hingegen sollten nach Verbüßung einer Freiheitsstrafe von mehr als 6 Monaten »auf Kriegsdauer ... einem Konzentrationslager« zugeführt werden. Blau, a. a. O., S. 114 f.; IMT, Bd. XXVI, S. 259 f.

mit den »zuständigen« Regierungsstellen abzusprechen und zu koordinieren, um so die Mitwirkung der Verwaltungsmaschinerie zu sichern. Neben den Fragen der Behandlung der Mischlinge beziehungsweise der Bestimmung des betroffenen Personenkreises überhaupt, der Deportation der jüdischen Rüstungsarbeiter und der ausländischen Juden in Deutschland war vor allem auch die des Vorgehens in den besetzten Gebieten, den verbündeten und befreundeten oder Satelliten-Ländern zu lösen. Denn die geplante Vernichtung der Juden sollte nach dem Willen der nationalsozialistischen Führung ja nicht nur im engeren deutschen Machtbereich, sondern im gesamten deutschen Einflußgebiet erfolgen, was insbesondere die Beteiligung des Auswärtigen Amtes erforderte. Dies waren die Zwecke der sogenannten *Wannseekonferenz,* die Heydrich – unter Hinweis auf die bereits »laufende Evakuierung« der Juden – am 29. November ursprünglich für den 9. Dezember 1941 anberaumt hatte[188], die dann jedoch erst am *20. Januar 1942* im Gebäude der Interpol (Internationalen Kriminalpolizeilichen Kommission) am Großen Wannsee Nr. 56/58 stattfand. Unter Berufung auf seine erwähnte, ihm von Göring am 31. Juli 1941 erteilte Vollmacht hatte Heydrich die »zuständigen« Behörden zu einer Staatssekretärbesprechung geladen. Anwesend waren denn auch, außer Funktionären beteiligter SS-Dienststellen sowie der Parteikanzlei, entsprechende Vertreter des Reichsostministeriums, des Reichsinnenministeriums, des Beauftragten für den Vierjahresplan, des Reichsjustizministeriums, des Amtes des Generalgouverneurs, des Auswärtigen Amtes und der Reichskanzlei. Heydrich führte den Vorsitz. Auf Grund des erhalten gebliebenen Protokolls der Besprechung[189], das von Eichmann stammt, läßt sich ihr Hauptinhalt folgendermaßen zusammenfassen:

Nach erneuter Berufung auf den von Göring erhaltenen Auftrag, dessen Erfüllung für alle »unmittelbar beteiligten Zentralinstanzen« eine »Parallelisierung der Linienführung« erfordere, betonte Heydrich zunächst, »die Federführung bei der Bearbeitung der Endlösung der Judenfrage liege ohne Rücksicht auf geographische Grenzen zentral beim Reichsführer-SS und Chef der Deutschen Polizei (Chef der Sicherheitspolizei und des SD)« – praktisch also bei ihm selbst. Rückblickend bezeichnete er hierauf als Phasen des bisherigen »Kampfes« gegen die Juden:

[188] Nürnbg. Dok. PS-709 (Fotokopie im Institut für Zeitgeschichte, München).
[189] Nürnbg. Dok. NG-2586 (Fotokopie im Institut für Zeitgeschichte, München).

ihre »Zurückdrängung [sic] aus den einzelnen Lebensgebieten des deutschen Volkes«, danach »aus dem Lebensraum des deutschen Volkes«, worunter Heydrich die »verstärkte und planmäßig« betriebene »Forcierung« der »Auswanderung der Juden aus dem Reichsgebiet« verstand, deren offenkundigen »Nachteile . . . angesichts des Fehlens anderer Lösungsmöglichkeiten vorerst« hätten »in Kauf genommen werden« müssen[190]. Und nach Erwähnung des Auswanderungsverbots, das Himmler »im Hinblick auf die Möglichkeiten des Ostens« inzwischen erlassen habe, heißt es wörtlich:

>»Anstelle der Auswanderung ist nunmehr als weitere [sic] Lösungsmöglichkeit nach entsprechender vorheriger Genehmigung durch den Führer die Evakuierung der Juden nach dem Osten getreten.
>
>Diese Aktionen sind jedoch lediglich als Ausweichmöglichkeiten anzusprechen, doch werden hier bereits jene praktischen Erfahrungen gesammelt, die im Hinblick auf die kommende Endlösung der Judenfrage von wichtiger Bedeutung sind.«

Hinter dieser tarnenden Sprache mochte sich der Gedanke verbergen, bei der Vernichtung von Teilen der deportierten Juden durch rasch und unauffällig wirkende technische Mittel – wie man sie nach einem noch zu erwähnenden Zeugnis im Raum von Riga anzuwenden erwog – Experimente zu machen, die sich für die in großem Maßstab geplante Ausrottung verwerten ließen. Wie dem auch sei, für die »Endlösung der europäischen Judenfrage« kamen nach der (überhöhten) Schätzung des Reichssicherheitshauptamtes allein rund 11 Millionen »Glaubensjuden« in Betracht, wobei bezeichnenderweise auch England, Irland und die Türkei mit ihren Zahlen berücksichtigt waren. Die beiden entscheidenden Absätze des Protokolls lauten sodann:

>»Unter entsprechender Leitung sollen im Zuge der Endlösung die Juden in geeigneter Weise im Osten zum Arbeitseinsatz kommen. In großen Arbeitskolonnen, unter Trennung der Geschlechter, werden die arbeitsfähigen Juden straßenbauend in diese Gebiete geführt, wobei zweifellos ein Großteil durch natürliche Verminderung ausfallen wird.

---

[190] »Um den deutschen Devisenschatz zu schonen«, seien, so bemerkte Heydrich laut Eichmanns Protokoll zu diesem Punkt, »die jüdischen Finanzinstitutionen des Auslandes durch die jüdischen Organisationen des Inlandes« zur »Beitreibung entsprechender Devisenaufkommen« für »Vorzeige- und Landungsgelder . . . verhalten« worden: sie hätten »im Schenkungswege bis zum 30. 10. 1941 insgesamt rund 9 500 000 Dollar zur Verfügung gestellt«.

Der allfällig endlich verbleibende Restbestand wird, da es sich bei diesem zweifellos um den widerstandsfähigsten Teil handelt, entsprechend behandelt werden müssen, da dieser, eine natürliche Auslese darstellend, bei Freilassung als Keimzelle eines neuen jüdischen Aufbaues anzusprechen ist. (Siehe die Erfahrung der Geschichte.)«

Was mit den von vornherein arbeits*un*fähigen Juden geschehen sollte, wurde von Heydrich entweder nicht gesagt, oder, weil es die Tarnung vollends durchbrochen hätte, im Protokoll verschwiegen. Klarheit bestand jedoch gewiß nicht nur für einen offensichtlich bereits Eingeweihten wie den Staatssekretär des Generalgouvernements, Dr. Bühler[191], der bezeichnenderweise als gleichsam erleichternden Umstand geltend machte, daß von den dort für die »Endlösung« in Betracht kommenden Juden »überdies die Mehrzahl ... arbeitsunfähig« sei. Die Worte »entsprechend behandelt«, die sich auf das Schicksal des »widerstandsfähigsten Restes« der Deportierten bezogen, ließen über Charakter und Ausmaß der geplanten »Endlösung« ohnehin keinen Zweifel. Kaum minder deutlich heißt es im vorletzten Absatz des umständlich formulierten Protokolls, »abschließend« seien »die verschiedenen Arten der Lösungsmöglichkeiten besprochen« worden, »wobei sowohl seitens des Gauleiters Dr. Meyer [Ostministerium] als auch des Staatssekretärs Dr. Bühler der Standpunkt vertreten wurde, gewisse vorbereitende Arbeiten im Zuge der Endlösung gleich in den betreffenden Gebieten selbst durchzuführen, wobei jedoch eine Beunruhigung der Bevölkerung vermieden werden müsse«! Ferner interpretierte Eichmann als einstiger Teilnehmer der Wannseekonferenz in dem 1961 in Jerusalem gegen ihn geführten Prozeß den Ausdruck »Lösungsmöglichkeiten« dahin, es habe sich hier um die verschiedenen »Tötungsmöglichkeiten« gehandelt. Im übrigen war das in diesem Zusammenhang auftauchende Bedenken einer »Beunruhigung der Bevölkerung« der betreffenden Gebiete bezeichnend genug.

Was nun die Bestimmung des für Deportation und Ausrottung in Frage kommenden *Personenkreises* anging, so wies der Staatssekretär Neumann vom Amt des Beauftragen für den Vierjahresplan im Sinne der Wünsche Görings und des Wehrwirt-

---

[191] Bühler (vgl. seine Nürnberger Aussage vom 23. April 1946: IMT, Bd. XII, S. 79) hatte vor der Wannseekonferenz eine »Einzelbesprechung« mit Heydrich, bei der er jedoch den wahren Sinn der Endlösung bzw. der »Umsiedlung« der Juden nicht erfahren haben will. Obwohl aber das Protokoll der Wannseekonferenz die hier von Bühler gemachten Ausführungen nur dem Wesen nach wiedergibt, erweisen sie ihn als bereits völlig informiert. – Vgl. auch Hilberg, a. a. O., S. 263.

schafts- und Rüstungsamtes darauf hin, »daß die in kriegswichtigen Betrieben im Arbeitseinsatz stehenden Juden derzeit, solange noch kein Ersatz zur Verfügung steht, nicht evakuiert werden könnten«. Und Heydrich bestätigte, wenn auch kaum weniger verklausuliert als damals, seine Zusage vom Herbst 1941[192], »daß diese Juden nach den von ihm genehmigten Richtlinien zur Durchführung der derzeit laufenden Evakuierungsaktionen ohnedies nicht evakuiert werden« würden.

Ebenso als mit (geheimen und tückischen) Vorbehalten belastet, sollte sich die eine andere Personengruppe betreffende Regelung erweisen, die Heydrich – ohne daß offenbar eine Diskussion darüber in Frage kam – auf der Konferenz verkündete: Es sei »beabsichtigt, Juden im Alter von über 65 Jahren nicht zu evakuieren [d. h. zu töten], sondern sie einem Altersghetto – vorgesehen ist Theresienstadt – zu *überstellen*«[193]. Außer dieser Kategorie sollten in die einstige Festung Theresienstadt im »Protektorat« die schwerkriegsbeschädigten Juden und Juden mit Kriegsauszeichnungen – aber *nicht unter* dem Eisernen Kreuz I. Klasse! – eingewiesen werden[194]. »Mit dieser zweckmäßigen Lösung«, so fügte Heydrich bezeichnenderweise hinzu, »werden mit einem Schlag die vielen Interventionen ausgeschaltet.« Um der möglichst reibungslosen Durchführung der Deportationen willen sollte also den in bestimmten Fällen erfolgten oder befürchteten Eingaben »hoher Reichsstellen« (wie Heydrich im Oktober 1941 gesagt hatte) künftig durch eine entsprechende *taktische* Maßnahme wie die Errichtung dieses »Vorzugslagers« Theresienstadt vorgebeugt werden. Deutlich fand diese Tendenz auch in den zynischen Bemerkungen Ausdruck, die Eichmann (nach einigen peinlichen Fehlern bei der Deportation) bei einer Besprechung im Reichssicherheitshauptamt machte. Damit nämlich, wie er sagte, einzelne Gestapo-Stellen »nicht weiter der Versuchung ausgesetzt« wären, »ihnen unbequeme ältere Juden mit abzuschieben«, wies er »zur Be-

[192] Vgl. oben, S. 318.

[193] Hervorhebung vom Verfasser. – Man beachte Heydrichs bezeichnende Unterscheidung von »evakuieren« und »überstellen«! Später war von »Wohnsitzverlegung« nach Th. die Rede. – Zum folgenden vgl. insbesondere H. G. Adler, Theresienstadt 1941–1945, Das Antlitz einer Zwangsgemeinschaft. 2. Aufl., Tübingen 1960.

[194] Was jedoch Juden im Altreich »mit Kriegsauszeichnungen« überhaupt betraf, so hatte Heydrich bereits bei einer vertraulichen Besprechung in Prag mit Karl Hermann Frank, Eichmann und anderen am 10. Oktober 1941 unter Bezugnahme auf gewisse, »mit dem OKW vereinbarte Einschränkungen« offen erklärt: »Diese Juden sollen auf keinen Fall etwa alle im Reich behalten werden, sondern im Gegenteil im entsprechenden Prozentsatz mit evakuiert werden.« (Adler, a. a. O., S. 720 f.)

ruhigung« (!) darauf hin, daß diese Juden höchstwahrscheinlich schon im Sommer oder Herbst (1942) nach Theresienstadt abgeschoben würden; dies geschehe, so fügte er hinzu, um »nach außen das Gesicht zu wahren«[195]. Im Einklang hiermit wurden denn auch in den für Theresienstadt bestimmten Personenkreis später Juden einbezogen, die weitreichende Beziehungen besaßen, einen international geachteten Namen trugen, mit »Ariern« verwandt waren usw. Konnte doch ein sofortiges »Verschwinden« dieser (auch im Lager als solche geführten) »prominenten« Juden Aufsehen erregen und damit die für das Gelingen der gesamten Ausrottungsaktion so wichtige Tarnung (als »Umsiedlung« zwecks Arbeitseinsatz im Osten) gefährden! Zur Bekämpfung einer »Greuelpropaganda« ließ man ab September 1942 die Insassen harmlos klingende Briefe ins In- und Ausland schreiben, gab dem Lager als »jüdischer Siedlung« einen zivileren Anstrich und präsentierte es schließlich – nach umfassenden Vorbereitungen und Vorsichtsmaßnahmen – Vertretern des Deutschen und des Internationalen Roten Kreuzes sowie einer dänischen Kommission.[196]

Während die böhmisch-mährischen Juden seit November 1941 fast in ihrer Gesamtheit nach Theresienstadt verschleppt wurden (75 661), begannen die Deportationen der erwähnten Personengruppen aus Deutschland (41 900) und Österreich (15 266) im Juni 1942, aus anderen Ländern (darunter namentlich Holland mit 4894 Juden, in der Hauptsache deutsche Emigranten) später – um erst am 28. Oktober 1944 ein Ende zu finden. Indes, neben mehr als 60 000 der tschechoslowakischen Juden – für die Theresienstadt von vornherein wesentlich eine Durchgangsstation zu den Vernichtungslagern des Ostens gewesen war – wurden schließlich (im Herbst 1942 und vor allem im Mai und September/Oktober 1944) entgegen allen gemachten Zusagen auch über 16 000 deutsche und über 7500 österreichische Juden, im ganzen über 88 000 Insassen von Theresienstadt nach Riga, Minsk, Lublin oder Auschwitz deportiert, wovon nur etwa 3500 überlebten. Von den insgesamt bis zum 20. April 1945 eingelieferten 140 937 Personen starben bis dahin in Theresienstadt selbst nicht weniger als 33 521 – überlebten mithin nur rund 23 000, bei 118 000 »Ausfällen« – eine vielsagende Bilanz dieses »Vorzugslagers«.

[195] Der Wortlaut des Berichts über die Besprechung vom 6. März 1942 im Amt IV B 4 bei H. G. Adler, Die verheimlichte Wahrheit, Theresienstädter Dokumente. Tübingen 1958, S. 9 f.
[196] Vgl. Adler, ebenda, S. 5 f.; Theresienstadt, S. 150 ff.

Zu dessen Gesamtbild gehört aber auch der beispiellose Betrug, den das Reichssicherheitshauptamt beziehungsweise das (nunmehrige) »Zentralamt für jüdische Auswanderung« an den für Theresienstadt bestimmten Juden des Altreichs in Gestalt sogenannter »Heimeinkaufverträge« verübte. Freilich hatte auch dieser Betrug seinen speziellen Vorläufer – der nebenbei für die Staatsverhältnisse im Dritten Reich bezeichnend ist. Bei der bereits erwähnten Besprechung im Amt IV B 4 am 6. März 1942 stellte Eichmann bedauernd fest, daß »nach der 11. Verordnung [zum Reichsbürgergesetz vom 25. November 1941] das RSHA an die Vermögen der Juden nicht mehr herankann« (weil sie nämlich dem Staat verfielen!). So hatte er denn alsbald zu dem (von ihm selbst im Jerusalemer Prozeß so bezeichneten) »Trick« der erwähnten Abwanderungsabgabe[197] gegriffen, das heißt er hatte durch sein Instrument, die »Reichsvereinigung der Juden in Deutschland«, die Deportationsopfer »auffordern« lassen, zwecks »Ausrüstung der Transporte mit Lebensmitteln und Geräten . . . 25 v. H. ihrer flüssigen Mittel *vor* der Abschiebung an die Reichsvereinigung abzutreten«! Es handelte sich offenbar um jenes »Sonderkonto W«, das nach Eichmanns Äußerung (ebenfalls vom 6. März 1942) »dem Referat IV B 4 des Reichssicherheitshauptamtes zur Verfügung« stand. Indes, er war mit dem Erfolg des vielleicht allzu gut getarnten[198] »Tricks« wenig zufrieden; denn er ermahnte seine Mitarbeiter, »die Juden in nächster Zeit zu erheblichen ›Spenden‹ für das Konto ›W‹ anzuhalten. Bisher seien, anscheinend durch das *Mißverständnis, daß den Juden der Fonds unmittelbar zugute komme,* wenig Beträge eingegangen«. Unterdessen »übernahm« in Österreich der von der »Zentralstelle« (d. h. letztlich Eichmann-Heydrich) errichtete »Auswanderungsfonds Wien«, im Protektorat der unter Aufsicht des dortigen Befehlshabers der Sicherheitspolizei und des SD stehende »Auswanderungsfonds für Böhmen und Mähren«, seit Beginn der Deportationen sogar fast das gesamte Vermögen des betreffenden Juden. Dieser wurde näm-

[197] Vgl. oben, S. 315.

[198] In einer trotz großer Zurückhaltung in ihrer Diktion hinreichend deutlichen Aufzeichnung des Ministerialrats Maedel vom Reichsfinanzministerium (14. Dezember 1942) heißt es unter Bezugnahme auf den Wortlaut des vom »Zentralamt« veranlaßten Rundschreibens der »Reichsvereinigung« vom 3. Dezember 1941: »Das Verfügungsrecht über die Spendenmittel steht den Bezirksstellen der Reichsvereinigung der Juden zu . . . Aus gelegentlichen Unterhaltungen mit Vertretern des RSHA ist jedoch zu entnehmen, daß die Staatspolizeistellen tatsächlich auf die Verwendung der Mittel weitgehend Einfluß nehmen (Bezahlung der Transportkosten usw.). Die gesamte finanzielle Gebarung der Reichsvereinigung unterliegt ausschließlich der Aufsicht des Chefs der Sicherheitspolizei und des SD.« Hierzu und zum folgenden: Adler, Die verheimlichte Wahrheit, S. 10 ff., 48–60, 87 ff.; auch Scheffler, a. a. O., S. 67. – Hervorhebungen vom Verfasser.

lich als »Verfügungsberechtigter« *vor* seiner Abschiebung zur Erteilung einer dahingehenden »Sondervollmacht« beziehungsweise zu einem entsprechenden »Antrag« (sprich: Verzicht) »veranlaßt«. Die Leitungen der beiden Fonds konnten die ihnen »auf diese Weise zugefallenen Vermögenswerte« – wie es in der Aufzeichnung des Reichsfinanzministeriums vom Dezember 1942 hieß – nach ihrem »Ermessen« beziehungsweise nach »Weisung des Chefs der Sicherheitspolizei und des SD« verwenden, nämlich zur Finanzierung von dessen »kostspieligen Maßnahmen . . . bisher ohne Inanspruchnahme von Haushaltsmitteln«. Damit nicht genug, verfiel das RSHA für das Altreich auf die »Idee« der »Heimeinkaufverträge«, indem es wiederum die »Reichsvereinigung der Juden« veranlaßte, den für *Theresienstadt* Bestimmten mitzuteilen, daß ihr Abtransport »Einziehung des gesamten Vermögens« bedeute, daß »jedoch« von seiten der Reichsvereinigung »mit den Abwandernden Verträge nach dem Muster der mit Altersheiminsassen geltenden Heimeinkaufverträge geschlossen werden können und sollen« – und zwar »mit größter Beschleunigung«! Durch solche Verträge »verpflichte« sich nämlich die Reichsvereinigung »zur lebenslänglichen Gewährung von Heimunterkunft und Verpflegung«, wofür die Abwandernden »als Gegenleistung« ihr »liquidierbares« Vermögen (Barmittel, Bankguthaben, Wertpapiere, Ansprüche gegen Lebensversicherungsgesellschaften usw.) »ganz oder teilweise« der Reichsvereinigung »zu übereignen« hätten. Das RSHA vergaß nicht, in die zum Heimeinkaufvertrag gehörige Vermögenserklärung einen Passus aufnehmen zu lassen, wonach dem vertragschließenden Juden »bekannt« sei, daß seine *hier* gemachten Angaben über Vermögenswerte »in die vor der Abwanderung abzugebende *amtliche* Vermögenserklärung *nicht* aufgenommen werden dürfen«[199]! So hatte der Machtapparat der SS – der auf »Inanspruchnahme von Haushaltsmitteln« für seine »Maßnahmen« so großzügig verzichtet hatte – doch einen Weg gefunden, wenigstens bei der Ausplünderung der *relativ* noch vermögendsten (Theresienstädter) Juden dem »zuständigen« Finanzamt des Staates zuvorzukommen. Das Vertragsformular, in dem eine Höchstleistung erfolgreicher Perfidie ihren Niederschlag zu finden pflegte, ist in genügend (ausgefüllten) Exemplaren als Anschauungsmaterial erhalten geblieben. Es lautet in einem konkreten Fall wörtlich:

[199] Der Wortlaut bei Adler, a. a. O., S. 59. – Hervorhebungen vom Verfasser.

Zwischen der Reichsvereinigung der Juden in Deutschland
und
Herrn Siegfried Israel K l e i n
wird folgender Heimeinkaufvertrag geschlossen.

1.

    a) Herr Klein, Berlin W 15, Joachimstaler Str. 12, erkennt
       folgendes an:
       Da der Reichsvereinigung die Aufbringung der Mittel
       für die Gesamtheit der gemeinschaftlich [in Theresien-
       stadt] unterzubringenden, auch der hilfsbedürftigen
       Personen obliegt, ist es Pflicht aller für die Gemein-
       schaftsunterbringung bestimmten Personen, die über
       Vermögen verfügen, durch den von ihnen an die Reichs-
       vereinigung zu entrichtenden Einkaufbetrag nicht nur
       die Kosten ihrer eigenen Unterbringung zu decken,
       sondern darüber hinaus soweit als möglich auch die
       Mittel zur Versorgung der Hilfsbedürftigen aufzu-
       bringen.
    b) Herr Klein . . . .
       kauft sich vom . . . . ab in die Ge-
       meinschaftsunterbringung
       mit einem Betrag von *ca. 53070,–* RM
       (in Worten *Dreiundfünfzigtausendundsiebzig* RM) ein.

2.

    Der Einkaufsbetrag wird wie folgt entrichtet:
    a) in bar: DM . . . .
    b) durch die – hiermit – mit beiliegender Urkunde – voll-
       zogene Abtretung von *Bankguthaben und Wertpapierdepot.*

3.

    In die Gemeinschaftsunterbringung können nur Gegen-
    stände nach Maßgabe behördlicher Weisungen eingebracht
    werden.

4.

    a) Mit Abschluß des Vertrages wird die Verpflichtung
       übernommen, dem Vertragspartner auf Lebenszeit
       Heimunterkunft und Verpflegung zu gewähren, die
       Wäsche waschen zu lassen, ihn erforderlichenfalls ärzt-
       lich und mit Arzneimitteln zu betreuen und für not-
       wendigen Krankenhausaufenthalt zu sorgen.

b) Das Recht der anderweitigen Unterbringung bleibt vorbehalten.

c) Aus einer Veränderung der gegenwärtigen Unterbringungsform kann der Vertragspartner keine Ansprüche herleiten.

5.

Bei Eintritt einer körperlichen oder geistigen Erkrankung des Vertragspartner[s] sowie eines sonstigen Zustandes, der das dauernde Verbleiben in der Gemeinschaftsunterbringung ausschließt und eine anderweitige Unterbringung geboten erscheinen läßt, ist die Reichsvereinigung berechtigt, die erforderlichen Maßnahmen zu treffen. Entsprechendes gilt bei wiederholten groben Verstößen gegen die Ordnung der Gemeinschaftsunterbringung.

6.

a) Der Einkaufbetrag geht mit der Leistung in das Eigentum der Reichsvereinigung über.

b) Ein Rechtsanspruch auf Rückzahlung dieses Betrages besteht, auch beim Tode des Vertragspartners oder bei einer Aufhebung des Vertrages aus sonstigen Gründen, nicht.

(Ort) .... den 1943	(Ort) *Berlin*, den *7. Juni* 1943
Reichsvereinigung der Juden	*Siegfried Israel Klein*
Deutschland	(Unterschrift des/der Vertrags-
Bezirksstelle	partner/s)
....	
Jüdische Kultusvereinigung	Kennwort: *Berlin*
....	Kennummer: *A 480318*
	Anschrift: *W 15, Joachimstaler Str. 12*

....

....

(Unterschrift) (Unterschrift)[200]

Es erfordert wenig Phantasie, sich die Empfindungen der gutgläubigen Unterzeichner solcher Verträge vorzustellen, als sie in Theresienstadt den Gegenwert des vielfach bis in die Hunderttausende von RM gehenden »Einkaufbetrages« in Augenschein nehmen konnten – in Gestalt einer »Unterbringungsform« [§ 4 c!], deren »Veränderung« zum Schlimmsten noch ausdrücklich vorbehalten blieb.

[200] Fotokopie des Originals im Institut für Zeitgeschichte, München. Handschriftliche Eintragungen kursiv.

Breiten Raum nahm auf der Wannseekonferenz die Behandlung des »Problems« der jüdischen *Mischlinge und Mischehen* ein, die hier nicht im einzelnen verfolgt werden soll, zumal sie zu keinem eindeutigen Ergebnis führte. Ging die Tendenz der Radikalen in der Partei dahin, die »Mischlinge ersten Grades« und die jüdischen Partner von Mischehen in die Ausrottung einzubeziehen, so traten bei den weiteren Besprechungen »Kompromißvorschläge« wie »freiwillige« Sterilisierung der Mischlinge (andernfalls Androhung der Deportation zumindest in eine »Mischlingssiedlung«!) und zwangsweise Scheidung der Mischehen in den Vordergrund[201]. Es kam schließlich – sowohl wegen der weittragenden Konsequenzen und technischen Schwierigkeiten solcher Maßnahmen während des Krieges, als auch infolge der Opposition eines Teiles der Ministerialbürokratie in dieser Frage – weder zu Deportation noch zu Sterilisierung oder Zwangsscheidung für die genannten Kategorien[202]. Freilich gab es eine ganze Anzahl von Ausnahmen, darunter insbesondere die in *Konzentrationslagern* befindlichen Mischlinge ersten Grades, welche das RSHA im November 1942 ausdrücklich in die Vernichtung einbezog[203].

Was die Durchführung der »Endlösung« in den von Deutschland »besetzten und beeinflußten Gebieten« betraf – zu letzteren gehörten, geordnet nach dem ungefähren Wirkungsgrad deutschen Einflusses beziehungsweise »diplomatischen« Druckes in der Judenfrage Anfang 1942: Kroatien, die Slowakei, Rumänien, Vichy-Frankreich, Bulgarien, Ungarn und Italien (das Haupthindernis der Judenausrottung!) –, so wurde auf der Wannseekonferenz enge Zusammenarbeit des RSHA mit dem Auswärtigen Amt, insbesondere seiner »Abteilung Deutschland«, festgelegt. Je radikaler die nationalsozialistische Führung im eigenen Machtbereich gegen die Juden vorging, desto mehr

---

[201] Gegen das von Stuckart bzw. Lösener herausgestellte Argument, mit der Abschiebung der Halbjuden würde »ihre zur Hälfte germanische Erbmasse . . . den Gegnern Deutschlands zugeführt«, erhob das Ostministerium am 16. Juli 1942 den allerdings gewichtigen Einwand, daß für die besetzten Ostgebiete, wo nach seinen Plänen die Mischlinge ersten Grades »in jeder Beziehung« den Juden »gleichgestellt« werden, »d. h. den gleichen Maßnahmen unterliegen« würden, »die gegen die Juden angewandt werden« (!), solche Befürchtungen demnach »nicht berechtigt« seien! (Nürnbg. Dok. NG-2586).

[202] Vgl. auch Hilberg, a. a. O., S. 268 ff.; Scheffler, a. a. O., S. 56 ff.; B. Lösener, Als Rassereferent im Reichsministerium des Innern, in: Vierteljahrshefte für Zeitgeschichte 9 (1961), S. 297 ff.

[203] Runderlaß Müllers vom 5. November 1942, der den Befehl Himmlers wiederholte, sämtliche in Konzentrationslagern des Reiches befindlichen Juden »in das KL Auschwitz und in das Kriegsgefangenenarbeitslager Lublin zu überstellen . . . Zu den jüdischen Häftlingen sind auch die Mischlinge ersten Grades zu rechnen«. (Nürnbg. Dok. NO-2522 – vgl. auch PS-3677 [5. Oktober 1942] – Fotokopien im Institut für Zeitgeschichte, München.)

war sie auch bestrebt, die Satelliten und »Freunde« auf den gleichen Kurs zu bringen, ja deren Aktivität in der Judenfrage zum Kriterium ihrer Loyalität zu erheben. Unter Einschaltung der diplomatischen Vertreter des Reiches suchte man daher den Prozeß der Verfolgung in den verschiedenen Ländern (den wir nicht im einzelnen schildern) über die gewohnten Etappen der Sondergesetzgebung und »Definition« (des Begriffs »Jude«), der Kennzeichnung, der Konfiskation und möglichst der Konzentration voranzutreiben, um im geeignet erscheinenden Moment die jeweilige Regierung zunächst zu fragen, ob sie ihre in *Deutschland* lebenden jüdischen Staatsangehörigen »in angemessener Frist aus Deutschland abberufen oder ihrer Abschiebung in die Ghettos im Osten zustimmen« wolle. War diese Sondierung erfolgreich und schließlich die Situation für eine (immer noch als solche getarnte) »Aussiedlung« der Juden aus dem betreffenden Lande selbst reif[204] –, so trat *Eichmann* in Tätigkeit. Durch die als »Judenberater« der dortigen deutschen Gesandtschaft beigegebenen Vertreter seines Referats – in den besetzten Gebieten durch die »Judenreferenten« bei den Befehlshabern der Sicherheitspolizei und des SD – leitete *er* zusammen mit seinem Transportspezialisten Novak und den »zuständigen« Verkehrsbehörden den Abschub in die Wege: *Eichmann*, der gewiß ein gehorsamer Funktionär war, doch – von der »Aufgabe« der Judenbekämpfung besessen – im Rahmen seiner weitgespannten Kompetenzen ein Höchstmaß eigener Initiative, nicht zuletzt in Gestalt übelster Täuschungsmanöver, entfaltete.

4. Die Durchführung der »Endlösung« in Polen

Auf der Wannseekonferenz kam endlich auch die regionale Zeitfolge der »Endlösung« zur Sprache. Erkannte Heydrich im Sinne Hitlers[205] dem »Reichsgebiet einschließlich Protektorat« zumindest für die Deportation die Priorität zu, so trat der Staatssekretär Bühler lebhaft dafür ein, mit der »Entfernung (sprich »Ausrottung«) der Juden aus dem Gebiet des Generalgouverne-

---

[204] Im Falle der Slowakei trat – im Sinne eines wohlüberlegten »zweiten« Schritts – das RSHA »auf Weisung des Reichsführers-SS an das Auswärtige Amt heran, die slowakische Regierung zu bitten, 20000 junge, kräftige slowakische Juden [zwecks »Arbeitseinsatz«!] ... zur Verfügung zu stellen«. Auf die »freudige Zustimmung der slowakischen Regierung hin [ehe der Episkopat bei ihr »vorstellig« geworden war und 35 000 Juden »Sonderlegitimation« erhielten] schlug der Reichsführer-SS vor, auch den Rest der slowakischen Juden nach dem Osten abzuschieben und die Slowakei so judenfrei zu machen! (Aufzeichnung des Unterstaatssekretärs Luther vom 21. August 1942, Nürnbg. Dok. NG-2586.) Zum ganzen: Hilberg, a. a. O., S. 345 ff.
[205] Vgl. oben, S. 308.

ments« zu beginnen. Seine Motivierung war aufschlußreich: »Einmal« spiele »hier das Transportproblem keine übergeordnete Rolle«, sodann würden »arbeitseinsatzmäßige Gründe [wie sie Staatssekretär Neumann vom Standpunkt der Kriegswirtschaft geltend gemacht hatte] den Lauf dieser Aktion nicht behindern« (!). »Überdies« sei, wie wir schon hörten, die Mehrzahl der Juden »arbeitsunfähig« – während andererseits gerade im Generalgouvernement »der [in Ghettos gepferchte!] Jude als Seuchenträger« und Exponent des Schleichhandels eine Gefahr bilde! Genau fünf Wochen zuvor, am 16. Dezember 1941, hatte die Regierung des Generalgouvernements die zahlreichen Fleckfieberfälle im Distrikt Warschau erörtert und sie einem »Nachlassen der Widerstandskraft ... insbesondere der ... Juden« zugeschrieben – das sie selbst auf deren »unzureichende Ernährung« und Zusammendrängung in Ghettos (»an sich ... ein Segen«) zurückführte –, indes als Ausweg nur eine »Vereinfachung« des »zu langwierigen Verfahrens« der Sondergerichte »bis zur Liquidierung« bei »widerrechtlichem Verlassen der Ghettos« gesehen[206]. Und bei dieser Gelegenheit hatte Frank selbst im Sinne der eingeleiteten »Endlösung« die folgenden, sozusagen grundsätzlichen Äußerungen getan:

»Mit den *Juden* – das will ich Ihnen auch ganz offen sagen – muß so oder so Schluß gemacht werden. ... Ich weiß, es wird an vielen Maßnahmen, die jetzt im Reich gegenüber den Juden getroffen werden, Kritik geübt. Bewußt wird – das geht aus den Stimmungsberichten hervor – immer wieder versucht, von Grausamkeit, von Härte usw. zu sprechen. Ich möchte Sie bitten: einigen Sie sich mit mir zunächst, bevor ich jetzt weiterspreche, auf die Formel: Mitleid wollen wir grundsätzlich nur mit dem deutschen Volke haben, sonst mit niemandem auf der Welt. ... Ich werde daher den Juden gegenüber grundsätzlich nur von der Erwartung ausgehen, daß sie verschwinden. Sie müssen weg. Ich habe Verhandlungen zu dem Zwecke angeknüpft, sie nach dem Osten abzuschieben. Im Januar findet über diese Frage eine große Besprechung in Berlin statt, zu der ich Herrn Staatssekretär Dr. Bühler entsenden werde. Diese Besprechung soll im Reichssicherheitshauptamt bei SS-Obergruppenführer Heydrich gehalten werden. [Gemeint ist die ›Wannseekonferenz‹ vom 20. 1. 1942.] Jedenfalls wird eine große jüdische Wanderung einsetzen.

[206] IMT, Bd. XXIX, S. 498 ff. – Das Folgende: S. 502 f.

Aber was soll mit den Juden geschehen? Glauben Sie, man wird sie im Ostland in Siedlungsdörfern unterbringen? Man hat uns in Berlin gesagt: weshalb macht man diese Scherereien; wir können im Ostland oder im Reichskommissariat auch nichts mit ihnen anfangen, liquidiert sie selber! Meine Herren, ich muß Sie bitten, sich gegen alle Mitleidserwägungen zu wappnen. Wir müssen die Juden vernichten, wo immer wir sie treffen und wo es irgend möglich ist, um das Gesamtgefüge des Reiches hier aufrechtzuerhalten . . .
Die Juden sind auch für uns außergewöhnlich schädliche Fresser[207]. Wir haben im Generalgouvernement schätzungsweise 2,5 vielleicht mit den jüdisch Versippten und dem, was alles daran hängt, jetzt 3,5 Millionen Juden[208]. Diese 3,5 Millionen Juden können wir nicht erschießen, wir können sie nicht vergiften, werden aber doch Eingriffe vornehmen können, die irgendwie zu einem Vernichtungserfolg führen, und zwar im Zusammenhang mit den vom Reich her zu besprechenden großen Maßnahmen. Das Generalgouvernement muß genau so judenfrei werden, wie es das Reich ist.«
»Erschießen« war – in Anbetracht der Zahl der im ehemaligen Polen, ihrem europäischen Hauptsiedlungsgebiet, damals noch lebenden Juden – in der Tat kein ausreichendes Mittel, und auch kein zweckmäßiges, wenn man, wie Bühler, »eine Beunruhigung der Bevölkerung vermeiden« wollte. Auf der Suche nach Maßnahmen, die »zu einem Vernichtungserfolg führten«, griff man daher zunächst auf Erfahrungen zurück, die man bei der Beseitigung der Geisteskranken im Altreich im Zeichen des sogenannten »Euthanasie-Programms« gemacht hatte. Dieses Unternehmen war von der »Kanzlei des Führers« unter Philipp Bouhler über deren Dienststelle in der Tiergartenstraße 4 – als gleichzeitige Zentrale der Euthanasie (»T 4«) – geleitet und durch Bouhlers Stellvertreter, Oberdienstleiter Brack, organisiert worden. Zur Tötung der Opfer wurde in »Gaskammern« Kohlenmonoxydgas verwendet. Es fällt auf, daß bereits der bei der ursprünglichen Aktion gegen Geisteskranke in Anstalten zur Feststellung des Personenkreises verwendete »Meldebogen« nach »Rasse« und »Arbeitsleistung« der Betroffenen fragte.

[207] In einer Regierungssitzung vom 9. Dezember 1942 hingegen äußerte Frank: »Nicht unwichtige Arbeitskräfte hat man uns in unseren altbewährten Judenschaften genommen. Es ist klar, daß der Arbeitsprozeß erschwert wird, wenn mitten in dieses Arbeitsprogramm der Befehl kommt, alle Juden sind der Vernichtung anheim zu stellen. Die Verantwortung hierfür trifft nicht die Regierung des Generalgouvernements. Die Weisung der Judenvernichtung kommt von höherer Stelle.«
[208] Eine erhebliche Überschätzung. Vgl. Hilberg, a. a. O., S. 309 f.; Reitlinger, a. a. O., S. 274.

Infolge des Mißlingens der Tarnung sowie mutiger Einsprüche, insbesondere von kirchlicher Seite, ließ Hitler, der eine »gesetz-förmige« Regelung scheute, das Unternehmen im August 1941 bekanntlich einstellen. Dafür wurde jedoch nach einiger Zeit unter der Bezeichnung »14f 13« eine »Euthanasie«-Aktion in den Konzentrationslagern begonnen. Sie richtete sich gegen geisteskranke (welcher Begriff anscheinend ziemlich weit aus-gelegt worden ist[209]), andere unheilbar kranke und namentlich arbeitsunfähige Häftlinge, die von einer Ärztekommission aus-zumustern waren. Die in Frage kommenden Personen wurden von den Lagerleitungen, offenbar nach einer internen Voraus-wahl, an Hand der ihnen übersandten »Meldebogen« den das Lager besuchenden Mitgliedern der Ärztekommission zur Überprüfung vorgeführt und dann von deren Leitung in Berlin endgültig für eine der (im Reich gelegenen) Euthanasie-Statio-nen (z. B. Bernburg) zur Vernichtung ausgemustert. Vor-zugsweise kamen für diese Aktion politisch unerwünschte Gruppen[210], insbesondere (im Rahmen der bereits eingeleiteten »Endlösung«) *Juden* in Betracht[211]. Allerdings wurden diese jüdischen Häftlinge später, als nämlich »Arbeitsfähigkeit« selbst ihnen noch eine Galgenfrist gewährte, nicht mehr aus-nahmslos der *sofortigen* Vernichtung zugeführt[212]. Wie man zu-mindest anfangs bei der »Aktion 14f 13« mit Juden verfuhr, zeigt der Brief des bei der Ausmusterung mitwirkenden Arztes Dr. Mennecke an seine Frau vom 25. November 1941 aus dem Konzentrationslager Buchenwald:

»Als zweite Portion folgten nun insgesamt 1200 Juden, die sämtlich nicht erst ›untersucht‹ werden, sondern bei denen es genügt, die Verhaftungsgründe (oft sehr umfangreich) aus der Akte zu entnehmen und auf die Bögen zu übertragen. Es ist also eine rein theoretische Arbeit . . .[213]«

[209] Vgl. die Aussage Bracks im Ärzteprozeß, Nürnberg, Fall I, dt. Protokoll, S. 7635; auch E. Kogon, Der SS-Staat. 151.–162. Tsd., Frankfurt a. M. 1946, S. 255.

[210] In der vom Schutzhaftlagerführer des Konzentrationslagers Groß-Rosen der Lagerkommandan-tur am 16. Dezember 1941 überreichten »Zusammenstellung von Häftlingen, die für einen Transport (in eine Euthanasiestation) in Frage kommen«, figurieren auch »Polen« und »Tschechen«. – Nürnbg. Dok. PS 1151 (Fotokopie im Institut für Zeitgeschichte, München).

[211] In dem Begleitbrief zu der (Anm. 210) erwähnten »Zusammenstellung« heißt es: »Aus dem Revier wurden 70 Häftlinge *ausgesondert*, aus den Blocks wurden 104 Häftlinge *ausgesondert*«, hin-sichtlich der Juden aber lediglich: »Juden – 119 Häftlinge.« (Ebenda.)

[212] Die »Ärztekommission« musterte im Januar 1942 von den aufgeführten 119 jüdischen Häft-lingen 81 zur Vernichtung aus, 38 also nicht; im März sah die Lagerleitung ihrerseits bei weiteren »42 arbeitsfähigen Juden« von einer »Überstellung« ab. (Fernschreiben vom 26. März 1942, ebenda.) – Anfang Oktober 1942 befahl Himmler jedoch, »sämtliche im Reich gelegenen Konzen-trationslager judenfrei zu machen«; vgl. Anm. 203.

[213] Nürnbg. Dok. NO-907 (Fotokopie im Institut für Zeitgeschichte, München).

Bei der Durchführung der »Endlösung« im Osten konnte man nunmehr nicht nur Methoden und technische Einrichtungen verwerten, die bei den Euthanasie-Aktionen im Reich angewandt worden waren, sondern auch auf *Personal*, das dabei »Erfahrungen gesammelt« hatte, zurückgreifen. Letzteres ist erstmals im Falle des bereits im Dezember 1941 in Tätigkeit getretenen Vernichtungslagers *Chelmno* (Kulmhof) am Ner (60 km nordwestlich Lodz) geschehen: Hier ermordete ein Sonderkommando unter dem SS-Hauptsturmführer Lange, sodann unter dem SS-Hauptsturmführer Bothmann bis März 1943 und nochmals einige Monate im Jahre 1944 – mit »Hilfe« eines jüdischen Arbeitskommandos, das man schließlich erschoß – mindestens 152 000 Juden (möglicherweise erheblich mehr) aus dem Warthegau und dem Ghetto Lodz (Litzmannstadt). Es geschah durch Motoren-Abgase in Gaswagen (fahrbaren Gaskammern), in welche man die Opfer hineinlockte oder nötigenfalls mit Peitschenhieben hineintrieb[214]. – Einen weiteren, an der Durchführung der »Euthanasie« im Reich wesentlich Beteiligten, den Kriminalkommissar (schließlich Polizeimajor) *Wirth*, finden wir in leitender Funktion in den Vernichtungslagern des Generalgouvernements wieder[215]. »Ich habe«, so schrieb denn auch der genannte Brack am 23. Juni 1942 an Himmler, »dem Brigadeführer Globocnik auf Anweisung von Reichsleiter Bouhler für die Durchführung seiner Sonderaufgabe schon vor längerer Zeit einen Teil meiner Männer zur Verfügung gestellt. Auf Grund einer erneuten Bitte von ihm habe ich nunmehr weiteres Personal abgestellt.«[216] Aus einem Schreiben Globocniks selbst an den Chef des SS-Personalhauptamtes am 29. Oktober 1943 geht hervor, daß »von der Kanzlei des Führers zur Durchführung der Aktion Reinhard« – der Maßnahmen Globocniks zur Vernichtung der Juden im Generalgouvernement – insgesamt 92 Kräfte zur Verfügung gestellt wurden[217]. Vor der Entsendung des Kommandos Wirth soll Himmler (laut Aussage des SS-Richters Dr. Morgen) persönlich die Angehörigen durch einen Eid zum Schweigen verpflichtet und ihnen gesagt haben, »er mute ihnen Übermenschlich-

---

[214] Vgl. die Ergebnisse des 1963 in Bonn geführten Kulmhof-Prozesses (s. R. Henkys, Die nationalsozialistischen Gewaltverbrechen. Stuttgart/Berlin 1964, S. 95 ff.).

[215] Nürnbg. Dok. NO-205 (Fotokopie im Institut für Zeitgeschichte, München).

[216] Globocnik bezeichnete ihn in einem Brief vom 13. April 1943 an SS-Gruppenführer von Herff (Chef des SS-Personalhauptamtes) als »verantwortlichen Inspektor« der Lager Belzec, Sobibor und Treblinka. (Original im Document Center, Berlin.)

[217] Globocnik an v. Herff, 29. Oktober 1943 (Original im Document Center, Berlin).

Unmenschliches zu. Es sei aber Befehl des Führers«.[218] Besonders tiefen Einblick in die hier behandelten personellen und dienstlichen Zusammenhänge, sowie in relativ frühe Erwägungen und Planungen zur praktischen Durchführung der »Endlösung« vermittelt der von dem Referenten des Ostministeriums, Amtsgerichtsrat Dr. Wetzel, abgefaßte Entwurf eines Minister-Schreibens vom 25. Oktober 1941, das für den Reichskommissar für das Ostland (Lohse) bestimmt war und folgendermaßen lautet[219]:

»Der Reichsminister   Berlin, den 25. Okt. 1941
für die besetzten Ostgebiete   *Geheim*!
Sachbearbeiter: AGR. Dr. Wetzel

Betr. Lösung der Judenfrage

1. An den
Reichskommissar für das Ostland
Betr. Ihren Bericht vom 4. 10. 1941 bezüglich Lösung
       der Judenfrage.

Unter Bezugnahme auf mein Schreiben vom 18. Okt. 1941 teile ich Ihnen mit, daß sich Oberdienstleiter *Brack* von der Kanzlei des Führers bereit erklärt hat, bei der Herstellung der erforderlichen Unterkünfte sowie der Vergasungsapparate mitzuwirken. Zur Zeit sind die in Betracht kommenden Apparate in genügender Anzahl nicht vorhanden, sie müssen erst hergestellt werden. Da nach Auffassung Bracks die Herstellung der Apparate im Reich viel größere Schwierigkeiten bereitet als an Ort und Stelle, hält es Brack für am zweckmäßigsten, wenn er umgehend seine Leute, insbesondere seinen Chemiker Dr. *Kallmeyer*, nach Riga sendet, der dort alles Weitere veranlassen wird. Oberdienstleiter Brack weist darauf hin, daß das in Betracht kommende Verfahren nicht ungefährlich ist, so daß besondere Schutzmaßnahmen erforderlich seien. Unter diesen Umständen bitte ich Sie, sich über Ihren höheren SS- und Polizeiführer an Oberdienstleiter Brack in der Kanzlei des Führers zu wenden und um die Entsendung des Chemikers Dr. Kallmeyer sowie weiterer Hilfskräfte zu bitten. Ich darf darauf

[218] IMT, Bd. XLII, S. 564 (19. Juli 1946).
[219] Nürnbg. Dok. NO – 365 (Fotokopie im Institut für Zeitgeschichte, München). – Hervorhebungen im Original.

hinweisen, daß Sturmbannführer *Eichmann*, der Sachbearbeiter für Judenfragen im Reichssicherheitshauptamt, mit diesem Verfahren einverstanden ist. Nach Mitteilungen von Sturmbannführer Eichmann sollen in Riga und in Minsk Lager für Juden geschaffen werden, in die evtl. auch Juden aus dem Altreichgebiet kommen. Es werden zur Zeit aus dem Altreich Juden evakuiert, die nach Litzmannstadt, aber auch nach anderen Lagern kommen sollen, um dann später im Osten, soweit arbeitsfähig, in Arbeitseinsatz zu kommen.

Nach Sachlage bestehen keine Bedenken, wenn diejenigen Juden, die nicht arbeitsfähig sind, mit den Brackschen Hilfsmitteln beseitigt werden. Auf diese Weise dürften dann auch Vorgänge, wie sie sich bei den Erschießungen von Juden in Wilna nach einem mir vorliegenden Bericht ergaben, und die auch im Hinblick darauf, daß die Erschießungen öffentlich vorgenommen wurden, kaum gebilligt werden können, nicht mehr möglich sein. Die Arbeitsfähigen dagegen werden zum Arbeitseinsatz nach Osten abtransportiert. Daß bei den arbeitsfähigen Juden Männer und Frauen getrennt zu halten sind, dürfte selbstverständlich sein.

Über Ihre weiteren Maßnahmen erbitte ich Bericht.

N[ame] d[des] H[errn] M[inisters]«

Indes, nicht im Baltikum, sondern auf polnischem Boden sollte die Ausrottungsaktion im großen stattfinden. Der Errichtung des Lagers Chelmno zeitlich folgend, trat nach Mitte März 1942, als weiteres Vernichtungslager, *Belzec* im damaligen Distrikt Lublin in Tätigkeit, erstmals mit *stationären Gaskammern* versehen – die man, wie immer, sorgfältig tarnte. Bis Dezember 1942 (vielleicht mit einer mehrwöchigen Unterbrechung, die der technischen Ausgestaltung diente) wurden hier in großen Transporten aus den Ghettos der Distrikte Lublin, Galizien und Krakau, in kleineren Schüben vor allem aus dem »Protektorat«, insgesamt Hunderttausende von Juden eingeliefert. Man tötete sie durch Abgase von Verbrennungsmotoren. Gleich Kurt Gerstein, von dem wir den bekannten Bericht über Belzec besitzen, ist einer der ganz wenigen Überlebenden (Rudolf Reder) einmal Zeuge gewesen, wie die bereits in die Gaskammern gepferchten Opfer stundenlang auf ihren Tod warten mußten, weil der Dieselmotor, der das Gas lieferte, offenbar des öfteren nicht sofort ansprang[220]. Wie auch in anderen Fällen, war nach der Auflösung des Lagers ein jüdisches Sonderkommando noch längere Zeit damit beschäftigt, die Spuren der Aktion zu verwischen. – Ein »kleineres« Vernichtungslager, das jedoch erst im Oktober 1943 (nach einem Aufstand des Arbeitskommandos!) seine Tätigkeit einstellte, wurde in *Sobibor* am Bug, ebenfalls im Distrikt Lublin, im Mai 1942 in Betrieb genommen. Die Zahl seiner Opfer, die namentlich aus dem östlichen Polen sowie dem besetzten sowjetrussischen Gebiet, aus der Tschechoslowakei, Österreich, Holland und Frankreich stammten, wird auf über 250000 geschätzt. – In noch größerem Maßstab diente der Menschenvernichtung sodann vom 23. Juli 1942 bis zum Herbst 1943 (nachdem es hier im August zu einem Aufstand der Häftlinge gekommen war) das gleichfalls im Distrikt Lublin bei Malkinia am Bug errichtete Lager *Treblinka*. Nach polnischen Schätzungen sind hier 700000–800000 Juden – aus Mittelpolen (Warschau!), der engeren und weiteren Umgegend von Bialystok, aber auch aus Deutschland, Österreich, der Tschechoslowakei, Holland, Belgien und Griechenland – wie in Belzec und Sobibor durch Abgase von Verbrennungsmotoren getötet worden. In Treblinka hat, zwecks »reibungsloser« Durchführung der Mordaktion mittels Täuschung der Opfer, die Tarnung in Gestalt kompletter Bahnhofseinrichtungen, fingierter Waschräume u. a. m. vergleichsweise wohl ein Höchstmaß erreicht. – Nicht zur sofortigen Vernichtung der Insassen bestimmt war das nahe Lublin selbst gelegene und amtlich mit »Lublin« bezeichnete große (ab April 1943 offizielle) Konzentrationslager *Maidanek*[221], das offenbar erst im Herbst 1942 Gaskammern erhielt. Es war (ebenso wie das 1944 gleichfalls zum »Konzentrationslager« erklärte Plaszow im Distrikt Krakau) vor allem Zwangsarbeitsstätte und nach Gründung der »Osti« (Ostindustrie GmbH) Zentrum jener von Globocnik angebahnten SS-eigenen Industrieunternehmen, die Massen von jüdischen Häftlingen ausbeuteten. Diese kamen namentlich aus Polen (besonders dem Lubliner und dem Warschauer Ghetto), der Sowjetunion, der Tschechoslowakei, Frankreich, Griechenland und Deutschland. Abgesehen von der in Maidanek praktisch vor allem betriebenen Vernichtung durch Arbeit, welcher der Großteil der weit über 200000 dorthin verschleppten Juden zum Opfer fiel, wurden Zehntausende, von denen ein

---

[220] Vgl. Reitlinger, a. a. O., S. 156 f.
[221] Bis 9. April 1943 führte es offiziell die Bezeichnung »Kriegsgefangenenarbeitslager«.

Teil gar nicht registriert oder überhaupt durch das Lager gegangen war, vergast oder (innerhalb und außerhalb des Lagers) erschossen. In allen bisher erwähnten Lagern (die, außer schließlich Maídanek, kein Krematorium besaßen) wurden später die Massengräber wieder geöffnet und die Leichen auf vielfach aus Eisenbahnschienen hergestellten Rosten verbrannt.

Inzwischen war auch das größte Mordzentrum in Verbindung mit dem Lager *Birkenau* in Tätigkeit getreten. Dieses bildete bekanntlich bis November 1943 und erneut ab Ende November 1944 einen Teil des (in dem zu Oberschlesien geschlagenen polnischen Gebiet errichteten) Konzentrationslagers *Auschwitz*, war aber für sich allein schon das größte aller nationalsozialistischen Konzentrationslager. Es diente sowohl der sofortigen Vernichtung als auch einer industriellen Ausbeutung der in der Mehrzahl jüdischen Häftlinge, solange diese arbeitsfähig waren. Deportiert wurden hierher Juden aus Polen, der Slowakei, dem »Protektorat« (Theresienstadt!), aus Frankreich, Belgien, Holland, Deutschland, Kroatien, Griechenland, Bulgarien, Norwegen, Italien und schließlich insbesondere aus Ungarn. Auschwitz-Birkenau demonstriert somit in besonderem Grade das »europäische« Ausmaß der Mordaktion – die ihre Urheber freilich aus guten Gründen, außer im Ostraum und in Serbien, nicht in den Heimatländern der Betroffenen selbst durchführten. Nach Ankunft der Transporte in Birkenau erfolgten die berüchtigten »Selektionen«, zur Trennung derer, die als arbeitsfähig in das Lager aufgenommen wurden, von denen, welche in die Gaskammern wanderten, zumeist ohne registriert zu werden[222]. Erst Anfang November 1944 ließ Himmler die Vergasungen einstellen. Zu ihren Opfern gehörten auch nichtjüdische Häftlinge, u. a. Zigeuner, Polen und sowjetische Kriegsgefangene. Über die besondere Funktion von Auschwitz im Rahmen der »Endlösung« hat dessen erster und bekanntester Kommandant, Rudolf Höß, in seinen autobiographischen Aufzeichnungen vermerkt:

»Im Sommer 1941, den genauen Zeitpunkt vermag ich z. Zt. nicht anzugeben, wurde ich plötzlich zum Reichsführer-SS nach Berlin befohlen, und zwar direkt durch seine Adjutantur. Entgegen seiner sonstigen Gepflogenheit eröffnete er mir, ohne Beisein seines Adjutanten, dem Sinne nach folgendes:

---

[222] Es ist vorgekommen, daß Häftlinge aus Theresienstadt, deren Vergasung beabsichtigt war, aber nicht sofort erfolgte, veranlaßt wurden, Postkarten nach Theresienstadt zu schreiben, um dadurch dort umgehende »Gerüchte« zu entkräften!

Der Führer hat die Endlösung der Judenfrage befohlen, wir – die SS – haben diesen Befehl durchzuführen. Die bestehenden Vernichtungsstellen im Osten sind nicht in der Lage, die beabsichtigte große Aktion durchzuführen. Ich habe daher Auschwitz dafür bestimmt, einmal wegen der günstigen verkehrstechnischen Lage, und zweitens läßt sich das dafür dort zu bestimmende Gebiet leicht absperren und tarnen. . . . Nähere Einzelheiten erfahren Sie durch Sturmbannführer Eichmann vom RSHA, der in nächster Zeit zu Ihnen kommt.«[223]

Höß, dem Eichmann klarmachte, daß »die Tötung durch Kohlenoxyd-Gas . . . für die zu erwartenden Massen-Transporte in Auschwitz nicht in Frage« kam und der dies bei Besichtigung des »gesamten Vorgangs« in Treblinka bestätigt fand, suchte nach einem neuen Vernichtungsmittel. Wie er berichtet, entschied er sich nach »erfolgreichen« Versuchen, die in seiner Abwesenheit zunächst sein Schutzhaftlagerführer Fritzsch »aus eigener Initiative« und dann er selbst an Häftlingen und russischen Kriegsgefangenen unternommen hatte, im Einvernehmen mit Eichmann für das dabei verwendete Zyklon B, ein Blausäurepräparat, »das zur Ungeziefervertilgung im Lager laufend gebraucht wurde und vorrätig lag«[224]. Seine nunmehrige Verwendung zur Vernichtung von Menschen erfolgte (abgesehen von jenen ersten »Versuchen« in den Arrestzellen von Block 11 des Stammlagers Auschwitz) zunächst im Leichenkeller des ersten Krematoriums des Stammlagers, sodann in umgebauten Bauernhäusern beim Lager Birkenau und schließlich in den Vergasungsräumen der hier erbauten neuen Krematorien[225]. Eine dieser späteren Etappen der Errichtung des Ausrottungsapparats veranschaulicht ein Schreiben des Leiters der Zentralbauleitung der Waffen-SS und Polizei Auschwitz an den Chef der Amtsgruppe C (Bauwesen) im Wirtschafts-Verwaltungshauptamt, SS-Brigadeführer Dr.-Ing. Kammler, vom 29. Januar 1943 (wenn auch der darin genannte Termin nicht eingehalten worden ist):

»Das Krematorium II wurde unter Einsatz aller verfügbaren

[223] Kommandant in Auschwitz, Autobiographische Aufzeichnung von Rudolf Höß, hrsg. von M. Broszat, Stuttgart 1958, S. 153.
[224] A. a. O., S. 122 f., 154 ff. – Höß schreibt ferner (S. 127): »Wohl stand für uns alle der Führerbefehl unverrückbar fest . . . Doch in allen nagten geheime Zweifel.«
[225] Außerdem wurden Tausende von kranken bzw. arbeitsunfähig gewordenen und »seuchenverdächtigen« Häftlingen durch Injektionen von Phenol getötet, viele auch erschossen; wieder andere verloren durch »medizinische« Versuche ihr Leben.

Kräfte trotz unsagbarer Schwierigkeiten und Frostwetter bei Tag- und Nachtbetrieb bis auf bauliche Kleinigkeiten fertiggestellt. Die Öfen wurden im Beisein des Herrn Oberingenieur Prüfer der ausführenden Firma, Firma Topf u. Söhne, Erfurt, angefeuert und funktionieren tadellos. Die Eisenbetondecke des Leichenkellers konnte infolge Frosteinwirkung noch nicht ausgeschalt werden. Dies ist jedoch unbedeutend, da der Vergasungskeller hierfür benützt werden kann.

Die Firma Topf u. Söhne konnte infolge Waggonsperre die Be- und Entlüftungsanlage nicht wie von der Zentralbauleitung gefordert rechtzeitig anliefern. Nach Eintreffen der Be- und Entlüftungsanlage wird jedoch mit dem Einbau sofort begonnen, so daß voraussichtlich am 20. 2. 43 die Anlage vollständig betriebsfertig ist.«[226]

Was den Ablauf des Hauptstücks der Mordaktion in Polen betraf, so war Himmler grundsätzlich der Meinung, »daß man schon aus Gründen der Tarnung so schnell wie möglich arbeiten müsse« – was auch Globocnik für nötig hielt: »damit man nicht eines Tages mittendrin stecken bliebe«![227] Himmlers Verhalten war daher auch hier gekennzeichnet durch ein ständiges Drängen auf Beschleunigung der Vernichtung oder doch ihre völlige Sicherstellung und demgemäß durch einen erbitterten Kampf gegen Hemmnisse, wie sie die Verkehrslage und der Bedarf an jüdischen Arbeitskräften für die Kriegswirtschaft mit sich brachten. Das Frühjahr 1942 sah die als »Umsiedlung« bezeichnete Ausrottung – u. a. mit der Räumung des Ghettos von Lublin – bereits in vollem Gange. Im Generalgouvernement selbst und im Bezirk Bialystok lief sie unter dem Stichwort »Aktion« oder »Einsatz Reinhard«, geleitet von dem genannten Lubliner SS- und Polizeiführer Glo-

---

[226] Nürnbg. Dok. NO-4473 (Fotokopie im Institut für Zeitgeschichte). Aus einem weiteren Schreiben des Leiters der Zentralbauleitung der Waffen-SS und Polizei Auschwitz vom 31. März 1943 an die Deutschen Ausrüstungs-Werke GmbH (SS-Industrieunternehmen!), Werk Auschwitz, sei hier noch folgendes zitiert: »Es wird auf o. a. Schreiben mitgeteilt, daß drei gasdichte Türme gemäß des [sic!] Auftrages vom 18. Januar 1943 für das Bw 30b und 30c auszuführen sind, genau nach den Ausmaßen und der Art der bisher angelieferten Türme.
Bei dieser Gelegenheit wird an einen weiteren Auftrag vom 6. März 1943 über Lieferung einer Gastür 100/192 für Leichenkeller I des Krematoriums III, Bw 30a, erinnert, »die genau nach Art und Maß der Kellertür des gegenüberliegenden Krematoriums II mit Guckloch [!] aus doppeltem 8-mm-Glas mit Gummidichtung und Beschlag auszuführen ist. Dieser Auftrag ist als besonders dringlich anzusehen.« Nürnbg. Dok. NO-4465 (Fotokopie im Institut für Zeitgeschichte, München).
[227] Nürnb. Dok. NO-205 (Fotokopie im Institut für Zeitgeschichte, München).

bocnik, der den bereits erwähnten Polizeihauptmann Wirth zum »verantwortlichen Inspektor« der drei Vernichtungslager[228] machte. Nach der späteren Feststellung Globocniks umfaßte die »Aktion Reinhard« insgesamt vier Aufgaben: »A) die Umsiedlung selbst, B) die Verwertung der Arbeitskraft, C) die Sachverwertung, D) die Einbringung verborgener Werte und Immobilien.«[229] Was vor sich ging, fand auch in folgenden für den Eingeweihten verständlichen Ausführungen des Präsidenten der Hauptabteilung Ernährung und Landwirtschaft in einer Sitzung der Regierung des Generalgouvernements vom 24. August 1942 eine bezeichnende Umschreibung:

»Die Versorgung der bisher [d. h.: noch] mit 1,5 Millionen *Juden* angenommenen Bevölkerungsmenge fällt weg, und zwar bis zu einer angenommenen Menge von 300 000 Juden, die noch im deutschen Interesse als Handwerker oder sonstwie arbeiten. Für diese sollen die jüdischen Rationssätze zuzüglich gewisser Sonderzuteilungen, die sich für die Aufrechterhaltung der Arbeitskraft als notwendig herausgestellt haben, beibehalten bleiben. Die anderen Juden, insgesamt 1,2 Millionen, werden nicht mehr mit Lebensmitteln versorgt.«

Und der Generalgouverneur Frank, der sich bei offiziellen Anlässen gern als starken Mann gerierte, gab dazu den zwar sachlich ungenauen, dem angestrebten Ziel jedoch entsprechenden Kommentar:

»Daß wir 1,2 Millionen Juden zum Hungertod verurteilen, sei nur am Rande festgestellt. Es ist selbstverständlich, daß ein Nichtverhungern der Juden hoffentlich eine Beschleunigung der antijüdischen Maßnahmen zur Folge haben wird.«

Über die »Maßnahmen« selbst konnte Goebbels bereits am 27. März 1942 in seinem Tagebuch vermerken:

»Aus dem Generalgouvernement werden jetzt, bei Lublin beginnend, die Juden nach dem Osten abgeschoben. Es wird hier ein ziemlich barbarisches und nicht näher zu beschrei-

---

[228] Vgl. den Brief Globocniks an SS-Gruppenführer von Herff vom 13. April 1943 (Original im Document Center, Berlin).

[229] Schreiben an Himmler vom 5. Januar 1944 mit Beilage. Nürnbg. Dok. NO-064 u. 057 (Fotokopie im Institut für Zeitgeschichte, München). – In einem »vorläufigen Abschlußbericht der Kasse Aktion ›Reinhard‹ Lublin per 15. Dezember 1943« bezifferte Globocnik die dem Reich dadurch »zugeführten« Geldmittel und Sachwerte einschließlich Spinnstoffen (allein 1901 Waggons!) auf einen Betrag von RM 178 745 960, 59 (ebenda). Schon am 19. Januar 1943 hatte Himmler in einem Schreiben an den Chef des SS-Wirtschafts-Verwaltungshauptamts, Oswald Pohl, die bezeichnende Frage gestellt: »Wieviel an Textilien haben wir eigentlich durch die Judenumsiedlung [!] dem Reichswirtschaftsminister geliefert?« (Original im Bundesarchiv Koblenz.)

bendes Verfahren angewandt, und von den Juden selbst bleibt nicht mehr viel übrig. Im großen kann man wohl feststellen, daß 60 Prozent davon liquidiert werden müssen, während nur noch 40 Prozent in die Arbeit eingesetzt werden können. Der ehemalige Gauleiter von Wien [Globocnik], der diese Aktion durchführt, tut das mit ziemlicher Umsicht und auch mit einem Verfahren, das nicht allzu auffällig wirkt … Man darf in diesen Dingen keine Sentimentalität obwalten lassen … Auch hier ist der Führer der unentwegte Vorkämpfer und Wortführer einer radikalen Lösung …«[230]
Nach einigen Schwierigkeiten in Gestalt einer militärisch bedingten »Zugsperre« im Juni und notwendig gewordener »Umbauarbeiten« auf der Strecke nach Sobibor im Juli 1942 konnte noch im gleichen Monat die Deportation in die Vernichtungslager in verstärktem Maße fortgesetzt werden[231]. Wie der Staatssekretär im Reichsverkehrsministerium, Dr.-Ing. Ganzenmüller, dem Leiter des Persönlichen Stabes von Himmler, SS-Obergruppenführer Wolff, in seinem bekannten Brief mitteilte, fuhr »seit dem 22. 7. … täglich ein Zug mit je 5000 Juden von Warschau … nach Treblinka, außerdem zweimal wöchentlich ein Zug mit 5000 Juden von Przemysl nach Belzec«. Tatsächlich begann am gleichen 22. Juli die Auflösung des Warschauer Ghettos kraft eines Befehls an den Judenrat, dafür zu sorgen, »daß täglich ab 22. 7. 1942 bis spätestens 16 Uhr 6000 Juden zum Sammelplatz gestellt werden«[232]. Obwohl (zunächst!) auch alle »bisher nicht in den Arbeitsprozeß eingereihten«, aber arbeitsfähigen Juden (die befehlsgemäß »im jüdischen Wohnbezirk zu kasernieren« waren) mit ihren »engsten Familienangehörigen« von der »Umsiedlung« ausgenommen wurden, betrug die Zahl der deportierten Männer, Frauen und Kinder nach immer stärkerer Ausweitung der Aktion schließlich 310322[233].
Bereits am 17. Juli hatte der »Höhere SS- und Polizeiführer Ost«, SS-Obergruppenführer Krüger, dem Rüstungsinspekteur im Generalgouvernement, Generalleutnant Schindler, die beab-

[230] Goebbels-Tagebuch, Fotokopie im Institut für Zeitgeschichte, München, F 12/8, Blatt 803/04.
[231] Vgl. IMT, Bd. XXIX, S. 572 und Nürnbg. Dok. NO-2207 (Fotokopie im Institut für Zeitgeschichte, München); auch zum folgenden.
[232] Der Befehl ist abgedruckt in der Dokumentation ›Faschismus, Getto, Massenmord‹, hrsg. vom Jüdischen Historischen Institut Warschau. 2. Aufl., Berlin 1961, S. 305 ff.
[233] Nach Angabe des SS- und Polizeiführers im Distrikt Warschau, SS-Brigadeführer Stroop (in seinem berüchtigten Bericht vom 16. Mai 1943 über die Zerstörung des Warschauer Ghettos), zur »ersten großen Aussiedlung … in der Zeit vom 22. Juli bis 3. Oktober 1942«; IMT, Bd. XXVI, S. 634 f.

sichtigte Auflösung der Ghettos mitgeteilt[234]. Im Sinne der für
den NS-Staat charakteristischen Sonderkompetenz der Polizei
war Krüger von Hitler am 7. Mai zum Staatssekretär für das
Sicherheitswesen in der Regierung des Generalgouvernements
ernannt worden[235]. Diesem Erlaß Hitlers entsprechend hatte der
in seinem Kampf um die Einheit der Verwaltung nun endgültig
unterlegene Generalgouverneur Frank am 3. Juni 1942 Krüger
(der praktisch bereits oberster örtlicher Leiter der »Endlösung«
war) auch der Form nach alle »Judenangelegenheiten« als »Sachgebiet der Sicherheitspolizei« übertragen[236]. Und folgerichtig
war am 25. Juni 1942 von dem Leiter der Abteilung Verwaltung
im Generalgouvernement bestimmt worden, »daß Arbeitseinsatz von Juden nur noch nach vorherigem Einvernehmen
mit dem örtlich zuständigen [SS- und] Polizeiführer vorgenommen werden« dürfe[237]. Damit hatte ein langer Kampf um
diese Kompetenz[238] – die im Hinblick auf die »Sicherung« der
Erfassung aller Juden für die Ausrottung erhöhte Bedeutung
gewann – mit einem zunächst grundsätzlichen Siege der Sicherheitspolizei geendet. Ihr war die freie Beschäftigung von Juden
in privaten deutschen Firmen und Wehrmachtbetrieben nicht
nur in Galizien ein Dorn im Auge gewesen, wo anscheinend
schon vor der allgemeinen Regelung »kurzerhand der gesamte
Arbeitseinsatz der Juden vom SS- und Polizeiführer übernommen« und der »zu schwachen Verwaltung« entzogen
wurde. Vermerkte doch der dortige SS- und Polizeiführer Katzmann mit Entrüstung, daß »insbesondere ... Wehrmachts-
dienststellen durch unkontrollierbares Ausstellen von Sonder-
ausweisen dem jüdischen Schmarotzertum Vorschub geleistet«
hätten und daß sich bei der nunmehrigen Überprüfung der Ausweise »die meisten Arbeitgeber verpflichtet fühlten, zugunsten
der [festgenommenen] Juden zu intervenieren«[239]! Am 17. Juli
1942 nun erklärte sich der Höhere SS- und Polizeiführer Krüger
gegenüber dem General Schindler zwar bereit, den Rüstungsbetrieben ihre jüdischen Arbeiter (vorerst!) zu belassen. Bedingung war jedoch, daß diese (zunächst grundsätzlich, in der Folge
zunehmend auch faktisch) in SS-Regie übergehen und in den

[234] Vgl. das (ungedr.) Gutachten von Dr. Hanns v. Krannhals vom 2. September 1964 im Wolff-
Prozeß in München: ›Zur Judenvernichtung im Generalgouvernement 1941/43‹ (Xerographie im
Institut für Zeitgeschichte, München).
[235] Reichsgesetzblatt 1942, I, S. 193.
[236] Verordnungsblatt für das Generalgouvernement 1942, Nr. 50, S. 321 ff.
[237] ›Faschismus, Getto, Massenmord‹ (vgl. Anm. 232), S. 439 f.
[238] Vgl. oben, S. 296 f.
[239] S. den ›Katzmann-Bericht‹ (Nürnbg. Dok. L-018), IMT, Bd. XXXVII, S. 394 f., 397.

Betrieben selbst oder in eigens dazu errichteten Barackenlagern
»kaserniert« werden sollten[240]. Als nächste Etappe war die
Überführung aller Rüstungsbetriebe, die jüdische Arbeitskräfte
beschäftigten, in SS-eigene Lager vorgesehen[241]. Wie ungern
und mit welcher zeitlichen Einschränkung Himmler solche
Zwischenlösungen akzeptierte, zeigt sein aus Lublin an Krüger
erteilter Befehl vom 19. Juli 1942 – nachdem er zwei Tage zuvor
in Auschwitz-Birkenau »sich den gesamten Vorgang der Vernichtung eines gerade eingetroffenen Juden-Transportes . . .
ganz stumm« angesehen und kategorisch erklärt hatte, die von
ihm befohlenen »sicherheitspolizeilichen Aktionen dürften
auf keinen Fall abgestoppt werden«[242]:

> »Ich ordne an, daß die Umsiedlung der gesamten jüdischen
> Bevölkerung des Generalgouvernements bis 31. Dezember
> 1942 durchgeführt und beendet ist.
>
> Mit dem 31. Dezember 1942 dürfen sich keinerlei Personen
> jüdischer Herkunft mehr im Generalgouvernement aufhal-
> ten. Es sei denn, daß sie sich in den Sammellagern Warschau,
> Krakau, Tschenstochau, Radom, Lublin aufhalten. Alle an-
> deren Arbeitsvorkommen, die jüdische Arbeitskräfte be-
> schäftigen, haben bis dorthin beendet zu sein, oder, falls ihre
> Beendigung nicht möglich ist, in eines der Sammellager ver-
> legt zu sein.
>
> Diese Maßnahmen sind zu der im Sinne der Neuordnung
> Europas notwendigen ethnischen Scheidung von Rassen
> und Völkern, sowie im Interesse der Sicherheit und Sauber-
> keit des deutschen Reiches und seiner Interessengebiete er-
> forderlich. Jede Durchbrechung dieser Regelung bedeutet
> eine Gefahr für die Ruhe und Ordnung des deutschen Ge-
> samtinteressengebietes, einen Ansatzpunkt für die Wider-
> standsbewegung und einen moralischen und physischen
> Seuchenherd.

[240] Vgl. ebenda, S. 398.

[241] Vgl. das Fernschreiben Krügers an Himmler (Abschrift an den SS- und Polizeiführer in Krakau, SS-Oberführer Scherner) vom 7. Juli 1942; Himmler-files, folder 94 (Mikrofilm im Institut für Zeitgeschichte, München).

[242] Höß' autobiographische Aufzeichnungen: ». . . am allerwenigsten durch den mir vorgeführten Mangel an Unterkunft usw. Eichmanns Programm geht weiter und wird von Monat zu Monat gesteigert. Sehen Sie zu, daß Sie mit dem Ausbau von Birkenau vorwärtskommen. Die Zigeuner sind der Vernichtung zuzuführen. Ebenso rücksichtslos vernichten Sie die arbeitsunfähigen Juden. In nächster Zeit werden die Arbeitslager bei den Rüstungsindustrien die ersten größeren Kontingente von arbeitsfähigen Juden aufnehmen, dann bekommen Sie auch wieder Luft. Auch in Auschwitz soll die Rüstung im Lager ausgebaut werden, bereiten Sie sich dazu vor.« Gespräch mit Himmler. Von Höß mitgeteilt in: Kommandant in Auschwitz, Autobiographische Aufzeichnung von Rudolf Höß, hrsg. von M. Broszat, Stuttgart 1958, S. 177 und 179.

Aus all diesen Gründen ist die totale Bereinigung notwendig und daher durchzuführen. Voraussichtliche Terminüberschreitungen sind mir rechtzeitig zu melden, so daß ich früh genug für Abhilfe sorgen kann. Alle Gesuche anderer Dienststellen um Abänderung sowie Ausnahmegenehmigung sind mir persönlich vorzulegen.«[243]

Je mehr nun der thüringische Gauleiter Sauckel als Generalbevollmächtigter für den Arbeitseinsatz bei seiner »Erfassung« ausländischer Arbeitskräfte für die Kriegswirtschaft im Reich auch auf Polen im Generalgouvernement zurückgriff, desto stärker blieb hier die deutsche Kriegsindustrie auf ihre jüdischen Arbeiter angewiesen. Diese Bedarfslage verschärfte sich noch dadurch, daß Himmler den getroffenen Vereinbarungen offensichtlich eine enge Auslegung gab. So blieben zwar Juden, die »von Wehrmachtdienststellen« oder in den im unmittelbaren Auftrage der Rüstungsinspektion des OKW arbeitenden »wirklichen Rüstungsbetrieben«[244] beschäftigt wurden, in der Regel vorerst noch verschont; die jüdischen Arbeiter der übrigen, für die Wehrmacht im Generalgouvernement oder im Reich zweifellos ebenfalls kriegswichtige Aufträge erfüllenden Betriebe und privaten Firmen (Bekleidungs- und Reparaturwerkstätten, Dachpappenfabriken usw.) aber wurden in zunehmendem Maße in die Umsiedlung – meist ohne vorherige Benachrichtigung der örtlichen militärischen Dienststellen – einbezogen. Gegenvorstellungen der Rüstungsinspektion waren erfolglos. Bei einer Besprechung ihrer Beauftragten mit den Vertretern Krügers am 14. August 1942 in Krakau beriefen sich die letzteren sogar auf Göring:

»Nach Auffassung des Reichsmarschalls müsse davon abgegangen werden, daß der Jude unentbehrlich sei[245]. Weder die Rüstungsinspektion noch die sonstigen Dienststellen im Generalgouvernement würden die Juden bis zum Kriegs-

[243] Nürnbg. Dok. NO-5574 (Fotokopie im Institut für Zeitgeschichte, München).
[244] Wie Himmler sich ausdrückte: s. weiter unten. Vgl. im übrigen (auch zum folgenden): Hilberg, a. a. O., S. 334 ff.
[245] Nach einem bei Hilberg, a. a. O., S. 236 zitierten Bericht des Verbindungsoffiziers des Wehrwirtschafts- und Rüstungsamtes des OKW beim Reichsmarschall vom 29. August 1941 erklärte Göring am 14. August 1941, »daß die Juden in den von Deutschland beherrschten Gebieten nichts mehr zu suchen hätten; soweit sie als Arbeiter benötigt würden, sollten sie in Arbeitsformationen zusammengefaßt und in einer Art Gefangenenlager eingesetzt werden, um dort Arbeitsbataillone zu bilden. – Keitel seinerseits verbot auf Grund »einzelner Vorkommnisse« bereits am 12. September 1941 »die Verwendung von einzelnen Juden zu irgendwelchen bevorzugten Hilfsdiensten für die Wehrmacht« und gestattete »lediglich« ihre »Verwendung in besonders zusammengefaßten Arbeitskolonnen«. Nürnbg. Dok. NOKW-1686 (Fotokopie im Institut für Zeitgeschichte, München).

ende behalten. Die ergangenen Befehle seien klar und hart. Sie hätten Geltung nicht nur für das Generalgouvernement, sondern für sämtliche besetzten Gebiete. Die Gründe für sie müßten außergewöhnlicher Natur sein. Unter diesen Umständen sei es nicht lohnend, Juden als Facharbeiter anzulernen. – Jeglicher zusätzliche größere Bedarf an Juden müsse über den Höheren SS- und Polizeiführer dem Reichsführer SS und Chef der Deutschen Polizei zur Entscheidung vorgelegt werden.«

Zwar bewilligte die SS bei dieser Besprechung noch Zwischenlösungen, so für das Warschauer Ghetto eine Zusammenfassung der »in den Betrieben der Rüstungsinspektion beschäftigten Juden in einem besonderen rüstungswirtschaftlichen Ghetto«, unter Trennung von den »anderen Juden«. Die »gleiche Regelung« wurde »für *die* Betriebe, die *für den Militärbefehlshaber im Generalgouvernement*[246] [dessen Dienstbezeichnung übrigens seit 15. Juli 1942, kompetenzmäßig zutreffend, auf die eines »Wehrkreisbefehlshabers im Generalgouvernement« reduziert worden war!] im Warschauer Ghetto arbeiten, zugestanden«; sie sollten »zu diesem Zwecke zusammengelegt werden«[247]. Auch konnte in Einzelfällen der Wehrkreisbefehlshaber General von Gienanth noch Krügers Genehmigung zur Belassung der jüdischen Rüstungsarbeiter erreichen. Inzwischen wurde in einer Reihe von Städten, zum Beispiel Galiziens, »die Kasernierung der für die Wehrmacht arbeitenden Juden durchgeführt beziehungsweise zum Teil begonnen«[248], wie es im Bericht der Oberfeldkommandantur Lemberg heißt. Im ganzen gesehen aber nahmen die »Umsiedlungen«, wiederum ohne vorherige Ankündigung und ohne Rücksicht auf kriegswirtschaftliche Interessen, trotz erneuter militärischer Vorstellungen ihren Fortgang. Und am 5. September 1942 befahl Keitel kategorisch den Ersatz der jüdischen Arbeitskräfte durch Polen.

In dieser Situation entschloß sich General von Gienanth zu einem entscheidenden Schritt, für dessen Begründung es ihm schon an »sachlichen« Argumenten nicht fehlte. Konnten ihm doch seine Oberfeldkommandanten (wie auch zuständige zivile Dienststellen des Generalgouvernements) bestätigen, daß der Befehl Keitels undurchführbar sei beziehungsweise daß pol-

[246] Hervorhebung vom Verfasser.
[247] Protokoll der Besprechung vom 15. August 1942, zitiert nach Krannhals, a. a. O. (vgl. Anm. 234).
[248] Außer in Lemberg, wo die Zahl der jüdischen Arbeitskräfte noch gegen 10000 betrug. Ebenda, auch das Folgende.

nische Ersatzkräfte nicht zur Verfügung ständen; sie meldeten überdies, daß die Polizeimaßnahmen erhebliche Arbeitsausfälle verursacht hätten, ja indirekt die Versorgung der Front mit Lebensmitteln gefährdeten. So richtete Gienanth am 18. September 1942 unter Bezugnahme auf den erwähnten Erlaß Keitels das folgende Schreiben an das OKW – Wehrmachtführungsstab[249]:

»I. Bis jetzt war für das Generalgouvernement angeordnet:

1) Polnische und ukrainische Arbeiter werden zwecks Freimachung für das Reich durch jüdische Arbeiter ersetzt; hierzu werden auch Judenlager zum Einsatz bei den Betrieben aufgestellt.

2) Zur Ausnützung der jüdischen Arbeitskraft für den Krieg werden rein jüdische Betriebe oder Teilbetriebe gebildet.

Die ohne Benachrichtigung der meisten Wehrmachtdienststellen eingesetzte Aussiedlung der Juden brachte starke Erschwerungen im Nachschub und Verzögerungen in der kriegswirtschaftlichen Sofortproduktion. Arbeiten der SS-Stufe, der Dringlichkeitsstufe ›Winter‹, können nicht fristgerecht erledigt werden.

II. Ungelernte Arbeiter können zum Teil ersetzt werden, wenn der Generalbevollmächtigte für den Arbeitseinsatz auf die bis Ende d. J. durchzuführende Abgabe von 140 000 Polen an das Reich verzichtet und wenn die Erfassung der Polizei gelingt. Dies wird nach den bisherigen Erfahrungen bezweifelt.

Als angelernte Arbeiter können zu einem geringen Teil Schüler genommen werden, die zur Zeit in den Fachschulen der Regierung ausgebildet werden.

Facharbeiter müssen erst herangebildet werden. Die Schulung der – im wesentlichen der Landwirtschaft zu entnehmenden – Arbeitskräfte bedarf Monate bis zu einem Jahr und, bei einigen besonders hochqualifizierten Arbeitern und Handwerkern, noch darüber.

Ob die Lösung dieser besonders schwierigen Frage, von der die Erhaltung der Leistungsfähigkeit des Gen.-Gouv. für die Kriegswirtschaft in erster Linie abhängt, durch Abgaben von Facharbeitern aus dem Reich beschleunigt werden kann, entzieht sich meiner Beurteilung.

III. Nach den Unterlagen der Regierung – Hauptabteilung

[249] Himmler – files, folder 126 (Mikrofilm im Institut für Zeitgeschichte, München).

Arbeit – beträgt die Gesamtzahl der gewerblichen Arbeiter etwas mehr als eine Million, hiervon über 300000 Juden. Unter diesen sind etwa 100000 Facharbeiter.

In den einzelnen, für die Wehrmacht arbeitenden Betrieben schwankt die Zahl der Juden unter den Facharbeitern zwischen 25–100%; sie beträgt 100% bei den für die Winterbekleidung arbeitenden Textilbetrieben. In anderen Betrieben, zum Beispiel in der wichtigen Fahrzeugfabrikation Typ ›Fuhrmann‹ und ›Pleskau‹, sind die Schlüsselkräfte, die Stellmacher, hauptsächlich Juden. Sattler sind mit geringen Ausnahmen Juden.

Für die Uniform-Instandsetzung sind bei Privatfirmen zur Zeit insgesamt 22700 Arbeiter tätig, davon sind 22000 (97 v. H.) Juden, darunter rund 16000 Fachkräfte (Textil- und Lederwerke).

Ein rein jüdischer Betrieb mit 168 Arbeitern fertigt Geschirrbeschläge. Hiervon ist abhängig die gesamte Fertigung von Geschirren im Gen.-Gouv., in der Ukraine und zum Teil im Reich.

IV. Sofortige Entfernung der Juden hätte zur Folge, daß das Kriegspotential des Reiches erheblich gedrückt und die Versorgung der Front sowie der Truppen des Gen.-Gouv. mindestens augenblicklich stocken würde.

1) In der Rüstungsindustrie würden ernste Fertigungsausfälle, zwischen 25 bis 100%, eintreten.

2) Bei den Kraftfahrzeug-Instandsetzungs-Werkstätten würde ein durchschnittlicher Leistungsabfall von etwa 25% eintreten, d. h., es würden im Monat durchschnittlich 2500 Kraftfahrzeuge weniger instandgesetzt werden.

3) Zur Durchführung der Versorgung müßten Nachschubeinheiten eingesetzt werden.

V. Wenn die kriegswichtigen Arbeiten nicht leiden sollen, können die Juden erst nach Ausbildung des Ersatzes, also Zug um Zug, freigegeben werden. Diese Aufgabe kann nur örtlich durchgeführt, muß aber von *einer* Stelle in Zusammenarbeit mit dem Höh.-SS- u. Pol.-Führer zentral gesteuert werden.

Es wird gebeten, den Bezugserlaß in dieser Art durchführen zu dürfen. Dabei soll Richtlinie sein, die Juden so rasch als möglich auszuschalten, ohne die kriegswichtigen Arbeiten zu beeinträchtigen.

VI. Wie nunmehr festgestellt, laufen im Gen.-Gouv. ohne Kenntnis der Rüstungsinspektion und des W. i. G.[250] von den verschiedensten Wehrmachtdienststellen des Reichs kriegswichtige Aufträge der höchsten Dringlichkeitsstufe, vor allem für den Winterbedarf. Die rechtzeitige Fertigstellung dieser Arbeiten ist durch die Aussiedlung der Juden unmöglich gemacht.

Eine systematische Erfassung aller derartiger Betriebe benötigt einige Zeit.

Es wird gebeten, die Aussiedlung der in den gewerblichen Betrieben tätigen Juden bis dahin auszusetzen.«

In Anbetracht der Sprache einiger der vorliegenden militärischen Dienstberichte über die »Judenaktion« im Generalgouvernement erscheint der Argwohn Himmlers nicht unberechtigt, daß den hier verwendeten Argumenten noch andere Motive als die bloßer Zweckmäßigkeit zugrunde lagen – zumal es im totalitären Regime des Nationalsozialismus »üblich« geworden war, Kritik nicht gegen eine befohlene Maßnahme als solche, sondern gegen die Art ihrer Durchführung zu richten. Jedenfalls wurde Gienanth mit Wirkung vom 30. September 1942 von seinem Posten abgelöst. Am 9. Oktober nahm Himmler in einem Rundschreiben an Pohl, Krüger, Globocnik, das RSHA und SS-Obergruppenführer Wolff (das er dem Generalquartiermeister Wagner und dem Oberstleutnant von Tippelskirch vom Wehrmachtführungsstab zur Kenntnis gab) zu der Denkschrift Gienanths in gereizter, ja beleidigender Form folgendermaßen Stellung:

»Zu dem Schreiben des Wehrkreisbefehlshabers im Generalgouvernement an das Oberkommando der Wehrmacht betreffend den Ersatz der jüdischen Arbeitskräfte durch Polen habe ich folgendes zu sagen:

1. Ich habe angeordnet, die ganzen sogenannten Rüstungsarbeiter, die lediglich in Schneider-, Holz- und Schusterwerkstätten arbeiten, durch SS-Obergruppenführer *Krüger* und SS-Obergruppenführer *Pohl* an Ort und Stelle, d. h. also in Warschau, Lublin in KL zusammenzufassen. Die Wehrmacht soll ihre Bestellungen an uns geben, und wir garantieren ihr den Fortgang der Lieferungen für die von ihr gewünschten Bekleidungsstücke. Gegen alle diejenigen jedoch, die glauben, hier mit angeblichen Rüstungsinteressen entgegentreten zu müssen, die in Wirklichkeit ledig-

250 Wehrkreisbefehlshaber im Generalgouvernement.

lich die Juden und ihre Geschäfte unterstützen wollen, habe ich Anweisung gegeben, unnachsichtlich vorzugehen.

2. Juden, die sich in wirklichen Rüstungsbetrieben befinden, also Waffenwerkstätten, Autowerkstätten usw. sind Zug um Zug herauszulösen. Als erste Stufe sind sie in den Betrieben in einzelnen Hallen zusammenzufassen. Als zweite Stufe dieser Entwicklung ist die Belegschaft dieser einzelnen Hallen im Austausch tunlichst in geschlossenen Betrieben zusammen zu tun, so daß wir dann lediglich einige geschlossene Konzentrationslager-Betriebe im Generalgouvernement haben.

3. Es wird dann unser Bestreben sein, diese jüdischen Arbeitskräfte durch Polen zu ersetzen und die größere Anzahl dieser jüdischen KL-Betriebe in ein paar wenige jüdische KL-Großbetriebe tunlichst im Osten des Generalgouvernements zusammenzufassen. Jedoch auch dort sollen eines Tages dem Wunsche des Führers entsprechend die Juden verschwinden.«[251]

Am Tage darauf, dem 10. Oktober 1942, sandte das OKW – Wehrmachtführungsstab/Qu (II) – an den neuen Wehrkreisbefehlshaber im Generalgouvernement, General Hänicke, ein Fernschreiben, das gleichlautend an das Wehrwirtschafts-und Rüstungsamt (im OKW), den Befehlshaber des Ersatzheeres, den Generalquartiermeister, sowie die Wehrmachtbefehlshaber Ostland und Ukraine ging, und dessen erster Absatz lautet:

»Das Oberkommando der Wehrmacht hält im Einvernehmen mit dem Reichsführer-SS an dem Grundsatz fest, daß die von der Wehrmacht zum militärischen Hilfsdienst und in der Rüstungswirtschaft beschäftigten Juden sofort durch arische Arbeitskräfte zu ersetzen sind.«

Und hierauf folgte, als ob sich dies von selbst verstand, die wörtliche Wiedergabe der (in Himmlers Schreiben vom 9. Oktober 1942 enthaltenen) »Richtlinien«, die »der Reichsführer SS . . . für die Durchführung dieser Maßnahme . . . mitgeteilt« habe. Endlich als Fazit:

»Es ist hiernach Aufgabe der für die Betriebe verantwortlichen Militärdienststellen, mit dem zuständigen SS- und Pol.Führer die Durchführung vorstehender Richtlinien festzulegen.«[252]

---

[251] Nürnbg. Dok. NO-1611 (Fotokopie im Institut für Zeitgeschichte, München).
[252] Nürnbg. Dok. NOKW-134 (Fotokopie im Institut für Zeitgeschichte, München).

Damit war eine grundsätzliche Entscheidung gefallen, die Himmler erlauben sollte, Fortgang oder Sicherstellung der Vernichtung mit einer befristeten kriegswirtschaftlichen Ausbeutung der Juden – im Gewahrsam und (zunehmend) in eigenen Betrieben der SS – zu verbinden. Am 13. Oktober 1942 vereinbarte der Oberquartiermeister des Wehrkreisbefehlshabers, Oberst Forster, in Spala mit Krüger die praktische Durchführung der »Richtlinien« Himmlers. Danach waren die einzeln bei militärischen Dienststellen beschäftigten Juden »sofort ohne Rücksicht auf Ersatz« zu »entlassen« (!). Immerhin »durften« die nachgeordneten militärischen Stellen den Wehrkreisbefehlshaber (!) um Ausnahmen bitten, wenn die von den einzelnen Juden als Facharbeitern (zum Beispiel Zahntechnikern!) geleisteten Dienste dann »nicht mehr im *notwendigen*[253] Umfang« erfüllt werden konnten, und wenn in dem betreffenden Ort »auch nach der Auskämmung wenigstens 100 Juden insgesamt bei den verschiedenen Dienststellen verbleiben«. Prinzipiell wurden jetzt alle den Rüstungsbetrieben belassenen Juden »Arbeitshäftlinge des Höheren SS- und Polizeiführers« – oder gar, wie der Lemberger SS- und Polizeiführer für Galizien berichtet, förmlich dazu »erklärt«[254]. Folgerichtig waren – kraft der weiteren Vereinbarungen Forsters mit Krüger – sämtliche von der Wehrmacht eingerichteten »Judenlager« jetzt der SS zu übergeben, welche die jüdischen Arbeiter »von den neugebildeten Konzentrationslagern aus« den militärischen Dienststellen »zuführen« würde. Die jüdischen Belegschaften der (zur Unterscheidung von den »Betrieben der Rüstungsinspektion« selbst) hinfort als »Rüstungsbetriebe des Wehrkreisbefehlshabers« bezeichneten Unternehmungen (Autowerkstätten, Fertigungsbetriebe für Geschirre, Fahrzeuge, Baracken, Bekleidung usw.) sollten zunächst innerhalb dieser zusammengefaßt, sodann sollten aus ihnen »tunlichst geschlossene Judenbetriebe« gebildet werden. Dafür, daß die SS die nunmehr ihr »gehörenden« jüdischen Arbeitssklaven der Wehrmacht zur Verfügung stellte, mußte diese gegebenenfalls hinfort den Tageslohn – »fünf Zloty für den Mann und vier Zloty für die Frau« – an die SS entrichten![255] Immerhin aber machte Krüger dem Heer das grundsätzliche Zugeständnis, »oberster Gesichtspunkt bei allen

---

[253] Hervorhebung im Original.
[254] Katzmann-Bericht, IMT, Bd. XXXVII, S. 398.
[255] »Wenn von den Heeresdienststellen ... Verpflegung ... gewährt wird, ist der ... Tagessatz um 1,60 Zloty zu kürzen. Lohnsteuer und Beiträge zur Sozialversicherung sind nicht zu zahlen.«

Maßnahmen« solle sein: »keine Störung in der Produktion«[256]. Die hier ausführlich wiedergegebene Vereinbarung Krüger–Forster mit der von Hitler und Himmler bestimmten Tendenz zur Vollendung der Judenvernichtung unter gewissen Rücksichten – namentlich ihrer örtlichen Funktionäre – auf die Kriegsproduktion war für die Folge weitgehend charakteristisch. Für die jüdischen Arbeitskräfte in allen durch die Abmachung nicht gedeckten Betrieben hatte jetzt vollends die Stunde geschlagen. Ferner wurden die bei der Wehrmacht beschäftigten Juden – was insgesamt freilich Monate dauerte – laufend, auch ganze Lager, weisungsgemäß der SS übergeben[257], und von dieser teils an die Rüstungsbetriebe vermietet, teils in ihren eigenen Lagern »eingesetzt« oder weiter dezimiert. Daneben nahmen die »Aktionen« gegen die Bevölkerung der noch verbliebenen Ghettos und Ghetto-Städte, besonders in Galizien, ihren Fortgang. Die Verordnungen Krügers vom 28. Oktober und 10. November 1942 über die »Errichtung« (und alleinige Zulassung) von 55 »Judenwohnbezirken« im Generalgouvernement[258] bedeuteten unter diesen Umständen nicht eigentlich die Schaffung »neuer« Ghettos, sondern eine weitere Reduzierung der einst etwa 1000 jüdischen Siedlungen auf – immerhin noch – 55 mehr und weniger streng bewachte, teils längst bestehende, teils schon einmal »geräumte« Ghettos, in welche allenfalls Juden aus aufgelösten Arbeitslagern und Restghettos »neu« eingewiesen wurden. Möglicherweise waren die erwähnten Verordnungen auch von dem Zweck bestimmt, geflohene Juden durch Täuschung (und Drohung) zur Rückkehr in die (allein) genehmigten Orte zu bewegen. Außer diesen »Wohngebieten« aber bestanden vorerst noch zahlreiche jüdische Arbeitslager fort, und im Ghetto Warschau befanden sich noch rund 35 000 registrierte Juden[259] (in Wirklichkeit wohl die doppelte Zahl). Obgleich bis Jahresende etwa zwei Drittel der

---

[256] Nürnbg. Dok. NOKW-134. – Vgl. auch die im Distrikt Galizien mit der Wehrmacht ausgehandelte ganz ähnliche Regelung nach dem Schreiben Katzmanns an das Rüstungskommando Lemberg vom 23. Oktober 1942, IMT, Bd. XXXVII, S. 398 ff. – Danach wurden die jüdischen Arbeitskräfte, »jedoch unter keinen Umständen« ihre Familienangehörigen (!), in bestimmten Wohnblocks der noch vorhandenen Ghettos untergebracht, soweit sie nicht von den Werkleitungen der Betriebe selbst »vorläufig« kaserniert oder schon in polizeieigenen Lagern zsammengefaßt werden konnten. – »Der SSuPolF. Galizien und das Rü.Ko Lemberg stimmen überein, daß es notwendig ist, die jüdischen Arbeitskräfte auch arbeitsfähig zu erhalten, das bedingt entsprechende Unterkunft, Bekleidung und ärztliche Betreuung.«

[257] Gutachten Krannhals (vgl. Anm. 234).

[258] Verordnungsblatt für das Generalgouvernement, 1942, S. 665 f., 683 ff.

[259] Vgl. Gutachten Krannhals; ferner ›Faschismus, Getto, Massenmord‹, S. 323.

polnischen Juden[260] »ausgesiedelt« wurden, war es daher inzwischen immer unwahrscheinlicher geworden, daß der von Himmler am 19. Juli gesetzte Termin des 31. Dezember 1942 für die Überführung aller Juden des Generalgouvernements in fünf »Sammellager« sich einhalten ließ. Krüger äußerte schon Mitte Oktober seine Zweifel hieran, als die Befehlshaber der Sicherheitspolizei und der Ordnungspolizei ihm vorstellten, daß die sofortige »Entlassung« ihrer (!) jüdischen Arbeiter auch für ihre Betriebe »erhebliche Schwierigkeiten« hervorrufen würde. Und er konzedierte ihnen »eine gewisse Übergangszeit«: es komme Himmler ja vor allem darauf an, »daß Juden nicht mehr unkontrolliert und frei herumlaufen. Wenn sie in bewachten Lagern zusammengehalten und geschlossen zur Arbeit geführt würden, so wäre damit schon einem Hauptwunsch des Reichsführers entsprochen«. Als »Grundsatz« müsse aber »natürlich« gelten, daß »SS und Polizei allen anderen mit gutem Beispiel vorangingen und so schnell wie möglich alle Juden der Aussiedlung zuführten«![261]

Die eingetretenen Verzögerungen, namentlich in Warschau, dazu eine Transportsperre infolge der Stalingrad-Krise, riefen Himmler erneut auf den Plan. Trotz der so gefährdeten Frontlage beschwor er in seinem bereits zitierten Brief[262] vom 20. Januar 1943 den Staatssekretär im Reichsverkehrsministerium, Dr. Ganzenmüller, ihm »mehr Züge« zu verschaffen; und dies, indem er sein Drängen auf Abtransport der Juden mit der bestehenden »Bandengefahr« motivierte – ein Gesichtspunkt, der für die Politik der »Endlösung« ja nie eine Rolle spielte, selbst wenn infolge dieser Politik schließlich auch Juden (in geringster Zahl) zu den Partisanen stießen oder sich hier und da zu verzweifeltem Widerstand erhoben. Inzwischen war Himmler am 9. Januar 1943 zusammen mit Obergruppenführer Wolff überraschend in Warschau erschienen und hatte sich hier den Leiter des Rüstungskommandos, Oberst Freter, »kommen lassen«[263]. Er habe sich davon überzeugen wollen, so erklärte er Freter, »ob es der Wahrheit entspreche, daß einem direkt gegebenen

[260] Des Generalgouvernements, der ins Reich eingegliederten Ostgebiete sowie des Bezirks Bialystok. Vgl. den Bericht des Inspekteurs für Statistik beim Reichsführer-SS, Dr. R. Korherr, vom 19. April 1943. Nürnbg. Dok. NO-5193 (Fotokopie im Institut für Zeitgeschichte, München). Dazu Hilberg, a. a. O., S. 337.

[261] ›Faschismus, Getto, Massenmord‹, S. 447.

[262] Vgl. oben, S. 304 f.

[263] Brief vom 11. Januar 1943 an Krüger, Nürnbg. Dok. NO-1882 (Fotokopie im Institut für Zeitgeschichte, München). Zum folgenden außerdem die Aktennotiz Oberst Freters vom 12. Januar 1943 (Gutachten Krannhals).

Führerbefehl, bis Ende 1942 das Ghetto in Warschau aufzulösen, tatsächlich nicht entsprochen worden sei«[264]. Und er »beauftragte« Freter, dem Rüstungsinspekteur General Schindler sein, Himmlers, Erstaunen auszudrücken, daß seine »Anweisungen bezüglich der Juden nicht befolgt würden«. Vergeblich machte der Oberst geltend, »daß alle Anordnungen über die Weiterbeschäftigung der Juden in Warschau im Einvernehmen« mit Krüger ergangen seien. Himmler setzte dem anwesenden SS- und Polizeiführer von Warschau »noch einmal eine Frist bis zum 15. Februar 1943«, in der »die sofortige Ausschaltung der privaten Firmen«, die Auflösung des Warschauer Ghettos und die Überführung der Juden, der Betriebe und ihrer Maschinen nach Lublin vorzunehmen seien, und ließ Schindler bestellen, »daß die Überführung im Einvernehmen mit Herrn Generalfeldmarschall Keitel erfolge«. Die bei den Firmen liegenden Aufträge würden von der SS übernommen und abgewickelt werden, so daß für die Wehrmacht »zwar ein zeitlicher Lieferungsausfall während der Verlagerungszeit entstünde«, dieser aber »durch vermehrte Arbeit im Konzentrationslager wieder wettgemacht würde ... Aus Gründen der Sicherheit«, so bemerkte Himmler einmal mehr, beabsichtige er, »sämtliche Juden überhaupt nur in zwei Lagern, Auschwitz und Lublin, zu vereinigen«.

Der SS- und Polizeiführer von Sammern machte sich ans Werk. Doch seine Hoffnung, ab 3. Februar über die von Himmler verlangte »Umsiedlung« von zunächst 8000 Juden hinaus etwa 20 000 jüdische Arbeiter aus insgesamt acht Betrieben ohne weiteres nach Lublin verbringen zu können[265], erfüllte sich nicht.

[264] Daß ein solcher Befehl bereits erteilt worden war, dürfte auch daraus hervorgehen, daß Pohl, der Chef des SS-Wirtschafts-Verwaltungshauptamtes, am 4. Dezember 1942 (im Sinne von Anregungen Himmlers vom 1. Dezember) »drei maschinenkundige Führer« des WVHA nach Warschau beorderte, die »das gesamte Ghetto durchkämmen und sämtliche vorhandenen Maschinen an verschiedenen Plätzen sammeln« und daraufhin »sichten« sollten, »ob für SS-Betriebe geeignet oder nicht«. Immerhin hielt Himmler es für »notwendig, daß Sie sich die offizielle Genehmigung des Reichswirtschaftsministers zur Überführung der Maschinen in unsere Betriebe schriftlich einholen«. – Im übrigen hatte Himmler in seiner Eigenschaft als Reichskommissar für die Festigung deutschen Volkstums durch eine »Allgemeine Anordnung« vom 15. Dezember 1942 die »ausschließliche Verwertung« des »gesamten unbeweglichen Vermögens der Juden im Generalgouvernement«, statt den Zivilbehörden, dem Höheren SS- und Polizeiführer »für Zwecke der Festigung deutschen Volkstums« (zugunsten deutscher Umsiedler usw.) übertragen (›Faschismus, Getto, Massenmord‹, S. 408 f., 411 f., 416). Doch war dieser amtlichen Anordnung ein gleicher Befehl, auch hinsichtlich des beweglichen Vermögens, bereits vorausgegangen (S. 410). – Der Generalgouverneur Frank bezeichnete die Anordnung Himmlers als »rechtsunwirksam«. IMT, Bd. XXIX, S. 660.

[265] Vgl. das Schreiben von Sammerns vom 2. Februar 1943, ›Faschismus, Getto, Massenmord‹, S. 449 f. Nach Angabe Stroops (IMT, Bd. XXVI, S. 635) konnten bei einer »Umsiedlungsaktion« im Januar 1943 nur 6500 Juden »erfaßt« werden.

Denn in der begreiflichen Meinung, daß es sich auch hier um sofortigen Abschub in eines der Vernichtungslager handle, von denen sie seit längerer Zeit Kunde hatten, leisteten die Betroffenen organisierten bewaffneten Widerstand. Einen Tag nach Ablauf »seines« Termins, am 16. Februar, befahl Himmler zunächst »die Errichtung eines Konzentrationslagers *im Ghetto Warschau*[266]: in dieses seien alle noch in Warschau lebenden Juden, desgleichen die »bisherigen Privatbetriebe« (künftig »Reichsbetriebe«!), zu überführen; »das gesamte Konzentrationslager« aber, »mit seinen Betrieben und seinen Insassen«, sei »so rasch wie möglich nach Lublin und Umgebung umzusetzen«. Und nach der Verlegung des Konzentrationslagers sei das Ghetto abzureißen, damit dieser »für 500000 Untermenschen bisher vorhandene Wohnraum, der für Deutsche niemals geeignet ist, von der Bildfläche verschwindet«![207] Noch war es jedoch nicht soweit. Statt der dreitägigen »Großaktion«, wie sie von Sammern geplant hatte und sein Nachfolger Stroop sie (ab 1. April 1943) durchzuführen gedachte, kam es vielmehr zu jenem berühmt gewordenen, heroischen Warschauer Ghettoaufstand von 28 Tagen – dem bei den unvergleichbaren Kräfteverhältnissen ein Erfolg natürlich versagt war. Am 16. Mai meldete Stroop »mit der Sprengung der Synagoge« das Ende seiner »Großaktion« und als Gesamtzahl der »erfaßten« oder »nachweislich vernichteten« Juden: 56065[268]. Von den Gefangenen wurde, wie es scheint, ein Teil erschossen, ein anderer nach Treblinka geleitet, etwa 15000 nach Lublin verschleppt, der Rest in andere Zwangsarbeitslager[269]. Am 11. Juni befahl Himmler, das Dzielna-Gefängnis im ehemaligen Ghetto Warschau in ein Konzentrationslager umzuwandeln, dessen Häftlinge nach Bergung der Materialien das Ghettogebiet einebnen und in einen »großen Park« verwandeln sollten[270]: ein Unternehmen, das bei Annäherung der Roten Armee im Juni 1944 abgebrochen werden mußte.

Auch in den anderen Teilen Polens hatte Himmler inzwischen die Räumung des verbleibenden großen Ghettos in Angriff genommen. Neben der Regelung in Warschau, einer Lösung der Transportfrage mit Hilfe Ganzenmüllers und einer – mit vor-

[266] Hervorhebung vom Verfasser.
[267] Himmlers Befehle an Pohl und Krüger, beide vom 16. Februar 1943, Nürnbg. Dok. NO-2514 und 2494 (Fotokopie im Institut für Zeitgeschichte, München).
[268] IMT, Bd. XXVI, S. 693.
[269] Vgl. Nürnbg. Dok. NO-1903 (Fotokopie im Institut für Zeitgeschichte, München).
[270] Nürnbg. Dok. NO-2496 (Fotokopie im Institut für Zeitgeschichte, München).

beugender »Bandenbekämpfung« ebenfalls kaum ausreichend motivierten – Großaktion zur »Erfassung« der »Asozialen« im Generalgouvernement[271] ging es ihm im Januar 1943 auch um die Dezimierung des Ghettos von *Bialystok*. »Im Zuge der bis 30. Januar 1943 befohlenen verstärkten Zuführung von Arbeitskräften in die Konzentrationslager«, wie das Fernschreiben des Gestapochefs Müller bezeichnend beginnt, schlug ihm dieser daher einmal den Abschub von 30 000 Juden aus Bialystok nach Auschwitz vor. Sodann sollten 5000 arbeitsfähige Juden aus Theresienstadt dorthin geschickt werden. Müller bat Himmler allerdings außerdem, »Sondergenehmigung« für den Abtransport von 5000 arbeits*unfähigen*, auch *über 60* Jahre alten Juden aus Theresienstadt zu erteilen – »um bei dieser Gelegenheit den ... zu hohen Lagerbestand von 48 000 etwas herunterzudrücken«. (Es würden, so fügte er beruhigend hinzu, »wie bisher, nur Juden genommen werden, die über keine besonderen Beziehungen verfügen und keine hohen Auszeichnungen besitzen«.) Bei Anlegung eines »zweckmäßigen Maßstabes ... bei Ausmusterung« in Auschwitz würden in Anbetracht einer Gesamtzahl von 45 000 Deportierten (einschließlich 3000 holländischen und 2000 Berliner Juden) dennoch »mindestens 10–15 000 Arbeitskräfte anfallen«.[272]

Wie aber solche »Ausmusterungen« am Zielort verlaufen konnten, zeigen erhalten gebliebene Meldungen des Arbeitseinsatzleiters in Auschwitz, SS-Obersturmführer Schwartz, an das Wirtschafts-Verwaltungshauptamt über die Selektion u. a. der *Berliner jüdischen Rüstungsarbeiter*. Denn diese wurden am 27. Februar 1943 an ihren Arbeitsplätzen »schlagartig« verhaftet und

---

[271] Vgl. Himmlers Schreiben an Gestapo-Müller vom 11. Januar 1943 (Bundesarchiv). Im übrigen wurde diese unmittelbar darauf durchgeführte »Arbeitererfassungsaktion«, bei der man wahllos »die Leute von der Straße, aus den Kinos, aus Kirchen und Häusern« wegholte, von den Funktionären des Generalgouvernements gerade wegen ihrer Auswirkung auf die »Bandenlage« schärfstens kritisiert! Zugleich komplizierte sich diese auch durch die psychologische Auswirkung der Judenverfolgung auf die Polen. Vgl. Frank-Tagebuch, IMT, Bd. XXIX, S. 638 ff., 647, 670. M. Broszat, a. a. O., S. 109, 184.

[272] Müllers Fernschreiben an Himmler vom 16. Dezember 1942 (PS-1472), IMT, Bd. XXVII, S. 252 f. – Anscheinend sind nicht die (auch nach dem »Umlaufplan« der Generalbetriebsleitung Ost der Deutschen Reichsbahn vom 16. Januar 1943) vorgesehenen 10000, sondern (zwischen dem 20. Januar und 1. Februar 1943) nur 7001 Juden (und zwar fast ausschließlich im Alter von *nicht* über 60 Jahren) aus Theresienstadt nach Auschwitz deportiert worden. Das WVHA erkundigte sich merkwürdigerweise sogar nur nach dem Selektionsergebnis bei den bis 26. Januar 1943 deportierten 5000. – Den nochmaligen Vorschlag Kaltenbrunners selbst, 5000 über 60 Jahre alten Juden aus Th. zu deportieren, lehnte Himmler – offenbar aus Rücksichten der Tarnung – ab. Vgl. die Dokumente bei Adler, Theresienstadt, S. 54 ff., sowie: Die verheimlichte Wahrheit, S. 296. – Transporte aus Bialystok gingen zwischen dem 5. und 13. Februar nach Auschwitz (3) und Treblinka (5).

nun (mit ihren Angehörigen) ebenfalls deportiert[273]. Hatte doch Sauckel bereits am 26. November 1942 (gemäß dem von Hitler selbst erteilten Befehl[274]) den Präsidenten der Landesarbeitsämter angekündigt, daß »im Einvernehmen mit dem Chef der Sicherheitspolizei und des SD« (Kaltenbrunner) »nunmehr auch die noch in Arbeit eingesetzten Juden aus dem Reichsgebiet evakuiert« würden. Und zwar solle dies »Zug um Zug« mit ihrem Ersatz durch – Polen geschehen, »die aus dem Generalgouvernement ausgesiedelt werden« würden: Kaltenbrunner hatte Sauckel nämlich mitgeteilt, »daß voraussichtlich im Laufe des Monats November mit der Aussiedlung von Polen im Distrikt Lublin begonnen werde, um dort Raum für die Ansiedlung von Volksdeutschen zu schaffen«[275]! Lediglich den »sogenannten ›qualifizierten‹ jüdischen Arbeitskräften«, wie es hieß, war noch eine Galgenfrist gewährt: die »Anlernzeit« für den polnischen Ersatz, damit Produktionsausfälle »auf das äußerste Maß« beschränkt würden[276]. Am 26. März 1943 konnte Sauckel in einem weiteren Schreiben feststellen, daß »der Reichsführer-SS aus Gründen der Staatssicherheit [!] die bisher im freien Arbeitsverhältnis tätigen, nicht lagermäßig eingesetzten Juden Ende Februar von ihren Arbeitsplätzen abgezogen und einem geschlossenen Einsatz zugeführt oder zur Fortschaffung zusammengezogen« habe[277]. Und bereits am 8. März 1943 hatte Schwartz aus Auschwitz gemeldet:

»Transport aus Berlin, Eingang 5. 3. 43, Gesamtstärke 1128 Juden. Zum Arbeitseinsatz gelangten 389 Männer (Buna) und 96 Frauen. Sonderbehandelt [d.h. den Gaskammern zugeführt] wurden 151 Männer und 492 Frauen und Kinder. Transport aus Breslau, Eingang 5. 3. 43. Gesamtstärke 1405 Juden. Zum Arbeitseinsatz gelangten 406 Männer (Buna) und 190 Frauen. Sonderbehandelt wurden 125 Männer und 684 Frauen und Kinder.

Transport aus Berlin, Eingang 7. 3. 43. Gesamtstärke 690 ein-

[273] Größtenteils nach Auschwitz, relativ wenige nach Theresienstadt. Vgl. Scheffler, a. a. O., S. 69; Adler, Die verheimlichte Wahrheit, S. 307. – Vgl. Anm. 277!

[274] Nach dem Zeugnis Speers (s. oben, Anm. 177) »im September oder Oktober«.

[275] Zu dieser – übrigens am gleichen 26. November 1942 – im Kreise Zamosc beginnenden, auf die Schaffung eines ersten deutschen »Großsiedlungsgebiets« im Generalgouvernement gerichteten, überstürzten Zwangsevakuierung (mittels Massenverhaftung) von Tausenden polnischer Bauern, samt ihren Auswirkungen: M. Broszat, a. a. O., S. 185 ff.

[276] IMT, Bd. XXXVII, S. 495 f.

[277] Nürnbg. Dok. L-156 (Fotokopie im Institut für Zeitgeschichte, München). – »Um die Schlagartigkeit dieser Maßnahme nicht zu gefährden«, so fügte Sauckel hinzu, habe er »von einer vorherigen [näheren] Unterrichtung abgesehen und nur diejenigen Landesarbeitsämter im Kenntnis gesetzt, in deren Bezirken in größerer Zahl freie jüdische Arbeitskräfte eingesetzt waren«!

schließlich 25 Schutzhäftlingen. Zum Arbeitseinsatz gelangten 153 Männer und 25 Schutzhäftlinge (Buna) und 65 Frauen. Sonderbehandelt wurden 30 Männer und 417 Frauen und Kinder.«[278]

Noch im gleichen Monat März folgte die Liquidation des Ghettos von *Krakau* unter Verlegung eines größeren Teils seiner Insassen in das Arbeitslager Plaszow. Im Distrikt Galizien betrieb inzwischen Katzmann so »energisch die weitere Aussiedlung«, daß »mit Wirkung vom 23. Juni 1943 sämtliche Judenwohnbezirke aufgelöst werden konnten«. Als sich schließlich Widerstand gezeigt hatte, war er in der zweiten Junihälfte »in allen Teilen des Distrikts . . . gleichzeitig mit den schärfsten Mitteln eingeschritten« und namentlich bei der Räumung des Ghettos von *Lemberg* »von vornherein brutal« vorgegangen. Vom 10. November 1942 bis zum 27. Juni 1943 stieg nach Katzmanns Angabe die Zahl der in Galizien »ausgesiedelten« Juden von 254 989 auf 434 329. Noch gab es im Distrikt 21 Arbeitslager mit insgesamt 21 156 Juden; doch, wie Katzmann hinzufügte, wurden auch diese »noch laufend reduziert«[279].

Das war ganz im Sinne Himmlers, der immer wieder verlangte, daß die im Generalgouvernement »noch vorhandenen 300 000 bis 400 000 Juden« schnellstens »entfernt« würden und daß »an Juden nach dem Osten abgefahren« werde, »was überhaupt nur menschenmöglich« sei[280]. Im August 1943 wurden die Ghettos der beiden wichtigen Industriestädte *Sosnowiec* und *Bedzin* geräumt. Die Gesamtaktion, die damals Oberschlesien und den ihm eingegliederten Gebieten galt, führte infolge ihrer Rücksichtslosigkeit unter anderem dazu, daß von rund 2000 Einzelbauvorhaben für deutsche Umsiedler etwa 500 »sofort eingestellt« werden mußten, weil, wie der zuständige NS-Funktionär meldete, die Juden »ein Drittel des gesamten Arbeitseinsatzes« ausgemacht hatten[281]. Sogar zwei Werke, die am

[278] Dokumenty i Materialy z czasów okupacji niemieckiej w Polsce, Bd. I, hrsg. von N. Blumental im Auftrag der Zentralen Jüdischen Historischen Kommission. Lodz 1946, S. 110. – Am 20. Februar 1943 meldete Schwartz von insgesamt 5022 aus Theresienstadt im Januar »überstellten« Juden als »zum Arbeitseinsatz ausgesucht«: 920, als »gesondert untergebracht« (!): 4092; am 15. März von 964 Juden aus Berlin als »zum Arbeitseinsatz« gekommen: 365; als »gesondert untergebracht«: 599. Ebenda, S. 117.

[279] Katzmanns Bericht: IMT, Bd. XXXVII, S. 401, 405 ff.; Reitlinger, a. a. O., S. 309, 317 ff.

[280] Vgl. ›Faschismus, Getto, Massenmord‹, S. 355 f. (10. und 12. Mai 1943); Nürnbg. Dok. NO-5197 (Fotokopie im Institut für Zeitgeschichte, München).

[281] »Es werden dringend 500–600 Juden benötigt, wobei ich bemerke, daß es zweckmäßig erscheint, die bereits eingearbeiteten Juden wieder zuzuteilen . . . Die Juden sind derart lagermäßig untergebracht, daß sie in der Öffentlichkeit nicht in Erscheinung treten.« Fernschreiben des SS-Obersturmbannführers Brehm an den Höheren SS- und Polizeiführer Südost aus Kattowitz vom 21. August 1943. Nürnbg. Dok. NO-3083 (Fotokopie im Institut für Zeitgeschichte, München).

»Adolf-Hitler-Panzer[bau]programm« beteiligt waren, verloren von einem Tage zum anderen ihre 700 jüdischen Arbeitskräfte[282]. Die »Maßnahmen« richteten sich also auch gegen solche Juden, die zweifellos im »kriegswichtigsten« Interesse eingesetzt waren – wie Krüger in einer Sitzung mit Frank, Kaltenbrunner und General Hänicke Ende Mai sich ausdrückte – und die daher *in* den Rüstungsbetrieben hatten verbleiben sollen. Doch Himmler wollte grundsätzlich ja sogar der Abgabe von Juden *aus* den SS-Lagern zur *Tagesarbeit* in den Rüstungsbetrieben ein Ende machen. Selbst Krüger meinte, daß dieser Wunsch »im Endeffekt wohl nicht erfüllt werden könne«, da die jüdischen Spezialarbeiter sich eben »nicht ohne weiteres durch Polen ersetzen« ließen; er war daher General Schindler entgegengekommen und hatte »die physisch besten Kräfte, die sogenannten Makkabäer«, wie er bemerkte, den Rüstungsbetrieben einstweilen belassen – und er bat den anwesenden Kaltenbrunner, Himmler den Verzicht auf die Wegnahme dieser Arbeitskräfte nahezulegen![283] Indes verfügte am 30. August 1943 der SS- und Polizeiführer im Distrikt Krakau »in Durchführung einer Anordnung des Reichsführers-SS« und »im Einvernehmen mit der Rüstungsinspektion« (!) als »unwiderruflich«, daß künftig jüdische Arbeitskräfte »nur innerhalb der ZAL [Zwangsarbeitslager] des SS- und Polizeiführers Verwendung finden« dürften[284]. – In der zweiten Augusthälfte kam schließlich das (abgesehen von Lodz) letzte größere polnische Ghetto, *Bialystok*, an die Reihe, dessen Insassen zumeist den Weg nach Treblinka antraten. (Danach erst wurden die Ghettos im »Ostland« endgültig beseitigt: im September *Minsk* und *Wilna*, im November *Riga*, während *Kowno*, dezimiert wie alle anderen zuvor, noch bis Juli 1944 fortbestand[285].) Das Schicksal des Ghettos im »eingegliederten« *Lodz* blieb längere Zeit in der Schwebe. Im Juni 1943 hatte Himmler es zum Konzentrationslager machen, dann die Ghetto-Betriebe nach Lublin verlagern wollen. Doch nahm er auf Wunsch des Reichsstatthalters Greiser schließlich von beidem Abstand und *beließ* »Litzmannstadt« vorerst als Gaughetto des Reichsgaues Wartheland (das heißt der Zivilverwaltung). Es sollte »personell auf ein Mindestmaß verringert« werden[286], und

[282] Vgl. die Angaben und Belege bei Hilberg, a. a. O., S. 334.
[283] Zum vorstehenden vgl. das Protokoll der »Arbeitssitzung« in Krakau am 31. Mai 1943 nach IMT, Bd. XXIX, S. 670; zur Ergänzung: ›Faschismus, Getto, Massenmord‹, S. 451.
[284] Ebenda, S. 453.
[285] Vgl. Reitlinger, a. a. O., S. 317 ff.
[286] Zum vorstehenden: Nürnbg. Dok. NO-519 (Fotokopie im Institut für Zeitgeschichte, Mün-

tatsächlich nahm auf Greisers Vorschlag das »eingearbeitete« Sonderkommando Bothmann seine Tätigkeit in Chelmno 1944 in begrenztem Umfang noch einmal auf[287]. Im August (1944) wurde jedoch die große Mehrzahl der Insassen des Ghettos – zumeist in entkräftetem Zustand – nach Auschwitz verlegt.

Nicht erst bei den Verhandlungen über das Schicksal des Ghettos von Lodz hat die Absicht einer Verlagerung der Betriebe mit jüdischen Arbeitskräften samt der betrieblichen Ausrüstung in den Raum von Lublin eine Rolle gespielt. Das war bekanntlich weit mehr noch bei früheren Anordnungen Himmlers der Fall gewesen. Im Zusammenhang mit der von Globocnik geleiteten »Aktion Reinhard« *schienen* denn auch die im Generalgouvernement entstandenen, namentlich auf die Juden-Lager des Lubliner SS- und Polizeiführers gestützten SS-eigenen Industrievorhaben, die einer organisierten Ausbeutung aller noch arbeitsfähigen und deshalb von der sofortigen Vernichtung zurückgestellten Juden dienten, im Jahre 1943 mit Zustimmung Himmlers eine starke Erweiterung erfahren zu sollen. Am 12. März 1943 erfolgte zwecks Übernahme eines Teiles der schon aufgebauten und noch zu errichtenden Werke, namentlich im Distrikt Lublin, die Gründung einer SS-eigenen Gesellschaft, der »Osti« (Ostindustrie GmbH) mit Pohl als Aufsichtsratsvorsitzendem und Globocnik als Geschäftsführer. Am 21. Juni 1943 konnte dieser stolz melden, daß in den Arbeitslagern der SS (d. h. außer den Osti-Werken auch denjenigen, die von den aus Warschau überführten privaten Firmen gebildet worden waren, sowie denen, die Häftlinge an die Betriebe der Rüstungsinspektion abgaben) insgesamt »bereits 45 000 Menschen [sic!] eingesetzt« seien[288]. Auch solle sich »dieser Arbeiterstand in den nächsten Monaten noch bedeutend erhöhen«. Globocniks Vorschlag war nämlich, neben den Betrieben von Bialystok auch aus dem »noch in Diskussion« befindlichen Litzmannstadt »gut qualifizierte Arbeitskräfte und Maschinen« zur Fortführung der dortigen Produktion nach Lublin (Arbeitslager Poniatowa) zu

chen); z. T. gedruckt in: ›Faschismus, Getto, Massenmord‹, S. 369 ff. Gleichsam als »Gegenleistung« für Himmlers Zugeständnis meldete ihm Greiser im Juni 1944, daß der Reichsminister Speer auf Veranlassung der Rüstungsinspektion die Zahlen der im Ghetto in den einzelnen Fertigungen beschäftigten Personen angefordert habe, um sie Hitler vorzutragen, was auf eine »Durchkreuzung« seiner, Himmlers, Anordnungen (zur Räumung des Ghettos) hinauslaufe!

[287] S. oben, S. 336.

[288] Nürnbg. Dok. NO-485 (Fotokopie im Institut für Zeitgeschichte, München). In dem seinem Brief an Brandt beigefügten »Vermerk« über die »gemäß dem Wunsche des Reichsführers-SS aufzubauenden Arbeitslager zur Verwertung der jüdischen Arbeitskraft« schreibt Globocnik hingegen: »45 000 *Juden*«. (Vgl. zum ganzen: Enno Georg, a. a. O., S. 90 ff.)

verlagern – so daß »Litzmannstadt liquidiert werden könnte«, zumal »von den derzeit dort wohnenden 78 000 Juden« ja »nur ein Teil in der Kriegsproduktion« arbeite. Globocnik mußte allerdings gleichzeitig zugeben, daß die »Arbeitskapazität« seiner Lager keineswegs überall ausgenützt sei: »Die Wehrmachtdienststellen«, so klagte er, hielten ebenso wie einige zuständige Fachschaften des Reiches aus »gegensätzlicher Einstellung zur SS« oder privater »Gewinnsucht« unter fadenscheinigen Begründungen mit der Erteilung von Aufträgen zurück – während Litzmannstadt »mit Aufträgen in jüngster Zeit vollgepackt« werde, »um eine Umsiedlung zu verhindern«[289]! Es sollte jedoch ganz anders kommen, als Globocnik hoffte. Zunächst wurden am 7. September 1943 »die vorhandenen etwa 10 Arbeitslager des SS- und Polizeiführers im Distrikt Lublin ... als Zweiglager des Konzentrationslagers Lublin vom SS-Wirtschafts-Verwaltungshauptamt übernommen«[290]; und zwar sollte dies in der Folge mit »allen im Generalgouvernement bestehenden Arbeitslagern« geschehen. Hierbei war bereits in Aussicht genommen, »Lager mit geringer Belegungsstärke und solche mit nicht kriegswichtiger oder siegentscheidender Fertigung aufzulösen«. Indes, weit hierüber hinausgehend, erfolgte sodann am 3. November 1943 eine »Aktion«, die nach dem Bericht des zweiten Geschäftsführers der Osti alle »bis dahin geleistete Auf- und Ausbauarbeit« mit einem Schlage »wertlos machte«. Nicht nur den früheren privaten Firmen Schultz u. Co. und Többens, sondern auch fast allen SS-Eigenbetrieben der Osti sowie der Deutschen Ausrüstungswerke (DAW) in Lublin und Lemberg wurden ohne vorherige Unterrichtung der Lagerführer ihre in der deutschen Kriegsindustrie (z. T. mit der Herstellung von Granatzündern!) beschäftigten jüdischen Arbeitskräfte entzogen: In vorbereiteten Gräben wurden am 3. November 1943 und an den folgenden Tagen bei Lublin mindestens 17 000, nach anderen Angaben *insgesamt* sogar über 40 000 Juden mit Maschinengewehren erschossen. Die »Aktion Reinhard«, die im Oktober 1943 unter Auflösung der drei Vernichtungslager des Generalgouvernements offiziell »abgeschlossen« worden war[291], hatte eine Fortsetzung in der »Aktion Erntefest« gefunden, deren Höhepunkt diese Massenerschießung bildete.

---

[289] Ebenda.

[290] Nürnbg. Dok. NO-599 (Fotokopie im Institut für Zeitgeschichte, München).

[291] Vgl. das Schreiben des inzwischen zum Höheren SS- und Polizeiführer Adriatisches Küstenland ernannten Globocnik an Himmler vom 4. November 1943: Nürnbg. Dok. NO-056 (Fotokopie im Institut für Zeitgeschichte, München).

Wohl gab es auch in der Folgezeit im Generalgouvernement noch eine Reihe größerer und kleinerer Lager, sowohl der SS als auch der Rüstungsinspektion, mit jüdischen Arbeitskräften[292]. Sogar in Ostpreußen und Oberschlesien waren in der Kriegsindustrie noch (im Frühjahr 1943) Zehntausende, in einem Krupp-Werk in Niederschlesien noch im Jahre 1944 Tausende von Juden beschäftigt[293]. Ja, es scheint vorgekommen zu sein, daß Juden aus Auschwitz abgezogen wurden, »um sie bei Rüstungsfertigungen im Reich einzusetzen«[294]. Und als die Rote Armee schließlich über die Weichsel vorstieß, wurden aus den polnischen Lagern noch Zehntausende von Juden nach Deutschland verschleppt – um hier zu einem großen Teil vom Strudel der Katastrophe des Dritten Reiches verschlungen zu werden, soweit sie nicht bereits der Anordnung des Befehlshabers der Sicherheitspolizei und des SD im Generalgouvernement zum Opfer gefallen waren, »bei überraschender Entwicklung der Lage« Gefängnisinsassen und Juden zu liquidieren und ihre Leichen zu beseitigen[295].

Kurz, der Plan einer Konzentrierung der restlichen Juden in ganz wenigen »Sammellagern« wurde niemals völlig realisiert. Dennoch hatte Himmler sein Gesamtziel in erschreckendem Ausmaß erreicht. So konnte er (im Grunde nur hinsichtlich des Zeitpunktes übertreibend) am 6. Oktober 1943 in Posen vor den Reichs- und Gauleitern der NSDAP »ganz offen« erklären:

> »Ich habe in den Etappengebieten große Judenghettos ausgeräumt. . . . Die Judenfrage in den von uns besetzten Gebieten wird bis Ende dieses Jahres erledigt sein. Es werden nur Restbestände von einzelnen Juden übrig bleiben, die untergeschlüpft sind. Die Frage der mit nichtjüdischen Teilen verheirateten Juden und die Frage der Halbjuden werden sinngemäß und vernünftig untersucht, entschieden und dann gelöst.«

Und mit der gleichen forcierten inneren Sicherheit glaubte er

[292] Unmittelbar vor der erwähnten Massenerschießung hatte General Schindler von Krüger sogar die Zusage erwirkt, aus SS-Arbeitslagern Juden für Rüstungsfirmen abgestellt zu erhalten. Er erhielt sie auch, aber statt der zugesagten 10000 nur 4000! Vgl. Hilberg, a. a. O., S. 342.

[293] Vgl. Nürnbg. Dok. NO-5193 (Fotokopie im Institut für Zeitgeschichte, München), sowie Hilberg, a. a. O., S. 288.

[294] Vgl. das Schreiben des Chefs des Amtes D II des WVHA an den Kommandanten des KL Auschwitz vom 7. September 1943: ›Faschismus, Getto, Massenmord‹, S. 365. – Die erfolgreichen Offensiven der Sowjets im Sommer 1943 führten östlich der Linie Pionki–Radom–Kielce zu weiteren Verlagerungen (aber auch Dezimierungen) der jüdischen Belegschaften. Vgl. auch Hilberg, a. a. O., S. 344.

[295] Befehl des SS-Oberführers Bierkamp vom 20. Juli 1944: IMT, Bd. XXXVII, S. 487 (Nürnbg. Dok. L-053).

selbst die größte Gewissensbelastung beschwichtigen zu können, welche der Mordbefehl für seine Vollstrecker mit sich brachte:

»Ich bitte Sie, das, was ich Ihnen in diesem Kreise sage, wirklich nur zu hören und nicht darüber zu sprechen. Es trat an uns die Frage heran: Wie ist es mit den Frauen und Kindern? – Ich habe mich entschlossen, auch hier eine ganz klare Lösung zu finden. Ich hielt mich nämlich nicht für berechtigt, die Männer auszurotten – sprich also: umzubringen oder umbringen zu lassen – und die Rächer in Gestalt der Kinder für unsere Söhne und Enkel groß werden zu lassen. Es mußte der schwere Entschluß gefaßt werden, dieses Volk von der Erde verschwinden zu lassen.«[296]

Die infernalische »Konsequenz« aber, mit der Hitler selbst die Judenvernichtung betrieben wissen wollte, dokumentiert eine Niederschrift Himmlers über seinen »Vortrag beim Führer am 19. Juni 1943 auf dem Obersalzberg«:

»Der Führer sprach auf meinen Vortrag in der Judenfrage hin aus, daß die Evakuierung der Juden trotz der dadurch in den nächsten 3 bis 4 Monaten noch entstehenden Unruhe radikal durchzuführen sei und durchgestanden werden müßte[297].«

Zu wiederholten Malen hatte Hitler inzwischen in öffentlicher Rede triumphierend die »Erfüllung« seiner »Prophezeiung« vom 30. Januar 1939 über das Schicksal der Juden verkündet, falls diese (!) einen neuen Weltkrieg anzetteln würden:

»Man hat mich immer als Prophet ausgelacht. Von denen, die damals lachten, lachen heute Unzählige nicht mehr, und die jetzt noch lachen, werden es vielleicht in einiger Zeit auch nicht mehr tun.« (8. November 1942.)

»Dieser Kampf wird deshalb auch nicht, wie man es beabsichtigt, mit der Vernichtung der arischen Menschheit, sondern mit der Ausrottung des Judentums in Europa sein Ende finden.« (24. Februar 1943.)[298]

Mehr und mehr war seit dem Sommer 1942 *Auschwitz* das Hauptziel der Deportation der europäischen Juden geworden.

[296] Den bezeichnenden Schluß der damaligen Ausführungen Himmlers zur Judenfrage (es sei wohl »besser, wir nehmen … das Geheimnis mit in unser Grab« usw.): s. im Gutachten von Hans Buchheim, Befehl und Gehorsam. In: Anatomie des SS-Staates, Bd. I, S. 275 f. – (Mikrofilm im Institut für Zeitgeschichte, München, MA-309, 10151–10242.)
[297] Eigenhändig signierte Aufzeichnung Himmlers vom Juni 1943 (ohne Tagesdatum); Origina im Bundesarchiv, Koblenz.
[298] Vgl. Domarus, a. a. O., II, S. 1937, 1992. Die weiteren »einschlägigen« Äußerungen Hitlers im gleichen Sinne vom 30. Januar 1941 und 30. September 1942: a. a. O., S. 1663, 1920.

In makabrer Weise spiegelt sich das dortige Geschehen in dem Vorschlag wider, den ein Funktionär des SS-Wirtschafts-Verwaltungshauptamts zur Deckung des künftigen »Bedarfs an Häftlingsbekleidung« in den Konzentrationslagern am 15. August 1944 machte: »Dabei wäre beim Reichswirtschaftsministerium darauf hinzuweisen, daß bis heute *doch enorme Mengen an Lumpen* von den nicht brauchbaren Zivilsachen aus den *einzelnen Aktionen in Auschwitz* und anderen Lagern zur Verfügung des Reichswirtschaftsministeriums zur Ablieferung gelangten und noch weiterhin zur Ablieferung kommen.«[299] Noch vollzog sich ja mit der Vernichtung von Hunderttausenden ungarischer Juden die systematischste und umfassendste »Aktion« in jenem Lager, dessen Name zum Symbol des größten Massenmordes der Geschichte geworden ist.

[299] IMT, Bd. XXVII, S. 49 (Nürnbg. Dok. PS-1166). – Hervorhebungen vom Verfasser.

Personen- und Sachregister

Deutsche Geschichte der neuesten Zeit

vom 19. Jahrhundert bis zur Gegenwart

Originalausgaben, herausgegeben von Martin Broszat, Wolfgang Benz und Hermann Graml in Verbindung mit dem Institut für Zeitgeschichte, München

Deutsche Geschichte
der neuesten Zeit

Peter Burg:
Der Wiener Kongreß
Der Deutsche Bund
im europäischen Staatensystem

dtv

Peter Burg:
Der Wiener Kongreß
Der Deutsche Bund
im europäischen
Staatensystem
dtv 4501

Wolfgang Hardtwig:
Vormärz
Der monarchische Staat
und das Bürgertum
dtv 4502

Hagen Schulze:
**Der Weg zum
Nationalstaat**
Soziale Kräfte und
nationale Bewegung
dtv 4503

Michael Stürmer:
Die Reichsgründung
Deutscher National-
staat und europäisches
Gleichgewicht im
Zeitalter Bismarcks
dtv 4504

Wilfried Loth:
Das Kaiserreich
Liberalismus, Feuda-
lismus, Militärstaat
dtv 4505 (i. Vorb.)

Richard H. Tilly:
**Vom Zollverein zum
Industriestaat**
Die wirtschaftlich-
soziale Entwicklung
Deutschlands 1834 bis
1914
dtv 4506

Helga Grebing:
Arbeiterbewegung
Sozialer Protest und
kollektive Interessen-
vertretung bis 1914
dtv 4507

Hermann Glaser:
**Bildungsbürgertum
und Nationalismus**
Politik und Kultur
im Wilhelminischen
Deutschland
dtv 4508

Michael Fröhlich:
Imperialismus
Deutsche Kolonial- und
Weltpolitik 1880 – 1914
dtv 4509

Gunther Mai:
**Das Ende des
Kaiserreichs**
Politik und Kriegführung
im Ersten Weltkrieg
dtv 4510

Deutsche Geschichte
der neuesten Zeit

Klaus Schönhoven:
Reformismus
und Radikalismus

Gespaltene Arbeiterbewegung
im Weimarer Sozialstaat

dtv

Klaus Schönhoven:
**Reformismus und
Radikalismus**
Gespaltene Arbeiter-
bewegung im Weimarer
Sozialstaat
dtv 4511

Horst Möller:
Weimar
Die unvollendete
Demokratie
dtv 4512

Peter Krüger:
Versailles
Deutsche Außenpolitik
zwischen Revisionismus
und Friedenssicherung
dtv 4513

Corona Hepp:
Avantgarde
Moderne Kunst,
Kulturkritik und
Reformbewegungen
nach der Jahrhundert-
wende
dtv 4514

Deutsche Geschichte der neuesten Zeit

vom 19. Jahrhundert bis zur Gegenwart

Deutsche Geschichte
der neuesten Zeit

Ludolf Herbst:
Option für den Westen

Vom Marshallplan bis zum
deutsch-französischen Vertrag

dtv

Deutsche Geschichte
der neuesten Zeit

Martin Broszat:
Die Machtergreifung

Der Aufstieg der NSDAP und die
Zerstörung der Weimarer Republik

dtv